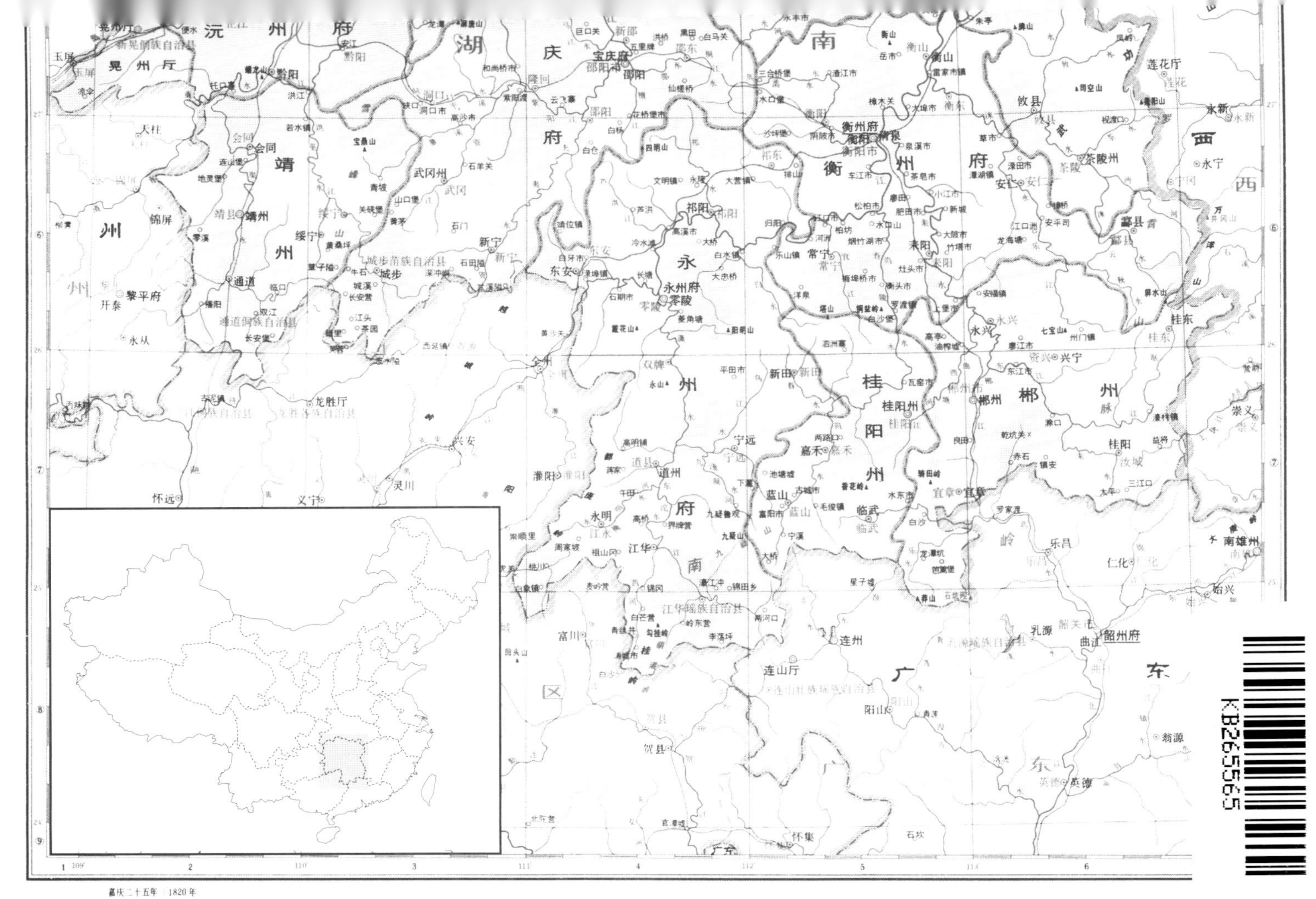
KB265565
湖 南
沅州府
庆
衡 州 府
永 州 府
桂 阳 州
郴 州
宝庆府
靖 州
晃州厅
武冈州
衡州府 衡阳市
永州府 零陵
广 东
韶州府 曲江
南雄州
嘉庆二十五年 1820年

중국 근현대의 호남사회

중국 근현대의 호남사회

는 것이 이 모든 분들의 學恩에 보답하는 길이라 생각한다.

　어려운 여건 속에서도 흔쾌히 출판을 맡아 주신 도서출판 혜안의 오일주 사장님과 김태규 실장님께도 감사를 드린다. 또 시종일관 교정 작업을 도와 준 안순형 선생에게도 고마움을 표시하고 싶다.

　학자의 삶은 고단하다. 당사자는 좋아서 선택한 길을 가는 것이지만 가족들의 인내와 고통은 남다르다. 나의 삶의 대부분은 나의 아내가 버팀목이 되어 주었다. 세속에서 그다지 인기 없는 학문을 하면서도 늘 아내에게 당당하게 굴었던 자신을 돌아보면서 후회와 미안함과 고마움이 북받쳐 올라 눈시울이 뜨거워진다. 온 마음을 다하여 고맙다고 말하고 싶다.

　여민이와 지민이, 나의 아이들에게도 공부 핑계로 좀 더 자상한 아빠가 되지 못했던 점 용서를 빈다.

　한학자로 평생을 살다 돌아가신 아버님과 자식이 신앙이셨던 어머님의 영전에 이 책을 바칩니다.

2009. 3.
9산선문의 하나였던 봉림산 자락에서
전 형 권

목 차

제2편 농촌사회와 농업생산　269

제1장 淸末民國期 湖廣지방의 농업생산력과 생산관계　271

<h2 style="text-align:center">제3편 米穀시장과 상품유통 433</h2>

중국 근현대의 호남사회

중국 근현대 사회경제사 연구

전 형 권

혜안

책 머리에

　淸 후기 사회경제사를 공부해 온 지 어언 20여 년의 세월이 흘렀다. 귓등으로 흘려듣던 '少年易老 學難成'이란 朱子의 詩句가 지금은 생생하게 체감된다. 박사학위논문을 정리하여 『중국 근대 사회경제사 연구』란 제목으로 북경에서 책을 출판한 지도 벌써 12년의 세월이 흘렀다. 게으름의 탓에 차일피일 하다 보니 박사학위논문은 국내에서 간행할 기회를 놓쳐 버리고 말았다. 이 책은 박사학위논문 중의 2편과 그 후에 쓴 10편을 합쳐 12편으로 이루어진 것이다.

　필자의 대학 시절은 박정희 군사독재 정권의 치하였다. 진정한 언론·출판·집회·결사의 자유가 용납되지 않던 암울한 시절 필자는 대학신문 기자로서 잦은 필화사건을 겪으며 자유와 민주를 열망하였다. 군사독재에 대한 저항과 고민이 학부 졸업논문 주제로 '중국 근대 군벌의 성격에 관한 고찰'을 선택하게 만들었다. 그런데 근대 군벌을 연구하다 보니 그것의 원조가 태평천국진압군으로 조직된 '湘軍'이란 것을 알게 되었다. '湘軍의 성격에 대한 고찰'이 석사학위논문의 주제였다.

　그 과정에서 태평천국군의 병사도 농민이요, 진압군인 상군의 병사도 농민이란 것에 의문을 품기 시작하였다. 어떤 농민은 왜 혁명군이 되고 어떤 농민은 반혁명군이 되었을까. 거기에 호남성의 지역적 특색이 무엇일까. 의문을 품고 호남지역사를 계속해서 연구한 것이 오늘에 이르렀다. 같은 농업사회라 하더라도 호남 농민의 사회경제적 조건이 광서성의 그것과는 다를 것이라는 전제하에 호남 지주·전호관계의 특징을 탐색하였다. 그것이 「청대 의전의 연구」란 박사학위논문으로 만들어졌다.

6

이 책에는 영웅의 이름 대신 무수한 전호 즉 소작인의 이름이 등장한다. 역사적으로 주목받지 못했던 그들이 이 책에서 부활하기를 바란다. 그렇지만 그들의 모습은 계급투쟁의 주체로서보다 생산투쟁·경제투쟁의 주역으로 등장한다. 역사는 계급투쟁에 의해서라기보다 생산력의 발전에 의해 진보되고, 그것을 추동하는 주체는 분명 농촌사회 속의 광범한 소농민이었다.

동시에 아시아적 근현대의 사회성격이 무엇일까, 변화의 방향성은 무엇일까에 대한 의문을 현재에도 계속 가지고 공부하고 있다. 서양 산업자본주의의 세례를 받아 근대화의 길을 가고 있으나, 결코 서양의 원형에 의해 복제된 것은 아니고 전근대의 토대는 현대 속에 용해되어 살아 숨 쉬고 있다. 그것을 호남사회의 근현대 변화를 추적하면서도 여실히 느낄 수 있었다.

공부를 처음 시작할 때는 무모하고 자신감에 넘쳤으나, 이제는 점점 두려워질 뿐이다. 다만 역사에서 정답이 중요한 게 아니라 찾아가는 과정이 중요할 것이라는 믿음에 기대어 부족한 연구 결과이지만 감히 책으로 엮어 세상에 내놓을 용기를 가지게 되었다.

어줍잖은 능력이지만 한 사람의 학자로서 동학들과 교류할 수 있도록 길러 주신 은사님들의 학은을 잊을 수 없다. 이재호 교수님은 보잘것없는 家學의 한문 수준을 고급 한문 세계로 이끌어 주셨다. 민성기 교수님은 사회경제사의 길과 방법론을 제시해 주시고, 학부 석박사 과정 동안 남다른 애정으로 가르침을 베풀어 주셨다. 대학원 동안의 지도교수이신 김종원 교수님께도 감사를 드린다. 학부 때 가르침을 받았으나 고려대로 옮기신 박원호 교수님은 학회에서 다시 만나 많은 도움과 지도를 받았다. 또 같은 분야에서 거의 개척자이신 서울대의 오금성 교수님은 논문을 통한 지도 외에도 학회에서 많은 지도를 하여 주시고 끊임 없이 후학에게 계발과 격려를 하여 주셨다. 북경 체류 기간과 그 후에도 학문적 지도와 도움을 베풀어주신 인민대학 청사연구소의 張研 선생과 사회과학원 경제연구소의 江太新 선생께도 깊은 감사를 드린다. 조금이라도 성실히 공부하

표 및 그림 목차

導 論

I

중국의 근현대 백여 년간이 격동의 시기였던 것은 틀림없다. 현대에 이룩되고 있는 동아시아의 눈부신 발전이 근대에 새롭게 등장한 서양세력의 자극으로부터 비롯되고 있다는 인식도 광범위하다.

중국의 근대 사회변화를 전통-근대성 이론에 입각하여 전근대사회와 근대사회의 이분법적 전개로 이해하거나, 서양 세력의 자극을 강조하여 충격-반응 이론으로 도식화하려는 견해도 있다. 과연 근대 사회와 전근대 사회를 칼로 자르듯이 일도양단할 수 있을까. 낡은 중국 전통사회는 새로운 서구 사회의 산업 자본주의와 생활양식에 의하여 완전 대체되어진 것일까. 근대 사회는 전통의 토대 위에 성립하였고 현대와 연속되어지고 있다. 그럼에도 변화의 현상적인 면에만 현혹되어 과거와 근대를 단절적으로 보려는 것이 아닐까. 가까운 것이 크게 보이는 지리적 원근법으로 역사를 보려는 것은 아닐까.

아편전쟁 이후 중화인민공화국 등장까지의 중국 사회는 반식민지반봉건사회로 규정되고 있다. 제국주의, 봉건주의, 관료자본주의 이른바 3대 억압 세력에 의하여 중국의 농업생산력은 정체하고 쇠퇴되었으며 농민생활은 파탄 상태에 이르렀다는 것이다. 속칭 '兩半論'이다. 이 반식민지반봉건사회론은 중국 사회주의혁명의 정당화 및 불가피성을 입증하는 이론이다.

제국주의 침략과 중국의 반식민지화가 중국의 정상적인 근대화를 방해하고 중국을 억압한 것은 사실이다. 그러나 역사는 꼭 일면적으로만 작용하는 것은 아니다. 또 제국주의자의 지배 의도대로만 움직여주는 것도 아

22

니다. 개인의 생명과 같이 그 집합체인 사회도 유기적 생명체로서 살아
움직이는 실체다. 1930년대 '중국사회성격논쟁'이 격렬했고 그에 입각한
사회주의 중국의 건설과 그 후의 역사 전개는 반식민지반봉건사회론의
신빙성을 의심하게 하고 있다. 1980년대 한국 사회성격 논쟁과 식민지반
봉건사회론은 현재로서는 빛 바랜 원고에 불과하다.

이 책은 '중국 근대사회의 성격이 무엇일까. 근현대의 사회는 어떤 사
회일까'라는 거시적 의문을 도식적·연역적 통설에 구애받지 않으면서
미시적으로 탐구해 보려는 것이다. 호남을 소재로 한 것은 호남이 명 중
기 이후 중국의 주요 곡창지대로서 농업 발달지구이고 양자강 하류의 강
남 지역과 주요 교역기지이기 때문이다. 태평천국 진압의 주역이었던 상
군의 거점이었고 또 지방이었지만 변법운동이 활발했으며, 후에 공산혁
명의 주역 毛澤東의 출신지이기도 하다. 전통 농업의 주요 생산기지이면
서 동시에 근현대의 역사 무대에서도 여러 가지로 주목받는 지역이기 때
문에 흥미로운 소재이다.

호남의 면적은 204,328평방㎞이고 양자강 중류지역으로 동정호의 아래
에 위치하고 있다. 청대에는 70~80개 현으로 구성되었고 현재는 90개 현
으로 되어 있다. 부분으로 전체를 보려는 것이 이 책의 접근 방법이지만
지역사 연구의 일반적 한계가 있음을 밝혀 둔다.

Ⅱ

제1편 義田과 생산관계는 청 후기 이후에 급속히 확대되고 있던 의전
을 소재로 하여 이 지역 지주제의 특성, 생산관계를 주로 분석한 것이다.

제1장 「淸 後期 湖南의 義田과 地主-佃戶관계」는 호남의 6개 현(湘潭
縣, 상향현, 桃源縣, 소양현, 성보현 ,형양현) 등에 관해 淸末 간행된 地方
志를 기본 史料로 하면서 청 후기의 지주제에 대해 분석을 행한 것이다.
우선 상담현을 중심으로 이들 지역에서는 주로 道光시기(1821~1850)를
획기로 하면서 義學田과 善堂田 설치의 급격한 증가 현상이 주목되었다.

이 의전 분포의 내면을 들여다보면 소유지의 광역성과 분산성을 지도를 통해 쉽게 확인할 수 있었다. 의전 설치자의 신분 검토를 통해서 서민 지주의 현저한 활동이 눈에 띄고 城居地主, 鄕居地主 등의 개념이 淸 후기 호남 6縣 일대에서는 지주제 구조의 변화상을 설명하는 데 유효성을 가지지 못한다는 것을 알 수 있다.

의전을 중심으로 하는 지주-전호관계에 있어서는 明末淸初까지 이 지역에서 확인되던 僮僕이 소멸하고 액외착취인 副租 등도 찾아볼 수 없었다. 지대는 정액지대가 확립되어 있으면서 災讓, 限讓 등의 할인 현상이 나타나고 지대의 화폐에 의한 代納도 折租錢이라 하여 고정화되어 가고 있었다. 地目이 地·園土 등에서는 課錢, 倒課錢이라 불리는 금납지대가 확립되고 있다. 押租는 종래 호남 지방이라는 광역적인 범주를 설정하고, 해당 지역의 몇 개 사례로서 보편화 추세를 거론하였으나, 그것이 막연한 인구와 토지의 균형 파괴로부터 온 현상만은 아니라는 인식을 추가하였다. 즉 그것은 생산성이 높은 토지에 대한 전호의 상대적 선호와 경쟁의 결과로 성립한 것이며 동일 지역의 동일 지주하의 佃作 地片 상호간에도 선택적으로 부과되는 것이 확인되었다. 또 이 지역의 전호들은 상당히 견고한 佃權이 확립되고 있고 그 중에는 고액의 압조와 70畝에서 100畝 경영의 富佃農으로 추정되는 佃戶도 파악된다.

제2장 「淸 後期 湖南 辰州府의 義田」은 호남 서부 지역에 위치한 진주부의 의전을 분석한 것이다. 이것은 道光 25년 의창에 부속된 田地로서 설치되었다.

의전의 생산관계는 소작계약서에 해당하는 執照와 義田碑 등을 통해 볼 수 있다. 여러 가지 금지조항 등에 나타나는 소작 관행이 지금 소작관계를 개시하는 의전의 것이라기보다 기존의 진주부 沅陵縣 일대의 소작관행을 반영하고 있다고 여겨진다. 소작지의 분포 면에서는 동일 佃戶의 소작지가 영세한 地片으로 분산되어 있고 그 이유는 原賣主를 비롯한 소작인의 地片에 대한 견고한 연고권이 토대가 된 것이었다. 종래 알려진대로 소유 地片은 영세하게 분산되어도, 소작 地片은 집중적일 수 있다는 인식과는 다른 현상을 진주부 의전에서 확인할 수 있었다. 소작 地片에 대한 연고권뿐 아니라 지주의 동의 없이 모종의 경제적 대가를 전제로 소작지의 양도가 행해지고, 소작 地片의 교환 讓與가 관행으로서 정착되고 있었지 않았나 여겨진다. 실물 정액지대 이외에는 별다른 액외 착취는 눈에 띄지 않고 정상적인 지대의 납부가 계속 되는 이상 소작권은 안정되어 있었다.

진주부의 의전에 반영되고 있는 이 지역 생산관계의 특징을 볼 때 종래 경제 선진지역으로 설정되어 온 양자강 하류 델타지대에 비해 佃戶의 자립도나 지대 부담 면에서 결코 후진적이라고 단언하기는 어렵다고 생각된다.

또 호남성 자체 내에서도 道州, 安化, 龍山 등의 산간 후진 변경지대와 澧州, 岳州 등의 濱湖 지방 선진 지대로 圖式化하는 것에 무리가 있다고 여겨진다. 진주는 전술한 바대로 산간부 변경일 뿐 아니라 미곡 수출지역으로서의 호남의 이미지와는 거리가 먼 미곡 소비지역이었다.

또한 의전의 佃戶 가운데 原主之佃을 포함해서 경영 규모가 큰 부유 佃農의 존재가 확인되고 공동경영을 통해 경영규모를 확대하는 사례도 발견되는 것으로 보아 이것이 淸 후기 새로운 현상으로 파악될 수 있을 것으로 생각된다.

제3장 「淸末民國期 湖南의 公産田과 地主-佃戶관계」는 서원전, 빈홍전 등의 공산전을 소재로 하여 이 지역의 지주-전호관계를 분석한 것이다.

淸 후기에서 民國期의 주요기간 동안 이른바 帝國主義 침략에 의한 半植民地半封建社會에서 호남 사회는 인구의 증가에도 불구하고 미곡 수출지로서의 기능을 상실하지 않고 있었다. 淸 전반에 비해 인구증가율은 다소 둔화되었지만 1930년대 전반까지 호남의 인구는 약 3천만 명대에 달하고 있다. 乾隆 초년에 비해 배 이상의 인구증가를 달성하는 데 농업생산의 증대가 뒤따랐다. 호남 내에서도 인구의 집중은 여전히 長沙府, 常德府 등 미곡 생산지대에 이루어지고 있었다.

미곡생산의 경우, 1930년대 초 호남의 産量은 3,000만 石에 도달하고 있고, 長江 하류지역으로 유출이 계속되고 있다. 단위면적당 畝産量도 각 지의 평균으로 18세기에 2.213石에서 1930년대 전반은 4.445石으로 증가 수치를 보이고 있다. 多産지역에서는 7.6石/畝 수준까지 이르고 있다. 水田지대가 구릉지대에까지 확산될 뿐 아니라, 雜糧 재배의 확대는 주변부 지역 인구증가와 전체적 인구성장의 배경이 되고 있다. 잡량재배가 18세기 인구증가의 배경이었을 뿐 아니라 19세기 후반에서 민국기에 걸쳐서도 인구성장에 기여하고 있다. 兩熟稻의 재배와 잡량지역의 확산은 토지이용 효율도를 높여 稻의 畝産量뿐 아니라 전체 총생산량을 늘려 나갔다.

이런 상황에서 볼 때, 중국학자들이 대부분 주장하고 있는 이 시기 생산력의 停滯 또는 衰退는 실제 사실과 부합되지 않는다고 생각된다. 1850년대 太平天國 직후 상황과 1937년 이후 中日 전쟁의 시기는 전쟁으로 인한 특수 사정이지 경제적 因素에 의한 것만이 아니다. 또 기후 생태적인 측면에서 年度別 상황을 보면, 大水, 大旱, 大飢, 有年, 大水 大有年, 有年 등이 끊임없이 교차되고 있다. 즉 생산은 직선적으로 상승해 간 것은 아니고 파동치면서 성장하고 있다. 淸末民國期 호남 각 지방지의 祥異條에는 때로는 大水 후에도 有年(풍년)으로 되고 있는 현상까지 있다. 兩熟재배 확대 후에 早稻를 망치더라도 晩稻가 大豊을 이루는 경우이다. 자연에 대한 대처능력을 강화하여 생산이 발전된 것이다.

書院田, 賓興田 등 公産田을 公田表上 면적이 정확한 湘潭縣·安鄕縣을 기준으로 전체 경지의 약 1%정도를 나타내고 있다. 또 이들 公産田의 생산관계는 일반의 지주-전호관계와 동일하다는 것이 확인되었다.

이 시기에 지대는 증가되는 경우와 감소되는 경우가 혼재하였다고 생각된다. 그러나 분석한 자료에 의하면 加租의 예는 오히려 적었고 減租 사례가 더 많았다. 加租 역시 토지의 생산성 증가와 연관된 경우가 많다. 또 汝城縣의 경우에서 보듯이 화폐지대로 바뀐 뒤 折價가 고정되었으나 穀價가 상승하여 佃戶 수입이 증대되는 것이 목격되었다.

押租도 생산력이 발전된 지역에 더욱 많이 발달하고 있다. 압조액은 시간이 경과함에 따라 더욱 증가한다고 알려져 있으나 분석자료에 의하면 民國 汝城縣의 경우에 보듯이 地代액보다 낮은 현상으로 나타난다. 또 종전의 ‘押重租輕’의 현상과 달리 桃源縣 등지에서 ‘押重田租重田’ 현상이 확인되었다. 이것을 통해 압조는 생산력의 발전에 상응한 생산관계라는 것을 생각하게 되었다. 민국시대 압조 지역의 확대는 생산력 발전을 설명한다고 여겨진다.

減價平糴에서 보면 주로 18세기까지 ‘賑濟’, ‘施粥’의 대상이었던 佃戶가 잡량재배, 경제작물 재배로 手中에 화폐를 입수하여 시장에서 미곡의 구매자로 성장한 것이 확인되었다. 攸縣, 湘鄕縣, 湘潭縣 등 생산 중심지역에서 이러한 현상이 더욱 두드러졌다.

이런 배경하에 경영규모가 100畝~300畝까지 확대된 富佃農이 등장하여 雇農을 다수 사용하여 경작하는 사례가 나타나고 있다.

총괄하면 제국주의 침략하의 이른바 반식민지반봉건사회에서도 농업생산은 결코 정체, 쇠퇴한 것은 아니었다. 억압받으면서도 자극을 받고 저항하면서 발전의 길을 모색해 왔던 것이다. 거기에 상응하여 지대의 변화, 押租, 減價平糴 현상 확대, 富佃農의 확대 등 생산관계도 변모되어 왔던 것이다.

부론 「淸 後期 湖北의 義田과 租佃관계」는 호북의 운몽현 · 대야현 · 당양현 · 공안현 · 광화현 등지의 의전을 주로 분석한 것이다. 이 지역에서도 함풍(1851~1861) 이후 광서(1875~1908)년간에 걸쳐 의전의 설치가 집중되고 있다. 사창의 의전 · 서원고화전 · 빈홍전 · 義莊田 · 善堂田 등 다양한 의전이 설치되고 있다. 이런 현상은 호남 장사부와 주변의 6개 현 지역과도 유사한 것이다. 소주부 일대의 의전 역시 淸후말기에 집중적으로 설치되었던 점을 보면, 의전의 설치 · 확대는 호남 · 호북과 함께 상당한 동시성을 가진다고 생각된다.

의전 설치 관련자의 신분에 대해서 조사한 결과, 향신층은 주로 연납자가 주류를 이루고 있고 특히 감생층의 활동이 현저하였다. 향신의 제도적

인 상하층의 구분이 의전 기부 규모와 일정한 정합관계를 갖는 것도 아
니었다. 또 서민지주로 간주되는 사람들의 기부 규모가 향신층보다 큰 사
례도 보였으며, 양적으로도 서민지주의 성장을 확인할 수 있었다. 의전의
기부행위에 서민지주의 참여폭이 큰 것이 청 후말기의 특징적 현상이었
다. 성거지주·향거지주의 문제는 종래 생각되어 온 대로 향신지주=성거
지주 혹은 상층향신=성거지주, 하층향신=향거지주의 등식은 아니었다.
의전 기부 관계자에서는 향거지주가 오히려 많았고, 상층향신도 향거지
주가 많았다. 그러나 이 향거지주는 在村의 手作地主의 의미와 동일한
존재는 아니고 소유지의 분포는 상당히 광역적이었다.

　의전의 생산관계에서는 기본적으로 그것이 해당 지역의 일반 지주제와
유사성을 보이고 있었다. 의전의 지대는 의전의 종류에 관계없이 소재지
와 지목에 따라 다양한 형태를 보이고 있었다. 운몽현 사전의 경우 약간
의 頂租 납부 후 저렴한 전납지대가 성립하고 있었고 際陂湖 소재의 서
원고화전처럼 2기에 걸쳐 균등분할 납부하는 형태도 있었다. 같은 서원고
화전이라도 八角會에서 史家會에 이르는 전지는 통상적인 년 1회 납부
의 형태였다. 년 2기 분할 상환의 경우는 螳螂湖田에서도 보이는데, 호전
지대에서 맥조가 일부 행해지고 있었고 이것이 麥稞錢으로 변화해 간 사
실과 어떤 관련이 있지 않을까 생각된다. 실물 정액지대도 부분적으로 존
재하지만 전체적으로 전납지대가 우세하였다. 공안현·광화현·대야현의
경우도 청 후말기로 갈수록 전납화의 정도가 가속화되고 있는 것을 볼
수 있었다. 이러한 화폐지대로의 변화는 당양현의 옥양서원 고화전에서
처럼 전호의 주체적 요구에 의해 시행되는 사례가 나타나고 있다. 전납지
대는 우선 花地·旱田 등에서 먼저 시작되어 수전지대로 확산되어간 궤
적이 드러나고 있고, 의전이기 때문에 화폐지대가 꼭 먼저 실행되었다는
근거는 보이지 않는다. 당양현의 경우는 전납화되면서 지대를 선납하는
預租가 시행되고 있었다.

　소작료의 收租방식은 소작지 대장인 어린책에 의거하여 기일에 앞서
통지서 報單을 발송하고 기일이 넘어도 체납할 때는 官差의 조력을 빌려

28

催收하는 형태가 운몽현 사전에 나타나고 있다. 운몽현 이외의 현의 수조 방식은 사료 상에 명시되고 있지 않다. 그러나 운몽현의 수조방식은 소주부 豊備義倉의 의전의 경우나 소주의 다른 소작지의 수조방식과도 흡사하다. 기일 내 납부에 따른 소작료의 할인 제도는 보이지 않지만, 수조방식은 다른 지역의 지주제 관련연구에 나타나는 것들과도 공통성이 많아 상당한 정도의 보편성이 있다고 여겨진다.

지대 외의 부담으로서는 운몽현 사전에서 전호가 頂租錢을 납부하여 관개용 溝渠인 '埂'의 수축비용으로 하고 있는 것이 보이고 또 공안현 호전지대에서도 전호가 정조를 바친다고 되어 있는데, 이것은 일종의 압조에 해당하는 것이었다.

부전농은 당양현의 주원권비공전 등에서 50무 이상 100무까지 대규모 경영 전호가 확인되고 공안현 서원전, 빈홍전 등에서 70~80무 이상의 대규모 전호의 존재가 나타나고 있다.

Ⅲ

제2편 농촌사회와 농업생산은 제1편에서 검토하였던 생산관계의 미세한 변화를 뒷받침하는 생산력의 발전이 어떠했던가, 이와 관련하여 농촌사회가 어떤 변모를 보이고 있었던가하는가에 대한 탐구이다.

제1장 「淸末民國期 湖廣지방의 농업생산력과 생산관계」는 호남·호북지역을 소재로 이 지역의 농업생산력 발전에 주목하고 그와 관련된 생산관계의 변화를 분석한 것이다.

중국의 穀倉지대로 알려진 호남·호북이 明 중기 이후 양자강 하류인 江浙지역으로 미곡수출을 해 온 것은 周知의 사실이다. 여기에서는 그러한 현상이 淸末民國期의 시기에는 어떻게 되었는지를 살펴보았다. 적어도 中日전쟁 발생 이전까지는 여전히 湖廣米의 수출 현상이 나타나고 있는 것을 대체적으로 확인하였다. 호남·호북지역의 계속적인 인구증가에도 불구하고 미곡수출이 지속될 수 있었던 것은 이 지역의 농업생산력의 발전과 상응하는 것이었다. 湖廣米의 수출은 일반 농민의 饑餓 판매 현상에만 기인하는 것은 아니고 淸 중기 이후 이 지역에 현저히 증가하는 잡량재배에도 큰 까닭이 있었다. 山地의 개간과 이 지역에서 재배하는 잡량을 식량으로 사용하고 그 대신 미곡을 수출하는 관계가 일부 지역에서는 분명하게 눈에 띄고 있다. 면화, 茶, 落花生, 大豆, 桐油 등 경제작물의 재배도 청말민국기로 갈수록 지역이 확대되고 있다. 특히 아편전쟁 이후 외국과의 교역이 활발하고 수출이 증대되면서 경제작물 재배가 더욱 활성화되고 있다. 수리 개간 문제도 明末에 이미 湖水의 游水地를 堤垸을 통해 과도하게 湖田으로 조성하면서 홍수조절 기능이 저하되고 그 결과 빈번한 水災를 만들어 냈다는 것, 거기에 대한 대처 방법으로 "廢田還湖"가 논의되었지만 청말민국기에도 여전히 湖田개간은 계속되고 있다. 잡량재배의 확대가 홍수시에 山坡의 土沙 유실을 초래하고 이것이 강과 호수의 含沙量을 증대시켜 일종의 沙洲를 부단히 형성하고 있었다. 낮은 山坡에는 水田이 개간되고 陂·塘의 조성과 筒車 등으로 水利가 가능해져 稻作지대가 확대되면서 강, 湖의 주변에는 개간 가능한 沙洲가 끊임없이 확대재생산 되었다. 한편 청말에 정부재정 결핍으로 官荒을 대량으로 賣渡한 것도 개간 증가의 한 원인이 되었다. 홍수조절 기능의 저하로 인한 수재를 막기 위해서는 堤垸의 高度를 점점 높여 나가는 것과 함께 "埂"처럼 일정 高度 이하로 유지함으로써 水災를 감소시키는 방법이 강구되었다. 이리하여 청말민국기에는 경지면적이 현저히 증대했다. 農具의 발달은 두드러지지는 않았으나 水車의 개량으로 山地까지 水利가 가능해지고 安化縣에서처럼 螺旋攪水車의 발명으로 노동력은 절감되고 효과는 증가되는 결과도 나타났다. 아편전쟁 이후는 드물기는 하지만 신식 농기구의 사용도 보여진다. 또한 품종개량이 부단히 이루어지고 施肥法의 발달, 一年兩熟지역(稻二期作)의 확대가 있었다. 또 左宗棠의 제창에 보이는 것처럼 區田法의 시행으로 자연 재해에 대한 대처 능력을 높이면서 생산력을 증대시켜 나갔다.

이러한 생산력의 발전에 대응하는 생산관계로서 호남·호북 각지에 압조가 발생하여 그 지역이 확대되고 경영 규모가 큰 富佃農도 출현하였다. 아편전쟁 이후는 半植民地半封建制社會이고 제국주의 봉건주의의 이중 수탈로 농업생산은 침체되고 위축되었다는 것이 대륙 학계의 통설적인 입장이다. 그러나 호남·호북의 미곡 생산지대를 중심으로 보면 적어도 中日戰爭(1937) 이전까지는 농업생산력의 발전이 지속되고 있었다고 생각된다. 역사는 결코 일면적인 작용만 하는 것은 아니고 그러한 외부 조건의 억압과 자극을 받으면서 농업생산력은 대항적으로 발전의 길을 摸索해 왔다고 여겨진다.

제2장 「淸末民國期 湖南 邵陽縣의 농촌사회와 농업생산」은 청말민국기 호남 보경부 소양현의 농촌사회에 대하여 분석한 것이다. 먼저 인구와 직업 부분을 보면 이 시기 인구는 현격한 증가를 보이고 있다. 嘉慶 25년(1816)에 대비하여 光緒 33년에는 인구는 83.74% 증가하였다. 1934년에는 1816년 대비 인구는 87만이 증가하였고 증가율은 134.98%였다. 도시인구는 1815년에서 1907년 사이 273.8% 증가하였다. 전체인구가 101.95% 증가했는데 비하여 도시화의 진전이 현저하였다. 도시인구의 비율이 낮아 전통사회 유형에 속한다 하더라도 1934년에는 1815년 대비 3배의 도시인구가 증가한 것은 주목해야 한다.

직업 분포에 있어 막연하게 농촌사회이고 농업인구로만 생각해 왔으나, 농부와 상인이 각기 12만으로 대등한 분포를 보이고 있는 것은 이 사회가 청말민국기에 전통농업사회로부터 상공업사회로 이행하는 과도기였음을 말해 주고 있다. 또한 실업률도 8.8%로 추산될 수 있는 사회구조를 보이고 있다.

市鎭의 발달은 종래 10개의 市鎭이 있었으나 淸末에 11개의 市鎭이 신설되었고 기존 市鎭 중에 두 개는 폐지되었다. 전체적으로 市鎭이 10개에서 19개로 증가한 것은 현저한 상업발전을 반영하고 있다. 또 신설된 市鎭들이 湘鄕, 衡陽과 가까운 동부지역에 집중적으로 분포하고 있다. 다른 신설된 市鎭들도 인근 縣과 주요 교통로 상에 많이 포진하고 있다. 이것을 보면 縣과 縣 사이를 뛰어넘는 상품유통이 활발했던 것을 알 수 있다.

상품유통을 보면 邵陽縣에서 수출되는 것은 농산품, 광산품, 수공업품들이고 수입품은 일용품, 사치품이 많다. 다른 지역 사례연구에서도 보이듯이 洋貨가 등장하여 확대 보급된 것이다. 洋貨 중에는 上海와 湖北에서 제조된 國産洋貨가 많이 보인다는 것이다. 洋貨의 보급은 이 지역 생활수준의 향상을 의미한다. 國産洋貨는 모방을 통한 초기 공업화의 원형을 보여준다.

농업생산에서 보면 곡물생산에서도 현격한 증대가 보인다. 嘉慶 21(1816)년 단계 인구 64만 수준에서 자급부족이었는데 光緒33년 인구 120만 상태에 미곡이 수입품에 없고 자급되었다는 것은 획기적이다. 1930년대 인구 150만 대에 일부 미곡을 같은 府內의 武岡에서 주로 수입하지만 생산량과 생산성은 향상되었다고 여겨진다.

경지면적의 현격한 증가, 단위면적당 생산량의 증가, 품종의 개량과 다양화, 신식 농기구와 구식 농기구 개량 노력 등이 보여지고 있다. 또 잡량의 보급 확대로 식량보충이 행해져 인구부양력은 그 전 시기보다 현저히 향상되었다.

경제작물 재배는 호남의 타 지역과 마찬가지로 아편전쟁 후 대외교역의 증가에 자극 받아 재배가 확대되고 있다. 민국시대에 해외 수요의 감소로 재배가 위축되는 경우도 있으나 중국산의 품질 문제에도 원인이 크다. 상업적 농업은 제국주의 침략으로 조종되고 결과적으로 농민 생활의 파탄을 초래했다고 보기는 어렵다. 이 시기 광범위한 농민대중의 빈곤을 목격할 수 있겠지만 이것이 그 전 시기보다 더욱 악화된 상황이라 보기는 어렵다.

중국근대화 과정에서 파생되는 문제의 모든 책임을 제국주의로 돌리는 데는 동의할 수 없다. 오히려 '제국주의 부분책임론'이 타당하다고 여겨진다. 중국 농촌사회는 '出口成長이론'에 부합된다. 대외교역으로 성장하고 있는 것이다. 이 시기 자본부족, 기술부족 등으로 나타난 문제는 자본주의 발전과정에서 대부분의 국가가 공통적으로 직면하는 사실과 무관하지 않다고 생각된다.

　제3장 「淸 後期~民國期 湖南의 水利開發과 농업생산」은 호남의 水利개발을 중심으로 이 지역의 농업생산에 대해 살펴 본 것이다.

　淸 後期에서 民國期는 前期의 盛世에 대비되는 쇠퇴기라거나 半植民地半封建社會의 성격 규정을 받고 있다. 여기에서는 사회경제사적 관점에서 이 시기를 살펴보았다.

　수리개발에 관해서 먼저 인구증가를 살펴보았다. 인구증가가 수리개발을 해야 할 필요성을 제기하는 인구압력이기도 하고 개발 자체에 필요한 노동력이기도 하기 때문이다 長沙府는 이 시기에 인구밀도가 갈수록 높아져 민국기에 1순위로 상승하였다. 岳州府, 常德府, 澧州도 淸 후기에서 민국 전반에 인구밀도의 급증이 있었다. 전 시기에 걸쳐 호남의 평균 밀도보다 파격적으로 높아 이 지역의 상대적인 인구집중도를 보여 주고 있다. 嘉慶 21年(1816)과 民國 36年(1947) 사이 인구 변화를 보면 조사 대상 71개 縣에서 연구대상 지역 중 상위 10순위 안에 7개 縣이 포함된다. 20개 縣 중 17개 縣이 湖南의 평균증가율보다 월등히 높은 증가율을 기록하고 있다. 이 내용을 보면 이 지역이 수리개발과 관련 있는 인구집중이 심화된 것을 알 수 있다. 이 증가치의 대부분은 사회적 증가였던 것도 확인된다.

　수리 확대 개량을 보면 대상 지역 대부분에서 淸 후기 이후 수리시설이 격증하였던 것을 확인할 수 있었다. 堤垸이 증가할 뿐 아니라 陂塘, 壩, 泉井 水利 등 다양한 水利시설이 개발되었다.

　水利시설의 개량에 있어서도 종전에 土堤를 石堤로 개량하는 사업이나 石陂도 등장하였다.

　水勢의 변천에 따라 일부 廢垸을 버려두거나 堤長의 길이를 증감시키는 탄력적 방법도 동원되었다. 泥沙의 퇴적으로 인한 위험 감소를 위해 준설이 수시로 이루어졌다. 歲修나 大修의 방법으로 堤防을 '加築加高'하는 관리가 꾸준히 계속되었다. 垸田을 分垸하거나 合垸하는 방법이 사용되었고 堤에 있어서도 水勢를 막기 위해 遙隄, 月隄나 間隄 등 다양한 방법이 동원되었다. 지방지의 水利에는 곳곳에 堤의 수축방법에 대한 효율적 기술을 기재하고 있다.

중앙권력의 정치적 혼란에 관계없이 堤垸은 농민의 생계와 생명이 직결되는 일로 결코 수리 붕괴를 방치했던 것은 아니었다.

垸田개발을 보면 咸豊년간 藕池口 붕괴 후 동정호상에 200여 리의 南洲가 생겨나 이것을 개발하고 마침내 南縣이 성립되었다. 그 뿐 아니라 동정호에 여기저기 새로운 퇴적층이 나타나 폭발적인 垸田개발의 계기가 조성되었다.

농업생산 부문에서 먼저 水旱災와 豊凶을 보면 도광 이후 水旱災, 특히 水災의 격증현상은 분명히 목격된다. 그러나 빈번한 水旱災가 곧 바로 흉년의 연속은 아니었다. 수리시설의 보완뿐 아니라 작물의 생장기간을 이용한 대처방법으로 水災를 극복하였다. 결과 청 후기 이후에 전기보다 풍년 기재가 많다는 사실을 발견하였다. 水災의 빈번을 이제껏 堤垸개발 과다가 원인이라는 데만 주목하였으나 여기에 더하여 기후변화 요소를 고려해야 한다는 시사점을 얻을 수 있었다.

'穀賤'은 이 지역이 청 후기의 인구급증에도 농업생산이 위축되지 않았던 것을 보여주는 사실인데 지방지상 그 기록들을 확인할 수 있다. 다음에 근대적 통계조사에 의한 두 자료를 보완하여 연구 대상 20개 縣 중 17개 縣이 미곡 수출지였음을 확인하였다.

이상을 보면 淸 후기 이후 민국기 호남 농촌이 빈번한 水旱災로 생산위축이나 생활 파탄에 직면했다기보다 災害 극복을 통해 농업생산의 발전을 지향하고 있었다고 생각된다

제4장「淸末民國期 湖南 汝城縣의 新式學校와 敎育財政」은 호남의 남쪽 변방부인 여성현을 소재로 청말민국기 이 지역에서 급속히 확대되는 신식학교와 교육재정의 문제를 분석한 것이다.

湖南省 汝城縣에서는 淸末 光緒 新政期에 시작된 교육정책의 영향으로 신식학교 설립이 지속적으로 추진되었다. 民國 初期 元年에서 6年(1917)까지 다소 두드러진 측면이 있지만 그 이후 조사 대상 1930년대까

지 꾸준한 학교수와 학생수의 증가 현상을 목격할 수 있다. 정치적 혼란 군벌전쟁과 대립이라는 상황 속에서도 교육보급과 교육기회의 확대가 계속된 것이다.

이러한 교육보급과 교육기회의 확대는 교육경비의 확보 없이는 불가능한 일이다. 나름의 교육재정이 혼란 속에서도 확보될 수 있었던 것은 淸代 이래의 각종 學田류와 書院田 등 교육재산이 정치격변기에 소실되지 않고 교육재산으로 확실하게 관리됨으로써 정국불안, 물가불안 속에서도 교육확대 유지가 가능했던 것이다.

다음으로 1920년대 일어났던 호남성의 교육경비 독립운동의 추진과 성공으로 교육경비 보관위원회가 만들어지고 省의 인준을 받아 어느 정도 교육경비의 독립성이 확보되었던 것이다.

또 省 정부뿐 아니라 縣級 지방재정에서도 군사비를 제외한 순수 지방재정에서는 교육비예산이 최우선시 되었다. 汝城縣의 경우에는 지방경비의 약 15%정도가 縣 교육경비의 지출수준이고 각 區의 初級小學경비를 포함하면 약 30%에 육박하는 수준이 된다. 또 財源의 성격이 종전의 농업세 위주에서 상업세 위주로 바뀌고 있다.

다음으로 縣의 직접 보조를 받지 않는 각 區의 初級小學 등이 광범하게 존재하고 세입경비가 있었던 것은 이 지역의 경제력 성장과 무관하지 않다고 생각된다. 개별학교수가 가장 많은 남1구는 시장수가 7로써 가장 발달한 지역이다. 縣城과 附廓이 포함된 中區는 高級小學이상의 학교가 집중되고 縣立 初級中學이 위치한다. 학생취학 비율이 높고 학교가 많은 東1區, 西1區 등도 상업과 시장이 발전한 곳이다. 淸末民國期의 이 지역의 시장의 소멸과 발전, 인구증가 등은 제국주의 침략하라고 칭해지는 이른바 半植民地半封建社會에서 민중의 새로운 경제력 성장을 의미한다고 생각된다.

일부 가난한 학생들이 학비 부담을 견디지 못해 중도 퇴학하는 경우도 있었겠지만 錢과 米를 부담하는 것이 일반화했다면 학생수 증가가 민간의 경제력 성장으로 이해될 수 있을 것이다.

또, 書院田, 學田 등이 1930년에 이르기까지 학교의 소유토지로서 존재하고 임대 수입으로 교육경비를 충당하고 있는 것을 보면 전통에 토대를 둔 근대화의 模式을 시인하지 않을 수 없다. 초기 신정시기 교육개혁 추진에서 서원과 私塾등이 신식학교에 건물 제공, 인적자원 제공 등의 토대로 사용된 것이 많이 지적되어 왔지만 民國 中年까지 學田이 그대로 경영되고 있는 것을 보면 새롭게 제기되고 있는 中國近代化의 '三元結構論'도 경청할 여지가 있다고 생각된다.

湖南 汝城縣 사회는 淸末民國期에 있어 경제력이 성장되고 생활 수준이 향상되었으며 교육보급과 교육기회의 확대가 이루어진 시기이다. 半植民地半封建社會論에서 묘사되는 파탄상태의 농촌으로서 파악하기만은 곤란하다고 생각된다.

IV

제3편 米穀시장과 상품유통은 농업생산의 결과물인 미곡이 시장에서 어떻게 유통되고 다른 상품과 어떤 교환 관계를 연출하고 있는가를 살펴봄으로써 청말민국기 호남사회의 변동기적 성격을 분석한 것이다.

제1장 「淸末民國期 湖南의 미곡시장과 상품유통」은 호남의 미곡시장이 청말민국기에 어떤 변화의 모습을 보이고 있는가에 초점을 맞춘 것이다. 湖南米의 유통이 청말민국기에도 지속되고 있을 뿐 아니라 淸 전기의 전성기 수준보다 오히려 증가하고 있는 것을 알 수 있다. 1930년대는 세계경제공황의 여파가 있는 시기이고 제국주의 침략도 고조된 시기였다.『通郵物産誌』의 자료는 江浙지역으로 수출된 호남 미곡이 실제 米는 전체 미곡유통 총량의 17.83%이고 穀이 82.17%라는 사실을 확인해 주었다. 淸 전기 자료의 호남미도 대부분 稻米로서 실제의 米는 극히 일부였다고 생각된다. 1930년대 중반에 호남미는 穀 기준 약 1300~1400만 石에 가까운 수출이 지속되고 있다. 上海를 비롯한 근대도시의 성장, 주변지역의 공업화 등으로 江浙지역의 식량 결핍적 요소는 더욱 심화되었고 이것

이 호남 미곡시장의 수출시장화를 촉구하였다고 생각된다. 하류지역 수출과 더불어 淸 전기의 湘江유역 洞庭湖 주변으로 국한되었던 미곡 생산지역이 주변지역으로 확대되어 이들 지역도 접경지의 外省으로 미곡을 수출하거나 省內 유통에 참여하고 있다. 한편 종래 식량 보충수단에 불과하였던 잡량 등이 漢口를 비롯 長江 연안지역으로 수출되면서 상품糧 대열에 합류되고 있는 것도 이 시기 새롭게 등장한 특징의 하나이다.

호남 미곡시장은 上海의 미곡시장과 상관계수 0.9 이상의 고도의 상관관계를 갖고 상호 연계되어 있다. 상담, 장사 중심의 미곡수출 주도지역의 가격 연계는 대체로 체계성을 보여주고 있다. 즉 유통방향을 따라 가격 수준이 차츰 높아지는 체계성을 보이고 있다. 뿐만 아니라 非수출주도지역의 米價도 중심지역 米價와 일정한 상관관계를 갖고 있다. 상호간에 미곡교역은 없더라도 잡량이나 기타 상품을 판매하는 상업망을 통해 米價도 기준선을 유지할 수 있었다고 생각된다.

한편 太平天國 前 호남 미곡시장은 淮鹽판매 특권을 가진 淮商의 수중에 있다고 알려지고 있으나 乾隆期부터 상담 미곡시장을 무대로 토착상인이 성장하고 있고 太平天國 後 淮鹽시장붕괴와 川粤鹽 경쟁시장화하면서 호남 미곡시장은 호남상인의 활동분야로 발전하고 있었던 것을 알 수 있었다.

미곡판매에 대한 대응상품으로 洋貨, 洋米의 판매는 1930년대 전반 경까지 호남 농촌의 국지시장 단위로까지 그다지 큰 비중을 차지하지 못하였다. 洋米는 호남미 유통을 방해할 수준은 되지 못하였다. 또 洋貨 가운데 국산洋貨가 등장하여 무대를 확장하고 있었다. 따라서 洋米 수입에도 불구하고 호남 미곡의 省外유통은 더욱 발전되고 있었다.

米價는 청말민국기에 기본적으로 상승추세를 유지하였고 부분적인 파동은 있었지만 미곡시장에 판매자로 참가한 농민의 소득증대에 기여했다고 생각된다. 米價와 가장 보편적인 소비품인 鹽價와 비교 혹은 洋絲, 洋油 등에 비교함으로써 米價의 실질구매력이 상승하거나 유지되었다는 것을 밝혔다.

대체적으로 보면 청말민국기 호남 농촌의 농업생산성은 발전하고 있었다고 여겨진다. 생산성의 구체적 내용의 해명을 위해서는 더욱 자세한 고찰이 있어야 할 것이다. 또 호남 미곡시장의 구조적 특질로서 '지주적 시장'이론에 대해 '농민적 시장' 반론을 제시하려는 의도는 있었으나 실증자료의 부족으로 실패에 그쳤다. 이것은 이후의 과제로 생각된다.

제2장「淸末民國期 湖南 長沙府의 농업생산과 상품유통」은 호남성의 省都이고 생산유통의 중심지인 장사부를 집중 분석한 것이다. 여기서의 문제의식은 半植民地半封建社會로 규정되어 있는 이 시기의 호남 장사부 농촌사회가 구체적 실제적으로 어떻게 변모하고 있었는 가이다.

미곡생산 부분에서 보면 洋米 수입 증가로 호남미 시장이 상실됨으로써 미곡유통이 활기를 잃은 것은 아니었다. 또 인구의 증가로 미곡은 자급에 그쳐서 수출이 중단된 것도 아니었다. 농업생산은 기후조건의 영향을 받아 풍흉의 변동이 있기 마련이다. 따라서 수확량으로만 보면 매년은 하나의 파동을 형성한다고 볼 수 있다. 장사부는 가경시기에 비해 민국전반에 거의 인구가 400만 정도 증가하였으나 1930년대 전반까지 미곡수출지 기능을 하고 있는 것을 확인하였다. 종전에 주요 미곡 수출지가 아니었던 醴陵, 攸縣, 瀏陽, 茶陵 등지까지 미곡생산이 확대되고 있다.

잡량의 재배도 주요 미곡 생산지대인 장사부에서 청말민국기에 집중적으로 확산되고 있다. 옥수수, 고구마 특히 고구마 재배가 활발하다. 관련 지방지 史料 가운데 잡량으로 半年식량을 한다거나 잡량을 전부 먹고 미곡을 상품화한다는 기재가 빈번하다. 이 잡량재배는 '제2차 식량혁명'이라 할 정도로 생산력 발전에 기여한 바가 컸다. 청말민국기에 長沙府의 인구가 갑절로 증가하였는데도 늘어난 인구의 부양뿐 아니라 揚子江 하류지역으로 미곡수출이 가능하게 한 힘의 상당 부분은 이 잡량재배가 원인이었다. 종전에 잡량은 자급용이거나 지방 소시장의 상품일 뿐이라고 생각해 왔으나, 청말민국기에 잡량은 漢口와 같은 대 城市의 곡물시장에서 미곡과 같은 유통 규모로 거래되는 상품이 되고 있다. 잡량 소비의 대규모 민중층을 생각할 수밖에 없다.

농업생산성은 분명히 향상되고 있다. 畝당 産量은 상담현 경우 1738년 1.68石에서 同治 7년(1868)에는 畝당 5.0石으로 증가하고 있다. 유양현도 淸 전기의 1.97石에서 同治년간 3~4石 단계를 거쳐 民國시기 5.5石 수준에 도달하고 있다. 장사부 11縣을 검토해 보아도 畝당 생산량은 청말민국기에 분명히 높아지고 있다. 농사기술면에서도 민국기 지방지에는 農具 항목이 신설되어 자세한 기록과 관심이 표현되고 있다. 民國『예릉현지』에 60여 종의 農具가 적시되어 있다. 구식 농기구의 개량이 이루어지고 미미하지만 장사부에도 신식 농기구 도입과 품종개량이 시도된다. 외국 종자의 수입도 일부 시행된다. 施肥개량과 새로운 농법인 區田法도 실행되고 있다. 民國시기의 『예릉현지』에는 同治刊 현지보다 稻 품종이 4배나 늘어난 것도 발전적 측면이다. 신식 농기구 사용이 있다 하더라도 "전통농업의 망망대해에 떠 있는 몇 송이 꽃"이라는 견해는 새로운 발전을 의도적으로 貶下하는 것이다. 그것은 전체로 보면 미미하다 하더라도 前단계에 비해서는 분명히 발전된 양상이고 변화의 방향을 제시한 점에서 오히려 "세포핵"이라고 해야 할 것이다. 농업생산력 발전이 완만한 데 대해서는 따로 원인 연구가 이루어져야 한다.

경제작물 생산에는 면화, 차, 桐油, 烟草 등이 국제시장의 수요증대에 민감하게 반응하면서 생산이 확대되었다. 이것이 제국주의의 시장지배와 조종의 현상으로 이해되기보다는 농업의 상품化가 자본주의적 시장경제에 적응하는 과정으로 여겨진다. 국제시장 수요의 감소는 품질 경쟁의 문제이지 제국주의의 정치적 억압 때문은 아니다. 생산의 증대와 상품판매, 교역량 증대는 경제성장과 시장경제 강화로 이해된다.

洋貨의 범람은 제국주의 침략의 경제적 표현으로 이해되고 전통수공업의 몰락, 파산으로 간주해왔다. 그러나 洋貨의 수입은 국산洋貨의 등장을 촉진하고 국내 수공업의 개량을 자극한 것이 사실이다. 洋貨 유통이 넓은 지역은 미곡생산이 풍부하고 구매력이 높은 지역이었다. 洋貨소비의 급증은 경제성장과 생활수준의 향상이었다.

米價와 물가는 비교 가능한 정확한 통계가 부족하다. 넓은 범위에서 다룰수록 도량형, 화폐의 상이로 인해 비교 자체가 곤란하다. 여기서 예릉현의 물가표를 분석해 본 결과 米價의 상승추세는 구매물가인 塩, 煤油, 洋紗 등과 비교해서 결코 낮지 않고 오히려 높은 편이었다. '穀賤傷農' 史料를 검토해 보면 米穀을 시장에 판매하여 화폐를 획득하는 소농민의 존재가 확인된다. 米價의 구매물가에 대한 수준 유지는 결코 농민의 절대 빈곤화를 말하지 않는다. 제국주의 침략기라는 청말민국기에 농민의 생활수준도 오히려 향상되고 있다. 洋貨사용의 보편화, 煤油 또는 전기사용, 시계, 안경, 약품 등 전통시대에 없던 신문명에 접촉하고 있다. 물론 여전히 절대빈곤에 놓인 많은 대중을 발견할 수는 있을 것이지만 이들이 淸 이전 사회보다 더욱 비참해진 증거는 없다.

총괄하면 청말민국기는 호남 장사부의 농촌사회에서도 경제성장과 시장경제로의 발전이 진행되고 있었다. 발전 속도가 완만하고 빈곤 농민이 생활파탄에 도달한 자도 있지만 이 현상에 '제국주의 전부책임론'을 매기는 것은 옳지 못하고 '제국주의 부분책임론'은 가능할 것이다. 상당 부분은 내부적인 원인에 찾아야 할 것이다.

제3장 「淸末民國期 湖南 汝城縣의 상품유통과 물가변동」은 호남의 남부 변방지역인 여성현을 소재로 하여 이 지역에서의 상품유통과 물가변동을 분석한 것이다.

米價를 중심으로 이 60여 년간 물가는 기준년에 비하여 증가지수가 매년 4~5 정도 상승 추세이다. 이것은 중일전쟁, 세계대전 등 혼란한 시기인 민국 후기에 비해서 상대적으로 안정속의 상승이라고 할 수 있다. 물가상승 원인으로 흔히 지적되는 인구의 폭발적 증가와 경제개발의 둔화 등의 이유는 적어도 이 지역의 통계 수치상으로는 확인하기 어렵다. 인구의 완만한 성장과 농업생산력의 성장이 물가상승폭을 어느 정도 안정시키고 있는지도 모른다.

또 다른 원인으로 採買가 지적되지만 여성현에서는 同治 13년(1874)에 채매가 중단되었다. 세금에서는 田賦 외에 지방경비 조달 차원에서 각종의 잡세가 신설되거나 증가되는 것이 확인된다. 더욱이 契稅, 契紙稅, 經

40

紀捐, 百貨捐, 煙酒稅 등 상업활동과 관련 각종 부가세가 무수히 신설되는 것 등은 직간접으로 가격에 전가되기 때문에 물가상승에 기여하였다고 생각된다. 倉儲제도 역시 淸 후기 다른 지방과 마찬가지로 嘉慶년간 이후 붕괴됨으로서 국가 차원의 가격 조절 기능이 쇠퇴하였다. 이것도 물가상승의 한 원인이 되었을 것이다.

국제교역이 직접적으로 이 지역에 미치는 영향은 수치상 불명확하다. 「近年物價表」에 거래량이 명기되어 있지 않다. 桐油가 외국시장에 수출됨으로써 가격이 상승했다는 것이 지적되고 있고『여성현지』에도 茶葉의 수출을 위해 광동상인이 여성현에 買集차 내왕하는 것이 확인된다. 또 여성현의 대외 거래중 60%가 광동을 통한 것이며 그 루트로 洋貨가 들어온 것은 분명히 확인된다. 洋絲, 洋油의 가격이 등귀하는 폭은 일반 물가상승폭을 앞지르고 있으나 洋布가 물목에 빠져있어 土布의 존재가 어느 정도 경쟁력을 가지고 있었다고 여겨진다. 洋絲, 洋油외에 洋貨의 물목은 「物價表」에 보이지 않는다. 그러므로 民國 21년 단계까지도 호남 여성현에는 제국주의의 경제적 침략이 구체적으로 왕성한 것 같지 않다. 洋絲의 도입은 土布 생산을 자극했을 것이고 실제 土布 가격의 상승률도 일반 물가상승률을 밑돌지 않는다.

중국학계에서는 이 시기 국제교역은 제국주의의 상품시장인 동시에 원료 수탈시장으로 중국을 규정하는 것이라 본다. 결과 중국 농민의 생활은 더욱 곤궁하고 비참해졌다는 것이다. 그러나 이 여성현의 경우 淸 전기 18세기 전반까지 麥作도 행해지지 않았고 市集도 존재하지 않는 山邑이었다. 호남의 米産地로 보면 缺糧區에 해당한다. 그런데 淸末 이후 麥作이 보급되고 고구마 등 재배가 확대된다. 미곡은 단위당 畝産도 호남성 각 縣 가운데 최고 수준인 4石/畝가 되고 産額의 1/4은 광동이나 인근 資興縣 등지로 수출되기에 이르렀다. 타 지역에서 양식 보충 자료인 옥수수는 오리 먹이용으로 제공되고 고구마는 양식 보충이 되었다. 米의 생산량 증가, 잡량의 확대 등은 농민의 米상품화를 가능하게 해주는 것이다. 이런 배경하에 각지에 市集이 발전하고 縣城에는 300~400家의 점포가 등장하였다. 뿐만 아니라 각지의 상인 즉 衡幇, 寶幇, 廣幇, 西幇 등 외지 상인이 와서 여성현에 상주하며 會館까지 설립하기에 이르렀다. 民國초에는 텅스텐 광산이 개발되어 인구유입과 경기 부양을 도왔다.

농민의 판매 물가와 구매 물가는 명확히 구분할 수 없으나 「物價表」의 물목 거의 대부분이 비슷한 상승폭을 보이고 있다. 木工, 土工 등의 실질 임금은 물가상승에 따라 감소하지 않았고 雇農의 실질 임금은 오히려 상승하고 있었다. 이런 면에서 볼 때 민국 21년(1932년)까지의 호남 여성현의 물가상승에서 제국주의 침략의 영향으로 농민이 더욱 곤궁해지고 비참해졌다고 보기는 어렵다고 생각된다.

그런데 「物價表」의 史料는 매년 매월의 상세한 항목이 없고 장기 추세를 알려줄 뿐이다. 또 화폐의 환산치도 끝내 정확히 밝히지 못하여 타 지역과의 물가의 직접 비교도 할 수 없었다. 중국 물가 연구의 일반적 문제, 자료의 한계 등은 앞으로 극복되어야 할 과제이다. 다만 이제까지 物價史가 전국적인 이론으로 구성되면서 실제 자료는 여기 저기 상이한 지역의 자료를 무차별 종합을 했다는데 대해 한 개의 縣을 단위로 당시인의 시각에서 時系列로 정리된 物價史를 재구성해 보려한 데 의의가 있다고 여겨진다.

부론 「淸末民國期 湖北의 미곡시장과 상품유통」은 제1장과 짝을 이루는 것이다. 호남과 호북은 연접해 있고 같은 호광지방이다. 또 호북의 한구는 호남 미곡과 상품이 거래되는 중요 지점이다. 그러므로 호북의 미곡시장과 상품 유통을 통해 확산해 가는 호남의 상품유통과 시장의 특질을 분석해 본 것이다.

종전에 호북은 乾隆 이후에는 급속한 인구증가로 인한 경지 부하량의 가중으로 미곡수출지 기능이 쇠퇴한 것으로 통념적으로 이해되어 왔다. 그런데 청말민국기 특히 1936년 이전까지 상황을 분석해 본 결과 호북은 여전히 미곡을 揚子江 하류 지역과 기타 省으로 방출하는 생산력을 갖추고 있었다. 또 미곡수출의 대체식량으로 주목되기도 하는 잡량재배의 확대, 小麥의 생산 증가 등으로 小麥雜糧의 일부도 자급이나 지방소시장

상품에 국한되지 않고 원격지 시장의 상품糧으로 발전하고 있다.

시장의 연계와 유통방향을 보면 漢口와 같은 중심지 시장으로의 이동경로에 따라 가격이 높아지는 체계성이 확인되었다. 전반적으로 지방시장 상호간에 가격의 접근성이 두드러져 시장의 강한 통합성을 짐작할 수 있었다.

상품유통의 특성을 보면 商品糧으로 수출된 미곡의 대응 상품에 대하여 살펴보았다. 종전 淮塩의 대량소비 가운데 미곡판매 대금이 모두 상쇄된 것으로 이해해 왔지만 실제 교역액을 보면 米糧과 잡량이 각기 연 1800萬 兩인데 비해 塩교역액이 400~500萬 兩에 불과하였다는 것을 알게 되었다. 또 咸豊 3년(1853)부터 太平天國 때문에 川塩시장으로 되었다가 光緖 2년(1876)까지 淮塩의 호북진출이 좌절되었던 것도 확인되었다. 洋貨의 유통에 대해서 보면 주로 미곡방출지인 黃州府, 武昌府, 漢陽府, 安陸府 등지에 보급정도가 높은 것 같다. 襄陽府의 老河口나 荊州府 沙市와 같이 미곡집산지 등에도 洋貨유통이 비교적 활발하였다. 인구와 구매력 집중지에 洋貨 보급이 활발한 것은 자연스러운 일이지만 미곡방출 등이 구매력의 기초를 제공하고 있다는 것을 알 수 있다. 전체적으로는 시계, 안경, 유리, 사진, 화장품, 西藥 등이 두드러진 洋貨인데 상품시장 전체에서의 비중은 여전히 미비한 편이다. 성냥, 비누, 국산 洋布 등의 국내민족공업 발전의 결과 국산洋貨도 많이 보급되고 있었던 것을 알 수 있다. 西藥과 國藥行의 병존, 銀行과 錢莊의 공존 등에서 전통과 근대가 연속되고 단순히 서구에 의한 전통의 대체가 아니라 제3의 근대화 모형으로서 '아시아적' 자본주의의 원형을 엿볼 수 있었다. 洋米의 경우 근현대에 수입량이 증가한 것은 사실이나 호북의 미곡시장을 왜곡할 정도는 아니었다.

米價와 물가를 보면 청말민국기에 걸쳐 물가는 부분적인 파동을 거치면서 전체적으로는 상승기조를 걷고 있다. 米價의 생필품인 塩에 대한 구매력은 淸 후기에 비하여 민국기에 오히려 상승하고 있다. 그 외 일반 공업제품에 대한 구매력은 일부 시기에 하강하고 부분 시기에는 상승하

고 있다. 민국 전반기 농산품가격과 공산품 가격에 대한 가격剪刀差는
생각보다 크지 않다. 煤油나 시계, 안경등 기타 洋貨에 대한 비가 문제를
떠나 洋貨의 보급확대는 농민의 소비생활 수준의 향상으로 보아야 할 것
이다.

穀賤傷農은 근현대 호북의 미곡시장이 종전 통념처럼 지주의 租穀에
의한 봉건적 상품시장으로서가 아니라 상품糧 공급 주체로서 농민을 파
악하게 하는 단서였다. 일정부분 지주의 租穀이 있었으나 상품화폐 경제
의 진전에 따라 농민의 상품糧 점유 부분이 점차 확대되어 간 것이 이 시
기 변화의 양상이었고 이것이 농업자본주의화의 시초가 될 수 있다고 생
각된다.

다수 중국학자들의 근대 농산 상품화의 提高는 있었으나 여전히 자연
경제가 우세하다든지 자본주의 萌芽는 있었으나 제국주의 봉건주의 관료
자본주의 압박에 의해 좌절되었다는 견해는 재고의 여지가 있다고 생각
된다. 신식 농기구나 농업기술의 존재는 전통 농업의 망망대해에 떠 있는
'몇 송이 꽃'이 아니라 '세포핵'이었다. 근현대 호북 농촌에서 자본주의화
과정의 각종 곤란은 後發자본주의 국가들이 직면하는 공통적 요소와 무
관하지 않다. 시장의 물리적 광범위함과 구매력의 유한성이 자본주의 발
전을 완만하게 한 것이고 동시에 제국주의 침략의 경제적 파급효과를 지
연시켰다고 생각된다. 농업생산은 매년 수확량이 다른 것이기 때문에 끊
임없는 파동이고 근현대의 농업생산은 파동 속의 성장을 계속했다고 생
각된다.

V

이 책에 포함된 논문은 대부분 역사학 잡지에 게재된 것이다. 일부는
다른 곳에 서술된 것이다. 책으로 공간하기 위하여 정리하는 과정에서 약
간의 수정 보완을 거쳤으나 미흡한 부분이 많다. 참고로 이 책에 사용된
논문들의 원 게재 내용을 소개하면 아래와 같다.

제1편
義田과 생산관계

제1장 淸 後期 湖南의 義田과 地主-佃戶관계

序言

明 중기 이후 江浙을 대신한 새로운 곡창지대로서 호남이 일찍부터 주목을 받아왔다. 종래 연구는 주로 湖南米의 유통문제와 그와 관련된 지주제에 대해 행해졌고[1] 또 청 전기 이후 호남에서의 두드러진 현상으로 押租 관행이 湖南 지주제의 특성으로 이해되었다.[2]

그런데 앞서 행해진 호남 지주제 연구는 중심 자료가 「湖南省例成案」과 地方志 등이다. 「湖南省例成案」에 게재된 지방관의 詳文과 지방지의 풍속조는 개괄적인 상황을 전해줄 뿐이고 개별 구체적인 지주-전호관계를 직접 표현하지는 못한다.

湖南은 9府, 4直隷州, 5直隷廳과 7~80개의 縣으로 구성된 광범위한 지역이다. 그런데 湖南米라고 하면 湖南의 岳州府, 長沙府, 常德府, 衡州府 일부의 생산품을 가리키는 것이고, 辰州府, 永順府 등은 米 수출지역이 아니다. 따라서 호남의 지주제는 지역적으로는 보다 세분되고 微視的인 고찰이 필요하다고 생각된다.

本章에서는 지방지의 입수가 용이하였던 호남의 6개 縣, 湘潭 湘鄕 桃

---

1) 重田德,「淸初における湖南米市場の一考察」;「淸初における湖南の地主制について」『淸代社會經濟史硏究』, 東京, 1975 ; 安部健夫,「米穀需給の硏究」『雍正時代の硏究』, 京都, 1986. ; 方行,「淸代前期湖南農民賣糧所得釋例」『中國經濟史硏究』1988년 1기.

2) 白石博男,「淸末湖南の農村社會 - 押租慣行の抗租傾向 - 」『中國近代化の社會構造』, 東京, 1973.

源 邵陽 城步 衡陽을 중심으로 淸 후기 義田의 지주제를 고찰하려 한다. 여기서 의전은 호남 지주제 해명을 위한 하나의 소재이고, 기본적으로는 의전의 생산관계가 여타 지주제와 동일한 구조 속에 있다는 인식이 전제되고 있다.[3]

Ⅰ. 湖南 義田의 존재형태

1) 義田의 분포

(1) 義學田類

의전은 蘇州府 등지에서 많이 나타나는 同族的인 義莊의 義田, 義倉에 부속된 義田, 善堂田, 義渡田, 同族의 義學田 등 다양한 형태가 존재하였다. 이들 의전은 淸朝 국가에 의해 善行으로서 鄕紳을 비롯한 일반에 장려된 표면상 공익 목적의 토지였다. 의전은 정책적인 관심에 의해 지방지에 내용이 상세히 기재되고 있고 일반과 같은 租佃관계에 의해 운영되고 있는 것이 분명하므로 淸 후기의 이 지역 생산관계 해명에 좋은 자료가 된다고 생각한다. 논자에 따라서 學田은 各類官田으로 분류하기도 한다.[4] 학전은 지역에 따라 書田, 贍田, 膳田 혹은 儒學田, 學院田, 書院田, 社學田 등으로 불리기도 하는데, 여기에는 국가가 직접 발급한 토지 官田과 捐助에 의해 마련된 토지 公田이 있다. 이 공전은 성질상 의전과 유사하여 지방지에서는 의학전이라 일컫고 있다.[5]

光緖刊 『湘潭縣志』 禮典15~19에는 保節堂田과 賓興堂田은 공전으

---

3) 陶煦, 『周莊鎭志』 권4, 風俗 "善堂或名淸節……皆擁田千百畝 而收租亦如上所云云." 善堂의 義田이 일반地主制와 동일하다고 인식되고 있고, 光緖 9년간 『蘇州府志』 권17, 田賦, 豊備義倉의 義田 운영이 일반租佃制와 같다는 것을 알 수 있다. ; 拙稿, 「淸後期 湖南 辰州府의 義田」 『釜山史學』 20집, 1991에도 義田지주제가 일반과 같다는 것이 확인됨.

4) 李文治 編, 『中國近代農業史資料』 제1집, p.39.

5) 林金樹, 「明代私人捐田助學風氣的興起及其作用」 『明淸史』 1990년 9기.

로, 皆不忍堂田, 育嬰堂田 등은 의전으로 표현하고 있지만 구별되는 개념으로 사용하고 있지 않다. 同 縣志 建置2, 公田表에는 書院膏火田과 善堂田 등이 모두 나란히 기재되어 있어 이들이 동일한 의전류로 인식되고 있음을 알 수 있다.[6] 그 외에도 지방지의 곳곳에 公田과 義田이 거의 같은 동의어로 사용되고 있는 경우를 볼 수 있다.

여기서는 一族 등에 한정된 좁은 의미의 義學田이 아니고 書院膏火田, 빈흥전 등을 義學田類에 넣어 검토해 보고자 한다.

<표 1-1> 湖南 6縣 義田 분포

		湘潭	湘鄉	桃源	邵陽	城步	衡陽
義學田類	書院膏火田 賓興田	2065.7무 3916.25무		770.3무이상 239.8무	미상 伍氏義學田租 420석	70.15무	573.7무 歲租 503석
善堂田類	育嬰堂田 保節堂田 皆不忍堂田 養濟院田 기타	4087.5무 570.7무 480.0무 2710.5무 522.5무 作善堂 620.2무	432.3무 普濟堂田 162.0무	45.0무 600.0무	33.0무 捐田畝約萬金		義田租 1,600석 田租 16석 普濟堂田 91.0畝
기타	義渡田 義倉 義田		413.9무 이상 40.0무				田租 170석

<표 1-1>은 호남 6현의 의전 분포의 대략을 알 수 있게 정리한 것이다. 이 표에 의하면 상담현의 경우 의전의 설치가 두드러진 것이 주목된다. 우선 昭潭書院 膏火田이 2,065.7畝로 나타나고 있다.[7] 도원현의 경우, 漳江書院 膏火田이 설치되어 있는데 <표 1-1>에 제시된 770.3무는 계산 가능한 형태로 면적이 표시된 경우만을 합산한 것이고 園土나 屋基, 地

---

6) 王闓運 等纂, 光緒 15년간 『湘潭縣志』, 台北, 成文出版社, 1970.(이하 『湘潭縣志』라 略함)

7) 『湘潭縣志』 建置2, 公田表, pp.235~268.

등은 제외된 수치이다. 소양현의 경우, 寶慶府城圖에 濂溪書院의 위치가 표시되어 있고 乾隆 5년(1740)에 知縣 高應遜이 선학전과 빈흥전을 서원 고화전으로 설치했다는 기록은 있지만[8] 그 후의 사정은 알 수 없다. 형양 현은 漢湖書院 膏火田과 石鼓書院 膏火田이 설치되어 있는데 약 573.7 무 이상이라 추산된다.[9] 성보현의 경우, 서원고화전이 70.15무로 가장 적게 나타나는데 그 이유는 <표 1-2>의 사실로 알 수 있을 것이다. 경지면 적과 인구 면에서 가장 취약한 縣이 성보현이라는 것과 무관하지 않을 것이다. 상향현의 경우 면적이 확인되지 않는다.

<표 1-2> 湖南 6縣 人口 田地

	시기	호	구	田地塘총계	무/호
상담현	嘉慶 11년(1806)	70,720	399,300	1,303,986무	11.9
	光緒 13년(1887)	109,154	817,607		
			남 471,039		
			여 346,569		
상향현	嘉慶 21년(1816)	77,750	489,555		
	同治 7년(1868)	85,122	537,218		
	同治 10년(1871)	85,131	537,289	1,336,471무	15.6
소양현	嘉慶 21년(1816)	114,748	646,575	903,493무	7.87
	光緒 33년(1907)		1,188,000		
			남 721,616		
			여 166,392		
			猺民 포함		
성보현	嘉慶 21년(1816)	15,550	89,390	88,532무	5.69
	1947	19,479	90,773		
도원현	嘉慶 21년(1816)	127,235	453,775	689,639무	5.42
형양현	乾隆 21년(1756)	42,784	261,075		
	嘉慶 21년(1816)	77,585	410,553		
	同治 10년(1871)	44,335	412,004	709,463무	9.14

科擧 응시자들의 경비 지원을 위해 설치된 賓興田의 경우 역시 상담현

---

8) 姚炳奎 纂, 光緒 33년 刊『邵陽縣鄕土志』, 台北, 成文出版社, 1970(이하『邵陽志』라 略함)卷1, 建置, 政績 p.48.

9) 彭玉麟 纂, 同治 13년 刊『衡陽縣志』禮典18, 19, pp.424~428.(이하『衡陽縣志』라 略함)

이 가장 많은 3916.25무이고 도원현이 239.8무이다. 구체적 면적 표시는 되어 있지 않지만 형양현의 경우는 賓興田에서 거두는 歲租가 500石 이상 규모라는 것이 확인된다. 『湘潭縣志』禮典에는 賓興田이 4,006무로 나타나지만[10] 공전표 상의 합산 결과는 여기에 약간 미치지 못하였다. 그 외에 義學田類로서 伍氏 義學田이 소양현에 설치되어 있다.[11] 田租 420 석을 거두는 규모의 상당히 큰 것으로서 의전의 소재지는 永成 3都이고 縣治로부터 서쪽 30里 지점이었다. 참고로 6현의 進士 배출상황을 조사해 보면 다음과 같다.[12]

<표 1-2-1> 湖南 6 縣의 進士 배출상황

	1653-1679	1685-1706	1709-1724	1724-1745	1748-1763	1766-1781	1784-1799	계
상담	1	2	6	11	9	10	4	43
상향	0	0	0	0	0	1	2	3
형양	1	2	2	5	3	0	4	17
소양	2	1	2	0	2	0	0	7
성보	0	0	0	0	0	0	0	0
도원	1	1	0	0	0	0	0	2

직접적 비교는 어렵겠지만 경지면적이 비슷한 상담과 상향에서 상담이 압도적으로 進士 출신을 많이 배출하게 된 이유는 이러한 의학전류의 설치가 많았던 것과 어떤 관련성을 가진다고 보아진다.

(2) 善堂田類

育嬰堂田의 경우 성보현을 제외한 나머지 5개 縣에 모두 설치되어 있는 것을 알 수 있다. 역시 상담현이 약 4,500무 수준으로 압도적으로 他縣에 비해 우세하다. 소양현과 형양현은 정확한 면적을 알 수가 없다. 상담

---

10) 『湘潭縣志』禮典16, p.603.

11) 『邵陽志』 권3, 地理 疆域, p.430.

12) Evelyn Sakakida Rawski, *Agricultural Change and the Peasant Economy of South China*, Harvard Univ. Press, 1972.

현은 育嬰堂 이외에도 守節寡婦의 지원을 위한 保節堂田, 무연고의 流屍를 수습하기 위한 皆不忍堂田, 養濟院田,[13] 作善堂田, 仁美堂, 樂善堂 등의 의전이 집중적으로 분포되어 있다. 상향, 형양의 경우에도 普濟堂田 약간이 설치되어 있다.

⑶ 기타

상향현에서는 義渡田이 413.9무 정도 나타나고 있고 義倉에 부속된 의전으로 11都 杉樹灣에 捐田 40무가 확인된다.[14] 형양현에도 田租 170석 정도의 의창·의전과 유사한 존재가 보이지만[15] 실제 면적은 알 수 없다. 그 외에 『湘鄕縣志』의 人物志 중 儒林, 文宛, 處士, 善行 등을 검토하면 宗族의 祭田, 祠田類의 빈번한 설치 기록을 볼 수 있으나, 면적을 摘示하지 않은 경우가 대부분이고 實數가 밝혀진 것은 1무 내지 10무 이내의 근소한 것이었다.[16] 소양현이나 도원현, 형양현 등에서도 祭田이나 義渡田의 설치가 부분적으로 인정되지만 그 규모는 미미한 것이었다.

다음에 실제 소유지의 분포 형태를 파악해 보자. 상담현의 昭潭書院 膏火田, 賓興堂田 등의 소유지 현황을 정리한 <표 1-3>에서 <표 1-7>까지에 나타나는 사실은 光緒 14년(1888)단계의 상담현의 지주적 소유지의 분포 상태를 반영한다고 생각된다.

표에는 제시되지 않았지만 상담현 學宮祀田의 경우, 전체 면적 991.63畝 가운데 50%를 넘는 503畝가 2都와 12都에 집중 분포되고 있다. <표 1-3>의 소담서원 고화전의 田地도 2都와 12都에 전체의 약 1/4정도가 배치되고 있고, 다시 6都와 7都의 소유지 면적을 합하면 거의 60% 수준에 접근한다. 保節堂田은 2都, 12都에 약 43.5%, 皆不忍堂田이나 育嬰堂田도 동일 지역에 비슷한 집중적 분포도를 보이고 있다.

---

13) 養濟院, 育嬰堂, 普濟堂의 기능에 대해서는 星斌夫, 『明淸社會經濟史の硏究』, 東京, 1989 참조.

14) 黃楷盛等, 同治 13년刊 『湘鄕縣志』 卷3, 建置 倉廠.(이하 『湘鄕縣志』로 略함)

15) 『衡陽縣志』 建置9, p.237.

16) 『湘鄕縣志』 권17, 人物.

전체 규모가 4,000畝 정도인 賓興堂田은 2都와 12都만의 소유 田地는 14% 수준으로 떨어지지만 여기에 6都, 11都, 16都의 田地를 합하면 전체 면적의 40%정도 수준이 된다. 소담서원 고화전을 비롯한 이들 소유 田地는 2都, 12都를 중심으로 하는 부분적인 지역에 집중 분포를 하면서도 거의 全都에 걸쳐 고루 분포되고 있는 광역적인 소유 형태이다. 다시 疆域圖와 都甲圖를 통해서[17) 이들 田地의 분포 상태를 보면 의전의 집중도가 높은 2都와 12都는 縣治와 湘江을 사이에 두고 있는 지역이다. 이 지역은 縣治에서 가깝고 비옥도가 높은 田地로 여겨진다.

<표 1-3> 湘潭縣 昭潭書院膏火田 및 陶公祠歲修田

소재지	면적(畝)	소재지	면적(畝)	소재지	면적(畝)
1都 七斗沖	3.00	六龍橋	30.00	向家壩	18.00
2都 雲塘	60.00	龍眼橋	10.00	馮家沖	9.00
	10.00	金牌壟	21.00	向家壩	8.00
2都 桂花塘	20.00	顔家沖	6.00	烏石嶺	15.00
2都 劉家灣	20.00	竹埠湖	11.00	鐵牛埠	10.00
2都 靑龍嘴	70.00	9都 蝦塘	11.00	靈官港	30.00
2都 侯伯塘	44.00	蕭山嘴	4.00	神沖塘	10.00
3都 茶園坡	30.00	9都 龐家洲	25.50	13都 車頭塘	
4都 石橋壟	66.00	9都 蕭家老屋	100.00	14都 西沖	100.00
雙桂園	10.00	9都 蕭家嘴	45.00	廖家沖	6.00
姚家湖	13.00	9都 老屋灣	38.00	16都 白家湖	36.00
下4都 余家沖	20.00	9都 橫塘	20.00	高沙壟	20.00
5都 斗米塘	10.00	10都 陶家沖	6.00	蒜龍坪	15.00
竿子塘	10.00	高樓湖	19.00	17都 唐家沖	35.00
下5都 七畝沖	50.00	文家坪	12.00	17都 火燒坪	169.50
6都 顔東橋	66.00	石灰沖	33.00	17都 南沖塘	32.00
八託坪	159.50	白竹坳	10.00	17都 檀樹山	70.00
上南塘	127.00	芒花塘	24.00	17都 李家塘	30.00
南塘灣	8.00	11都 三望沖	27.00		10.00
7都 石羊단	0.70	12都 上圫	6.00	邱家麻園	1.50
8都 高葉塘	35.00	易家塘	107.00		
鐵籬笆	6.00	四房沖	37.00	총계	2065.7

---

17)『湘潭縣志』建置 圖5, 圖6, pp.172~175.

<표 1-4> 湘潭縣 賓興堂田

소재지	면적(畝)	소재지	면적(畝)	소재지	면적(畝)
1都 張家坪	70.00	8都 馮家壟	95.00	唐家坪	4.00
聶家灣	57.00	蝦蟆塘	23.50	13都 易家賽	72.00
老虎坡	40.00	半垻塘	18.00	楠塘沖	51.00
鮑家壟	9.00	9都 東沖	56.00, 15.00	龍塘沖	45.00
廻龍菴	10.00	梨塘壟	10.00	池子頭	19.00
2都 殷家垻	33.00	斗米沖	45.00	雷霹塘	0.70
六畝沖	20.00	杉樹壟	100.00	13都 大塘沖	22.00
甘家嘴	50.00	10都 蛇塘沖	20.00	14都 下灣	160.00
會湖塘	91.00	易家山	70.00	15都 射埠	60.00
二畝沖	60.00	周家灣	83.00	龍家洲	56.00
老屋山	70.00	11都 重陽垻	32.00	峰下嶺	131.00
3都 蓮子沖	110.00	悅仁塘	70.00	鯉魚塘	41.00
油舖塘	15.00	羅家沖	160.00	石牌沖	36.00
西沖	51.50	盛家沖	51.00	16都 深塘沖	62.50
宋家壟	62.00	餘慶塘	10.00	栗山壟	
勒馬嘴	18.25	西林沖	32.00	感竹塘	26.00
4都 老屋滿	30.00	12都 蛇形嘴	6.00	團山壟	50.00
4都 郭家塘	100.00	荷葉塘	4.00	橫頭壟	31.00
5都 沙林塘	105.00	梅林橋	30.00	唐家坡	26.00
連二塘	70.00	烟竹塘	105.00	17都 伍家坪	100.00
6都 竹山塘	41.00	馮家沖	2.00	枯塘	160.00
腰塘沖	50.00	磨頭塘	8.30	新塘	40.00
伍家沖	160.00	張家灣	22.00	馬家港	33.00
油麻塘	50.00	和尙塘	32.00	18都 厚田塘	25.00
7都 登龍港	160.00	長嶺	32.50	총계	3916.25

<표 1-5> 湘潭縣 保節堂田

소재지	면적(畝)	소재지	면적(畝)	소재지	면적(畝)
2都 樟樹嶺	73.00	12都 社山港	30.00	14都 王漢沖	20.00
鄧波塘	45.00	龍家屋場	26.00	15都 紅沙嶺	77.00
5都 楓樹坑	30.00	和尙塘	17.00	勒絲塘	10.00
6都 石牛垻	26.00	油子塘	18.00	16都 車公坳	12.00
7都 鯉魚塘	6.00	14都 熊家嘴	20.00		
9都 章塘沖	16.00	公石	54.00	총계	480

<표 1-6> 湘潭縣 皆不忍堂田

소재지	면적(畝)	소재지	면적(畝)	소재지	면적(畝)
1都 旱塘沖	5.00	牛欄塘	40.00	馬家圫	10.00
梅塘沖	20.00	下5都 洗硯塘	50.00	雨師廟	5.00
杜家沖	10.00	柳樹垻	50.00	12都 乾塘沖	30.00
劉家坪	30.00	石橋壟	15.00	浸水岩	3.00
2都 湖頭嶺	40.00	新渡口	162.00	蕭家塘	40.00
蔡家垻	250.00	6都 曠家山	66.00	七里沖	86.00
桐梓灣	66.00	長圫	26.00	馬王壟	4.00
荷塘坡	40.00	龍華塘	40.00	塔嶺	6.00, 25.00
響水垻	27.00	7都 橫沖子	6.00	譚家湖	20.00
鄧波塘	20.00	8都 稗子塘	30.00	山園	17.00
三湖嶺	6.00	蒼霞壟	54.00	黃田壟	20.00
3都 四塘坳	5.00	金牌壟	4.00	角通塘	70.00
謝家沖	40.00	9都 瀾泥沖	15.00	營盤塘	5.00
圫塘	69.00	趙家垻	65.50	13都 高塘沖	60.00
周家嘴	6.00	窯塘沖	44.00	蕭塘	44.00
麻子坳	8.50	荷塘沖	61.00	楊家灣	48.00
衡路橋	31.00	10都 荷塘沖	10.00	理頭灣	50.00
4都 桐子灣	6.00	白竹坳	5.00	張家賽	26.50
柞樹港	20.00	鄧家壟	70.00	杉樹塘	20.00
牛廠灣	60.00	段家灣	20.00	14都 何家沖	80.00
石沖塘	84.00	油榨塘	108.00	和尙塘	18.00
下4都 烏泥塘	20.00	桂花灣	10.00	歷巳山	6.00
合山嘴	24.00	11都 檀木橋	53.00	18都 譚家台	25.00
5都 楓樹坑	20.00	周家灣	80.00	총계	2710.5

<표 1-7> 湘潭縣 育嬰堂田

소재지	면적(畝)	소재지	면적(畝)	소재지	면적(畝)
1都　殷家洲	10.00	花園沖	15.00	香林塘	30.00
2都　雷鳴塘	94.00	郭湖塘	20.00	向家坝	12.00
殷家坝	24.00	杉樹嘴	5.00	耙金塘	20.00
絲草塘	70.00	8都　范家洲	32.00	譚家湖	20.00
黎家坪	200.00	金牌壪	21.00	新街後	30.00
四塘沖	35.00	宦沖	30.00	七里沖	29.00
白坪	200.00	9都　對江壪	20.00	13都　張家沖	50.00
月山塘	10.00	瑪瑙塘	4.00	高湖沖	21.00
栗山塘	30.00	洪山橋	71.00	凉傘橋	18.00
胡家田	140.00	昆山	5.00	上青塘	55.00
黃荊坝	191.00	樟樹下	18.00	下青塘	27.00
3都　陳皮塘	1.00	9都　栗子塘	50.00	車頭塘	4.00
了婆沖	8.00	孫家壪	45.00	15都　油子塘	20.00
5都　貫塘	5.00	10都　馮家洲	17.00	胡家嶺	16.50
下5都　立營市	47.00	蔭塘灣	150.00	柳樹灣	13.00
大皮貝	16.00	周家灣	2.50	老屋灣	10.00
高圫	12.00	金家沖	16.00	16都　湖田灣	4.00
黎家橋	18.50	盧家灣	15.00	烟竹塘	8.50
黃騎壩	1.50	糞箕塘沖	18.00	石家屋場	3.00
樂家坪	50.00	文藪坪	95.00	下山塘	50.00
6都　新渡口	12.00	金家沖	10.50	返荷塘	12.50
文家沖	10.00	泗沖塘	13.00	高沙壪	9.00
大屋灣	95.00	竹沖	42.00	匡家湖	50.00
6都　灘塘灣	71.00	中塘坪	6.00	高洲湖	20.00
黑石壩	50.00	11都　東石灣	13.00	17都　周家沖	5.00
葉子塘	88.00	銀壺塘	42.00	唐家沖	45.00
賀家沖	20.00	車頭塘	80.00	赤脚塘	3.00
勾圫灣	7.50	乾塘坳	5.00	几子灘	95.00
楊梅灣	16.50	長圫	10.00	李木塘	30.00
亨塘	17.00	大路塘	6.00	17都　馮家坪	80.00
殷家沖	184.00	12都　鄒家坝	13.00	吉陳壪	3.00
7都　沈香坝	11.50	石圫	30.00	老塘衝	13.00
黃獺塘	80.00	張家沖	10.50	洴塘	106.00
鄭家坪	26.00	周家沖	309.00	下17都　大屋壪	62.00
鐵皮沖	6.00	12都　毛家壪	16.00	총계	4087.5

소유지의 광역성을 보면 거의 全都에 걸쳐 두루 분포되어 있는데, 縣治로부터는 16도까지가 약 80~90리, 18도까지는 120리 정도의 거리가 분포 범위가 되고 있다. 2도와 12도를 제외한 다른 지역에서 많은 분포를 보이는 것도 6도, 11도 등 涓水 유역이나 湘江 연안, 상강의 지류를 끼고 있는 지역이 많았다. 그런데 朱亭育嬰堂田의 경우 표에는 제시되지 않았지만 전술한 다른 의전들과는 달리 2도, 6도에는 전혀 소유 전지가 없고 8도, 16도, 下 17도, 18도에만 전지가 분포되어 있다.[18] 이 가운데 8도의 13.7무를 제외한 거의 98%의 전지가 16, 下17, 18도에 분포되고 있다. 朱亭育嬰堂은 疆域圖에 확인되는 데로 朱亭司가 위치한 18都에 소재하고 있다. 따라서 朱亭育嬰堂이 위치한 같은 18도 내에 약 52%의 田地를 소유하고 인근의 16도, 下17도에 전지를 소유하고 있다. 적은 규모이기는 하지만 縣治에 상대적으로 가깝고 朱亭育嬰堂이 소재한 18도로부터는 거의 80리 가량 떨어진 8도에도 소유지를 가지고 있는 것이다.

『湘潭縣志』 禮典에

> 그 나머지 돈과 곡식을 내어 버려진 고아를 수습한 것을 다 헤아릴 수 없는데 朱亭이 가장 현저하였다. 의전 500여畝를 보유하였다.[19]

라 한 것을 보면 朱亭育嬰堂의 義田 설치에 주로 朱亭 거주인들이 참여한 것을 알 수 있다. 이 사실을 인정한다면 朱亭 거주 鄕居地主의 소유지가 약 80里 떨어진 8都에도 소재하고 있었다고 보아야 할 것이다. <표 1-3>에서 <표 1-7>까지에 나타나는 사실은 소재지별 의전의 소유규모이고 각 項이 곧바로 佃作 규모를 의미한다고 볼 수는 없다. 여기에 佃戶와의 결합관계는 다른 자료를 이용할 수밖에 없다.

그런데 전술의 소담서원 이하 <표 1-3>에서 <표 1-7>까지의 시설은 모두 縣城에 설치되어 있고 朱亭育嬰堂은 18도에 소재하고 있다. 주정육

---

18) 『湘潭縣志』 公田表, pp.248~256.
19) 『湘潭縣志』 禮典17, pp.605~606, "其餘釀錢穀收遺嬰者 不可勝計 而朱亭最著 有田五百餘畝."

영당의 소유토지는 거의 소재지인 18도에 거주하는 향거지주들이 기부한
토지이다. 따라서 주정육영당의 소유지 분포는 이 지역 향거지주들의 소
유지 분포 상태를 반영한다고 생각된다. 蘇州府의 경우 善堂의 소재지와
지주의 거주지가 상관관계가 있었던 것을 보면 상담현에서도 縣城에 설
치한 <표 1-3>~<표 1-7>의 昭潭書院 이하 소유 의전 분포는 상담현의
城居地主의 소유지 분포와 대응 관계가 있을 것으로 간주된다. 성거지주
적 소유지 분포이건 향거지주적 전지 분포이건 간에, 兩者에 공통되는 것
은 소재지 인근의 田地를 집중 소유하고 있다는 것이다.

2) 義田의 성격

(1) 설치 시기

湖南에서의 의전 설치의 기원은 明代 嘉靖년간(1522~1566) 이전으로
소급된다고 생각되고 있다.[20] 그런데 淸代에 들어 와서는 주로 道光(1821
~1850) 이후의 시기에 집중적으로 설치되고 있음이 주목된다.『湘潭縣
志』禮典 昭潭書院에

　　乾隆 8년(1743) 知縣 李松이 처음으로 규정을 만들고 學舍 5齊를 설치,
膏火田 400畝를 두었다. 同治 3년(1864) 縣人 袁敎之 등이 館宇를 大修
하고 銀 幾萬 兩을 募金하였는데 工費 9,000여 兩을 제외한 나머지로 또
書院田을 增置하였다.[21]

라 한다. 乾隆 8년(1743)에 창설은 되었지만 그 본격적인 置田은 同治 3
년(1864)의 幾萬 兩 募金에서 비롯된 것을 알 수 있다. <표 1-1>과 <표
1-3>에서 확인되는 2,065.7畝의 膏火田은 주로 淸 후말기에 마련된 것이

---

20) 嘉靖,『湘陰縣志』권上 學校, 義田(吳金成,『中國近世社會經濟史硏究』, 서울,
　　1986, pp.235~236에서 再引用) ;『邵陽志』권1, 政績, p.48.
21) 禮典 9, p.589, "乾隆八年 知縣李松始拓其規 爲學舍五齋 置膏火田四百畝……
　　同治三年縣人袁敎之等 大修館宇 募銀幾萬兩 工費九千餘兩 餘亦益田."

다. 상담현 賓興堂田의 경우를 보자. 『湘潭縣志』 禮典15에

> 賓興堂은 亭子塘에 있다.……본시 嘉慶 중(1796~1820)에 시작하였는데
> 縣人 羅修渭가 刻志 書畢의 餘資로서 100畝를 置田하였다.……同治
> (1862~1874) 중 羅汝懷 黎世綏 및 傳惇이 城鄉의 巨室을 모아 資金을
> 釀出하여 置田하였다.……이듬해 마련된 田이 3000여畝였다.22)

라 한 것을 보면 가경 중(1796~1820)에 불과 100무 정도이던 賓興堂田이
동치 중(1862~1874)에 3,000무를 설치함으로써 무려 30배의 증가를 보이
고 있다. 나머지 약 1,000무 가량도 光緒 『湘潭縣志』 편찬 시기인 13년
(1887) 이전에 增置된 것이다.

   도원현의 賓興田은 동치 9년(1870)에 설치되었고23) 漳江書院은 설립
자체는 건륭 9년(1744)이지만 16년(1751)과 18년(1753)에 와서 田租 60여
석 규모의 置田이 이루어졌다. 그 후 함풍 5년(1855) 知縣 劉廷玉에 의해
修復이 시행되고 동치 9년과 동치 11년(1872)에 걸쳐24) <표 1-1>에서 확
인되는 770.3무가 주로 마련되었다고 생각된다. 또 형양현의 石鼓書院은
동치 11년에 설치되었다.25)

   다음에 상담현에 약 4,500무가 설치되었고 성보현을 제외한 나머지 4
개 현에 모두 설치되어 있는 育嬰堂田에 대해서 살펴보자. 상담현 縣城
의 育嬰堂은 雍正대에 설치되었으나 그 후 60년 뒤 知縣 李華麟가 비로
소 의전을 설치한 것으로 되어 있다.26) 이때의 置田 규모는 밝혀져 있지
않다. 李華麟는 건륭 59년(1794)에 부임하여 가경 2년(1797)까지 재임한

---

22) 『湘潭縣志』, pp.602~603, "賓興堂在亭子塘……本起嘉慶中 縣人羅修渭 刻志書
    畢餘資 買田百畝……同治中羅汝懷黎世綏及傳惇 集城鄉巨室 釀資置田……明
    年遂釀田三千餘畝."
23) 劉鳳苞纂, 光緖 18년간 『桃源縣志』, 台北, 成文出版社, 1970(이하 『桃源縣志』라
    略함) 권5, 祭典志, 賓興, p.221.
24) 『桃源縣志』 권4, 學校志 書院, p.186.
25) 『衡陽縣志』 禮典18, p.425.
26) 『湘潭縣志』 禮典16, p.604.

인물이기 때문에[27] 의전설치 시기는 이 기간 중이라는 것을 알 수 있지만 시초의 置田은 實數를 제시하지 않고 있다. 아마 置田 규모가 극히 미미한 탓이 아닐까.

　같은 상담현의 朱亭育嬰堂은 동치 2년(1863)에 창설되고 8도 소재 育嬰堂도 이 시기에 설치된 것으로 생각된다.[28] 坎亭堂 公田의 경우 건륭 45년(1780)에 처음 설치되었으나 의전이 始置된 것은 가경 중에 와서이다. 光緒刊 『湘潭縣志』 작성 단계에서 356.3무의 坎亭堂 公田 중 가경(1796~1820)년간 25무를 제외하고는 대부분 도광 초에서 동치 10년(1871) 사이에 置田된 것들이다.[29] 도광 이후 약 10배 이상 증가 추세를 보이고 있는 것이다. 養濟院도 도광 초에 설치되어 도광 말에 처음으로 의전을 설치하는 등[30] 상담현에서는 도광 이후 이러한 의전 설치가 하나의 특징적 현상이 되고 있다. 도원현의 育嬰堂은 도광 19년에 설치되었고[31] 형양현의 육영당도 도광 5년(1825)에 창설되었다.[32] 소양현 육영당은 康熙년간에 잠시 개설되었다 없어진 지 오래된 것을 도광 초에 邑人 謝承蒔가 회복하여 捐田을 행하고 있다.[33] 상향현 육영당도 옹정년간에 개설되었으나, 연전은 도광 10년(1830) 이후부터 행해지고 있다.

　가경 15년(1810) 상담현에 세워진 皆不忍堂은 가경 20년에 의전이 150무에 불과하였으나 광서 14년(1888) 이전에 2,710.5무가 되고 있다. 이것 역시 주로 도광 이후에 와서 의전의 설치가 급격히 증가한 사례이다. 이 皆不忍堂을 모방하여 朱亭에서는 作善堂이 설치되고 湘潭 일대에 유사한 성격의 善堂類가 많이 확산되었다고 여겨진다.[34]

　따라서 호남성 일대에서는 상담현을 중심으로 하여 의전의 설치가 도

---

27) 『湘潭縣志』 官師23, p.438.

28) 同上, 公田表.

29) 同上.

30) 同上, 禮典16~18, pp.603~608.

31) 『桃源縣志』 권2, 營建志, 官廨, p.106.

32) 『衡陽縣志』 권4, 建置10, p.238.

33) 『邵陽志』 권3, 疆域, pp.387~388.

34) 『湘潭縣志』 禮典17~18, 公田表 참조.

광 이후를 획기로 급격히 증가한 사실을 특징적 현상으로 파악할 수 있다. 대개 道光(1821~1850) 이후에 의전이 始置되거나 혹은 嘉慶 이전에 설치되었던 義田이 미미한 상태로 존재 하다가 도광 이후 10~20배 증가하는 등 변화를 보이고 있다. 현저한 현상은 族田類의 義莊보다 義學田類, 善堂田 등이 우세하게 나타난 것이다. 전술한 바와 같이 의전의 운영이 일반의 지주제와 같다는 점을 고려하면 어쨌든 이것이 淸 후기 호남에 있어 의전 지주제의 형식을 취하면서 무언가 소유구조에 변질이 있는가의 여부에 대하여는 해명이 필요할 것이다.

(2) 義田의 관리

의전의 관리 내용에 있어 우선 알 수 있는 것은 의전 관리 책임자가 首事라고 불리고 있는 것이다. 도원현 賓興田의 경우를 보면 『桃源縣志』 賓興에

> 首事 張大澍가 田畝를 淸丈하고 아울러 租課를 징수한다.35)

라 한다. 여기서 首事가 田地의 측량과 소작료 징수 임무를 행하고 있다는 것을 알 수 있다. 또 『乾隆刑科題本』에 佃戶 彭在興 관련 기사를 보면

> 乾隆 45년(1780) 欠租하여 소작료를 바치지 않았는데 46년 5월에 義學首事 王宏이 催討하였다.……그 欠租한 바의 義學租穀은 이전까지 소급하여 징수하고 義學의 田畝는 首事로 하여금 다른 佃戶를 불러 耕種시킬 것을 허락한다.36)

---

35) 『桃源縣志』 권5, 祭典志 賓興, p.221, "首事張大澍 淸丈田畝 竝收租課."
36) 『淸代地租剝削形態』, 北京, 1982, p.196(이하 『地租剝削』이라 略함) 所收, "乾隆四十五年欠租未交 四十六年五月義學首事王宏催討……其所欠義學租穀 前已追淸 所有義學田畝 應聽首事另行招佃耕種."

라 한다. 이것은 소양현의 佃戶 彭在興을 둘러싼 분쟁과 그 사건의 처결 내용을 담은 것이다. 전호가 欠租할 때 수사가 催租를 행하고 별도의 전호를 교체하기도 하는 것이다. 이 시기 호남에 있어 수사란 명칭은 상당히 보편적이었던 것 같다. 湘鄕縣에서도,『湘鄕縣志』育嬰堂에

……이상 各田은 首事를 뽑아 收租하게 하여 育嬰堂의 경비로 한다.……
이상 계약서와 印簿를 모두 首事에게 교부, 輪管하게 한다.[37)

라 한 것을 보면 이 首事가 소작지 臺帳이나 계약문서 일체를 관리하고 소작료 징수에 임했던 것 같다. 도원현에서는 義渡田의 경우에도 관리 책임자가 수사로 불리고 있다.[38) 앞서 인용한 도원현 賓興田 관계사료[39) 의 계속되는 문장을 보면 首事 張大澍가 田地 측량과 소작료 징수 뿐 아니라 반드시 造冊을 마련하여 庄名, 畝數, 原業主와 佃戶 성명, 納租額, 納糧額, 糧餉, 信錢 有無 등을 기재하는 일을 행하고 있다. 首事에 관한 여러 가지 기록을 보면 소작지에 대한 일체의 관리 감독 책임을 맡고 있다는 것을 알 수 있다.

　이 의전의 성격은 어떤 것일까. 王日根에 의하면 의전은 사회 양 계급의 모순을 완화하여 결과적으로 봉건질서의 장기간 발전에 효과적인 역할을 하였다고 한다.[40) 그러나 19세기 후반의 인물 陶煦는 善堂田과 같은 의전이 일반 租佃관계와 지주 수탈 측면에서 큰 차이가 없음을 지적하고, 鄕紳에 의한 토지 집적과 지주적 지배 유지강화의 유력한 수단으로 간주하였다.[41) 小林一美도 義莊이란 분산된 소유지의 강력한 파악을 위

---

37)『湘鄕縣志』권3, 建置 育嬰堂, "……以上各田 公擇首事收租 以作育嬰經費……
　　以上契據並印簿 均交首事輪管."
38)『桃源縣志』권2, 營建志 津渡, p.119.
39) 注35)와 같음.
40) 王日根, 「論明淸時期福建家族內義田的發展及社會背景」『中國社會經濟史硏究』
　　1990년 2기 ; 同, 「淸代福建義田與鄕治」『中國社會經濟史硏究』1991년 2기.
41) 陶煦,『租覈』; 鈴木智夫, 「淸末減租論の展開」『近代中國農村社會史硏究』, 東
　　京, 1967.

해 출현했다고 한다.[42] 林金樹도 義學田類 등은 지주가 토지 겸병을 하는 하나의 표현 형식이며, 學田의 경영과 地租가 종종 사유물이 된 경우가 많았다고 한다.[43]

실제 호남의 의전은 어떠했을까. 의전의 관리자가 首事라는 것은 전술하였지만 이 首事는 어떤 인물이 되는 것일까. 도원현 賓興田의 首事 張大澍는 인용 사료의 下文에 신분이 職員이라는 것이 판명된다. 捐職이기는 하지만 종6품 대우의 鄕紳이다. 이외에 首事관련 자료에는 도처에 이들이 鄕紳 신분임을 밝히고 있다. 상담현 龍潭書院 膏火田 出捐 내용에도 생원층이 董事出力으로 많이 기재되고 있다.[44] 그런데 상담현 賓興堂田 관련 자료를 검토하면, 『湘潭縣志』禮典에

賓興堂田 亭子塘 소재……郭世款 등이 捐資하여 104畝로 증가하였다.……世款의 자손이 그 일을 맡아 부족하면 取給 하였다.[45]

라 되어 있다. 여기서 의전 出捐者의 자손이 관리를 맡는 경우를 발견할 수 있다. 의전이 善擧의 미명하에 사유 형식의 변화로서 존재할 수 있는 가능성이 있다고 해야 할 것이다. 또 『衡陽縣志』禮典에

學田은 學官 生徒의 會課 膏火의 비용으로 쓰는데……欺侵이 일어나 거의 100石租가 50石을 얻을 수 없었다.[46]

라 한 것을 보면 學田 설치 후, 시간이 경과한 뒤에 사유화가 행해지고 있음을 알 수 있다. 도원현의 知縣 彭飛熊의 관련 기사를 보면 여기서도

---

42) 小林一美, 「太平天國前夜の農民鬪爭」, 위의 책.
43) 林金樹, 앞의 논문.
44) 『湘潭縣志』禮典12~14, pp.595~600.
45) 同上, p.602, 禮典15, "賓興堂在亭子塘……郭世款等 捐資增百四畝……世款子孫
典其事 不足則取給焉."
46) 『衡陽縣志』禮典6, p.401, "學田者以資學官生徒 會課膏火之費……而欺侵之 率
百石租不得五十石."

서원고화전 등의 의전에 대한 토지 사유화가 있었다는 것을 알 수 있다.
『桃源縣志』政績에

> (光緖) 11년(1885)에 縣令 彭飛熊이 부임하였다.……風操가 엄격하여 豪
> 猾들이 자취를 감추었다. 漳江書院 田租를 조사하여 董事에게 지시하여
> 도장을 찍은 증명서를 佃戶에게 발급하게 하였다.[47]

라 한다. 이것을 보면 縣令 彭飛熊의 부임 이전에는 漳江書院의 佃戶 지
배가 어려웠다는 것과 그것이 전호의 개별적인 抗租나 저항 때문이 아니
고 豪猾에 의한 실질적 의전 지배 때문이었던 것으로 생각된다. 여기서
등장하는 豪猾이야말로 의전의 사유화 내지는 실질적 지배자가 아니었나
생각된다. 앞서 郭世款의 경우처럼 의전을 出捐하고 자신에 이어 자손이
관리를 전담한다면 사유지와 별로 다를 것이 없을 것이다. 그러면 왜 의
전에 대한 出捐을 하여 의전 형식의 토지소유를 의도했을까.『衡陽縣志』
禮典에

> 賓興田……지금 每年의 소작료 503石 정도를 합한다. 丁銀을 優免하고
> 모두 鄕試, 會試의 비용에 충당케 한다.[48]

라 한다. 賓興田 즉 의전은 丁銀優免의 특혜를 부여받고 있었던 것을 알
수 있다. 丁銀優免의 정도에 대해서는 자세한 것을 알 수 없으나 義擧를
권장하기 위한 국가의 시책이었을 것이다. 이것은 義田 설치자의 경우,
丁銀을 優免받는 특혜를 누리면서 실질적으로는 사유지의 확대를 꾀했
을 가능성이 크다고 생각된다.

　같은 『衡陽縣志』禮典에

---

47) 『桃源縣志』권7, 職官志 政績34, p.276, "十一年縣令彭飛熊署任……風操嚴勵
　　豪猾斂跡 淸釐漳江書院田租 飭董創給各佃鈐印券."
48) 『衡陽縣志』禮典15, p.420, "賓興田……今歲租五百三石有奇合之 優免丁銀 皆
　　充鄕會試之盤費."

무릇 書院과 기타 公田의 租稅는 처음에는 모두 의로운 일을 좋아하는 자가 捐輸하였다. 그 후에 혹 재산 분쟁으로 인해 그것을 公田에 편입하는 일이 있었는데 司事者가 그 편입되는 바를 이롭게 여겨 대개 받아들여 사양하지 않았다. 公田으로서 名目을 삼으면 다른 사람들이 감히 다투지 못하였다. 그 義를 잃어버렸다.[49]

라 한다. 여기서 보면 재산 분쟁에 연루된 토지를 公田의 이름으로 명목상 편입을 하게 되고 그 결과 분쟁 당사자를 물리치고 토지를 차지하게 된다는 것이다.

이상에서 보면 湖南 상담현을 비롯한 6개 縣에서 淸 후기 道光(1821~1850) 이후 의전의 현저한 증가 현상이 나타나고 있다는 것, 그것이 이 시기 호남 지주제의 한 특징을 형성한다는 것을 알 수 있다. 한편으로는 계급모순 완화의 의도를 闡明하면서도 실제로는 丁銀 優免의 특권과 국가 권력의 보호를 받고 있고, 또 토지분쟁에서 비정상적 占奪을 행한 수단으로 이용되기도 하였다. 또 의전의 관리 과정을 사유화하거나 독점, 혹은 독과점하여 의전을 통한 농민지배를 견고하게 실행하려고 했던 것으로 여겨진다.

II. 義田 설치자의 신분 구성

1) 上層 鄕紳

<표 1-8>에 제시된 것은 상담현 龍潭書院 膏火田의 出捐者 내용이다. 서론에서 규정한 대로 現任官, 退任官, 免官者 등 관료 신분인 자를 上層 鄕紳이라고 하면[50] 해당자는 불과 9인뿐이다. 그 가운데 비교적 신

---

49) 위의 책, 禮典19, p.428, "凡書院及他公田租稅 初皆好義者輸助 其後或因爭産 推之入公 司其事者利所入 率受而不辭 以公田爲名 則人莫敢爭 失其義矣."
50) 閔斗基, 「淸代 生監層의 性格 - 특히 그 階層的 個別性을 중심으로」『亞細亞研究』 20, 1965.

분이 높은 것은 종5품관인 道州 知州 兪舜欽이고 나머지 4인은 정7품관
인 知縣이다. 出捐 규모를 보면 道州 知州 兪舜欽이 銀1,000兩을 내고
있고 前任 湘潭縣 知縣 方登賢이 500兩을 出捐하고 있는 것이 고액 기
부자이다.

<표 1-8> 湘潭縣 龍潭書院 膏火田 出捐者 내용 (道光 29년 2월 16일)

	신분	성명	出捐額	
1	道州知州	兪 舜 欽	1,000兩	加一級
2	前任湘潭縣知縣	方 登 賢	500兩	紀錄二次
3	候補府經歷	劉 友 皇	2,000兩	縣丞職銜
4	前任湘潭縣卸桂陽 直隷州事	兪 昌 會	100兩	
5	前署湘潭縣丞	方 其 正	100兩	
6	現任本庫大使	黃 維 燫	100兩	
7	本任湘潭縣縣丞	唐 逢 辰	〃	
8	善化縣 知縣	易 學 超	50兩	
9	署衡山縣知縣	楊 尚 鼎	〃	
10	捐職從九品	劉 光 藜	董事 出力	紀錄二次
11	〃	蕭 允 航	〃	〃
12	〃	齊 起 鯤	〃	〃
13	俊 秀	何 秀 經	1,000兩 이상	鹽知事職銜
14	監 生	龍 化 池	〃	〃
15	〃	何 開 緖	3~400兩 이상	八品頂戴
16	〃	蔡 光 潤	〃	〃
17	〃	劉 廷 珍	〃	〃
18	〃	何 秀 柄	〃	〃
19	俊 秀	劉 繼 蘭	〃	〃
20	〃	譚 光 燦	〃	〃
21	〃	蕭 世 鴻	〃	〃
22	〃	胡 錫 康	〃	〃
23	〃	蕭 傳 書	〃	〃
24	〃	劉 德 張	〃	〃
25	〃	劉 德 魁	〃	〃
26	〃	劉 世 卿	〃	〃
27	監 生	顏 紹 榮	200兩 이상	九品頂戴
28	俊 秀	譚 光 迪	〃	〃
29	〃	胡 錫 田	〃	〃
30	〃	齊 松 壽	〃	〃

31	〃	蕭 鏡 蓉	〃	〃
32	〃	馬 學 自	〃	〃
33	〃	李 觀 之	〃	〃
34	〃	齊 人 紀	〃	〃
35	〃	齊 人 官	〃	〃
36	〃	顔 克 敏	〃	〃
37	〃	齊 士 選	〃	〃
38	〃	侯 克 棋	〃	〃
39	〃	謝 維 仕	〃	〃
40	〃	齊 逢 年	〃	〃
41	〃	譚 雲 門	〃	〃
42	〃	龍 學 詩	〃	〃
43	〃	龍 寅 亮	〃	〃
44	〃	蕭 錦 泉	〃	〃
45	〃	謝 樹 馨	〃	〃
46	〃	譚 茂 蕃	〃	〃
47	〃	謝 樹 優	〃	〃
48	〃	蔡 錦 文	〃	〃
49	〃	蕭 瑞 隆	〃	〃
50	〃	蕭 恭 壽	〃	〃
51	貢 生	何 其 傑	董事 出力	〃
52	生 員	齊 炳 震		〃
53	生 員	謝 邑	董事 出力	九品頂戴
54	〃	文 炳 塋	〃	〃
55	〃	齊 嵤	〃	〃
56	〃	齊 嶸	〃	〃
57	〃	齊 芳	〃	〃
58	〃	樸 原	〃	〃
59	〃	名 岷 本	〃	〃
60	監 生	譚 雄	〃	〃
61	〃	張 政 隆	〃	〃
62	童 生	劉 炳 鑛	〃	〃
63	民 人	文 雲 錦	〃	〃

그 외 兪昌會가 100냥을 내고 있고 善化 知縣 易學超와 衡山 知縣 楊尙鼎은 각각 50냥을 出捐하는데 그치고 있다. <표 1-8>의 출연자 63인 중에 상층 향신이 차지하는 비율은 약 14.2%에 지나지 않고, 출연액은 전체의 약 29.4% 수준에 그치고 있다.

다음으로 <표 1-9>의 상향현 育嬰堂田의 出捐者 내용을 보자. 일단 표상에서 확인되는 바로는 향신 신분은 5인 정도이다.

<표 1-9> 湘鄕縣 育嬰堂田 出捐 내용

	성명	신분	出捐 내용	소재지	시기
1	鄧定耀		田 30畝	1都 犁塘衝	道光10년
2	周士品		田 23畝	11都 彭家灣	〃
3	公 置		田 15畝	3都 鵝絲塘	〃
			田 7畝	〃 立夏단	〃
			田 1.5畝		〃
4	周世柯		銀 100兩		〃
5	僧隱山		田 2畝	8都 大旗衝田	道光18년
6	熊祥徵		錢 40串		道光25년
			田 4畝	21都 涵溪단	
7	劉開宗		房屋 1宅	南門總	咸豊원년
8	田克莊		田 14畝	1 坊鄧家塘	同治9년
			公退信錢 300串		
9	曾國荃	邑 紳	錢 1,000串		同治10년
10	羅會焜		錢 1,000串		〃
11	公 置		田 105畝	3都 大育단 羅家塘 曾家灣等 處	咸豊8년
12	謝鑑塘형제		田 15畝	11都 豬婆石	同治7년
13	謝式穀		田 3 畝		同治9년
14	趙煥聯형제		田 120畝	14都 李家灣	同治3년
15	陳奎光	縣 丞		永豊市 地臨總	嘉慶20년
16	程大閭	進 士 (理問銜)	錢 300千文		〃
17	賴史直	知 縣	每都倡捐(捐錢30千文)		咸豊9년
			田 38畝	低洲	〃
			田 2畝	石笋塘	〃
			田 10.8畝	桎木壩	〃
			田 6畝	茶畬坳	〃
			田 15畝	筒車壩	〃
18	謝鴻逵		田 1.5畝	28都 靑樹坪 彭家塘	同治 8년
19	謝 震		田 2.1畝	28都 靑樹坪 北雲圫	同治 8년
20	謝廷瑤		田 1.6畝	28都 靑樹坪 周家衝	〃
21	謝寶樹		田 2.0畝	28都 靑樹坪 牛婆圫	〃
22	謝芝林 妻 王氏		田 1.0畝	28都 靑樹坪	〃

23	陳 世 遠		田 2.0畝	28都 靑樹坪 許家壟	〃
24	謝 鴻 儒	(紳士)	田 1.5畝	28都 靑樹坪 彭家塘	〃
			田 1.2畝	28都 靑樹坪 匡家塘	〃
			田 3.2畝	28都 靑樹坪 野鴨塘	〃
25	李 照 作		田 2.0畝	41都	同治9년?
26	蕭 爲 則		田 2.0畝	〃	〃
27	曾 克 勝		田 1.5畝	〃	〃
28	周 傑 南		田 1.0畝	〃	〃

이 가운데 紳士 謝鴻儒를 제외하고는 일단 상층 향신으로 분류할 수 있다. 그런데 이 중 知縣 賴史直은 개인이 직접 출연한 것이 아니고 매도마다 出捐을 권장한 데 지나지 않는다. 개인 出捐이 분명한 것은 曾國藩의 동생 曾國荃이다. 曾國荃의 토지소유규모를 알아보면, 『康居筆記彙函』에

湘鄕에 兩 曾氏의 富者가 있는데 文正(曾國藩)은 忠襄(曾國荃)보다 못하다는 것은 세상이 다 아는 바이다. 그러나 忠襄의 財物도 또한 백만에 미치지 못한다. 요사이 疆吏가 관직생활 수년만에 천만을 이룰 수 있는 것만 같지 못하다.……(曾國荃은)……근근히 田 6,000畝이고 長沙에 家屋 2채 湘鄕에 가옥 1채 정도이고, 文正의 재산은 이것의 반 정도이다.[51]

라 한다. 상향의 전형적인 鄕紳地主로서 曾國荃의 재산 규모는 田 6,000畝 정도였고 長沙에 家屋 2채, 湘鄕에 가옥 1채를 가지고 있던 정도였다. 曾國藩에 대해서는 曾國荃의 반 정도였다고 하지만 이것은 분명하지 않다. 曾紀芬의 『崇德老人自訂年譜』에는 "文正則向不肯置田宅"[52]이란 구절이 있고, 曾國藩이 아들에게 남긴 家訓에도[53] 田産의 買置를 크게 경계하고 있기 때문에 그의 대토지소유 여부에는 의문이 있다.[54]

---

51) 李文治 編, 『中國近代農業史資料』 제1집, p.178, "湘鄕兩曾之富 文正(曾國藩)遜
于忠襄(曾國荃) 世所知也 然忠襄資財 亦不及百萬 不近今疆吏之筮仕數年 可致
千萬也……僅有田六千畝 長沙屋二所湘鄕屋一所 文正餘蓄且半之."
52) 李文治 編, 『中國近代農業史資料』 제1집, pp.178~179.
53) 曾國藩, 『曾文正公全集』 家訓.

<표 1-9>의 상향현 育嬰堂田 出捐者 중 大鄕紳인 曾國荃의 出捐額은 錢 1,000串으로서 앞서 본 <표 1-8>상의 상담현 용담서원 고화전 출연액과 비교해 볼 때 그다지 높은 액수가 아니다. 당시의 銀錢比價를 고려할 때 500兩 미만에 해당된다고 여겨지기 때문이다.[55] 錢 3,000文을 출연하고 있는 程大閭는 理問衛(종6품)의 소지자이지만 實職이 아닌 虛銜일 뿐이다. 상향현 渡田의 경우 가경 이후 61건 가운데 상층 향신에 해당하는 인물은 하나도 없다.[56]

형양현에 설치된 石鼓書院의 경우, 巡撫 潘宗洛이 捐俸으로 37.9畝를 설치하고 知府 陳沆이 15무를 출연하고 있다.[57] 이것은 석고서원 전체 면적의 약 21%정도이고 나머지 출연자 3인의 개별 출연규모에 비해서도 큰 편이 아니다. 같은 형양현의 賓興田 설치에 進士 출신의 劉祖煥, 常大漳 등이 참여하고 있지만 개별 출연규모는 밝혀지지 않는다.[58]

도원현의 경우, 앞서 살펴본 대로 賓興田 등에서 首事로 활약하던 鄕紳 張大澍 등의 역할이 눈에 띄지만 捐田 사실은 확인되지 않는다. 黃石義學의 의전으로 職員(종6품) 吳同善이 水田 26畝를 설치하고 있는 사실을 알 수 있을 뿐이다.[59]

이상에서 볼 때 호남 6개 현 의전 관련 자료에 한해서는 의전 출연액과 출연자의 경제력이 일정한 함수관계가 있다고 한다면 上層 鄕紳=大地主로 보는 시각은[60] 수정되어야 할 것이다. 출연자의 경제력과 출연액 사이에 규칙적인 정비례 관계가 성립하지 않는다 하더라도 의전 지주제의 실

---

54) A.W. Hummel, *Eminent Chinese of the Ch'ing Period (1644~1912)*, Taipei, Chen-Wen Publishing Co., 1970, pp.751~756의 曾國藩에 대한 조사도 이런 의문을 뒷받침한다.

55) 『湘潭縣志』 賦役12, 嘉慶 13년(1808) 당시 銀 1兩=錢 2,000文이고, 『衡陽縣志』 p.201에는 咸豊초에 銀 1兩=錢 2,300~2,400文.

56) 『湘鄕縣志』 권2, 地理.

57) 『衡陽縣志』 禮典18, p.425.

58) 위의 책, 禮典15, p.420.

59) 『桃源縣志』 권4, 學校志 書院, p.187.

60) 小山正明, 「中國社會の變容と展開」 『東洋史入門』, 有斐閣, 1967 ; 「賦役制度の變革」 『世界歷史』 12, 1971.

질적 주도(경제적 측면)세력이 이들 上層 鄕紳그룹은 아니었다.

그러면 이들 상층 향신들의 주된 거주지가 城居인가에 대해서 알아보자. 어떤 인물의 신분이 鄕紳이라는 것이 파악되더라도 거주지가 정확하게 城市인가를 알기는 어렵다. 사료에는 ○○縣人 정도로 표시되고 있는 것이 대부분이기 때문이다. 蘇州府의 義莊의 기재 사례를 보면[61] 邑人 ○○○, 里人 ○○○, 郡人 등의 표시가 있고 이것은 대개 里人=鄕居이고, 邑人은 縣城 거주자, 郡人은 府城 거주자와 상당한 대응관계를 보이고 있었다.

<표 1-8>과 <표 1-9>의 의전 설치 참가자의 거주지는 분명하게 알 수가 없다. 다만 曾國荃이 府城 長沙에 가옥을 소유하고 있는 城居가 아닌가를 추정할 수 있을 뿐이다.

다음 <표 1-10>은 『邵陽鄕土志』耆舊 부분에서 明 萬歷(1573~1619)년간 이후 주로 의전 설치에 관계했거나 혹은 '好善樂施' 등의 善行에 관여한 인물들을 표로 정리한 것이다.[62] 다행히 『邵陽鄕土志』의 이 부분 기재에는 인명 뒤에 거의 대부분 거주지를 구체적으로 적고 있다. <표 1-10>에서 확인되는 것은 城居에 해당되는 것이 전체 63인중 8인에 불과하다는 것이다. 萬歷 25년(1597)과 만력 28년(1600)이 각각 1건, 天啓 1년(1621)과 천계 2년 각각 1건이 明代에 해당하는 것이고, 淸代에는 건륭 60년(1795)이 1건이고 나머지 3건은 咸豊 (1851~1861), 同治(1862~1874) 사이의 것에 해당한다. 明末시기의 4인 중 3인은 대체로 上層 鄕紳에 해당되지만 李光培는 天啓 1년(1621)의 貢生신분이 끝이기 때문에 하층 향신 범주에 넣어야 할 것이다. 淸代 4인의 경우 乾隆 60년(1795) 知縣 唐方耀는 상층 향신에 속한다고 볼 수 있지만 咸豊 8년(1858)의 擧人 王承澤은 하층 향신에 해당한다.(擧人 王承澤은 小山正明 구분에 따르면 上層으로 할 수 있지만 결론에 관계가 없다.) 또 周榮耀와 曾紀鶚은 모두 軍功 출신자로서 과거제와 학교제의 결합하에 탄생한 정통적인 鄕紳은 아니다.

---

61) 光緖 9년간 『蘇州府志』 권24, 公署 義莊.
62) 『邵陽志』 권1, 耆舊上 권2, 耆舊下, pp.91~226.

<표 1-10> 邵陽縣 義行 人物

1	車大任	萬曆8년 進士 布政使參政	白馬田(城東5里)	召佃官田糧虚困民
2	劉應龍	萬曆8년 進士 南京太常少卿	城東馬鞍山人	買義田瞻宗族
3	唐興仁	萬曆14년 進士 龍游知縣	西郷車田鋪人	救荒
4	何太謙	萬曆26년 進士 監察御使	北郷新寧上1 都	
5	周良士	萬曆28년 擧人 臨安府同知	居城南富庶坊	
6	王尙賢	天啓 進士 蘇州同知	北郷新寧2 都	
7	彭克濟	萬曆44년 進士 陝西右布政使	城南門向日塘	
8	龔守忠	天啓2년 進士 監察御使	城臨津門	
9	曾大東		太平都	仗義好施 萬曆22년 郡大饑 莊穀9만여石 助賑
10	曾守魯	萬曆25년 擧人 隅山知縣	城內田家灣人	
11	陳九鶴	萬曆13년 擧人		不豊常分租入給族屬 貧者 崇禎庚戌歲大饑 鬻産市米 爲麋粥數處 以飼饑者
12	簡而廉	歲貢 慈利訓導	西郷永成都溫村人	
13	車大器	府學生	東郷白馬田人	
14	蔡仕用	萬曆16년貢生浦圻教諭	北江人	
15	李光培	天啓1년 貢生	城內	
16	劉孔暉	天啓1년 擧人	東郷新寧4都	
17	姚世儒	甘肅撫標中軍	東郷富陽1都	
18	區陽國彦	縣學生	北郷隆回里人	
19	黃昌國	府學生	東郷三溪都人	出私財代里中輸之
20	車以庸	左都督	白馬田	
21	羅經禮	都督同知	東郷2都	
22	廖 晟	廩 生	北郷隆回5都	順治 10년時
23	王 玠	廩 生	北郷新寧都	居距城30里 性豪家饒
24	唐正垣		北郷新寧都	
25	羅 英	歲貢生	北郷中郷都	
26	車以遵	廩 生		明季遺老
27	寧朝柱	永曆丙戌(1646) 擧人	東郷中郷都	어려서 가난하여 傭 人이됨. 義塾에서 공 부.
28	曾光祚	諸生	東郷太平都	明季遺老
29	車萬育	康熙3년 進士,兵科給事中	城東白馬田車氏	
30	陳憲道	康熙8년 擧人, 曲周知縣	北郷隆回老鴉田	
31	敬 籮	康熙5년 進士, 慶雲知縣	中郷都夏田灣人	
32	王元復	康熙53년 歲貢	北郷新寧 2都	

33	周思仁	雍正12년 拔貢	東鄕邵水向	
34	余鳳擧	雍正2년 擧人, 內閣中書	東鄕太平里余田人	
35	魏　都	乾隆3년 擧人, 知縣	北鄕隆回1都金灘村	
36	簡昌璘	乾隆22년 進士 郎中		
37	蔣舒惠	嘉慶13년 進士, 知縣	南鄕尙賢里	
38	寧　習	乾隆30년(1765)擧人, 知縣	中鄕	
39	嚴安儒	乾隆24년(1759)擧人, 知縣	城東白馬田	捐買學田
40	唐方耀	乾隆60년(1795)擧人, 知縣	城人	
41	歐陽道瀛	乾隆3년(1838)擧人, 知縣	隆回都	
42	譚仁懷	諸生	北鄕隆回都人	
43	曾榮生	乾隆25년(1760)擧人, 知縣	東鄕 太平2都 荷葉塘人	
44	魏　源	道光24년(1844)進士, 內閣中書	隆回金灘村人	
45	劉守坤	道光26년(1846)進士, 知縣	北鄕隆回4都 田心	
46	石獻琛	道光5년(1825)擧人	東鄕三溪1都 田蕩	
47	楊太瀜		富陽2 都 留里衝人	縣東 15里
48	何濬年	咸豐1년(1851)擧人	西平1 都嚴塘人	平糶　賑貧
49	曾開灼	道光 歲貢	東鄕太平1 都 靑玉寺人	
50	曾宗逵	道光 擧人	太平2都 燕子塘人	
51	李仲芳	道光19년(1839) 擧人	城東白馬田人	
52	張家鈺	咸豐2년(1852)進士, 內閣中書	北鄕新寧都 坂衝人	
53	黃炳崑	道光17년(1837)拔貢, 知縣	北鄕新寧上1 都 九頭巖人	
54	唐鳳擧	同治 擧人	南鄕尙賢都 嚴家坪人	
55	楊修職	同治 3년(1864)擧人	東鄕安上都　水井頭 人	
56	王承澤	咸豐8년(1858)擧人	城東隅曹波井人	
57	魏　瀛	優廩生, 知縣	隆回1都 金灘村人	
58	周榮耀	以功 守備	城內	
59	彭玉貴	以軍功授 都司	東鄕1都 薛家衝人	
60	郭鵬程	以軍功 總兵	東鄕梅塘都 田 溪衝人	
61	李臣典	以軍功 提督	新寧5 都人	
62	曾紀鶚	以軍功 知府	城人 先世居新寧都 大蘿灘 鄕居→城居	
63	梁作楫	廩　生 (咸豐初)	東鄕三溪6 都 東平 里人	減租恤貧

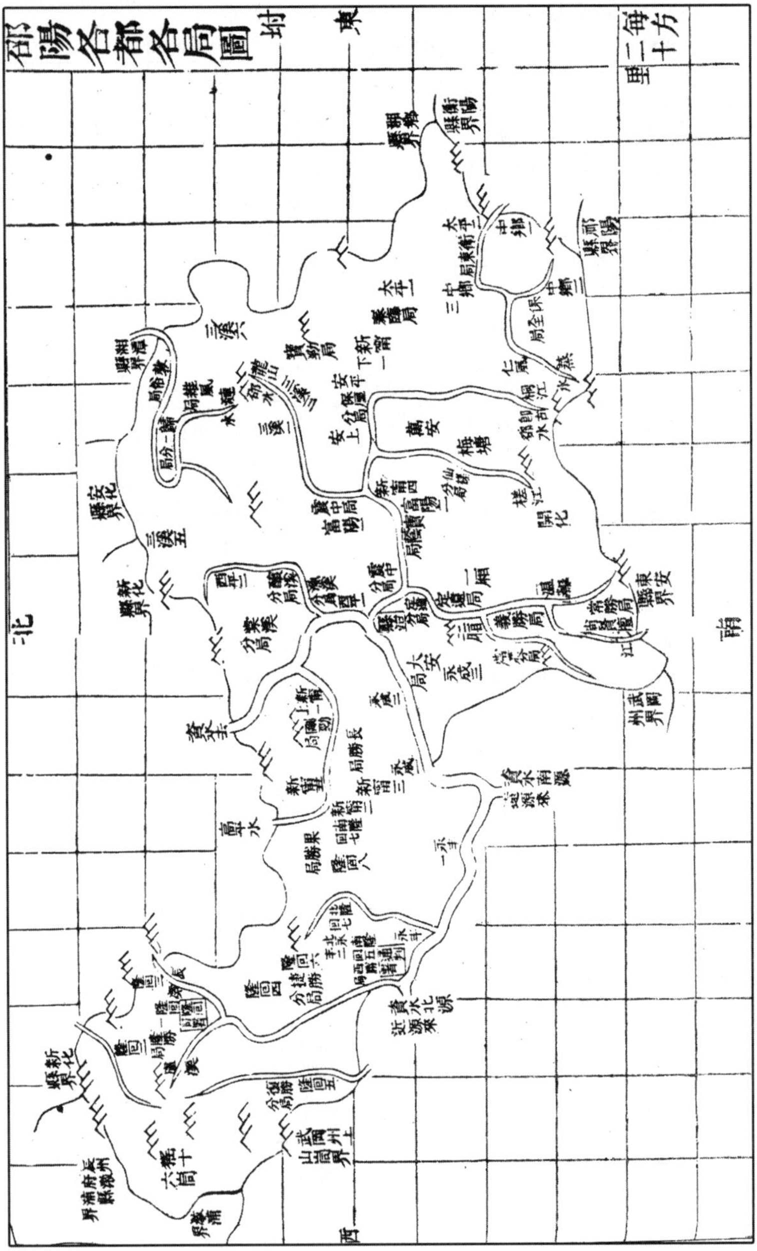

<그림 1> 邵陽各都各局圖

반면 <표 1-10>의 1, 2, 3, 4에 해당하는 만력시기 4인의 進士출신 高官들이 모두 鄕居라는 사실을 알 수 있고 淸代에 들어가서는 康熙 8년(1669)의 進士 車萬育이 鄕居라는 것을 볼 수 있다.[63] 이 車萬育은 강희년간에 保赤堂을 개설하였는데 이것이 후에 育嬰堂으로 발전하였다.[64] 淸代 등장인물 중에 진사 출신 지현이나 거인 출신 지현 그 이상의 고관들이 대부분 鄕居하고 있는 것을 <표 1-10>에서 확인할 수 있을 뿐 아니라 「邵陽各都各局圖」의[65] 지도 위에서도 파악할 수 있다. 건륭 25년(1760) 擧人출신 知縣 曾榮生이 거주하는 東鄕, 太平 2都는 縣治 동쪽 120里 지점이고,[66] 도광 26년(1846) 進士출신 知縣 劉守坤은 北鄕 隆回 4도에 거주하였는데 이곳은 縣治 서북쪽 120리 지점이었다.[67]

광서 33년(1907) 단계에서 소양현의 인구 총수는 약 118만 8천 명이고 이 가운데 성내 인구는 42,414명으로 전체의 약 3.5%정도이다.[68] 縣 인구 중 生監층 이상의 鄕紳계급은 약 6,000명 수준으로 전체의 0.5%에 해당한다.[69] 소양현에서는 上層 鄕紳의 주요 진출과정인 進士출신자가 1653년부터 1799년까지 겨우 7명밖에 없다.[70] 더구나 1766년 이후 1799년까지 약 33년 동안 단 1명의 進士 합격자가 없는 실정이다. 3.5%밖에 안 되는 城市 거주자 가운데 비율상으로 거의 없는 것이나 다름없는 미미한 上層 鄕紳이 城居地主의 실체로서 파악되기에는 어렵다고 여겨진다.

상담현의 사정을 보면 이것이 소양현만의 실정이 아닌 것을 알 수 있다. 『湘潭縣志』 列傳에

---

63) 『邵陽志』 권2, 耆舊下, p.159.

64) 星斌夫, 『明淸時代社會經濟史の硏究』, 東京, 1989.

65) 『邵陽志』 권3, 地理 疆域, pp.475~476.

66) 위의 책, p.405 ; 社會科學院語言硏究所 編, 『現代漢語辭典』, 北京, 1990에는 公里(1㎞)=2市里로 되어 있음.

67) 위의 책, p.458.

68) 『邵陽志』 권2, 戶口, p.358.

69) 위의 책, p.363.

70) E.S. Rawski, 앞의 책, p.134, <표 20> 참조.

咸豊 초에 廣西의 반란이 일어나자 먼저 詔勅을 받들고 여러 縣의 在籍 官士들에게 명령을 내려 團練을 결성하게 하였는데 湘潭에는 鄕官이 없고 오직 王繼閎이 가장 높았다. 그 일을 주관하게 하였는데 擧人으로 城市에 거주하는 자가 오직 徐芝와 吳棠뿐이었다.[71]

라 하였다. 王繼閎은 貢擧表에 의하면 도광 20년(1840) 진사가 되고 있으나 그의 관직 경력은 자세하지 않다. 이 行文의 의미로 보면 擧人 이상 신분인 자가 徐芝와 吳棠뿐이라는 의미로 여겨진다. 吳棠의 列傳에 의하면 오당의 조부 純禹는 '輕財樂施'한 인물로서, 縣城에서 津渡가 멀다하여 觀湘 門下에 船隻을 마련, 義渡田을 설치한 사람이었다.[72] 오당은 조부 때부터 城居한 의전지주의 후예라 생각된다. 광서 13년(1887) 단계의 상담 전체 인구는 817,607명이고 城內戶는 2,171호, 인구는 16,368명으로 전체 인구의 2%에 해당한다.[73]

<표 1-10>에 의하면 鄕居에서 城居로 이주 사실이 밝혀지는 것은 曾紀鶚뿐이고 그 이주의 원인은 명시되고 있지 않다. 明末시기 城居者(邵陽縣) 경우, <표 1-10>의 4인 가운데 3인은 기재된 사실로서는 알 수 없고, 만력 28년 擧人출신으로 同知였던 周良士는 先世부터 城居者였던 것을 알 수 있다.[74] 淸代의 경우, 乾隆 60년(1795) 知縣 唐方燿와 咸豊 원년(1851)의 守備(정5품) 周榮耀는 '世居城內' 등의 기재로 보아 선대부터 城居였던 것을 알 수 있고, 咸豊 8년 擧人 王承澤도 조부와 부의 행적 기록을 보면 이전부터 城居 가능성이 높은 것으로 보인다.[75] <표 1-10>에 나오는 소양현의 淸代 城居者 대부분이 선대부터 城居이고 특별한 계기에 의한 향거로부터 성거라는 현상은 보이지 않는다. 상담현에서 左宗棠의 鄕居 사실은[76] 이례적인 것이 아니고 이 시기 호남 향신의 보편적

---

71) 『湘潭縣志』 列傳143, p.1228, "咸豊初廣西寇起 先奉詔通令列縣在籍官士 皆治團練 湘潭無鄕官 獨王繼閎最尊 推主其事 擧人居城者唯徐芝及棠."

72) 위의 책, p.1227.

73) 위의 책, 부역, p.540.

74) 『邵陽志』 권1, 耆舊上, p.118.

75) 위의 책, 권2, 耆舊下, p.210.

인 형태가 아닐까 생각된다.

위 사실을 볼 때 上層 鄕紳=城居라는 도식, 鄕紳地主의 城居化, 城居地主를 청 후기 호남 농촌을 설명하는 유효한 개념으로 받아들이기는 어렵다고 생각된다.

2) 下層 鄕紳

상담현 용담서원 고화전 出捐者 63인 중 30명이 鄕紳이고 그중 上層 鄕紳 9인을 제외한 21명이 下層 鄕紳에 속한다. 향신 중에 하층 향신이 차지하는 비율은 약 70%이다. 수량적으로는 제도적인 틀에 의해 상층 향신은 극소수일 수밖에 없다. 그런데 출연액에 있어서도 상층 향신의 규모가 하층에 비해 월등한 현상은 나타나지 않는다. 종5품관인 道州 知州 兪舜欽의 출연액이 1,000兩인데 비하여 정8품 候補府經歷 劉友皋는 2,000냥을 내고 있고 監生인 龍化池가 1,000냥을 내고 있다. 상층 향신으로 분류되는 知縣 易學超와 楊尙鼎은 불과 50냥을 출연하는 데 그치고 있다.(<표 1-8>) 이 출연액과 출연자의 경제력에 어느 정도 함수관계가 있다고 한다면 上層鄕紳=大地主, 下層鄕紳=中小地主의 도식은 호남성 6개 縣 의전의 현실과 부합되지 않는다.[77] <표 1-8>에 의하면 하층 향신 그룹의 대부분은 生監층에 해당한다. 그런데 생감층 18인 중 12인이 모두 '董事出力' 등으로 기재되고 실제 출연은 하지 않고 있는 것이다. 하층 향신 중 실제 출연을 하고 있는 것은 監生 6인뿐이다. 생감층이라 통칭하지만[78] 여기서는 명확히 구별되는 현상이 나타난다.

<표 1-10>에 나타나는 상담현 용담서원 고화전 출연자 가운데는 정식의 생원 계층에는 출연자가 한 명도 없고 전부 '董事出力'으로 나타난다.

---

76) 『左宗棠全集』 書牘 권1, 上賀庶農先生, p.9987.

77) 小山正明, 앞의 논문 ; 拙稿, 「明淸時代 地主制 硏究의 몇가지 問題에 대하여」 『釜大史學』 14집, 1990 참조.

78) 閔斗基, 「淸代 生監層의 性格 - 특히 그 계층적 개별성을 중심으로 - 」 『中國近代史硏究』, 서울, 1973.

監生은 7인 중 6인이 실제 출연자이고 그 액수도 龍化池의 1,000兩을 비롯하여 300~400냥 이상의 고액 기부자가 많다. 監生 중에서 '董事出力'에 해당되는 것은 譚雄 한 사람뿐이다. 淸代 監生은 國子監生이나 ○○監生으로 표시하지 않는 것은 대부분 捐納에 의한 것이고 捐監이 재정 수입의 일부를 보충하는 정도였기 때문에[79] <표 1-8>상의 監生은 거의 전부 捐納에 의한 것이 분명하다. 따라서 이 監生이 지주적 신분임은 틀림없는 것 같지만 '董事出力' 외에 전혀 기부금을 내지 않는 生員계층 11인은 그 지주적 신분 여부에도 의문이 생긴다.

<표 1-10>의 상향현 育嬰堂田 출연자 가운데는 하층 향신의 신분이 확인되는 것은 紳士 謝鴻儒 정도인데 謝鴻儒는 1.5畝 出捐에 그치고 있다. 또 상향현 義渡田 출연자 61인 중 향신 신분이 확인되는 것은 6인이다. 이 중 庠生 周懋禮와 蕭智甫 邑士 李文昭는 捐田 규모가 미상이고, 분명한 것은 監生 蕭禮中의 50무, 邑士 周召燕의 14무 정도이다.[80] 『湘鄕縣志』 人物志 중 각종 의전관련 출연 사실이 확인되는 60인을 분석하면 그중 28인이 鄕紳에 속한다.[81] 그 내용을 摘示하면 다음과 같다.

進士이상 高官	擧人	貢生	例貢生	監生	諸生	계
2	1	4	4	13	4	28

여기서도 주목되는 것은 監生이 出捐 鄕紳의 절대다수를 점한다는 것이다. 諸生 가운데 2인은 '家貧力學' 등의 설명이 있어 지주적 신분임이 의심되지만 나머지는 대개 捐田者가 많기 때문에 향신지주로 이해된다. 이들 하층 향신 가운데 監生과 例貢生이 모두 捐納에 의한 신분 취득자이고 이들이 주도 그룹을 형성하고 있다. 어떤 향신적 특권에 의해 지주로 되었다기보다 경제적 富에 의해 향신 신분을 획득하고 있는 것이 이들의 특징적 현상으로 보인다. 湖南 茶陵의 捐族 지주 25인 가운데 11명

---

79) 宮崎市定, 『科擧』, 大版, 1946, p.200.

80) 『湘鄕縣志』 권2, 地理.

81) 『湘鄕縣志』 권17, 人物, 儒林 文苑 處士 善行.

이 紳衿지주이고 그 중 現任官 3명(布政使, 同知, 訓導)의 분포를 보인다는 보고도 있다.[82] 그 내면적 구성은 세세하게 알 수 없지만 외관상으로는 전체 捐族 地主의 약 40%를 향신이 차지하고 있다. 이것은 향신의 인구 비례가 邵陽縣의 경우처럼 0.5% 수준인데 비하면[83] 상대적인 활동이 왕성함을 알 수가 있을 것이다. 그러나 그 내면 구성은 하층과 상층의 외관적 신분 구분이 경제적 出捐규모와 서로 대응하지 않고 있고 하층 향신 중에서는 주로 捐納에 의해 鄕紳 신분을 획득한 監生계층이 정식의 生員계층보다 주도적인 경향을 보이고 있다. 前節에서 본 바와 같이 의전 설치의 급격한 증가가 상담현 중심의 湖南 6개 縣에서는 道光(1821~1850) 이후의 주목되는 현상이고 이 의전 설치를 통해 生員층과 대비적으로 구별되는 監生의 성격은 종래 특권적 鄕紳地主 개념보다는 신분제적 동요로 인식해야 하지 않을까.

하층 향신의 경우에도 상층 향신에서 살펴본 것처럼 鄕居 사실이 많이 눈에 띄고 있다. 상담현의 郭汪璨, 周煥南,[84] 城步縣의 李士儒,[85] 李士習,[86] 桃源縣의 高大錫[87] 등에서 鄕居地主로서의 모습을 분명하게 인식할 수 있다. 그러나 <표 1-10>의 소양현에서는 舉人이면서 城居하는 인물도 있고 전술한 대로 상담현에서도 함풍 초년의 徐芝와 吳棠이 舉人 신분이면서 城居地主로 확인된 바 있다. 향신 전체가 상하의 구분에 관계없이 鄕居하는 사실이 빈번하게 발견되지만 성거와 향거의 계기가 신분적 규정과 일정한 대응관계를 보이고 있는 것 같지는 않다.

3) 庶民地主

<표 1-8>의 용담서원 고화전 出捐者 63인중 庶民 신분인 자는 33인으

---

82) 張研, 「淸代族田經營初探」『中國經濟史硏究』, 1987년 3기.

83) 『邵陽志』 권2, 戶口, p.358.

84) 『湘潭縣志』 권8, 列傳34, pp.1221~1222.

85) 『城步縣志』 권7, 行誼, p.730.

86) 위의 책, pp.726~727.

87) 『桃源縣志』 권9, 人物志 尙義.

로 전체의 52.3%이다. 출연액으로 보면 전체의 56.4%가 서민지주로 추정되는 사람들의 기부 내용이다. <표 1-9>의 상향현 育嬰堂田의 경우는 전체 28인 중에 향신 5인을 제외한 23인이 서민지주라 생각된다. <표 1-8>의 내용은 도광 29년(1849)의 사실이고, <표 1-9>는 주로 도광 10년 (1830)이후의 사실이다. 형양현의 漢湖書院의 출연자 경우 公買를 제외한 전원이 아무런 신분 표시가 없다.[88] 신분 표시가 인명 앞에 쓰이는 서술 법대로 하면 모두 서민으로 생각되지만 만일을 대비하여『衡陽縣志』의 選擧表를 일일이 확인하였으나 출연자 중 한 사람도 발견할 수 없었다.[89]

도원현의 경우 漳江書院 膏火田 출연자 내역 가운데 총 59인 중 監生 1인과 知縣 4인을 제외한 54인이 모두 서민지주로 간주된다.[90] 액수로 보면 이들 54인 중에서 上東村 거주 羅百敍의 46무가 가장 많고 적게는 1무 정도 수준까지 범위를 보이고 있다.[91]『桃源縣志』人物志 尙義條 중 각종 의전 설치 참가자 혹은 '減價平糶' 등의 善行으로 알려진 31인을 대상으로 분석한 결과, 그중 鄕紳은 8인에 불과하고 23인은 서민지주로 추정된다.[92] 이 자체만으로서는 서민지주의 비율이 74%정도가 되는 셈이다. 그런데『桃源縣志』人物志 尙義條는 明代 이래 서술하기 시작하여 國朝(淸) 부분은 康熙 이후의 인물의 사실부터 소개되고 있다. 나열 순서를 면밀히 검토하면, 부분적으로 시간의 先後가 뒤바뀐 경우도 있지만 대체적으로는 연대순으로 기재되고 있는데, 이것을 보면 향신 8인 가운데 6인은 도광(1821~1850) 이전의 인물로 추정된다. 이러한 추정을 받아들인다면 도광 이후에 서민지주의 의전 기부 활동이 더욱 활발했다고 여겨진다.

그러면 이들 서민지주의 소유지 분포는 어떠했을까. 도원현 漳江書院 膏火田 출연자 가운데 上東村 거주 羅百敍는 延口村 二里岡 등지의 田

---

88)『衡陽縣志』禮典19, pp.427~428.
89) 위의 책, 人物12~21, pp.455~474.
90)『桃源縣志』권4, 學校志, 書院.
91) 위의 책.
92) 위의 책, 권9, 人物志 尙義, pp.320~337.

46무를 출연하고 있는데, 상동촌은 縣治 서쪽 80리이고 延口村은 縣 남쪽 20리에 있어 상당히 광역의 토지를 소유하고 있었던 것으로 보인다. 도원현에서 村은 蘇州 등지의 都에 해당되기 때문에 서로 멀리 떨어진 다른 都에 소유지를 갖고 있는 것이 된다.[93] 羅百敘는 縣治 서쪽 80리 떨어진 상동촌에 거주하는 향거지주이면서 縣 남쪽의 20리 지점인 延口村의 소유지에 대해서는 不在地主적인 측면이 있다고 보아야 할 것이다. 비슷한 경우가 縣 동쪽 60리인 莫溪村에 거주하는 謝宏壁이 縣治 북쪽 100리인 東七里村 龍家港田 10무를 기증하고 있는 것이다.[94]

  59건 가운데 출연 토지의 소재지가 '本村'이라 명시된 경우는 단 3건밖에 보이지 않고 명백하게 村(=都)을 달리하는 경우는 12건이다. 그 외에는 本村 他村 여부가 분명치 않지만 村(=都)을 달리하는 田土 소유자들이 거의 전부 鄕居地主에 속한다는 것이다. 같은『桃源縣志』義渡田 설치 부분을 보면 邑人 向子卿이 白磷渡에 義船 1隻과 義田 15畝를 기증했다는 기록이 있다.[95] 이 白磷渡는 縣治 남쪽 25리 지점에 있는 것인데, 邑人인 向子卿이 거기에 田을 기증한 이유는 무엇일까. 邑人은 蘇州府志 義莊條의 서술 방식대로라면 縣城 거주자에 해당한다.[96]『桃源縣志』의 같은 義渡田 관계 기사를 보면 현치 동북 60리의 濟泗橋 건설에는 '居民 ○○○捐建'이라 되어 있고, 郭公橋의 경우에는 '里人 ○○○建'이라 표현되어 있기 때문에 邑人 向子卿은 성거지주이면서 현치 남쪽 25리 지점 부근에 소유지를 갖고 있는 지주로 생각된다.

  다음으로 형양현의 경우를 石鼓書院 膏火田에서 그 출연 내용을 검토하면, 劉淸和는 淸泉縣의 路口鋪田 10.1무를 출연하고 있다. 청천현은 건륭 21년(1756)에 衡陽縣에서 分縣되었지만,[97] 劉淸和는 他縣 소재의 소유지, 그것도 租穀 數가 明記되어 있어 지주적 경영을 하던 地片을 기증

---

93)『桃源縣志』권1, 坊村考, pp.84~85.
94) 위의 책, 권4, 學校志 書院, p.191.
95) 위의 책, 권2, 營建志 津渡.
96) 光緖 9년간『蘇州府志』권24, 公署.
97)『衡陽縣志』, 賦役3, p.197.

하고 있는 것으로 여겨진다.98) 또 같은 고화전 출연자 중에 譚桂林은 衡山縣人인데 衡陽縣 소재 白竹町田 131무를 기증하고 있고, 역시 형산인 陳節은 淸泉縣의 據家沖田 27무와 城外演武亭 30무를 기증하고 있다.99) 이것을 보면 서민지주의 소유지 분포도 상당히 광역적인 것, 他縣의 소재지에까지 미친다는 것을 알 수 있다.

다음으로 서민지주의 상승 과정을 탐색해 보기로 하자. 『邵陽志』 耆舊에

> 謝承蒔는 어려서 가난하였는데 저축을 하여 재산의 여유가 있게 되었다.……族祠를 정비하고 族學을 세우고 育嬰堂을 수선하고 자신의 莊田을 쪼개어서 이에 충당하게 했다.……義塚山 여섯을 구입하고 書院경비를 더하여 주고 賓興會를 세웠다. 義行이 대단히 많았다. 議敍로서 縣丞銜을 받았다.100)

라 하고 있다. 이 謝承蒔는 소양현 育嬰堂 회복을 위해 도광 초(道光 2년)에 捐田 33畝와 錢 50,000文을 기부하고 있는 것이 확인된다. 이때 育嬰堂은 城內 曹婆井에 설치된 것이고 謝承蒔는 邑人으로 기재되어 있어 縣城에 거주하는 성거지주적인 존재로 생각된다. 그런데 謝承蒔의 상승 과정의 설명은 '居積致裕'란 것밖에 다른 표현이 없다. 같은 소양현의 사례를 더 보면, 『邵陽志』 耆舊에

> 伍榮은 인색하게 모아 집안을 일으켰다. 무릇 도로를 정비하고 茶亭을 세우고 宗族 중의 고아, 과부를 돌보고 돈을 뿌려 이를 위하였다. 일찍이 자신의 田莊 셋을 내어 伍氏義學을 만들었는데 해마다 田租가 삼백여 石이었다.101)

---

98) 위의 책, 禮典18, pp.425~426.

99) 위의 책.

100) 『邵陽志』, 耆舊下, p.248, "謝承蒔少貧居積致裕……修家祠建族學葺育嬰堂 割莊田充之 購義塚山六 益書院經費 立賓興會 義行甚衆 議敍縣丞."

101) 『邵陽志』 권2, 耆舊下, "伍榮纖嗇起家 凡甃道建亭贍宗族孤嫠 揮金爲之 嘗出己

라 했다. 伍榮은 義學田을 기증하고 각종 사회사업을 전개하고 있는데, 그가 성장한 서민지주라는 것은 알 수 있지만 상승 원인은 분명하지 않다. '莊三'이란 표현을 보면 莊이 하나의 단위로 되고 있는 것 같다. 重田德은 淸代의 湖南에서 進庄, 退庄, 踞庄 등의 용어가 빈번하게 쓰이기 때문에 庄이란 하나의 단위에 통합되고 있는 것이라 보고, 이로 인해 佃戶는 복수의 地主와 관계는 아니고 단일의 地主에 전적으로 지배되고 있다고 이해하고 있다.[102]

　그러나 위 伍榮은 道光 18년(1838) 무렵의 사람인데 인용문 중의 田莊은 소작지별의 의미가 강하다고 생각된다. 도원현 賓興田의 경우에도 소작지의 실측 결과를 庄名, 畝數, 佃戶명 등으로 적고 있는데, 이 莊은 전호 1인의 小作 地片의 의미로 이해된다.[103] 따라서 莊이란 영역적으로 단일한 지주에 의해 지배받는 것을 의미하는 것은 결코 아니다. 前節에서 본 의전의 분포가 광범위하게 분산적으로 존재하는 것도 이런 이해를 뒷받침한다. 이 밖에도 邵陽縣의 劉載錫도 '赤手致富'하여 義塾을 설립하는 인물로 보이지만 致富의 원인은 밝혀져 있지 않다.[104] 성보현의 張良芳의 사례를 검토해 보면,『城步縣志』賢達에

　　張良芳은……父親이 일찍 죽자 직접 경작하여 어머니를 부양하였다. 효자로서 칭송을 받았다.……晩年에 집안이 점차 여유가 있어져 義田 7畝를 기증하여 貧士들의 膏火費에 쓰게 하였다.……더욱 스스로 절약 검소하였고 자신이 앞장서서 荒地를 개간하고 농사를 지어 鄕에서 이를 의지하였다.[105]

라 한다. 이를 통해 張良芳이 荒地개간 등 농업생산에 적극적이었던 서

　　莊三 爲伍氏義學 歲召租三百餘石."
102) 重田德, 앞의 책, p.77.
103)『桃源縣志』권5, 祭典志 賓興, p.221.
104)『邵陽志』권2, 耆舊下, p.256.
105)『城步縣志』권7, 賢達, p.666, "張良芳……父早喪躬耕養母以孝稱……晩年家稍
　　裕 捐田七畝 以貲貧士 膏火……愈自節儉 以身倡率開荒種植 鄕賴之."

민지주적 존재이고 自耕農에서 家産이 점차 여유있게 된 것을 짐작할 수 있다. 이 밖에도 성보현에서 張道律은 '農務起家'라 한 것이라든지[106] 도원현의 劉恒昌은 '初貧而力農致富' 등[107] 농업생산을 통해 상승하고 후에 의전 설치에 참여하고 있는 것을 볼 수 있다. 처음에 가난했는데 노력 끝에 家産을 축적하고 善行에 나서는 경우는 서민지주의 사료 검토과정에서 일일이 摘示하기 어려울 정도로 빈번하게 나타난다. 그런데 張良芳, 張道律, 劉恒昌 등에서는 그 상승 경로가 농업생산을 통한 것이라는 것을 일단 현상적으로는 파악할 수 있다. 그러나 내면의 생산력 구조는 별다른 해명을 기다리지 않으면 안 된다.

의전의 설치 참여과정 속에 도광 이후 서민지주의 활동이 현저한 것을 여러 가지 검토해 왔으나, 의전 참여지주가 淸 후기 호남 지주제의 구성부분을 전적으로 표본화하고 있는지 여부는 분명히 알 수가 없다. 그러나 이 시기 호남 6개 현 일대에서는 의전을 통한 서민지주의 부각이 하나의 특징적인 현상인 것만은 파악할 수 있다. 그것이 在村的인 집중적 토지소유에 국한된 중소지주에 한정되어 鄕紳地主, 城居地主에 상대적 개념으로 사용되어 왔던 것과 현실과는 얼마간의 간격이 있다는 것도 알 수 있다. 淸 후기 호남의 의전 설치에 서민지주가 적극 참여한 이유는 무엇일까. 서민지주는 의전 참가의 대가로 議敍를 받아 鄕紳의 신분을 획득할 기회가 생기고, 또 義學田類는 서민계층의 正途 출신 향신을 배출하는 것을 돕기 때문에 신분의 상승 이동을 부단히 이룩하는 수단이었다고 생각된다. 또 義田類의 형식을 빌어 丁銀優免의 혜택을 기대하거나 爭産 과정에서 상대방의 田産을 탈취하는 수단이 되기도 하였다. 의전의 관리 방식 과정에서 지주의 연합화 내지는 조직화가 기도되었다고 여겨진다. 이것은 江南에서 등장하는 租棧의 본질과 유사하다고 생각된다.[108]

李文治는 淸代 전기 서민지주 발전 추세에 대해 언급하고 그것이 봉건 依附관계의 松解를 의미한다고 하였다.[109] 李文治는 官紳地主와 佃農의

---

106) 『城步縣志』 권7, 行誼, pp.728~729.
107) 『桃源縣志』 권9, 人物志 尙義, p.323.
108) 村松祐次, 『近代江南の租棧』, 東京, 1970, 2·5·7장 참조.

형성 관계는 서민지주의 그것과 달라 법적 관계는 평등해도 사회 지위 방면, 구성 등급 관계는 다르다고 했다. 그러나 이것은 官紳과 농민 사이에 사회적 차별이지 생산수단의 소유를 매개로 하는 경제적 생산관계의 구별성은 아니다. 鄕紳地主 연구의 어떤 논문을 보더라도 그것에 고유한 생산관계가 부각된 것은 찾아보기 어렵다.

최근 江太新의 논고에 의하면 直隷省 獲鹿縣에서 강희 45년(1706)부터 건륭 36년(1771)까지의 編審冊의 내용이 소개되고 있다.[110] 14차의 編審을 거치는 동안의 토지 增減 상황이 정리되었는데 강희 45년 당시 100무 이상 지주 가운데 서민지주의 비율은 39.33%이고 紳衿地主의 비율은 60.67%였다. 그 후 약 60년 뒤인 乾隆 36년에는 서민지주가 81.47%, 紳衿地主가 18.53%로 상황이 역전되고 있다. 獲鹿縣의 22甲 중 成社4甲의 경우, 康熙 50년에는 서민지주가 1戶, 紳衿地主가 8戶였던 것이 乾隆 21년(1756)에는 逆으로 서민지주는 12호가 되고 점차 감소되던 紳衿地主는 0호로 되고 있다. 경지 점유 비율은 獲鹿縣 전체에서 강희 45년에 서민지주가 22.89%, 紳衿地主가 77.11%이던 것이 건륭 36년에는 서민지주가 72.30%, 紳衿地主가 27.70%로 되고 있다. 65년의 기간 중에 건륭 6년(1741) 이전에는 서민지주가 완만하게 발전하다가 그 이후 신속히 발전하고 있다는 사실에 江太新은 주목하고, 그 이유는 地丁銀 실시 결과 鄕紳의 특권 폐지에 있다고 이해한다.[111] 湖南 6縣 일대에 있어 의전 설치를 매개로 서민지주의 활약이 인정되지만, 獲鹿縣처럼 수량적으로 克明하게 서민지주 발전을 설명할 자료는 없다.

이상의 사실을 종합하면, 淸 후기의 호남 6현에 있어서의 기본적 계급 모순은 鄕紳地主 대 佃戶라기보다 地主 대 佃戶로 이해해야 할 것이고, 또 城居地主 대 佃戶라는 것 역시 기본적 대립관계는 아니다. 鄕紳地主, 城居地主, 鄕紳的 토지소유 등은 淸 후기 호남 6현 일대에서는 새로운 특징적 현상이라고 보기는 어렵다. 반면에 농업생산을 통한 서민지주의

---

109) 李文治, 「明淸時代的地租」『中國經濟史論文集』, 北京, 1987.
110) 江太新, 「從淸代獲鹿縣檔案看庶民地主的發展」『明淸史』, 1991년 5기.
111) 江太新, 「從淸代獲鹿縣檔案看庶民地主的發展」『明淸史』, 1991년 5기.

성장, 이들이 의전을 통해 사회적 신분의 상승과 경제적 확대를 기도한
것이 특징이었다.

Ⅲ. 호남의 지주-전호관계

1) 地代 부담

「乾隆刑科題本」의 租佃관계 사료 가운데 湖南지방 사례를 분석하면
48건 중 32건이 실물 定額地代로 나타난다.[112] 비율로서는 대상 사례 중
의 66.7%에 해당한다. 18세기 호남지방에서는 대부분 현물 정액지대가
보편화되고 있다는 보고도 있다.[113] 그러나 本章의 관찰 대상인 호남 6현
가운데서도 일부 分收租 지역이 발견되고 있다.[114] 白石博男에 의한 조
사에는 同治(1862~1874), 光緒(1875~1908)년간에 간행된 地方志 중 巴
陵縣, 永明縣, 寧鄕縣, 零陵縣 등에서 分租制로 추정되는 記事가 나타나
고 있다.[115] 淸末시기에도 호남지역에 分收制가 존재한 것은 사실이겠지
만, 상담현을 비롯한 6개 縣의 淸末시기 地方志 조사에는 소양현의 가경
12년(1807)단계의 1건, 건륭 46년(1781)단계 1건밖에 발견되지 않는다. 주
로 각종 의전류를 중심으로 한 관찰이긴 하지만 租穀 액수를 명기하고
있어 실물 정액지대가 지배적이었던 것을 알 수 있다.

分成租에서 定額租로 진행하는 변화는 농업생산의 발전, 단위면적당
생산량의 증가에 기인한다고 인식되고 있는데[116] 그것을 하나의 구체적
租佃관계를 통해 입증하는 자료는 없다. 『乾隆刑科題本』 사료의 분석을
통해 淸代 전기는 끊임없이 지대가 증가하고 있다는 周遠廉의 인식이 있

---

112) 周遠廉, 『淸代租佃制硏究』, 瀋陽, 1986. p.141.
113) E.S. Rawski, 앞의 책, pp.121~123.
114) 『邵陽志』 권2, 耆舊下, p.239에는 嘉慶 12년(1807)의 分租 사례가 있고, 『城步志』
　　 권3, 學校上, p.235에도 ‘臨田監收’의 기재 있음.
115) 白石博男, 앞의 논문. 白石은 이것을 ‘변형적 分租’라 칭함.
116) 李文治, 「明淸時代的地租」 『中國經濟史論文集』, 北京, 1987.

는 반면, 森正夫는 지대의 감소 추세를 지적하고 있다.[117] 森은 蘇州府 吳江縣에서 弘治 원년(1488)에 간행된 『吳江縣志』와 가정 40년(1561) 간행의 같은 縣志를 비교하여 지대의 下限이 1石에서 8斗로 감소하고 있는 것을 약 70년간의 변화로서 주목한다. 그런데 이용 사료는 縣志 風俗條의 서술이고 특정한 토지의 지대 변화를 추적한 것도, 전체 縣 토지를 계량적으로 분석한 결과도 아니다. 章有義는 徽州지방에서 19세기 20년대 이후 계속적인 지대의 하락이 시작되고 있음을 밝히고 있고,[118] 蘇州에서 동치 4년(1865)의 減租 이후 지대의 평준화 현상과 감소 추세가 보고되고 있다.[119]

호남의 地代 수준은 어느 정도인가. 『湖南省例成案』에 실려 있는 道州 知州 假汝霖의 詳文 가운데 "每畝納租 自一石以及 一石幾斗 二石不等"이란 文句를 볼 때 건륭 11년 단계의 호남 지대는 1석에서 2석 사이라는 것을 알 수 있다.[120] 道州 知州 假汝霖은 옹정 2년(1724) 安化 知縣을 출발해서 龍山을 거쳐 道州에 이르는 십수년의 見聞에 기초하여 이 글을 쓰고 있기 때문에 이 시기 道州·安化·龍山 등지의 지대 사정을 반영하고 있다고 보아야 할 것이다. 19세기 후반 상담현은 1.0石/畝, 湘鄕은 0.75石, 長沙는 0.6~1.4石 등의 수치 제시가 있지만[121] 건륭 11년(1746)단계의 道州 知州 假汝霖의 詳文과 직접적 비교는 불가능하다. 1920년대의 호남에서 형양현은 1.8석, 형산현은 1.2석, 임상현은 2.63석, 株萍路는 2.0석, 湘中 各縣은 1.8석 등의 조사가 있고,[122] 역시 민국 초년기의 新化縣에서는 수확이 6석 전후이면 지대는 3석 반, 수확 3석 이상이면 2석이라는 보고도 있다.[123]

---

117) 森正夫, 「明淸時代の土地制度」 『世界歷史』 12, 東京, 1974.

118) 章有義, 『近代徽州租佃關係案例硏究』, 北京, 1988.

119) 夏井春喜, 「淸末民國時期の蘇州における納租情況 - 租棧簿冊の統計的分析 -」 『東洋史硏究』 48-1, 1989.

120) 重田德, 앞의 책, p.68.

121) E.S. Rawski, 앞의 책, p.153. 이것은 米(稻가 아님)를 말함.

122) 金勝一, 「軍閥統治時期(1914-1926)の湖南農村社會經濟の地域史的一考察」 『東洋史論集』 17, 九州大, 1989.

이 밖에 『乾隆刑科題本』「租佃關係史料」 가운데 얼마간의 개별 사례를 찾을 수 있다.[124] 그러나 이들 지대관련 사료는 자료의 한계성 때문에 상호간에 분산 고립되어 있고 체계적 이용이 불가능하다. 왜냐하면 동일한 지역의 특정 토지에 대해 시간대별로 조사된 것은 거의 없기 때문이다. 문제를 더욱 어렵게 하는 것은 度量衡이 통일되어 있지 않아서 명목상의 수치를 실제 내용으로 비교할 수가 없다는 것이다.[125]

그런 점을 유념하면서 淸 후기 湖南 6縣 일대에서 義田의 지대 수준을 조사해 보자. 『長沙瞿氏家乘』 권7, 「祠廟祭田義莊諸記」에

家廟는 長沙 北郷 滆化都 4甲의 蕭家衝에 있다.……光緒 13년(1887) 丁亥에 창건하였다.……張姓業田 4石을 구입하였는데 歲收 租穀은 54石이다. 銀 900兩을 사용했다.[126]

라 한다. 여기서 田의 면적을 4石田이라 표현하고 있는 것이 주목된다. 면적을 斗石으로 표시하는 것은 광서 18년 단계의 도원현 賓興田에서도 나타나고 있다.[127] 도원현뿐 아니라 益陽縣(건륭 31년),[128] 善化縣(광서년간),[129] 武陵縣(건륭 5년),[130] 衡山縣(건륭 11년),[131] 臨武縣(건륭 37년),[132] 未陽縣(건륭 29년)[133] 등에서도 발견되고 있어 淸 전기 이후 湖南의 보편

---

123) 馮和法 編,『中國農村經濟資料續編』上, p.122.

124) 『地租剝削』, p.110, p.194, p.196, p.204 등.

125) 湖南의 度量衡에 대해서는 馮和法編,『中國農村經濟資料』下, p.1115 참조 ; 梁方仲,『中國歷代戶口,田地,田賦統計』, 上海, 1980, pp.525~528.

126) 李文治 編,『中國近代農業史資料』, p.271, "家廟在長沙北郷滆化都四甲之蕭家衝……創建于光緒十三年丁亥……購張姓業田肆石　歲收租穀五十四石　去銀九百兩."

127) 『桃源縣志』 권5, 祭典志 賓興, p.223.

128) 『淸代土地占有關係與佃農抗租鬪爭 - 乾隆刑科題本租佃關係史料之二 - 』, 北京, 1989, p.680.(이하『淸土抗爭』이라 약함)

129) 光緒刊,『善化縣志』 권16.

130) 『淸土抗爭』, p.316.

131) 위의 책, p.219.

132) 위의 책, p.101.

적 관행이었다고 생각된다. 특히 도원현 賓興田은 官弓 淸丈의 결과를 斗石으로 표시하고 있기 때문에 이러한 관행이 官의 공인을 받고 있는 정도였다고 생각된다. 1石田의 면적을 北村敬直은 1石의 收租를 할 정도 의 면적으로 이해하고 있지만[134] 여기서는 위 인용 사료(瞿氏家乘)와 전 혀 부합되지 않는다.『衡陽縣志』賦役에

　　무릇 田 10畝를 1石이라 칭한다.[135]

라 하였고『邵陽志』實業에

　　鄕中에서 이른바 田 10升은 1斗이고 10斗가 1石인데 매 石은 約 中等 으로 米 2斗를 계산한다.(米는 錢糧임) 농부 1인은 田 1石을 경작한다고 계산된다.[136]

라 한다. 소양현은 中田에 錢糧을 畝당 2升 징수하기 때문에 1石田에 錢 糧 2斗를 거두면 곧 10畝田에 해당하는 것이다.[137] 이상에서 보면 淸 후 기 湖南 長沙府 일대와 衡陽, 邵陽 등지 桃源縣 등은 1石田＝10畝였다고 추정된다. 번거로움을 무릅쓰고 1석전 면적 조사에 집착한 것은 위『瞿氏 家乘』을 비롯하여 도원현 賓興田뿐 아니라 호남 각지에서 斗石 표시의 면적이 빈번하게 등장하기 때문에 이 개념을 이해 못하면 지대 사정도 알 수 없는 까닭이다. 瞿氏 의전의 4석전을 40무로 계산하면 畝당 租額 은 1.350석이 된다. 토지가격은 900兩인데 畝당의 價額은 22.5兩이다. 이

---

133)『地租剝削』, p.641.

134) 北村敬直,「魏氏三兄弟とその時代」『淸代社會經濟史硏究』, 京都, 1981.

135)『衡陽縣志』권3, 賦役11, p.213, “凡田十畝 而稱一石.” 方行,「淸代前期湖南四川 的小農經濟」『中國史硏究』1991년 2기에 長沙府 寧鄕縣의 경우 1石田이 10畝 로 확인됨.

136)『邵陽志』권2, 實業, p.364.

137)『中國農村經濟資料』下, p.1111. 湖南省 湖田 구역은 6畝 3分을 1石田으로 하는 경우도 있음.

가격은 도광 25년(1845)시기의 辰州府 義田의 가격과 거의 비슷하다.[138]
다음에 도원현 漳江書院 膏火田(<표 1-11>, <표 1-11-1>) 형양현 漢湖
書院 膏火田, 石鼓書院 膏火田(<표 1-12>), 도원현 賓興田(<표 1-13>)
등의 지대에 대해서 알아보자.

<표 1-11> 桃源縣 漳江書院 膏火田

	소재지	土名	면적 (畝)	莊錢	租穀 (석)	稞錢	畝當租 額(石)
1	延口村	二里岡田	9. 3	46串文	12.10		약 1.3
2	〃	〃	9.80	50串文	12.74		1.3
3	〃	〃	4.70	25串文	6.11		1.3
4	〃	〃	41.10	44串300文	14.43		0.351
5	〃	〃	13.20	60串文	17.16		1.3
6	〃	〃	18.79	70串文	24.43		1.3
7	〃	麥子岡田	3.20	3串200文	4.00		1.25
8	〃	木魚岡田	3.00	13串750文	3.97		1.3
9	〃	鄧家岡田	2.00	3串文	2.60		1.3
10	〃	菉蘿坪田	2.00	無	1.00		0.5
11	〃	〃	8.50	10串文	11.00		약 1.294
12	〃	〃	2.50	5串文	3.20		1.28
13	〃	〃	0.50	1串文		500文	
14	〃	白佛寺土	1區	無		倒課錢 800文	
15	〃	社壇岡土	〃	〃		400文	
16	〃	黃花井園	〃	〃		1200文	
17	〃	後西街土	〃	〃		800文	
18	〃	嚴家橋園	〃	〃		倒課錢 1400文	
19	〃	書院前屋基	〃	〃		1200文	
20	〃	屋基	〃	〃		1200文	
21	〃	縣門口屋	1所	36千文		24千文	
22	〃	鋪屋	1所	10串文		20串文	
23	〃	夾洲桁				每歲納課錢24千文	
24	下坊村	潯陽坪田	9.08	無		折租穀錢 1千文	
25	〃	延溪上熟土	1大區	無		11千文	
26	〃	魚連魚口熟土	1區	無		倒課錢 4千文	
27	〃	石灰洲荒土	〃	〃		1500文	
28	〃	焦岩紫熟土	〃	〃		倒課錢 1000文	
29	〃	車家灘熟土	0.3	無		倒課錢 400文	

138) 拙稿, 「淸後期 湖南 辰州府의 義田」『釜山史學』20집, 1991.

30	〃	馬家鴻麥地	2區	〃		1800文	
31	杜靑村	蔴家坪田	10.20	14串700文	13.17		1.29
32	〃	〃	9.10	13串300文	11.87		1.22
33	〃	莊家橋麥地	1區	無		倒課錢 2000文	
34	〃	中木塘熟地	1大區	無		倒課錢 6000文	
35	后脊村	印家山田	4.50	13串200文	5.90		1.31
36	〃	〃	13.50	39串600文	17.70		1.31
37	〃	泥魚秋湖田	7.90	1000文	5.60		0.700
38	〃	〃	4.00	2串文	3.50		0.875
39	〃	下八湖坪田	1.30	無	1.00		0.769
40	〃	剪家橋田	1.70	無		折租錢 1000文	
41	水田村	朱家峪田	1.30	無		折租錢 1500文	
42	雲霞村	風和殿田	1.40	6串文	2.00		1.428
43	〃	黃土坡荒土	1區	無		歲納課錢 800文	1.3
44	西東村	白磷洲田	1.20	10串文	3.90		
	〃	白磷洲地	1.80				1.071
45	〃	夏伍衝田	4.20	20串文	4.50		1.425
46	土東村	何仙坪田	3.10	6串文	4.42		1.320
47	〃	鳳門橋田	7.00	10串文	9.30		1.3
48	莎蘿村	剪家溪田	3.10	9串文	4.03		0.5
49	〃	大堰衝田	5.00	9串文	2.50		1.29
50	〃	穿石八角溶田	7.40	13串文	9.60		0.666
51	上坊村	乾潭岩橋田	1.50	無	1.00		0.92
52	〃	馬潮灣田	2.80	2串700文	2.60		
53	〃	簞子口田 八分土	2區	3串文		租課錢 3串文	
54	〃	後門洞曾一處				每歲納課錢 3000文	
55	大安村	盧家灘田	20.6	40串文	27.00		1.310
56	〃	胡家溶田	3.60	41串文	3.87		1.075
57	〃	大河坪田	3.40	4串文	3.00		0.882
58	白石村	小洋溪田	7.80	33串300文	10.00		1.282
59	〃	桑樹坪田	3.40	16串600文	4.06		1.194
60	〃	大洋溪田	3.30	10串文	4.37		1.324
61	〃	古牛溪田	5.00	17串文	5.60		1.120
62	〃	打望坡田	44.90	160串文	58.40		1.300
63	〃	盧家坪田	1.30	3串600文	1.80		1.384
64	〃	車官溪田	1.10	10串文	1.40		1.272
65	〃	朱家溪田	7.60	42串文	10.00		1.315
66	〃	羯洋鋪田	1.20	5串文	1.54		1.283
67	〃	沈溪沙港田	18.00	24串文	23.40		1.300

68	〃	五里牌田	4.10	20串文	5.00		1.219
69	〃	張家凹田	5.00	20串文	6.50		1.300
70	〃	茶山	1區			課油 20觔	
71	〃	洋溪橋街後田	1.90	6串文	1.90		1.000
72	〃	洋溪橋上街園土	1區	無		1000文	
73	〃	〃	〃	〃		1000文	
74	桐木村	金牛山田	2.20	12串文	2.88		1.309
75	〃	〃	9.60	47串文	12.50		1.302
76	〃	周家衝田	5.10	26串文	5.60		1.098
77	〃	曾家衝田	23.40	114串文	30.46		1.301
78	高喬村	龍潮寺田	0.80	1串文	1.00		1.250
79	〃	黑家峪田	7.00	16串800文	6.00		0.857
80	〃	荒田峪田	5.10	16串文	4.00		0.784
81		廟堰坳田	3.80	6串文	2.50		0.657
82	〃	熊家嶺田	7.10	79串200文	4.00		0.563
83	〃	茶山	1區			課油 20觔	
84	〃	鍾家坪田	1.10	5串文	1.48		1.345
85	〃	巖角峪田	1.50	無	1.95		1.300
86	〃	大衝溶田	1.50	1串600文	2.00		1.333
87	〃	鄧家凹田	2.50	4串文	2.00		0.800
88	〃	白岩寺田	2.00	4串文	2.00		1.000
89	〃	阮家橋田	2.50	無莊錢每年納息錢800文	3.25		1.300
90	〃	〃	3.40	4串文		折租穀錢 3000文	
91	鷄鳩村	黎家鍋廠田	4.78	4串文	6.00		1.255
92	〃	仙峯山田	3.00	4串文	3.50		1.166
93	蘇　村	陳家峪田	6.40	10串文	8.30		1.296
94	〃	小取溪田	2.80	無	3.80		1.357
95	〃	孫家河田地	1區	無		3000文	
96	莫溪村	江家峪田	8.00	10串文	10.40		1.300
97	〃	白家溶田	9.07	20串文	11.80		1.300
98	〃	〃	7.38	20串文	9.60		1.300
99	下蘇村	象獅潭田	0.60	無	0.83		1.383
100	〃	靈巖寺田	9.80	12串文	8.00		0.816
101	〃	楊家坪田	9.50	76串400文	5.50		0.578
102	〃	雅魚峪田	29.00	133串文	22.80		0.786
103	〃	〃	4.50	25串260文	2.70		0.600
104	〃	〃	13.60	42串600文	10.02		0.736
105	〃	〃	6.30	20串300文	5.53		0.877

106	〃	〃	7.70	24串640문	6.00		0.779
107	〃	偕子凹田	3.00	30串文	2.00		0.666
108	上七里村	楓樹坡梨子園	1處			每年納課錢8000文	
109	東七里村	方家溶田	10.70	16串文	13.00		1.214
110	〃	卓家橋田	2.90	3串文	3.84		1.324
111	〃	龍家港田	23.40	40串文	29.40		1.256
112	〃	〃	18.00	16串300文	22.00		1.222
113	〃	〃	11.00	10串文	14.00		1.272
114	〃	余公橋田	1.50	無	2.00		1.333
115	〃	芳草坪田	5.00	5串400文	6.70		1.340
116	〃	大田	3.30	3串800文	4.20		1.272
117	高郁村	芳草坪田	1.00	無	1.30		1.300
118	硤州村	蓮蓬岡田 熟地	27.00 1區	30串文	26.00		
119	大高村	新窯廠田	12.00	12串文	9.00		0.750
120	〃	河沚高灣田地	99.00	無	19.62		0.198
121	〃	巴溪張熟地	1區	無		倒課錢 2000文	
122	〃	羅家台地	0.80	無		倒課錢 600文	
123	車喬村	落巷口熟地	1區	無		歲納課錢5150文	
124	〃	〃	1區	無		歲納課錢1050文	

<표 1-12> 衡陽縣 漢湖書院 膏火田

	소재지	면적(畝)	租穀(石)	石/畝
1	14都 小系塘田	46.0	3 .0	0.782
2	11都 楊柳塘田	33.0	4 .0	1.424
3	20都 禾塘坪田	9.0	13.0	1.444
4	20都 新塘尾田	5.8	7.0	1.206
5	21都 新塘田	3.0	4.7	1.566
6	22都 豆陂町田	1.0	1.1	1.100
7	3都 菴子塘	25.0	37.0	1.480
8	5都 埠頭町田	33.5	50.0	1.492
9	1都 白沙阾田	37.0	40.0	1.081
10	18都 楓樹塘田	59.0	46.0	0.779
11	北1區 屯糧百落塘田	6.7	8.5	1.268
12	清泉 3都 魯艸塘田	28.0	38.0	1.357
13	新塘田	24.7	30.0	1.214
14	40都 望沖田	8.0	12.0	1.500
15	41都 棲霞菴田	3.0	3.0(折錢1500文)	1.000
16	書院後 塘二口		塘稅銀 20兩 1錢	
		계 332.7	계 373.3	평균 1.156

石鼓書院 公田租

	소재지	면적(畝)	租穀(石)	石/畝
1	淸泉路口鋪田	10.1	12.4	1.227
2	13都 柑子園田	37.9	62.4	1.646
3	淸泉龍塘沖田	15.0	22.5	1.500
4	白竹町田	131.0	223.4	1.705
5	淸泉據家沖田	27.0	40.0	1.481
	城外演武亭公田	30.0	折租錢 25千 300文	
		계 251		

<표 1-13> 桃源縣 賓興田 各處佃戶姓名 및 租課數目

	地名	佃戶名	면적	押庄錢	租穀(石)	地目
1	花巖河	劉志亮	3石3斗5升	10千文	41.0	田
2	〃	〃	1石	20千文	15.0	〃
3	〃	〃	2石7斗3升	56千文	38.0	〃
4	〃	李春海	5斗2升	16千文	6.3	〃
5	〃	李超雲	2石5斗3升	56千文	26.7	〃
6	〃	劉志福	1石	20千文	15.0	〃
7	錫城寺	郭世佩	1石7斗	15千文	14.0	〃
8	〃	劉貴祖	1石2斗	12千文	11.5	〃
9	〃	劉祥祖	6斗2升	7千文	6.4	〃
10	〃	劉實祖	2石2斗	22千文	22.0	〃
11	〃	陳光華	5斗1升	5千文	6.5	〃
12	藥王溪	袁昌第	4斗	12千文	6.0	〃
13	牛金坪	李正學	4斗	10千文	6.0	〃
14	王桃港	王治魁	2斗	4千文	3.0	〃
15	澄溪瓜園	郭興擧	8斗	8千文	8.2	〃
16	蒵蘿坪	向星六	4斗5升	12千文	6.5	〃
17	木塘坪	喩文治	8斗6升		倒課錢 19千文	地
18	〃	李宏儒	1石		26千文	〃
19	〃	王治魁	9斗3升		20千文	〃
20	〃	劉官國	8斗2升		15千文	〃
21	〃	鄭啓興	3斗2升		8千文	〃
22	〃	鄭南山	2斗4升		6千文	〃
23	〃	劉天開	2斗		4千 400文	〃

그 畝당의 조액을 산출해서 적시해 보면 漳江書院 膏火田은 다음과
같다.

0.5石 미만	2	1.20~1.24	4
0.50~0.69	8	1.25~1.29	14(16.1%)
0.70~0.89	13	1.30~1.34	32(36.8%)
0.90~1.09	6	1.35~1.39	3
1.10~1.14	1	1.40~1.44	2
1.15~1.19	2	1.45~1.49	
		계	87

위에서 보면 지대의 거의 60%가 1.25석에서 1.34석 사이에 집중하고 있
고, 그 중에서도 1.30석과 1.34석 사이의 분포도가 거의 40%에 접근하고
있다. 도원현 漳江書院 膏火田의 경우 지대가 가장 낮은 것은 畝당 0.198
석이었고 가장 높은 것은 1.428석이었다. 도원현 賓興田의 경우 가장 낮
은 것은 0.823석이고 높은 것은 1.500석이었다. 그런데 漳江書院 膏火田
과는 달리 1.5石대가 31.25% 또 0.90석~1.09석 사이에 31.25%가 분포하
는 현상을 보였다. 이 양자의 경우에는 둘 다 押租가 존재하는데 이 지대
분포를 설명할 만한 규칙적인 대응 관계를 찾을 수 없었다. 衡陽縣 漢湖
書院, 石鼓書院의 경우 최저 0.779석에서 최고 1.705석까지 분포를 보이
고 있다. 여기서는 1.20~1.24석 사이가 15%, 1.45~1.49석 사이가 15% 분
포하는 외에 1.10~1.74석 사이에 두루 분포하고 있어 집중적인 특징이
나타나지 않았다. 이 衡陽縣 漢湖書院, 石鼓書院의 경우에는 押租에 대
한 기재가 없었다는 것이 1.7石대의 비교적 고액 지대와 어떤 연관 관계
가 있는지는 알 수 없다. 이 서원 膏火田 賓興田등은 거의 官斛임을 명
시하고 있는 것이 특징이다.[139] 이 관곡의 1두는 원기둥 모양이 아닌 직
육면체이고 용적은 현재 한국 1두의 57.4%정도에 해당하는 것이다.[140] 그
다음에 지대의 할인 문제에 대해서 보면 도원현 漳江書院 膏火田의 경우

---

139)『桃源縣志』권5, 祭典志 賓興 p.221 ; 권4, 學校志 書院, p.190.
140) 拙稿, 앞의 논문, 1991.

에 그것이 인정되지 않고 있다.

『桃源縣志』書院에

> 이상은 旱災와 水災를 입어도 地代의 할인이 없다. 해마다 官斛穀 735
> 石 4斗 1升을 거두고 課錢은 140千 600文을 거둔다.[141]

라 한다. 이것을 보면 漳江書院 膏火田에는 災讓(災害로 인한 地代의 할
인)이 없었던 것 같다. 반면에 같은 도원현 賓興田을 보면『桃源縣志』賓
興에

> 本年의 할인 7石 8斗를 제외하고 실제로 거둔 것이 官斛穀 221石 8斗
> 이다. 또 地課錢을 거둔 것이 89千 600文인데 雨水의 太甚으로 인하여
> 錢 12千 600文을 할인하였다.[142]

라 한다. 이 문장의 앞 부분에는 의전의 首事 張大澍가 동남북 3鄕을 40
여 일간 돌아다니며 收租한다고 서술되어 있다. 그런데 租穀은 할인 부
분이 약 3.4%정도이고 地課錢은 12.3%정도 할인되고 있다. 앞 부분은 그
냥 本年의 할인이라 되어 있고 뒤의 地課錢만 '因雨水太甚'이란 단서가
붙어 있는 것을 보면 前者는 40여 일간 收租 기간 동안의 限讓의 가능성
이 높다.[143] 앞서 본바와 같이 이 漳江書院 膏火田의 地代는 최저 0.198
石～최고 1.428石이었는데 비해 賓興田은 최저 0.823석～최고 1.5석까지
이고 또 前者가 1.39석 이하에 97% 이상 분포하는데 後者는 1.5석대가
31.25%라는 것을 되새겨 보아야 할 것이다. 賓興田은 명목상 다소 높게
나타나는 지대이지만 限讓(기한 내 납입에 의한 할인)과 災讓의 할인이
있고 膏火田은 명목 수치가 상대적으로 낮은 대신 할인 혜택이 없는 것

---

141)『桃源縣志』, p.190. "以上無旱澇議讓 歲入官斛穀七百三十五石四斗一升 課錢一
百四十千零六百文."
142)『桃源縣志』, p.221, "本年除讓柒石捌斗外 實收得官斛穀 貳百貳拾壹石捌斗 又
收得地課錢捌拾 玖千六百文 因雨水太甚 讓去錢壹拾貳千六百文."
143) 限讓, 災讓에 대해서는 夏井春喜, 앞의 논문 참조.

이 아닐까. 1.5석에서 10%를 할인하면 1.35석이 되기 때문에 膏火田이 집중 분포하는 1.3석대에 근접하게 되는 것도 결코 우연은 아니지 않을까.

正租 이외의 일체의 額外부담(副租)은 보이지 않고 蘇州지역 등지에서 지대 징수비용인 力米(脚米)의 존재도 확인되지 않는다. 도원현 賓興田에서는 義田 首事가 소유지에 대해 庄名 畝數 原業主 및 佃戶 성명, 納租額, 納糧額, 信錢有無 등을 일일이 조사하여 造冊을 만들고 동남북 3鄕을 돌며 40여 일간에 걸쳐 收租를 행하고 佃戶에 대한 催租를 하고 있다. 그 수조 결과는 某庄 租穀 약간의 淸冊을 만들고 田畝 淸冊과 함께 縣과 縣學에 보고하도록 되어 있다.[144]

앞의 <표 1-11>에서 보면 漳江書院 膏火田에서는 折租錢이 보이고 있다. 24번의 下坊村(=都에 해당), 潯陽坪田 9.08畝의 折租錢 1,000文, 后脊村 前家橋田의 1,000文(40번), 水田村 朱家峪田 1,500文(41번), 高喬村 阮家橋田을 제외하고는 莊錢(押租)이 없는 것이 특징이다. 衡陽縣의 普濟堂의 경우에도 折租錢이 보이고 있다.

『衡陽縣志』 建置에

> 普濟堂……義田 91畝인데 매년 租穀 104石과 折租錢 40여 千이다.[145]

라 한다. 여기서 보면 蘇州府 昭文縣 일대에서와 같이 지주에 의한 田租穀의 折價가 임의로 조작되는 형태는 아니고 문서상에 이미 고정화된 형태로 나타난다. 위의 普濟堂 義田은 가경 19년(1814) 이후의 사실을 반영하고 있다.

漳江書院 膏火田과 賓興田의 경우 課錢(혹은 倒課錢)이 나타나고 있다. <표 1-11>의 13~23, 25~30, 33, 34, 43, 53, 54, 95, 108, 121~124에 걸쳐 28건이 여기에 해당된다. 이들은 地目이 田에 해당되는 것은 13의 菉蘿坪田 0.5畝 뿐이고 나머지는 모두 土, 園, 屋基 등이다. 불과 4例(13,

---

144) 『桃源縣志』 권5, 祭典志 賓興, p.221.
145) 『衡陽縣志』 권4, 建置10, "普濟堂……義田九十一畝 歲租百四石 折租錢四十餘千."

21, 22, 53)를 제외하고는 莊錢(押租)이 없다. 이 중 13은 地目이 田이고 21, 22는 屋基, 53도 篇子口田八分土로 되어 있는데 대체로 경제성이 높은 곳에 莊錢이 설정된 것으로 보인다. 또 13의 0.5畝, 29의 0.3畝, 122의 0.8畝를 제외하면 전부 1區 혹은 2區 내지 1處 등의 모호한 표시가 있을 뿐 면적이 불명확하다. 여기서 나타나는 대체의 경향은 水田에서는 실물 定額地代가, 地 등에서는 金納地代가 확립되고 있는 것이다. 왜 생산성이 낮은 곳에서 금납지대가 먼저 발전하고 있을까. 건륭 24년(1759) 湖南 常寧縣에서는 佃戶 謝宗永이 李貴安의 公供荒地를 佃耕하면서 15년 이전에는 매년 納租銀 1錢 3分을 내다가 15년 이후는 穀 3石씩을 내겠다는 계약이 성립하고 있는데 低생산성에 金納地代가 대응하고 이것이 다시 실물 定額地代로 전환해 가는 사례이다. 이 부분은 이후로 해명되어야할 문제이다.[146]

2) 押租 관행

押租의 발생 배경을 周遠廉은 "定額租, 토지집중, 인구증가, 농민 租佃 경쟁의 가열, 地價와 地租증가, 佃農 抗租 투쟁 발전, 지주 수탈경쟁에 있고 근본적 원인은 抗租투쟁 격화에 있다"고 한다.[147] 白石博男도 押租 와 抗租를 청말 호남 농촌의 특징적 현상으로 이해하면서, 처음에 進莊 禮銀이 등장하고 거기에 대하여 佃戶의 抗租투쟁 발생, 다시 抗租에 대한 자위적 수단으로 소작 보증금인 압조가 형성되었다는 것이다.[148] 이때 압조는 分租制와는 공존하지 않으며 정액지대하에서 발전하고 寄生지주 제 단계의 한 지표라고 한다. 福建지방의 압조 발생에 대해서는 '田額希少 民數日繁'한 山區地代에서 먼저 발생하여 상품화폐경제가 발전하는 연해지구로 확산되었다는 조사가 있다.[149] 이들은 모두 기본적으로 호남

---

146) 『淸土抗爭』, p.688.
147) 周遠廉, 앞의 책, p.235.
148) 白石博男, 앞의 논문.
149) 江太新, 「論福建押租制的發生和發展」『中國經濟史硏究』 1989년 1기.

이나 복건 등지의 지방에서 압조가 보편화하고 있다는 인식을 전제로 당해 지역 생산관계의 특징으로 그것을 규정하고 있다. 그런데 여기서는 압조 현상이 어떤 지방에서 보편적(無差別的)으로 성립하는 사실보다 그것이 선택적으로 형성되고 있는데 주목하고 싶다.

전술한 바대로 도원현의 賓興田 등에서 佃作地를 장부에 정리할 때 庄名, 佃戶명과 더불어 반드시 信錢(押租)의 有無를 적고 있다.[150] 이것으로 동일 지주 소유지 안에서도 압조가 있는 것과 없는 것이 인정되는 것이다. 또 <표 1-11>에 적시된 漳江書院 膏火田의 경우에도 押租가 없는 소유지가 상당수 존재한다. 10, 14~20, 24~30, 33, 34, 39~41, 43, 51, 70, 72, 73, 85, 89, 94, 95, 99, 114, 117, 120~124 등이 거기에 해당된다. 이중 89의 경우는 莊錢이 없는 대신 息錢 800文이라 明記되어 있어 압조 자체는 있는 셈에 해당된다. 이 중 10, 24, 39~41, 85, 94, 99, 114, 117은 地目이 田이고 나머지는 전부 土, 園, 地 등의 地目에 속하는 것이다. 압조가 있는 경우가 地目이 전부 田인 것을 보면 압조가 없는 것의 田 10건은 극히 예외적이다. 124건 전체 중에서 보면 압조 有無는 地目이 田인 경우 압조가 있고 地, 園, 土 등에서는 압조가 없는 것이 대체적 경향이다. 여기서 압조는 동일한 지역(村=都 단위의 협소한 지역) 안에서도 생산성이 높은 토지, 주로 水田에만 선택적으로 부과되고 있었다는 것을 알 수 있다.

<표 1-14>의 호남 압조 관련자료 가운데 安仁縣 李元武의 경우를 보자. 이것은 건륭 2년(1737)에 佃戶 李元武가 현재의 佃戶 潭文華가 경작하고 있는 黃鴻淑의 토지를 佃耕하려다 발생한 분쟁 사건에서 취재한 것이다.[151] 長文의 사료이기 때문에 요점만을 정리해 보면 다음과 같다.

* 李元武는 현재 佃戶 潭文華가 경작하고 있는 黃鴻淑의 토지를 佃耕하려 하나 현 佃戶 潭文華는 退佃 의사는 없다.
* 그런데 李元武는 進莊銀 5兩 5錢과 居間銀 5錢을 지불하면서 능동적

---

150) 『桃源縣志』 권5, 祭典志 賓興, p.221.
151) 『地租剝削』 下, p.351.

<표 1-14-a> 호남 押租 관련 자료

	시기	지역	佃戶名	면적	押租(銀兩, 錢文)		租穀(石)	
					량	량/무		석/무
1	雍正10년(1732)	興寧縣	唐汝山	17.0擔	銀 2.1			
2	乾隆 2년(1737)	安仁縣	李元武		銀 5.5			
3	5년(1740)	武陵縣	郭維藩	0.8石	2.4	3.0		
4	7년(1742)	茶陵州	鍾顔周	8.2	6.6	0.8	16.50	2.012
5	12년(1747)	新化縣	李若宗	20.0	4.5	0.3		
6	13년(1748)	桂陽縣	蕭六保	3.0	12.0	4.0	3.3	1.100
7	18년(1753)	湘鄕縣	劉祖章		12.0			
8	30년(1765)	長沙縣	單東秩	0.75石	22.5	3.0		
9	31년(1766)	益陽縣	郭應昌	4.25石	42.0	0.99	34.0	0.800
10	36년(1771)	邵陽縣	羊洪茂	1.5	2.6	1.7	田穀均分	
11	37년(1772)	衡山縣	聶孔言	3.0石	180.0	6.0		
12	45년(1780)	華容縣	嚴準南	26.0	錢14千 400			
13	60년(1795)	湘鄕縣	蕭自樂		銀 30.0		16.0	
14	25년(1760)	桂東縣	羅科發		20.0		26.0	

<표 1-14-b> 호남 押租 관련 자료 출전

出 典		
1	『淸代地租剝削形態』	下, p.356.
2	〃	p.351.
3	『淸代土地占有關係與佃農抗租鬪爭』	上, p.316.
4	『地租剝削』	下, p.355.
5	〃	p.368.
6	〃	p.370.
7	〃	p.388.
8	〃	p.426
9	『淸土抗爭』	下, p.680.
10	『地租剝削』	下, p.443.
11	〃	p.441.
12	〃	p.463.
13	〃	p.716.
14	『淸土抗爭』	下, p.730.

으로 지주에게 접근하고 있다.

* 지주가 소작 보증금으로써 進莊銀을 요구하고 있는 것이 분명하지 않다.

* 李元武는 進莊銀 마련을 위해 자신의 3畝 下田을 팔고 있다.

 * 지주가 佃戶 교체의 의사를 가지고 佃約까지 작성하였으나 現 佃戶가
   退佃을 원치 않음으로써 이것이 무산되고 있다.

 이상에서 보면 安仁縣의 경우 進莊銀은 생산성이 높은 토지-즉 佃戶
의 상대적 선호도가 높은 토지-에 대한 소작지 취득 경쟁과정에서 발생
한 것이 아닐까 하는 인상을 주고 있다. 李元武가 자신의 3畝田을 팔아
進莊銀을 마련하고 있는 것은 黃鴻淑의 田의 생산성이 상대적으로 높은
때문이 아닐까.『地租剝削』등에 게재된 압조 관련기사 대부분이 佃戶와
田主 간의 단일한 분쟁관계가 아니라 제3의 佃戶와의 3자적 분쟁관계이
고 심지어 '一田兩佃'이란 용어도 등장하고 있다.152) 舊 佃戶와 新 佃戶
가 목숨을 건 투쟁으로 致死에 이른 경우가 많은데 이것이 田地와 人口
의 산술적인 균형의 파괴로만 야기되고 있는 것이 아니라 토지생산성의
격차와 관련 있다는 데 주목해야 할 것이다. 위 安仁縣 佃戶 潭文華가
아들 사망으로 노동력이 부족한 데도 끝내 佃耕을 포기하지 않으려는 것
도, 李元武가 자신의 토지를 팔아 進莊銀을 마련한 것에서도 이 黃鴻淑
의 田이 상대적 생산성이 높은 것으로 추정된다.
 押租가 소작 기간 보장과 관련되고 있는 것도 佃戶측의 요구를 반영하
고 있다고 해야 할 것이다. <표 1-14>의 (10) 佃戶 羊洪茂는 12년의 기간
을 보장받고 있고,153) (12)의 佃戶 嚴準南은 10년,154) (14)의 羅科發도 10
년 기한을 보장받고 있다.155) 생산성이 높은 토지는 상대적인 경쟁이 더
욱 심하고 여기에 장기적인 소작권의 안정이 佃戶 측으로서는 절실했다
고 보아야 할 것이다. 黔陽縣의 경우도 "凡佃農 承佃山地 均無押金"이
라 한 것을 보면156) 역시 압조는 어느 지방에 보편적(無差別的)으로 유행
하는 관행이 아니라 생산성이 높은 田에 한정적으로 성립했다고 생각된

---

152)『地租剝削』, p.370, p.441.

153) 위의 책, p.443.

154) 위의 책, p.463.

155)『淸土抗爭』, p.730.

156)『中國農村經濟資料』, p.1120.

다. 그런데 白石博男이 압조는 分租制와 공존하지 않으며 額租制하의 抗租에 대한 대응 조치로서 발전했다고 하지만 <표 1-14>를 보면 (10)의 佃戶 羊洪茂의 경우 '田穀均分'의 기재가 되어 있어 分租制였다는 것을 알 수 있다. <표 1-14>의 압조 자료 중 定租가 확실한 것은 5건 뿐이고 나머지는 명백하지는 않지만 同 시기의 유사 자료에서 田의 소개 자료로 대부분 土名과 租穀數를 明記하고 있는 것을 보면 分租制가 포함되어 있을 가능성이 높다고 생각된다. 따라서 압조는 分租制와도 공존하고 있는 것은 확실하다. 抗租의 위기는 地目이 田이나 地에 관계없이 공통적으로 존재하는 데도 水田에만 압조가 대부분 성립하고 있는 것은 압조 발생이 막연한 인구와 토지의 불균형이나 토지겸병 격렬과 佃作기회 감소, 抗租 위기 등의 배경으로서만 성립하는 것은 아닌 것 같다. 그러한 일반적 전제하에서 토지생산성의 격차가 커지고 선호도가 높은 田에 대한 佃戶의 취득 경쟁에서 발생한 것이 아닐까.

다음에 압조의 수준과 '押重租輕' 문제에 대해 생각해 보자. 『湖南省例成案』 자료에는 건륭 2년(1737) 시기 호남의 압조가 畝당 3~5錢, 8~9錢 수준이고 11년(1746)에는 畝당 1~2兩이었다는 사실이 확인된다.[157] 方行에 의해 정리되고 있는 호남 押租 사료는 거의 『湖南省例成案』과 각 地方志 기사들이 대부분인데 이것으로서 압조의 증가 추세를 확인하기는 어렵다.[158] 왜냐하면 동일한 토지를 대상으로 비교하는 것이 아니기 때문에 단순 비교할 수 없고 畝 면적의 차이 등이 있기 때문에 현재로서는 이것의 체계적 정리는 불가능한 실정이다.

<표 1-14>에 『乾隆刑科題本』 租佃관계 사료 중 호남 부분을 발췌하여 정리를 해 보았지만 사정은 마찬가지다. <표 1-11-1>과 <표 1-13-1>은 漳江書院 膏火田과 賓興田의 실태를 畝당 押租액과 租穀으로 재정리한 것이다.

---

157) 重田德, 앞의 책, pp.67~68.
158) 方行, 「淸代前期湖南四川的小農經濟」『中國史研究』, 1991년 2기.

<표 1-11-1a> 桃源縣 漳江書院 膏火田 押租(莊錢)

	土名	莊錢 串文/畝	地代 石/畝		土名	莊錢 串文/畝	地代 石/畝
1	二里岡田	4.946	1.301	55	盧家灘田	1.941	1.310
2	〃	5.102	1.300	56	胡家溶田	11.388	1.075
3	〃	5.319	1.300	57	大河坪田	1.176	0.882
4	〃	1.077	0.351	58	小洋溪田	4.269	1.282
5	〃	4.545	1.300	59	桑樹坪田	4.882	1.194
6	〃	3.725	1.300	60	大洋溪田	3.030	1.324
7	麥子岡田	1.000	1.250	61	古牛溪田	3.400	1.120
8	木魚岡田	4.583	1.300	62	打望坡田	3.563	1.300
9	鄧家岡田	1.500	1.300	63	盧家坪田	2.769	1.384
11	蔂蘿坪田	1.176	1.294	64	車官溪田	9.090	1.272
12	〃	2.000	1.280	65	牛家溪田	5.526	1.315
13	〃	2.000		66	羯羊鋪田	4.166	1.283
31	麻家坪田	1.441	1.290	67	沈溪沙港田	1.333	1.300
32	〃	1.461	1.220	68	五里牌田	4.878	1.219
35	印家山田	2.933	1.310	69	張家凹田	4.000	1.300
36	〃	2.933	1.310	71	洋溪橋街後田	3.157	1.000
37	泥魚秋湖田	0.126	0.708	74	金牛山田	5.454	1.309
38	〃	0.500	0.875	75	〃	4.895	1.302
42	風和殿田	4.285	1.428	76	周家衝田	5.098	1.098
45	夏伍衝田	4.761	1.071	77	曾家衝田	4.871	1.301
46	何仙坪田	1.935	1.425	78	龍潮寺田	1.250	1.250
47	鳳門橋田	1.428	1.328	79	黑家峪田	2.400	0.857
48	剪家溪田	2.903	1.300	80	荒山峪田	3.137	0.784
49	大堰衝田	1.800	0.500	81	廟堰坳田	1.578	0.657
50	穿石八角溶田	1.756	1.297	82	熊家嶺田	11.154	0.563
52	馬潮灣田		0.928	84	鍾家坪田	4.545	1.345

<표 1-11-1b> 桃源縣 漳江書院 膏火田 押租 續表

	土名	莊錢 串文/畝	地代 石/畝		土名	莊錢 串文/畝	地代 石/畝
86	大衝溶田	1.066	1.333	103	雅漁峪田	5.613	0.600
87	鄧家凹田	1.600	0.800	104	〃	3.192	0.736
88	白岩寺田	2.000	1.000	105	〃	3.222	0.877
89	阮家橋田			106	〃	3.200	0.779
90	〃	1.176		107	偕子凹田	10.000	0.666
91	黎家鍋廠田	0.836	1.255	109	方家溶田	1.495	1.214
92	仙峯山田	1.333	1.166	110	卓家橋田	1.034	1.324
93	陳家峪田	1.562	1.296	111	龍家港田	1.709	1.256
96	江家峪田	1.250	1.300	112	〃	0.905	1.222
97	白家溶田	2.205	1.3009	113	〃	0.909	1.272
98	〃	2.710	1.3008	115	芳草坪田	1.080	1.340
100	靈巖寺田	1.224	0.816	116	大田	1.151	1.272
101	楊家坪田	8.042	0.578	119	新窯廠田	1.000	0.750
102	雅漁峪田	4.586	0.786				

<표 1-13-1> 桃源縣 賓興田 押莊錢

	지명	押莊錢 錢(千文) / 畝	租穀 石/畝
1	花　巖　河	0.298	1.223
2	〃	2.000	1.500
3	〃	2.051	1.391
4	〃	3.076	1.211
5	〃	2.213	1.055
6	〃	2.000	1.500
7	錫　城　寺	0.882	0.823
8	〃	1.000	0.958
9	〃	1.129	1.032
10	〃	1.000	1.000
11	〃	0.980	1.274
12	藥　王　溪	3.000	1.500
13	朱　金　坪	2.500	1.500
14	王　排　港	2.000	1.500
15	澄　溪　瓜　園	1.000	1.025
16	菉　蘿　坪	2.666	1.444

그런데 '押重租輕'이란 말의 의미를 되새겨 보아야겠다. 압조가 重하면

租가 가볍다는 뜻의 이 말은 여러 곳에서 거론되고 있다. 예를 들면 方行
이나 周遠廉 등의 논고에서도 이 사실을 확인하고 있다.[159] 건륭년간의
湘潭縣에서도 進莊銀이 있으면 每畝에 單租 1石을 바치고 進莊銀이 없
으면 每畝에 雙租 2石을 바친다는 기록이 있다.[160] 湘鄕縣에서도 유사한
것을 찾아 볼 수 있다.
『湘鄕縣志』함풍 5년(1850)조에

> 團費는 혹은 畝를 헤아려 계산하고 혹은 소작료 수입을 살펴서 골고루
> 배당하는데 그 押租가 무겁고 소작료가 가벼운 자 및 무역으로 餘資가
> 있는 자는 참작하여 捐貲하게 한다.[161]

라 한다. 이것을 보면 건륭년간의 상담현 사정이나 함풍 5년(1855) 당시의
상향현에서도 '押重租輕'의 사정은 동일했다고 여겨진다. 이 말은 동일한
田에서 압조를 무겁게 하면 田租가 감소되고 반대로 압조가 가벼우면 전
조가 무거워진다는 의미이다.[162] 따라서 동일한 田이 아닌 경우에는 이것
의 적용은 되지 않는 셈이다.
　도원현 漳江書院 膏火田의 압조와 지대 관계를 <표 1-11-1>에서 보면
1~6까지의 二里岡田 중 莊錢이 가장 높은 것은 3번의 5.319串文이고 가
장 낮은 것은 4번의 1.077串文이다. 6번의 3.725串文부터 1, 2, 3, 5는 지
대가 거의 같은 1.3석 수준으로 나타나고 있다. 그런데 압조가 가장 낮은
4번의 경우는 지대 역시 0.351석으로 파격적으로 낮은 수준이다. 이것을
보면 서로 다른 田地 사이에는 압조가 높을 때 지대도 높게 나타나는 것
을 알 수 있다. 37, 38의 泥魚秋湖田과 42의 風和殿田, 45의 夏伍衝田을
보면, 37은 莊錢 0.126串에 地代는 0.708石이고 38은 장전 0.5串에 지대

---

159) 周遠廉, 앞의 책, pp.268~269 ; 方行, 위의 논문.
160) 乾隆刊『湘潭縣志』권14, 風俗.
161) 『湘鄕縣志』권5, 兵防, p.260, "團費 或按畝計算 或按收穀入倉數目勻派 其信重
　　 租輕 及貿易有餘資者 酌量捐貲."
162) 方行, 앞의 논문에서 四川 巴縣의 사례 참조.

0.875석이다. 42는 4.285串에 지대는 1.428석, 45는 4.761串에 1.071석의 대응 관계이다. 이 경우 지대가 가장 낮은 37은 압조가 가장 낮다. 38 역시 지대가 낮은데 압조는 37 다음으로 낮은 편에 속한다. 42는 압조가 높으면서 지대도 서원 고화전 안에서 가장 높은 편이다. 42와 45를 비교하면 45가 42보다 압조가 많은 대신, 지대는 42의 1.428석보다 낮은 1.071석이다.

이렇게 전체 78건을 보면 42, 45와 같이 단기적으로는 압조가 높은 편이 지대가 낮은 관계가 더러 보이지만 총괄하면 압조가 높으면 지대가 높다는 관계가 주류를 이루고 있다. 도원현 빈홍전의 경우에도 지대가 가장 높은 <표 1-13-1>의 (12)는 莊錢도 3串文으로 가장 높게 나타나고 莊錢이 가장 낮은 (7)의 0.882串文의 경우에 지대도 0.823石으로 전체 중에서 가장 낮았다. 이상에서 동일 지역의 서로 다른 田地를 비교할 때 압조가 높으면 지대도 높다는 사실을 확인할 수 있는데 이것은 전술한 압조 발생의 배경—상대적 생산성이 높은 토지에 대한 소작인의 취득 경쟁—에 대한 추정을 뒷받침한다.

압조는 지주의 수탈 증가이고 佃農의 생활을 압박한다든지[163] 혹은 가혹한 중세 農奴 剝削的 실현이라든지 佃戶를 상인 고리대 지배하에 예속시키는 장치였다는 규정 등이[164] 내려지고 있지만, 그것이 생산력 발전을 배경으로 나타난 생산관계의 변화 현상의 하나에는 틀림없을 것이다.[165]

3) 佃戶의 성격

(1) 佃權

明末淸初시기의 長沙府에는 流民이 들어와 토착지주의 僮僕이 되었

---

163) 周遠廉, 앞의 책, p.251.

164) 張魚, 「舊中國農村土地關係與地租剝削」『中國近代經濟史論文集』, 上海, 1985.

165) 李文治, 「明淸時代的地租」『中國經濟史論文集』, 北京, 1987. 押租는 超經濟강제 緩和의 구체적 반영이라고 함 ; 江太新, 1989년 논문, 押租는 농민의 생산자금을 박탈함으로써 농민경영을 위축시킨다고 함.

다는 기록이 있다.166) 지주의 佃戶에 대한 물리적 폭력의 장치인 이 僮僕이167) 淸 후기 호남에서 전혀 보이지 않는다.『湖南省例成案』에 나오는 각종의 副租(糧米, 新鷄, 新米, 重陽酒, 重陽鷄, 年糕, 年粑, 年鷄)가 앞서 살펴본 義田 지주제상에 보이지 않는다.

　湖南 益陽縣의 佃戶 郭應昌의 항조 사례를 보면, 건륭시기 항조의 한 측면을 이해할 수 있다. 사건의 개요는 다음과 같다.

　　乾隆 24년(1759) 劉煥若과 동생 劉合吾는 住屋下 首莊田 4石 2斗 5升을 郭應昌 형제에게 佃耕시키고 進莊銀 42兩을 취득하였다. 매년 租穀 34石을 바치고 8년 후에는 進莊銀을 반환하고 退庄한다는 佃約을 작성하였다. 그런데 佃戶 郭應昌이 田 부속의 荒田 1畝 미만을 개간하여 熟田으로 만든 지 4년이 넘어도 加租를 인정하지 않아 劉煥若이 退庄을 요구하고 郭이 이것을 거부하는 중에 분쟁 발생.168)

　이것을 보면 지주의 增租 요구가 무조건적이 아니고 그 이면에는 佃戶의 농업생산력 상승(荒田의 개간에 의한 熟田化)이 전제되어 있다는 것을 알 수 있다. 湖南 岳州府 平江縣의 朱謙益은 강희 57년(1718)에 田 35畝를 35兩에 매입했는데 건륭 10년(1745)에 그것을 다시 540兩에 轉賣하고 있다.169) 약 30년 사이에 田價가 15배 정도 뛰어오르고 있다. 이것은 그 이면에 토지생산성의 얼마만큼의 상승을 생각하지 않을 수 없다.『乾隆刑科題本』「租佃關係史料」 가운데는 欠租, 抗租의 사례가 빈번하게 기재되어 있고, 淸末시기의 각 地方志에서도 ‘居庄覇耕强穫’이나170) ‘欠租踞庄’171) 혹은 ‘刁佃踞庄’172) 餘土의 개간과 逋欠 등의 사실이173) 서술

---

166) 顧炎武,『天下郡國利病書』권73.
167) 佐伯有一,「明末董氏の變 - 所謂‘奴變’の性格に關聯して-」『東洋史硏究』16-1, 1957.
168) 『淸土抗爭』下, p.680.
169) 위의 책, 상 p.357.
170) 光緖『興寧縣志』; 白石, 앞의 논문.
171) 白石博男, 앞의 논문.
172) 光緖『巴陵縣志』권52.

되고 있다. 이러한 欠租, 抗租 등의 배경에는 어느 정도의 생산력 상승이 이해되지만 淸初에서 淸 후기 사이에 계기적인 전개가 이루어지는지는 분명하지 않다.

『湖南省例成案』에 原主之佃을 설명하는 가운데 '此田竟爲 佃戶之世業'이라는 말이 있다.[174] 또 『乾隆刑科題本史料』 가운데 湖南 상향현의 경우를 보면 사건의 개요는 다음과 같다.

> 乾隆 53년(1788)에 佃戶 蕭自樂이 監生 지주의 땅을 佃作하게 되고 納租穀은 16石이고 佃規銀은 30兩이었다. 56년(1791)에 蕭가 다른 佃戶 萬坤山에 轉佃하고 銀 20兩을 받고 나머지 10兩에 대해서는 매년 息穀 2石 8斗를 받기로 하였다.[175]

여기서 전호 蕭自樂이 他 전호 萬坤山에 轉佃하면서도 금전을 받고 있는 것을 볼 수 있다. 같은 사료에 호남 茶陵縣에서도 전호가 耕種할 힘이 없으면 佃田으로써 頂給別人하는 사례가 보인다.[176] '頂'이란 매매의 일종 형식인데 보통의 매매와 다른 것은 그것이 佃戶와 佃戶 사이의 매매에 국한되는 것이 특징이라고 한다.[177] 『地租剝削』 기재의 湖南 未陽縣의 사례를 검토해 보자. 사건 개요는 다음과 같다.[178]

① 원래 謝公琰의 田을 段汝伯과 段步雲이 佃耕하였다. 兩人의 佃耕은 자식을 거쳐 손자 段永隆, 段升朝에 계승됨.

② 段永隆의 부친 段繼周가 7石 5斗田을 거리가 멀고 불편하여 段祥遠(段克明의 부친)에게 轉給, 段祥遠은 해마다 租穀을 段永隆에게 주어 謝公琰에 轉交.

---

173) 同治 『桂東縣志』 권9, 風俗.

174) 重田德, 앞의 책, p.70.

175) 『地租剝削』 下, p.716.

176) 위의 책, p.702.

177) 林祥瑞, 「福建永佃權成因的初步考察」 『中國史研究』, 1982년 4기.

178) 『地租剝削』, p.641.

③ 段祥遠 死後 子인 段克明이 接耕, 段克明은 乾隆 24년(1759) 식량 부
   족으로 梁惟能에게 곡식 2石을 빌렸으나 상환치 못하고 佃田 1畝를
   그에게 佃耕(2년 계약), 3兩 5錢 취득.(이중 穀價 2兩 제하고 1兩 5錢)
   이 과정은 原 佃戶 段永隆이나 田主 謝公琰은 전혀 알지 못함.－분쟁
   발생.

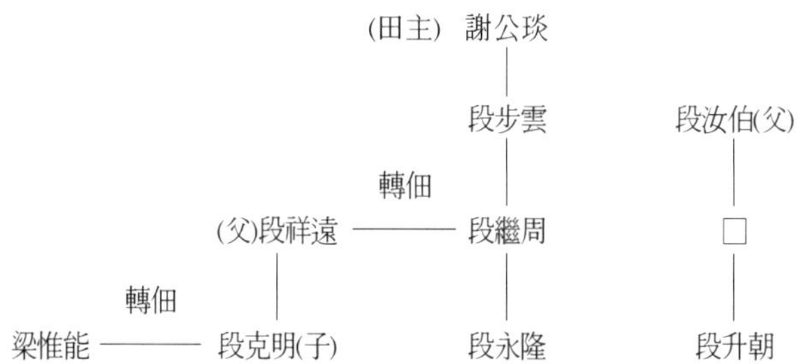

이 사실을 보면 佃作의 계승이 조부로부터 손자까지 계승되고 있을 뿐
아니라 수차에 걸쳐 轉佃되고 있으며 그 과정에 금전 수수도 따르고 있
다. 상담현의 俗例에는 出庄銀이라는 것이 있는데 내용을 자세히 검토해
보니, 이것이 進莊銀을 반환하는 것을 의미하는 것이 아니고 佃戶에 대
한 일종의 보상과 같은 것이었다.[179] 같은 시기의 상향현 劉祖章의 사례
를 보면 그 개요는 다음과 같다.

  佃戶 劉祖章이 앞서 進莊銀 12兩을 갖추어 重達의 父인 龍子榮의 田
畝를 佃耕하였는데 (龍)子榮이 죽자 (劉)祖章이 租를 속이고 바치지 않았
다. 乾隆 16년에 重達이 원래 획득한 銀兩 외에 加利銀 4兩을 돌려주어
出庄케 하려 했다. 祖章이 房屋 수리에 돈이 들었다는 이유로 踞庄不出
하여 重達이 다시 중개인을 통해 30兩을 지급하니 그제야 出庄했다.[180]

이것을 보면 房屋 수리에 돈이 들었다는 이유로 出庄을 거부하고 지주

---

179) 위의 책, p.448, "湖南湘潭縣俗例 凡是佃戶退田 田主要給「出莊銀」."
180) 위의 책, p.388.

가 다시 30兩을 지불해야 退田한 것을 알 수 있다.

清 후기 사정을 설명하는 것을 보면 건륭시기와 거의 유사하다.
『桃源縣志』田賦에

형세는 반드시 농민에게 佃作을 시켜 멀리서 租를 취하게 되는데 세월이 오래되니 마침내 겨우 소작료를 얻을 뿐이고 田의 소재를 알지 못한다. 佃戶가 여러 차례 주인을 바꾸고 각기 약간의 돈으로 私的으로 스스로 사고 팔고 父子가 相傳하여 世業을 이룬다.[181]

라 한다. 이를 통해 佃戶의 佃作地에 대한 강한 연고권이 인정되지만 이 것은 법제화된 것은 아니고 지주와의 실력 대결을 통해 확보되는 것이다. 佃作地와 佃作地의 부속인 莊屋 등에 대해 투자와 시설 개량을 계속 하고 있고, 그 결과 높아진 경제성에 대한 적당한 보상을 명분으로서 佃戶는 出庄을 거부하고 있다.

그러나 얼마간의 실증적 자료를 축적하더라도 보편적인 소작관행이 이들에 의해 전면적으로 대변된다고 볼 수 없다는 데 한계성이 있다.

(2) 富裕 佃農

佃戶의 경영규모는 어느 정도일까. 개별 전호의 생산 능력에 따라 上戶는 20畝, 中戶는 12~13畝, 下戶는 4~5畝인데 上戶는 가내 노동력과 자금이 많고 생산공구도 우월한 조건을 갖추고 있다는 조사가 보인다.[182] 이것은 특정 지역에 대한 언급이 없는데 또 江南에서는 田 15畝 이상이 上農이고 湖南 四川에 20~30무가 일반이라는 주장도 있다.[183] 1854년부터 1863년 사이에 徽州의 富裕 佃農의 佃作규모는 약 10무에서 20무 사

---

181) 『桃源縣志』 권3, 賦役 田賦, "勢必佃諸農民 而遙取其租 相沿日久 遂有僅得民租 而不知田之所在者 佃民數易其主 各以輕值 私自轉售 父子相傳 以爲世業."
182) 章謙, 『備荒通論』 下 ; 『皇朝經世文編』 권39, 戶政 倉儲 上.(周遠廉, 앞의 책, pp.178~179에서 재인용)
183) 方行, 앞의 논문, 1991 참조.

이였다.[184] 도원현 漳江書院 膏火田의 전작규모 중 큰 것을 적시하면 다음과 같다.

4.	二里岡田	－ 41.1	102.	雅漁峪田	－ 29.0
5.	二里岡田	－ 13.2	104.	雅漁峪田	－ 13.6
6.	二里岡田	－ 18.79	111.	龍家港田	－ 23.4
36.	印家山田	－ 13.5	112.	龍家港田	－ 18.0
55.	盧家灘田	－ 20.6	118.	蓮峯岡田	－ 27.0
62.	打望坡田	－ 44.9	119.	新窯岡田	－ 12.0
67.	沈溪沙港田	－ 18.0	120.	河洑高灣田地	－ 99.0
77.	曾家衝田	－ 23.4			

경영규모면에서는 120의 99무가 가장 크지만 이것은 地目이 地이고 莊錢이 없는 등 경제성이 낮은 토지로 간주된다. 4, 5, 6은 같은 二里岡田인데 각각 莊錢이 44串 300文, 60串, 70串文에 이른다. 이때의 銀錢 比價를 1兩=2000文이라 계산하면 70串文은 약 35兩에 해당된다.[185] 4, 5, 6의 莊錢은 당시 上田을 1畝 내지 1.5무 정도 살 수 있는 금액에 해당된다.[186] 62의 打望坡田의 경우, 면적도 44.9무나 되지만 莊錢도 160串文이라 상당한 재력이 아니면 경영이 어려울 것이다. 77의 114串文도 마찬가지이다.

위에 摘示한 경우는 면적이 크면서 莊錢이 많은 경우이지만 56의 경우는 불과 면적은 3.6무이지만 장전은 40串文에 달하고 지대 수준도 파격적으로 낮은 것은 아닌 1.075석이다. 이것은 대단한 자본집약적인 농업이 아니면 상상하기 어려운 경우이다. 이 당시 이 지역의 田價를 上田이 약 20냥 정도라 보면, 上田 1무를 구입할 수 있는 돈을 押租로 내고 3.6무를 佃耕하는 것은 그만한 투자효과를 예상하기 때문이 아닐까. 82의 7.1무

---

184) 章有義, 「中國農業資本主義萌芽史料問題瑣議」『中國經濟史硏究』, 1987년 4기.
185) 『衡陽縣志』, p.201. 咸豊初에 銀 1兩=2300~2400文, 1石=1200~1300文 ;『湘潭縣志』, pp.560~561. 銀 1兩=2000文.(嘉慶 13년 : 1808)
186) 『中國近代農業史資料』, p.271.

역시 면적은 소규모이지만 押租가 79串 200文이나 되는데 이것 역시 자본집약적인 부농경영이 아닐까. 도원현의 빈홍전에서는 荷巖河의 劉志亮이 1, 2, 3호田 70.8무를 혼자서 경영하고 있다. 지역이 같은 花巖河이기 때문에 분산된 地片을 경작하는 것이 아니라 집중적 地片을 확대 경영하는 것이 아닐까. 압조도 96串文에 달하고 있다. 그 외에 7호田의 郭世佩가 17무, 10호田의 劉實祖가 22무를 경영하고 있고, 5호田의 李超雲은 25.3무 경작에 56千文을 압조로 내고 있다. 이들 의전의 소수 전호들이 富佃農的인 존재로 파악되면서도 실제 그들의 경영수지 내면을 파악할 자료는 없다.

『湘潭縣志』賦役에

> 咸豊 5년(1855)……中則으로 기준하면 畝당 5石穀을 거두어서 佃戶가 3石을 갖고 지주가 2石을 갖는다.[187]

라 하여 1855년 시기 상담현의 수확량은 중간 정도가 5石이라는 것이다.

또『左宗棠全集』文集에

> 貧農이 토지를 빌릴 때 먼저 田主에게 上莊錢을 바치는데 歲租의 많고 적음은 이것을 보아 차이가 있다. 우리 고을의 上田은 畝당 약 2,000文쯤 되고 歲租는 1石 5斗이다. 湘潭 西南鄉은 上田은 畝당 10金이고 혹은 거기에서 2金을 감한다. 歲租는 1石이다. 대개 湘潭의 上農이 1畝를 佃作하면 穀 4石을 얻을 수 있는데 歲租가 1石이고 1石은 糞値 庸錢 雜費에 충당한다. 上莊 子錢 1石을 제해야 나머지가 佃農의 수입이다. 우리 고을의 上農은 1畝를 佃作하면 穀 3石 6斗를 수확해서 歲租 1石 5斗, 糞値 庸錢 雜費 1石, 上莊 子錢으로 1斗를 제외하면 佃農의 수입이다.[188]

---

187) 光緒 15年刊『湘潭縣志』, 賦役15, p.567, "咸豊五年……以中則率之 畝收五石穀 佃三之租二之."

188)『左宗棠全集』, 文集, 권1, pp.14625~14626, "貧農賃田 先奉田主上莊錢 歲租多寡 視此爲差 吾鄉上田畝約錢二千許 歲租石五斗 湘潭西南鄉 上田畝十金 或減其二 歲租一石 大率湘潭上農賃耕一畝 得穀價四石 歲租一石 一石充糞値庸錢

라 한다. 이것을 정리해 보면 다음과 같다.

	吾 鄕(湘 陰)	湘 潭 西 南 鄕
收 入	3石 6斗	4石
歲 租	1石 5斗	1石
上莊子錢	1斗(上莊錢 : 2000文)	1石(上莊銀 : 8~10金)
糞値.庸錢.雜費	1石	1石
佃農 純收入	1石/畝	1石/畝

上莊錢을 상인 고리대의 부채로 마련해야 하는 佃戶는 더욱 더 빈곤화할 수밖에 없을 것이다. 그러나 전술한 도원현의 富裕 佃農으로 추정되는 佃戶들이 영세농의 소유규모에 맞먹는 액수의 자본을 미리 확보하고 있었다면 생산비(糞値, 庸錢, 雜費) 1石 부분과 租 1石 3斗~1石 5斗 부분을 제외하고 어느 정도의 축적이 가능했을 것이다. 대다수 佃農의 빈궁화와 몰락 속에 富裕 佃農은 소수라 하더라도 상승 기회가 있었지 않았을까. 압조를 통해 佃農층의 양극분해 현상이 더욱 가속화되었을 것으로 추정된다.

小結

湘潭縣, 桃源縣 등 호남 6개 현의 淸末 간행 地方志를 기본 사료로 하면서 청 후기의 지주제에 대해 다음 몇 가지 사실을 찾아 볼 수 있었다. 우선 상담현을 중심으로 이들 지역이 주로 道光시기(1821~1850)를 획기로 하면서 義學田과 善堂田 설치의 급격한 증가 현상이 주목되었다. 이 義田 분포의 내면을 들여다 보면 소유지의 광역성과 분산성을 지도를 통해 쉽게 확인할 수 있었다. 義田 설치자의 신분 검토를 통해서 서민지주의 현저한 활동이 눈에 띄고 城居地主·鄕居地主 등의 개념이 淸 후기

雜費 上莊子錢應除一石餘 乃爲佃農利 吾鄕上農賃耕一畝 得穀三石六斗有奇 歲租石五斗 一石充糞値 庸錢雜費 上莊子錢 應除斗許 餘乃爲佃農利."

호남 6현 지대에서는 지주제 구조의 변화상을 설명하는 데 유효성을 가지지 못한다는 것을 알 수 있다.

義田을 중심으로 하는 지주-전호관계에 있어서는 明末淸初까지 이 지역에서 확인되던 僮僕이 소멸하고 額外 搾取인 副租 등도 찾아볼 수 없었다. 地代는 定額地代가 확립되어 있으면서 災讓, 限讓 등의 할인 현상이 나타나고 지대의 화폐에 의한 代納도 折租錢이라 하여 고정화되어 가고 있었다. 地目이 地, 園土 등에서는 課錢, 倒課錢이라 불리는 金納地代가 확립되고 있다. 押租는 종래 호남지방이라는 광역적인 범주를 설정하고 해당 지역의 몇 개 사례로서 보편화 추세를 거론하였으나, 그것이 막연한 인구와 토지의 균형 파괴로부터 온 현상만은 아니라는 인식을 추가하였다. 즉 그것은 생산성이 높은 토지에 대한 佃戶의 상대적 선호와 경쟁의 결과로 성립한 것이며, 동일 지역의 동일 지주하의 佃作 地片 상호간에도 선택적으로 부과되는 것이 확인되었다. 또 이 지역의 佃戶들은 상당히 견고한 佃權이 확립되고 있고, 그 중에는 고액의 압조와 70畝에서 100畝 경영의 富佃農으로 추정되는 佃戶도 파악된다.

이 모든 변화의 내면에는 생산력의 발전과 직간접으로 연결되는 요소가 엿보인다. 압조와 富裕 佃農 역시 생산력 발전을 배경으로 일어난 생산관계상의 미세한 변화로 생각된다. 남은 과제는 나타난 현상과 생산력 발전과를 연결시키는 일이 될 것이다.

제2장 淸 後期 湖南 辰州府의 義田

序言

　종래 淸代 지주제 연구에 있어 湖南은 揚子江 하류 델타지대가 기본적 경제지대로 설정되는 것과는 달리 상대적인 후진 지역으로 이해되어 왔다.

　또 같은 호남지역 안에서도 道州·安化·龍山 등의 산간부 변경지대와 岳州·澧州 등의 濱湖지대의 지주관계의 편차도 선진-후진의 관계로 구별되어 왔다. 그러나 이러한 도식적 이해는 해당 지역에 대한 충분한 개별 실증적 연구가 행해진 다음에 얻어진 결론이라 보기는 어렵다.

　호남의 辰州府는 苗族과 대치한 변경지대이고 稻作과 米수출을 주로 하는 지역이 아닌 산간지대이다. 本章은 이 지역의 義田을 소재로 해서 그 생산관계의 일 측면, 주로 押租, 佃權, 鄕紳地主 문제, 地代 수취관계 등을 검토하여 기존 지주제 연구와의 접맥을 시도하고자 한다.

Ⅰ. 義田의 설치

1) 義田의 설치 과정

⑴ 義田의 설치 동기

　辰州府 知府 雷成樸의 詳文에[1] 의하면 도광 22년(1842) 10월에 雷가 知府로 부임하여 備荒문제에 특별한 관심을 갖고 「勸買義田說」을 만들

어 배포한 것으로 되어 있다. 그런데 「重建辰州府義倉記」에는[2] 의전설치 시기가 부임 즉시는 아니고 도광 24년(1844) 겨울에 「勸買義田說」을 배포하고, 도광 25년 6월 26일 義倉이 완공된 것이 확인된다. 두 자료 사이에 2년간의 편차가 발생하고 있는 이유는 분명히 알 수 없지만, 21건의 의전 買入계약 문서상으로도 대상 시기가 도광 25년 1월에서 6월 사이에 집중되고 있다.[3] 그 결과 의전의 매입, 의창의 건립 사실 모두의 수지 결과를 同年 6월 28일 知府 雷가 詳文으로 보고하고 있다.[4]

辰州府 義田의 설치 동기는 무엇일까. 「勸買義田說」을 통해서 그 일단을 엿볼 수 있다.

　　이같이 舊習을 답습하여 그대로 맡겨 버리면 시일이 오래 경과하여 虧缺이 없을 수 없는 것이 염려되어……有備無患인 것은 義田을 多買하여 義倉으로 하여금 해마다 新穀을 거두어들이게 하면 倉儲가 날로 풍부해져 설령 뜻밖의 변고를 당하더라도 실로 믿을 수 있을 것이다.[5]

라 한다. 기존의 義倉穀이 운영상의 폐단으로 缺損이 발생하기 때문에 이에 대한 대비책으로 의전의 설치를 생각한 것이라는 것을 알 수 있다. 그 내용을 같은 「勸買義田說」에서 좀 더 찾아보면 다음과 같다.

　　① 義穀은 民에게서 捐納을 받고 官에 그 數를 등록시키고 다시 공정한 紳士를 선출하여 서로 간에 규찰하게 하면 보전할 수 있고 私糶隱匿의 諸弊는 없을 것이다. 때때로 虧缺이 있을 것 같으면 곡식을 돈으로 바꾼 뒤 백성은 견딜 수 없고 官은 공적인 이유로도 사용할 수 없다.……이후에는 땅에서 곡식을 취하여 해마다 더하는 바가 있고 義倉

---

1) 『辰州府 義田總記』 권上, p.21.(이하 『義田總記』라 약함)
2) 『義田總記』 권下, p.271.
3) 1월 24일이 9건, 5월 1~2일이 3건, 6월이 4건, 최종일은 6월 18일로 21건 가운데 19건이 이 시기에 집중.
4) 『義田總記』 권上, pp.40~41.
5) 『義田總記』 권上, pp.17~20, "似此因循延諉　恐日久不無虧缺……有備無患者 則莫如多買義田　使義倉　歲歲入新　倉儲日臻充裕　設遇不虞　庶實有可恃."

은 영원히 空乏이 없을 것이다.6)

② 염려되는 바는 곡식을 돈으로 바꾸어 돈으로 곡식을 사기 전에 水旱을 만나면 미곡 상인이 오지 않는데 郡城은 평소에 저장이 적고 오로지 상선의 도움에 의지하는 바……그 무엇으로서 조석을 연명하겠는가.……義田을 조금 사서 충실한 佃戶를 모집하고 해를 살펴 交租하게 하면 가령 偏災가 있어 義倉의 곡식이 묵은 채 썩는다 해도 마땅히 官民이 束手無策에 이르지는 않을 것이다.7)

③ 義穀은 반드시 묵은 곡식을 내어 새 곡식을 바꾸고 혹 봄에 방출하고 가을에 거두어 들여야 비로소 곡식이 霉變하는 것을 막을 수 있다. 이에 지방 紳士가 혹 出糶 穀價가 별도 변동이 있을까 염려하여 매양 곡식을 파는 데 응할 때마다 시일을 끌어 곡식을 부패하게 만든다.……매년 수확한 新穀의 수만큼으로써 다음 해의 응당 방출해야 할 묵은 곡식의 양을 정한다. 매년 出糶곡이 많지 않고 糶價 역시 많지 않으니 首事가 경영관리에 쉽고 買補시에 줄었다 늘었다 하는 것을 근심할 필요도 없다.8)

④ 義穀은 혹 전부를 散濟하거나 혹은 減價平糶하는데 지방관이 그 때의 형편에 맞게 해당 首事에게 지시하여 처리하게 할 수 있다. 다만 倉穀이 전부 방출된 후 혹 해를 연거푸 흉년이 들면 어느 곳에 고갈되지 않는 창고를 구해 백성으로 하여금 항상 보전하게 하겠는가. 지금 본부(知府)가 그 이어지는 것을 힘써 도모하여 급히 義田을 권고한다.9)

---

6) "義穀捐之於民 而籍其數於官 復選派公正紳士 互相糾察已可保 無私糶隱匿 諸弊矣 乃往往猶有虧缺者 則以穀易錢之後 民不能禁 官不因公那用也……從此取穀於地 歲有所增 而斯倉永無空乏矣."

7) "所慮者 穀易爲錢 錢未買穀之際 設遇水旱 米販不來 而郡城素鮮蓋藏 專賴商船接濟……其何以苟延旦夕乎……買義田 召募股實佃戶 按年交租 縱有偏災 而義倉之穀 陳陳相因 當不至官民束手也."

8) "義穀必出陳易新 或春放秋收 始可免穀粒霉變 乃地方紳士 或恐糶存穀價別有那移 每於應之時 必飾詞延宕 以致穀多紅朽……則以每年所收新穀 定次年應放陳穀……而每年糶穀無多 卽糶價亦屬無多 首事亦易於經理 至買補之時 當不致別虞支絀矣."

①∼④에서 볼 수 있듯이 결국 관리 과정에서 발생하는 각종 폐단으로 인한 의창의 虧缺 방지를 위한 장기적인 대책으로서 의전을 설치하게 된 것이다. 知府 雷成樸이 부임하여 보니 도광 17년까지 4,000석이 잔존하였던 義倉穀이 당시(道光 22년)에는 불과 2,651석 정도밖에 남아 있지 않았다. 이에 자극되어 여러 가지 폐단의 원인을 분석하고 의창곡의 항구적인 확보책으로 의전을 생각한 것이었다.

(2) 勸買義田의 내용

辰州府에서 주로 도광 25년(1845)에 매입한 213坵 255畝 2分의 의전의 대체적 정황은 <표 2-1>과 같다.

『義田總記』에는 勸買義田의 매매계약서 21건이 게재되어 있는데 그 내용을 몇 가지 검토해 보자.

立斷賣百羊坪梅沖水田文契人李林瀚男必仁必德必興今因要錢用度無從
設湊父子商議情願將道光二十三年對採堂弟林澍受分祖業坐落土名唐家
山水田三坵黑叢溶水田四坵正溶金溪坪第八號水田一坵隴尾田五坵灣豆
田一坵涼水田一坵又正溶黃池塘水田大小四十坵共五十五坵田間水溝一
節在內上至固井壩口下抵路邊計種子一石七斗實載原額糧一石五斗三升
欲要出賣無人承買因
本府大老爺雷　捐廉竝勸捐沅邑公買義田自請引領尹九高鄭玉先引到承辦義田
首事許文耀張開謨尹大玖余吉中轉引到
府署承買當時三面議定時值價錢文大錢一千串零十千文正所有畫字酒食
一併在內其錢眼同在內人等交付林瀚父子親手領足竝未包賣他人寸土其
田任從義田首事永遠招佃收租於每年十月內運交義倉存貯備用卽由各首
事照糧納稅此係糧淸價足中間竝無減價勒買情事再林澍於道光二十三年
對採林瀚祖業業經賣與戴姓管業其中竝無隱匿情弊今欲有憑立此斷賣文
契永遠爲據

---

9) "義穀或全數散濟 或減價平糶地方官自能因時制宜 傳諭該首事遵辦 惟倉穀 全
出之後 或歲仍告饑 何處求不涸之倉 使斯民常常保聚乎 今本府力圖其繼 急勸
義田."

引領尹九高　鄭玉先

憑中見錢李林澍　許文耀　張開謨　尹大玖　余吉中

道光二十四年十月十三日立斷賣百羊坪梅沖水田文契人李林瀚親筆同
男必仁必德必興立[10]

<표 2-1> 湖南 辰州府 勸買義田 내용

	賣主	地目/ 坵數	坐落	구입일시 (년 : 道光)	면적 (畝)	畝當田 價(兩)	租穀 (石)	畝當 租(石)
1	李林瀚	水田 55	百羊坪,梅沖 唐家山,黑叢溶	24년 10월 13일	26.59	25.3	52.657	1.98
2	羅配玉	水田 3	薛家嶺	25년 6월 18일	5.00	24	9.90	1.98
3	張心瑞	水田 14	竹山坳	25년 6월 6일	38.06	24	75.35	1.98
4	向德揚	水田 22	岩橋溪	25년 5월 2일	26.95	23	53.35	1.98
5	趙向氏	水田 2	〃	25년 6월 15일	3.90	24	7.70	1.97
6	張化興	水田 39	黃金沖,蓮蓬塘 顔家包,陳家屋門首	24년 10월 15일	22.07	26	44.935	1.98
7	彭大鵬	水田 12	小溪口	24년 10월 18일	22.5	25	44.55	1.98
8	彭竹書	水田 1	〃	25년 1월 24일	3.10	25	6.16	1.99
9	彭踐修	水田 2	〃	25년 6월 9일	2.88	25	5.72	1.99
10	彭業謙	水田 2	〃	25년 6월 9일	3.56	25	7.04	1.98
11	彭昀升	水田 4	〃	25년 1월 24일	6.00	25	11.88	1.98
12	彭昀升 張大受	水田 3	〃 〃	25년 1월 24일	6.66	25	13.20	1.98
13	彭業湘	水田 11	〃	25년 1월 24일	12.33	25	24.42	1.98
14	彭業澍	水田 1	〃	25년 1월 24일	1.33	25	2.64	1.98
15	彭業安	水田 9	〃	25년 1월 24일	12.90	25	25.52	1.98
16	李福高	水田 1	〃	25년 1월 24일	1.33	25	2.64	1.98
17	李吉高	水田 13	〃	25년 1월 24일	24.02	25	47.575	1.98
18	陳宏珊	水田 5	〃	25년 1월 24일	4.20	25	8.25	1.96
19	彭昀升	水田 2	〃	25년 5월 1일	2.44	25	4.84	1.98
20	彭謝氏	水田 6	〃	25년 5월 1일	9.33	25	18.48	1.98
21	石光瑅 石光全	水田 6	龍溪口	25년 3월 8일	19.45	23	38.50	1.98
計		213			255.20		505.307	

출전 :『義田總記』,「義田頃畝租谷冊」,「義田約畝穀數」,「賣田契」, pp.161〜232.

---

10)『義田總記』권下, pp.161〜163.

이것은 의전 가운데 최초로 매입된 <표 2-1>의 1번 李林瀚의 水田 26.59畝에 대한 賣田契이다. 번거로움을 무릅쓰고 원문을 게재한 것은 이를 통해 진주부의 계약서의 형식과 내용을 알아보기 위한 것이다.

원문의 나열 형식, 내용을 중심으로 羅配玉의 田契를 재배치하면 다음과 같다.

立斷賣水田文契人羅配玉 (1)
今因要錢正用 無從得處 (2)
情願將己手私置之業 (3)
坐落土名薛家嶺中溶水田連接三坵池塘半坵 (4)
計種子三斗冊載額糧二斗一升六合 (5)
辰州府大老爺雷 捐廉竝勸捐公買義田 (6)
自請引領 張正紀引到義田首事許文耀張開謨尹大玖余吉中轉引到
府署承買 當時三面議定 (7)
時値價錢 一百八十千文正 其錢眼同在內人等 親手領足 (8)
所有酒水 一併在內 (9)
此係自置之業 竝未包賣他人寸土 (10)
任從義田首事 招租管業 了納國賦 ㉠
恐口無憑 立次斷賣水田文契爲據 ㉡
計粘紅契一紙 ㉢
引領 張正紀 ㉣
憑中 胡萬純 ㉤
見錢 羅春臣 ㉥
道光 二十五年 六月 十八日 立斷賣水田文契人 羅配玉 親筆立[11] ㉦

계약서의 구조는 (1) 계약의 성격과 賣主명 (2) 出賣의 사유 (3) 해당 토지의 由來 (4) 坐落 土名 坵數 (5) 種子量, 冊載額糧 (6) 買主 (7) 계약 방법 (8) 田價 (9) 부대비용 (10) 금지 사항 ㉠ 토지 경영 주체 ㉡ 계약서 작성 이유 ㉢ 계약의 종류 ㉣ 중개인 ㉤ 보증인 ㉥ 입회인 ㉦ 계약 작성 년

---

11) 『義田總記』 권下, pp.165~166.

월일, 賣主 서명으로 이루어져 있다. 보증인과 입회인란은 통합된 경우가 많지만 21건의 계약서 대부분이 이 형식을 고수하고 있다.

계약서의 형식면에서 보면 그 특징은 다음과 같다.

첫째, 斷賣契란 명칭을 사용하고 있다. 타 지역에서는 杜契·絶契라 하거나[12] 혹은 死契라고 부르고 있는데,[13] 이것과 마찬가지로 回贖이 불가능한 토지라는 뜻이다.

둘째, 冊載額糧과 種子量이 표시되어 있는 것은 타 지역의 賣田 계약서에서 흔히 볼 수 없는 점이다.

셋째, 畫字 酒食(혹은 酒水) 등의 부수 비용이 명시되고 있다.

넷째, 모두 官印 계약인 紅契로 구성되어 있다.

다섯째, 憑中(보증인)에는 주로 義田首事가 되고 있고 引領(중개인)은 의전의 佃戶가 되고 있는 것이 특징이다.

여섯째, 四至에 대한 기록이 없다. 그러나 四至가 기재된 다른 계약서의 경우[14] 坐落 土名이 없는 수도 있다.

淸代에 비록 통일적인 계약법이 성립되어 있지 않았다[15] 하더라도 江浙지방의 토지계약 문서 사례[16]나 혹은 山西省 일대의 토지계약 문서와[17] 기본적으로는 동일한 측면을 보이고 있다.

그런데 진주부 의전의 계약 문서는 여타 지역과는 달리 모두 紅契로 되어 있고 稅糧額이 명기되고 田契와는 별도로 推糧字紙를 첨가하고 있는 것이 두드러진 특징이다.

또 의전의 賣田契를 통해서 확인되는 것은 族內 先買權의 존재 사실이다. 그 사례를 하나 검토해 보면 <표 2-1>의 4번 向德揚의 田契는

---

12) 洪煥椿 편,『明淸蘇州農村經濟資料』, 1988, pp.144~145.

13) 馮和法 편,『中國農村經濟資料』下, p.1113.

14) 洪煥椿 편,『明淸蘇州農村經濟資料』, pp.587~590.

15) 寺田浩明,「淸代土地法秩序における'慣行'の構造」『東洋史硏究』48-2, 1989.

16) 楊國楨,『明淸土地契約文書硏究』, 北京, 1988, pp.233~250.

17) 張正明,「淸代丁村土地文書選編」『明淸史』, 1990년 2기 ; 同,「淸代丁村田契硏究」『明淸史』, 1990년 5기.

> 立斷賣水田文契人向德揚
> 今因要錢用度　無從設湊
> 情願將祖遺之業
> 坐落土名岩橋溪　共大小水田二十二坵
> 計種子二石七斗　載額糧　九斗　三升……
> 欲行出賣　先儘族內無人承受
> 自請引領　張履亨　引到承買義田首事……
> ……恐口無憑　立此斷賣水田文契爲據
> 　　引領　張履亨
> 　　憑中見錢　許文耀　張開謨　尹大玖　余吉中
> 道光　二十五年　五月　初　二日　立斷賣水田文契人　向德揚親筆立[18]

라 되어 있다. 계약서의 기본적인 골격은 앞서 제시한 사례와 거의 동일하다. 밑줄 친 부분에서 族內 先買權의 존재가 확인되는데 이런 사례는 彭大鵬·彭竹書·彭踐修·彭業謙·彭昀升 등 彭氏 一族과 李福高·李吉高·石光琜·石光全의 賣田契에도 균일하게 나타나 계약 문건 21건 가운데 15건에서 명시적으로 확인되고 그 외의 문건도 '欲要出賣　無人承買'[19]나 '欲行出賣於人　無人承受'[20] 등의 표현을 사용하고 있어 族內 先買權과 관련이 있는 것이 아닌가 하는 인상을 주고 있다. 이상에서 볼 때 도광시기 호남 진주부에서는 토지매매에 있어 族內 先買權이 관행으로서 자리 잡고 있었던 게 아닌가 생각된다.

다음에 공동소유 형식을 나타내고 있는 사례를 검토해 보자.

<표 2-1>의 12번 사례

> 立斷賣水田文契人　彭昀升　張大受
> 今因家中要錢用度　無從設湊
> 二家商議　情願將先年合夥之田　坐落土名……[21]

---

18)『義田總記』권下, pp.173~174.
19)『義田總記』권下, p.161, 李林瀚 賣田契.
20)『義田總記』권下, p.165.

　　<표 2-1>의 17번 사례

　　立斷賣水田文契人　李吉高　同姪　李思忠
　　今因家中要錢
　　情願將祖遺受分之業……22)

　　<표 2-1>의 21번 사례

　　立斷賣水田文契人　石光琤　石光全
　　今因要錢用度
　　情願將父手受分之業……23)

　사례 17은 叔姪간에 공동상속으로 인해 공동의 소유자로 되고 있다. 그런데 이 토지는 水田 13坵 24.02畝로서 분할상속이 충분히 가능한데도 무엇 때문에 공동소유로 하고 있는지 명확히 알 수 없다. 사례 21은 형제간의 공동상속에 해당한다. 역시 수전 6구에 19.45무로서 분할상속에 아무런 문제가 없는데도 공동소유로 되어 있다. 사례 12의 토지는 수전 3구 6.66무로서 공동소유주는 彭昀升과 張大受이다. 이 賣田契에는 先年에 合夥한 토지로 되어 있다. 이를 볼 때 姓이 서로 다른 사람끼리 자금을 공동출자하여 토지를 매입하고 공동의 소유주로 되는 사례도 존재했었다고 생각된다. 매매시에 동일 장소, 동일 입회인 앞에서 공동소유주 양인에게 대금을 지불하고 있다.

　의전의 매입에서 田價는 어느 정도일까. 앞서 제시한 李林瀚의 賣田契 가운데 三面議定 時値價錢이란 구절이 있어 당시의 時價 買入이란 것을 알 수 있다. 또 <計連淸單一紙>에 '每兩照時價易錢一千五百文'24)을 보면 당시(道光 25년)의 銀錢比價가 銀 1냥에 錢 1,500文이란 것을 알 수

---

21)『義田總記』권下, pp.201~202.
22)『義田總記』권下, pp.217~218.
23)『義田總記』권下, pp.231~232.
24)『義田總記』권上, p.55.

있다. 이것을 기초로 계산한 결과가 <표 2-1>에 제시된 것이다. 田價의 분포는 23兩에서 25兩의 분포를 보이고 있지만 압도적 다수가 25兩에 집중하고 있다.

米價는 初次 捐穀시에 1석당 時價 1,250文이고 재차 연곡시 1,150문이라는 보고가 있다.[25] 초차 연곡은 도광 25년 정초부터 4월 이전에 해당하고 재차 연곡은 도광 25년 6월에 해당한다. 이 가격의 차이는 雜糧의 수확과 관련된 계절적인 변동이 아닐까 생각된다.

田價의 경우 호남에서 淸初에 上田이 7~8兩 하던 것이 건륭 13년(1748)에 20냥으로 상승했다는 기록이 있다.[26] 이것을 그대로 신용한다면 辰州府는 약 100년 뒤 25냥 수준으로 상승한 것이 된다. 蘇州 昭文縣에서 가경 20년(1815)경 田價가 畝당 약 16냥이라는 보고가 있지만,[27] 직접적 비교는 불가능하다. 米價의 경우 1746년에 호남 岳州府의 미가가 1석에 0.5냥, 1797년의 湘陰縣이 1석당 1.4~1.5냥이라는 조사가 있지만[28] 역시 직접적 비교는 불가능하다고 생각된다.

(3) 義田에 대한 수취

계약서 상에 이미 黃冊에 기재된 稅糧의 額數를 명기하고 있다는 것을 前節에서 언급하였다. 의전의 매입 과정에서 賣田契와는 별도로 推糧字紙 혹은 推糧字約이라 불리는 서류를 별도로 작성하여 原賣主가 납입하던 稅糧을 원액 그대로 義田首事에게 인계하고 있는 것이 확인된다. 그 실례로서 李林瀚의 경우를 보면

立推糧字人 李林瀚

---

25) 『義田總記』 권上, p.55.
26) 李文治 편, 『中國近代農業史資料』 제1집, p.105.
27) 小林一美, 「太平天國前夜の農民闘爭 - 揚子江下流デルタ地帶における - 」『中國近代農村社會史研究』, 東京, 1967.
28) Evelyn Sakakida Rawski, *Agricultural Change and the Peasant Economy of South China*, Harvard Univ. Press, 1972, p.114.

今將十一都一圖九甲 實糧 一石 五斗 三升
推與
辰州府義田 照數收入 了納糧差 竝無存留合勺
今恐無憑立此推糧字爲據
憑中契內人等
道光 二十五年 正月 初 十日 李林瀚立[29]

라 한다. 이 推糧字紙는 21건의 계약 문건에 균일하게 첨가되어 있고 그 형식과 내용도 구체적 수치를 제외하고는 거의 동일하다.

　이 稅糧에 대해서는 또 計粘糧單一紙와 計連糧單一紙가 있는데 前者는 인명을 중심으로 주소와 糧額을 정리한 것으로 義田首事가 이를 작성하고 있다. 먼저 前者에 대해서 보자.

「計粘糧單一紙」

李林瀚	十一都 一里 九甲[30]	一石 五斗 三升
羅佩玉	八都 十里 九甲	二斗 一升 六合
張心瑞	七都 九里 三甲	九斗 七升 八合
張順安		
向國榮	八都 七里 十三甲	九斗 三升
趙啓懷	八都 十五里九甲	一斗 二升 七合
趙啓悅		
張本正	東隅 二甲	一石 五斗 一升 四合 五勺
彭鯤伯	五都 三里 一甲	八斗 四升 七合
彭業精	五都 四里 一甲	一斗 二升 四合
彭業沛	五都 四里 一甲	一升 三合
彭業煥	五都 四里 一甲	二升 六合
彭業暢	五都 四里 一甲	四升

---

29)『義田總記』권下, p.164.

30) 推糧字紙에는 李林瀚의 주소는 11都 1圖 9甲으로 되어 있고 여기서는 1里 9甲으로 되어 있다. 같은 경우가 彭業精 彭踐修에도 발견됨. 따라서 辰州府에서는 圖=里였다는 것을 알 수 있다.

彭業謙	五都	四里	一甲	一斗	五升	八合	
彭大昂	五都	三里	一甲	二斗	三升	八合	
彭業寬	五都	三里	一甲	三斗	八升	八合	五勺
彭大魁	五都	四里	一甲	三斗	零	七合	
彭業湘	五都	三里	一甲	四斗	零	六合	
李正剛	五都	三里	一甲	七斗	五升	六合	
張運禎	七都	十里	四甲	一斗	零	五合	
陳宏珊	五都	五里	十甲	一斗	六升		
石山峰	十一都	一里	八甲	五斗	九升	五合	

共糧　九石　四斗　五升　九合

道光 二十五年 六月 二十三日
義田首事稟立糧單[31]

　　糧單에는 앞서 본 賣田契에서나 推糧字紙와 人名이 다르게 표시된 것이 많다. 그 이유는 무엇일까. 賣田契 상에 羅配玉으로 되어 있는 것이 糧單에는 羅佩玉으로 되어 있는 것은 중국어상 '配'와 '佩'의 발음이 동일한 데서 잘못 쓰인 것으로 생각된다. 그 외 糧單 상에 나타난 名은 종전의 賣田契에서 못 보던 이름이 많다. 賣田契 상에 彭昀升의 경우 彭大昂柱名과 彭鯤伯柱名의 표현이 있는데 糧單 상에는 彭鯤伯과 彭大昂의 이름은 나오지만 彭昀升은 나오지 않는다.[32] 彭業湘은 五都 三里 一甲에 三斗 八升 八合 五勺의 稅糧을 납부하는 田地가 있는데 이것은 彭業寬柱名으로 되어 있다. 이것은 糧單 상에 彭業寬의 이름으로 나온다. 糧單 상에 등재된 이름은 黃冊 상의 명부이고 이것이 현실의 토지소유관계와의 편차가 발생했기 때문에 인명이 상이하게 된 것으로 생각된다.

　　어쨌든 의전의 稅糧을 징수하기 위해 賣田契에 原額糧을 명시하고 또 인명별로 주소지와 양액을 명시한 「計粘糧單一紙」와, 반대로 주소지별로 인명과 양액을 정리한 「計連糧單一紙」 등[33] 이중 삼중의 철저한 파악을

---

31) 『義田總記』 권下, pp.257~260.
32) 『義田總記』 권下, p.198.
33) 『義田總記』 권下, pp.261~266.

하고 있고 의전이기 때문에 錢糧의 減免은 없다.

전량의 정도는 어느 정도일까.

전체 共糧 9石 4斗 5升 9合을 255畝 2分에 평균하면 畝당의 糧額은 3升 1合 7勺 정도가 된다. 개별적으로는 畝당 2升 5合 7勺부터 6升 6合 8勺까지 편차를 보이고 있다.

다음에 雜差는 「義倉義田章程」 完糧

> 除照額交納錢糧兵穀外 所有應出一切雜差 已飭縣立案永免
> 每年交納 兵穀錢糧 諭義田首事 自封投櫃[34]

라 한다. 兵穀의 실체는 의전관계 문서 속에 전혀 구체적인 기록이 없어 정확히 알 수 없다. 蘇州에서 善堂의 의전의 경우 田賦는 일반 民戶의 반액이란 조사가 있고,[35] 范氏義田의 경우 만력 이전에 설립된 의전에 대해서는 錢糧의 반액을 감한다는 기록이 있는데,[36] 辰州府 義田의 경우 그와 같은 錢糧의 감면은 없고 雜差에 대해서만 면제를 규정하고 있을 뿐이다.[37]

2) 義田 설치 참가자의 신분

(1) 鄕紳

의전 설치 참가자의 신분을 설명하는 자료로 「請給議敍冊」과[38] 「請給扁額冊」,[39] 「捐輸義穀各士民姓名穀數碑」[40] 등이 있다. 여기에 「甘結」[41]

---

34) 『義田總記』 권上, p.115.

35) 小林一美, 앞의 논문.

36) 近藤秀樹, 「范氏義莊의 變遷」 『東洋史硏究』 21-4, 1963.

37) 曹貫一, 『中國農業經濟史』, 北京, 1989, p.869.(地丁銀 실시 이후에도 官府에서는 노동력 수요가 있으면 夫差, 軍差의 징발 심지어 新舊 관리의 迎送시 車馬舟船 등 물자 징수) ; 北京經濟學院 편, 『中國近代稅制史槪述』, 北京, 1988, p.49.(淸 후기에 雜差의 부분적 銀納化도 이루어져 地丁銀 1兩에 兵差가 3～4兩에 달할 때도 있고, 流差는 地丁銀 1兩에 800～900文을 바치기도 하였다)

38) 『義田總記』 권上, pp.75～81.

등을 참고로 하여 義田 설치에 참가한 辰州府 鄕紳들을 확인해 보면 다음과 같다.

沅陵縣	孝廉方正	候選訓導	王友恭	
	捐職	千總	張化興	勸捐義穀沅瀘兩縣 首事
		擧人	張兆萸	
		生員	汪樹蘭	沅瀘兩縣首事
		監生	余廷棟	義田義倉首事
		監生	李光明	首事
		廩生	張開謨	首事
瀘溪縣		生員	陳拔先	首事
		廩生	吳雲漢	首事
漵浦縣	現任 安徽 安慶府 知府		舒夢齡	銀 300兩
	前任 河南 鄭州 知州		嚴正基	捐錢 500千
		候選 通判	嚴正方	
		武生	許文耀	首事
		生員	尹大玖	首事
縣 표시 없음		候選 訓導	楊壽崧	
		生員	楊光宇	
		生員	陳世馨	

위에서 비교적 高官은 安慶 知府 舒夢齡과 鄭州 知州 嚴正基로 보인다. 이들은 각각 은 300냥과 전 500,000문을 기부하고 있지만 스스로 議敍를 포기하고 있다.[42] 이들은 現任과 前任의 구별은 있지만 正途 출신의 지방관으로 추정된다.

의전 설치에 참여한 진주부 향신의 특징은 正途 출신의 實職이 극히 드물다는 것이다. 捐職 千總 張化興은 捐納에 의해 職을 획득한 것이고

---

39) 『義田總記』 권上, pp.91∼93.
40) 『義田總記』 권下, pp.275∼290.
41) 『義田總記』 권上, p.95.
42) 『義田總記』 권上, p.60.

實職일 가능성은 희박하다. 2명의 候選官 즉 候選通判과 候選訓導 역시 淸 후기 시점에서는 實職일 가능성이 극히 희박하다.[43] 또 生員 監生 등의 하위 그룹이 많다는 것이다. 반면 상층 향신에 속하는 사람은 거의 없다.[44]

호남성 진사 신분 소지자 가운데 진주부가 차지하는 비율은 1653년에서 1724년까지 사이에는 2.6%, 1727년에서 1799년까지에는 2.4%를 보이고 있다. 같은 기간 長沙府의 경우에는 각각 31.4%와 53.0%를 나타내고 있다.[45] 호남성 안의 타 지역에 비해서도 진주부는 진사 신분 소지자의 비율이 현저하게 낮다. 이러한 사정과 의전 설치 참여자 가운데 고위 향신의 역할이 두드러지지 않는 것과는 어떤 관련이 있을 것 같다.

실제 역할면을 보면 위에 摘示한 향신 17명 가운데 명백하게 首事로 확인되는 인물은 9명이다. 또 「請給議敍冊」과 「捐輸義穀各士民姓名穀數碑」에 의하면 향신 가운데 실제 捐穀을 하고 있는 것은 앞서 인용한 現任·前任의 두 지방관 외에는 捐職 千總 張化興(正六品)이 겨우 20石을 내고 있는 것이 전부이다.[46] 이들의 공로는 거의가 "董事勸捐 出力最多"[47]로 표현하고 있어 주로 경제적인 기부보다는 노력 봉사에 그치고 있다. 이로 볼 때 辰州府 지역에서 도광 25년(1845) 경에는 鄕紳地主의 역할이 크게 두드러지지 않았다고 생각된다.

(2) 庶民

의전에 대한 기부를 장려하기 위해 知府는 捐穀 1石을 1兩으로 계산하였다.[48] 따라서 <표 2-2-1>에 나타난 兩은 실제로는 捐穀의 石數를 나타내는 것이다. 「請給議敍冊」에 나오는 17인 중에 실제로 200석 이상을 기

---

43) 蘇州府의 義莊의 경우 議敍로서 候選官의 虛銜이 내려지는 경우가 많았다.
44) 山根幸夫, 「河南省商城縣の紳士層の存在形態」 『東洋史硏究』 40-2, 1981.
45) E.S. Rawski, 앞의 책, p.136.
46) 『義田總記』 권下, p.286.
47) 『義田總記』 권上, p.95.
48) 『義田總記』 권上, p.54.

<표 2-2-1> 請給議敍冊 (道光 25년 6월 28일)

	신분	성명	연령	용모	捐銀額 (兩)	先祖(x 故人, o 生存)
1	俊秀	康 淳 (沅陵縣民籍)	15	面白無髮	350	曾祖 常安(x) 祖 世湖(x) 父 文鑑(x)
2	俊秀	揚壽嶸 (沅陵縣民籍)	26	〃	350	曾祖 正傑(x) 祖 勝極(x) 父 萬銘(o)
3	俊秀	章順億 (沅陵縣民籍)	19	〃	300	曾祖 正龍(x) 祖 天楨(o) 父 心輝(o)
4	俊秀	楊凌雲 (沅陵縣民籍)	40	面白有髮	300	曾祖 文暢(x) 祖 光閶(x) 父 如苟(o)
5	俊秀	陳階蔚 (江西新淦縣民籍)	25	面白無髮	300	曾祖 必勝(x) 祖 爾錦(x) 父 懿善(o)
6	俊秀	趙志賢 (陝西朝邑縣民籍)	52	面白有髮	300	曾祖 淵(x) 祖 連城(x) 父 學獻(x)
7	俊秀	尹宏清 (沅陵縣民籍)	67	〃	300	曾祖 文瀾(x) 祖 應芬(x) 父 勝閶(x)
8	俊秀	許暢亭 (沅陵縣民籍)	30	面白無髮	300	曾祖 朝元(x) 祖 成琳(x) 父 文燉(x)
		이상 8名 損銀 300兩 이상 應請照例 給予 8品頂戴				
9	俊秀	張順侯 (沅陵縣民籍)	58	面白有髮	200	曾祖 正茂(x) 祖 天伸(x) 父 必益(x)
10	俊秀	楊 忠 (江西 豊城縣)	15	面白無髮	200	曾祖 際軔(x) 祖 亨(o) 父 玳(x)
11	俊秀	楊 義 (江西 豊城縣)	16	〃	200	曾祖 尙位(x) 祖 際濤(x) 父 壁(o)
12	俊秀	費德燠 (江蘇吳縣民籍)	26	〃	200	曾祖 孝友(x) 祖 杰(x) 父 潮(o)
13	俊秀	鐘廷勳 (瀘溪縣民籍)	30	〃	200	曾祖 坤秀(x) 祖 顯湖(x) 父 仁昭(o)
14	俊秀	楊元智 (陝西 大荔縣)	59	面白有髮	200	曾祖 昭(x) 祖 一枝(x) 父 本(x)
15	俊秀	張朝弼 (沅陵縣民籍)	28	面白無髮	200	曾祖 貴斌(x) 祖 志徭(x) 父 春臺(o)
		以上 7名 各 損銀 200兩 應淸照例 給予 9品頂戴				
16	監生	余廷棟 (沅陵縣民籍)	34	面白無髮	採買義田 督修 義倉 最爲出力	曾祖 雲從(x) 祖 美軒(x) 父 殿選(x) 道光 20年 俊秀로부터 損監
17	監生	李光明 (沅陵縣民籍)	55	面白無髮	董事勸損 出力最多	曾祖 錫爵(x) 祖 昌政(x) 父 文煌(x) 嘉慶 13年 俊秀로부터 損監
		以上 2名 均係董事 勸損督修出力之人 理合登明				

<표 2-2-2> 損輸義穀各紳士商民

	姓名	捐穀數(石)		姓名	捐穀數(石)		姓名	捐穀數(石)		姓名	捐穀數(石)
1	康淳	350	35	蔣以功	80	69	鄔盛全	40	103	姚微眞	20
2	楊壽嶸	350	36	李占苞	80	70	姚全五	40	104	周大鎬	20
3	章順億	300	37	胡有才	80	71	鄔永淸	40	105	王淸泉	20
4	楊凌雲	300	38	連發店	70	72	楊文榜	40	106	鄧金沛	20
5	陳階蔚	300	39	龔國來	60	73	張宏烈	35	107	鄧鴻聲	20
6	楊玉明	300	40	向超寬	60	74	鄧天榜	35	108	李正仁	20
7	瞿大廷	250	41	楊惟明	60	75	鄧舍英	35	109	朱士美	20
8	張順侯	200	42	丁可珍	60	76	劉家訓	35	110	王全記	20
9	楊忠	200	43	廉希舟	55	77	張世謙	35	111	汪澤乾	20
10	費德燠	200	44	李光恒	55	78	姚受德	35	112	李來儀	20
11	楊義	200	45	余鳳芝	50	79	尹宏淸	30	113	李恒森	18
12	豊太典	200	46	田萬齡	50	80	陳海林	30	114	黃應禮	18
13	鍾廣裕	200	47	張廷獻	50	81	羅紹瑤	30	115	宋士禹	16
14	瀘溪縣油行	660	48	楊昌銀	50	82	何文春	30	116	胡元興	15
15	沅陵縣油行	440	49	董光耀	50	83	彭盛順	30	117	張廷永	15
16	張鴻儀	150	50	劉致泰	50	84	賈陶軒	30	118	宋本儀	15
17	姚瑞五	150	51	張啓義	50	85	鄭舜山	30	119	宋本代	15
18	豫章館	150	52	瞿海順	50	86	張永年	30	120	宋本儒	15
19	印如斗	120	53	向洪擧	50	87	彭大榮	30	121	宋本佳	15
20	廖榮	120	54	張紹鉞	50	88	鄧士丕	30	122	張啓甲	15
21	劉心齋	104	55	張紹銘	50	89	譚永謙	30	123	黃鼎	13
22	戴宗社	100	56	羅維賢	50	90	吉禮佑	30	124	宋大熠	12
23	羅致中	100	57	李之景	50	91	姚華科	30	125	張桂明	12
24	張大鵬	100	58	姚源生	50	92	吉明鶴	30	126	郭治憲	10
25	張萬琳	100	59	蔣宗韓	50	93	唐予先	30	127	劉光寶	10
26	張仲度	100	60	蔣宗歐	50	94	陳福元	25	128	張正淸	10
27	三義典	100	61	鄧正盛	45	95	舒炳庭	25	129	印源發	10
28	恒吉典	100	62	楊玉和	45	96	李天湖	22.5	130	羅富松	10
29	康文錦	100	63	唐中益	45	97	李天舟	22.5	131	羅富斗	10
30	李春圃	100	64	黃彝	40	98	鄔元昌	20	132	姚榮官	10
31	羅恒太	100	65	李上林	40	99	張化興	20	133	宋琢堂	5
32	吉彦士	100	66	孫萬章	40	100	潘尙乾	20			
33	忠義宮	100	67	高步瀛	40	101	許崑源	20			
34	李逸齎	80	68	羅萬玉	40	102	宋文魁	20			

총損穀數：9,963石

부한 15인은 모두 신분이 俊秀로[49] 되어 있고 先祖 3대까지도 아무런 品

官 사실이 없는 것이 확인된다. <표 2-2-2>에 나타나고 있는 133명의 기부자 중에 향신 신분이 확인되는 것은 전술한 捐職 千總 張化興뿐이다.

捐職 千總 正六品官의 出捐규모가 20석 정도인 것에 비하면 대체로 서민지주로 추정되는 이들의 활동은 두드러진다. 「請給議敍冊」에 등장하는 고액 기부자 15인도 出捐의 보상으로서 8품 頂戴와 9품 頂戴의 신분이 부여된다. 이 과정에서 파악되는 모습은 향신의 신분적 특권이 토지 집적에 유리하게 작용하고, 그 결과 향신지주의 경제력 집중의 현상이 아니라 逆으로 서민지주의 상승에 의해 신분 매득의 결과로 나타나고 있다는 것이다.

⑶ 商人

개별 상인의 활동에 대한 것은 없으나, <표 2-2-2>에 의하면 瀘溪縣 油行이 660石, 沅陵縣 油行이 440石을 기증하고 있다. 진주부는 山多田少의 지역이고 주요 산물 가운데 桐油 茶油 등이 포함되어 있다.[50] 이들 油行은 바로 桐油 茶油를 취급하는 상인의 조직으로 추측된다.

당시 진주부의 미가는 1석당 1,250~1,150문 정도인데 油行이 기증한 것을 석당 만약 1,250문으로 환산한다면 1,375,000문, 다시 이것을 銀錢比價 1兩 대 1500文으로 헤아리면 916.6兩이 된다. 앞서 賣田契를 토대로 얻은 결과인 1畝 25兩으로 계산하면 油行의 출연 규모는 토지 약 36~37畝의 가격에 해당하는 것이다.

서민지주의 개별 出捐 규모가 가장 큰 것이 350석이었는데 2油行의 출연은 1,100석 정도이다. 油行의 조직 내용과 구성을 알 수 없기 때문에 단언할 수는 없지만 이 시기 辰州府의 油行은 상당한 정도로 번영한 것만은 틀림없을 것 같다.

清代 浙江에서 각 지방지에 보이는 族田 설치 지주는 모두 82인이고 그 중 명확하게 紳衿 신분은 25인으로 전체의 30%에 불과하다는 조사가

---

49) 宮崎市定, 『科擧』, p.196.(俊秀는 하등의 公的 지위가 없는 평민)

50) 『湖南省志』 권2, 地理志, pp.182~187.

있다.51) 淸代 福建에서는 의전은 다만 봉건관료나 富家 大戶만이 설치하는 것이 아니고 中産의 家도 의전을 설치하고 있다는 주장이 있다.52) 이 경우 中産의 재산규모는 얼마인지 명시하고 있지 않지만 어쨌든 淸 후기 의전의 경우에 있어 특징은 서민지주의 활약과 그를 통한 사회적 신분의 상승과 관련 있는 것이 아닐까 추측된다.

Ⅱ. 義田과 義倉

1) 義田, 義倉의 운영

(1) 관리 조직

辰州府의 의전은 의창에 부속된 田地이기 때문에 관리기구도 의창과 의전이 통합체제로 되어 있다. 知府는 義田, 義倉의 총책임자이고 「義倉義田章程」53)을 제정하여 운영 일체를 규정하고 있다. 의전 매입시 작성한 21건의 田契 가운데서 知府는 의전의 買主로서 나타나고 있다.54) 각종 義田관계 문서에는 大老爺로 표현하고 있는데 이것은 淸末 蘇州의 租棧에서 棧主에 대한 호칭과 같다.55)

먼저 首事에 대해서 보면 「義倉義田章程」 首事에

倉正과 田正은 적임자를 얻기가 대단히 어렵다. 현재 倉正 廩生 張開謨, 田正 武生 許文耀를 파견하는데……義倉의 일은 상대적으로 많고 義田의 일은 비교적 간단하니 張, 許 二姓이 마땅히 해를 번갈아 가면서 일을 맡게 함으로써 수고로움과 편안함을 고르게 하여야 할 것이다. 만약 중요한 일이 있으면 공동으로 의논하여 처리하고 서로 미루지 못하게 한

---

51) 張硏, 「淸代族田經營初探」『中國經濟史硏究』, 1987년 3기.
52) 王日根, 「淸代福建義田與鄕治」『中國社會經濟史硏究』, 1991년 2기.
53) 『義田總記』 권上, pp.107~124.
54) 『義田總記』 권下, pp.161~232.
55) 村松祐次, 『近代江南の租棧』, 東京, 1978.

다.56)

라 한다. 또 같은 사료의 이어지는 부분을 보면

> 倉副, 田副……현재 國學生 余廷棟을 倉副로 庠生 尹大玖를 田副로 파견하는데……역시 輪番으로 교대하여 경험을 쌓는데 도움이 되게 한 다.57)

라 되어 있다. 이상에서 볼 때 首事는 義倉首事와 義田首事가 각기 正副 의 2인으로 구성되고 있고 의창의 업무가 의전보다 상대적으로 많기 때 문에 義田首事와 輪番制로 복무하는 것을 알 수 있다. 이 輪番制 근무의 원칙은 浦市에 분파된 義倉首事 6인을 선발하여 그 중 2인으로 복무하게 하고 서로 교대하게 하는 데서도 관철되고 있다.

그런데 이 윤번제의 근무 원칙은 「義倉義田章程」首事에 摘示된 업무 량의 형평을 기하기 위한 것보다는 주로 義倉首事의 부정 방지를 위한 상호 견제 목적이었다고 생각된다. 辰州府 知府 雷成樸이 부임 초에 義 穀의 缺損을 확인하고 그 주된 원인이 관리자의 부정에 있다는 것을 간 파한 다음, 대응책 강구로 의전을 설치했다는 것을 前節에서 확인한 바 있다. 勸買義田說에 "選派公正紳士 互相糾察 已可保"58)라는 구절이 있 는데, 이것을 보면 윤번제 실시의 의도가 표면적인 업무량의 過多를 조정 하기 위한 것이 아니라 상호 감시와 견제를 위한 것이었다는 것을 알 수 있다. 또 「義倉義田章程」愼始에

> 義田을 관리하는 데는 田正 1인과 田副 1인을 두고 本 知府가 義田首

---

56) "倉正田正 得人甚難 現派倉正廩生張開謨田正武生許文耀……義倉之事交多 義 田之事交簡 該張許二姓 應按年輪流接充 以均勞逸 遇有要事 仍公同商辦 毋許 推諉."

57) "倉副田副……現派倉副國學生余廷棟 田副庠生尹大玖……亦應輪流更替 以資 歷練."

58) 『義田總記』 권上, p.17.

事圖記를 발급하여 책임을 맡기는데 해당 首事는 수시로 鄕에 나아가 돌아보며 조사하여 만약 佃戶가 농사 일을 게을리 하거나 소작을 타인에 넘겨 이익을 취하든지 山坡를 개간하든가 혹은 수확 후 2麥을 몰래 재배하면 知府에 아뢰어 해당 佃戶에 알려 佃戶를 물러나게 하고 다른 佃戶를 불러서 소작하게 한다.[59]

라 한다. 여기서 義田首事의 주요한 역할이 소작지와 소작인 관리라는 것을 알 수 있다. 이외에 의전수사는 知府의 명을 받아 전호를 대동하고 소작지의 실측을 행하고 있고,[60] 의전의 錢糧을 自封投櫃 방식으로 납부하고 그 영수증과 명세서는 糧房에게 제출하고 있다.[61]

義田首事의 임기는 한정되어 있지 않고 辭任시에는 후임이 정해져야만 퇴임의 허가가 난다. 의전수사의 辛資錢은 田正이 매년 9,000文이고 田副는 매년 3,000文이다.[62] 의창수사는 의창의 창곡과 의전의 수납 소작료의 관리 그리고 의전과 의창에 부속된 鋪店과 현금의 관리 등 의창·의전에 관련된 일체의 사무를 책임지고 있고 전술한대로 義田首事와 輪番制 내지 공동처리 방식으로 업무에 임하고 있다. 임기가 한정되지 않은 것은 義田首事와 같다. 辛資錢은 倉正이 매년 30,000문, 倉副가 10,000문이다.[63]

糧房은 義倉·義田의 수지관계 장부 일체를 보존하고 首事가 보고한 增減 상황을 조사해서 기록한다.[64] 斗級은 의창에서 의전의 租穀을 실제로 수납하고 이것과 다른 의창곡의 출입을 관리한다. 差役은 知府의 명을 받아 平糶시에 파견되어 首事를 보조한다. 따라서 의전의 관리체제는

---

59) "經理義田派田正一人田副一人 由本府發給義田首事圖記一顆責成 該首事 隨時赴鄕 周歷稽查 如各佃戶有惰農自安 或轉佃漁利 以及開墾山坡 或於收穫後 私種二麥 卽由該首事赴府呈明 將該佃戶 傳案革退另召他佃承領耕種."
60) 『義田總記』 권下, p.141.
61) 『義田總記』 권上, p.115, 完糧.
62) 『義田總記』 권上, pp.118~119.
63) 『義田總記』 권上, pp.118~119.
64) 『義田總記』 권上, pp.113~115.

大老爺(知府) − 糧房 − 義田首事 − 斗級 − 佃戶로 연결되는 체제였다.

(2) 收穀과 放出

義倉穀의 收放에 대한 印符는 3부 작성되어 內署, 糧房, 首事에 각기 보존한다. 또 매 印簿마다 각기 상하로 나뉘어 上冊은 收穀・收銀・收錢의 각 項 즉 收入 부분만 기록하고, 下冊은 放穀・支銀・支錢에 대해서만 기록한다.[65]

또 의창의 보관 곡식은 각 수사의 입회하에 잘 건조된 상태인 것을 확인하고, 500석을 단위로 한 창고에 넣고 封貯해서 缺損을 방지하도록 하고 있다.

의창은 매년은 陳穀을 방출하고 荒年에만 平糶를 행한다. 그 결과 획득한 대금은 典商에게 교부하여 관리하게 하되 知府가 엄격한 통제와 감독을 행한다. 의창의 대문과 內二門의 사이에 廂房 一間이 있는데 여기에 斗級 1인이 항시 거주하며 관리를 전담하고 뜻밖의 일에 대비한다.[66]
「義倉義田章程」積貯를 보면

前任 知府 王見煒가 義穀을 勸捐하여 실제 官斛 4,408石 6斗 1升을 보존하였는데 그중에 方 前 知府 때 缺損된 것이 1,757石 1升 5合이었다. 현재 본 知府가 原額대로 사서 보충하였고 또 歷任 盤折穀 304石 4斗 8升 9合도 原額 대로 사서 보충하여 합계 실존 官斛 4,408石 6斗 1升이다.[67]

本府에서 새로 買入한 義田에서 매년 實收 上倉 淨穀이 505石 3斗 7合이다.[68]

---

65) 『義田總記』 권上, pp.108~109.
66) 『義田總記』 권上, pp.109~110.
67) "王前府勸捐義穀　實存官斛四千四百零八石六斗一升內　方前府動缺穀一千　七百五十七石零一升五合　現經本府如數買補　又歷任盤折穀三百零四石四斗八升九合　亦經本府如數買補　總計實存官斛淨穀四千四百零八石六斗一升."
68) "本府新買義田　每年實收上倉淨穀五百零五石三斗零七合."

　　義穀의 저장은 일만 石을 기준으로 해서 현재 原存穀과 매년의 소작료 수입을 계산하면 10년 후 9,461石 6斗 8升이 될 것이다. 이것을 母倉으로 하고 이후에 해마다 新穀 505石 3斗 7合을 얻으면 그 數만큼 陳穀을 放出하고 판 대금은 典商에게 교부한다. 首事가 별도로 義田을 매입하여 五五收租하고 義倉 부근에 별도의 창고를 지어 해마다 收貯해서 子倉으로 삼는다. 차차로 이런 방식으로 하여 浦市 등지에 미치면 城鄕이 모두 믿을 수가 있을 것이다.[69]

　라 한다. 知府 雷成樸은 前任 知府 王見煒 때의 義倉穀의 결손을 모두 보충했을 뿐 아니라 의전을 설치하여 매년 안정적인 일정액의 소작료 수입이 확보되었다. 의창곡은 萬石을 기준으로 하고 현존 의창곡에 의전의 소작료를 십년 동안 비축하여 대략 그 기준에 달한 뒤에는 별도의 義田과 子倉을 설치하는데, 城市에서부터 차차로 향촌에까지 뻗어 간다는 것이다.

　다음으로 出陳에 대해서 보자. 「義倉義田章程」 出陳에

　　매년 春窮期에 陳穀 500石을 出糶하는데 해당 義倉首事가 出糶가 끝난 뒤에 糶價를 典商에 교부하고 秋穀이 등장할 때를 기다려서 新穀 500石을 採買한다.……그 500石 穀價 이외에 餘剩의 錢文은 해당 典商에 남겨서 따로 義田을 매입하거나 義倉의 별도 설치시 응용한다.[70]

　　각 典商이 맡고 있는 糶價는 利子가 없는 것을 분명히 하고 곡식을 매입할 때는 印簿를 보고 즉시 교부하여 시간을 끌지 않는다.[71]

---

69) “收貯義穀 以萬石爲率 現計原存穀 及每年所收租穀 十年後卽可得九千四百六十一石六斗八升 作爲母倉 此後歲入新穀五百零五石三斗零七合 卽出陳穀五百零五石三斗零七合 將糶價交典 首事卽另購義田 仍按五五收租 於義倉附近 另建倉廒 按年收貯 作爲子倉 以此推及浦市等處 設遇荒歉 庶城鄕均有可恃.”

70) “每年春夏之交 靑黃不接之際 准定出糶陳穀五百石 該義倉首事 於糶竣後 卽將糶價交典 俟秋穀登場 採買新穀五百石……其五百石穀價以外 餘剩錢文 仍由該典扣存 俟另買義田 竝另建義倉應用.”

71) “各典收存糶價 議明無利 至買穀時 見印簿卽付 不得延諉.”

라 한다. 이상에서 보면 의전의 소작료 수입에 해당하는 것 만큼의 陳穀을 춘궁기에 방출하고 있다. 이것은 곡식의 부패를 방지하는 것이 일차적인 목적이지만 실제로는 수익증대 사업이 되고 있는 것 같다. 봄에 穀價가 비쌀 때 팔고 가을에 곡가가 싼 수확기에 新穀을 매입함으로써 수입을 올리는 것이다. 그동안 대금은 典商에게 기탁하고 있는데 이 기간 동안의 利子는 없으므로 곡식 매입시에 대금을 즉시 인도해야 한다고 하고 있다. 그렇다면 糶價의 기탁은 典商에 대한 하나의 특혜라고 보아야 할 것이다.

出陳이 무언가의 혜택을 서민에게 베푼다는 것보다는 義倉穀의 재산 증식적인 측면이 강하게 나타나는 것과 달리 시혜적인 성격인 것이 平糶이다.

「義倉義田章程」 平糶에 보면

郡城 일대에 흉년이 들면 반드시 平糶를 한다. 義田·義倉 각 首事가 공동으로 請을 하면 본 知府가 輕重을 참작하여 平糶 穀數를 정하고 기일에 앞서 曉諭를 내보이고 某日에서부터 某日에 그친다. 四鄕을 돌아다니면서 糶賣를 하여 小民으로 하여금 불편하지 않게 한다.72)

라 한다. 흉년에도 무조건의 구제가 아니라 平糶를 행하고 있는데 그 정도에 따라 知府가 平糶穀의 수량을 정하고 일정한 기일을 정하여 실시하고 있다. 또 평조곡의 개별적 판매도 제한이 있었는데 다음 조항을 검토하면

平糶穀의 數는 1升부터 5斗에 그치는데 만일 情實로 多賣하여 奸商으로 하여금 이로 인해 부당이익을 취하게 하면 斗級은 義倉 앞에서 칼을 씌워 일정 기일 후에 파면하고 해당 義倉首事도 엄하게 문책한다.73)

---

72) "郡城一帶 偶遇荒歉 必須平糶 由義倉義田各首事 公同具呈聽候 本府分別輕重 酌定穀數 先期出示曉諭 自某日起至某日止 按照四鄕輪流糶賣 俾小民不致鄕隅."

73) "平糶穀數 自一升起 至五斗止 如有徇情多賣 致奸商因此漁利 除將斗級枷號義

라 되어 있다. 이 사료만으로서는 판매의 제한 단위가 戶인지 개인인지 분명하지 않지만 어쨌든 판매액은 1升에서 5斗까지로 제한되어 있다. 현실에서는 平糶의 실무자인 斗級과 결탁하여 商人이 평조곡을 廉價로 다량 구입하여 시가로 팔아 막대한 부당이익을 올리는 경우도 있었다고 생각된다. 평조곡의 곡가 처리는 평조 기간 중 매일 창고를 닫고 난 뒤에 해당 首事가 錢數의 多寡를 분명히 확인하여 典商에게 교부하고 평조의 일이 다 끝난 뒤에 각 전상에 맡겨진 糶價 약간의 명세서를 만들어 印簿와 같이 府에 올려 糧房으로 하여금 內署와 糧房에 있는 印簿를 일일이 조정하게 한다.

郡城에서 멀리 떨어진 浦市의 경우 흉년이 들어 浦市首事가 사정을 보고해 오면 知府가 참작하여 平糶穀의 數를 결정하고 郡城首事가 운반하여 포시수사와 합동으로 평조를 행한다. 이때의 糶價는 郡城으로 가져와서 典商에게 교부하여 보관하게 하고 처리방식은 앞서와 같다.

이 平糶시에 差役이 동원되고 있는 것이 하나의 특징으로 보인다.
「義倉義田章程」 平糶에

> 郡城 平糶 시에 본 府에서 노련한 差役 2명을 파견하고 浦市 平糶에도 본 府에서……노련한 差役 2명을 보내어 진압을 전담하게 한다. 差役의 食代와 首事가 수시로 고용한 人夫는 매일 매명에 錢 80文을 지급하고 곧 平糶 穀價 내에서 지출한다.[74]

라 한다. 진주부 의창의 官 주도적인 성격은 여러 가지 면에서 쉽게 눈에 띄지만 차역의 출동을 통해서 이를 재확인할 수 있다. 그런데 차역의 일당은 수사가 고용한 다른 人夫와 마찬가지로 하루 80文씩 평조가에서 지불되고 있다.

倉示衆 滿日責革外 該義倉首事 併干嚴飭.”
74) “郡城平糶 由本府僉派老練差役二名 浦市平糶 由本府僉派老鍊差役二名 專司彈壓 所有差役飯食 及首事隨時酌添人夫 每日每名 准支給錢八十文 卽於平糶穀價內 核實支銷.”

⑶ 기타 收支

支出

義倉의 수리비 및 일체의 관리비		12,000文
義田의 錢糧 兵穀	銀	23냥 3錢 2分
義倉首事 倉正 1人의 매년 薪資錢	錢	30,000文
倉副 1人의 매년 薪資錢	錢	10,000文
義田首事 田正 1人의 매년 薪資錢	錢	9,000文
田副 1人의 매년 薪資錢	錢	3,000文
糧房(義倉義田의 各事宜均歸)薪資錢	錢	9,000文
義倉斗級 2명 倉門 좌우 각 鋪戶 매년 地租		4,200文
新加地租		2,200文
春季加給 飯食錢		3,000文
秋季加給 飯食錢		6,000文

收入

銀匠 董義和 典錢 80,000文 年利 1푼 5리 매년 息錢　12,000文
(義倉수리비)

典商 楊鼎興 原本 129兩 5錢 5分 月利 1푼 5리 매년 息錢 23兩 3錢 2分
(義田 錢糧 납부 비용)

清太巷 外正街 鋪店 1所　　　　　　　　收租錢　40,000文
施家巷　大街 鋪店 1所　　　　　　　　(義倉首事薪資錢)
銀匠 董義和 典錢 80000文 年利 1푼 5리　　息錢 12,000文
(義田首事薪資錢)
銀匠 董義和 典錢 50000文 月利 1푼 5리　　息錢 9,000文(糧房薪資錢)
銀匠 董義和 典錢 50000文 月利 1푼 5리　　息錢 9,000文
(春秋季 斗級飯食)

위에서 보면 義田의 관리 비용·일체, 義倉의 관리 비용 일체를 별도의 기금에서 마련하고 있다.[75] 이것은 知府 雷成樸이 義倉의 결손이 주로 관리 과정에서 관리자의 부정에서 비롯된다고 보고 그것을 방지하기 위

---

75) 『義田總記』 권上, pp.118~121.

하여 모든 관리 비용을 별도의 財源에서 마련한 것으로 보인다. 또 義田·義倉首事를 비롯한 모든 관리자에게 급여를 지불함으로써 이들의 부정을 막으려고 했던 것 같다.

2) 의전, 의창의 성격

淸代의 常平倉, 社倉, 義倉은 옹정기를 거쳐 건륭년간에 가서야 본격적으로 정비되었다.[76] 그 후 가경부터 도광에 걸쳐 다시 쇠퇴를 보이고 지방에 따라 존속 부활의 정도가 다르게 나타난다.[77]

호남성의 사정도 각 州縣에 따라 倉儲의 실태가 다양했다. 桃源縣, 城步縣, 邵陽縣, 湘潭縣, 衡陽縣 등의 淸末 간행의 地方志를 조사해 보면 이 지역에서는 明代의 豫備倉이 강희 18년까지 잔존하고 있었고, 그 후에도 常平·豫備 兩倉이 병존한 곳도 있었다는 것을 알 수 있다.[78]

또 『淸實錄』 건륭 47년 3월 戊申조에

> 湖南巡撫劉墉奏　社穀成例……湖南省自乾隆四十五年　長沙辰州等屬捐穀十七萬三千五百餘石……竝選殷實之人　充當社長[79]

이라 한다. 여기서 건륭 45년 이후부터 진주부에서 社倉이 설립되어 있었다는 것을 알 수 있다.

社倉은 의창과 함께 옹정·건륭년간에는 상평창의 보조적 역할을 수행했으나 그 후 가경년간에는 아마 州縣官, 社長, 胥吏 등의 不正에 의하여 倉穀이 결핍되면서 쇠퇴했다고 여겨진다. 따라서 재해 발생 시에도 蠲恤·緩徵 등 정부의 직접적인 응급책에 의존할 수밖에 없었고, 社倉·義倉의 발동 사실은 거의 나타나지 않는다. 『實錄』 도광 원년 2월 乙酉에

---

76) 星斌夫, 『中國社會福祉政策史の硏究』, 東京, 1985, p.79.
77) 星斌夫, 위의 책, p.316.
78) 星斌夫, 위의 책, pp.61～64.
79) 星斌夫, 위의 책, p.266.

御史 陳繼義가 上奏하기를, "道光에 들어와 社倉 義倉 역시 廢弛되었다."[80]고 한 것에서 실정을 짐작할 수 있다.

상평창·사창·의창은 기본적인 형태로서는 常平倉은 완전한 官倉이고, 社倉은 半官半民적이고, 義倉은 완전한 民倉으로서 출발했다고 할 수 있다. 그러나 실제 현실에서는 이러한 기본적 성격이 꼭 지켜진 것은 아니고 지역과 시기에 따라 그 형태가 복잡하다. 혹은 그 소재지에 따라 의창은 강희 18년 이래 도시부의 빈민구제시설로서 취급되고 社倉은 향촌부에 설치된 常平倉의 보조시설[81]로 간주되기도 한다.

건륭 12년(1747)에서 가경조(1796~1820)까지는 의창은 농촌부에서 端境期의 양식 내지는 종자 대여를 목적으로 하고 같은 기능을 가진 社倉의 보조기관 정도로 취급되다가 도광 5년의 「章程」「上諭」에 의해 전국적으로 확산되게 되었다. 의창은 備荒貯蓄을 목적으로 하면서 社倉보다 큰 비중으로 취급되게 되었다.

기능면에서 보면 3倉은 糶糴·借貸·賑給 중에서 常平倉은 주로 糶糴을 행하고 借貸·賑給도 겸한다. 社倉은 借貸·賑給 중에 借貸에 비중을 두고 義倉은 賑給에 비중을 두는 것이었다.[82]

그런데 분포면에서 보면 義倉은 江北의 直隷를 중심으로 그 주변 각 省이 많고 江南에는 그다지 파급되지 않았다. 호남에서는 桃源·湘潭·邵陽·城步·衡陽 중에 乾隆년간까지 義倉이 성립된 곳은 없었다. 그러나 동치, 광서 등 淸末에는 의창의 성립이 이 지역에도 나타난다. 桃源縣을 비롯한 이 지역에서의 특징은 상평창·사창·의창이 捐納에 의해 곡식을 마련하는데 차이가 없고, 사창곡이 상평창에 附貯되는 등 3창 간의 차별성이 크게 나타나지 않는 데 있다.

도광 이후 賑濟倉 부활에 하나의 계기를 제공하는 것이 道光 3년 安徽 巡撫 陶澍가 올렸던 豊備義倉 관계 上奏이다.[83]

---

80) 星斌夫, 위의 책, p.281.

81) 森正夫, 「18~20世紀の江西省農村における社倉·義倉についての一檢討」『東洋史研究』33-4, 1975.

82) 星斌夫, 『中國の社會福祉の歷史』, 東京, 1988, p.200.

陶澍의 豊備義倉의 취지는 풍년의 備蓄으로서 歉歲에 대비하자는 것이고 종전에 관리의 개입에 의해 부정이 많았기 때문에 官의 개입을 철저히 배제하고 士民 自治에 맡기자는 것이며, 교환 과정에서의 부정을 막기 위해 되도록 實穀을 보존한다는 것이다. 또 부분적인 義田 설치를 인정한다는 것과 향촌부에 數個所의 小倉을 설립한다는 것이다. 이러한 陶澍의 上奏는 즉각적인 시행을 가져오지는 않았으나 약 십년 뒤부터 안휘의 蕪湖, 舒城, 강서의 南昌, 강소의 江寧, 蘇州 등지에서 豊備義倉이 성립되고 있다.84) 그러나 이것은 陶澍의 上奏와 꼭 일치하는 것은 아니었다.

향촌에 다수를 설립하려고 했던 陶澍와는 달리 城市에 규모가 큰 1倉이 성립하는 경우가 많았고 士民 自治보다는 官治적인 성격이 강한 것이었다. 湖南 辰州府의 義倉도 淸 후기 상평창·사창·의창 등 기존 賑濟倉이 쇠퇴하자 각지에서 지방관의 의지에 따라 그 부활이 시도되는 가운데 창설된 것으로 보인다. 陶澍의 豊備義倉 規條와 비교하면 공통점은 평소에는 借貸나 賑濟를 하지 않고 흉년에만 대비한다는 점이 같고 또 되도록 實穀을 보존하려는 운영 취지가 같다. 부분적인 義田의 설치를 인정했다는 점에서도 같다. 그 차이점은 앞서 지적한 安徽 江西 혹은 蘇州의 豊備義倉이 갖고 있는 특성과 너무나 유사하다. 知府 雷成樸은 그 후 長沙府 知府로 榮轉하고 있고 陝西省 朝邑 출신이라는 것이 확인될 뿐,85) 陶澍와의 직접적인 관계가 있는지는 알 수 없다. 어쨌든 辰州府 義倉도 도주의 풍비의창 규조의 영향 하에 성립한 안휘·강서·강소 각 省과 같은 조류로서 성립했다고 생각된다.

義田의 성격은 義倉에 부속된 田地이고 蘇州府 義莊의 의전이나 福建 일대의 族田 의전과는 그 성격이 다르다.86) 그 소유주체는 의창이고 엄밀

---

83) 星斌夫, 앞의 책, pp.359~362.

84) 星斌夫, 앞의 책, 1985, p.372.

85) 同治 10년刊 『沅陵縣志』 「辰州府義倉記事」.

86) 王日根, 「論明淸時期福建家族內義田的發展及其社會背景」 『中國社會經濟史硏究』 1990년 2기 ; 同, 「淸代福建義田與鄕治」 『中國社會經濟史硏究』 1991년 2

한 의미에서 官田은 아니지만 토지매입의 21건 문건 가운데 법상 買主에 해당하는 것이 知府이고 章程 등의 지칭에 大老爺로 불리고 있다. 그러나 의전 편입 후 종전의 錢糧이 原額대로 고수되고 있고 무언가의 경감은 없다.

道光 이후 각지에서 의창 부활의 분위기 속에서 辰州府 의창이 만들어졌다는 것은 전술한 바대로 이지만 그러나 각지의 의창 가운데 의전이 부속된 경우는 흔하지 않다. 同治 5년 蘇州府에 설치된 豊備義倉의 경우 11,138餘 畝를 의전으로 설치하고 佃戶에게 이를 경작시키고 있는 것이 두드러진 예이다. 그 운영 내용은 蘇州府志의 豊備義倉 規條에 소개되고 있다.[87] 그런데 蘇州府의 豊備義倉과 그 의전의 설치 시기는 同治 5년이고 辰州府의 의전설치 시기는 道光 25년으로 시기가 더 앞서고 있다.

道光 6년과 14년에 四川省 지방에서 의창에 소속된 의전의 설치가 확인되지만 관리 과정의 부정으로 말미암아 "有契無田 竝無收租"한 상태에 있었다고 한다.[88] 의창 소속의 의전 설치 역시 근본적인 부정 방지책이 될 수 없었기 때문에 보편화되지 않은 것이 아닐까. 또 陶澍의 義田 설치 規條 가운데 "置田은 永久의 策이지만 目前의 急을 구할 수 없다"[89]고 하는 한계성도 의창의 의전이 광범위하게 확산되지 않은 이유의 하나가 된다고 생각된다.

Ⅲ. 義田의 생산관계

1) 小作地의 분포

義田의 소작지 분포에 대해서는 辰州府義田全圖[90]와 각 지역별 義田

기.

87) 光緖 9년刊 『蘇州府志』, p.448.
88) 星斌夫, 앞의 책, 1985, p.368.
89) 星斌夫, 앞의 책, 1985, p.359.
90) 『義田總記』 권上, p.88.

圖가 있다.[91] 이 義田圖는 소작지 臺帳에 해당하는 것이다. 각 地片의 경우에는 대부분 1호, 2호 등 일련번호를 매기고 있고 地片의 측량 결과를 圍○○○弓으로 표시하고 佃戶名을 기재하고 있다.

蘇州지역에서 私冊으로서의 魚鱗冊이 발견되어 淸末시기 이 지역 소작관계 이해에 유용한 자료로 활용되고 있지만,[92] 湖南지역에서 이와 유사한 소작지 臺帳으로서 義田圖가 발견된 것은 극히 희귀한 일이다. 義田全圖와 百羊坪 梅沖等處義田圖를 통해 먼저 이 지역 佃戶 9명의 소작지에 대해서 보자.

佃戶 鄭世福은 唐家山 1호田, 2호田, 3호田과 黃池塘 2호田, 40호田의 5坵 총 면적은 약 2.53畝 정도이다. 坵당의 평균면적은 약 0.5畝 정도에 불과하다. 영세한 地片으로 구성되어 있고 唐家山과 黃池塘은 구릉을 사이에 두고 격해 있다. 黃池塘에 있는 2地片도 타 소작지를 사이에 두고 상당한 정도 떨어져 있다. 佃戶 鄭世奇의 경우에는 金雞坪 8호田 1坵, 黃池塘 1호 坝口田 1坵, 32호田 1坵, 灣豆田 1坵, 黑叢溶 2호·3호田 2坵, 도합 6坵 약 4.83畝 정도를 소작하고 있다. 地片의 평균 크기는 0.8畝 정도이다. 金雞坪과 黑叢溶, 黃池塘 세 지점에 분산되어 있고 黃池塘의 地片 상호 간에도 상당 정도 거리를 두고 있다. 佃戶 侯明杰은 黑叢溶 1호田 1坵, 4호田 1坵, 黃池塘 8호에서 10호田 3坵, 12호田 1坵, 15호·16호田 2坵, 20호에서 22호田 3坵, 24호에서 29호田 6坵, 도합 17坵에 약 5.65畝를 소작하고 있고 地片의 평균 크기는 0.3畝 정도이다. 侯明杰의 소작지는 黑叢溶과 黃池塘의 두 지점에 분산되어 있고 黃池塘의 경우에도 영세한 地片이 타인의 佃作地와 뒤섞여 존재한다.

黃池塘 일대에 9坵 4.25畝 정도를 소작하는 佃戶 尹士相과 같은 지역에서 4坵 2.14畝를 소작하는 佃戶 侯大祥, 또 6坵 3.4畝를 경작하는 佃戶 唐士金, 6坵 1.58畝의 佃戶 趙思明의 경우 모두 동일 지역에 소작지가 있지만 地片 자체는 0.26畝에서 0.57畝 사이의 영세규모이고 이것이 타인

---

91) 『義田總記』 권下, pp.233~252.
92) 村松祐次, 「國立國會圖書館收藏の「魚鱗冊」について」, 앞의 책, pp.240~309.

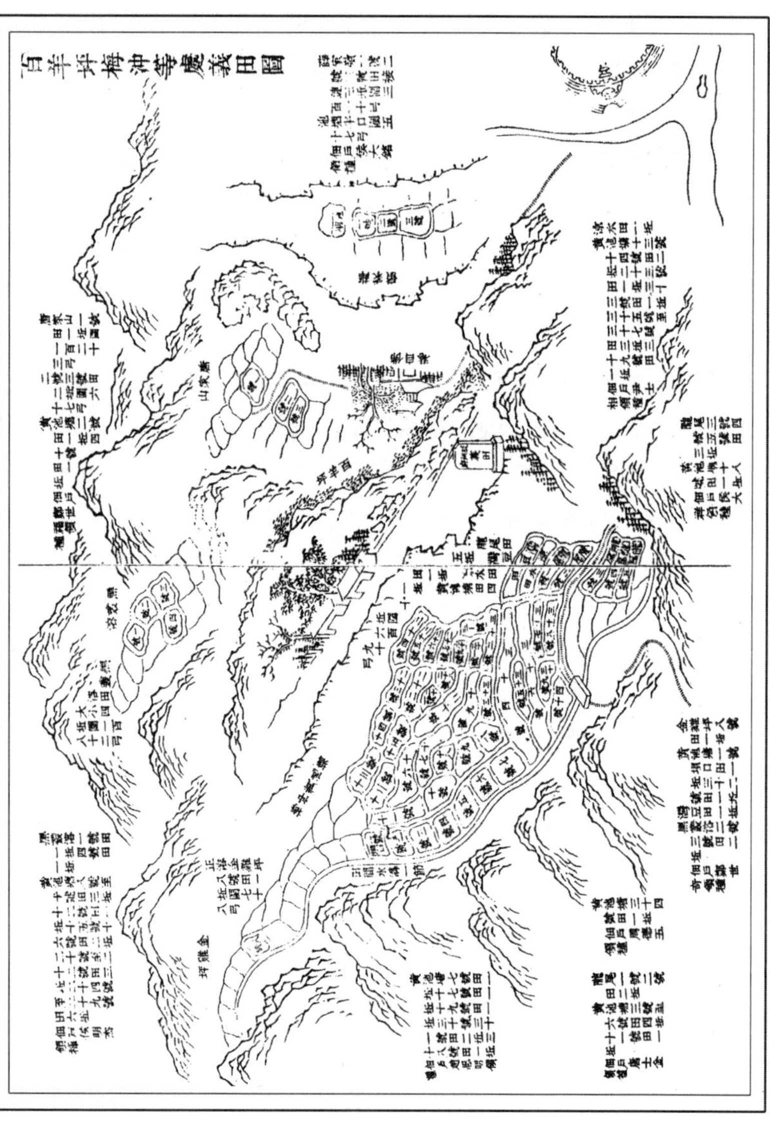

<그림 2> 百羊坪梅沖等處義田圖

의 佃作地와 뒤섞인 상태로 존재하는 것이 특징이다.

自耕農의 토지는 가장 영세하게 분산되어 있고 각 地片 간의 거리는 멀리 떨어진 반면, 佃戶의 경우에는 소작 地片의 집중이 가능하기 때문에 생산조건이 유리하다는 주장과[93] 辰州府 의전의 현실은 부합되지 않는다. 辰州府 百羊坪 梅沖 등의 의전은 이상에서 살펴본 대로 소작 地片의 단일 집중은 거의 없고 두 지역, 세 지역의 자연촌락에 산재하거나 혹은 동일 지역에 있더라도 타 소작인의 소작지와 뒤섞인 채로 산재하는 것이 특징이다. 만약 복수의 지주로부터 소작지를 얻는 과정에서 이런 현상이 발생하였다면 그것은 이해가 가능하다. 그러나 辰州府 의전은 단일 지주의 소유지에 해당하기 때문에 그러한 가정은 성립할 수 없다. 혹은 각 地片 상호 간에 생산성의 차이가 존재하기 때문에 분산된 소작 地片을 결합한 것일까. 辰州府 의전은 上等 水田으로서 1畝 당의 생산량이 3石 6斗로 고르게 나타나기 때문에 그런 이유 때문도 아니다. 만약 의전에 매도되기 전에 복수의 지주에게서 해당 地片들을 소작하고 있었다면 그 소작관계가 의전 편입 후 계속되었다고 볼 수 없을까. 그러나 전술한 百羊坪 梅沖 등지의 佃戶들의 소작지는 의전에 편입되기 전에는 모두 李林瀚 1인의 소유지였다.

辰州府 義田을 경작하는 佃戶 29명 가운데 16명의 佃戶가 밀집되어 있고 田地도 72坵 112.58畝가 설치되어 있는 小溪口의 경우를 살펴보자. 앞서 본 百羊坪 梅沖 등지와 마찬가지로 佃戶 상호 간의 소작지가 복잡하게 交錯되어 있다. 佃戶 彭大鵬은 12坵 22.5畝를 소작하고 있는데, 小溪口義田圖에 나타나는 대로 소작 地片이 적어도 9군데 이상 흩어져 있다. 이 彭大鵬은 이른바 原主之佃에 해당하는 原賣者이고 賣田 계약서에 의하면,[94] "祖遺受分之業"이라 명시되어 있어 소유 地片의 분산이 소작 地片의 분산으로 되고 있음을 알 수 있다. 11坵 12.33畝를 경작하는 彭業湘도 마찬가지로 原主之佃에 해당한다. 역시 5군데 이상 소작 地片

---

93) 趙岡 陳鍾毅, 『中國土地制度史』, 1981 ; 윤정분역, 1985, p.382.

94) 『義田總記』 권下, p.185.

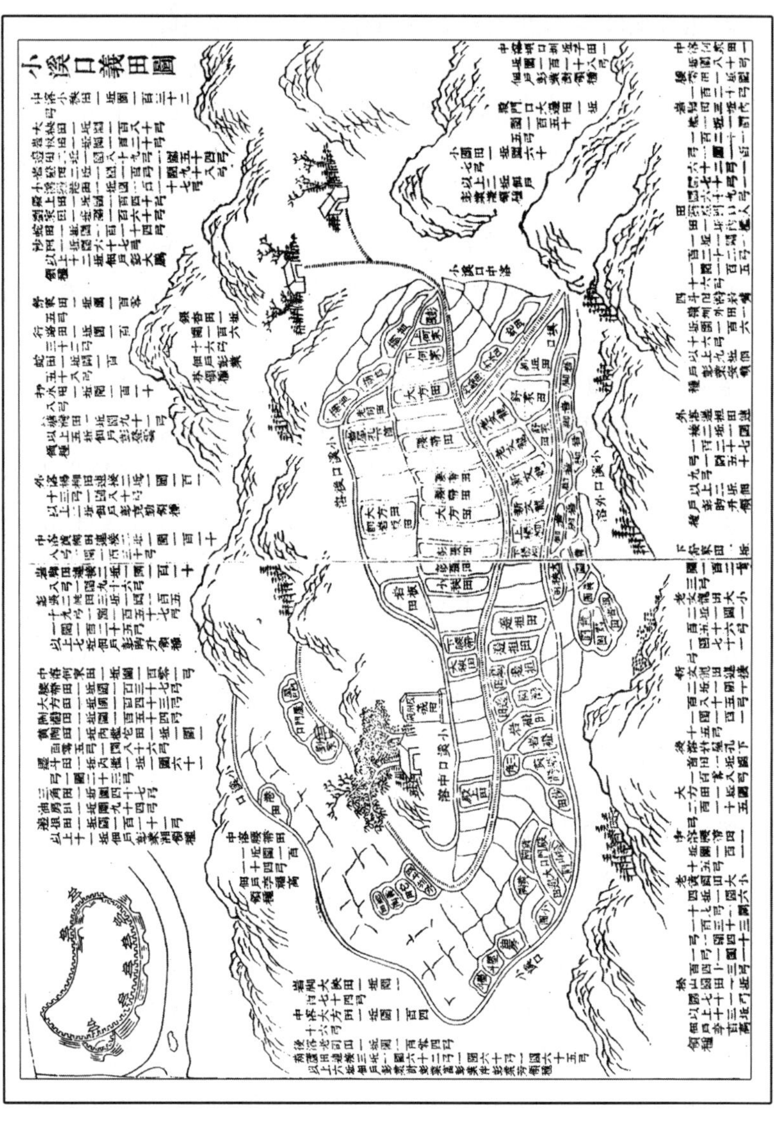

<그림 3> 小溪口義田圖

이 분산되어 있는데 그것은 彭業湘의 原소유 地片이 그대로 소작 地片으로 되었기 때문이다. 7坵 12.66畝를 경작하는 佃戶 彭昉升, 9坵 12.9畝의 佃戶 彭業安, 13坵 24.02畝의 佃戶 李吉高의 경우에서 모두 原賣主의 분산된 소유 地片이 原主之佃의 소작 地片으로 되고 있음을 확인할 수 있다.

　5坵 4.2畝를 경작하는 佃戶 彭登雲은 세 지역 정도에 散在된 소작지를 갖고 있는데 이 소작지의 原賣主는 陳宏珊이었다. 그런데 陳宏珊의 賣契[95]에 의하면 이 토지는 "先年得買彭姓之業"이라고 그 유래가 설명되어 있다. 陳宏珊이 과거 이 토지를 彭氏로부터 매입한 것인데 이 彭姓이 현재의 佃戶 彭登雲은 아닐까. 彭氏를 彭登雲으로 볼 수 있다면 彭登雲은 이 토지의 原原賣主에 해당할 것이다. 彭登雲은 소유지를 陳宏珊에 매도하고 그 佃戶가 되었는데 이 토지는 다시 매도되어 辰州府 의전이 되고 그럼에도 불구하고 彭登雲은 이 地片을 계속 소작한 것이 아닐까. 그렇다면 原賣主의 소작지에 대한 연고권은 토지의 2차 이전에도 관계없이 지속되는 견고한 것으로 보아야 한다. 그러나 陳宏珊의 賣田契 상에 등장하는 彭姓이 반드시 彭登雲이란 보장은 없기 때문에 하나의 개연성의 추구에 그칠 수밖에 없다.

　비교적 집중적인 地片을 소작하고 있는 彭業謙은 2坵 3.56畝를, 彭業澍는 1坵 1.33畝를 소작하고 있는데 이것 역시 원래의 소유지가 바로 소작지로 된 것이다. 의전 설치의 경우 오랜 시간을 두고 토지를 서서히 매입한 것이 아니라 道光 25년(1845)의 1월과 6월 사이에 집중적으로 買入하고 있고, 그것도 전체 21건 가운데 약 반수에 해당하는 9건은 1월 24일 당일에 한꺼번에 매입되고 있다. 나머지도 어느 일정한 일시에 집중적으로 매입되고 있다. 그러므로 매입 시기의 상이함이 소작 地片의 분산 이유는 아니다. 일시에 토지를 매입하면서도 소작 地片의 과감한 재할당이 없다는 것, 더구나 분산된 소작 地片으로 인해 경작 상의 불편이 야기될 수 있는데도 굳이 단일 지주 하에서 소작 地片의 분산성이 고집된 것은

---

95)『義田總記』권下, p.221.

앞서 본 대로 原賣主의 소작 地片에 대한 연고권이 견고했던 탓으로 여겨진다.

또 이 지역 義田碑의 碑文에 의하면

각 處의 義田은 境界의 비석을 세우는 외에 모두 本 府에서 地段을 일일이 측량을 거쳐 義田圖를 그려 보존하고 移坵換段을 하지 못하게 한다.96)

라 한다. 여기서 소작인의 '移坵換段'을 금지하고 있는 것을 보면 현실로는 佃戶 상호 간에 지주의 동의 없이 地片의 교환이나 양도가 행해졌던 것으로 보인다. 義田圖 상에 田地는 "圍○○○弓"으로 표시하고 있는데 이것은 면적이 아니고 둘레의 길이였다. 地片에 일일이 번호를 매기고 둘레의 실측 거리를 적고 있는 것은 佃戶 상호 간의 임의의 地片의 교환을 허락하지 않고 소작관계를 소작 臺帳 상에 정확하게 파악하고자 한 의도로 보인다.

義田碑의 다음 부분에

佃戶가 소작을 개시한 후 소작을 타인에 넘겨 이익을 취하는 것을 허락하지 않는다.97)

라 한다. 이를 볼 때 佃戶 상호 간에 소작의 양도가 어떤 대가를 전제로 행해지고 있었던 것을 알 수 있다. 앞서 본 原主之佃의 경우 그 소유 地片이 小作 地片으로 되고 있는 것을 확인했지만 原主之佃이 아닌 일반 佃戶의 경우에도 소작 地片에 대한 강력한 연고권이 있었기 때문에, 소작지 臺帳인 義田圖 상에 경작에 불편이 있음에도 불구하고 분산된 소작 地片의 보유로 나타난 것이 아닐까 하는 생각이다. 소작권 자체가 일종의

---

96) 『義田總記』 권下, p.236, "各處義田除埋立界石外 均經本府逐段弓丈 繪圖存案 毋許移坵換段."

97) 『義田總記』, p.236, "佃戶領種後 不准轉佃漁利."

재산과 유사하게 취급되고 그 결과 소작지 臺帳 상에 登記는 분산적으로 되어 있지만 실제 경작시에는 坵를 바꾸고 段을 바꾸어 경작하거나 혹은 소작권을 모종의 대가를 전제로 양도하게 된 것이 아닌가 유추되기도 한다.

그러나 이것은 辰州府 의전의 경우 법제적으로 확인된 권리는 아니고 또 지주에 대해 유상으로 취득한 권리도 아니었다. 다만 관행적, 관습적으로 성립하고 있던 권리이지만 그것의 부분적인 인정이 義田圖 上에 나타난 소작 地片의 분산성이 아닌가 한다. 義田碑의 내용 가운데는 佃戶가 소작료를 바치는 이상 "增租奪佃"[98]하지 못하게 되어 있고 이런 분쟁이 발생하면 佃戶는 소송을 제기할 수 있게 되어 있다. 佃戶 교체의 시기에도 일종의 소작증서인 執照를 査明하고 있는 것을 볼 때,[99] 이 執照가 소작권 분쟁 발생 시기에 증빙이 되고 있다고 판단된다. 原主之佃의 경우를 제외하고는 기타 佃戶의 경우 그 권리 발생의 정확한 원인은 알 수 없지만, 이 辰州府 의전에서 소작인의 소작 地片에 대한 연고권이 견고한 형태로 존재하고 있었던 것과, 그 결과 비교적 안정적인 소작상태가 지속되고 있었다는 것은 대체로 짐작할 수 있다.

2) 地代의 형태

「義田頃畝租穀冊」[100]의 내용은 토지의 賣主, 地目, 坐落, 坵數, 면적, 租穀액수 등으로 되어 있다. 이 내용을 정리한 것이 <표 2-1>이다. 말미에는 "召佃耕種 按五五收租"라는 구절과 총소작료액이 적혀 있고 일시는 道光 25년 6월 28일로 되어 있다. 여기에는 佃戶 성명도 빠져 있고 각 田地의 실 수확량도 알 수가 없다. 그런데 『義田總記』 하권에는 「義田約收穀數」[101]가 기록되어 있는데 그 내용은 역시 賣主, 地目, 坵數가 적혀

---

98) 『義田總記』 권下, p.248.
99) 『義田總記』 권上, p.113.
100) 『義田總記』 권上, pp.69~74.
101) 『義田總記』 권下, pp.141~146.

있고 또, "每年約收官斛穀", "五五交租計每年 應交義倉官斛租穀"이 명시되어 있다. 수확량과 租穀이 모두 官斛으로 표시되고 있는 것이 확인된다.

다음에「二十五年分各佃戶領種義田坵數」[102)는 일종의 佃戶名簿처럼 보이는데 지역별로 坐落과 토지의 坵數를 상세히 적고 佃戶 ○○○領種이라 표시하고 있다. 이것은 土名(田地의 소재지)별로 정리한 것이고「二十五年分各佃戶花名竝應交義倉穀數」[103)에는 다시 佃戶를 중심으로 납부 租穀을 정리하고 있다. 이 내용을 종합한 것이 <표 2-3>의 道光 25년 佃作 현황이다.

<표 2-3>에서 확인되는 것은 의전의 소작료는 實物 定額地代라는 것이다. <표 2-1>과 <표 2-3>을 통해 확인되는 것은 의전의 畝당 평균 수확량은 3石 6斗이고 지대는 이것의 55%인 1.98石이라는 것이다.

<표 2-3> 道光 二十五年 佃作現況

		坵	面積 畝	租穀 石	佃戶
	唐家山 1號, 2號, 3號田	3	(≒)2.53	5.016	鄭世福
	黃池塘 2號田, 40號田	2			
	黃池塘 34號田	1	2.22	4.389	周德五
	隴尾 1號, 2號	2	3.40	6.7375	唐士金
	黃池塘 3號, 4號, 5號, 6號田	4			
	黃池塘 11號田	1			
百羊坪	黃池塘 7號, 17號, 19號, 30號, 31號, 38號	6	1.58	3.135	趙思明
梅沖等	隴尾 3號, 4號, 5號, 黃池塘 18號	4	2.13	4.2295	侯大祥
處義田	金鷄坪 8號, 黃池塘 1號 坝口田, 金鷄坪 32號, 灣豆田, 黑叢溶 2號, 3號	6	4.83	9.559	鄭世奇
	凉水田, 黃池塘 13號, 14號, 23號, 33號, 35號 36號, 37號, 39號	9	4.25	8.4095	尹士相
	黑叢溶 1號, 4號, 黃池塘 8號, 9號, 10號, 12號, 15號, 16號, 20號, 21號, 22號, 24號~29號	17	5.65	11.1815	侯明杰
	薛家嶺 1號, 2號, 3號	3	5.00	9.9	侯大銘

---

102)『義田總記』권下, pp.148~154.

103)『義田總記』권下, pp.156~159.

竹山坳	岩板田, 洗脚田, 落尾田, 方田, 魯師溶大田, 接水田, 定田, 波田, 靴田, 下箭田, 灣田, 長田, 苦李田	14	38.06	75.35	張心瑞
岩橋溪義田	1號~22號田	22	26.29	53.35	向德揚
	長田	1	(3.9)	7.7	顔可華
	小秧田	1			
黃金沖等處	黃金沖 1號~15號	15	(22.67)	44.935	張廷位
	蓮蓬塘 1號~12號	12			
	小田, 陳家屋門首 1~3號, 小田	6			
	顔家包 1號~6號	6			
小溪口義田七十二坵	中溶小秧田, 大秧田, 岩板田, 邊田, 岩磴田, 沙田, 殿上田, 小溪邊港田, 劉家田, 它田	12	22.50	44.55	彭大鵬
	銀杏坪大田	1	(3.10)	6.16	彭業芬
	外溶楊柳田	2	(2.88)	5.72	彭克勤
	殿門首大邊田, 小團田	2	3.56	7.04	彭業謙
	中溶黃陶田, 岩脚田, 彭張田	7	12.66	25.08	彭昑升
	中溶何家田, 腰帶田, 大方田, 陶灣田, 黃陶田, 內檻蛇田, 四斗田, 灣墨斗田, 內檻, 三角坵田, 油房田, 邊抇田	11	12.33	24.42	彭業湘
	中溶壩口圳坵子田	1	1.33	2.64	彭業澍
	中溶何家田, 腰帶田, 岩脚田, 內檻,田灣屋門首大田, 內檻, 四斗田, 灣岩嘴嶺圳外田	9	12.90	25.52	彭業安
	中溶腰帶田	1	1.33	2.64	李福高
	下舒家田, 老文龍田大小二坵新文龍田, 後溶岩屋孔下首田, 大方田, 中溶腰帶田, 老黃園田, 松山園田	13	24.02	47.575	李吉高
	舒家田, 行路田, 蛇田, 打水田, 外小荒坪一則黃塘灣田	5	4.20	8.25	彭登雲
	外溶邊坦田連接二坵	2	2.44	4.84	彭昑升
	岩脚大秧田, 中溶大方田 後溶老司田, 薛蘆田連接三坵	6	(9.33)	18.48	彭業澍 彭業富 彭業泮 彭業芳
督溪口	正溶 1號~6號	6	19.45	38.5	張正湘 宋添光

　　淸代 전기 이후에는 대체로 실물 정액지대가 보편화 추세를 보이고 있는 것이 확인되고 있다. 즉 乾隆년간의 刑部 檔案 사료의 분석에 의하면[104] 實物地代 628건 중 定額租가 531건으로 84.5%를 점하고 있다. 湖

南지역에서는 18세기 후반 실물 정액지대가 보편화하고 있다는 보고가 있다.[105] 반면에 화폐지대의 경우에는 淸代 전기의 경우에 약 20%를 점하고 민국 초년에도 20~30%를 초과하지 않았다고 한다.[106]

辰州府 의전의 지대는 실물 정액지대로서 淸代의 지대 형태 발전의 보편적인 한 궤도 상에 위치하고 있다고 생각된다.

乾隆 11년(1746) 무렵 湖南의 산간 지방과 변경부에 해당하는 道州·安化·龍山 등지의 소작료액은 1石에서 1石 몇斗 혹은 2石의 범위를 보이고 있는 것이 알려지고 있다.[107] 그러나 여기서는 수확량과의 관계는 명확히 알 수 없다. 또 淸末 光緖년간(1875~1908)에 巴陵縣 永明縣 寧鄕縣 등지에서 "主佃各得其半"이란 記事가 해당 縣志에 기록되어 있어 수확의 약 50%를 소작료로 하고 있다는 것이 확인되지만 그 구체액은 未詳이다. 白石博男은 참고로 한 湖南의 州縣志 66종 가운데 租佃관계 記事가 나와 있는 29종을 정밀 분석하여 淸末 湖南에서는 소작료율 50%가 일반적이었다고 지적한다.[108]

로스키(E.S. Rawski)는 淸末시기(1863~1889) 소작료 현황을 분석하고 있는데 益陽은 0.82石, 寧鄕은 1.1石, 湘鄕은 0.75石, 瀏陽은 0.9~1.45石, 湘潭은 1.0石 등의 분포를 보이고 있다.[109]

1920년대 민국 초기 湖南의 地租額과 생산량을 조사한 金勝一에 의하면 衡陽은 3.5石 수확에 1.8石의 소작료로 소작료율은 51.4%이고, 衡山은 3.5石 수확에 1.2石으로 34.2%, 臨湘은 4.13石 수확에 2.63石으로 63.6%, 株萍路는 3.5石 중의 2.0石으로 57.1%, 湘中 각 縣은 3.3石 중의 1.8石으로 54.5%를 보이고 있다.[110] 辰州府 의전의 대상 시기로부터 약 70년이나

---

104) 劉永成, 「淸代前期的農業租佃關係」『淸史論叢』, 제2집 ; 李文治, 「明淸時代的地租」『中國經濟史論文集』, 북경, 1987.

105) E.S. Rawski, 앞의 책, p.121.

106) 李文治, 「明淸時代的地租」, 1987.

107) 重田德, 「淸初の地主制」『淸代社會經濟史硏究』, 東京, 1975.

108) 白石博男, 「淸末湖南の農村社會」『中國近代化の社會構造』, 東京, 1973.

109) E.S. Rawski, 앞의 책, p.152.

110) 金勝一, 「軍閥統治時期(1914~1926)湖南農村社會經濟の地域史的一考察」『東

뒤의 것이지만 우선 명목상의 수치로 보면 수확량이 畝당 3~4石인 점이나 소작료율이 湘中 각 縣이 54.5%이고 株萍路가 57.1%인 점에서 상당한 유사성을 보이고 있다.

그런데 淸代의 각지에서는 서로 다른 도량형을 사용하고 있기 때문에[111] 실제 의전의 畝 면적이 얼마인지 斗石의 크기가 어떤가를 모르고서는 地代의 내용을 이해할 수 없다. 흔히 사용하는 畝의 크기가 지방에 따라 다르게 쓰인다는 것은 『日知錄』에도 이미 지적되고 있다.[112] 지역에 따라 240步=1畝, 260步=1畝, 혹은 690步=1畝 등의 다종 다양한 구별이 있고 이 步 역시 3尺 2寸=1步 혹은 4尺 5寸, 5尺, 7尺 5寸=1步 등으로 통일되어 있지 않다.[113] 심지어는 蘇州 서북 인근 無錫縣의 경우 조사대상 22村에서 173종류의 서로 다른 면적기준이 사용되고 있었다는 보고가 있다.[114]

梁方仲의 경우에는 역대의 戶口와 田地 통계를 내면서 도량형에 대한 節을 설정해서 특기하고 있지만[115] 구체적으로 어떤 지역에서, 더욱이 개별 토지관계에서 어떤 도량형을 사용하고 실제 畝 면적은 얼마인가는 전혀 해답을 제시하지 않고 있다.

호남성의 湖田지역에서는 주로 가로 16弓(步) 세로 15弓=240평방弓을 1畝로 하고 있지만 이 弓은 5尺=1弓이 아니고 5尺2寸의 木弓을 사용하고 있다는 보고도 있다.[116] 木弓=專備丈量田畝者로 표시된 것으로 보아 量地尺을 사용했다고 여겨지는데, 量地尺 1尺=34.3㎝로 계산하면 5尺 2寸을 1弓으로 할 때 240평방弓은 763.49495평방m, 다시 이것을 3.3평방m로 환산하면 약 231.36평에 해당한다. 즉 湖南 湖田지역의 1畝 면적은

洋史論集(九州大)』17, 1989.

111) 梁方仲, 『中國歷代 戶口, 田地, 田賦 統計』, 上海, 1980, pp.525~528.

112) 顧炎武, 『日知錄』권10, 地畝大小.

113) 彭澤益, 「中國經濟史計量研究的基礎」『中國經濟史論文集』, 北京, 1987.

114) 陳翰笙・王寅生, 『畝的差異』, 1929, pp.1~2 ; 彭澤益, 앞의 논문 ; 夏井春喜, 「淸末蘇州の地主 - 佃戶關係について」『紀要』36, 1985에서 재인용.

115) 梁方仲, 앞의 책, pp.521~547.

116) 馮和法 편, 『中國農村經濟資料』下, p.1112.

240평방步로 계산하고 있지만 실제 현재 우리의 면적 기준으로는 약 230
평 정도에 해당하는 것이다. 같은 기록의 下文에는 畝당 수확량이 4~6
石 정도로 나타나고 있지만 이 石의 실제 수량을 환산할 수 있는 자료는
제시되어 있지 않다.

辰州府 의전의 1畝의 실제 면적은 어느 정도일까. 앞서 인용한『義田
約收穀數』에는 서두에 義田首事 許文耀 張開謨 등이 "帶同各佃戶逐坵
履勘 所有各義田 約收穀數"하는 구절이 있다.117) 또 義田碑에도 "均經
本府 逐段弓丈 繪圖存案"의 구절이118) 빠짐 없이 들어 있다. 知府의 지
시를 받아 義田首事가 佃戶와 함께 실제 田地의 측량을 행해 義田圖 상
에 그 결과를 표시하고 있다. 의전은 知府 주도 하에 모든 소작관계 대장
이 지부의 관청에 보관되고 후임 지부에게 그것이 인계되는 등 官 주도
성이 강하고 또 義田約收穀數에 수확량과 租穀을 분명히 官斛穀이라 표
시하고 있어 田畝 역시 官의 표준 도량형에 의했다고 생각된다. 일반에
서는 步를 많이 사용했지만 실측 결과를 弓으로 표시한 것도 이런 추측
을 뒷받침한다.119)

官의 표준은 5尺=1弓이고 가로 16弓×세로 15弓=240평방弓이 1畝에
해당한다. 官印의 표준 尺은 營造尺(1尺=32cm)과 律尺(1尺=28.51cm)이
다.120) 이것으로 계산하면 營造尺 사용의 경우 614.4평방m 이것을 3.3평
방m로 환산하면 186.18평 정도이다. 이런 계산에 의하면 律尺의 경우 1畝
는 148평 정도 量地尺(1尺=34.3cm)으로는 1畝 당 214평 정도이다. 그러나
量地尺은 官印의 표준이 아니고 토지측량에는 주로 營造尺을 사용하기
때문에121) 의전의 1畝 면적은 186평 정도로 추정된다.

다음으로 斗石의 용량에 대해서 생각해 보자. 민국 18년 시기의 보고
에 의하면, 대개 湖南의 8斗가 省城의 河斛 1石에 해당하고 長沙府 소속

---

117)『義田總記』권下, p.141.
118)『義田總記』권下, pp.236, 240, 244, 248, 252, 256.
119) 梁方仲, 앞의 책, p.528. 명대에는 步가, 청대의 공식 명칭은 弓이다.
120)『淸國行政法』卷3, pp.111~117.
121) 梁方仲, 앞의 책, p.528.

각 縣에서는 斛가 河斛 正斛의 구별이 있다는 것이 확인된다. 河斛 7斗 7升이 正斛 1石에 해당되기도 하고 8斗 혹은 9斗가 正斛 1石에 해당되기도 하였다.[122) 민국 초기까지도 호남지역 안에서조차 도량형의 차이가 여전히 존재한다는 것을 알 수 있다. 이 때문에 사료상에 나타나는 ○石 ○斗만으로서는 사실 비교 자체가 곤란하다.

다행히 辰州府 의전은 사용 양기가 官斛임을 분명히 표시하고 있다. 淸代의 관곡은 대략 明制를 모방하여 順治 5년(1648)에 戶部斛式을 반포하였고 雍正 8년(1730)에 布政使司에 命하여 鐵斛을 鑄造하여 각 관청에 배급하였다.[123) 官斛의 체계는 10合=1升, 10升=1斗, 5斗=1斛, 2斛=1石으로 되어 있다. 戶部量 즉 倉斛은 營造尺으로 제작되는데 斗의 모양은 한국과 같은 원기둥이 아니고 직육면체로 되어 있고 面底는 方 8寸 深 4寸 9分 3釐 7毫 5絲이고 용적은 316입방寸이다. 이것을 환산하면 8×3.2=25.6, 25.6×25.6=655.36이고, 높이는 4.9375×3.2=15.8, 655.36×15.8=10354.688입방cm이다. 이것은 10.354688리터에 해당한다. 현재 한국의 1斗=18.039리터에 비하면 이것은 약 57.4%에 해당한다. 이렇게 되면 淸代의 官斛 1斗는 현재 한국의 5升 7合 4勺 정도밖에 되지 않는다.

따라서 辰州府 의전의 1畝 당 수확량 3石 6斗는 실제 현재 기준으로 환산하면 2石 0斗 6升 6合 4勺 정도에 그친다. 이것의 55%인 소작료는 약 1石 1斗 3升 6合 5勺에 해당한다. 辰州府 의전은 1畝(약 186평)에서 2.0664石을 수확해서 1.1365石을 소작료로 징수한 셈이다.

앞서 인용한 민국 초기 湖南省 도량형 서술의 뒷 부분에는 河斛 1石을 약 110여斤, 正호 1石을 80~90斤 정도로 하고 있고[124) 또 다른 자료에는 1911년 당시 長沙에서는 1石이 148斤, 常德이 144斤, 靖港 147斤 등으로 밝히고 있다.[125) 148斤은 현재로 환산하면 약 88.33kg이고 110斤은 65.65

---

122) 劉大鈞, 『我國佃農經濟狀況』, 民國 18년 8월 ; 馮和法, 『中國農村經濟資料』 下, p.1115에서 재인용.
123) 『淸國行政法』 권3, p.110.
124) 馮和法 편, 『中國農村經濟資料』 下, p.1115.
125) 金勝一, 앞의 논문.

kg 정도이다.[126] 현재 5斗가 약 80kg에 해당하는 것을 고려하면 淸末 호남의 1石은 대부분 현재 한국의 0.5石을 전후한 것으로 생각하면 된다.

乾隆 초년의 蘇州지역에서도 소작료 징수에 사용하는 租斛은 官斛의 5斗 5升에 해당하는 것이었고,[127] 陶煦의 1石 2~3斗 혹은 1石 4~5斗를 1石으로 한다는 지적이 있는 것으로 볼 때나,[128] 光緖 6년 蘇州 婁門 외의 永倉지주 徐氏가 6斗를 5斗 枡으로 사용하고 그 후 官製승에의 통일이 지적되고 있는 것을 볼 때, 蘇州 일대는 官斛보다 큰 것을 사용하고 있었다고 여겨진다. 그런데도 方行이 實錄 등 사료상의 米價를 조사하고 乾隆시기 趙翼의 "如今川斛大于湖廣 湖廣又大于江南"이란 구절에 의지하여 湖南米의 가격이 蘇州 일대의 35%정도에 지나지 않는다고 결론짓고 있는 것은 그 사실성이 매우 의심스럽게 된다.[129]

正租 외에 押租의 부담이 없는 것이 辰州府 의전의 특징이다. 白石博男에 의해 湖南의 압조 관행이 보편적인 것으로 소개되고 있지만[130] 진주부는 그의 사례 분석 가운데 포함되어 있지 않다. 또 진주부에 가까운 인근의 沅州府 黔陽縣에서는 佃農이 山地를 承佃하면 모두 押金이 없다는 보고도 있다.[131] 辰州府 의전 역시 山地의 田地로서 押金이 없는지 아니면 진주부 전체가 押金이 없는지는 현재로서는 확인할 수가 없다.

義田관계 문서는 소작관계 대장으로서의 租冊이나 소작지 대장으로서의 出由冊, 魚鱗冊 등을 겸하고 있지만 어디에도 副租의 존재를 확인할 수 없다. 「湖南省例成案」에 보고되는 道州·安化·龍山 등의 新米, 新鷄, 柴薪, 糯米, 年節肉과 같은[132] 액외 착취의 현상이 진주부 의전에서는 보이지 않는 것이 특기할 일이다.

---

126) 梁方仲, 앞의 책, p.545에 의하면 淸代의 100斤＝59.682kg이다.

127) 『明淸蘇州農村經濟資料』, p.579.

128) 陶煦, 『租覈』「重租論」.

129) 方行, 「淸代前期湖南農民賣糧所得釋例」『中國經濟史硏究』, 1989년 4기.

130) 白石博男, 앞의 논문.

131) 周顯穆, 「黔陽縣農業調査筆記」『實業雜誌』163, 민국 20년 7월 ; 馮和法, 『中國農村經濟資料』下, pp.1120~1122.

132) 重田德, 앞의 논문.

3) 收租 방식

　　의전관계 문서 가운데는 「義田頃畝租穀冊」, 「義倉義田章程」, 「義田約收穀數」 등에서 소작관계를 규정하고 있고 義田圖가 소작지 대장의 역할을 하고 있다. 「二十五年分各佃戶領種義田坵數」와 「二十五年分各佃戶花名竝應交義倉穀數」는 佃戶 名簿에 해당한다.
　　소작 개시는 일종의 소작계약서 내지는 소작증서에 해당하는 印照를 知府가 개별 전호에게 발급함으로써 시작된다.
　　「義倉義田章程」 召佃에

　　　　현재 佃戶 29명이 義田 27處를 나누어 경작하는데 본 府에서 印照 27장을 갖추어 각 佃戶에게 발급하여 영원히 收執하게 하여 무지한 무리들이 함부로 奪佃하는 것을 면하게 한다. 해당 佃戶들은 힘써 耕種에 뜻을 기울이고 매년 수확 후 즉시 租穀을 기한에 의해 완납한다.[133]

라 한다. 田地를 중심으로 작성한 「二十五年分各佃戶領種坵數」나 「各佃戶花名竝應交義倉穀數」 등에는 모두 31명이지만 2명의 중복이 있기 때문에 佃戶수는 29인이다. 그 가운데 동일 地片의 공동 佃戶 등이 있기 때문에 27處 즉 소작지를 중심으로 印照를 발급한다.
　　「義倉義田章程」의 연속되는 부분을 보면,

　　　　新佃으로 바꿀 때 즉시 舊佃의 執照를 제출하게 해서 糧房이 坵段, 納租穀數를 査明하고 별도의 新照에 관인을 찍게 하여 新佃이 수집하게 함으로써 혼란을 방지한다.[134]

라 한다. 여기서 보면 新照의 발급을 통해 소작인의 신분이 증명되고 있

---

133) 『義田總記』 권上, p.112, "現在佃戶二十九名 分種義田二十七處 由本府飭備印照二十七張 發給各佃戶 永遠收執 以免無知之徒 妄冀奪佃 該佃戶務卽加意耕種 於每年收穫後 卽將租穀依限完納."
134) 『義田總記』 권上, p.113, "更換新佃 卽將舊佃執照追繳 由糧房査明坵段 及應交租穀數目 另換新照呈請印發 新佃收執 以杜朦混."

고 소작 地片에 대한 권리 주장이 가능한 것으로 생각된다.

「佃戶執照式」을 보면

　　　玆有　　　義田　　　坵據該佃戶　　　情願認種投具領狀前來
除粘連附卷外合行給照飭遵爲此照給該佃戶永遠收執所有領種前項義田
務須加意耕種於每年收穫後即於八月三六九日運交府義倉車淨晒乾官斛
穀　石　斗　升　合　勺　不得遲延拖欠致干追比如有無知之徒妄議增租
奪佃許爾持照赴
府稟候嚴究須至執照者
　　　　　　　　　　　　　右照給佃戶　　　　　　　　　　准此
　　　道光　　　　年　　月　　日 135)

라 되어 있다. 이 執照의 내용은 土名坐落 坵數 佃戶名 納租 시기 8월 3,
6, 9일 納租 방법 소작료액, 欠租 금지 등이 규정되어 있다.

　『義田總記』에는 별도의 소작계약서는 수록되어 있지 않다. 이 執照가
27處의 소작지의 개별 전호에게 모두 발급되고 이것의 收執에 의해 소작
이 개시되고 위 執照式에서 보듯이 소작권 분쟁 발생시 증빙으로 되고
있는 것을 볼 때, 일종의 소작증서 내지 소작계약서임을 알 수 있다.

　소작료 수납의 과정을 「義倉義田章程」 收穀에서 보면

　　　매년 8월에 租穀을 수납하는데 기일에 앞서 糧房이 各佃戶花名淸冊을
　　　갖추어 완납해야할 租穀數를 註明하여 串票를 구비한다. 만약 금년의 佃
　　　戶 29명이 義田 27處를 나누어 耕種하면 串票 27장을 한권의 책으로 만
　　　들어 차례로 編號를 매기어 捺印 발급을 請한 뒤 義倉首事에게 인계한
　　　다. 전호가 소작료를 완납한 뒤에 編號處로부터 분절한 반쪽을 佃戶에게
　　　교부하여 收執하게 하고 租穀의 수납이 완전히 끝나기를 기다려 首事가
　　　분절한 串根을 가지고 知府에 아뢰고 糧房으로 하여금 즉시 淸冊과 대조
　　　하여 戶마다 완납 여부를 조사하게 한다. 136)

---

135)『義田總記』권下, p.147.
136)『義田總記』권上, p.113, "每年八月 收納租穀 先期由糧房造具各佃戶花名淸冊

<그림 4> 串票(執照式)

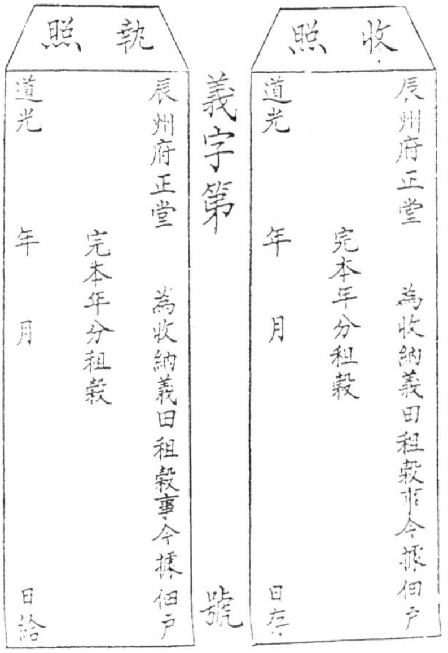

라 한다. 糧房이 기일에 앞서 「各佃戶花名淸冊」을 작성하고 있는 것은 蘇州府의 豊備義倉의 의전에서 기일에 앞서 租由冊籍을 작성하고 있는 것과[137] 유사하다고 생각된다. 그러나 蘇州지역에서 租由는 소작료 납부 고지서[138]인데 비해서 辰州府 의전에서는 그러한 고지서 발급 사실은 확인되지 않고 串票는 영수증에 해당한다는 것이 대조적이다. 串票의 형식은 <그림 4>와 같다.

糧房이 구비하여 넘긴 串票를 義倉首事가 租穀의 수납시에 절반을 잘라 串根을 남기고 佃戶에게 교부한다. 이때 의창수사는 串票에 訖자의 도장을 찍는다. 소작료의 수납이 끝난 뒤에 의창수사는 某年分 租穀 약간 石을 某字廠에 보관한다는 내용과 서약서인 甘結을 知府에게 제출한다. 의창에서 租穀의 수납 실무자인 斗級 역시 의창수사와 같이 보관 내용의 확인과 함께 감결을 제출한다.[139]

소작료의 납부는 전호가 직접 의창까지 운반해 가는 것이었다. 소작료 납부 시기는 印照나 義田碑에 "依限完納"이나 "佃戶繳穀 每年以八月三六九日 運送上倉"이라 되어 있어[140] 대체로 짐작할 수 있다. 즉 8월 3일

註明應完租穀 備具串票 如本年佃戶二十九名 分種義田二十七處 則用串票二十七張 訂爲一冊 挨次編號 呈請蓋印發交 義倉首事收領 於佃戶完穀後 由編號處分截一半 交佃戶收執 統俟租穀收竣 首事將截存串根串具稟齎府 糧房卽查照淸冊 逐戶核銷."

137) 光緒 9년刊『蘇州府志』권17, 田賦6.
138) 村松祐次, 앞의 책, pp.10~12.
139)『義田總記』권上, pp.113~114.

과 6일, 9일이 1限, 2限, 3限이 아닌가 한다. 江蘇지역에서 納租 기한은 3限이고 1限의 기간은 보통 10일이지만,[141] 꼭 획일적인 것은 아니다. 張硏에 의하면 收租 시기에 있어 江蘇의 일반 지주는 半月에서 1월이 1限인데 義莊의 義田은 5일이 1限이라고 하였다.[142] 이러한 3限 제도가 있는 이상 여기에 따른 限讓(기한 내 납부에 따른 소작료의 할인)이 辰州府 의전에서도 존재하지 않았나 추측되지만 거기에 대한 기록을 찾아 볼 수 없다.

그러나 災讓(재해로 인한 소작료의 감면)의 존재는 있었던 것 같다. 「義田碑」에 의하면

義田은 모두 上等 水田으로 荒歉을 보고하는 것을 허락하지 않는다. 만일 흉년으로 한 톨도 수확할 수 없게 되면 본 府의 委員이 직접 조사하여 고시한다.[143]

라 한다. 이것을 보아 약간의 荒歉은 인정하지 않지만 큰 흉년에는 조사에 의한 減免이 인정된 것 같다. 실물 정액지대는 分租制와 달라 이론상 풍흉에 관계없이 일정한 액수의 소작료를 바쳐야 하지만 실제 현실에서는 限讓과 災讓 등의 할인이 존재하고 있었다. 이것은 江蘇省 蘇州지역에서 淸末시기 확인되는 納租 관행[144]이지만 辰州府 의전에서도 限讓의 존재는 그 3限 납부 존재에 의해 간접적으로 추정할 수 있고 災讓은 보다 명시적으로 사실을 확인할 수 있다.

蘇州지역에서 소작료의 催追에 흔히 사용되는 催甲의 존재도[145] 辰州府 의전에서는 명확히 나타나지 않는다. 그런데 앞서 예시한 印照의 頒

---

140) 『義田總記』 권下, p.236.

141) 夏井春喜, 앞의 논문, 1985.

142) 張硏, 「淸代族田經營初探」 『中國經濟史硏究』, 1987년 3기.

143) 『義田總記』 권下, p.236, "義田均係 上等水田 不准呈報荒歉 如實係顆粒無收 由本府委員査勘核示."

144) 夏井春喜, 「淸末民國時期の蘇州における納租情況」 『東洋史硏究』 48-1, 1989.

145) 夏井春喜, 앞의 논문, 1985.

給에 관한 문구를 보면 "不得遲延拖欠 致干追比"라는 표현[146]이 있어 소작료 체납의 전호에 대한 追比가 행해지고 있음을 알 수 있다. 이 追比의 담당자가 누구인지 구체적으로 알 수는 없다.

「義倉義田章程」 平糶에 "郡城平糶 由本府僉派老練差役二名……專司彈壓所有差役飯食及首事隨時酌添人夫 每日每名 准支給錢八十文"이라는 구절을[147] 보면 差役이 동원되는 것과 首事가 수시로 고용한 인부의 일당이 매일 錢 80문으로 차역의 일당과 동일하다는 것을 알 수 있다. 여기서 유추하면 이들이 소작료 체납의 전호를 追比하는 데도 동원되었을 가능성이 높다고 생각된다.

소주에서 同治 5년(1866)에 세워진 豊備義倉의 義田은 납조 방식을 포함한 지주-전호관계가 거의 당해 지역의 일반 지주-전호관계를 반영하고 있는 것을[148] 볼 때 辰州府 의전도 이 지역의 租佃관계를 수용하고 있다고는 볼 수 없을까.

4) 佃戶의 성격

(1) 계약서 상의 특징

辰州府 의전에서는 앞서 인용한 執照(印照)가 소작계약서 또는 소작증서의 성격을 띠고 있다. 이것은 소작의 개시 단계에 제일 먼저 知府가 소작지를 기준으로 해당 전호에게 발급하는 것이었다. 기본적인 내용에 있어서는 타 지역 특히 蘇州의 淸末시기 소작계약서인 「召由」「承攬」 등과 거의 유사하다.[149] 굳이 형식상의 차이점을 찾는다면 보증인의 기재에 해당하는 것이 없다는 것이다. 그러나 이 執照의 앞부분에는 義田首事의 이름이 나오고 있고 이들이 賣田시에 「憑中見錢」「憑中」이라 불리는 보증인 입회인으로 등장하는 점으로 보아 여기서도 같은 역할을 수행하는

---

146) 『義田總記』 권下, p.147.
147) 『義田總記』 권上, p.117.
148) 光緒 9년刊, 『蘇州府志』 권17, 田賦6, p.448.
149) 村松祐次, 앞의 책, pp.321~325.

것으로 보인다.150)

소작계약의 내용을 보충하는 것이 「義田碑」의 내용이다. 소작지의 경계 표시를 하면서 세운 「義田碑」의 뒷면에는 해당 田地의 坐落·坵數·佃戶 성명·소작료액, 소작료 납부 방법, 納租 시기, 義田圖의 작성 사실, 欠租 금지, 田地 좌우의 개간 금지, 수확 후 2麥의 私種 금지 등 여러 가지 사항이 기재되어 있다.

執照와 義田碑를 통해 확인할 수 있는 것은 첫째, 麥租가 수납 대상이 되고 있지 않다는 것이다. 蘇州지역에서는 乾隆시기 水田에서 맥조가 수취 대상이 되지 않는 사례가 보이고 있다.151) 그런데 辰州府 의전에서는 田地의 비옥도 유지를 위해 2麥의 私種을 금지하고 있고 그럼에도 불구하고 실제 현실에서는 佃戶들 간에 8월 벼 수확 이후 麥作이 행해졌던 것으로 여겨진다.

辰州府 의전의 대상 시기보다 약 70~80년 뒤인 1925년의 辰州府 沅陵縣(義田 설치 지역)에서는 食生活에 잡량을 많이 먹고 있음이 확인되고 있다.152)

앞서 地代부분에서 계산한 대로이면 의전의 佃戶는 1畝당 현재 기준 2.0664石을 수확해서 소작료 1.1365石을 내면 전호의 수중에는 畝 당 0.9299石이 남게 된다. 義田 255.2畝를 전호 29명으로 계산하면 평균 경영규모는 8.8畝가 된다. 그러나 百羊坪 梅沖 등지의 佃戶 9명 만으로 보면 그 중앙 값에 해당하는 것은 3.4畝를 소작하는 佃戶 唐士金이다. 전체로서도 일부 富佃農을 제외하면 평균 8.8畝에 못 미치는 사람이 많고 최저는 1.58畝의 佃戶 趙思明이다. 이들 전호가 의전의 佃作地 외에 自作地나 다른 佃作地를 소작할 가능성은 전혀 없는 것은 아니지만 義田圖 上에 義田외에 남은 토지가 거의 없는 것을 고려하면 그런 가능성은 희박하다. 만약 8.8畝를 경작하는 전호라면 소작료 외에 수중에 남는 부분은 약 8.18石 정도이다. 여기에서 생산비 부분도 공제해야 순 소득이 될

---

150) 『義田總記』 권下, pp.161~232.

151) 『明淸蘇州農村經濟資料』, pp.587~609.

152) 金勝一, 앞의 논문

것이다. 이것으로 5인 가족의 식량이 부족한 것은 사실일 것이다. 그러나 寺田隆信처럼 곧 바로 食米 부분의 부족=부업적 상품생산으로 직결시킬 수[153] 없는 것은 佃戶의 식량은 전적으로 米부분으로만 구성되는 것은 아니고 오히려 잡량이 主食일 가능성마저 있다. 麥租를 바치지 않는 것은 佃戶의 부족한 식량 부분을 보충하는 중요한 수단이었다고 생각된다.

둘째, 전호의 "轉佃漁利"를 금하는 것으로 볼 때 전호의 私的인 교체가 모종의 대가를 매개로 해서 전개되고 있었다고 여겨진다. 앞서 본대로 의전 관리측에서는 新佃 교체시 반드시 舊佃의 執照를 반납받아 査明하여 新照로 바꾼 뒤 新佃에 발급한다는 원칙을 지키려고 하지만 현실에서는 佃戶 상호 간의 私的 교체가 빈번하게 행해졌다고 생각된다. 執照의 발급시에 "照給該佃戶 永遠收執 所有領種"[154]이라 되어 있어 永佃制와 같은 인상을 주고 있다.

셋째, 佃戶의 恣意에 의한 인근 山坡의 개간이나 상호 간의 "移坵換段"이 존재했던 것을 알 수 있다.

넷째, 일체의 副租나 力米 등의 부담이 나타나지 않는다.

다섯째, 執照가 소작계약서에 해당하는데 명시적인 보증인란은 없다.

전체로 보면 소작료의 완납만 하면 거의 半영구적인 안정적인 소작이 행해졌다는 것을 계약 내용을 통해 짐작할 수 있다.

그런데 義田의 소작관계는 道光 25년 6월 이후 개시되고 義田碑 역시 道光 25년 6월에 의전 각 處에 세워진 것이기 때문에 전술한 여러 가지 소작관행은 이미 의전의 운영 과정에서 생겨난 것은 아니고 장래 발생할 사실의 예견에 지나지 않는다. 따라서 소작계약 상에 나타나는 제 특징은 기존의 辰州府 일대의 일반적 소작관행을 수용하고 있다고 보아야 할 것이다.

(2) 原主之佃과 富裕 佃農

---

153) 寺田隆信, 「明代蘇州平野の農家經濟について」『東洋史硏究』 16-1, 1957.
154) 『義田總記』 권下, p.147.

清初의 湖南에서는 그 이름은 佃戶이나 실은 僕隷와 다름 없는 경우와 반면 租額의 다과와 납부 여부가 佃戶에 의해 좌우되는 두 상반된 지주제 유형의 보고가 있다. 이것은 道州·安化·龍山 등지의 산간부 후진 변경지대와 岳州·澧州 등 濱湖지방 선진지대의 지역적 차이로 이해되기도 한다.[155] 생산성이 높은 악주·예주 등지에서는 전호의 힘이 크고 그 가운데는 原主之佃, 附近之佃, 祖遺之佃, 軍家之佃 등이 특징적으로 제시된다. 重田德에 의하면 原主之佃은 토지소유권의 집중과 계층분화 과정에서 몰락한 자작농의 모습으로 이해된다.

辰州府 의전에서 原主之佃의 상당수는 경영규모가 큰 것이 특징이다. 佃戶 張心瑞는 38.06畝, 向德揚은 26.95畝, 李吉高는 24.02畝, 彭大鵬은 22.5畝, 彭昀升은 15.1畝 등으로 나타나고 있다. 이들의 경영규모는 곧 종전의 자신의 소유규모로 보인다. 이는 결코 영세 자작농 수준은 아니다. 이것은 의전 자체의 평균 경영규모인 8.8畝를 훨씬 능가하는 것이다.

1854~1863년(義田 설치와 유사한 시기) 사이에 徽州지역에서는 8~19畝 사이의 부유 佃農이 보고되고 있다.[156] 또 淸末 范氏義田에서도 16~28畝까지가 부유 佃農으로서 이해되는 점에서[157] 볼 때, 辰州府 의전에 나타난 原主之佃은 경영규모 면에서 일단 부유 전농적인 측면이 강하다고 생각된다.

竹山坳의 佃戶 張心瑞는 종전에 38.06畝의 소유주였는데 賣田契 상에는 受分之業으로 되어 있어 상속받은 토지였던 것 같다. 竹山坳 義田圖를 보면 地片이 거의 집중적으로 분포되고 있어 단일한 경영이 가능하지 않았나 생각된다. 또 岩橋溪義田圖에 의하면 이 지역에는 佃戶 顔可華와 向德揚이 있는데 向德揚의 소작 地片만 일련번호를 매기고 있다. 顔可華의 長田 하나만 제외하고 向德揚의 26.95畝는 거의 단일한 덩어리로 연결되어 있다. 소작료액만 53.35石(현재 30.62石)으로 고액에 속한다고

155) 重田德, 「淸初の地主制」『淸代社會經濟史硏究』, 동경, 1975.
156) 章有義, 「中國農業資本主義萌芽史料問題瑣議」『中國經濟史硏究』, 1987-4.
157) 伊原弘介, 「范氏義田における淸末の小作制度 - 義田租冊の分析 - 」『紀要(廣島大)』 26-1, 1966.

할 수 있을 것이다. 地片이 일원적으로 서로 연접해 있기 때문에 단일 경영이 용이했다고 생각된다. 李吉高, 彭大鵬, 彭旳升 등은 <그림 3>의 小溪口義田圖에 나타나는 대로 地片은 다소 흩어져 있지만 동일 지역 안이라 경작이 불가능할 정도는 아니다.

의전의 매입 시기는 道光 25년 1월에서 6월 사이에 주로 이루어지고 있지만 21건 가운데 9건은 道光 25년 1월 24일에 동시 매입되었다. 전술한 佃戶 李吉高와 彭旳升은 같은 날 토지를 매도하였다. 나머지 의전도 오랜 기간 동안 서서히 매입된 게 아니고 특정한 몇 일 동안 집중적으로 매입되고 있다. 자작농이 이렇게 동시적으로 몰락하는 것은 부자연스런 것이 아닐까.

田契 상에 토지매도 사유는 거의 대부분이 "今因要錢用度" 등으로 표현하고 있지만 이것은 상투적 문구이고 개별 구체적 사실은 아니다. 憲札 가운데 "該府當督率紳士人等 妥爲籌辦 不可稍有抑勒"이란 구절158)이 있다. 이것은 현실에 있어 토지매입 과정에 얼마간의 강제성이 개입되고 있는 것을 반영하는 것이 아닐까. 李林瀚의 田契에 "無減價勒買情事"159)의 표현이 있는 것을 보면 토지매입에 다소의 강제성이 있었다는 것을 짐작할 수 있다. 上等 水田을 특정한 지역에 집중적으로 소유한다는 것은 현실로서는 대단히 어려운 일이다. 道光 25년 1월과 5~6월에 걸쳐 의전의 原賣主는 모두 한꺼번에 몰락했다고 할 수 있을까.

黃金沖의 義田 22.67畝의 原賣主인 張化興의 경우를 보자. 田契 상의 매도 사유는 "今因要錢使用"으로 되어 있지만 그는 의전을 위해서 20石을 出捐하고 있고 捐職 千總의 신분이었다. 따라서 상당수의 의전 原賣主는 경제적 몰락 때문이 아니고 知府에 의한 의전의 집중적 동시적 필요에 협력한 것이라 생각된다. 어쨌든 原主之佃은 현상적으로는 부유 佃農으로 나타나고 있다고 보아야 할 것이다.

張化興이 매도한 땅 전부 22.67畝의 소작인은 張廷位로 나타나는데 혹

---

158) 『義田總記』 권上, p.14.
159) 『義田總記』 권下, p.162.

시 張化興과 父子관계가 있는 것이 아닐까 하였지만 賣田契를 확인한 결과 張化興의 子는 張本正이었다.[160] 이 토지의 유래는 張化興이 스스로 買得한 것이었다. 黃金冲義田圖에는 張廷位의 소작지가 네 지역으로 분산되어 나타나고 있다. 義田圖의 말미에는 "以上四處均佃戶張廷位領種"이라 되어 있어 분산된 地片을 모두 佃戶 張廷位 1인이 소작하고 있다는 것을 표시하고 있다. 여기에는 소작 地片 모두에 일련번호를 매기지 않고 네 지역 별로 별도의 일련번호를 매기고 있다. 어쨌든 張廷位의 경우 義田圖 상에 단일 경영이 확인되는 이상 부유 佃農이라 보아야 할 것이다.

다음에 龍溪口의 佃戶 張正相과 宋添光의 경우가 특이하다.

義田圖와 각종 의전관계 문서는 대단히 엄밀성을 보여주고 있다. 龍溪口義田은 1호부터 6호까지 19.45畝로 되어 있고 소작료액은 38.5石(현재 22.1石) 정도이다. 비교적 넓은 규모인 地片이 여섯으로 분할 소작에 아무런 문제가 없는데도 굳이 공동 소작으로 하고 있는 것은 무엇 때문일까. 경영규모의 확대가 수확 증대에 유리하기 때문에 공동경영을 시도한 것이었을까.[161]

小結

湖南 辰州府의 의전은 道光 25년 의창에 부속된 田地로서 설치되었다.

의창의 폐단 즉 관리자의 부정에 의한 義倉穀의 결손을 막고 항구적인 의창곡 확보의 대책으로서 고안된 것이 의전의 설치였다. 따라서 의전의 운영체제도 의창과 통합적으로 운영되고 있었다.

의전의 매입 과정에 제시된 賣田契 등을 통해서 淸 후기의 辰州府 지

---

160) 『義田總記』 권下, p.181.
161) 足立啓二, 「淸-民國期における農業經營の發展」 『中國史像の再構成』, 1983. 江蘇省 松江에서 1940년 5畝 미만 경영은 畝당 수확량이 1石 6斗에 그치고 20畝 이상 층은 1石 9斗에 달한다는 보고.

역의 매매 관행의 일부를 엿볼 수 있었다. 계약서의 기본적 형식은 江蘇, 山西 등 他 지역과 거의 비슷하였다. 畫字 酒食 등의 부대 비용이 명기되고 있는 것이 하나의 특징이었으며, 族內 先買權이 상당 부분 인정되고 있었다는 것을 알 수 있었다.

의전의 생산관계는 소작계약서에 해당하는 執照와 義田碑 등을 통해 볼 수 있다. 여러 가지 금지조항 등에 나타나는 소작관행이 지금 소작관계를 개시하는 의전의 것이라기보다 기존의 辰州府 沅陵縣 일대의 소작관행을 반영하고 있다고 여겨진다. 소작지의 분포 면에서는 동일 佃戶의 소작지가 영세한 地片으로 분산되어 있고 그 이유는 原賣主를 비롯한 소작인의 地片에 대한 견고한 연고권이 토대가 된 것이었다. 종래 알려진 대로 소유 地片은 영세하게 분산되어도 소작 地片은 집중적일 수 있다는 인식과는 다른 현상을 진주부 의전에서 확인할 수 있었다. 소작 지편에 대한 연고권뿐 아니라 지주의 동의 없이 모종의 경제적 대가를 전제로 소작지의 양도가 행해지고 소작 지편의 교환 讓與가 관행으로서 정착되고 있었지 않았나 여겨진다. 실물 정액지대 이외에는 별다른 액외 착취는 눈에 띄지 않고 정상적인 지대의 납부가 계속되는 이상 소작권은 안정되어 있었다.

辰州府의 의전에 반영되고 있는 이 지역 생산관계의 특징을 볼 때 종래 경제 선진지역으로 설정되어 온 양자강 하류 델타지대에 비해 佃戶의 자립도나 지대 부담 면에서 결코 후진적이다라고 단언하기 어렵다고 생각된다.

또 湖南省 자체 내에서도 道州 · 安化 · 龍山 등의 산간 후진 변경지대와 澧州 · 岳州 등의 濱湖 지방 선진지대로 도식화하는 것에 무리가 있다고 여겨진다. 辰州는 전술한 바대로 산간부 변경일 뿐 아니라 미곡 수출지역으로서의 湖南의 이미지와는 거리가 먼 미곡 소비지역이었다.

또한 의전의 佃戶 가운데 原主之佃을 포함해서 경영규모가 큰 부유 佃農의 존재가 확인되고 공동경영을 통해 경영규모를 확대하는 사례도 발견되는 것으로 보아 이것이 淸 후기 새로운 현상인지는 보다 더 검토할 문제로 남는다.

제3장 淸末民國期 湖南의 公産田과 地主-佃戶관계

序言

중국의 근대 농업생산력은 제국주의, 봉건주의, 관료자본주의의 압박에 의해 정체하고 쇠퇴했다는 것이 중국학계의 기본적 인식이다.[1] 아편전쟁에서 淸朝 멸망까지 중국의 경지면적은 거의 어떤 증가도 없고 민국시기에도 農田면적은 未增이며 심지어 감소하였다는 것이다.[2]

즉 청대 전기에는 경지면적 확대, 작물 신품종의 도입, 전파 등 농업생산의 頂峰에 도달하였으나 이후 중국은 점차 半植民地半封建國家로 전락하면서 정체와 쇠퇴의 추세가 출현, 경지면적 축소, 畝産量의 저하, 人均 양식 점유량의 감소로 나아가 1930년대 농촌경제는 끝내 전면 파산하였다는 주장이다.[3] 반식민지반봉건의 생산관계가 생산력의 발전을 속박하여 정체되었다는 이론적 구조이다.[4]

그런데 퍼킨스(D.H. Perkins)는 19세기 내지 20세기까지 단위면적당 전통적 자본 투입의 증가와 경작방식의 변화에 의해 곡물의 畝당 생산량은 크게 증가했다고 본다.[5] 또한 토지생산성의 증가는 토지소유상황의 개선

---

1) 鄭慶平, 「對中國近代農業生産力的基本估計」『復印報刊資料經濟史』, 1995年 1期.(以下 『經濟史』로 略함)
2) 杜修昌, 『中國農業經濟發展史略』, 浙江人民出版, 1984, p.219.
3) 吳慧, 『中國歷代糧食畝産研究』, 中國農業出版, 1985, p.212.
4) 鄭慶平, 『中國農業經濟史槪論』, 北京, 1987, p.167.

이나 혹은 악화, 즉 생산관계에 상관없이 이루어졌다는 것이다.[6]

　1980년대 이래 중국학계에서도 쇠퇴론에 이의를 제기하는 학자들이 나타났다. 文潔·高山은 20세기 상반기 중국의 양식 총산량은 전체적으로 상승 추세 중 두 개의 큰 하락점－1937～1945년, 1947～1949년－이 있는데, 그것은 경제원인 때문이 아니고 전쟁의 파괴에 원인이 있다고 했다.[7] 吳承明은 중국 농업은 19세기 최후의 30년대에 이미 태평천국 전의 수준을 회복하였고 20세기 이래 양식의 총산량은 여전히 증가되었다고 주장한다.[8]

　그러나 기왕의 쇠퇴론에 부분적인 수정이 있다 하더라도 기본적으로 여전히 근대 중국의 농업생산은 확실히 하강과정에 있었다고 보는 것이 지배적이다.[9] 또 夏明方의 비판대로 퍼킨스(Perkins)의 주장은 면밀한 실증을 토대로 한 것이 아니라 人均 양식 점유량을 570斤으로 보고 그것을 인구증가에 결부시킨 가설이다.

　과연 제국주의 침략 후의 이른바 '반식민지반봉건사회'의 중국사회는 농업생산력이 정체하고 쇠퇴한 것인가. 이 시기 호남의 경지면적도 감소 추세를 나타낸다는 지적이 있다.[10] 또 민국시대의 호남은 식량 부족현상의 심화로 搶米 풍조가 일어나게 되었는데 이것은 주된 원인이 호남의 米생산량 감소였다는 주장도 있다.[11]

　본 장은 곡창지대로 알려진 호남지역에서 淸末民國期에 농업생산력과

---

5) D.H. Perkins, *Agricultural Development in China 1368～1968*, Chicago, 1967 ; 양필승 譯, 『中國經濟史』, 서울, 1997, p.256.

6) 위의 책, p.144.

7) 文潔, 高山, 『二十世紀上半葉中國的糧食生産效率與水平』, 『農村·經濟·社會』 제1권, 知識出版社, 1985, pp.326～332.

8) 吳承明, 「中國近代農業生産力的考察」 『中國經濟史研究』 1989年 第2期.

9) 章有義, 『近代徽州租佃關係案例研究』, 北京, 1988, p.329 ; 趙岡·吳慧, 『淸代糧食畝産量研究』, 中國農業出版社, 1995, p.3 ; 夏明方, 「近代中國糧食生産與氣候波動」 『復印報刊資料中國近代史』, 1998年 11期.(以下 『中國近代史』라 略함)

10) 吳存浩, 「中國近代農業危機表現及特点試論」 『經濟史』, 1994年 5期.

11) 金勝一, 「軍閥統治時期(1914～1926)の湖南農村社會經濟の地域史的一考察」 『九州大學東洋史論集』 17, 1989.

생산관계가 어떠했는가를 탐색하는 것이 주요 목적이다.[12] 청말민국기에서 대상 범주는 주로 아편전쟁 전후의 시점에서 1937년 중일전쟁 발발 이전을 다루고자 한다.[13]

여기서 公産田은 문제해결을 위한 소재이다. 주로 義學田, 善堂田, 賓興田 등의 義田과 書院田이 그 내용이다. 자료의 한계로 인하여 많은 난관이 있으나 가능한 결론에 도달하고자 한다.

Ⅰ. 농업과 인구배경

1) 인구·경지

17세기까지 1억을 초과하지 않았던 중국인구는 건륭 27년(1762)에 2억을 돌파하고 도광 10년(1830)대에는 4억을 초과할 정도로 급격한 성장을 거듭하였다.[14]

호남의 경우도 청 초기에는 인구밀도 희박지역에 속했으나 18세기 이후 역시 급격한 증가를 보이고 있다.[15] <표 3-1>에서 보면 호남의 인구는 1933년까지 약 3천만 명 수준에 도달하면서 지속적으로 성장했다. 1935년이래 약간의 감소세로 되고 있지만 전쟁이라는 특수한 사정을 고려해야 할 것이다.[16] 건륭 7년(1742)부터 1933년까지 191년간 21,772,341명 증가로 257.8%, 기준년에 비하여 증가지수는 매년 1.35씩 증가한 셈이

---

12) 拙稿,「淸末民國期 湖廣(湖南·湖北)지방의 農業生産力과 生産關係」『慶南史學』7집, 1995.

13) 淸末시기는 論者에 따라 다양하다. 胡光明,「淸末民初京津冀城市化快束進展的歷史探源與啓示」『中國近代史』, 1997年 8期에서는 19세기 하반 주로 1862년부터~ ; 張福記,「淸末民初北京旗人社會的變遷」『中國近代史』, 1997年 8期는 아편전쟁 이후~ ; 陳振江,「淸末民初婚姻家庭變革運動的趨向」『中國近代史』, 1997年 10期는 19세기末 維新改良시기~ 등으로 본다.

14) 梁方仲,『中國歷代戶口·田地·田賦統計』, 上海, 1980, p.258, p.262.

15) 위의 책, p.272.

16)『湖南省地理志』上冊, 長沙, 1982, pp.231~239.

다. 건륭 56년(1791)부터 1933년까지는 13,661,520명 증가, 142년간 82.52%
로 기준년에 비하여 증가지수는 매년 약 0.58 증가이다. 1840년부터 1933
년까지는 93년간 10,326,520명, 51.92% 증가로 역시 증가지수는 매년 약
0.56 증가이다. 건륭 전반의 비약적 발전 외에는 거의 비슷한 증가율이 계
속되고 있다. 아편전쟁 이후에만 호남 인구는 1,000만 이상이 증가했고
1742년 이후에는 250%가 넘는 2,100만 이상이 증가했다. 이런 비약적 인
구성장에는 식량 생산의 증가를 예상하지 않을 수 없고 현재로서는 이
부분의 설명은 미흡한 실정이다.[17]

<표 3-1> 歷代 湖南人口와 密度

時期	人口	密度
乾隆　7년(1742)	8,445,179	41.33
乾隆　41년(1776)	14,989,777	73.36
乾隆　56년(1791)	16,556,000	81.03
嘉慶　17년(1812)	18,652,507	91.29
嘉慶　25년(1820)	18,929,000	92.64
道光　10년(1830)	19,523,000	95.55
道光　20년(1840)	19,891,000	97.35
道光　30년(1850)	20,614,000	100.89
咸豊　10년(1860)	20,940,000	102.48
同治　9년(1870)	20,998,000	102.77
光緒　6년(1880)	21,002,000	102.79
光緒　16년(1890)	21,008,000	102.82
光緒　24년(1898)	21,174,000	103.63
宣統　2년(1910)	23,403,000	114.54
民國　元年(1912)	27,616,708	135.16
民國　8년(1919)	28,443,279*	139.20
民國　17년(1928)	31,501,212	154.17
民國　22년(1933)	30,217,520	147.89

2縣(大庸, 桑植)자료 누락
　출전 :『湖南省志』地理志 上冊, pp.231~239 ; 嚴中平 等編,『中國近代經濟史
　　　　統計資料選集』, 北京, 科學出版社, 1957, pp.362~374 ; 龔勝生,『淸代兩湖

---

17) 川勝守,「明淸農業論」『明淸時代史の基本問題』, 東京, 汲古書院, 1997, p.119,
　　"전통적 농업기술과 상업유통망 이것을 교묘하게 이용한 자기 경영 최선을 겨냥
　　한 수억의 소경영. 이것이 18세기 이후 인구증가를 설명하는 史實이다"라고 함.

農業地理』, 華中師範大學出版社, 1996, p.28. 湖南지방의 면적에 대해선 梁方仲, 『中國歷代戶口・田地・田賦統計』, p.272에는 223,560㎢ ; 龔勝生, 위의 책, p.48에는 213,620㎢ ; 『湖南省地理志』 彊域에는 204,328㎢로 각기 다르다. 여기서는 현대 中國에서 측정한 『湖南省地理志』의 것을 따름.

호남 내부의 인구변화를 알아보기 위해 光緒『湖南通志』에 실린 嘉慶 21년(1816) 인구와 1947년 인구를 비교하면 <표 3-2>와 같다.

<표 3-2> 湖南省 各府縣 人口變動

		嘉慶 21년(1816)①		民國 36년(1947)②		人口增減指數
		戶	口	戶	口	
長沙府	湘潭縣	70,720	399,300	149,526	896,474	+124.5
	瀏陽縣	59,219	257,096	144,517	690,958	+168.7
	醴陵縣	43,430	246,680	75,272	537,840	+118.0
	益陽縣	58,910	256,040	90,270	798,001	+211.6
	安化縣	20,825	64,016	65,359	572,919	+794.9
常德府	沅江縣	17,110	79,806	44,675	274,934	+244.8
澧 州	慈利縣	35,270	139,560	41,738	332,429	+138.1
永州府	永遠縣	23,366	131,601	74,366	356,117	+170.6
	祁陽縣	56,605	329,700	69,700	705,817	+114.0
	江華縣	15,498	83,758	39,169	182,124	+117.4
岳州府	臨湘縣	48,324	369,797	47,057	209,787	-43.2
	華容縣	118,490	416,270	63,028	298,318	-28.3
衡州府	安仁縣	34,128	196,713	29,654	139,438	-29.1
	酃 縣	31,950	109,538	19,532	81,288	-25.7
永順府	永順縣	54,310	302,690	37,534	192,395	-36.4
沅州府	芷江縣	40,880	239,170	23,778	152,205	-36.3
靖州府	本 州	35,020	266,150	13,752	76,577	-71.2
	通道縣	16,290	67,170	6,298	27,477	-59.0
桂陽州	本 州	88,860	395,810	69,505	304,902	-22.9
郴 州	本 州	38,890	259,040	35,585	172,103	-33.5

① 光緒 『湖南通志』, ② 『湖南省志』 2卷, 地理志, 上冊 修訂本, 1982.

원래 기재된 州縣 수는 72개 현에 달하고 그 내용은 모두 검토하였지 만 그 중에 증가율과 감소율을 따져 상위 10순위, 하위 10순위를 추려 작 성한 것이 <표 3-2>이다.

위에서 알 수 있는대로 長沙府에는 증가율 상위 10현 가운데 5개 현이 차지하고 있다.[18] 특히 安化縣은 비교 기간 동안 인구가 8배 정도 증가하고 있다. 장사부는 소속 주현 가운데 湘陰을 제외한 전 주현이 인구증가 지역이다. 상음도 戶數는 증가하는데 口數가 감소된 것으로 되어 있어 기재가 잘못되었을 가능성을 배제할 수 없다. 常德府는 증가 폭이 큰 沅江縣뿐 아니라 桃源과 龍陽縣도 비교적 높은 증가를 보이고 있다. 武陵縣만이 호수는 증가하고 있는데 구수는 감소한 모순적인 기록을 보일 뿐 전체적으로는 증가 추세이다. 澧州도 慈利縣뿐 아니라 소속 주현 전부 증가 추세이다. 寶慶府는 전부 증가하고 있는데 미곡산지로 유명한 武岡州는 증가 폭이 가장 큰 것이 주목된다.[19] 岳州府는 平江縣은 증가하고 있고 巴陵縣은 구수는 감소된 것으로 나타나지만 호수는 증가로 되어 있다. 호와 구수가 일관되게 감소한 것은 臨湘縣과 華容縣인데 이들의 감소율은 그다지 크지 않다. 이것은 또 민국시대 행정구역 개편과 관련 있을 가능성이 크다.[20] 衡州府는 衡陽, 未陽, 常寧 등은 증가하고 있고 호와 구가 일치되게 감소하는 것은 安仁과 酃縣뿐이다. 그런데 沅州府는 3현 중 2현 감소, 靖州는 4현 중 3현 감소, 桂陽州는 4현 모두 감소, 郴州는 6현 중 4현 감소, 辰州府는 4현 중 2현 감소를 보이고 있다. 특이한 것은 永州府이다. 증가율 상위 10순위 안에 소속 3개 현이 포함되어 있고 전체적으로 증가 추세를 보이고 있다. 그러나 縣別로 보면 府屬 8개 현 중 4현은 감소를 보인다. 인구 변화의 전체적인 특징은 미곡생산 중심지인 장사부, 상덕부, 예주, 보경부, 형주부 등이 증가 추세를 보이고 있고 미곡생산 중심지로부터 약간 벗어난 주변부 지역의 인구감소 현상이 나타나는 것이다.

민국 9년 경(1920) 호남 내의 인구밀도는 湘, 資, 沅江 유역이 가장 조

---

18) 拙稿, 「淸末民國期 湖廣(湖南,湖北)지방의 農業生産力과 生産關係」 『慶南史學』 7집, 1995.

19) 증가율 11순위에 해당, 109.5% 증가.

20) 光緒中 華容 9都 淤洲를 분할하고 安鄕, 武陵, 沅江, 巴陵 각 일부를 쪼개어 설치한 것이 南州直隸廳이고 이것이 民國시대 南縣이 됨.

밀 지역으로 이 지역 15현이 全省 인구의 36% 澧水유역 및 동정호 주변의 밀도가 그 다음으로 10현 인구가 전성의 약 14%를 차지하여 전성 75현 중 상술의 25현 인구가 전성의 약 반을 점하고 있다.[21]

장사는 1820년 당시에도 인구밀도 100.5로서 악주부(158.4), 상덕부(109.1), 형주부(139.1)와 더불어 인구밀도가 가장 조밀한 지역이다.[22] 1935년시에도 장사부 내의 10개 현 중에 6개 현의 인구밀도가 k㎡당 150인 이상이 되고 있다.[23] 湘, 資, 沅, 澧水 중하류 하곡과 동정호빈 평원지대에 인구집중현상은 현대 중국에서도 여전하여 장사분지, 상담분지, 邵陽분지, 衡陽분지 및 濱湖평원에는 인구밀도가 300인 이상이고 장사분지의 望城縣도 500인 이상으로 인구밀도 최대 조밀지역의 하나이다.[24] 즉 생산중심지역의 인구집중 심화는 청말민국~현대 중국까지 지속되고 있는 것이 특징이다.

경지문제를 검토해 보자. 호남의 경지면적은 근대에 오히려 축소되고 있다는 지적이 있다.[25] 이것은 대개 엄중평의 통계를 이용한 것이다.[26] 각 省 農情 보고원의 1,532건 보고를 편제해 낸 것으로 실제 면적은 없고 지수만 표시되어 있어 무조건 신빙하기 어려운 것이다.

<표 3-3>은 청~민국기에 걸친 호남의 경지 증가추세를 정리한 것이다. 이 표는 載籍數에 市畝를 淸畝로 바꾸는 것과 같은 약간의 변동을 가하여 획득된 것이다.[27] 梁方仲의 통계에 나타난 각 성 田地數[28]와 약간 차이는 있지만 증가 추세는 비슷하다.

---

21) 金勝一, 앞의 논문. 拙稿, 앞 논문(1995)에서 金勝一의 논문을 인용하여 1920년경 湖南의 인구밀도가 341/k㎡로 江蘇 다음으로 높다고 하였으나 <표 3-1>에서 보면 그것이 錯誤임이 분명함.

22) 龔勝生, 『淸代兩湖農業地理』, 武漢, 1996, p.50.

23) E.S. Rawski, *Agricultural Change and the Peasant Economy of South China*, Harvard univ. Press, 1972, p.151.

24) 『湖南省地理志』, p.244.

25) 吳存浩, 앞의 논문.

26) 嚴中平, 『中國近代經濟史統計資料選集』, 北京, 1957, p.357.

27) 龔勝生, 위의 책, p.82. 1淸畝=0.9216市畝.

28) 梁方仲, 『中國歷代戸口・田地・田賦統計』, 上海, 1980, p.380.

<표 3-3> 청~민국기 호남 實際耕地(단위 : 萬頃)

시기	면적	지수
萬曆原額	29.5	
康熙 24년(1685)	14.0	100
雍正 2년(1724)	30.0	214.3
乾隆 18년(1753)	31.5	225
乾隆 49년(1784)	35.1	250.7
嘉慶 25년(1820)	38.6	275.7
同治 12년(1873)	43.8	312.9
光緒 19년(1893)	45.7	326.4
民國 2년(1913)	47.6	340
民國 21년(1932)	49.5	353.6
1957	62.9	449.3

출전 : 龔勝生, 『淸代兩湖農業地理』, p.81에서 재구성.

인구는 건륭 7년(1742)에서 1933년까지 약 257.8%가 증가했는데 경지는 1753년의 31.5만頃에서 1932년의 49.5만頃으로 57.1%가 증가하였다. 경지가 감소한 것은 아니고 지속적으로 증가한 것은 <표 3-3>에서 확인되지만 인구증가에 훨씬 못 미치는 수치이다. 이것이 사실이라면 비상한 생산력의 내포적 증산이 전제되어야 할 것이다.

경지면적은 장부에 등재된 수준을 현실로서 바로 수용하기는 어려운 점이 있다. 우선 청대 호남에서 비교적 큰 淸丈은 康熙 30~31년, 37~39年의 兩次 외에는 없었다. 湖田地帶의 개간田은 자수에 의한 보고에 의존할 뿐으로 현실에 隱田이 많은 것이 용인되고 있었다.[29]

淸朝 장부상 畝數는 稅畝일 뿐이고 數畝를 1畝로 삼는 折畝로 되어 있어 실제 면적의 계산은 복잡하고 어렵다.[30] 1913년의 전국 각 省 재해 면적이 6억 5347만 畝인데 전국 경지의 1/3 정도라고 하고 있다. 그러면 그때의 전체 경지는 약 19.6억 畝가 되어야 한다. 근래 위성 사진의 조사에 의하면 실제 경지는 약 20억 畝로서 여기에 접근한다. 鄭正 등은 청조의 稅畝는 실제 면적의 약 1/3 정도라고 하는데,[31] 각지의 折算率이 다르

---

29) 龔勝生, 『淸代兩湖農業地理』, 武漢, 1996, p.71.

30) 張硏, 田炯權 譯, 「淸代土地統計初探」 『昌原史學』 3, 1997.

기 때문에 호남의 실면적을 정확하게 파악하기는 어렵다.

청말민국기에 정부가 재정위기 타개를 위해 官荒을 매도함으로써 堤
垸개발이 더욱 촉진되었다. 安郷縣에서는 道光·同治년간에 14垸이 있
었으나, 1880년대 초에는 100여 완이 되고 1930년대 초에는 630여 완으로
급증했으며, 垸田 총수는 60萬 畝에 달하였다.[32] 동치 12년(1873) 이후
1930년대까지 호남 토지면적의 현격한 증가는 이 湖田의 새로운 개발 증
가와 무관하지 않을 것이다. 통계에 의하면 청대 전기 동정호 수면은 약
6,000㎢였는데 1949년에는 4,350㎢로 축소되고 있다.[33]

이상에서 보면 청~민국기의 주요시기 동안 호남의 경지면적은 정체되
거나 감소된 것은 아니고 인구증가에 적응하면서 지속적으로 확대되었다
고 생각된다.

2) 미곡생산

앞서 본 인구증가, 인구밀도 경지 확산의 정도를 고려하면 외부에서 미
곡을 수입하지 않는다는 전제하에서는 비상한 생산의 증대를 예상치 않
을 수 없다. 아편전쟁 이후 제국주의 침략하에서도 洋米의 수입은 두드러
진 것으로 보이지 않는다. 1901, 1902년 상담현의 洋貨 가운데 洋米는 없
다.[34] 광서 33년(1907)의 邵陽縣 사례,[35] 민국 21년(1932) 汝城縣,[36] 민국
23년(1934)의 安郷縣[37]에서도 수입상품 가운데 洋米는 목격되지 않는다.
廣州시장에서는 때때로 洋米가 주도하였지만 상해에는 심각한 양으로

---

31) 鄭正,「淸朝的眞實耕地面積」『復印報刊資料明淸史』, 1998年 6期.(以下 『明淸
    史』로 略함)
32) 馮和法,『中國農村經濟資料續編』下, p.706.
33) 汪家倫,『中國農田水利史』, 北京, 農業出版社, 1990, p.381.
34) 李文治,『中國近代農業史資料』第一輯, p.492.
35) 光緒 33年刊『邵陽縣郷土志』권4, 地理, 物産.
36) 拙稿,「淸末民國期 湖南 汝城縣의 商品流通과 物價變動」『明淸史研究』 9,
    1998.
37) 民國 23年刊,『安郷縣志』권11, 食貨, 物産年度輸入槪數表.

수입되지 않았다고 한다.[38]

　그런데 청말에서 민국기 특히 1930년대 전반까지는 호남미의 유통이 江浙지역과 기타 지역으로 계속되고 있었다.[39] 다만 호남의 미곡총생산량이나 유출량을 정확하게 알기는 어렵다. 1730년대의 호남은 100～200萬 石의 미곡을 장거리 무역으로 방출하고 있었다.[40] 가경·도광시기에 長江 운수 양식量 중에 兩湖米는 1,200～1,500萬 石(漕糧 불포함)이고[41] 江西米 400～600萬 石, 安徽 50～100萬 石이라는 통계가 있다.[42] 또 동치 10년刊『長沙縣志』에 "전란이 일어난 이래 매년 수십만 串의 기부를 하였는데 과반은 곡식을 팔아 기부하였다. 하류 각성에 운송판매하는 것과 각 병영의 채매가 많을 때는 이백 수십만 석에 이르렀다"라 하고 있어, 이 시기 장사를 통한 호남미의 이출액이 이백 수십만 石 정도임을 알 수 있다.[43] 1910년의 湖南諮議局 史料에 의하면 "호남 미곡은 천진과 상해가 의지할 뿐 아니라 武漢은 더욱 생명과 같이 여긴다. 무한은 만약 호남미가 구제하지 않으면 곧 변란을 초래한다"라 하고 있어 호남미가 상해뿐 아니라 멀리 天津까지 유통되고 호북의 무한도 절대적 의존을 보이고 있다는 것을 충분히 알 수 있다.[44] 海關 통계에 의하면 20세기 초 장사를 통한 外運 稻穀은 매년 300～500萬 袋(每袋 150斤)이고[45] 岳陽의

---

38) David Faure, The Plight of the Farmers, *Modern China* Volume11 Number Ⅰ, 1985.

39) 劉克祥,「1895～1927 通商口岸附近和鐵路沿線地區的農産品商品化」『社會科學院 經濟研究所集刊』11, 1988 ; 拙稿,「淸末民國期 湖廣地方의 農業生産力과 生産關係」, 1995 ; 侯楊方,「長江中下流地區米穀長途貿易(1912-1937)」『中國經濟史研究』, 1996年 2期.

40) E.S. Rawski, *Agricultural Change and the Peasant Economy of South China*, Harvard univ, Press, 1972, p.102.

41) 馬立博,「淸代前期兩廣的市場整合」『淸代區域社會經濟史研究』下, pp.1029～1044. 淸代 1倉石＝淸代 130斤＝155.168市斤＝77.584kg.

42) 郭松義,「淸代糧食市場和商品數量的估測」『中國史研究』, 1994年 4期.

43) 同治 10年刊『長沙縣志』권10, 積貯, "軍興以來 每歲捐輸數十萬串 多半糶穀繳捐 下游各省販運 及各營采買 多至二百數十萬石."

44) 李文治 編,『中國近代農業史資料』제1집, p.479, "湖南米穀 不獨津滬賴其灌輸 武漢尤視爲生命 武漢 若無湘米接濟 立召變亂."

45) 梁方仲, 앞의 책, p.545. 1斤＝1.1936市斤, 1市斤＝0.5kg..

매년 外運大米는 1~200만 担,[46] 1920년 최고 230만 担이다.[47] 그런데 이 것은 외부 유통 호남미의 일부분이고 전성의 총괄은 아니다.

1924년의 한 통계는 호남의 稻米산량을 3,984만 담으로 나타내고 있다.[48] 청말의 호남巡撫 楊文鼎이 조사한 바에 의하면 호남의 매년 産穀 중 본성민의 식용을 제외하고 잉여 곡식이 풍년의 경우 500만 석 수출 가 능한 것으로 나타나고 있다.[49] 1920년대 호남성 당국의 통계도 호남미의 매년 잉여량은 300만 석에서 700만 석 정도로 파악하고 있고, 1920년의 督軍 張敬堯도 매년 300만 石의 米수출을 공포하고 있다.[50]

1932년의 사정을 알려주는 것으로『銀行周報』16권 46호의 일부를 인 용하면 "살피건대 우리나라의 米 생산이 가장 풍부한 곳은 호남 호북 江 西 江蘇 浙江 安徽 等省이다. 풍년을 만나면 호남과 안휘는 각기 米 3,000만 석을 수확할 수 있고 절강·호북은 각기 800만 석, 강소·강서는 각기 2,100만 석이다. 6省의 民食 9,300만 석을 제외하고 나머지가 2,600 만 석이다"라 되어 있다.[51] 이것을 보면 호남의 1930년대 초 미곡 생산량 은 매년 3000만 석에 달하고 있는 반면, 주요 米생산 6성 가운데 사천성 은 빠지고 없다.

또 1933년 호남 전성의 산곡량은 약 1억 4천만 担(約折合米 9천 8백만 担)이고 常年 산곡량은 모두 1억 담 이상이라는 보고도 있다.[52] 1936년에 도 호남미의 유출은 확인되는데 당해년의 장사만의 수출米가 810,582公 担(1公担=100kg)이었던 것으로 알려지고 있다.[53]

---

46) 吳承洛,『中國度量衡史』, 北京, 1937, p.369. 1擔=50kg.

47) 劉克祥, 앞의 논문.

48) 『英文中國經濟周刊』152期, p.11, 1924年 1月 19日 ; 章有義,『中國近代農業史 資料』제2집, p.228.

49) 章有義,『中國近代農業史資料』제2집, p.632.

50) 金勝一, 앞의 논문.

51) 章有義,『中國近代農業史資料』제3집, p.144.

52) 侯楊方,「長江中下游地區米穀長途貿易(1912~1937)」『中國經濟史研究』, 1996 年 2期.

53) 上同.

이와 같이 부분 연도별로 洋米 수입의 영향 등의 이유로 수출이 지체되기는 했으나 중일전쟁 이전까지 호남미 유통의 기본적인 흐름은 지속되었다. 인구증가에도 불구하고 호남미 수출이 계속된 것은 이 지역의 미곡생산 또는 농업생산이 결코 정체되거나 쇠퇴한 것은 아니었다는 것을 반증하고 있다.

畝産量의 문제에서도 중국학계의 기본적인 입장은 제국주의 지배하 반식민지반봉건사회에서는 감소·하락의 경향으로 파악하고 있다.54) 劉永成은 19~20세기 초 강소지구 農田 畝産量이 해마다 하강 추세를 보이고 있는 것을 지적하고 있고,55) 章有義도 徽州지역에서 農田産量의 저락을 주장한다.56) 이들은 모두 租額이 하강한 것에 주목하고, 租額의 배가 생산량이라는 단순한 계산에 기초하고 있다. 여기에 대해서는 減租 등의 요소를 고려해야 하며, 租冊은 필요한 수정을 加해야 한다는 비판이 이미 제기되고 있다.57)

<표 3-4>는 18세기, 19세기, 20세기 전반의 3단계에 걸쳐 호남 각지의 畝産量을 정리한 것이다. 제시된 자료만의 사정이기는 하나 18세기는 평균 2.213石, 19세기 3.187石, 20세기 전반은 4.445石으로 지속적인 성장을 나타내고 있다.58)

瀏陽縣은 "유양의 토지가 척박하여 풍년의 수확이 매 畝당 1석 7~8斗를 넘지 않는다"라는 데서 보듯이 건륭 元年(1736) 당시에는 풍년이라도 수확이 1石 7~8斗를 넘지 않았으나, <표 3-4>에 의하면 민국년간 常年 畝産이 4.4石 수준에 도달하고 있다.59)『左宗棠文集』에 의하면 상담현은 畝당 4石,60) 광서刊『湘潭縣志』에는 中田의 경우 畝당 5石穀 수확으로

---

54) 本章의 注3), 注9) 참조.

55) 劉永成,「從租冊刑檔看淸代江蘇地區的糧食畝産量」『中國史硏究』, 1994年 4期.

56) 章有義,『近代徽州租佃關係案例硏究』, 北京, 1988, p.159.

57) 范金民,「明淸江南經濟史硏究擧要(1978~1997)」『中國史學』8, 1998.

58) 龔勝生,『淸代兩湖農業地理』, 武漢, 1996, p.116 ; 烏廷玉,『中國租佃關係通史』, 長春, 1992, p.284.

59) 同治 12年刊『瀏陽縣志』권6, 食貨, "瀏地薄田瘠 豊年之收 每畝不上一石七八斗."

되어 있는데,[61] 이것을 보면 19세기 말 이 지역은 上田은 5石 이상 다수
확에 이르렀다고 생각된다.

<표 3-4> 淸～民國期 稻穀畝産量

縣別	1700～1799(A)(石)	1800～1899(B)(石)	1937以前(C)(石)
湘潭縣		3.6	4.2
瀏陽縣	2.4	3.0	4.4
湘陰縣	2.5	-	5.5
寧鄕縣	-	4.2	3.96
醴陵縣	-	2.2	5
攸縣	-	3.5	4.95
邵陽縣	-	4.0	4.5
新化縣	2.2	2.8	4.5
零陵縣	-	2.2	2.08
澧州	1.8	-	6.6
長沙縣		2.8	
善化縣	-	1.7	
益陽縣	1.6	2.6	
衡州府	2.6	-	
祁陽縣	2.6	3.0	
衡山縣	2.0	-	
茶陵州	-	2.9	
酃縣	-	4.0	
桂陽縣	-	4.0	
桂東縣	-	3.2	
郴州	-	3.6	
沅陵縣	-	3.5	
新田縣	-	3.2	
道州	-	4.0	
湘鄕縣	-	3.0	
會同縣	-	3.0	
藍山縣	-	3.3	
新寧縣			2.5
平江縣			3.52
南縣			3.6

---

60) 『左宗棠全集』 文集, 권1, pp.14625～14626.

61) 光緖 15年刊 『湘潭縣志』, 賦役15, p.567.

安鄉			5
漢壽			2.8
大庸			5.98
常寧			5.1
蘭山			3
淑浦			4.5
靖縣			3.15
古丈			5
安化			5
武岡			4
岳陽			4.9
臨湘			4.05
常德			4.8
慈利			7.6
衡陽			4.5
安仁			4.8
東安			5.2
臨武			4
藏江			6
通道			2
평균	2.213	3.187	4.445

출전 : A·B는 龔勝生, 『淸代兩湖農業地理』, p.116, C는 烏廷玉, 『中國租佃關係通史』, p.284.

민국시대 호남 湖田지대 畝産量은 풍년시기 6石 이상인 사례가 조사되고 있는데,[62] <표 3-4>에는 澧州 6.6石, 慈利 7.7石 등 常年의 다수확 상황을 말해주고 있다. 로스키(E.S. Rawski)도 청초 호남의 畝産은 1~2石 수준이었는데 19세기 호수주변 장사부의 일부 현은 2期作을 하고 畝産이 6~7石에 이르렀다고 하고 있다.[63]

민국시대에도 양식의 단위면적당 산량은 차츰 증가 추세였다는 보고가 있는데, 1913년에는 1市畝당 215斤, 1923년은 223斤, 1956년은 254斤으로 나타나고 있다.[64] 20세기 초의 한 조사에 의하면 작물의 단위면적당 산량

---

62) 馮和法 編,『中國農村經濟資料』下, p.1112.
63) E.S. Rawski, 앞의 책, p.131.
64) 劉建中, 「近代中國農業生産力的綜合考察」『經濟史』, 1992年 12期.

비교 중 稻의 경우는 14개국 중 중국이 2위를 차지하고 있다.[65]

전술한 대로 租額을 배로 하여 산량을 구하는 방식은 실제 산량과 부합될 수는 없다. 그리고 기계농업이 발전한 현대에도 미곡생산은 기후생태적인 영향을 많이 받고 있다. 20세기 초의 중국은 연평균기온이 回暖하였고, 日평균기온 10℃ 이상 장기지속한 최장의 시기가 1920~1949년이었다. 이것은 분명히 作物産量 증가에 유리한 여건이었다.[66] 그리고 地方志 기록을 보면 大水, 大旱, 大飢 有年, 大有年 등의 표현이 단속적으로 되풀이되고 있다. 앞선 시기의 풍년의 해의 산량에 기준을 잡고 비교되는 後年을 大飢年으로 잡으면 産量의 감소 추세를 도출할 수 있을 것이다. 실제 현실은 産量은 직선적으로 상승하는 것이 아니라, 파동치면서 성장해 가는 것이다. 畝産量 역시 정체, 쇠퇴는 아니고 인구증가에 적응하면서 성장해 갔던 것이다.

3) 雜糧 · 기타

15~16세기 아메리카 대륙에서 건너온 것으로 알려진 馬鈴薯(감자), 玉蜀黍(옥수수), 甘藷(고구마), 落花生(땅콩), 煙草 등의 신품종의 전래는 중국농업에 큰 영향을 미쳤다. 특히 옥수수, 고구마는 救荒작물로서 흉작, 기근에 대단히 유효하고 18세기 인구증가의 배경이 되고 있다.[67] 그러나 호남의 각 府縣에 전파하는 시기는 각기 다르다. 옥수수, 고구마 모두 건륭간 지방지에 간혹 보이고 있으나 대부분 가경 · 도광 이후 특히 同治縣志 기재가 많다.[68] 이것을 보면 청말민국기를 거쳐 雜糧 재배가 확대된 사정을 짐작할 수 있다. 장사부 湘鄕縣은 가경 『湘鄕縣志』에 紅薯에 대해서 말하기를, "山土에서 심는 것이 극히 많다. 早稻 수확 후에 또 遲薯

---

65) 吳存浩, 앞의 논문.

66) 夏明方, 앞의 논문.

67) 川勝守, 「明淸農業論」 『明淸時代史の基本問題』, 東京, 汲古書院, 1997, pp.103 ~124.

68) 龔勝生, 『淸代兩湖農業地理』, 武漢, 1996, pp.137~145.

를 심는다. 山農은 이것으로 식량에 충당하는데 해의 太半을 점한다."라 하고,[69] 가경『善化縣志』에도 "一家十餘石 貧民以爲糧"[70]의 기재가 있고, 瀏陽縣도 "番薯爲雜糧大宗"이라 하고 있다.[71] 醴陵縣의 경우에 동치 刊 縣志에 "농민들이 부지런히 경작하여 빈땅은 모두 개간하였고 버려진 땅이 없었다.……산곡에서는 고구마·감자·콩·조 등의 잡량을 심고 茶·麻를 심어서 식용을 도왔다."는 기재가 있고,[72] 민국 15년刊의 鄕土 志에는 "밭 두둑에는 모두 콩과 채소를 심고 山地는 모두 고구마와 밀 및 여러 잡량 등속을 심는다.……山民들이 특히 고구마 재배를 이롭게 여겨 거의 식량의 반을 점한다."라 하고 있어 山地의 철저한 개간, 경지확대, 雜糧재배의 사실을 알 수 있다.[73] 그것이 식량의 반을 점할 정도였다는 것은 양식생산의 倍加와 다름 없다.

攸縣에서는『嶺南雜記』에서, "강희 38년(1699) 광동의 미가가 등귀하여 이것에 의지하여 살아났다.……攸邑의 객민이 심어서 양식에 대신하였는데 근래에는 토착민도 다 심었다."라 하고 있어 18세기 경에 객민이 전래해 와서 토착인이 재배한 것은 동치 10년 전의 어떤 시점인 것을 알 수 있다.[74] 악주부 平江과 巴陵에서도 "嘉慶以後 邑中遍植 賴以佐食"이라 하고 있어, 가경 이후 재배가 보편화된 것을 알 수 있다.[75] 이외에도 잡량재배의 확대에 관련된 지방지 기재는 빈번하다. 대강을 摘示하면 다음과 같다.[76]

---

69) 方行,「淸代前期的小農經濟」『經濟史』, 1993年 11期, "山土種之極多 收早稻後 又種遲薯 山農以此充食 歲居太半."

70) 龔勝生, 앞의 책, p.144.

71) 上同, 光緒 土産表.

72) 同治 10年刊『醴陵縣志』권1, 輿地, 風俗, "農勤耕作 隙地皆墾 種無棄壤……山 谷則種藷芋豆粟等雜糧 及植茶麻 以資食用."

73) 民國 15年刊『醴陵縣鄕土志』제6장, 實業, "田塍皆種豆種蔬 山地皆種薯種麥 及諸雜糧之屬 無曠土矣……山民尤利種薯 幾佔食糧之半."

74) 同治 10年刊『攸縣志』권54, 雜識, "康熙三十八年粵中米價昂貴 賴此以活…… 攸邑客民 種以代糧 近則土著之民 盡種之."

75) 同治刊『巴陵縣志』物産 ;『淸代兩湖農業地理』, p.144 재인용.

76) 上同.

衡州府 酃縣……紅白二種 山民多恃此「同治縣志 物産」
寶慶府……佐食之功不少……「乾隆府志 物産」
永順府 龍山……窮民賴其濟食與包穀同……「同治縣志 物産」
保靖……養人與米同 邑多種之「同治縣志 物産」
古丈……每八文一斤 民間以資日食「光緒廳志 農産」
辰州府 永綏……此物豊 糧價賤 此物歉 糧價貴「宣統廳志 物産」
乾州……山人恃爲糧「同治廳志 物産」
郴州 桂陽……縣中産額最多 生産之一大利源
永州府……山民皆以爲糧

이외에도 永州府 零陵縣과 祁陽縣 등에서도 蕎麥·雜糧 등을 심어 식량의 부족을 보충한 것이 확인된다.77) 민국시기 郴州府 여성현 등에서도 잡량재배가 활발한 것이 파악된다.78)

그런데 다음 사례를 검토해 보자. 보경부 城步縣과 침주부 桂東縣의 경우이다.

성보현……本地 주민들이 이미 인구가 날로 증가하였고 또 新化 농민들이 많이 가족을 데리고 縣에 이주하여 山土를 개간하였다. 대략 인구가 증가한 것이 예전에 비해 수십배를 밑돌지 않는다. 비록 전에 버렸던 척박한 토지나 평탄한 山土를 개간하여 고쳐 水田으로 만들고 모두 稻穀을 심고 힘써 잡량을 심게 하여 미곡의 부족을 보충하도록 한다.79)

계동현……근래에 인구가 날로 증가하여 생계를 도모하는 자가 많다. 깊은 골짜기와 높은 언덕에 잡량을 심어 빈 땅이 거의 없다. 地力도 다하고 民力도 또 다하였다. 기후가 적절하여 풍년이 들면 오히려 스스

---

77) 光緒 2年刊『零陵縣志』권5, 學校, 風俗 ; 同治 9年刊『祁陽縣志』권8, 物産.
78) 民國 21年刊『汝城縣志』권18, 實業中, p.815, 農業槪況.
79) 同治 6年刊『城步縣志』권10, 物産附興除, "城步縣……本地居民 已經生齒日繁 更兼以新化農民 多有携眷來縣 開墾土山者 大約人丁加增 較昔已不下數十倍 雖將前棄薄田 及開墾平坦山土 改爲水田 一律普種稻穀 筋令趕種雜糧 以佐穀米之不足."

로 넉넉하다.[80]

성보현 사례를 보면 인구증가의 대처 방법으로 산토를 개간하여 수전을 확대하고 잡량재배로 식량 부족을 보충하는 것이 보인다. 계동현에서도 인구증가의 대응책으로 隙地, 深谷高陵을 개간하여 잡량재배를 확대한 것이 확인된다. 계동현의 인근 興寧縣에서도 인구증가에 마찬가지로 대응한 것이 지방지에 기재되어 있다.[81] 특히 장사부 瀏陽縣에서는 "邇年來人口極盛……山戶農家 遂有全食雜糧 而留穀以換錢者 亦有半食雜糧 以濟穀之不足者……番薯爲雜糧大宗"이라 하고 있는데, 기록시기인 광서 23년(1897)의 "근래에 인구가 급증하여 山戶농가가 잡량을 全食하고 米를 판매하여 환전하거나 잡량을 半食하여 곡식의 부족을 보충한다"고 되어 있다.[82]

또한 攸縣이나 耒陽縣, 興寧縣에서도 방직을 통해 반년 식용을 충당한다는 기록이 있다.[83] 지속적인 인구증가에도 불구하고 호남미가 장강 하류지역으로 방출될 수 있었던 배경에는 山土 개간을 통한 水田의 확대, 잡량재배지역의 확대라는 생산력의 提高가 있었다는 것을 이상의 고찰을 통해 알 수 있다.[84]

---

80) 同治 5年刊『桂東縣志』권9, 風俗, "桂東縣……近生齒日繁 謀生者衆 深谷高陵 種植雜糧 幾無隙地 地力盡民力亦盡矣 時和年豊 猶足自贍."

81) 同治 13年刊『興寧縣志』권5, 風俗.

82)「瀏陽土産表」『農學報』제3기 ; 李文治,『中國近代農業史資料』제1집, p.916 참조.

83)『攸縣志』권18, 風俗 ; 光緒 12年刊『耒陽縣志』권7, 風俗 ;『興寧縣志』권5, 風俗.

84) 雜糧의 주종은 甘薯였다. 1930년대 湖南의 甘薯는 재배면적 130萬 畝, 총産量 34060萬 市斤, 玉米는 34萬 畝 재배에 産量은 6,800萬 市斤이었다.『淸代兩湖農業地理』, p.148.

II. 公産田의 분포와 성격

1) 公産田의 분포

동족적인 義莊의 義田, 義倉에 부속된 義田, 善堂田, 義渡田, 義學田 등 다양한 형태의 의전이 존재했던 것은 주지의 사실이다. 이들 의전은 청조 국가에 의해 선행으로서 향신을 비롯한 일반에 장려된 명목상 공익 목적의 토지였다. 의전은 정책적인 관심에 의해 地方志에 내용이 상세히 기재되고 일반과 같은 租佃관계에 의해 운영되고 있는 것으로 추정되므로 당해 시기의 생산관계 해명을 위한 소재로서 생각된다. 이런 의전이야말로 대표적인 公産田이다. 필자는 그동안 살펴보았던 의전 연구를 토대로 하면서 거기에 學田, 書院田 등을 첨가하여 호남의 지주-전호관계 해명을 시도하고자 한다.[85]

학전은 지역에 따라 書田, 贍田, 膳田 혹은 儒學田, 學院田, 書院田, 社學田 등으로 불리기도 하는데, 여기에는 국가가 직접 발급한 토지 官田과 捐助에 의해 마련된 토지 公田이 있다. 이 공전은 성질상 의전과 유사하여 지방지에서는 의학전이라 일컫고 있다.[86]

광서刊 『湘潭縣志』에는 保節堂田과 賓興堂田은 공전으로, 皆不忍堂田, 育嬰堂田 등은 의전으로 표현하고 있지만 同 縣志 建置, 公田表에는 書院膏火田과 善堂田 등이 나란히 기재되어 있다.[87] 그 외에도 지방지 곳곳에 공전, 의전이 거의 동의어로 쓰이고 있다. 여성현의 "公産租稅一覽表"에는 書院考棚田, 育嬰堂田, 儒學田 등이 모두 포함되어 있어 公産田의 범주를 가늠할 수 있다.[88]

---

85) 拙稿, 「淸後期 湖南辰州府의 義田」 『釜山史學』 제20집, 1991 ; 「淸後期 湖北의 義田과 租佃關係」 『釜大史學』 18, 1994.

86) 林金樹, 「明代私人捐田助學風氣的興起及其作用」 『明淸史』, 1990年 9期.

87) 光緖 15年刊 『湘潭縣志』, 建置2, 公田表.

88) 民國 21年刊 『汝城縣志』 권14, 政典志 財政下.

<표 3-5> 公産田의 분포

府縣	學田, 書院田	善堂田	其他	計
湘潭縣	書院膏火田 2065.7畝 賓興田 3916.25畝	育嬰堂田 4658.2畝 保節堂田 480.0畝 皆不忍堂田 2710.5畝 養濟院田 522.5畝 作善堂田 620.2畝		14973.35畝
湘鄉縣		育嬰堂田 432.3畝 普濟堂田 162.0畝	義渡田 413.9畝 義倉義田 40.0畝	1048.2畝
攸縣	書院田 535.746畝 學田租 160河石			
醴陵縣	興賢堂田 400石 義學田 23.95石 書院田 66.19石	育嬰堂田 1300여畝 皆不忍堂田 68石 思豫堂田 28.9石 養濟院田 3.7石	民國시대 公田 통합 財務保管處田租 13700여石	
茶陵州	學田 118.318畝 書院田 253.5畝	育嬰堂田 11.7畝		383.518畝
衡陽縣	書院膏火田 573.7畝 賓興田 歲租 503石 成名公田租 945石	育嬰堂田租 1000여石 同仁堂田租 1600여石 普濟堂田 91.0畝	田租 170石	
淸泉縣	學田 697.09畝 書院田租 1861.9石 成名公田租 928.9石 賓興公田租 510.4石 印卷公田租 2437.6石	育嬰堂田 267畝 育嬰堂田租 1000石		
耒陽縣	書院田租 1300.6石 賓興田租 300石	育嬰堂租 530石		
華容縣	書院田 2286畝 書院田租 420.5石			
安鄉縣	教育局公田 4038.3畝	救濟院田 335.1畝	財政局公田 2001.4畝	6374.8畝
桃源縣	書院膏火田 770.3畝 賓興田 239.8畝	育嬰堂田 645畝		1655.1畝
邵陽縣	伍氏義學田租 420石	育嬰堂田 33.0畝		
城步縣	書院田 70.15畝			
祁陽縣	書院田 404.58畝 書院田 148.65畝	普濟堂田 39畝 育嬰堂田 多數		592.23畝
零陵縣	學田 329.5畝 書院田 189.7畝			519.2畝

興寧縣	學田書院田　1381.7石田 賓興田 5~600石田 賓興田新增 952.5石田			
桂東縣	學田租 138.5石 義學田租 292.8石 賓興田租 416.8石 新進印卷公田租 662.5石			
汝城縣	書院考棚田 18.75工 儒學田 90.3工	育嬰堂田 96工	渡田 31.5工 八行田 63工, 기타 154.4工	453.95工

<표 3-6> 호남 각현 戶口 田地

府　縣	時　期	戶	口	田地塘 (畝)
湘潭縣	嘉慶 11년(1806)	70,720	399,300	1,303,986
	光緒 13년(1887)	109,154	817,607	
湘鄕縣	嘉慶 21년(1816)	77,750	489,555	1,336,471
	同治 10년(1871)	85,131	537,289	
攸縣	嘉慶 21년(1816)	47,026	218,130	670,028
	1947	65,354	327,041	
醴陵縣	嘉慶 21년(1816)	43,430	246,680	637,991
	1947	75,272	537,840	
茶陵州	嘉慶 21년(1816)	47,420	201,458	410,862
	1947	48,944	208,170	
衡陽縣	嘉慶 21년(1816)	77,585	410,553	709,463
	同治 10년(1871)	44,335	412,004	
淸泉縣	嘉慶 21년(1816)	65,025	436,422	773,110
	同治　3년(1864)	69,845	472,356	
耒陽縣	嘉慶 21년(1816)	67,050	370,966	558,954
	1947	91,567	448,548	
華容縣	嘉慶 21년(1816)	118,490	416,270	461,970
	1947	63,028	298,318	
安鄕縣	道光 23년(1843)	34,790	159,383	566,704
	民國 23년(1934)	39,573	222,219	
桃源縣	嘉慶 21년(1816)	127,235	453,775	689,639

邵陽縣	嘉慶 21년(1816)	114,748	646,575	903,493
	光緒 33년(1907)		1,188,000	
城步縣	嘉慶 21년(1816)	15,550	89,390	88,532
	1947	19,479	90,773	
祁陽縣	嘉慶 21년(1816)	56,605	329,700	585,948
	1947	69,700	705,817	
零陵縣	嘉慶 21년(1816)	89,240	396,075	447,529
	1947	47,647	382,055	
興寧縣	嘉慶 21년(1816)	26,686	145,672	183,140
	1947	31,004	117,792	
桂東縣	同治 5년(1866)	12,419	100,644	726,607
汝城縣 (舊桂陽縣)	嘉慶 21년(1816)	33,850	141,770	155,457
	1947	32,933	144,445	

출전 : 『湖南省志 地理志』 上冊 ; 『光緒 15年刊 湘潭縣志』 ; 『同治 13年刊 湘鄉縣志』 ; 同治 10年刊 『攸縣志』 ; 同治 10年刊 『醴陵縣志』 ; 民國 15年刊 『醴陵縣鄉土志』 ; 同治 10年刊 『茶陵州志』 ; 同治 11年刊 『衡陽縣志』 ; 同治 8年刊 『淸泉縣志』 ; 光緒 12年刊 『耒陽縣志』 ; 光緒 8年刊 『華容縣志』 ; 民國 23年刊 『安鄉縣志』 ; 光緒 18年刊 『桃源縣志』 ; 光緒 33年刊 『邵陽縣鄉土志』 ; 同治 6年刊 『城步縣志』 ; 同治 9年刊 『祁陽縣志』 ; 光緒 2年刊 『零陵縣志』 ; 同治 13年刊 『興寧縣志』 ; 同治 5年刊 『桂東縣志』 ; 民國 21年刊 『汝城縣志』. 田地 총계는 縣志 발행 시점.

<표 3-5>에 摘示된 18개 현의 사례 중에서 公田表上 완전하게 公産田이 확인된 것은 상담현과 안향현이다. <표 3-6>을 참고하여 兩縣의 공산전이 전체 경지면적에서 차지하는 비율을 알아보니 모두 1.1% 수준에 해당한다.[89] 나머지 각 현의 경우는 실제 면적에 대한 근사치라고 볼 수 있다. 왜냐하면 계산 가능한 면적만을 합산한 것이 <표 3-5>에 제시된 수치이기 때문이다. 園土나 屋基, 地 등이나 혹은 水田의 경우에도 면적 표시 없이 坵數만 기재된 것이 많고 田租額만 명시된 것이 많아 완전

---

89) 유용태, 『지식청년과 농민사회의 혁명』, 문학과 지성사, 2004. p.46에서 '현지만으로는 공전면적을 파악하기 어렵다'고 비판하였다. 이 점은 분명히 그렇다. 그러나 필자는 현지에 제시된 공전표상의 기재에 입각한 부분만을 말한 것이다. 소규모 족산류 義田, 義渡田 등은 파악하기 어렵다. 현 단위에서 공전표상에 등재되고 행정상 파악 관리되는 공산전은 이 정도이며 조사 18개 현 중 상담현·안향현의 기록이 가장 완전하다.

한 공산전 면적의 구성이 어렵다.

서원고화전과 선당전이 주류를 이루고 있다. 빈흥전은 과거응시자들의 경비 지원을 위해 설치된 것이고 고아 양육을 위한 육영당전, 수절과부의 지원을 위한 보절당전, 무연고의 流屍를 수습하기 위한 皆不忍堂田, 빈민구제를 위한 養濟院田, 作善堂田, 同仁堂田, 普濟堂田 등 다양한 공산전이 각 현마다 두루 분포하고 있다. 그 외 각 縣志의 人物志 중 義行 등의 조를 보면 각기 義渡田, 義學田, 書院田 등 기부 사실이 빈번하게 기재되어 있는데, 이들의 세세한 파악은 어려운 실정이나 각기 규모는 그다지 크지 않은 것 같다.

상담현은 최대 다수의 공산전이 확인되는데 상향현은 아마 서원전 부분이 누락된 것이 아닌가 한다. 醴陵縣은 서원전, 의학전, 선당전 등이 민국시대 공전으로 통합되었는데 규모는 田租 13,700여石 정도이다. 田租가 畝당 1.3石이라 가정해도 10,000畝가 넘는 대규모이다.

형양현의 경우 서원고화전 573.7畝와 보제당전 91畝를 합치면 664.7畝이고 그 외 田租의 합계는 4,048石이다. 畝당 租額 1石으로 가정하면 4,000畝가 넘는다. 형양현에서는 이때 1石田을 10畝로 계산한 것이 확인된다.[90] 여성현의 경우는 서원전, 선당전, 渡田 등을 합하면 453.95工이다. 여성현에서 1.5工이 1畝인 것이 밝혀져 있어 환산하면 302.63畝 정도에 해당된다.[91]

2) 公産田의 성격

公産田을 지주제 해명의 자료로서 이용하는 것이 타당한가 라는 의문을 제기할 수 있다. 앞서 <표 3-5>에서 보면 공산전의 분포 밀도가 높은 상담현과 안향현도 전체 경지의 1.1% 수준인 점에 비추어 그러한 문제를 제기할 수도 있을 것이다.

그런데 徽州의 祠産 자료에서 祠産 佃戶의 租佃관계는 개인지주의 租

---

90) 同治 11年刊 『衡陽縣志』 권3, 賦役7, p.213.
91) 民國 21年刊 『汝城縣志』 권13, 政典, 財政上.

佃관계와 본질상 어떤 차이도 없었다는 것이 이미 보고되어 있다.[92] 또 蘇州의 선당전 등의 의전이 일반의 지주제와 동일하게 운영되었다는 당시인의 인식이 있다. 즉 陶煦의 진술에 의하면 "善堂이 혹 淸節의 명분을 걸고 있으나……모두 몇천 몇백 무의 토지를 거느리고 있고 收租 또한 위에 이른 바와 같다."라 하고 있어 그 사실을 짐작할 수 있다.[93] 같은 소주부의 豊備義倉의 의전 운영이 일반 租佃制와 같다는 것이 확인된다.[94] 강남지방의 族田 역시 公産이 아니고 그것을 建置한 지주나 종족 지주의 소유이고 지주 토지소유제의 일종의 표현형식이라는 견해,[95] 혹은 대만의 鄕族지주도 수탈방식은 私人지주와 같았다는 보고도 있다.[96]

學田의 경우도 토지관계 변화 가운데 지주가 토지겸병을 하는 일종의 표현형식이며 학전의 경영과 地租도 종종 사유물이 된 경우가 많다고 한다.[97]

호북지역 雲夢縣, 大冶縣, 當陽縣, 公安縣, 光化縣 등의 각종 공산전에서도 경영이 일반 지주제와 같다는 사실이 확인되었다.[98] 호남의 상담현과 수개 현의 사례 연구에서도 마찬가지의 결론이 도출되었다.[99]

특히 호남 辰州府 義田碑는 소작 개시에 즈음하여 세운 것인데 이미 "移垃換段"의 금지, "增租奪佃" 금지, 原主之佃의 존재와 여러 가지 소작관행이 제시되어 있는데 이것은 당해 지역의 일반 소작관행을 알려 주고 있는 것이 분명하다. 또한 공산전이기 때문에 저율의 소작료가 실행한 것도 아니었고, 같은 의전 안에도 지목과 조건에 따라 지대의 다양한 편

---

92) 劉森,「淸代徽州祠産土地關係 - 以徽州歙縣棠樾新館鮑氏爲中心 - 」『淸代區域 社會經濟史硏究』上, 北京, 1992.

93) 陶煦,『周莊鎭志』권4, 風俗, "善堂或名淸節……皆擁田千百畝 而收租亦如上所 云云."

94) 光緒 9年刊『蘇州府志』권17, 田賦.

95) 張硏,『淸代族田與其層社會結構』, 北京, 1991, p.176.

96) 鄭振滿,「淸代台灣鄕族組織的共有經濟」『淸代區域社會經濟史硏究』上, 北京, 1992.

97) 林金樹, 앞의 논문.

98) 拙稿,「淸後期 湖北의 義田과 租佃關係」『釜大史學』18, 1994.

99) 拙稿,『淸代 義田의 硏究』, 1992, 제1장.

차가 있었다.[100]

　이상에서 보면 공산전을 통한 호남지역의 지주-전호관계 해명은 가능
하고 타당성이 있는 접근 방법이라 생각된다.

Ⅲ. 생산관계

1) 지대

　중국근대에 地租律은 점차 상승하였고 이것은 봉건적 수탈의 가중이
라고 생각하는 견해가 많다.[101] 또 地租量은 降低되었으나 農田産量의
하강으로 지조율은 도리어 상승했다는 지적도 있다.[102]

<표 3-7> 지조율

時期	지역	畝産	租額	地租率	비고
咸豊5年(1855)	湘潭	5石	2石	40%	光緒15年刊『湘潭縣志』, 부역15
19세기 후반	湘陰	3.6石	1.5石	41.6%	『左宗棠全集』 文集 권1
〃	瀏陽			33.3%	『同治瀏陽縣志』
1927년	衡陽	定額實物		51.4%	嚴中平, 『中國近代經濟史統計資料選集』, p.304
	衡山			86.7%	
	株萍路			57.1%	
	臨湘			63.6%	
	永明			80%	
1929년	湘中名縣	定額實物		54.5%	上同, pp.304~305.
1930년	湖南	〃	上等水田	53.9%	國民政府主計處 통계국 『中國租佃制度之統計分析』 『中國近現代土地問題』, p.92.
			中等水田	55%	
			下等水田	45%	
		分租	水田上	45%	
			水田中	40%	
1933년	湖南 67縣	分租實物		49.1%	『中國近現代土地問題』, p.96.

---

100) 拙稿, 「湖南辰州府의 義田」 『釜山史學』 제20집, 1991.
101) 馮和法, 『中國農村經濟資料』 下, p.1123 ; 周遠廉, 『淸代租佃制硏究』, 瀋陽, 1986,
　　 p.156 ; 李文治, 『明淸時代封建土地關係的松解』, 北京, 1993, p.320.
102) 章有義, 『近代徽州租佃關係案例硏究』, 北京, 1988, p.336.

동치·도광년간에 각 성의 지조가 보편적으로 상승했다는 보고도 있
다.[103] 한편 일부는 상승하고 일부는 하강하여 전체상 변화가 없었다는
주장도 나오고 있다.[104]

1930년대 전반의 사정을 알려주는 "抗戰前湘鄂贛分成租額"에 따르면
호남의 分成租率은 대부분 50%이다. 상향은 主3佃7이 20%, 主4佃6이
25%, 對分이 35%이다. 茶陵은 主3佃7이 100%이고 瀘溪, 麻陽 등은 主4
佃6이 100%이다.[105] 1930년대 전반의 사정을 설명하는 『中國實業志』 내
용을 표로 정리하면 다음과 같다.[106]

<표 3-8> 호남 租額 畝産

縣別	畝産量	租額	租率	縣別	畝産量	租額	租率
湘潭	4.2石	1.2石	28%	宁鄉	3.96石	2石	55%
湘陰	5.5	2.5	45	攸縣	4.95	1.5	30
瀏陽	4.4	2	45	安化	5	2	40
醴陵	5	3	60	邵陽	4.5	2.2	40
新化	4.5	3.2	71	武岡	4	3	75
新宁	2.5	2.2	87	岳陽	4.9	2.5	51
平江	3.52	2.5	71	臨湘	4.05	2	49
南縣	3.6	1.2	34	澧縣	6.6	2	33
安鄉	5	2	40	常德	4.8	1.5	31
漢壽	2.8	2	71	慈利	7.6	3.6	47
大庸	5.98	3	52	衡陽	4.5	1.6	35
常宁	5.1	2	39	安仁	4.8	2.5	52
零陵	2.08	1.8	81	東安	5.2	2	38
資興	6.72	1	14	臨武	4	2	50
蘭山	3	2	66	嘉禾	5.4	2	37
淑浦	4.5	3	66	藏江	6	3	50
靖縣	3.15	3.5	111	通道	2	3	150
古丈	5	3	60				
平 均			47.5%				54.4%

---

103) 烏廷玉, 『中國租佃關係通史』, 長春, 1992, p.141.
104) 郭德宏, 『中國近現代農民土地問題研究』, 靑島, 1993, p.102.
105) 烏廷玉, 앞의 책, p.274.
106) 烏廷玉, 위의 책, p.284.

중국근대에 지조율 증가 추세를 설명할 때 흔히 인용되는 것이 <표 3-7>의 1927년 사례이다. 衡山의 86.7%, 永明의 80% 등 고율의 地租가 목격된다. 전자는 1.5石 수확에 1.3石 지대이고 후자는 1.5石에 1.2石 지대이다. 만약 이대로가 사실이라면 재생산유지는 불가능하다. 이 자료는 馮和法의 『中國農村經濟資料』에 실린 "湖南省第一次 全省農民代表大會 地租問題決議案"에서 추출된 것이다.[107] 대회 결의안이 전호들의 지조문제에 대한 투쟁을 다짐하는 것이기 때문에 얼마간의 과장이 가해진 것은 아닐까 생각된다. 아니면 정액지대로 고정된 상황에서 당해년의 수확이 특히 저조했든가 혹은 전호가 경지에서 상품작물의 재배로 다수확을 올린 것이라든지 무언가의 설명이 요구된다. <표 3-7>에 이미 실물정액지대임이 명시되어 있으니 1927년 당시 특히 저조했던 수확을 바로 지조율 계산에 대비한 것이라 생각된다. <표 3-7·8>의 일반적 지조율이 50% 전후인 점에 비추어 1927년의 자료는 특히 과장된 것은 아닌가 한다.

<표 3-7>과 <표 3-8>을 비교하면 상담은 40%에서 28%로 내렸으나 상음은 41.6%에서 45%로, 유양은 33.3%에서 45%로 증가하였다. 그런데 상음은 수확이 3.6石에서 5.5石으로 늘었기 때문에 지조율은 증가했지만 전호의 소득은 2.1石에서 3石으로 오히려 상승하고 있다. 지대의 증가가 있다 하더라도 전호의 생활수준, 소득의 변화를 고려해야 한다는 주장은 일리 있다고 생각된다.[108]

<표 3-9>의 攸縣 東山書院田의 경우에 8, 12, 14, 27, 34, 37, 46 사례에서 減租 현상이 확인된다. 34번 사례에서는 "道光丙戌水冲減租"라 하여 수재 원인이 감조 계기가 된 것을 밝히고 있다. 나머지는 淸査 과정에 減租가 되고 있으니 전호의 누적적인 欠租 등이 이유인 것으로 짐작된다.

---

107) 馮和法, 『中國農村經濟資料續編』 下, p.1123.
108) David Faure, 앞의 논문, p.7.

<표 3-9> 東山書院原額續捐田土鋪屋, 坐落畝數, 房間租折, 生息數目, 幷樂捐人姓名開后

번호	寄附人	地名	면적(畝)	위치(坐)	租·粮:(石)	備考(石)
1	原縣陳溥 何維祉, 曠子瑞		田 28 田 115, 荒熟田 95*	聚安 兩都	每年 95 咸豐 5년(1855) 淸查 額納租谷 98河石 2桶	*不墾田 9畝 제외, 乾 隆7년(1742) 水災로 39 畝 제외,
2	劉魁隆	中則田	5. 5	聚都	共納 6.	每畝照民田額租 1.09
3	譚峨峰	下則田	23	華都	共納 20	每畝照民田納租 0.869
4	周玉西	下則田	8.3	晏都	共納 5.6, 納租錢 1,400文	每畝照民田納租 0.674
5	李周民	中則田	18		共納 21	每畝照民田納租 1.2
6	賀國英, 周超山	下則田	14	華都	共納 17.206	每畝照民田納租 1.229
7	僧素元	上則田	9	靈都	共納 14.9	每畝照民田納租 1.6547
8	胡體天	下則田	20	星都	共納 23.6, 道光年印 冊 21石 2桶	每畝照民田納租 1.18
9	劉樹香	中則田	2.3	獻都	共納 3.2, 后繳田 1,400文	每畝照民田納租 1.39
10	洪超書	上則	42	河都	共納 15	每畝照民田納租 1.25
11	劉鳳姿	中則田	10	聚都	共納 12, 咸豐五年淸 查 實耕租 13河石 2 桶	每畝照民田納租 1.2
12	譚劉氏	中則田	40 水塘 3口	虎竹 冲	共納 60, 咸豐 5年 淸 查 納租 54石	每畝照民田納租 1.05
13	譚劉氏	中則田	27 水塘 5口	共都	共納 40, 咸豐 5年 淸 查 納租 25石	每畝照民田納租 1.48
14	高車頭	上則田	17.5	聚都	共納 35, 咸豐 5年 淸 查 新佃李念三耕 15 河石, 蔡大選耕 18河 石, 實少租二石.	每畝照民田納租 2
15	尹租雷	中則田	15.6	國都	共納 22	每畝照民田納租 1.539
16	劉大基	大旺田	租田 4石 3 桶	星都		
17	追充向覯淸	下則田	32	新都	共租25.6, 納租21河石 2桶	每畝照民田納租 0.8
18	追充劉師范	中則田	15	地都	共納 16.8, 今納租錢 5,600文	每畝照民田納租 1.12
19	追充彭夏彝	中則田	3	星都	共納 3.5, 咸豐 5年 淸 查 納租錢 1,400文	每畝照民田納租 1.166
20	買物都 金鉤形 脚下	中則田	2		共納租 3石	每畝照民田納租 1.5

21	海都彭形坡	下則田 水塘	2 1口		3石	
22	追充周充山	下則田	5	華都	共納 2.24	每畝照民田納租 0.448
23	追充劉枚	中則田	1.2		共納租 1.2, 納租錢 600文	每畝照民田納租 1
24	追充尹亞贊	上則田	1.5	地都	共納租 4石, 咸豐 5年 淸査, 無存	每畝照民田納租 2.266
25	追充尹席圖	上則田	0.8	地都	咸豐 5年淸査, 無存	每畝照民田納租 2
26	追充譚文謨	中則田	2	地都	共納 4石, 5年淸査無存	每畝照民田納租 2
27	追充向以仁,劉承宗神船會土地		共 32塊,實又7.07厘	星都	每年租錢 3,700文, 咸豐 5年 淸査 額租錢 750文	
28	追充陳繼存	輔屋	1棟半, 共4間, 地基1塊	北城	每年租錢 2,400文	咸豐 5年 淸査無存
29	追充王因照	輔屋	1棟, 輔面 1間.	東城	每年租錢 4,300文	咸豐 5年 淸査無存
30	追充陳繼存	輔屋	1棟, 輔面 兩間, 土畝0.59畝	東城	每年租錢 3,620文 每年土租 240文	咸豐 5年 淸査無存
31	追充劉正輝	茅屋	1間	天 都 丹 陵 橋	每年租錢 320文	大水에 무너져 無存
32	追充向規安	土地	4塊	星都	每年租錢 700文	
33	前縣行買	龔家橋輔屋	19間	泰都	每年租錢 5,000文	劉姓戶長 劉遠騰捐錢 20串 入書院
34	選員譚起龍等	東城對河冷水洲老君潭田		獻 都 譚 有 行 烟 內	租 52河斛, 粮 0.48石	道光丙戌 水沖減租 實納 7河石
35	追充劉啓東	田	2	物 都 夏 家 冲 井 弦	每年收租 4石	
36	乾隆 52年申報 湘南書院田租	載窯岸田,實洪校山曰深湖田	6 12	安都	租 4石, 租 12石,	額納租穀 15河石

37	乾隆年申詳老 冊載	前縣行 買田	12	聚都	租 18河石, 納租 16河 石	
38	道光年印冊載	株樹山 下冲田	2	聚都	納租 3河石 1桶	
39	道光年吳楚南 請耕載	地名三 角塘庄 田	1戶	清都	額納河石租各 21石 2 桶	
40	道光 23年印冊 載	高境口 田		兼都	納河石租 11石 1桶	
41	道光 27年彭回 生請耕載	白茅洲 圍土	4處	星都	納租錢 1,000文	
42	道光 24年肖起 龍請耕載	白茅洲 寡江弦 苗土	1戶	星都	納租錢 5,000文	
43	道光 23年印冊	李德鳳 納土		星都	租錢 1,470文	
44	鄒文愷				納租錢 300文	
45	余宗燮	派水渡 田		云都	一百零四桶,每年納錢 6,000文	
46	單煥訓	銀塘田		星都	租 6石, 每年納 3河石 3桶	
47	吳有芳	毛陂壩 田		景都	租16.4石, 折河石 20 石2桶	
48	道光年印冊載	龍達昌		星都	納租 3石,	
49	僧澄淸控告周 國仕一案				每年 納租 10石	
50	余仁坦	打牛塘 田		安都	租 15石	
51	譚永祚	書院門 前魚塘	1口		每年塘租 6,000文	不入東山書院
以上共租額四百六十二河石, 粮名梅城書院. 共額租錢三十三千八百一十文.						

<표 3-10>의 興寧縣 서원전의 경우도 15건 중 7, 8, 9, 11이 감조 사례
이다. 10번, 12번은 增租 사례이다. 10번은 額租 20桶에서 25용으로, 12번
은 전호 교체시 20용에서 22용으로 증가하고 있으나 전체로 보면 감조가
우세하다.

<표 3-10> 興寗縣 學田[附書院田]

번호	장소	면적(石)	租穀(斗)	租額/石田	비 고
1	東路長富橋大坳背田	50	米 4		乾隆 2년 지현이 捐銀 45兩으로 매입
2	長富橋大坳背田	5	米 0.4		照前契管
3	北路樓冲田	32	米 2.275 米 6.675		
4	現大坳背作田	60	租穀 180斗	3斗/石田	
5	樓冲作田	30	租穀 100桶*	3.33斗/石田	內摘 10桶歸書院 實穀 270桶 住持僧收
6	北路鍋坵塘禾田 半儱土地壇禾田 半儱正洞禾田	大小 21坵 大小不開 大小 16坵	租穀 220桶	2桶/石田	모두 120石, 지금 경작하는 것이 110石
7	北路半儱土地壇田 外沙洲一片墾田 江坪頭西岸墾田	35 (25 坵) 5坵 44坵	額租 80桶		至咸豊9年 酌租 38桶
8	江頭坪正洞西岸下截田 西岸下截田 東岸下截田 塘一口	7 (13坵) 3 (6坵) 5 (9坵)	額租 30桶		咸豊9年 收租 3桶
9	江坪頭東岸洞中心田	9 (10坵)	額租 18桶	2桶/石田	咸豊9年 酌租6桶
10	楓樹儱田	10 (10坵)	租 20桶	2桶/石田	加量 25桶
11	江坪頭東岸田 外一處姑塘口田	52 (45坵) 15 (不計坵)	額租 88桶	1.692桶/石田	查明後酌租30桶
12	段家門首田	10 (2坵)	額租 20桶	2桶/石田	加量後 22桶
13	南路北廊偏上路邊田 當頭阿牆田 石圳田	8 7 5	米 1.7斗 額租 40桶		
14	南路一都下板坑地名竹界上水圳儱口	共田 19	額租 38桶	2桶/石田	
15	竹園背壋陽背田 竹園背東江邊田 竹園背大坪田	13 (1坵) 6 (1長坵) 6 (1坵)	納官斗 租穀 100斗		

출전 :『興寗縣志』 권8, 學田條 검토하면 桶＝斗임.

다릉주의 洣江書院田에서도 "因水決減額"이라 한 것이 보이고 있다.[109] 또 같은 지방지 서원전조에 "그때 곡가가 가벼운 것이 쭉 이어지고 '輕折'이 관례가 되었으며 또 재해로 감면이 되어 점차 원액에 부족하게 되었다."라 하고 있는 것을 보면 減租현상을 알 수 있다.[110] 수재는 일시적 현상인데도 일단 감조를 단행하면 지속적인 것이 되고 있다. 이상에서 보면 지대의 감소 방향이 하나의 흐름이었다고 생각된다.

지대 형태를 보면 가경조의 호남에서는 실물정액租 90.91%, 화폐租 9.09%이다. 건륭조의 정액조 66.67%, 화폐조 25%와 단순비교하면 화폐조는 오히려 감소이다. 그런데 가경조 사례는 겨우 11건으로 분석하고 있다.[111]

1930년대에도 호남성 永明 등 26현을 분석한 자료에 의하면 실물정액조는 57.6%, 分成租 15.37%, 화폐조실물조 혼합 11.7%로 나타나고 있어 주로 실물정액조 위주이고 화폐지대 발전은 완만하였다.[112]

族田, 學田 등에서는 화폐지조 실행이 비교적 많다는 주장도 있지만 본장의 조사대상 학전·서원전 등에서는 기본적으로는 실물정액조가 역시 다수를 이루고 있다.[113]

다릉주 미강서원전에서 가경시 折錢化가 보이고 淸泉縣 衡陽縣에서도 학전, 서원전의 일부 折錢化는 보인다. 興寧縣에서도 賓興田에서 실물정액조→錢納地代로 변화가 보이고,[114] 攸縣 동산서원전의 경우 <표 3-9>에서 4, 5, 7, 9, 18, 23등이 정액조에서 전납지대로의 변화를 보여준다. 특히 9번은 "後因難運 只繳錢一千四百文"이라 하고 있어 전납지대화의 원인이 운반불편 때문이라는 것을 밝히고 있다. 攸縣 동산서원전의 경우 화폐租는 총 51건 중 19건으로 약37.25%정도이지만 이것은 舖屋, 茅屋 등이 포함된 숫자여서 경지만의 경우는 비율이 떨어진다고 생각된다. 上則

---

109) 同治 10年刊『茶陵州志』권13, 學校 書院.

110) 『茶陵州志』권13, 學校 書院, "其時穀價輕相沿 輕折成例兼因災核減 漸虧原數."

111) 李文治, 앞의 책, pp.222~224.

112) 烏廷玉, 앞의 책, p.271.

113) 岳琛,『中國土地制度史』, 北京, 1990.

114)『興寧縣志』권8, 學校 學田.

田보다 대체로 中則田에 화폐지대가 많은 것이 특징이다.

특히 祁陽縣의 永昌書院의 경우 서원전조가 전부 실물정액조로 기재되고 있다가 도광 庚子年(1840) 이후 續捐修脯田 101건 가운데 88건이 화폐지대 錢納이고 실물 정액지대가 분명한 것은 5건뿐이었다. 이것도 소재지 또는 면적이 미상이거나 지목이 土인 경우 등이다.[115] 이 시기 지대 변화의 방향성을 짐작케 한다.

지대 수준은 <표 3-11>과 같다. 이것과 <표 7·8>을 비교하면 공산전 역시 지목이나 조건에 따라 다양한 지대분포가 있고 공산전이기 때문에 지대가 특히 저렴하다는 인상은 받기 어렵다.

<표 3-11> 公産田 지대 분포(호남)

		최 저	최 고	평 균
攸縣	東山書院田 上則田	1.25石	2.266石	1.834石
	中則田	1.0石	1.539石	1.311石
	下則田	0.448石	1.229石	0.866石
茶陵州	洣江 書院田	0.307石	1.519石	1.020石
淸泉縣	學田	0.378石	2.500石	1.081石
衡陽縣	漢湖書院 膏火田	0.779石	1.566石	1.156石
	蓮湖書院 膏火田	0.780石	1.567石	1.264石
桃源縣	漳江書院 膏火田	0.198石	1.428石	
祁陽縣	書院田	1.050石	2.599石	1.393石
零陵縣	學田	0.685石	1.800石	1.093石
興寧縣	書院田	0.06石	1.071石	0.291石
汝城縣	救濟院田産	0.50石	1.83石	1.247石
	敎育基産	0.825石	1.33石	1.103石
桂東縣	學田 上則田	2.0石	3.0石	2.283石
	中則田	1.0石	1.8石	1.4石
	下則田	1.0石		

2) 압조

호남지역의 租佃관계 특징의 하나로서 押租현상이 주목되어 왔다.[116]

---

115) 同治 9年刊 『祁陽縣志』 권19, 학교.
116) 白石博男,「淸末湖南の農村社會」『中國近代化の社會構造』, 東京, 1973.

압조의 명칭은 다양하다. 호남에서는 進莊禮, 進莊銀, 進莊禮銀, 進莊錢, 批耕銀, 佃規銀, 佃規錢, 規銀, 典佃銀, 押租錢, 押佃銀, 寫田錢 등으로 불리고 있던 것이 확인되었고,[117] 이외에도 상향현에서는 信錢, 桃源縣에서는 압장전, 장전, 여성현에서는 批價 醴陵縣에서는 租規 등 열거할 수 없을 정도로 많다.[118]

압조발생의 시기는 宋元代에서 明淸시기에 걸쳐 다양한 의견이 있으나, 청대 건륭 이후 집중적으로 발전하는 데는 이론이 없다.[119] 압조발생의 배경은 상품경제의 발전, 정액조 보편화, 佃農人身依附관계의 解弛, 농민 抗租투쟁의 격화, 지주수탈 강화, 토지집중, 인구증가, 농민 租佃경쟁의 가열 등에서 찾아지고 있다.[120]

이제까지 주로 호남 사천이나[121] 복건 등지의 압조의 발전 사례 등을[122] 지방지를 중심으로 발굴하여 소개하는 것이 많았다. 그런데 本章에서는 호남지방에서도 지역에 따라, 심지어 동일 지주 소유지 안에서도 押金의 유무 차이가 있다는 데 주목하고자 한다. 일찍이 호남 안에서도 악주부, 상덕부, 장사부, 형주부 등의 미곡생산 중심지에서 압조가 발전하여 차차 확대 보급되고 있던 것은 확인된 바 있다.[123] 항조가 압조발생의 중요 동인으로 주목되고 있지만 항조가 격렬한 지역으로 꼽히는 광동, 복건, 사천, 절강, 강소 등 省 가운데 호남은 빠져 있다.[124] 압조가 가장 유행한 편인 호남이 항조 격렬지역이 아니라는 것은 시사하는 바 크다.

---

117) 周遠廉, 『淸代租佃制硏究』, 瀋陽, 1986, pp.245~246.

118) 同治 13年刊 『湘鄕縣志』 권5, 兵防 ; 光緖 18年刊 『桃源縣志』 권4, 學校志 書院 ; 民國 21年刊 『汝城縣志』 권14, 政典 財政下10~12 ; 『醴陵縣志』 권1, 輿志, 風俗.

119) 周遠廉, 위의 책, p.240, 元明之際 ; 烏廷玉, 『中國租佃關係通史』, 長春, 1992, p.106, 元代 발생 ; 李文治, 『明淸封建土地關係的松解』, 北京, 1993, 明 後期 ; 龐毅, 『中國淸代經濟史』, 北京, 人民出版社, 1994, p.83, 淸中期.

120) 周遠廉, 위의 책, p.240 ; 龐毅, 위의 책, p.95 ; 李文治, 위의 책, p.106.

121) 李文治, 위의 책, pp.284~286.

122) 江太新, 「押租在福建發生和發展原因試探」 『中國經濟史硏究』, 1989年 1期.

123) 拙稿, 앞의 논문, 1995.

124) 烏廷玉, 앞의 책, p.110.

또 대체로 淸 후기에서 민국기에 걸쳐 압조제는 점차 확대 보급되었다고 알려지고 있다.[125] 호남의 안향현 湖田구역에서 1930년대 압조 금액이 제고되고 있는 것이 확인되고[126] 있고 周遠廉 제시의 호남 압조 示例에서도 압조가 正租보다 낮은 것은 단 1건이고 절대 다수는 압조가 정조의 1배 내지 2~3배라는 것이 지적되고 있다.[127] 민국시대 호남 각 현의 압조액은 田價의 20/100에서 30/100 이상 증가하는 경향도 보고된다.[128]

압조의 성격에 대해서는 수탈의 가중으로서 전호의 확대재생산을 곤란하게 하고 농업생산의 진보를 저해했다고 보는 것이 대체적 경향이다.[129]

本章에서는 압조가 호남지역에 보편적으로 유행하는지의 문제와 '押重租輕'문제, 청~민국기에 걸쳐 어떤 전개 방향성이 있는지를 검토해 보고자 한다. 우선 桃源縣 漳江書院 膏火田 압조 사례와 여성현 공산전 사례를 검토해 보자.

우선 <표 3-11·12>에서 공통적으로 알 수 있는 것은 같은 호남의 동일 현내에도 압조가 있는 것이 있고 없는 것이 있다는 것이다. 도원현에서는 동일 지주 소유지 안에도 압조의 유무가 공존하고 있다. 여성현의 救濟院 田産表를 보아도 같은 소유지 안에 마찬가지 사실이 있다.[130] 여성현에서는 租佃계약시 반드시 押金有無를 밝히고 있다.[131]

<표 3-12>는 원래 124건의 사례 중 압조가 있는 것만을 모은 것이다. 압조가 있는 것은 전부 지목이 田이고 반대로 없는 것은 소수의 田을 제외하고는 지목이 대부분 地, 園, 土 등이다. 여기서 보면 압조는 동일한 지역 안에서도 생산성이 높은 토지 주로 水田에만 선택적으로 부과되고 있는 것을 알 수 있다.

다음은 '押重租輕'에 대해서 생각해 보자. 압조액이 적거나 내지 않는

---

125) 江太新, 위의 논문 ; 白石博男, 앞의 논문 ; 烏廷玉, 위의 책, p.101.

126) 章有義, 『中國近代農業史資料』 제2집, p.264.

127) 周園廉, 앞의 책, p.257.

128) 白石博男, 앞의 논문.

129) 烏廷玉, 앞의 책, p.101 ; 周遠廉, 앞의 책, p.261.

130) 民國, 『汝城縣志』 권14, 政典, 財政下.

131) 民國 『汝城縣志』 권18, 政典 實業.

田의 正租額은 높고 압조를 많이 내는 租田의 正租額은 낮다[132]라는 주장이 있고, '押重租輕' 혹은 '信重租輕' 등은 史料上에서도 확인된다.[133]

도원현 장강서원 고화전의 압조와 지대관계를 보면 1~6까지의 二里岡田 중 莊錢이 가장 높은 것은 3번의 5.319串文이고 가장 낮은 것은 4번의 1.077串文이다. 6번의 3.725串文부터 1, 2, 3, 5는 지대가 거의 같은 1.3石 수준으로 나타나고 있다. 그런데 압조가 가장 낮은 4번의 경우는 지대 역시 0.351石으로 파격적으로 낮은 수준이다. 이것을 보면 서로 다른 田地 사이에는 압조가 높을 때 지대도 높게 나타나는 것을 알 수 있다. 37, 38의 泥魚秋湖田과 42의 風和殿田을 보면 37은 莊錢 0.126串에 지대는 0.708石이고, 38은 장전 0.5串에 지대 0.875石이다. 42는 4.285串文에 지대는 1.428石이다. 이 경우 지대가 가장 낮은 37은 압조가 가장 낮다. 38 역시 37 다음으로 지대가 낮은데 압조도 낮다. 전체 78건을 분석하면 소수의 예외를 제외하고는 대다수가 압조가 높으면 지대가 높은 '押重田租重田'이라 할 수 있는 현상을 보인다. 도원현 빈홍전도 압조가 높으면 지대가 높은 관계를 보여준다.[134]

<표 3-13>에 보이는 여성현 공산전의 경우도 批價가 가장 높은 10번이 지대도 가장 높다. 批價 가장 낮은 11번이 지대도 낮은 편에 속하고 비가가 최저에 가까운 18번이 지대도 가장 낮은 편에 속한다. 비가가 없는 21번은 지대가 가장 낮다. 같은 여성현의 구제원 田産에서도 비가가 있는 편이 없는 것에 비해 월등히 지대가 높은 것이 확인된다.[135] 이제까지의 '押重租輕'의 내용과는 어긋나는 결과이다. 동일한 토지에서 압조를 올리면 지대를 감한다는 이야기에서는 부합된다고 생각된다. 민국시대 지주가 화폐수요 증가로 "加規減租"한다는 표현이 호남성 관습으로 소개되고 있다.[136]

---

132) 李文治, 앞의 책, p.279.
133) 『湘鄕縣志』 권5, 兵防.
134) 『桃源縣志』 권5, 祭典志 賓興.
135) 民國 『汝城縣志』 권14, 政典, 財政下.
136) 章有義, 『中國近代農業史資料』 제2집, p.106.

그러나 앞서 본대로 동일 지주제하 소유지에도 압조가 생산성이 높은 水田에만 선택적으로 부과되고 있었다는 점, 또 압조가 높은 田에 지대도 높다는 대응관계가 있다는 것은 중요하다.

즉 막연하게 인구와 토지의 불균형, 또는 항조투쟁의 격화 때문만으로 압조가 성립 유행한 것이 아니라 생산성이 높은 토지에 대한 전호의 상대적 선호도의 과열로 이루어진 것이 아닐까 하는 생각을 갖게 한다.

압조액이 증가되어 갔는지를 밝힌 자료는 분명하지 않다. 여성현의 구제원 전산표에 의하면[137] 濫泥塘田은 租額 3.66石에 批價가 小洋 4元이다. 樓門의 田地는 租 2.4石에 批價 小洋 3.02元이었다. 당시 민국 21년경 여성현의 물가가 穀 1石에 小洋 7원이었다.[138] 이로써 환산하면 批價 4元은 0.571石에 해당된다. 지대 3.66石에 훨씬 못 미치는 수준이다. 누문의 田은 批價 3.02元이 0.431石에 해당하여 역시 지대 수준과는 거리가 멀다. <표 3-13>의 여성현 공산전 가운데 육영당전은 租 64.95石 批價 35.02元인데 每石折銀 1元으로 환산하면 批價는 35石 정도에 해당된다. 이것은 지대 64.95石의 약 54% 수준에 해당한다. 그런데 앞서 농업條의 "처음에 소작료를 돈으로 환산하여 바쳤다. 계속해서 곡가가 점차 앙등했으나 소작료는 예전의 관례에 따른다."에서 보듯이 당시의 시가는 穀 1石에 小洋 7元인데 折價는 每石 1元으로 한다면 압조는 엄청나게 경감되었다고 할 수 있다.[139]

<표 3-12>의 도원현 장강서원 고화전의 경우는 畝당 압조액은 명시되지만 당시의 물가가 불분명하여 직접 비교는 곤란하다. 위 여성현 농업條에는 折錢 고정화에 따라 租額 경감 결과 1畝의 租入이 1畝의 賦稅를 감당하지 못한다는 지주의 탄식이 소개되고 있다.

여성현의 압조 경감 사례로 전체를 판단하기는 어렵다.

---

137) 注135)와 같음.

138) 拙稿, 「淸末民國期 湖南 汝城縣의 商品流通과 物價變動」『明淸史硏究』 9, 1998.

139) 民國『汝城縣志』권18, 實業, 農業, "始則交租折錢 繼則穀價漸昂 而租錢照舊"

<표 3-12> 桃源縣 漳江書院 膏火田 押租(莊錢)

번호	土 名	莊錢 串文/畝	地代 石/畝	번호	土 名	莊錢 串文/畝	地代 石/畝
1	二里岡田	4.946	1.301	69	張家凹田	4.000	1.300
2	〃	5.102	1.300	71	洋溪橋街後田	3.157	1.000
3	〃	5.319	1.300	74	金牛山田	5.454	1.309
4	〃	1.077	0.351	75	〃	4.895	1.302
5	〃	4.545	1.300	76	周家衝田	5.098	1.098
6	〃	3.725	1.300	77	曾家衝田	4.871	1.301
7	麥子岡田	1.000	1.250	78	龍潮寺田	1.250	1.250
8	木魚岡田	4.583	1.300	79	黑家峪田	2.400	0.857
9	鄧家岡田	1.500	1.300	80	荒山峪田	3.137	0.784
11	葂蘿坪田	1.176	1.294	81	廟堰坳田	1.578	0.657
12	〃	2.000	1.280	82	熊家嶺田	11.154	0.563
13	〃	2.000		84	鍾家坪田	4.545	1.345
31	麻家坪田	1.441	1.290	86	大衝溶田	1.066	1.333
32	〃	1.461	1.220	87	鄧家凹田	1.600	0.800
35	印家山田	2.933	1.310	88	白岩寺田	2.000	1.000
36	〃	2.933	1.310	89	阮家橋田		
37	泥魚秋湖田	0.126	0.708	90	〃	1.176	
38	〃	0.500	0.875	91	黎家鍋廠田	0.836	1.255
42	風和殿田	4.285	1.428	92	仙峯山田	1.333	1.166
45	夏伍衝田	4.761	1.071	93	陳家峪田	1.562	1.296
46	何仙坪田	1.935	1.425	96	江家峪田	1.250	1.300
47	鳳門橋田	1.428	1.328	97	白家溶田	2.205	1.3009
48	剪家溪田	2.903	1.300	98	〃	2.710	1.3008
49	大堰衝田	1.800	0.500	100	靈巖寺田	1.224	0.816
50	穿石八角溶田	1.756	1.297	101	楊家坪田	8.042	0.578
52	馬潮灣田		0.928	102	雅漁峪田	4.586	0.786
55	盧家灘田	1.941	1.310	103	雅漁峪田	5.613	0.600
56	胡家溶田	11.388	1.075	104	〃	3.192	0.736
57	大河坪田	1.176	0.882	105	〃	3.222	0.877
58	小洋溪田	4.269	1.282	106	〃	3.200	0.779
59	桑樹坪田	4.882	1.194	107	偕子凹田	10.000	0.666
60	大洋溪田	3.030	1.324	109	方家溶田	1.495	1.214
61	古牛溪田	3.400	1.120	110	卓家橋田	1.034	1.324
62	打望坡田	3.563	1.300	111	龍家港田	1.709	1.256
63	盧家坪田	2.769	1.384	112	〃	0.905	1.222
64	車官溪田	9.090	1.272	113	〃	0.909	1.272
65	牛家溪田	5.526	1.315	115	芳草坪田	1.080	1.340
66	羯羊鋪田	4.166	1.283	116	大田	1.151	1.272
67	沈溪沙港田	1.333	1.300	119	新窯廠田	1.000	0.750
68	五里牌田	4.878	1.219				

<표 3-13> 汝城縣地方公産租稅一覽表

번호	産別	면적	租稅批價	단위(斗) 租額/工	批價 /工, 元
1	考棚田	18工 7角 5	批價銀 67元, 以毫洋計後仿此		
2	育嬰堂田	96工 撥入救濟院 詳後	租 649斗 5升, 批價 35元 2毫	6.766	0.365
3	豐溪渡田	31工半	租 317斗	10.063	
4	鋪司田	42工半	租 469斗 2升	11.04	
5	紙戶田	18工	租 190斗, 批價 4元 7毫	10.556	0.226
6	八行田	63工	租 724斗 3升, 批價 5元 4毫	11.497	0.08
7	八行油稅	42斤 3兩	每年照市價折收		
8	八行山稅		2元 4毫 1仙 6		
9	益將司田	不計工坵	租 229斗 5升, 每石折銀 1元		
10	名未詳田	4工 9角	租 80斗, 每石折銀 1元6毫, 批價 5元	16.327	1.020
11	自治田	17工	租 150斗, 批價 1元 5毫	8.824	0.059
12	土地祠香火田	1坵	批價 8毫		
13	文廟香火田	不計工坵	租 70斗		
14	文廟祭器田	1工	批價 2元		
15	節孝祠田	2工半	批價 5元		
16	兵房田	6工	批價5元		
17	儒學田	45工 8角	租 336斗 4升, 批價 20元	7.345	0.437
18	儒學米田	44工 5角	租米 145斗 9升, 批價 6元	3.279	0.135
19	惜子費田	3工	批價 8元		
20	保管處田	57工	租 598斗 6升	10.502	
21	保管處田	2工半	租 7斗	2.8	
22	丁祭屠帮田	2祭	稅銀 527元 6毫		
23	東河公棚	1所	全年稅銀 60元		
24	南門外半邊街店址	1塊	稅銀 40元 5毫		
25	文塔脚店	1間	稅銀 12元		
26	南門月城店	1間, 又地基一塊	稅銀 4元		
27	南門月城土	1塊	稅銀 2元		
28	公署門店	1間	稅銀 24元		
29	公署門店	1間	稅銀 16元		
30	公署門店	1間	稅銀 20元		

그러나 압조가 지주의 수탈 증가이고 중세 농노적 착취 실현이며 전호를 상인고리대 지배하에 예속시킨다고 본다면,[140] 청말민국기에 갈수록

압조지역의 확대 사실은 어떻게 설명해야 할까. 근현대에 이르러 지주의 수탈, 압박이 더욱 가중되어 갔고 농업생산은 갈수록 저해되었다고 보아야 할 것이다.

그런데 도원현, 여성현 사례에서 보듯이 생산력이 높은 토지에 압조가 높고 지대도 높은 대응관계가 있다는 것, '押重田租重田' 현상에 주목해야 할 것이다. 또 여성현 사례에서 압조 경감의 방향도 직시해야 한다. 결국 압조는 발전된 생산력에 대응된 생산관계였다고 해야 할 것이다.

3) 減價平糶

본래 平糶는 상평창과 관련된 것이었다. 청대 상평창, 社倉, 義倉은 옹정~건륭년간에 정비되었으나 가경~도광년간에 쇠퇴하였고 그 후 지방에 따라 존속 부활의 정도가 다르게 나타난다.[141] 또 청말의 선당 등은 유명무실한 것이 많고 명실상부해도 기능이 미치는 범위는 그리 넓지 않았다.[142] 즉 倉政을 통한 平糶 기능이 실질적 기능을 했다고 보기 어렵다. 안향현에서는 상평창이 함풍 11년(1861) 당시 거의 붕괴되었고 사창은 민국 3년 이후 '粿粒無存'의 상황이었다.[143] 다릉주에서는 가경 21년(1816) 이후, 여성현에서는 가경 4년(1799) 이후 倉政이 거의 붕괴되었다.[144] 그런 상황에서 청말 이후 호남 각 지역의 減價平糶 현상은 어떻게 진행되었는지 검토해 보자.

먼저 攸縣의 상황을 검토해 보겠다. 『攸縣志』의 祥异條를 보면 순치 庚寅(1650)년 이후 사실을 '大水', '旱', '大飢' 등으로 연대순으로 배열하여 적고 있다.[145] 그런데 "강희 庚申(1680) 大飢……捐米施粥四十日", "康熙癸未(1703)旱 大飢……施粥濟荒", "甲申(1704)大飢……施粥濟荒", "乾隆

---

140) 張魚,「舊中國農村土地關係與地租剝削」『中國近代經濟史論文集』, 上海, 1985.
141) 星斌夫,『中國社會福祉政策史の硏究』, 東京, 1985, p.316.
142) 李文海,「晚淸義賑的興起與發展」『淸史硏究』, 1993年 3期.
143) 民國 23年刊『安鄕縣志』 권11, 食貨.
144) 『茶陵州志』 권10, 惠政 ; 民國『汝城縣志』 권13, 政典 財政上.
145) 『攸縣志』 권53, 祥异.

壬戌(1742)夏大旱……捐米施粥一個月”, “乾隆癸亥(1743)飢　夏　民間乏食……施粥……余潮……施粥”, “道光甲午(1834)夏五月大飢……邑紳借領倉穀二千石 減價發糶 幷勸備富戶大店 捐錢二千串 往衡湘運米 平價接濟”등의 기재를 보면 건륭년간까지 흉년시 대응 방식이 거의 米를 기부하여 ‘施粥’한다는 관계이다. 그후 도광 14년(1834)에 가서야 비로소 ‘減價平糶’의 해결방식이 나오고 있다. 같은 『유현지』의 인물 義行條를 분석해 보면 비슷한 사실이 확인된다.146) 義行의 배열 순서는 부분적으로 선후가 뒤바뀐 경우도 있으나 연대가 명시된 것을 보면 대체적인 시대순을 따르고 있다. 乾隆辛酉(1741), 壬戌(1742)의 “飢民艱食 盡出所積穀數百石 減價以糶 無錢者貸之”기재에 “減糶” 사실이 언급되고 있다. 강희·옹정·건륭시까지는 거의 ‘捐米施粥’의 방식이 주류를 이루고 있다. 건륭 6년(1741)을 기점으로 그 이전에는 ‘減糶’사례가 단 두 건뿐이었으나 이후 14건의 기재가 확인된다. 또 이후에는 ‘施粥’의 표현이 보이지 않는다. 出穀賑濟의 방식은 25건에서 건륭 6년 이후는 9건으로 감소하고 있다. 이것을 보면 18세기 중엽 이후 攸縣에서 “減價平糶”가 하나의 추세로 발전했다고 생각된다.

인근 상향현의 경우도 유사한 현상이 나타난다. 『상향현지』의 祥異條를 검토해 관련 사료를 추려서 摘示하면 다음과 같다.147)

“康熙三十六年(1697)夏秋又旱……大發積穀 民賴全活”
“康熙五十二年(1713)癸巳飢……捐穀二百餘石 助賑”
“雍正8년(1730)歲飢……施粥賑飢”
“嘉慶6년(1801)辛酉 米貴……勸諭士民 減價平糶……紳士蕭智淵等 勸富
　　室減價……得穀七千餘石……半價平糶”
“嘉慶八年癸亥(1803)……勸諭平糶……紳士黃崇階等……接濟平糶”
“嘉慶十三年戊辰(1808) 王昌民 碾米三百餘石 半價發糶”
“道光二十九年(1849) 大飢 斗米千錢……發穀平糶”

---

146) 『攸縣志』 권34, 蠲法, 義行.
147) 『湘鄕縣志』 권5, 兵防志 祥異.

“同治元年(1862)……大飢 紳士 謝鴻儒等……買米二百餘石 減價平糶”
“同治5년(1866)……朱增昂等 買米二百餘石 減價平糶”
“同治9년(1870)夏大飢……減價平糶”

이상에서 보면 옹정 8년(1730) 이전에는 ‘施粥賑飢’와 같은 직접적 시혜 방식이 쓰이고 있으나 가경 6년(1801) 이후에는 “減價平糶”의 방식으로 바뀌고 있는 것이 목격된다. 같은 『상향현지』의 인물조 선행을 검토해 보아도 연대가 드러난 것을 기준으로 하면 減糶 기재가 건륭년간의 단 1건을 제외하고는 7건이 가경~동치 사이의 서술이다.[148] 여기서도 減糶 현상이 19세기 이후의 추세로서 확인된다.

같은 장사부 소속 상담현에서 사료를 찾아보면 다음과 같다.[149]

黃中理……康熙初歲旱 出私穀糶賑 所活萬計
周世宇……乾隆初……連歲荒歉 減糶施賑
張璨……明崇禎末 歲飢減糶 明年復飢 力不給乃爲粥以施……子之澴…
    …嘉慶初歲歉出米千石 循環減糶以濟貧者
蕭智淵……辛酉(1801)壬戌(1802) 米價昂貴 與邑士鑴金 買穀平糶
李惟一……嘉慶丁卯(1807)歲飢……減價以糶
朱增華……咸豊壬子(1852) 癸丑(1853) 連年荒歉……且糾集鄕里儲穀三千
    五百餘石 減價平糶

위에서 보면 張璨의 경우에 명말에 “시죽” 기재가 있을 뿐 대부분 減價平糶에 해당하는 것이 많다. 단 이 부분의 기재에도 19세기 이후 “減糶”기록의 빈도수가 높아지고 있다.

茶陵州에서도 縣志 인물 懿行 부분을 보면 비슷한 경향을 찾을 수 있다. 배열 순서는 대체로 시대순으로 되어 있다. 몇 가지 예를 제시해 보면 다음과 같다.[150]

---

148) 『湘鄕縣志』 권18, 人物 善行.
149) 『湘潭縣志』 권8, 列傳92, 列傳129, 列傳102, 권17, 人物.
150) 『茶陵州志』 권18, 人物 懿行.

　　羅巨望……遇歲飢 施粥以賑
　　李國燦……雍正丁未(1727)歲荒捐穀施粥
　　鄧翔……乾隆乙酉(1765)飢 出穀濟同族之貧者
　　尹果留……嘉慶己巳(1809) 煮粥賑飢
　　劉鳴漢……道光乙未(1835) 歲飢減糶

　이상에서 보면 옹정·건륭·가경년간까지는 '施粥', '煮粥' 등 직접 賑濟방식이 많다. 위 道光 乙未年(1835) 劉鳴漢 사례에서 비로소 減糶가 분명해지고 있다. 같은 乙未年(1835)에 周本善은 積穀을 빈자에 借給하고 극빈자에게는 상환을 요구하지 않았다는 것이 기재되어 있다.[151] 같은 『다릉주지』義擧조에 배열순서가 뒤로 갈수록 '減糶' 빈도수가 높은 것이 목격된다.[152]

　醴陵縣의 인물 義行條에서 시기가 분명한 8건을 분석하면, 강희시기 1건 "出穀八百餘石 以賑鄕里", 雍正시기 1건 "出粟數百石 半價減糶", 건륭시기 3건 "出粟倡賑", "貸粟千二百石有奇", "捐千金賑濟", 가경시기 3건, "開倉平糶", "減糶六千餘石", "出穀千餘石減糶" 등으로 나타난다.[153]

　雍正시기 1건의 예외를 제외하면 강희~건륭년간까지는 주로 직접 賑濟방식이다. 가경시기도 모두 19세기 이후로서 減糶의 빈도가 높아지고 규모도 6,000石, 1,000石, 400石 등 이전보다 커지고 있다.

　이 밖에 衡陽縣에서도 가경 6년(1801)과 도광년간(1821~1850)에 "平糶"사실이 확인된다.[154] 같은 衡州府 耒陽縣의 경우 같은 방법으로 祥異條를 보면 건륭 44년(1779) 경에 "大飢……邑紳耆捐貲賑粥 民賴以生"에 '賑粥'의 표현이 있고, 가경 13년(1808)에야 '減價平糶'가 나타난다.[155] 또 광서 3년(1877)에 "開倉平糶"의 기재가 있다.[156] 『뇌양현지』인물조를 분

---

151) 上同.
152)『茶陵州志』권18, 人物 義擧.
153)『醴陵縣志』권9, 人物 義行.
154)『衡陽縣志』권7, 列傳147.
155)『耒陽縣志』권1, 祥異.
156)『耒陽縣志』권2, 倉儲.

석하면 순치·강희년간에 걸쳐 '施粥'기재가 많고 앞의 祥異條에도 도광 16년(1836) "施粥"기사, 인물 黎澍의 관련기사에도 同治 庚午(1870)년까지 '施粥'기사가 있다.[157] 전체 방향은 19세기 이후 '減糶'로 이행된다는 것은 인정되지만 앞의 유현, 상향현, 상담 등의 지역에 비해 후진적 인상을 주고 있다.

祁陽縣에서도 건륭 17년(1752) '設廠煮粥散賑', 嘉慶 13년(1808) '捐貲助賑施粥二十日' 등의 기재[158] 이후, 주로 道光년간 특히 道光 己酉(1849)년 이후 減糶현상이 두드러지고 있다.[159] 계동현의 경우는 '施粥', '減糶' 등의 기재에 시기상 선후가 분명하지 않다.[160]

그런데 계동현 「義倉章程」에 '減價平糶' 사실이 확인된다. 계동현 의창은 동치 2년(1863)에 설립된 것이기 때문에 이 시기 '減糶'가 실행된 것은 틀림없다.[161]

辰州府 의창에서도 도광 25년(1845)경에 平糶를 시행하고 있었던 것이 확인된다. 일정한 기간 소액 즉 1升~5斗에 걸치는 범위에서 減價平糶를 단행했다.[162]

청말민국기에 걸쳐 호남 각지에서 倉儲제도가 부활되는 분위기 속에 상담현에서도 道光 己酉(1849)년에 대규모 '平糶'가 있었고 광서 3년(1877)에도 積穀 98,113.5石을 마련하여 平糶를 행하고 있다.[163] 민국 15년(1926)刊의 『醴陵鄕土志』에도 族義倉의 '平價糶賣' 사실 외에 각 지방에서 荒歉시에 '平糶減糶'의 실행을 들고 있다.[164] 이 기간 감가평조의 주체는 주로 향신지주, 부호, 서민지주 등이라 생각된다. 그것은 지방지 인물 義行條 등에 직접 드러난다.

---

157) 『耒陽縣志』 권6, 人物 孝友, 篤行.
158) 『祁陽縣志』 권14, 人物, 行誼.
159) 上同, 권16, 蠲賑.
160) 『桂東縣志』 권15, 인물 義行.
161) 『桂東縣志』 권4, p.346, 倉儲.
162) 拙稿, 「湖南辰州府의 義田」『釜山史學』 제20집, 1991.
163) 『湘潭縣志』 권2, 建置, 13~15.
164) 『醴陵鄕土志』, p.81, 七, 積穀.

직접 '施粥'과 같은 賑濟 형식에서 '減價平糶'로의 이행은 지주와 전호로 간주되는 주요 계층이 시장에서 판매자와 구매자로 된 것이다. 이것은 구매력을 가진 전호의 성장을 예상치 않을 수 없다. 平糶는 단순한 생활 곤란자가 아니고 비농업분야에서 획득한 은전을 소유한 농민을 생각할 수 있다.[165]

이미 잡량재배의 확대에 대해서 전술하였지만, 유현에서는 방직에 관한 서술로 '通行潭澧 及江右表吉 貧者耕不足恃 恒賴此支半載食用'이 있다. 즉 직포로서 반년의 식량을 충당한다는 것은 시장 유통과 銀錢 획득, 화폐에 의한 식량의 구입을 시사한다.[166] 뇌양현에서도 방적으로 '足濟半年食用'으로 표현하고 있어 시장에서 식량을 구입하는 전호층, 영세농을 상정할 수 있다.[167]

4) 富佃農

부전농의 존재는 농업생산력 발전을 보여주는 하나의 지표로 생각된다. 定額租制, 押租制 발전, 경제작물 재배의 확대, 농업생산의 발전, 단위면적당 산량 제고 등은 부전농 발생의 전제조건이었다.[168] 호남지방에서는 이미 淸 전기부터 부전농이 출현하기 시작하였다.[169] 특히 함풍(1851~1861) 이후 상품경제의 부단한 발전, 租佃관계 변화, 경제작물 확대, 화폐지대 발전으로 부농경제가 차차 발달하였다.[170]

부전농의 경영규모를 보면, 邵陽縣의 가경 12년(1807) 사례에 200畝 규모가 확인된다. 즉 "嘉慶丁卯大旱 某佃田二百余畝無收 秋末晚稻勃發 請詣分"[171]이라 하고 있다. 攸縣의 동산서원 고화전에서도 전호 何露山,

---

165) 川勝守, 『明淸江南農業經濟史硏究』, 東京, 1992, 제4장, p.220.

166) 『攸縣志』 권18, 풍속 女工.

167) 『耒陽縣志』 권7, 풍속 女工.

168) 李文治, 『明淸時代封建土地關係的松解』, 北京, 1993, p.346.

169) 譚天星, 「淸前期兩湖農村的租佃關係與民風」 『經濟史』, 1992年 11期.

170) 烏廷玉, 『中國租佃關係通史』, 長春, 1992, p.165.

171) 光緖 33年刊 『邵陽縣鄕土志』 권2, 著舊.

歐雲再의 佃地를 佃戶 李春壽가 통합하여 143畝를 경영하고 있다.[172] 인구증가에 따라 전호의 경영규모가 축소되어 간 것만이 아니라, 일부 유력전호에 의한 경영규모의 통합, 확대가 행해졌던 것이다.[173] 휘주지역에서도 20세기 1910~1920년대 평균 佃耕면적이 태평천국 이전에 비해 확대된 추세가 보고된 바 있다.[174]

민국 23년(1934)刊의 『안향현지』에도 "客籍習勤勞 善種植 有多揷田至二三百畝者"라 하고 있어 200~300畝의 부전농 경영이 확인된다.[175] 민국 24년(1935) 중국경제연감에 의하면 전농의 평균 경영규모는 형양은 13.34畝, 常寧은 10.9畝, 武岡은 17.89畝, 益陽 41.32畝, 臨湘 16.19畝, 평균 25.76畝로 나타난다.[176]

청말 도원현도 장강서원 고화전의 경우 경영규모가 99畝에 이르는 사례가 있고, 빈흥전에서는 70畝 이상 경영 佃戶가 확인된다.[177] 호남 진주부 의전에서도 38畝 이상 경영 전호를 비롯하여 다수의 부전농이 나타난다.[178] 湖田지대인 안향현에서는 100畝 이상에서 300畝에 이르는 경영 전호가 드물지 않다.[179]

광서 31년(1905) 당시 소양현의 인구 분포는 총 인구 약 1,188,000인 정도에서 工匠 약 5만, 상인 약 12만, 노약부녀 60~70만, 無業閑人 10만, 농부 12만 정도로 추산되고 있다.[180] 등록 田地는 9,034頃 93畝이다. 인구 1인당 田地는 0.76畝 정도이다. 그러나 농부 1인당은 7.529畝이다. 1家戶에 농부 2~3인이 포함된다면 농가 1戶당 경지규모는 20畝 전후가 될 것

---

172) 同治 10年刊 『攸縣志』, pp.207~212.
173) 拙稿, 앞의 책, 1992, 제4장. 蘇州府에서도 유사 사례 확인됨.
174) 章有義, 『近代徽州租佃關係案例硏究』, p.313.
175) 民國 23年刊 『安鄕縣志』 권11, 食貨 농업. 客籍과 土著의 문맥대립의 서술상 客籍은 佃戶로 추정됨.
176) 烏廷玉, 『中國租佃關係通史』, p.261.
177) 拙稿, 앞의 책, 1992, 제1장.
178) 拙稿, 앞의 책, 1992, 제2장.
179) 馮和法, 『中國農村經濟資料續編』, p.707.
180) 光緒 33年刊 『邵陽縣鄕土志』 권2, 실업.

이다. 非농업인구가 있고 실업자도 거의 8.3%에 육박한 상황에서 몰락佃戶도 배출되겠지만 경영규모 통합도 행해졌던 것이 예상된다. 민국시기 소양 中鄕 17保에서는 최고 85.4畝의 경영 전호가 확인된다.[181]

안향현 湖田지대 300畝 경영 전호의 收支관계를 보면 곡물수확이 1,600여 担, 納租 400여 담, 捐稅부담 100여 담, 종자 비료 工資 기타 비용 400여 담, 부채利息 100여 담, 지출 총계 1000여 담이다. 1930년대 곡가에 의하면 전호 수입 500~600여 담은 1,500~2,000元의 수입을 올리게 된다. 이 전호는 14명의 長工과 다수의 短工을 고용하고 있는데 長工 2인은 1년에 80元, 나머지는 50元 이하이며, 短工은 매일 工資가 2角 내지 3角 정도이다.[182]

이러한 부전농이 성장하는 배경을 검토해 보자. 먼저 여성현의 사례를 보면 "始則交租折錢 繼則穀價漸昂 而租錢照舊……操縱田主 罄一畝之租錢 不敷一畝之徵派"라는 서술이 있다.[183] 折價가 고정된 상태에서 곡가가 차츰 앙등하여 전호의 수입은 커지는 반면, 지주는 租錢 수입으로 세금도 못내게 된 사정을 알 수 있다.

유현에서도 稻穀 수확 후 大豆와 蕎麥을 再種하여 전호가 수입이 증대된 것을 표시하고 있는데, "卽佃戶良者 亦時成奧族"이라 되어 있다.[184] 또 상품작물 재배를 통한 수익 증대를 보면 예릉현에서는 藍靛에 대해 "舊時 每石値十五六元 一畝之田 年可得純利八九十元 又藍性好陰 田中必兼植瓜芋等物 其所入足以當田租而有餘"라 하고 있다.[185] 藍靛 수입이 1畝에 순이익 80~90元이 될 뿐 아니라, 田中에 瓜芋 등을 겸하여 심는데 이것으로 田租를 충당하고도 남음이 있다는 것이다. 형양현도 稻穀 수확 후 상품작물 재배를 하고 있다. 현지에 보면 "二豆歲收 比稻穀可十分之四 然不能佐糧也……西鄕山谷間 亦不能就田種之也 豆貴於

---

181) 烏廷玉, 앞의 책, p.261.

182) 馮和法, 앞의 책, p.708.

183) 民國 『汝城縣志』 권18, 政典, 實業, 農業.

184) 同治 10年刊 『攸縣志』 권18, 風俗.

185) 民國 15年刊 『醴陵縣鄕土志』 권6, 實業條 藍靛.

穀倍菽 當四五月一斗豆易一斗米"라 되어 있다.[186) 콩이 식량이 아닌 상품작물인 것, 그 西鄕 山谷에는 4~5월에 콩 가격이 米와 맞먹는 것이 소개되고 있다. 또 이어서 "道光已前 蓮實每斤 不過百錢 軍興或至三百 農民爭廢田植藕"라 하고 있는데 蓮實 가격이 상승하자 농민들이 앞다투어 水田을 폐하고 蓮藕를 심는 정황이 소개되고 있다.

興寧縣에서도 추수 후 다시 油菜, 蕎麥 등을 재배하고 있고 苧麻재배에서 이익을 올리고 있다. 현지에 의하면 "南鄕水田 宜苧麻居民多以倍租佃田 植麻利獲數倍 故五路惟南鄕缺穀"이라 하고 있다.[187) 저마 수익이 많아 지대를 배로 내고 소작을 하는데, 저마의 수확 이익은 몇 배에 달한다는 것이다.

또 華容縣 사례를 보면, 현지에 "垸農年豊一歲之收 可抵山農數歲之收 垸民至厭梁肉 山民恆苦菜食"이라 하고 있다.[188) 즉 垸農 1년의 수입은 山農 수년 수입에 맞먹는다는 것이다. 같은 현내에도 생산력의 격차가 현격하다. 澧州, 荊州, 益陽 등 각지 사람이 와서 佃種하므로 이익이 他邑人에게 돌아가고 있다고 개탄한 점을 볼 때, 佃農이 垸田경영으로 富의 축적이 가능했던 것이라 짐작된다.

부전농이 발전한 지역은 '地曠人稀'한 新개간지에서 많이 형성되었다는 주장이 있다. 明 중엽, 江西남부의 山區에서 주로 부전농이 출현했다는 것이다.[189)

그런데 小財主로도 불리는 호남의 부전농이 수십畝 혹은 200~300畝를 차용하여 雇農을 사용하여 경영하는 사례가 보고되고 있는 지역은 주로 상담과 장사 부근이 많다.[190) 부전농이 고도의 농업생산력 발전의 결과 파생된 것이고 또 그것이 근대 중국농업의 한 방향성을 제시한다는 것과 연상되는 것이다. 장사부 일대는 농업생산이 같은 호남 내에서도 상

---

186) 『衡陽縣志』 권10, 食貨.
187) 『興寧縣志』 권5, 風土志 風俗.
188) 『華容縣志』 권1, 풍토.
189) 李文治, 앞의 책, p.346.
190) 章有義, 『中國近代農業史資料』 제2집, p.443.

대적으로 발전된 지역이다.

小結

지금까지 호남의 공산전을 중심으로 청말민국기, 주로 아편전쟁 전후의 시점에서 중일전쟁 이전까지 지주-전호관계의 특징을 살펴보았다.

청 후기에서 민국기의 주요기간 동안 이른바 제국주의 침략에 의한 반식민지반봉건사회에서 호남 사회는 인구의 증가에도 불구하고 미곡 수출지로서의 기능을 상실하지 않고 있었다. 청 전반에 비해 인구증가율은 다소 둔화되었지만, 1930년대 전반까지 호남의 인구는 약 3천만 명대에 달하고 있다. 건륭 초년에 비해 배 이상의 인구증가를 달성하는데 농업생산의 증대가 뒤따랐다. 호남 내에서도 인구의 집중은 여전히 장사부, 상덕부 등 미곡 생산지대에서 이루어지고 있다.

미곡생산의 경우 1930년대 초 호남의 산량은 3,000만 石에 도달하고 있고, 장강 하류지역으로 유출이 계속되고 있다. 단위면적당 무산량도 각지의 평균으로 18세기에 2.213石에서 1930년대 전반은 4.445石으로 증가 수치를 보이고 있다. 다산지역에서는 7.6石/畝 수준까지 이르고 있다. 水田지대가 구릉지대에까지 확산될 뿐 아니라, 잡량재배의 확대는 주변부지역 인구증가와 전체적 인구성장의 배경이 되고 있다. 잡량재배가 18세기 인구증가의 배경이었을 뿐 아니라, 19세기 후반에서 민국기에 걸쳐서도 인구성장에 기여하고 있다. 兩熟稻의 재배와 잡량지역의 확산은 토지 이용효율도를 높여 稻의 畝産量뿐 아니라 전체 총생산량을 늘려 나갔다.

이런 상황에서 볼 때 중국학자들이 대부분 주장하고 있는 이 시기 생산력의 정체 또는 쇠퇴는 실제 사실과 부합되지 않는다고 생각된다. 1850년대 태평천국 직후 상황과 1937년 이후 중일전쟁의 시기는 전쟁으로 인한 특수 사정이지 경제적 因素에 의한 것만이 아니다. 또 기후 생태적인 측면에서 연도별 상황을 보면 大水, 大旱, 大飢, 有年, 大水 大有年, 有年 등이 끊임없이 교차되고 있다. 즉 생산은 직선적으로 상승해 간 것은 아니고 파동치면서 성장하고 있다. 청말민국기 호남 각 지방지의 祥異條에 는 때로는 大水 후에도 有年(풍년)으로 되고 있는 현상까지 있다. 兩熟재 배 확대 후에 早稻를 망치더라도 晚稻가 大豊을 이루는 경우이다. 자연 에 대한 대처능력을 강화하여 생산이 발전된 것이다.

서원전·빈흥전 등 공산전을 공전표상 면적이 정확한 상담현·안향현 을 기준으로 전체경지의 약 1%정도를 나타내고 있다. 또 이들 공산전의 생산관계는 일반의 지주-전호관계와 동일하다는 것이 확인되었다.

이 시기에 지대는 증가되는 경우와 감소되는 경우가 혼재하였다고 생 각된다. 그러나 본장에서 분석한 자료에 의하면 加租의 예는 오히려 적었 고 減租 사례가 더 많았다. 加租 역시 토지의 생산성 증가와 연관된 경우 가 많다. 또 여성현의 경우에서 보듯이 화폐지대로 바뀐 뒤 折價가 고정 되었으나 곡가가 상승하여 전호 수입이 증대되는 것이 목격되었다.

압조도 생산력이 발전된 지역에 더욱 많이 발달하고 있다. 압조액은 시 간이 경과함에 따라 더욱 증가한다고 알려져 있으나 본장의 분석자료에 의하면 민국 여성현의 경우에 보듯이 지대액보다 낮은 현상으로 나타난 다. 또 종전의 '押重租輕'의 현상과 달리 도원현 등지에서 '押重田租重田' 현상이 확인되었다. 이것을 통해 압조는 생산력의 발전에 상응한 생산관 계라는 것을 생각하게 되었다. 민국시대 압조지역의 확대는 생산력 발전 을 설명한다고 여겨진다.

減價平糶에서 보면 주로 18세기까지 '賑濟', '施粥'의 대상이었던 전호 가 잡량재배, 경제작물 재배로 手中에 화폐를 입수하여 시장에서 미곡의 구매자로 성장한 것이 확인되었다. 유현, 상향현, 상담현 등 생산 중심지 역에서 이러한 현상이 더욱 두드러졌다.

이런 배경하에 경영규모가 100~300畝까지 확대된 부전농이 등장하여 고농을 다수 사용하여 경작하는 사례가 나타나고 있다.

총괄하면 제국주의 침략하의 이른바 '반식민지반봉건사회'에서도 농업 생산은 결코 정체, 쇠퇴한 것은 아니었다. 억압받으면서도 자극을 받고 저항하면서 발전의 길을 모색해 왔던 것이다. 거기에 상응하여 지대의 변화, 압조, 減價平糴현상 확대, 富佃農의 확대 등 생산관계도 변모되어 왔던 것이다.

이후의 최대 과제는 이러한 농업생산력의 내용을 보다 구체적으로 설명할 수 있도록 하는 것이라고 생각된다.

淸 後期 湖北의 義田과 租佃관계

序言

湖北의 地主·佃戶관계에 대해서는 총론 가운데 약간 언급되고 있고,[1] 鄕紳地主의 대토지소유와 관련하여 漢川縣의 사례가 보고되고 있는 정도이다.[2] 국내에서는 지주·전호관계를 정면으로 취급한 것은 아니지만 湖廣米의 유출과 이 지역 향신층의 활동, 民變 등을 취급한 논고가 있다.[3]

本章의 구성목적은 주로 湖南지역에 연구관심을 두고 작성해 온 일련의 論稿에서[4] 확인된 약간의 결과를 洞庭湖 이북의 雲夢縣·大冶縣·當陽縣·公安縣·光化縣에도 확대 적용할 수 있을지 여부를 검토해 보려는 것이다.

호북은 境內에 揚子江과 漢水가 흐르고 있고 수많은 支河와 크고 작은 湖水가 분포되어 있다. 서쪽에 해당하는 施南府·宜昌府·鄖陽府 3府는 水患이 없고 무창부 등 7부속 33주현은 모두 沿江濱湖지대에 해당된다.[5]

---

1) 周遠廉, 『中國租佃制硏究』, 瀋陽, 1986 ; 烏廷玉, 『中國租佃關係通史』, 長春, 1992, 제3편 1장 2절 ; 李文治, 『明淸時代封建土地關係的松解』, 北京, 1993.

2) 安野省三, 「明末淸初揚子江中流域の大土地所有に關する一考察 - 湖北漢川縣蕭堯宋の場合を中心として - 」『東洋學報』44-3, 1961.

3) 吳金成, 「湖北 漢水下流域의 農村社會와 紳士」『中國近世社會經濟史硏究』, 서울, 1986 ; 同, 「明末 湖廣의 社會變化와 承天府民變」『東洋史學硏究』47, 1994.

4) 拙稿, 『淸代 義田의 硏究』, 부산대학교 박사학위논문, 1992.

본장에서 다루고자 하는 운몽현[德安府]·대야현[武昌府]·공안현[荊州府]·당양현[荊門州]·광화현[襄陽府]은 사료 입수의 용이라는 다분히 우연적인 요소에 의해 선정된 것이다. 운몽현은 涓水유역에 위치하고 있고, 대야현은 大冶湖 주변에, 공안현은 三岡湖 주위에, 당양현은 沮水유역에 있다. 이들 4개 현은 호북의 동남부에 위치하고 있지만 광화현은 비교적 서북쪽에 가까운 편인데 역시 水路邊에 소재하고 있다.[6]

호북에서 임의 5개 현을 선정하여 호남지방의 의전에서 행한 약간의 조사를 시도하려는 것이지만 예상되는 결과를 호북지역 전체의 보편적인 상황으로 이해할 수는 없다. 또 사례연구 대상지역인 5개 현 안에서 조차 통용될 수 있는 것인지도 단언할 수 없다. 다만 微視的인 몇 개의 사안을 실증적으로 검토하여 청 後末期의 호북지역 농업생산관계 이해의 심화를 기대할 뿐이다.

Ⅰ. 置田의 시기

조사 대상인 5개 현의 지방지에서 주요 의전의 설치현황을 뽑아서 정리하면 아래와 같다.

<표 4-1> 雲夢 等 5個縣 義田

縣別	종류	설치 시기	면적	비고
운몽현	豊雲社田	광서 4년(1878)	230여석	知縣 吳念椿 주도
	賓興田	광서 5년(1879)	38석 6두 8승 6합	
	貧生田	동치 7년(1868)	1석 1두 8합	
	考棚田	함풍 11년(1857)	13석 6두 4승	知縣 杜嘉善 주도
	書院膏火田	도광 28년(1848)	89석 9두 3승 5합	
	義學田	광서 4년(1878)		
대야현	陳氏義倉田	동치 11년(1872)	3두 2승	貢生 陳國祥
	李氏義倉田	광서 8년(1882)		監生 李懷淸

<hr>

5) 陳振漢, 『淸實錄經濟史資料』 농업편 제2分冊, 北京, 北京大學出版社, p.406.

6) 譚其驤 主編, 『中國歷史地圖集』 淸時期 湖北, 上海, 1987.

대야현	張兩峯義莊田	광서　6년(1880)	16석 4승	光祿寺署正銜 前應城縣訓導 張頂勳 등
	張愼齊義莊田	광서　6년(1880)	20석	上同
	敬節堂田	광서　5년(1879)		知縣 林佐, 敎諭 張 之鶴, 訓導 張安慶
	與善堂田	동치　12년(1873)		邑人 黃昺傑
	育嬰總局	광서　17년(1891)		
	鐵山南半堡育嬰局	동치　12년(1873)		
	金湖書院田	동치　7년(1868)		
	黃石港鎭義塾	광서　7년(1881)		署知縣 朱榮椿
	吳王壇義塾田	광서년간	1석 2두 7승 5합	記名提督 敖天印
	北關外義塾	광서년간	花地 40廂, 田1두	記名提督 敖天印
	柏家觜義塾	광서년간	화지 1소	上同
	張氏義塾	광서년간?	7석 5두 5승	五品封 張煐
	鄭氏義塾	광서년간?	7두 1승	從九銜 鄭潤生
	陳氏義塾	광서년간?	1석	監生 陳晋廷
당양현	玉陽書院膏火田	도광·함풍간 증식	683.8畝	
	新增膏火田	동치 6~광서 5년	165무	
	卷價公田	함풍　7년	205.5무	
	州院卷費公田	광서　3, 4년	311.5무	
	賓興公田1	함풍　4~8년	32.5무 이상　·	
	賓興公田2	동치12~광서13년 (광서 6~8년 사이 집중)	493.3무	
	思樂公田	광서 9년~12년	1077무	
광화현	復文書院田	건륭 13년(1748) 동치　5년(1866) 광서　8년(1882)	332.58무 置公房 1소 楊姓地	
	鄕會試賓興款	함풍　3년(1853)	捐錢 1000串	
	書院膏火公款	광서　7년(1881) 광서　9년(1883) 광서　10년(1884)	133.58무 연전 2140串 68.02무	
	巨興集義學	동치중	연전 200串, 地20무	
	敦善堂義學	동치　10년(1871)		
	東西南北義學	동치　13년(1874)		
공안현	南平書院田	동치　10년(1871)	買田	
	賓興田	도광　18년(1838) 함풍원년(1851)	102.04무 52석 7두 5승	

출전 : 『雲夢縣志略』, 『大冶縣志』, 『當陽縣志』, 『公安縣志』, 『光化縣志』[7]

의전에는 義倉의 의전, 族田의 의전, 선당전 등 다양한 형태가 있는데, 위에 摘示된 운몽현과 대야현·당양현의 경우 여러 가지 형태가 나타나고 있다. 이 밖에 공안현·광화현에서도 서원전·빈흥전 등이 일부 분포되고 있다.

운몽현의 풍운사전은 社倉에 부속된 田地로서 辰州府 의창의 의전이나[8) 蘇州府 豊備義倉의 의전과 성격이 유사하다.[9) 대야현에서는 진씨의창·이씨의창 등이 나타나고 있는데 청 후기 단계는 사창과 의창은 명칭만 다를 뿐 내용상의 차이는 그다지 없었다.[10) 그 밖에 장양봉의장전이나 장신제의장전 등은 族田類의 의전에 속하고 여선당전이나 육영국전 등은 善堂類의 의전이다.

위에 적시한 바에서 보듯이 운몽현과 대야현·당양현의 의전들은 거의 광서년간에 집중적으로 설치되고 있다. 그 외에도 공안현에서는 주로 함풍 원년 이후, 광화현은 함풍 3년 이후부터 광서 10년 사이에 빈흥전 등의 의전이 설치되고 있다. 운몽현에서는 광서 4년(1878) 이후에 면적 230여 석의 풍운사전이 설치되고 종전에 없던 義學이 설치되고 있다. 운몽현 빈생전은 명말에 처음 설치되었다는 기록은 있으나 청대에는 실재가 확인되지 않다가 동치 7년(1868)에 다시 설치되고 있다. 夢澤書院은 건륭 59년(1794)에 설립되었으나, 그 고화전의 존재는 도광 28년(1848) 이후에 비로소 확인되고 동치 원년(1862)에 按田清査를 행하고 있다.

대야현에서는 동치 7년에 금호서원전이, 동치 11년에 진씨의창전이 설치되고 동치 12년(1873)에 여선당전과 철산남반보 육영국이 설치되고 있다. 광서 5년(1879)의 경절당전과 광서 8년의 이씨의창전 등은 설치년대가

---

7) 光緖 8年刊 『雲夢縣志略』.(이하 『雲夢縣志』라 함) ; 光緖 10年刊 『大冶縣志續編』.(이하 『大冶縣志』라 함) ; 同治 5年刊 『當陽縣志』.(이하 『當陽縣志』라 함) ; 光緖 15年刊 『當陽縣補續志』.(이하 『當陽續志』라 함) ; 同治 13年刊 『公安縣志』.(이하 『公安縣志』라 함) ; 光緖 10年刊, 民國 22年 重印本, 『光化縣志』.(이하 『光化縣志』라 함)

8) 拙稿, 「清 後期 湖南 辰州府의 義田」 『釜山史學』 20, 1991.

9) 光緖 9년간 『蘇州府志』, p.448.

10) 星斌夫, 『中國社會福祉政策史の研究』, 東京, 1985.

명백하지만, 오왕단의숙·북관외의숙·백가취의숙 등은 시기가 명시되어 있지 않다. 그러나 설치자가 기명제독 敎天印으로 되어 있는데, 이 오천인은 광서 5년(1879)에 설치된 경절당전의 기부기사에 제독군문 부장으로 되어 있어, 오왕단의숙 등의 설치는 광서 5년 이후라는 것을 짐작할 수 있다.[11] 장씨의숙·정씨의숙·진씨의숙·육영총국과 육영분국 등은『대야현지속편』에는 기재되어 있지 않고 광서 21년에 추가된『대야현지후편』에만 있어『續編』이 편찬된 광서 10년(1884) 이후에서 21년 사이에 설치된 것으로 볼 수 있다.

이상에서 살펴 본 바와 같이 운몽현과 대야현, 당양현의 의전들은 거의 광서년간에 집중적으로 설치되고 있고, 조금 빠른 것은 함풍 4년(1854) 시기까지 올라가고 있다.

이 시기 이러한 의전의 설치가 빈번해진 것은 함풍 4년(1854) 太平天國軍의 점령으로 피해를 입고 난 호북지방에서 지방관과 향신층에 의해 社倉이나 의창이 부활되는[12] 분위기와 일맥상통하는 점이 있다고 생각된다. 청대에 의전의 현저한 증가현상을 주목하는 시각도 있으나,[13] 본장의 사례연구 대상인 호북 5개 현에서는 청 후기 특히, 함풍 이후 광서 10년까지에 집중적으로 설치되고 있다.

이상의 조사결과는 사례연구 대상인 5개 현이 동일한 호북지역이지만 서로 상당히 떨어져 있는데도 불구하고 비슷한 양상을 보이고 있다. 이것은 주로 江蘇 일대 족전류의 의전이 청대에 번성하고 또 淸末民初시기에 최고조에 달한다는 기존 연구성과와 부합될 뿐 아니라[14] 호남 진주부의 의전, 호남 장사부 일대의 6개 현에 대한 조사와도 내용이 거의 비슷하다.[15] 따라서 청 後末期인 19세기 후반 이후에 양자강 하류 델타지대인 강소 일대뿐 아니라 그 中流域인 호남·호북 일대에서도 의전의 유행이

---

11)『大冶縣志』권4, 建置.

12) 星斌夫, 앞의 책, p.308.

13) 王日根,「義田及其在封建社會中後期之社會功能淺析」『經濟史』1993-1.

14) 張研,『淸代族田與基層社會結構』, 北京, 1991, p.38.

15) 拙稿,『淸代 義田의 硏究』, 1992.

상당한 정도의 보편성을 가지고 나타났다고 생각된다.

Ⅱ. 치전 관련자의 신분

1) 鄕紳層, 서민

<표 4-2> 義田 설치자 신분

	인명	신분	거주지	관련사실
운몽현	楊光湛	廩貢生		廣善堂, 捐資
	左大修	감생		捐田 1석 2두 2승
	李肇基	議敍 候選按司獄 累加五品銜 賞戴藍翎		광선당, 社田
	江修域	從九銜		광선당
	左珹	議敍 候選從九品 累加五品銜 賞戴藍翎		광선당, 사전 節孝祠捐田2두
	李炳均	議敍 附生 候選 縣主簿		사전
	汪國翼	감생		善行
	吳萃元	감생		書院膏火, 4두
	楊成業	庠生授例 薊永運判		兄建業姪光溶과 연전 16여석
	郝慶馨			연전 1석 1승
	劉日生			서원고화전 연전 1석 9두 8승
	戴修戩			서원고화전
	柳垣			서원고화전
	劉春茂			
	劉祥發			
	陳聯魁			
	陳明德			유춘무 이하 共捐 9석 3승
대야현	陳國祥	4品封 공생		진씨의창전 1석 4두 5승
	李懷淸	5品봉 감생		이씨의창전
	張頂勳	光祿寺署正銜 전응성현훈도	鼇山堡人	장량봉의장전 16석 1두 3승 장신제의장전 16석 6두 7승
	敎天印	기명제독		경절당전 3석 3두 6승
	黃昺傑	거인	坊市里	
	劉兆恒	감생	방시리	여선당전 2두, 화지 4塊
	郭文炳	감생		철산남반보육영국 捐設
	胡潤甲	생원		上同
	胡希齡	職員		상동

余慶期	生員		상동
程雲	생원		상동
袁復安	감생		상동
余錦心	從九		상동
方炳南	文童		상동
張煐	授例五品封	오산보인	장씨의숙전 5석
鄭潤生	從九銜	南方堡	정씨의숙전 7두 1승
陳晋廷	五品封 감생	講堂堡	진씨의숙전 1석
柯運俊	감생	黃土堡	出穀 600여석
劉獻玉	감생	長嶺堡	출곡 수십석
劉步瀛	수례오품봉	梅山堡人	出常稔田兩百餘石
汪潤輝	공생		地基 1소
馬逢源	職監		南鄕育嬰局 연전 1석
徐鎭國	감생	永靑堡	育嬰分局 연전 1석7두 1승 화지 35괴
黃德霖	五品封職	北鄕	육영국 연전 5석
陳茂盛			진씨의창전 1두 5승
恒昇元			여선당전 2두 2승
張月亭			장씨의숙전 1석 5승 莊屋 1소, 地 수십괴
張師竹			장씨의숙전 4석 9두 장옥 1소
陳蒼崖		喬店堡人	출 100금
饒勝忠		長嶺堡人	출 200금, 출곡 80여석
羅順萬		南鄕	육영국 捐田 6두
胡藻章		북향	연전 1두
胡斗臣		上同	연전 1두
陳芳名		상동	연전 5승
劉毓芳		상동	연전 1두
黃繼波		상동	연전 2두 3승
黃瑞麟		상동	연전 1두
黃彬		상동	연전 4두
胡楓軒		상동	연전 1두
張銘西			연전 2두 6승 6합
張守樸			연전 1두 5승

(대야현)

　　의전 설치에 적극적으로 관여하고 있는 사람들의 신분을 알아보기 위해 우선 운몽현과 대야현의 관련 사실을 해당 지방지에서 찾아 정리한 것이 위의 표이다. 이상에서 살펴볼 때 몇 가지 특징을 찾을 수 있다.

첫째, 實職 고관 출신 또는 상층 향신으로 분류할 수 있는 사람은 거의 없다는 것이다. 운몽현의 경우 庠生으로 蓟永運위이 된 楊成業 정도이고, 대야현은 前應城縣 훈도 장정훈과 記名提督 敖天印이 실직으로 추정할 수 있는 거의 전부이다. 장정훈은 正途 출신은 아니고 捐納에 의해 관직을 얻었다고 여겨진다.16) 기명제독 오천인은 武擧 출신자의 명부에 없고 별도로 立傳도 되어 있지 않다. 광서 5년(1879) 경절당의 捐田時에 제독군문 부장으로 되어 있는데, 광서 21년(1885)刊『대야현지』後編에는 기명제독으로 되어 있고 다수의 義塾 설치에 적극 관여하고 있다.

둘째, 議敍 또는 연납자가 많다는 것이다. 운몽현의 이조기·좌함·이병균 등은 의서로서 명시되어 있고, 대야현의 장영·유보영·호희령 등은 연납으로 신분을 획득하고 있다.

셋째, 감생이 절대 다수를 차지한다는 것이다. 향신적 신분으로 간주되는 33인 가운데 11인이 감생에 해당한다. 從九銜 2인을 포함한다면 비중이 더욱 커진다. 의전 설치와 관련해서 감생의 역할이 다른 향신층에 비하여 두드러졌던 것은 호남 湘鄕 일대에서 확인한 바와 같다.17) 특히 같은 生監層으로 연칭되는 생원은 首事와 같은 직책을 맡아 관리에 적극적인데 반해 실제 의전의 기부에는 소극적이었다.

향신층의 의전 설치 관련자는 향신적 신분을 이용한 토지소유자로 간주할 수 있는 경우는 거의 없고, 의전 기부행위의 결과 향신층의 말단에 편입되고 있다. 제도적인 향신서열 상의 신분관계가 기부행위의 액수와 整合的인 함수관계를 갖는 것도 아니었다. 예를 들면 기명제독 오천인은 3석 정도를 출연하고 있지만 捐納官인 훈도 장정훈은 30석 이상의 토지를 기부하고 있고, 금호서원의 경우는 지현 임좌가 60串문을 기부하고 있는데 감생 周繼緒가 150串문을 내놓고 있다.18) 이것을 보면 제도적인 신분서열이 재산소유규모와 꼭 일치한다고는 보기 어렵다.

넷째, 운몽현과 대야현의 의전관련 기부자 58인 중에 25인이 서민으로

---

16)『大冶縣志』後編, 義槪.
17) 拙稿,『淸代 義田의 硏究』, 1장.
18)『大冶縣志』後編, 金湖書院.

간주되는 사람이다. 약 43% 이상이 서민지주로 추측될 수 있는 사람이다. 이들은 관련 사실의 기재에 어떤 신분도 표시되지 않았을 뿐 아니라 같은 지방지의 『선거』나 『직관』에도 나오지 않는 것으로 보아 서민으로 간주할 수 있다고 생각된다. 그런데 위에서 본 향신신분의 기부자들이 정도 출신자보다는 거의가 연납으로 직위를 획득했거나 혹은 의전 기부행위와 관련해서 議敍로 향신신분에 편입되었던 점을 볼 때, 서민지주로 분류되는 사람과 본질에서 크게 다르지 않다고 생각된다.

다음에 공안현의 경우를 육영당 빈홍전의 기부사례에서 알아보자.

이 육영당 捐輸는 도광 27년(1847)에 부임한 지현 李榞(字 紫藩)이 邑紳들에게 勸捐한 것인데 이원의 후임인 지현 徐文灼이 빈홍전으로 고친 것이다. 따라서 빈홍전의 기부자 내용에 해당하는 것이다. 또 육영당은 善堂田類의 의전이고 빈홍전 역시 義田類이기 때문에 이것을 통해 이 지역 의전 기부자의 내용을 엿볼 수 있다고 생각된다.

상위 신분자로 보이는 것이 천총(정6품) 州同 · 職員 · 理問(종6품) 등이다. 천총은 5인으로서 상당히 많은 편에 속하지만 『공안현지』 권5, 무거나 例選에도 전혀 해당 인명이 등재되어 있지 않아 실직이 아닌 연납일 가능성이 농후하다. 직원은 布經이나 주동의 직을 연납에 의해서 획득한 자이다.[19] 이문 朱祓垜와 주동 齊大富도 『공안현지』 권5, 선거의 공생 거인 進士條에 일체 인명이 보이지 않는다. 따라서 역시 捐納官일 가능성이 농후하다.

공생 6인은 『공안현지』 권5, 선거 貢生條의 명단에 한 사람도 포함되어 있지 않다. 공생은 신분 기재에 拔貢 · 例貢 · 恩貢 등의 명칭이 기재되는데 앞에 아무 표시가 없는 것은 예공생에 해당된다고 보아야 할 것이다.[20] 이 6인 역시 연납에 의한 신분 취득이다. 감생 11인은 신분별로 가장 다수를 점하고 있는데, 모두 연납에 의한 신분 취득이라 보아야 한다. 生監層이라 연칭하지만 의전 기부행위에 있어서는 監生層의 상대적

---

19) 山根幸夫, 「河南省商城縣の紳士層の存在形態」 『東洋史硏究』 40-2, 1981.
20) 宮崎市定, 『科擧』, 東京, 1946, p.200 참조. 실제 地方志 기사 가운데 例貢生이 아닌 정식의 공생은 반드시 歲貢 · 拔貢 · 恩貢 등으로 明示.

인 우세를 쉽게 확인할 수 있다.

결론적으로 보면 正途 출신의 실직 고관에 해당하는 사람은 거의 없고
연납에 의한 신분 획득자가 주류를 이루고 있는 것이 특징이다. 이런 결
과는 소주부나 호남 일대의 기존의 연구내용과도 부합되고 있다.

<표 4-3> 補載前育嬰堂樂輸姓名錢數[21]

인명	신분	기부액수 (串文)	인명	신분	기부액수 (串文)
司馬盛桂	千總	800	廖億大		20
雷貢荊	감생	140	王協豊		20
鄒三義典		100	鄒能中	감생	20
恒義典		80	毛鶴齡	생원	20
朱祓埰	理問	50	毛家麟	공생	20
履升典		100	毛楚占		20
袁憲埰	공생	80	吳居義		20
劉承焯	천총	50	馬紀寬		20
萃升典		100	馬方太		20
馬德普	천총	40	馬德照	천총	10
傅長生	감생	50	龍巨源	감생	10
凝瑞典		100	李香山	감생	10
甯秀山		40	馬學德		10
唐肇選		50	易珩光		10
鄒趙讓		50	余道選		10
晏光炳		58	劉紹邦		10
陳萬春		45	韋殿邦		10
袁勤貴		26	馬百川		10
宋炳煌		20	晏明謙		10
宋聖泉			廖掄秀		10
劉作翰		15	桂臨豊		10
齊大富		30	劉德光		10
劉東來		30	余培九		8
毛業精		30	袁時曜		5
晏明椿		30	吳萬應		4
李志棚		30	趙恒豊		30
王家元		30	劉大士		10
陳必照		30	총 합계 2571串문		

21) 『公安縣志』 권4, 民政.

다음에 아무런 향신적 신분을 가지지 않은 서민은 전체의 약 47%에 해당한다. 이 가운데는 100串을 기부한 鄒三義典·履升典·萃升典·凝瑞典 등을 비롯하여 80串의 恒義典 등 고액 기부자도 포함되어 있다.

다음에 호북에서는 비교적 서북지역에 가깝고 호수주변에 있는 공안현이나 대야현·운몽현과는 멀리 떨어져 있는 광화현의 사정을 알아보자. 해당 지방지에서 관련 사실을 찾아 摘示하면 아래와 같다.

<復文書院田> 건륭 13년 지현 李飛雲 勸捐

李沔	공생	捐地 22畝	在張家溝
徐鴻儒	知縣	연지 24무	在馮家溝
袁泉	吏目	연지 60무, 40무	在東岡, 南岡
李渭		연지 51무 3분 3리	在馬窟山前
		연지 55무 8분 2리	在山頂
王擧		연지 17무 6분 6리	在廖家長岡外
		11무 7분 7리	
譚潔	廩生	연지 50무	在余家門前
唐基甲	지현	置公房 1소	동치 5년
李鏡心	지현	復撥充公房後楊姓地	광서 8년

<鄕會試賓興款>

楊榺	지현	捐錢 100串	
唐琪	공생	700串	
焦拳涵, 李祖培, 錢雲靑, 路越材 紳首 共捐錢 200串			
이상 함풍 3년 합계 1,000串 發典生息			
張炳之	童生	연전 300串	광서 10년

<書院 膏火公款>

李鏡心	지현	撥新淤洲地 133무 5분 8리 2호 納租錢 70串 광서 7년
張金相	공생	전 1,000串	광서 9년
焦作桂	감생	當地 1段 當價錢 540串
罰錢撥入錢		400串

新鎭米帮   매년 연전 200串正
葉樹南   지현   개간 68무 2리 매년 납조 歸入膏火   광서 10년

　　<義學>
傳星衢   邑紳   新鎭翔鶴樓義學
胡啓爵   지현   敦善堂義學　　　　　　　동치 10년

　　<義塚>
焦樽　　　감생　　新鎭文治門外地 3段　　　　共 15여畝　건륭 18년
簡策　　　　　　新鎭薄寧門內東偏地　　　　20무　　　건륭 39년
簡集成　　　　　부녕문내동편지　　　　　　10무　　　가경 10년
간집성　　　　　符家凹地　　　　　　　　　15무　　　가경 10년
簡繼賢　　　　　薄家凹地　　　　　　　　　16무　　　도광 10년
簡績賢　　　　　新鎭澧注門外 三里橋地　　5무　　　도광 18년
簡景雲　　생원　馬窟山塔南地　　　　　　　4무　　　동치 2년
梁永醒　　　　　巨興集南途家凹地　　　　10무
劉峻　　　　　　劉家岡東地　　　　　　　　3무
蘇行颺　　武生　縣城南門外里許地 1단　　畝 미상

　　<의총 補遺>
許士坤　　　　　縣東 25里 許家樓地　　　　5무
王德祥　　武舉　縣南 15리 楊林鋪西地　　12무
焦作述　　增生　신진문치문외지 4단　　　　6무　　　동치 2년
초작술　　　　　馬窟山西羅家樓前地 2단　　4여무
常奎基　　武進士　富鄕村地　　　　　　　　3무　　　도광 16년[22]

<표 4-4> 耆舊 기재 인물 선행

인명	신분	거주지	관련사실	관련시기
李秀實		萬福街	貿糧行 개설 善行	함풍 2년
許士坤			孤寒者歿無葬所 慨然施地五畝	
傳鐳	增貢生		敎匪起……首捐白金……焚債券	가경 원년

---

22) 『光化縣志』 권2, 學宮.

常奎基	무진사, 守備			함풍 4년
劉明容	邑監生		咸豐七年春饑捐數百金 以濟貧困	함풍 6년
丁錫謂	읍감생		以貨食起家 而樂善好施 同治七年及光緒三年邑歉收捐米穀賑之	동치 7년
傅秉恭	읍감생		鄉鄰貧人有婚葬事 恒出己資助之	
査天福			捐地十三畝	
齊德行			同治七年 歲歉出錢千餘緡	동치 7년
陳六鳴	邑增生			
常源淸	江西縣丞		力行善事……年饑穀貴	
姚文韶	공생	南鄉		
危履中	歲貢生			
孟超行	세공생			
蘇必武			慷慨好義 嘉慶十八年邑大饑 以所積粟麥二 百餘石 拯貧民……又捐地三十餘畝	
馬騰蛟		世居河口鎮		

　지현 7인 가운데 이 지역 출신의 향신인 사람은 풍가구 소재 地 24무를 기부하고 있는 서홍유 1인뿐이다. 나머지 지현들은 현지 지방관으로서 지방민의 기부행위를 독려하고 개간지를 의전으로 편입시키고 있는 정도이다.

　도광 16년 무진사로서 守備職(정5품)에 오른 상규기(의총, 보유편)는 부향촌지 3무를 기부하는데 그치고 있다. 그런데 종9품인 吏目 원천은 동강·남강에 각각 60무, 40무 합계 100무를 기부하고 있고, 늠생 담결은 여가문전의 地 50무를 기부하고 있어 제도적 신분의 상·하층의 구분이 기부액의 多寡와 일정한 함수관계가 없는 것이 특징이다.

　생원의 경우에는 건륭 13년 복문서원과 관련하여 前述의 늠생 담결이 연지 50무를 기부한 것을 제외하면 의총전으로 동치 2년 생원 간경운이 4무, 같은 시기 증생 초작술이 약 10무를 기부한 정도이고 다른 2인은 그 내용이 미미한 실정이다. 정식의 공생인 세공생 2인은 뚜렷한 기록이 없으며 증공생 傅鐺은 敎匪의 난 때 100金을 기부했다는 정도이다.

　연납에 의해 진출한 공생이라 간주되는(선거, 공생 명부에 등재되지 않고, 정식 공생은 세공·발공·은공 등으로 표현) 李沔은 복문서원고화전 22무를 기부하고 있고 함풍 3년의 공생 唐琪는 향회시빈홍관으로 700串

을 기부하고 있다. 광서 9년 공생 장금상은 서원고화공관으로 錢 1,000串을 기부하고 있다. 또 연납자인 감생의 활동이 현저하다. 광서 9년의 감생 초작계는 서원고화공관으로 540串을 기부하고 있고, 건륭 18년의 감생 초준은 의총전으로 15무를 기부하고 있다. 함풍 6년의 감생 유명용은 수백금을 기부하여 饑民을 구제하였다. 동치 7년의 감생 정석위는 ‘以貨食起家 而樂善好施’라 되어 있어 상인으로 부를 축적했다고 여겨진다. 이외에도 감생 신분 기부자의 출연 내용은 비교적 실질적인 재산 喜捨를 기록하고 있다. 총괄하면 연납에 의한 신분 취득자인 공생과 감생이 기부활동에서 주요한 부분을 차지하고 있음을 알 수 있다.

서민으로 보이는 李渭는 건륭 13년의 복문서원고화전에 마굴산전 소재 地 51.33무, 산정 소재 55.82무 합계 100무 이상을 기부하고 있다. 같은 고화전으로 왕거도 28무 이상을 기부했다. 의총전에서도 건륭 39년 간책이 20무, 가경 10년에 간집성이 25무(溥寧門內 東偏地 10무, 符家凹地 15무)를 기부하고 도광 10년 간계현이 16무를 내놓고 있다.

번거로움을 무릅쓰고 운몽현·대야현·공안현·광화현의 사례를 적시한 것은 어느 일개 현의 사실이 곧바로 여타 현의 사정도 함께 반영한다고 볼 수 없기 때문이다. 그런데 각 현은 상호간에 현격히 떨어져 있는데도 불구하고 의전 기부자의 신분면에서 상당한 유사성을 보이고 있다. 이런 사실은 조사대상 중 나머지 하나인 당양현에서도 거의 비슷한 양상으로 나타나고 있다.[23] 즉 하층 향신이 주도적 역할을 하고 있고 연납관이나 연납에 의한 신분 취득자인 감생이나 공생 등의 활동이 현저한 것이 특징이다. 아무런 지위도 없는 서민지주의 활동도 두드러진다. 연납을 행하여 향신층의 일부로 편입된 감생·공생 등이 원래 서민지주였을 것을 감안하면 서민지주의 비중은 더욱 커진다.

태평천국 이전의 연납관의 총 人數가 3.5만인데 비해 19세기 최후 30년간 53.4만으로 약 15배 증가했다는 사실[24]과 이 시기 의전 기부자의 신

---

23) 『當陽縣志』 권5, 政典.
24) 王先明, 「中國近代鄕紳階層的社會流動」 『歷史研究』 1993-2.

분과는 어떤 상관관계가 있다고 여겨진다. 청 후말기는 부를 획득한 일부
의 서민지주가 의전기부나 연납 등을 통해 신분변동을 추구해 간 시기가
아닌가 한다.

2) 城居, 鄕居지주

　운몽현의 경우 의전기부 관련 향신의 거주지가 명백하지 않다. 그러나
대야현의 경우에는 비교적 거주지가 분명하다. 위에 적시된 대야현 향신
중에 성거지주로 보이는 것은 거인 황병걸과 감생 유조항뿐이다. 거인 황
병걸은 육영분국 관련기사에 '城紳擧人黃昺傑'로 되어 있어,[25] 거주지로
명시된 '방시리'가 성내 지명인 것을 알 수 있다. 그 다음에는 거의 향거
지주로 간주되는데, 두 곳의 義莊田 32석전(약 160무) 이상을 기부하고
있는 전 응성현 훈도 장정훈은 鼇山堡인이다. 그는 오산보에 거주하면서
講堂堡・泉塘堡의 토지를 기부하고 있는 것으로 보아 상당히 광역적인
토지를 소유한 대지주가 아니었나 추측이 가능할 것이다. 그 외 강당보의
진진정, 장령보의 유헌옥, 매산보의 유보영 등이 모두 향거지주로 간주된
다. 그렇게 볼 수 있는 근거는 첫째, 성내 육영총국은 本城(단지 1보로 계
산함)과 附郭 4보를 관할구역으로 하고, 기타 각 보의 지역에 분국을 설
치하고 있는데, 거기에 강당보・장령보・오산보・영청보 등이 나오고 있
다.[26] 위에 적시된 향신들 다수는 성내도 아닐 뿐 아니라 부곽 4보에도
해당되지 않는다는 것을 알 수 있다. 둘째, 대야현 지도에서 楓樹堡・鐵
山堡・茗山堡・楊橋堡 등의 지명을 확인할 수 있다.[27] 셋째, 대야현 성
내의 지명 표시는 '西市 四鋪□□街'・'東市 四鋪□□街'・'방시리' 등으
로 표시되고 있다.[28] 그 외 大西門・關의 이름으로 되어 있다.[29]

---

25) 『大冶縣志』後編 권1, 育嬰.
26) 『大冶縣志』後編, 育嬰.
27) 『大冶縣志』卷首.
28) 『大冶縣志』 권4, 與善堂.
29) 山根幸夫,「河南省商城縣の紳士層の存在形態」『東洋史硏究』40-22, 1981.

그런데 의전설치 기부자들이 거의 정도 출신 향신들이 아니기 때문에 이 지역의 다른 향신들과는 사정이 다르다고 생각할 수 있다. 그러나 「選擧志」에서 확인해 본 결과 진사 黃肇宏이 土喬堡인 것을 비롯하여 거인 陳煥新은 彌陀堡, 거인 劉炳爕은 喬店堡 등 다수가 鄕居者로 밝혀진다.[30] 이 중 성거가 명백한 것은 광서 11년의 발공 葉佩華뿐이다. 주거지가 향거로 명시된 인물은 21인으로 전체의 약 60%에 해당한다. 이것에서 淸末시기 향신지주의 城居化, 성거지주의 개념화는 대단히 어렵다고 여겨진다.

공안현의 자료를 몇 가지 검토하여 보자.

<표 4-5-a> 공안현 인물 孝義[31]

인명	신분	거주지	인명	신분	거주지
林守威			陳岳		邑城人
李泉	생원		易象演		特邱里人
于三		魯陂里	吳鏡涵	생원	刀環里
田垣			王家琇		西辛里人
馬寅功	農人	谷昇里	田一成		
劉美公			徐文相		板橋里人
魏家祥		노피리	毛作貴		읍성인
遠鈖	생원		彭先瀛		市鎭里人
侯章華			王士富	감생	平樂里人
鄒養唯明	推官在澧州		陳善長		읍성인
侯諫臣			陳毓深	증생	
王嘉善			黃德祖	농인	
咼軾			趙斗珏		
汪士修			魏順斌		노피리
周希旦			田家昆		平樂里
			……		

---

30) 『大冶縣志』 권6, 人物.
31) 『公安縣志』 권6, 人物 孝義.

<표 4-5-b> 공안현 인물 耆德[32]

인명	신분	거주지	관련기사
袁士瑜	諸生		자, 宗道 宏道 中道 모두 진사 손, 거인 진사
毛宗憲		도환리	捐義田以贍族之貧者 俾冠婚喪祭取助焉
毛薦宇明			治族有義者
咼邦久			
陳捷	제생	大光里	
袁辰			
周右文原		世居板橋里	
易鍾秀			出穀百餘石 令泛舟糶於漢沔
牟光世	直隷通判		年饑賑穀數百石……明時人
王成九（乾隆戊戌）		茅穗新店人	大饑……日給湯粥 至冬授以棉衣……義渡田數十畝
袁前昂	庠生	廖解里人	乾隆庚申歲歉昂 糶粟減價
鄒美中		西林山之陽	歲歉輒舉粟百餘石
易斗光	歲貢		居邑之橋梓溪……足不履城市者三十餘年 祭産學田……道光庚寅出私粟
晏大士			購置學田

<표 4-5-c> 공안현 인물 義士[33]

인명	신분	거주지	관련사실
張宏綱			慷慨好施 腴田三十畝
廖鬍子		谷昇里	
王厚寬	居士	西辛里	好施予……嘉慶丙辰歲大饑……給以穀得免
沈朝	감생	獻廖里	嘉慶壬戌大旱 出穀百餘石
鄒授讓衛	천총		捐田二十餘畝
宋國報	감생	茅穗里	道光時……倡捐本邑賓興田百畝
鄒勝中	공생	平里	慷慨樂施
楊士義		평리	
雷鳴運	都司		捐義田
鄒義遇	생원	世居薦祖溪	設義渡捐田 四石五斗

---

32) 『公安縣志』 권6, 人物 耆德.
33) 『公安縣志』 권6, 人物 義士.

袁廷翰	감생		
雷魁	무생		慷慨喜施予……道光壬辰己酉歲大饑
郭哭德	공생	서신리	道光丙寅 後歲頻浸
崔以恪	세공생		
劉明振	감생	廖解里	義渡……捐田三石餘
牟丕振	감생	邑城	道光壬辰歲荒

『公安縣志』 권6, 인물 효의에 등재된 인물 중 주소지가 분명한 14인 가운데 읍성거주자는 3인에 불과하고 11인은 향촌거주자이다. 그런데 孝義조의 성격상 이들이 지주의 신분과는 직접 관계가 없다고 여겨진다. 耆德조와 義士조의 경우는 그 내용이 거의 의전류의 설치나 흉년시 곡식의 방출에 의한 기민구제를 서술하고 있어 지주 신분으로 이해해도 무리가 없다고 여겨진다. 그런데 이 가운데 읍성거주가 명백한 것은 감생 牟丕振 1인뿐이다. 나머지 향신들은 거의 모두 향거로 나타나고 있고 세공생 易斗光은 성시에 30여 년간 발을 댄 적이 없는 사람이다. 이것을 볼 때 청말 향신=성거지주의 관점은 이곳에서는 사실과 부합되지 않는다. 의사조나 기덕조의 내용이 당시 공안현의 향신지주의 존재상황을 보편적으로 대변하지 않는다고 하더라도 의전기부 또는 그와 유사한 선행으로서의 賑穀의 방출 등을 주도한 향신지주는 거의 향거지주라는 사실이 확인된다.

청대 전기에 이미 강남지방에는 성거지주가 많았다는 보고도 있고[34] 명말청초의 변동기적 성격을 성거지주로의 변화로 이해하거나[35] 향신지주=성거지주,[36] 혹은 상층향신=성거지주[37]로 보는 견해도 있다. 또 陶煦의 『租覈』을 소재로 하여 淸末시기의 소주에서 성거지주가 우세했다는 것을 밝히고 있는 논고도 있다.[38] 청초에서 청말까지 사회변동의 특징

---

34) 方行, 「淸代前期北方的小農經濟」 『歷史硏究』 1991-2.

35) 北村敬直, 「淸初における地主について」 『淸代社會經濟史硏究』, 동경, 1981.

36) 安野省三, 「明末淸初揚子江中流域の大土地所有に關する考察」 『東洋學報』 44-3, 1962.

37) 小山正明, 「中國社會の變容その展開」 『東洋史入門』, 有斐閣, 1967.

을 재지지주로부터 성거지주로의 변화로 보는 시각도 있다.[39]

이러한 기존 연구의 所論과는 달리 호북 대야현·공안현 등지의 청말 사회에서 성거지주의 특별한 우세 현상은 주목되지 않는다. 그러나 향거지주가 종래의 소론들에서 개념 규정되고 있는대로 在村의 소규모 지주이고 동시에 일부 手作을 겸하는 지주로서 의미를 한정하기는 어렵다고 생각된다.

전술한 대야현의 지주 장정훈은 오산보에 거주하는 향거지주가 분명하지만 의장전으로 160무의 토지를 기부하고 있다. 그는 오산보에 거주하면서 강당보·천당보 소재의 토지를 기부하고 있어 상당히 광역적인 토지 소유자였음을 알 수 있다.

이 당시 지주적 소유지의 분포상태를 의전을 통해서 약간 추론해 보자. 운몽현 社田의 경우는 湖田으로 개간된 지역이라 드물게 소작지가 집중된 형태에 해당한다. 당양현의 州院卷費公田의 경우 약 200무가 黃石總에 집중 분포하고 있다. 황석총 중에서도 中 1甲과 東 1갑에 밀집되고 있다. 그 외 板總과 鴻橋總 등지에 소작지가 분산되어 있다. 판총까지는 현성에서 약 20㎞이고 현성에서 동북쪽에 위치한 홍교총은 약 20~30㎞ 이내에 해당한다. 당양현 빈홍공전의 경우도 역시 현성을 중심으로 淸洋總·황석총·深港總·章鄕總·乾溪總 등지에 흩어져 있고 현성에서 비교적 멀리 떨어진 易家總까지가 30㎞ 이내이고 현성 동북쪽의 海堰總은 약 20㎞이내에 위치하고 있다. 그러나 이들 地片 상호 간의 간격은 상당히 광역적으로 분포하고 있다. 이들 소작지의 四至를 보면 다른 지주의 소유지와 어지럽게 섞여있는 것을 알 수 있다.[40]

따라서 청 후말기의 호북 5개 지역에서는 향거지주나 성거지주에 관계없이 광역적 토지소유를 하고 있는 지주를 특징적으로 파악해야 하지 않을까 생각된다.

---

38) 鈴木智夫,「淸末減租論の展開」『近代中國農村社會史硏究』, 동경, 1967.

39) 足立啓二,「淸代蘇州府下における地主的土地所有の展開」『熊本大學文學部論叢』9, 1982.

40)『當陽縣志』권5, 政典.

Ⅲ. 생산관계

의전에 나타나는 생산관계가 이 지역의 일반 토지에서의 경우와 일치하는지를 우선 생각해 보아야 할 것이다. 이미 徽州지역 祠産의 租佃관계가 일반의 그것과 하등 차이가 없다는 보고도 있고,[41] 또 蘇州의 善堂田 등의 의전이 일반의 지주제와 동일하게 운영되었다거나[42] 같은 소주부의 豊備의창의 의전 운영이 일반 조전제와 같다는 자료가 있었다.[43] 강남지방의 族田 역시 公産이 아니고 그것을 建置한 지주나 宗族지주의 소유이고 지주 토지소유제의 일종의 표현형식이라는 견해[44] 혹은 대만의 향족지주도 수탈방식은 私人지주와 같다는 보고도 있다.[45] 또 호남의 長沙府 일대와 辰州府 등의 의전 역시 일반 조전제와 같이 운영되었다는 것이 확인된 바 있다.[46] 따라서 의전의 생산관계가 당해 지역의 일반 지주제를 반영하고 있다고 보아도 큰 무리가 없다고 생각된다. 이런 시각에서 호북 운몽현·당양현 등의 5개 현의 의전의 생산관계를 몇 가지 측면에서 검토해 보자.

1) 地代형태

여타 현에 비하여 관련사료가 비교적 풍부한 운몽현의 경우를 우선 검토해 보자. 운몽현 社田과 기타 의전에서의 지대형태는 실물 정액지대와 錢納지대로 대별할 수 있다. 운몽현 公田錄에 등재된 書院膏火田과 考棚卷費田·貧生田 등의 370건 사례를 분석하면 81.35%가 전납지대이고

---

41) 劉森,「淸代徽州祠産土地關係 - 以徽州歙縣棠樾新館鮑氏爲中心」『淸代區域社會經濟硏究』上, 北京, 1992.

42) 陶煦,『周莊鎭志』권4, 風俗, "善堂或名淸節……皆擁田千百畝 而收租亦如上所云云."

43) 光緖 9年刊『蘇州府志』권17, 田賦.

44) 張硏,『淸代族田與基層社會結構』, 北京, 1991, p.176.

45) 鄭振滿,「淸代臺灣鄕族組織的共有經濟」『淸代區域社會經濟硏究』上.

46) 拙稿,『淸代 義田의 硏究』, 제1장·제2장.

18.65%가 실물 정액지대이며 分成租는 보이지 않는다. 刑部檔案 사료에
의거하면 건륭·가경년간 1160건의 사례 중 호북은 실물 정액지대 50%,
분성조 5.7%, 화폐지대 44.2%로 나타나고 있는데 이것에 비해 錢納化의
진행이 한층 뚜렷하다.

　「續議條規」의 사료를 보면 다음과 같은 기사가 있다.

　　三湖의 廢地는 황무지가 된 지 이미 오래되어 개간 일체가 자못 쉬운
일이 아닌데 土陂湖는 더욱 척박하다. 처음 개간되어 수확이 熟田보다
조금 못하니 이에 議定하여 토피호는 본년의 소작료를 면제하고 羅陂湖
는 본년의 춘추 두 계절의 租稞와 大嘴廠의 본년 秋稞租稞는 6년 풍년이
될 때까지 各湖의 租稞는 잠시 稞錢을 받고 穀麥을 거두지 않는다. 南北
倉의 건축수리비 및 堤溝의 건설비로 한다.……수확이 풍년이 되면 나피
호 대취창은 每石田에 '五扣納租'하여 春季收麥 2석, 추계 收穀 3석하며
토피호는 토질이 조금 못하니 '四扣收租'하여 매 石田에 春季收麥 2석,
秋季收穀 2석으로 공평을 기한다.[47)]

　여기서 운몽현 社田은 실물 정액지대였음을 알 수 있고, '매석전오구납
조'인데 봄에 麥 2석, 가을에 穀 3석을 받고 있다. 운몽현에서 1석전의 면
적은 5무로 간주된다. 그 이유는『운몽현지』권2, 영건 사창에 "田不滿一
石者爲極貧"이라 되어 있는데, 抗戰 전 운몽현 佃戶의 평균 경작면적이
4무이고 최소 2무였던 것을 보면,[48)] 이 1석을 10무로 비정할 수 없기 때
문이다. 또 운몽현의 실물지대 수준이 1석전=5무로 계산했을 때 상식적
으로 납득 가능한 수준의 수치가 나오는 것으로 보아 미루어 짐작할 수
있다. 당양현은 의전관련 사료상에 1석전=5무임이 명기되고 있다.[49)] 그

---

47)『雲夢縣志』권1, 營建 社倉, "三湖廢地荒蕪已久 開墾一切頗非易易 而土陂湖尤
　　爲磽土 當此初墾收成自與熟田稍薄 玆議定土陂湖本年無稞外 羅陂湖本年春秋
　　二季租稞 與大嘴廠本年秋稞租稞 以及六年豊稔 各湖租稞暫收稞錢 不收穀麥
　　作爲建修南北倉廠 建則堤溝之用……遇歲收豊稔 羅陂湖大嘴廠每石田按五扣
　　納租 春季收麥二石秋季收穀三石 其土陂湖 土色稍次 作四扣收租 每石田於春
　　季收麥二石秋季收穀二石 以昭平允."
48) 烏廷玉, 앞의 책, p.264.

러나 같은 호북이라도 황피현은 1석전=10무임이 밝혀져 있고,50) 대야현
에서도 표시면적과 租額을 대비하면 1석전=10무가 분명하다고 여겨진
다.51) 그런데 민국 초년의 호북 棗陽縣에서는 동일 縣 안에서도 大石田
과 小石田의 구별이 있었다는 것을 보면,52) 여기서 사용되는 斗石田의
면적도 해당 의전이 설치된 지역의 극히 한정된 범위에서 사용되었다고
보아야 할 것이다.

나피호 대취창 등의 湖田은 풍년시까지 잠정적으로 지대를 錢으로 받
을 것을 규정하고 있다. 생산력이 부족한 단계에서 전납지대였다가 實物
定額지대로 넘어가는 과정은 상식적인 지대발전의 궤적과는 어긋나는 것
인데, 이는 호남 장사부 일대의 6현지역에서도 유사한 사례를 볼 수 있었
다.53) 즉 생산력이 높은 水田에서는 실물 정액지대가 성립하고 旱地에서
는 地課田이라는 전납이 행해졌던 것이다. 호남 常寧縣에서도 전호가 熟
田이 될 때까지는 錢으로 납부하다가 그 후 실물 정액지대로 전환한 사
례도 있다.54)

춘계에 麥租를 받는다는 의미는 그 생장기간이 주로 봄이기 때문에 사
실상 여름의 징수를 뜻한다고 보아야 할 것이다. 이 맥조에 대해서는 장
강델타 각 지역에 그 관행이 뿌리 깊다는 보고가 있다.55) 그러나 청 전기
에 대맥·소맥을 소작료로 거두지 않았으며 이것이 송대 이래 조전제의
전통이라는 인식이 있고,56) 장강유역 이남은 대개 春花가 보편화되어 이
것으로 전호의 식량을 보충하였다.57) 또 민국초년 호북·서북지방의 각

---

49) 『當陽縣志』 권5, 政典.

50) 乾隆刑科題本租佃關係史料之一, 『淸代地租剝削形態』 下, 北京, 1982, p.347.

51) 『大冶縣志』 권6, 補義槪.

52) 馮和法 編, 『中國農村經濟資料續編』 上, 臺北, 1978, p.108.

53) 拙稿, 『淸代 義田의 연구』, 제1장.

54) 乾隆刑科題本租佃關係史料之三, 『淸代土地占有關係與佃農抗租鬪爭』, 北京, 1988, p.688.

55) 川勝守, 『明淸江南農業經濟史硏究』, 동경, 1992, 제5장.

56) 方行, 「淸代前期的封建地租率」 『明淸史』 1992-12.

57) 李文治, 『明淸時代封建土地關係的松解』, 북경, 1993, p.321.

농촌의 실지 조사에서도 봄 작물인 麥·豆·雜糧은 전호의 소유였음이 밝혀지고 있다.[58] 여기서도 운몽현 社田에서만 麥租가 분명하게 나타나고 기타 의전에서는 맥조가 전혀 보이지 않아 일반적인 경향은 아니었다고 여겨진다.

전통 중국에는 각지에 도량형이 서로 다른 형태로 사용되어 왔는데, 이 분야의 전문 연구서로서도 어떤 지역의 개별 구체적인 사례에 대해 충분한 답변을 해주지 못한다.[59] 운몽현 사전의 수조에 사용된 도량형을 알아보기 위해 관련 사료를 찾으면 「속의조규」에 다음과 같은 기사가 있다.

三湖의 개간지 합계 230여 石田이 되어 풍년에 수확이 있고 매년 수확할 수 있다. 雲斗로는 租穀이 1100여 석이고 官斛으로는 1800여 석에 해당한다.[60]

이것을 보면 社田의 소작료는 官斛으로 징수되고 있다는 것을 알 수 있는데, 운몽현의 租斗와 대비하여 근사치를 내어보면 운두 1석은 관곡으로는 약 1.636석 정도에 해당한다. 일단 운몽현의 사전에서 관곡을 사용하고 있기 때문에 실제 용량이 계측 가능하고 호남 진주부 의창의 의전이나 다른 지역과의 대비적인 인식도 가능하다. 운두란 운몽현의 민간에서 사용되는 도량형으로 간주되고, 이것이 관곡보다 약 1.636배 크다는 것을 알 수 있다.

실제 지대수준을 「公田錄」의 자료를 통해 그 일부를 적시하면 다음과 같다.

---

58) 馮和法, 『中國農村經濟資料』 下, p.1130.

59) 吳承洛, 『中國度量衡史』, 北京, 1937(1993년 重印本) ; 梁方仲, 『中國歷代戶口, 田地, 田賦統計』, 上海, 1980.

60) 『雲夢縣志』 권5, 社倉, "綜計三湖共墾 成田二百三十石有奇 豊歲有收 每年可獲 雲斗租穀 一千一百餘石 合之官斛計得一千八百餘石."

<표 4-6> 書院膏火田[61]

소재지	면적	전호	소작료
	8두	戴協廷	1串 920문
	4두 2승	戴茂廷	1串 8문
	5두	戴志成	1串 200문
	7두 6승 4합	戴治公	1串 834문
	4두 8승 5합	戴志純	1串 164문
	2두 4승	戴新甫	576문
	7두 8승 3합	戴雲廷	1串 879문
	4두 8승	戴丙國	1串 152문
	3두	戴桃江	720문
	2두 7승	戴修明	648문
	8두 5승	戴林進	2串 40문
	4두 1승 5합 5작	戴林福	997문
	3두 5승	戴林永	840문
	2두 5승 2합 5작	戴殿邦	606문
	5두 5승 2합 5작	戴協中	1串 326문
	1두 5승	戴四元	360문
	2두	戴奠階	480문
祭陂湖	2두 2승	戴菊喜	528문
	3승 5합	戴協成	84문
	7승	戴春堂	168문
	1두	戴春祥	240문
	1두	戴文元	240문
	1두 4승	戴爲漢	336문
	1두 3승	戴爲盛	312문
	2두 3승 5합	江繼先	564문
	8두 5승	僧理南	2串 40문
	5두 6승	戴得亮	1串 344문
	9두 1승 3합	戴齊同	2串 191문
	4두	戴應林	960문
	2두 9승	戴修宏	696문
	4두	戴得興	960문
	7두 6승 7합	戴德秀	1串 841문
	9두 5합	戴德敏	2串 172문
	5두 6승	談正	1串 344문
	2두 4승 1합	戴正元	578문
	6두 4승	戴修福	1串 526문

2두 4승	戴修敏	576문
4두 9승	戴齊海	1串 176문
2두 4승	楊方元	576문
3두 4승	李長科	816문
5두	王遠獻	1串 200문
5두	王遠太	1串 200문
6두 6승 4합	袁相金	1串 594문
7두	吳應春	1串 680문
4두	李國明	960문
1두 9승	張日宏	456문
1석 2두 7승 5합	戴福祥	3串 60문
5두 1승 5합	戴維祥	1串 236문
2두 9승 5합	戴維學	708문
5두 4승	戴可端	1串 296문
3두	戴維貴	720문
4두 6승 5합	戴宗大	1串 116문
5두 8승 5합	戴萬祥	1串 404문
2두	戴萬林	480문
6두 3승 2합	戴萬興	1串 517문
1두 6승	戴萬順	384문
3두 3승	金得章	792문
4두 2승	金得志	1串 8문
4두 2승	金得雲	1串 8문
4두	劉以志	960문
3두 5승 2합	戴明高	845문
5두	戴其新	1串 200문
3두 2승	戴日華	768문
2두	戴年元	480문
4두	張和尙	960문
2두 7승	戴全保	648문
6두 8승	張開福	1串 632문
3두　5합 5작	張開裕	732문
3두　5합 5작	張開烈	732문
4두	張開珍	960문
6두 3승 5합	張開甲	1串 523문
4두	張開順	960문
4두 5승	張開成	1串 80문
7두	張德起	1串 680문
4두 2승	張萬順	1串 8문
3두	張萬宗	720문

(祭陂湖)

	3두 4승	張年元	816문
	2두 4승	張文景	576문
	3두	戴子書	720문
	4두 8합	張雲祥	979문
	5두 6승	張普超	1串 344문
	6두 4승	黃正志	1串 536문
	2두 3합	張景傳	488문
	7두 7승	張恒興	1串 848문
	4두	潘進國	960문
	3두 3승	潘日明	792문
	3두 2승	潘有志	768문
	4두	左長春	960문
	9두 5승	左崇貴	2串 280문
	8두 4승	劉大德	2串 16문
	4두 2승 2합	柳先柱	1串 13문
	5두	柳友典	1串 200문
	2두 4승 5합 5작	柳學付	589문
	5두	柳登益	1串 200문
	2두	柳貴保	480문
祭陂湖	2두 4승	柳登甲	576문
	4두	柳先洋	960문
	6두	柳友志	1串 440문
	3두 2승	柳四保	768문
	6두 7승	柳先發	1串 608문
	5두 4승	柳光照	1串 296문
	1두	戴成益	240문
	2두 1승	左丙貴	504문
	3두 8승	左喜保	912문
	2두	左得保	480문
	4두 5승	左右貴	1串 80문
	2두	左在明	480문
	3두 3승	左崇升	792문
	7두 6승	左明其	1串 824문
	2두 7승 2합	左在受	653문
	5두	左崇禮	1串 200문
	2두 4승	左明春	576문
	2두 3승	左崇明	552문
	5두	左二元	1串 200문
	6두 3승 7합	左明宏	1串 529문
	2두	王原順	480문

祭陂湖	4두	左定順	960문
	3두	戴治海	720문
	4두	左乙未	960문
	9승	吳應祥	216문
	4두	戴應發	960문
합계 50석 9두 4승 5합 每季完租錢 122串 268문 按春秋兩季完納 按舊志載祭陂湖田 55석 1두 4합~4석 1두 5승 9합 5작			
螳螂湖田	4석 3두 2승	陳喜元	10串 368문
	2석 4두 8승	嚴登義	5串 952문
	2석 2두 3승	鄧華山	5串 352문
합계 9석 3승 매년 收租錢 43串 344문			

錢納의 경우는 坐落別로 비교적 유사한 분포를 보이고 있다. 際陂湖에 있는 서원고화전의 경우 121건이 거의 균일하게 1무당 480문의 수준으로 나타나고 있다. 그런데 이 제피호전의 경우 말미에 '每季完租錢'·'按春秋兩季完納'이라 되어 있어, 1무당 480문의 계산은 한 계절의 부담액이고 연간으로는 그 2배인 960문이 정상지대로 간주된다. 이런 추측을 더욱 확실하게 뒷받침하는 것은 당랑호전의 경우이다. 여기에 명시된 전호 3인의 조액은 말미에 적힌 매년 收租錢, 즉 43串 344문의 정확한 반액이다. 이 것을 볼 때 앞서 본 나피호, 토피호 지역의 사전처럼 맥조의 존재가 形骸化되면서 전납의 정액지대를 2기에 걸쳐 균등 분할 납부하는 특이한 전납지대가 성립한 것이 아닌가 한다. 이러한 2기 분할의 전납지대는 주로 湖田지대에서 성립한 특수한 형태로 보아지는데, 같은 서원고화전이라도 坐落 八角會·朱子會·潞家會·新府會·下合會 등은 그 말미에 '每年 收租錢'이라 명시되어 있고 나열된 액수의 합계와 총액이 일치하고 있다. 그 수준은 600문에서 800문 사이의 분포를 보이고 있다. 좌락 徐新會에 있는 운몽현 빈홍전의 경우는 1,600문에서 2,000문 사이의 수준이다. 광서 8년(1882) 전후의 운몽현의 평상시 곡가는 1석당 2천 수백문 수준이고 흉년시에는 3,000문 내지 4,000문까지 앙등되고 있다. 화폐지대의 발전은 주로 상품경제의 발전을 전제로 한다고 인식되고 있는데,[62] 운몽현은 호북

---

62) 岳琛, 『中國土地制度史』, 북경, 1990, p.232.

의 枝江縣·江陵縣·天門縣과 함께 주요 면포 생산지역이었다.[63]

실물 정액지대의 경우는 운몽현의 서원고화전으로서 좌락 上南會에 있는 7건의 사례가 균일하게 무당 1.2석의 수준을 보이고 있는 것을 비롯하여 좌락 晋升會·下南會의 다수 사례에 약 1.2석이 평균치를 보이고 있다. 하남회·萬家會 등지의 考棚卷費田도 1.2石에 집중되고 있다. 호남 진주부 의전이 그 지역 최고의 상등 수전으로 무당 약 1.98석의 고액이었던데 비하면 아주 낮은 수준이지만, 이것은 의전이기 때문에 低額이었던 근거는 없다. 소주부의 屈氏의전에서도 水蕩의 경우는 0.714에서 0.991석의 분포를 보이고 있다는 것을 볼 때,[64] 운몽현의 의전이 주로 청 후기에 새로 개간된 호전이 많았던 것과 관계가 있다고 생각된다. 이것은 의전의 종류에 관계없이 좌락에 따라 지대수준이 유사한 분포를 보이는 것에서도 짐작할 수 있다.

끝으로 운몽현 사전의 收租에 나오는 '五扣收租'·'四扣收租'의 의미는 소작료액만 명시되어 있고 産量은 명확히는 알 수 없지만 소작료율 50%·40%를 의미하는 것이다.[65]

대야현의 경우에는 운몽현과 같은 상세한 지대 관련 자료가 없다. 그러나 지대발전의 방향을 논의할 수 있는 몇 개의 단서가 보인다. 대야현 역시 전납지대와 실물 정액지대가 병존하고 있는데, 그 몇 가지 사례를 적시하면 다음과 같다.

대야현
<경절당>
제독군문 부장 吳天印捐茅山團田 3석 3두 6승 歲納租穀 42석 8두 7승 5합
又捐 花地 29廂 내 田甬作 1廂 歲納稞 九七錢 37串 100문 내 旱田折租錢 8串문

---

63) 方行, 「淸代前期的小農經濟」『經濟史』 1993-11.
64) 拙稿, 『淸代 義田의 연구』, 제4장.
65) 高大民族文化硏究所 編, 『現代中韓辭典』, 서울, 1990, p.624.

又典存九九錢　1,700串문

<與善堂>
經費
彌陀堡陳子山田　　　　　　　1석 5두 1승　　　　세납 조곡　26석 3두 5승
北關外石家壟田　　　　　　　4두 2승　　　　　　　　　　10석 1두

洪濱橋北鄂家莊房屋兩重田　7석 1두 7승
　　　　　　　花地 2塊
　　　　　　　塘　　2口
　　　　　　　산　　4段　　　　　세납 조곡 80석
　　　　　　　　　　　　　　　　稞 九九錢 4串문

西市 2舖 여선당 우측 벽을 격한 舖屋 1소　세납 九九錢 21串문
西市 4舖　　　　　　　　　河街舖屋 1소　세납 九九錢 62串문
尙和堡楊春莊田　　　　　1석 6두 2승　　　세납 조곡　26석 3두 4승
尙和堡程發灣田　　　　　　7두 2승 5합　　　　　　　10석 3두 7승

감생 劉兆恒 연 永豊鄕兵馬畈田 1두
　　　　　　　花地 2塊
　　　　　　車游橋田 1두
　　　　　　柏家觜 화지 2괴　　　　세납 조곡 3석
　　　　　　　　　　　　　　　　稞 구구전 2串 600문
무창 恒昇元 연 영풍향 尙和堡 廖家畈西邊灘田
　　　　　　　　　　　　　2두 2승　세납 조곡 4석
이상은 여선당의 原産

東市 5舖 亨子節山街 포옥 1소　세납 九九錢 48串문 - 광서 2년
동시 5포　형자절산가 포옥 1소　세납 구구전 17串문 - 광서 3년
동시 5포　亨子節河街 포옥 1소　세납 구구전 20串문 - 광서 7년
西市 5포　利字節大西門內山街 포옥 1소 세납 九九錢 32串문 - 광서 7년
大西門外 公基 1소　　　　　　　세납 지조 구구전 9串문

水府廟對面舖屋 1間　　　　　　　　세납 구구전 22串문[66]

　<金湖서원>
新橋官湖 陳廷玉 陳光輝 陳三楚 袁君泰 袁君選等 承佃歲納麥稞 九九
錢 15串文銅綠官山向屬儒學 同治 7年 敎諭 魏崇本 訓導 彭學桂 牒縣
歸人 金湖書院 招佃開墾 光緒 7年 土人 柯合興 陳義興等 承佃歲納稞
九九錢 3串 200文

　<義塾>
吳王壇 의숙
기명제독 오천인 捐　　　　花地 92廂
　　　　　　　　　　　　　田 1석 2두 7승 5합　세수 租稞錢 80串문

北關外 의숙
기명제독 오천인 연　　　　화지 140상
　　　　　　　　　　　　　전 1두　2합 5작　세수 조과전 102串문

柏家觜 의숙
기명제독 오천인 연 화지 1所　　　　　　　세수 稞田　40串문

　<關王堡 育嬰分局>
經費量力書捐置　水田　1석 8두 6승 5합　　歲取租穀 26석 8두
　　　　　　　　　　　　　　　　　　　　稞錢　　9串 565문

　<永淸堡 育嬰分局>
　　　　　　　　　　共捐錢　120串
감생 徐鎭國 捐 楓樹堡　　　　土田　1석 7두 1승 5합
　　　　　　　　　　　　　　　花地 35塊
　　　　　　　　　　　　　　　세납 光穀租 27석 4두 2승
　　　　　　　　　　　　　　　稞　九九大錢 21串 500문

---

66)『大冶縣志』권4, 建置.

値價銀 500냥

<鰲山廟 育嬰分局>
張煐 捐田   6석   5합   歲收 조곡 83석 9두
張銘西 연전   2두 6승 6합   조곡 4석 6두
張守樸 연전   1두 5승   조곡 2석 1두
中下 各戶   共捐錢   170串

<北鄕 育嬰總局>
경비 오품 封職 黃德霖 연전 5석 值價錢 1,530여串 세수 조곡 80여석
稞錢 9串[67]

이상에서 보면 대체로 水田에서는 實物 定額地代, 旱田·花地 등에서
는 稞錢이란 전납이 행해지고 있는 것을 알 수 있다. 그런데 광서 5년
(1879) 경에 부장 오천인이 기부한 경절당의 田地에서는 수전은 실물 정
액지대, 화지는 전납, 한전은 折租錢의 형태가 명시되고 있다. 이런 형식
은 與善堂田의 경우도 거의 비슷하게 나타난다. 그러나 광서 21년(1895)
에 간행된 『대야현지』 후편의 기록을 발췌한 금호서원전 이후의 기사에
서는 약간의 변화가 주목된다. 금호서원전에서는 고정된 전납으로서 '麥
稞'가 보이는데, 이것은 '新橋官湖'로 되어 있어 앞서 운몽현에서와 같이
湖田구역이 아닌가 한다. 또 義塾의 기부 기사에 종전에 경절당전을 出
捐한 적이 있는 오천인의 기록이 보이는데, 이곳에서는 화지뿐 아니라 수
전까지 '租稞錢'이란 명칭의 전납이 실현되고 있다. 동일 인물이 기부자
라는 점에서 더욱 흥미를 끄는 부분이다. 관왕묘 육영분국에서는 水田만
에서 일부 실물 정액지대, 일부 稞錢의 병용형태가 보이는데, 이것은 북
향 육영총국에서도 보인다. 대야현의 실물 정액지대는 오산묘 육영분국
에서와 같이 『대야현지』 후편의 간행 시점에서도 여전히 존재하고 있는
데, 지대 수준은 무당 1.3석에서 1.7석 사이에 분포가 집중되고 있다.

---

67) 光緖 21年刊 『大冶縣志後編』 권1, 學校 公局.

주로 강소·광동의 學田을 중심으로 분석한 결과로 건륭년간 대다수 주현의 학전·서원전이 화폐地租로 변화되었고 稻田에서 화폐租를 많이 거두었으며 학전과 서원전은 일반 민전에 비하여 지조형태의 변화가 앞섰다는 견해가 있다.68) 이 所論은 호남·호북 일대 상당한 주현의 서원전을 비롯한 의전에서는 그 타당성이 의심된다. 화폐지대의 발전배경에 대해서는 경제작물의 재배에 그 원인을 찾거나69) 혹은 호남·호북지역을 주로 분석하여 생산력 수준의 提高, 경제작물의 種植면적 확대를 지적하는 견해가 있다.70) 또 포괄적인 이해로서 교통발달, 상품경제 발전, 경제작물의 확대, 田賦 징수의 銀納化, 지주의 현금수요 증대 등을 지적하기도 한다.71) 이들 諸說에서도 地代 발전의 궤적은 실증적으로 분명하게 밝혀지고 있는 것 같지 않다.

그런데 대야현에서 보면 花地에 우선 전납이 실행되고 旱田의 折租錢을 거쳐 水田의 전납화로 이행된 궤적이 비교적 명백하다. 광서 21년(1895) 간행의 『대야현지』 후편에는 전납화의 정도가 더욱 가속화되고 있고, 수전에서도 실물 정액지대와 전납의 병용이 과도기적 형태로 나타나고 있다.72) 이것은 호남성의 湘潭·湘鄕·桃源·城步·邵陽·衡陽 등지에서도 수전은 실물 정액지대, 旱地에서 전납이 시행되었던 사실과도 거의 일치한다.73) 앞서 운몽현의 社田에서 3湖지역의 田이 생산성이 낮은 단계에서 잠정적으로 전납을 시행했던 사실과도 일맥 상통하는 것으로 전납지대는 주로 생산성이 낮은 한지에서 먼저 비롯되었다고 여겨진다.

공안현과 광화현은 지대관련 자료를 찾기가 어렵다. 공안현은 함풍 8년(1858)에 학전에서 전납지대가 실현되고 있는 것이 보이고,74) 광화현은

---

68) 李文治, 앞의 책, pp.406~409.

69) 方行, 「淸代前期的預租」『淸史硏究』1992-2.

70) 譚天星, 「淸前期兩湖農村的租佃關係與民風」『經濟史』1992-11.

71) 烏廷玉, 앞의 책, p.161.

72) 李龍潛, 「略論淸代前期廣東實物租制的租佃關係」『淸代區域社會經濟硏究』下, 1992. 광동지역에서 유사한 사례를 밝히고 있음.

73) 拙稿, 『淸代 義田의 연구』, 제1장.

74) 『公安縣志』권4, 民政 學田.

광서 7년(1881) 서원고화전에서 전납조가 이루어지고 있음을 알 수 있는 정도이다.[75]

다음에 당양현의 預租에 대해서 보자. 『당양현지』에서 예조관련 사료 중 일부를 적시하면 다음과 같다.

당양현에서는 卷家공전의 石簡埠田, 賓興공전의 煙墩包田에서와 같이 실물 정액지대인 경우는 흉년이 들 경우 災讓이 인정되고 있고, 기타의 예지조전·조전에서는 조액이 비교적 가벼워 풍흉에 관계없이 영구히 정액으로 한다고 되어 있다.

<표 4-7-a> 玉陽서원 膏火公田

명칭	면적	소재지	소작료	관련 사실
龍泉寺田	258무	淸水總	原租銀 63량	건륭 24년 僧 淸億 捐 함풍 10년 고쳐서 매년 預支租錢 158串 821문
玉泉寺田	171무 7분 6리	玉泉總	원조은 43량 2전 7분	함풍 10년 改折 예지조전 160串 10문
烏鴉藤廟田	28무	花粟總	원조은 14량	함풍 10년 개절 예지조전 25串 200문
三星寺田	40무 4리		原租穀 16석 매년 籽驗收租	가경 6년 전호의 청에 의거 豊歉에 관계없이 매년 절조은 6량 4전 함풍 10년 개절조전 19串 100문

<표 4-7-b> 新增

명칭	면적	소재지	소작료	관련 사실
石龍琓田	17무	黃石總	原案載田 3석 4두	도광 25년 감생 張開耀 原租銀 6량 8전 捐充 함풍 10년 改折預支租錢 17串
分水堰田	2무 5분	漳鄕總	원조은 1량	도광 26년 文童 陳文洪 함풍 10년 개절예지조전 2串
瓦窯琓田	125무	深港總	함풍 10년 개절예지조전 47串 600문	함풍 8년 감생 劉斂五
朱家湖田	41무 5분	大蓮總	예지조전 32串	함풍 10년 감생 愼世傑

---

75) 『光化縣志』 권3, 學宮.

<표 4-7-c> 卷價공전

명칭	면적	소재지	소작료	설치시기	비고
姚家西畔田	23석	小蓮總	預支租錢 100串	함풍 7년	邑紳公置
姚家東畔田	7석	소연총	예지조전 30串	함풍 7년	읍신공치
石簡塝田	11석 1두	漳鄕總	조곡 33석 3두(歲歉驗收)	함풍 7년	王相書等捐

<표 4-7-d> 賓興공전

명칭	면적	소재지	소작료	설치시기	비고
陸家塚田	3분(?) 1분(?)	官塝總 乾溪總	租銀 16량 7전 조전 10緡	건륭 38년 도광 16년	지현 王械 지현 王朝枏
煙墩包田	1분(?)(此一分歲歉則驗籽收租)	황석총	조곡 28석	함풍 4년	邑紳公置
井溝河田	4석 5두	鴻橋總	預支租錢 18민	함풍 5년	공치
琵琶洲田	2석	홍교총	예지조전 8민	함풍 7년	공치
姚家東畔田	1분(?)(이상 三分取租較輕 無分豊歉 永爲定數)	小蓮總	예지조전 30민	함풍 8년	공치

옥양서원 고화공전의 三星寺田을 보면 가경 6년(1801) 전호의 청에 의하여 실물 정액지대에서 화폐지대로 전환된 사실을 알 수 있다. 지주계급의 사치생활, 화폐수요의 증대로 인해서가 아니라 전호의 주체적 요구로 화폐지대로 발전되고 있는 것이다.

預租는 청대 전기에는 거의 찾아 볼 수 없고 청말에 다양한 명칭으로 불리면서 각지에서 출현하고 있으나, 그 보고 사례는 극히 적다. 호북에서는 南漳縣과 宜城縣의 사례가 보고되고 있는 정도이다. 남장현은 買地에서 보이는데 "照鄕例預先給租"라 되어 있어, 이 지방에 통용되는 관행이었음을 알 수 있다. 당양현 학전에서는 동치 4년(1865)에 예지조전으로 바뀌고 있고 옥양서원 고화전에서는 함풍 10년(1860)에 빠른 것은 빈흥공전에서 함풍 5년(1855)에 출현하고 있다. 태평천국군이 당양현에 접근해 온 것이 함풍 4년(1854)이었던 것과 어떤 관련이 있는 것은 아닌가 생각된다. 옥양서원 고화전에서 보면 대부분 '原租銀'을 밝히고 있어 예조로 바뀌면서 은납에서 전납으로 변화된 것을 알 수 있다. 같은 서원고화전

내의 삼성사전은 원래 실물 정액지대에서 가경 6년(1801)에 전호의 청에 의해 은납으로 바뀌었다가 함풍 10년(1860)에 전납의 예조로 되고 있다. 『當陽縣補續志』에 의하면 官壋總・陸家總 등지의 빈홍전이 광서 15년(1889)에 '원조은'을 錢納預租로 바꾸고 있는 사례도 있다.76) 전술한 바와 같이 빈홍전에서 함풍 5년(1855) 이후 출현하여 19세기 말까지 예조가 확대되고 있는 것을 관찰할 수 있다. 남장현은 水田지대의 투地에 나타났으나 당양현은 水투田 모두에 예지조전이 나타나고 있다. 호북 남장현의 사례는 畝당 약 350문 정도이고 당양현 빈홍전・思樂공전 등에서는 이것보다 고액으로 나타나는데, 빈홍전의 사료를 보면 조액은 다소 저렴해지는 방향으로 진행된 것 같다.

預租의 발생원인에 대해서는 경제작물의 재배와 貨幣租의 실행 또는 토지가 척박하여 조전이 많지 않아 예조가 발생하였다는 所論이 있다.77) 그런데 당양현에서 왜 예조가 실현되고 있는지 명확히는 알 수 없다. 이 지역에서는 수전의 稻作 이외에 경제 작물로 면화 苧・麻・豆・茶 등이 재배되고 있다. 특히 落花生條에 '本川種 本省所産 當邑最先'이 적혀 있는 것을 보아 당양현이 호북성 가운데서도 경제작물재배에 선구적이었던 것을 알 수 있다.78) 그러나 광서 15년(1889) 당시 당양현의 인구는 약 33만이었지만 매인당 경지면적은 4.05무에 해당하고79) 또 중일전쟁 이전에 전호의 최소 사용면적은 5무, 일반적으로 13무였다.80) 이것을 보면 특히 여타 지역보다 借地 경쟁이 치열했다는 분명한 근거가 되지 않는다. 토질이 척박한 곳에 성립했다는 앞서의 所論과는 달리 비옥한 수전지대에서 나타나고 있는 것도 당양현의 특성이다. 이 문제는 앞으로 더욱 검토해야 할 과제이다.

이상에서 보면 운몽현을 필두로 대야현・당양현・공안현・광화현 등

---

76) 『當陽縣志』卷4, 補遺.
77) 方行, 「淸代前期的預租」, 『淸史硏究』1992-2.
78) 『當陽縣志』卷2, 物産.
79) 『當陽縣志』권1, 政典 戶口.
80) 烏廷玉, 앞의 책, p.263.

에서는 19세기 말에 전납지대가 주류를 이루고 일부 실물지대와 병용되는 과도기적 양상을 경험하면서 전납화가 가속화되고 있었다. 전납은 의전이기 때문에 우선되었던 것보다 地目에 따라 花地·旱田 등에서 먼저 시작되어 차차 수전지대까지 확산되어간 형태였다. 특이한 경우의 하나로 당양현의 預租사례를 확인할 수 있었다.

2) 收租 방식

⑴ 소작지 臺帳

운몽현의 社田에 관한 사료에 다음과 같은 기사가 있다.

> 三湖의 사전은 각기 魚鱗圖式을 그려 號次를 매겨 묶고 總冊 3본과 아울러 각 條款 3본으로 만들어 표지에 도장을 찍어 각 일부는 관청에 보존하고 남북창에 각기 일부씩 보존한다.……개간된 각 田은 魚鱗細冊을 만들고 전호의 성명과 차호를 적고 아울러 각기 1圖를 그려 책의 말미에 붙여 뒤에 보는 사람으로 하여금 명료하게 한다.[81]

위에서 보면 어린총책 또는 어린세책이라는 명칭이 나오고 있다. 소주지방에서 징세 목적상 국가가 작성한 魚鱗冊이 아닌 收租 목적의 私文書로서 어린책이 존재했다는 것이 밝혀지고 있지만,[82] 타 지역에서는 흔하게 보이지 않고 있다. 호남 진주부 의전의 경우 소작지 대장으로서 '造冊'이 있었는데,[83] 그 내용은 운몽현 사전의 어린책과 유사하다.「社田記」에 나오는 사료에 의하면 어린도식으로 책을 만들고 전호의 성명과 각 호차를 기입하여 3부를 작성, 남북 양창과 현에 보존하도록 하고 있다.

---

81) 『雲夢縣志』卷1, 營建 社倉 <續議條規>「三湖社田 各繪魚鱗圖式 編立號次 總冊三本竝各條款三本 蓋印存案各一本 存南北倉各一本……將墾定各田 編次魚鱗細冊 登註佃人名號次 竝各繪一圖 弁之冊端 後之覽者瞭若」.

82) 村松佑次,「國立國會圖書館收藏の『魚鱗冊』について」『近代江南の租棧』, 동경, 1978.

83) 拙稿,『淸代 義田의 硏究』, 제2장.

　그런데『雲夢縣志』에는 각 호차와 地片의 면적을 표시한「社田圖」는 등재되어 있으나 어린책 자체의 내용은 자세히 알 수 없다. 이 소작지 대장은 호남 진주부에서도 이미 확인한 바 있었지만 호북에서도 상당히 널리 퍼진 관행으로 짐작되는데, 조사 대상의 5개 현 중에서는 운몽현 사전만이 그 존재가 분명할 뿐이다. 당양현의 빈홍공전에서도 광서 15년(1889)에 관리하는 향신들이 소유지의 측량을 행하고 그 소재지 면적 四至 등을 기재하고 있는 것을 볼 때, 소작지 대장도 있었지 않았나 추론해 볼 수 있는 정도이다.

⑵ 소작료 징수 절차

　운몽현 사전의 운영 내용을 알 수 있는「續議條規」의 자료 일절을 소개하면 다음과 같다.

　　매년 소작료 징수는 南倉에서 기일을 정하고 먼저 報單(통지서)을 내어보내고 某日에 開倉하여 모일에 그친다. 만약 기일이 넘어도 바치지 않으면 관에 아뢰어 差役으로 추적하여 처리하게 한다. 기일에 앞서 北倉에 통지하여 社正 1인을 맞아 함께 城守에게 청하여 병정 2인을 대동하여 (전호를) 탄압한다. 북창에서 거두는 곡맥은 平糶散賑을 한다. 捕廳의 派差 2명, 대동하는 兵差는 章程에 따라 飯食을 발급하고 보수를 요구하는 것을 허락하지 않는다.[84]

　여기서 보면 사전 관리를 주로 담당하고 있는 남창에서 기일을 정하여 먼저 일종의 소작료 납부고지서인 報單을 내보내는데, 여기에는 개창일로부터 언제까지 소작료를 징수한다는 것이 명시되어 있다. 기일을 어기고 납부하지 않으면 사정이 중심이 되어 城守 휘하의 병정과 포청의 차

---

84)『雲夢縣志』권1, 營建 社倉, "每年收稞 由南倉定期 先出報單 於某日開倉至某日止 如逾期不納 稟官差追究辦 先期通知北倉 邀社正一人 幷請城守 隨帶兵丁二人彈壓 北倉收儲穀麥 平糶散賑 歸捕廳差役二名 隨同彈壓 兵差照章發給飯食 不準需索酬費."

역을 대동하여 소작료의 催收를 행한다. 이때 병정과 차역의 반식은 장정에 따라 지급하고 별도로 수고비를 요구하는 것을 용납하지 않는다고 되어 있지만, 실제 사정은 징수 과정에서 약간의 추가 수탈이 있었는지 알 수 없다.

또 징수책임자인 社正이 직접 '下鄕看租轉運'하는 것으로 되어 있고, 局丁과 轎夫에게는 별도의 工價를 지불하고 있다.

징수 절차 역시 운몽현을 제외한 기타 현의 사정은 사료에서 잘 드러나지 않는다.

(3) 소작료 감면

「속의조규」의 관련사료의 일절을 적시하면 다음과 같다.

> 3湖지역은 모두 水鄕이라 한번 홍수를 당하면 제방이 붕괴되어 즉시 물나라로 변한다. 가령 水旱의 偏災가 있으면 스스로 마땅히 看田取租하고 만약 혹 조금 흉년이 들면 응당 社正이 현에 아뢰고 처리하여 體恤함을 밝힌다.[85]

여기서 보면 운몽현 사전에서 災讓(재해로 인한 소작료 감면)이 있었다는 것을 알 수 있다. 정액지대이면서 풍흉에 따라 약간의 감면을 행하는 것은 소주뿐 아니라 호남 진주부·장사부 일대에서도 확인되고 있어 청 후기의 거의 공통된 현상으로 이해된다. 운몽현 서원고화전의 경우는 전호의 거듭한 欠租로 인한 감면 사례도 나오고 있다. 그 외 기간 내 납입으로 인한 할인의 사례는 사료 상에서 확인할 수 없다. 당양현의 卷價공전 가운데 실물 정액지대를 받는 석간당전이나 역시 같은 조건인 빈흥공전의 연돈포전 등에서는 정액지대이지만 흉년이 들면 減租가 실행되고 있는 것으로 보인다. 기타 현에서는 사료 상에 명기된 것은 찾기 어렵다.

---

85) 『雲夢縣志』 권1, 營建 社倉, "該三湖均居水鄕 一遇水勢汎漲 堤 漫潰 卽成澤國 設有水旱偏災 自宜看田取租 如或稍有歉薄 應由社丁稟縣 示辦以昭體恤."

3) 지대 외 부담

「속의조규」의 일절을 인용해 보자.

> 社田의 세 곳은 모두 마땅히 埂을 수축하여 민전과 각기 구별이 있게 한다. 그러나 경의 수축에는 비용이 없을 수 없어 응당 사전을 소작하는 사람에게 소작 면적에 따라 공동으로 비용을 모아 수축하게 한다. 원래 의논하여 전호가 바쳤던 頂租錢 매 석 2000문은 이 항으로써 경의 수축비에 쓰고 만약 이 頂頭가 남으면 계산을 분명히 하여 社의 公金으로 돌리고 만약 부족하면 명확하게 조사하여 社中에서 전호에게 지급한다. 매년 반드시 補修를 하는데 만약 유고로 退佃할 때는 소비한 비용은 후임의 소작인에게 돌려 액수에 비추어 반환한다.[86]

지대 외의 부담으로는 위 사료에 나오는 사전의 정조전이다. 호북지방의 押租 명칭으로 예시된 경우는 없으나,[87] 소작보증금의 유사명칭으로 간주되는데, 여기서는 관개용 溝渠인 '경'의 수축비용 마련을 위해 전호에게 소작인이 될 때 佃作면적에 따라 부담을 할당하고 있는 것이 특징이다. 每石田 당 2000문의 비용이 부과되고 있는데 무당 약 400문에 비정된다고 할 수 있다. 際陂湖田의 지대가 960문 수준에 형성되고 있는 것을 전제로 하면 지대의 약 41.7%에 해당한다고 볼 수 있지만 정확한 대비는 할 수 없다.

그런데 소작인이 有故가 있어 退佃할 때는 소비한 바의 정조전은 소작 계승자에게 물려 전 전호에게 되돌려 준다는 것을 명시하고 있다.

공안현의 사례를 검토하기 위해 學田 자료 일부를 적시하면 다음과 같다.

---

86) 『雲夢縣志』 권1, 營建 社倉, "社田三處 均應修做攔水界埂期於民田各有區別 然築埂不能無費 應由佃種社田之人 按所種田畝 公同集費修做 原議領佃者議納頂租錢每石二千文 卽以此項作爲修埂之費 如此頂頭有餘 核算淸楚 該佃戶繳社歸公 若有不足 稽查明確 社中找給佃戶 每年必須補修完好 日後如有做退佃所費之錢 歸於接佃者 照數給還."

87) 周遠廉, 『淸代租佃制硏究』, 瀋陽, 1986, pp.245〜246.

함풍 무오(1858) 3월에 홀로 그곳에 나아가 淸査를 행하였는데 듣건대 사사로이 頂租 수십을 준다는 설이 있어 그러므로 측량을 다 마감하지 못하고 근근히 租 28串을 정하였다. 후에 이 지역이 모두 강에 가까운 이유로 전호들이 홍수로 수확이 없다는 구실로 소작료를 납부하지 않을 뿐 아니라, 또 抗租하여 재해도 보고조차 하지 않는다. 이미 田地는 주인의 뜻대로 되지 않으니 田이 있어도 없는 것과 같다.[88]

이것을 보면 頂租의 존재가 전호들 상호간에 授受되었다는 것을 알 수 있다. 이 정조는 押租명칭 예시문에는 어디에도 나오지 않으나 건륭년간의 소주부에서 頂首銀 등과 같이 쓰인 일종의 소작 보증금의 原型이었던 것을 확인한 바 있다.[89]

호북지역의 압조 명칭은 上莊銀·上莊錢·莊銀·頂種銀·頂種錢·佃禮錢·價銀·押課錢·寫田禮·批禮銀 등이 소개되고 있고,[90] 頂首·頂押의 용례도 보인다.[91] 건륭·가경년간에 걸쳐 호북성 전역에서 20건의 압조 사례가 보고되고 있고,[92] 호남·강서·사천 등지와 함께 호북도 압조제도가 성행한 지구로 지목되고 있다.[93] 그런데 앞서 조사한 바에 의하면 압조는 어떤 지방에 무조건적으로 유행한 것은 아니고 동일 지역, 동일 지주 소유지 안에서도 地目에 따라 차별적으로 성립한 것이었다.[94] 즉 생산성이 높은 수전을 중심으로 성립하고 있는 것이었다. 호북의 5개 현 지역에서도 운몽현의 사전은 3호지역의 개간전이었고 공안현은 三岡湖 주변에 위치하면서 滋河가 통과하고 있는 지역이다. 따라서 주로 생산성이 높은 호전지역에 선택적으로 성립한 것이 아닐까 생각된다. 운몽

---

88) 『公安縣志』 권4, 民政 學宮, "咸豊戊午年三月獨詣該處淸査 聞有私給頂租數十串之說 故未勘丈僅議租二十八串 後因此地坐落均係濱江 佃戶等總以水大無收藉口 不但租課不繳 而且抗不報災 已有業不由主之勢 雖有田如無田."

89) 拙稿, 『淸代 義田의 연구』, 제4장.

90) 周遠廉, 앞의 책, p.246.

91) 烏廷玉, 앞의 책, p.293.

92) 烏廷玉, 위의 책, p.107.

93) 魏金玉, 「淸代押租制度新探」『經濟史』 1993-12.

94) 拙稿, 『淸代 義田의 硏究』, 제2장.

현의 경우는 정조전의 액수가 지대의 약 83%정도인 것이 밝혀지고 있는데, 호남·강서 등의 다른 지역에서도 압조액의 地租額에 대한 대비는 반드시 100% 이상은 아니었다.[95]

압조는 지주의 수탈 증가이고 佃農의 생활을 압박한다든지[96] 또는 압조는 농민의 생산자금을 박탈함으로써 농민경영을 위축시킨다는 규정 등이 있다.[97] 한편 압조는 오히려 농업생산을 촉진하는 것이었다는 평가도 있다.[98] 어쨌든 운몽현과 공안현의 경우를 보면 비옥한 湖田지대에서 실행되고 있는 것을 알 수 있다.

그 외 비용의 추가 부담은 사료상에 확인되지 않는다.

4) 富佃農

먼저 경영규모 면에서 보자. 운몽현 社田의 경우 소작인 명부가 상세히 기재되고 있지만 그 자체만으로 보면 佃作규모는 그다지 크지 않다. 그러나 이들 소작인의 상당수는 自有地를 가지고 있을 수 있고 타인의 소유지도 전작할 가능성이 있기 때문에 나타난 수치가 바로 경영규모라고는 할 수 없다.

당양현 학전의 전호 9인 중 7인이 10무 이상을 경영하고 있고, 그 가운데 전호 劉士榮은 70무, 陳光照는 65무를 경작하고 있다. 이 밖에 같은 당양현에서 州院卷費公田이나 빈흥전 등에서 50무 이상에서 100무 가까이에 이르는 대규모 경영의 전호가 다수 발견된다. 공안현에서도 南平서원전이나 빈흥전 등에서 70~80무 이상의 대규모 경영이 눈에 띈다.[99] 공안현의 경우에서 보면 이들 소작지 안에 公堰·私堰·公溝·屋基·草山 등을 포함하고 있고 여러 개의 소작 地片이 타인의 소유지와 뒤섞인 채

---

95) 魏金玉, 앞의 논문.

96) 周遠廉, 앞의 책, p.251.

97) 江太新, 「論福建押租制的發生和發展」『中國經濟史硏究』 1989-1.

98) 魏金玉, 앞의 논문.

99) 『公安縣志』 권4, 民政.

로 존재하고 있다.

호남 도원현 일대에서도 70무 이상 100무의 거대 전호가 다수 확인된 바 있고,[100] 抗戰 전 호북의 棗陽·襄陽에서도 70무 이상 경영 전호가 확인되는 것으로 볼 때[101] 이것을 청 후기 호남·호북에서의 특징적 현상으로 보아야 할 것이다.

이들 佃作地가 경영규모가 아니라 타인에 轉貸되어 이중 소작되었을 가능성이 제기되지만, 이 지역은 복건과 같은 그러한 관행이 보고되지 않고 있다. 이미 청대 전기에 雇農을 이용하여 경영하는 부전농의 사례가 밝혀지고 있다.[102] 또 민국 초년의 사실이지만 호전 구역인 호남성 安鄕縣에서 6,000무의 垸子 가운데 100무 이상 경영 전호가 8인이나 되고 그 중에는 300무 경영의 전호도 있었다. 300무 경영의 전호는 14인의 長工과 수많은 短工을 고용하여 경영하는 것이었다.[103] 청대 전호의 경지규모는 인구증가에 따라 축소의 방향으로 진행된다는 주장이 있지만,[104] 소주부 일대에서 확인한 바대로 몰락하는 전호의 소작 지편을 통합하는 경영 전호의 존재가 있었던 것을 주목해야 할 것이다.[105]

지대와 관련해서 부전농의 가능성을 검토해 보면 우선 운몽현 사전뿐 아니라 공안현·광화현·대야현 등지에서 화폐지대 특히 금납지대가 일반화되어 가는 추세를 확인할 수 있었다. 운몽현 사전에서는 당시의 곡가 수준에 비추어 저렴한 전납지대가 성립되고 있었는데, 그 이유는 개간전이라는 것과 '頂租錢'이란 압조가 존재한 때문이라 생각된다. 際陂湖 소재의 운몽현 서원고화전은 저렴한 지대를 2기에 걸쳐 균등분할하여 납부하고 있다는 것과, 당양현의 預租의 존재는 이 지역 전호들이 佃作의 결과를 얻기 전에 이미 축적된 화폐가 있었던 것을 짐작케 해준다.

---

100) 拙稿, 『淸代 義田의 연구』, 제1장.

101) 烏廷玉, 앞의 책, p.263.

102) 陳江, 「淸代前期農村階級和階層考察」『明淸史』1992-7.

103) 馮和法 編,『中國農村經濟資料續編』下, p.708.

104) 方行, 「淸代前期北方的小農經濟」『歷史硏究』1991-2.

105) 拙稿, 『淸代 義田의 硏究』, 제4장.

건륭 이후 호북의 枝江縣·江陵縣·天門縣 등이 중요한 면포 産區로 되고 있고 운몽현도 잇따라 면포 생산지역이 되고 있다.[106] 형주지구(공안현)의 사정도 마찬가지다. 당양현은 면포와 차의 생산뿐 아니라 호북 가운데서는 선구적으로 落花生을 재배하고 있다. 이러한 경제작물 재배의 확대가 화폐지대의 발전을 주도했다고 보는 것은 큰 무리가 없을 것이다.

더욱이 당양현의 玉陽서원 고화전을 보면 가경 6년(1801) 전호의 청에 의해 실물 정액지대에서 은납지대로 바뀌고 있는 사례가 명시되고 있는데, 이것은 지주의 사치생활, 화폐수요증대에 의해 금납지대로 변한다는 통설에 배치되는 것이다. 이것은 전호의 화폐축적 사실을 짐작케 하는 것이다. 같은 당양현에서 함풍 10년(1860) 이후에 은납에서 전납으로의 변화가 확대되는 것을 보면 당시 銀錢比價의 상승과 관련하여 확실한 지대경감이 예상되고 전호의 부의 축적가능성이 훨씬 커졌다고 해야 할 것이다. 또 預租錢은 순수 화폐형태로서 정액으로 고정되어 있고, 도광 이후 급격히 변한 은전 비가·穀價의 상승 등의 여건 하에서 부유한 전농이 경제적 축적을 실행했을 가능성을 실제적으로 확인할 수 있다.

부전농의 경영규모의 확대현상은 어느 정도 파악되지만 내면의 경영구조에 대해서는 이후 새로운 자료의 발굴과 탐구를 기다릴 수밖에 없다.

小結

호북의 운몽현·대야현·당양현·공안현·광화현 등지에서는 함풍(1851~1861) 이후 광서(1875~1908)년간에 걸쳐 의전의 설치가 집중되고 있다. 사창의 의전·서원고화전·빈흥전·義莊田·善堂田 등 다양한 의전이 설치되고 있다. 이런 현상은 호남 장사부와 주변의 6개 현 지역과도 유사한 것이다. 소주부 일대의 의전 역시 청 후말기에 집중적으로 설치되

---

106) 方行, 「淸代前期的小農經濟」『經濟史』 1993-11.

었던 점을 보면 의전의 설치·확대는 호남·호북과 함께 상당한 동시성을 가진다고 생각된다.

의전설치 관련자의 신분에 대해서 조사한 결과 향신층은 주로 연납자가 주류를 이루고 있고 특히 감생층의 활동이 현저하였다. 향신의 제도적인 상하층의 구분이 의전 기부 규모와 일정한 정합관계를 갖는 것도 아니었다. 또 서민지주로 간주되는 사람들의 기부 규모가 향신층보다 큰 사례도 보였으며 양적으로도 서민지주의 성장을 확인할 수 있었다. 의전의 기부행위에 서민지주의 참여폭이 큰 것이 청 후말기의 특징적 현상이었다. 성거지주·향거지주의 문제는 종래 생각되어 온 대로 향신지주=성거지주 혹은 상층향신=성거지주, 하층향신=향거지주의 등식은 아니었다. 의전기부 관계자에서는 향거지주가 오히려 많았고 상층향신도 향거지주가 많았다. 그러나 이 향거지주는 在村의 手作지주의 의미와 동일한 존재는 아니고 소유지의 분포는 상당히 광역적이었다.

의전의 생산관계에서는 기본적으로 그것이 해당 지역의 일반 지주제와 유사성을 보이고 있었다. 의전의 지대는 의전의 종류에 관계없이 소재지와 지목에 따라 다양한 형태를 보이고 있었다. 운몽현 사전의 경우 약간의 預租 납부 후 저렴한 전납지대가 성립하고 있었고 際陂湖 소재의 서원고화전처럼 2기에 걸쳐 균등분할 납부하는 형태도 있었다. 같은 서원고화전이라도 八角會에서 史家會에 이르는 전지는 통상적인 연 1회 납부의 형태였다. 연 2기 분할상환의 경우는 螳螂湖田에서도 보이는데 호전지대에서 맥조가 일부 행해지고 있었고 이것이 麥稞錢으로 변화해 간 사실과 어떤 관련이 있지 않을까 생각된다. 실물 정액지대도 부분적으로 존재하지만 전체적으로 전납지대가 우세하였다. 공안현·광화현·대야현의 경우도 청 후말기로 갈수록 전납화의 정도가 가속화되고 있는 것을 볼 수 있었다. 이러한 화폐지대로의 변화는 당양현의 옥양서원 고화전에서처럼 전호의 주체적 요구에 의해 시행되는 사례가 나타나고 있다. 전납지대는 우선 花地·투田 등에서 먼저 시작되어 수전지대로 확산되어간 궤적이 드러나고 있고 의전이기 때문에 화폐지대가 꼭 먼저 실행되었다는 근거는 보이지 않는다. 당양현의 경우는 전납화되면서 지대를 선납하는 預租가 시행되고 있었다.

소작료의 收租방식은 소작지 대장인 어린책에 의거하여 기일에 앞서 통지서 報單을 발송하고 기일이 넘어도 체납할 때는 官差의 조력을 빌려 催收하는 형태가 운몽현 사전에 나타나고 있다. 운몽현 이외의 현의 수조방식은 사료 상에 명시되고 있지 않다. 그러나 운몽현의 수조방식은 소주부 豊備義倉의 의전의 경우나 소주의 다른 소작지의 수조방식과도 흡사하다. 기일 내 납부에 따른 소작료의 할인 제도는 보이지 않지만, 수조방식은 다른 지역의 지주제 관련연구에 나타나는 것들과도 공통성이 많아 상당한 정도의 보편성이 있다고 여겨진다.

지대 외의 부담으로서는 운몽현 사전에서 전호가 頂租錢을 납부하여 관개용 溝渠인 '埂'의 수축비용으로 하고 있는 것이 보이고 또 공안현 호전지대에서도 전호가 頂租를 바친다고 되어 있는데, 이것은 일종의 압조에 해당하는 것이었다.

부전농은 당양현의 주원권비공전 등에서 50무 이상 100무까지 대규모 경영 전호가 확인되고 공안현·서원전·빈홍전 등에서 70~80무 이상의 대규모 전호의 존재가 나타나고 있다. 부전농의 경영 내면의 구명은 차후의 과제이다.

제2편
농촌사회와 농업생산

제1장 淸末民國期 湖廣지방의 농업생산력과 생산관계

序言

　　현재까지 중국의 주요 곡창지대로서 알려지고 있는 湖廣(湖南·湖北)지역에 대해 상당한 연구 성과가 축적되고 있다. 그것은 주로 "湖廣熟天下足"이란 俗諺의 출현시기를 究明하는 것을 중심으로 문제가 제기되었고 湖廣米의 전국적인 유통시기가 明末에서 明中期, 15세기 중엽까지 올려 잡아질 수 있다는 것이 밝혀졌다.[1] 吳金成 先生은 그러한 호광미 등장의 실질적 배경으로서 明初이래 객민의 이입, 완제를 중심으로 한 수리 확대, 토지개간의 증가 등 이 지역 농업생산력의 발전을 치밀하게 논증하고 있다.[2] 또 淸初의 호남미 시장의 구조적 특질에 대한 해명,[3] 옹정시기 (1723~1735)의 미곡유통에 대한 논고들이 이어지고 있다.[4] 그러나 호광미의 양자강 하류지역으로의 송출현상이 청 후반 이후에도 계속되었는지 여부에 대한 설명은 찾아보기 어렵다. 최근의 소론에 의하면 청초 양자강

---

1) 岩見宏, 「湖廣熟天下足」『東洋史研究』20-4, 1965 ; 安野省三, 「湖廣熟すれば天下足る考」『木村正雄先生退官紀念東洋史論集』, 東京, 汲古書院, 1976 ; 寺田隆信, 「湖廣熟天下足」『文化』43-102, 1980.

2) 吳金成, 『中國近世社會經濟史研究』, 서울, 一潮閣, 1986, 제2편, 2장·3장.

3) 重田德, 「淸初における湖南米市場の一考察」『淸代社會經濟史研究』, 東京, 1975, pp.1~65.

4) 安部健夫, 「米穀需給の研究 -「雍正史」の一章としたみた -」『雍正時代の研究』, 京都, 同朋舍, 1986.

중상류지방에서 하류지방으로 이루어지던 대부분의 미곡유통의 경로가 청 중엽 이후는 사실상 사라지고 있다는 것이 지적되고 있지만 하나의 가설에 그치고 실증이 결여되어 있다.[5]

중국에서는 근대 농업생산력은 제국주의, 봉건주의, 관료자본주의의 압박에 의해 정체되고 쇠퇴했다는 것이 기본적인 인식이 되고 있다.[6] 이것은 중국 근대사회를 반식민지반봉건사회로 규정하고 거기에서 현대 중국 출현의 정당성을 구한다는 이른바 "兩半"論의 이론적인 틀 속에서 구체적 실증이 전개되고 있다.[7] 이런 견지에서 중국의 근대농업은 반식민지반봉건의 생산관계가 생산력의 발전을 속박하여 정체되었다는 것이며,[8] 전체적으로 농업의 일대 위기였을 뿐 아니라 호남의 경지면적도 감소 추세를 나타내고 있는 것을 제시하고 있다.[9]

본장에서 주목하고자 하는 것은 "湖廣熟天下足"으로 나타난 호광미의 양자강 하류지방으로의 송출현상이 청말민국기,[10] 혹은 아편전쟁 이후의 근현대에 걸쳐서 계속되었는지 혹은 생산의 정체 내지 쇠퇴로 중단되었는지 살펴보는 것이다. 또 호남·호북에서의 미곡 생산지역을 보다 구체적으로 검토해 보고 그 지역 내부에서의 미곡유통에 대해서도 가능한 탐색을 행하고자 한다. 만약 이 지역에서 생산력의 발전이 어느 정도 있었다고 한다면 그것을 설명할 수 있는 생산력의 내용이 무엇인지를 몇 가지 항목에 걸쳐 조사를 할 것이다.[11] 마지막으로 곡창지대로서 생산력이

---

5) 鄭哲雄,「淸初 揚子江三省지역의 미곡유통과 가격구조」『歷史學報』143, 1994, p.152.

6) 鄭慶平,「對中國近代農業生産力的 基本估計」『復印報刊資料經濟史』(以下『經濟史』로 略함), 1995年 1期.

7) 林有能,「中國近代社會性質討論」『復印報刊資料中國近代史』, 1989年 6期.

8) 鄭慶平,『中國近代農業經濟史槪論』, 北京, 1987, p.167.

9) 吳存浩,「中國近代農業危機表現及特点試論」『經濟史』, 1994年 5期.

10) 姜鋒,「中國近代經濟史硏究中的幾個理論問題」『經濟史』, 1994年 5期. 淸末時期에 명확하게 合意된 分期는 없다. 姜鋒은 近代의 經濟史分期를 ①1840～1895, ②1895～1927, ③1927～1949의 3期로 나누고 있다.

11) 生産力의 개념에 대해서는 中國史硏究會 編,『中國史像の再構成』, 京都, 文理閣, 1983, pp.60～61 ; 羅紹松,「對生産力理論的新認識」『湖南師範大學社會科

높은 이 지역이 갖는 생산관계의 특징이 무엇인지를 고찰하려 한다.

Ⅰ. 미곡생산

1) 생산과 유통

근대 중국에서는 상품경제의 발전에 따라 농업 중에 약간의 專業化 생산구역이 형성되었고 그 가운데 주요 稻作地帶는 江蘇, 湖北, 湖南, 安徽, 江西, 四川, 浙江으로 확인되고 있다.[12] 이들 지역이 전국 稻産量의 70% 이상을 차지한 것으로 파악되고 있다. 양식의 상품화율은 1840년에 10%, 1895년 16%, 1920년 22%, 1936년 약 30%로 계속 증가해 갔다.[13] 수공업과 상업이 비교적 발전된 지역, 예를 들면 長江 하류의 江浙지구, 廣東 珠江 삼각주지구, 福建 연해지구 등은 경상적 缺糧地區로 되고 있고 여기에 양식을 항상적으로 공급하는 지역으로서 사천, 호남, 광서, 강서, 하남 등이 대비되고 있다.[14] 광동은 광서, 호광과 안남, 남양 등에 의존하고 강절지방은 호광, 강서, 사천, 안휘, 하남에서 米를 구입하고 있으며, 복건은 강절, 대만, 광동, 호광 등지에서 米를 입수한 것으로 알려지고 있다.[15] 여기서 보면 아편전쟁 이후에도 호광미가 양자강 하류지역으로 송출되었다는 것은 너무나 명백하게 생각된다. 그러나 이러한 소론을 제시하고 있는 것은 거의 개론에 가깝고 자세한 실증이 결여되어 있다. 중국에서의 다수학설은 전술한 대로 근대 중국은 반식민지반봉건사회이고 농업생산력은 정체와 쇠퇴상태에 있었다는 것이며 호광의 농업생산도 마찬

學學報』, 1993年 6期 ; 曹茉莉, 「傳統的生産力觀念批判」『湖南師範大學社會科學學報』, 1992年 3期 ; 李剛, 「論中國近代生産力落伍的原因」『中國近代史』, 1989年 6期.

12) 劉建中, 「關于中國近代農村商品經濟發展的幾個問題」『經濟史』, 1994年 5期.

13) 위의 논문.

14) 鄭慶平, 앞의 책, pp.248~249.

15) 위의 책 ; 蔣建平, 『簡明中國近代經濟史』, 北京, 北京大學出版社, 1985, p.235.

가지였다고 보고 있다. 민국시대에 들어가서 호남은 식량부족 현상의 심화로 搶米풍조가 일어나게 되었는데 이것은 주된 원인이 호남의 米생산량 감소였다는 사실이 보고되고 있다.[16]

　아편전쟁 이후 특히 청일전쟁 이후에 양식 무역의 속도는 훨씬 빨라졌다고 하는데,[17] 19세기 후반 이후의 사정에 대하여 구체적인 사실들을 통해 알아보기로 하겠다. 함풍 元年(1851)에 올린 曾國藩의 상주문 가운데 호남의 농민들이 오직 米를 생산하여 팔고 있는데 米賤 즉 米價 하락으로 고통을 당하고 있다는 사실이 지적되고 있다.[18] 太平天國시기에도 호남의 미곡생산은 풍부했다는 것을 알 수 있다. 당시의 사정을 알아 보기 위해 左宗棠의 상주문을 한번 제시해 보면 다음과 같다.

　　皖省(安徽) 지난해 荒旱이 들어……兵民이 곤란함을 免할 수 없다. 듣건대 湖南은 秋收가 자못 풍년이라 하고 武漢이 이미 水路가 회복되어 蘄州에 도달할 수 있다 하니, 청컨대 긴급히 米糧 4萬 石을 구입 조달하게 하소서…….
　　湖南은 평소에 産米의 鄕이라 일컫는다.……지난해 岳州, 常德, 澧州 3府州가 水害를 걱정하는 고을인데 도리어 旱災를 입어 秋收 後 점차 米價가 올랐다. 武漢이 회복된 後 湖北에서 商人을 불러 采買를 하니 米價가 날로 더욱 올랐다. 米 1石에 大錢 3200文～3500文이 되니 本省(湖南)에서 數年來에 없었던 일이다.[19]

---

16)　金勝一,「軍閥統治時期(1914～1926)の湖南農村社會經濟の地域史的一考察」『九州大學東洋史論集』17, 1989.

17)　注12)와 같음.

18)　曾國藩,「備陳民間疾苦疏」; 天野元之助,『中國農業經濟論』(二), 東京, 改造社, 1942, pp.384～385에서 재인용.

19)『左宗棠全集』, 奏稿, 권6, "皖省需米實難籌辦摺, 皖省上年荒旱……未免兵民交困 聞湖南秋收頗稔, 武漢旣復水路可達蘄州 請飭赶緊籌辦米糧四萬石等語…… 湖南素稱産米之鄕……上年 岳常澧三府州 以患潦之鄕 轉遭旱歉 秋收米價漸增, 武漢克復之後 鄂省招商採米 米價日益昂貴 每米一石需大錢三千二百文至三千五百文不等 爲本省數年來 未有之事."

이것은 함풍 7년(1857)의 상주문이다. 안휘와 호북에서 각기 호남의 미곡을 구입하고 있는 사정을 알 수 있다. 또 함풍 3년(1855)의 상주에서 보면 호북의 생산미곡은 호북 1省의 民食에도 미치지 못하여 해마다 사천, 호남, 兩省의 米를 구입한다는 사정이 설명되고 있다.[20] 호북은 해마다 호남 등지에서 양식을 구입하는 지역이 되고 있는데 이런 사정은 호북의 産米지역에 속하는 荊州府 公安縣의 사례에서도 찾아 볼 수 있다.

> 同治 4年(1865)……작년 겨울부터 금년 여름까지 비가 오지 않았다.……후에 비가 조금 와서 수확은 억지로 반정도가 되었다. 米 1斗에 7錢인데 民食이 날로 모자라니 知縣 袁鳴珂가 巡撫에게 請하여 湖南의 遏糴의 禁令을 완화시키게 하니 人心이 이에 안정되었다.[21]

호북의 한구는 청대 최대의 미시장의 하나로 청 전기 이후 兩湖米가 집중되고 사천미가 대종을 이루었다는 지적이 있다.[22] 그런데 19세기 후반 淸末시기의 사정을 알기 위해 광서년간의 申報 2건을 검토하면 다음과 같다.

> ① 漢口는 인구가 조밀하고 日用의 양이 크고 번잡하다. 이전부터 煤·米 두 가지는 모두 호남에 의존한다. 선박이 잇따라 들어오는데 本省(湖北)의 생산한 것은 보충하는데 불과할 뿐이다.(申報, 光緒 10年(1884) 2月 2日)[23]

---

20) 『左宗棠全集』, 奏稿, 권2, "辦理收復撫卹事宜摺 查湖北一省所産穀米 不敷一省之食 歲需四川湖南兩省米."

21) 同治 13年刊 『公安縣志』 권4, 民政下 祥異, "同治四年……自先年冬至本年夏不雨……後得微雨 穫亦强半斗米七錢 民食日匱 知縣袁鳴珂詳請上憲 檄弛湖南遏糴之禁 人心乃定."

22) 關文發, 「試論淸代前期漢口商業的發展」 『淸代區域社會經濟史研究』, 北京, 中華書局, 1992 ; 吳量愷, 「淸代湖北沿江口岸城市的轉運貿易」 『淸代區域社會經濟史研究』, 1992.

23) 李文治 編, 『中國近代農業史資料』 第1輯, 北京, 三聯書店, 1957, p.478, "漢口人烟稠密 日用浩繁 向來煤米兩項皆賴楚南 連檣而來 若本省所産者 不過補湊而

② 漢皐米市……武漢의 인구가 폭주하여 戶가 100萬家이다. 하루 식량 수요는 거의 헤아리기 어렵다. 복건, 광동, 강소, 절강 등의 巨商들이 이곳에 와서 米를 구입하는 자가 더욱 많다.……예전에는 米石이 대부분 사천·호남에서 왔는데, 지금 (1895년)은 사천미가 이르는 것이 거의 없고, 오직 호남에서 오는 배들이 줄을 잇는다.(申報, 光緖 21年 6月 16日)[24]

여기서 보면 淸末시기에도 한구에 집산된 호남미가 복건, 광동, 강소, 절강 등지에 팔려 나가고 있는 것을 알 수 있다. 그런데 종전과 달리 사천미가 쇠퇴하고 있다. 호북 역시 호남에 대한 米 의존도가 높아지고 있는 것과 대조적으로 호남미의 영향력이 확대되고 있는 것을 알 수 있다. 민국 초기에 사천성은 이미 米를 점차 자급하고 소량을 이출하고 때로는 他省에 보급을 의지하는 처지가 되고 있으며 그 이유는 인구의 현저한 증가 때문이라고 한다.[25]

<표 5-1> 1871~1927 各期每年平均米穀出口量(單位：擔)

時期	上海	天津	漢口	廣州	大連
1871~1880	2,579,548	893,842	709	968,681	—
1881~1890	4,391,926	1,838,039	67,362	2,126,634	—
1891~1900	4,361,387	2,429,836	507,630	2,501,761	—
1901~1910	4,397,090	2,125,959	1,073,185	2,588,261	17,696
1911~1920	4,811,294	771,842	188,854	1,361,325	344,562
1921~1927	3,656,331	339,329	861,471	668,355	118,838

출전 : 章有義 編,『中國近代農業史資料』 2輯, p.237

청말 이후 사천미·호북미의 쇠퇴를 전제로 한다면 <표 5-1>에서 나타나는 한구 移出米의 대부분은 호남미였을 것이다. 1900~1910년대에

已."

24) 위의 책, "漢皐米市……武漢人烟輻輳 烟火百萬家 日食所需 幾難數計 至閩粤吳越諸巨賈 來此采辦者更多……在昔米石多來者川湘 今則川米浩者廖廖 惟湘南仍舳艫相接."

25) 安部健夫, 앞의 논문.

다소 감소를 제외하고는 각 시기에 걸쳐서 비약적인 성장을 보이고 있다.

호남미의 총생산량이나 移出量을 정확하게 파악하기는 어렵다. 동치 10년(1871)刊의 『長沙縣志』에 "전란이 일어난 이래 매년 기부금이 수십만 천문이었는데 대부분은 곡식을 팔아 내는 것이었다. 하류 각 성에 운송판매 및 각 영의 채매곡이 많게는 이백 수십 만 석에 이른다."라고 있는 것을 보면 이 무렵 호남미의 移出額이 이백 수십 만 석이었던 것을 알 수 있다.[26] 또 같은 곳에서 동치 元年(1862)의 상황을 설명하면서 호남이 산미의 지역이라 불리면서 저장이 부족한 것은 외성으로부터의 採辦이 많은 까닭이라는 것을 지적하고 있고 호남성의 소비량도 수백만 石을 밑돌지 않는다고 하고 있다. 1910년의 湖南諮議局 관련 사료를 검토해 보면 "호남의 미곡은 오직 천진과 상해가 그 수입을 의지할 뿐 아니라 무한도 더욱 생명과 같이 여기니 이 때문에 호북성에서 전문을 보내 이르기를, 만약 무한에 호남미의 接濟가 없으면 곧 변란이 일어난다고 한다"고 되어 있어 호남미가 양자강 하류의 상해뿐 아니라 멀리는 천진까지 진출하고 있으며, 가까이는 호북의 무한도 절대적 의존을 보이고 있다는 것을 충분히 알 수 있다.[27]

<표 5-2> 主要産米省 稻米産量

省 別	耕地畝數	稻田畝數	每年産米擔數
合 計	622,927,000	178,867,000	279,650,000
産量占全國産量%	—	—	70.63
江 蘇	58,480,000	29,240,000	59,760,000
湖 北	87,944,000	26,357,000	47,860,000
湖 南	91,430,000	22,858,000	39,840,000
安 徽	74,810,000	22,443,000	48,000,000
江 西	87,940,000	13,192,000	39,940,000
四 川	165,653,000	41,885,000	27,650,000
浙 江	56,670,000	22,892,000	16,600,000

출전 : 『英文中國經濟周刊』152期, 頁11, 1924年 1月 19日

---

26) 同治 10年刊 『長沙縣志』 권10, 積貯, "軍興以來 每歲捐輸數十萬串多半糴穀繳捐 下游各省販運及各營采買 多至二百數十萬石."
27) 李文治 編, 『中國近代農業史資料』 第1輯, p.479.

<표 5-2>는 1924년 이전의 주요 미곡 생산지역과 생산량을 표시하고 있다. 이 시기 주요 미곡이출 지역은 호남, 안휘, 강서성이고, 이 3省의 기타 지역으로의 송출량을 매년 약 500萬 내지 1,000萬 擔으로 추정하고 있다.[28] <표 5-2>의 수치는 호남이 호북보다 적게 나타나는데 약간 시차가 있지만 광서 24년(1898)의 인구통계를 보면 호북(34,716,000), 호남(21,174,000)으로 되어 있어 그 원인을 짐작할 수 있다. 사천은 산미擔數도 호남보다 적게 나타나는데 역시 1898년의 인구수는 84,749,000인으로 호남의 거의 4배에 가깝다.[29] 이것으로 사천미의 쇠퇴 이유를 짐작할 수 있다. 청말의 호남순무 揚文鼎이 조사한 바에 의하면 호남성은 매년의 산곡이 本省民의 식용을 제외하고 잉여곡식이 풍년의 경우 500만 석이 수출 가능한 것으로 나타나고 있다.[30] 1920년대 호남성 당국의 통계도 호남미의 매년 잉여량은 300만 석에서 700만 석 정도로 파악하고 있고 1920년의 督軍 張敬堯도 매년 300만 석의 米 수출을 공포하고 있다.[31]

그런데 호남미의 이출이 반드시 省民의 양식을 제외한 잉여 米는 아니었다. 그것은 여러 곳에서 확인되지만 다음 節에서 논하겠다. 金勝一은 군벌지배의 폐단으로 생산량이 감소되고 청말 후 호남은 식량 부족현상의 표현으로 搶米풍조가 빈번하게 일어났다고 이해한다.[32] 그러나 호남의 搶米풍조는 청말 이후나 군벌지배 하에서만 나타나는 특징적 현상은 아니고 건륭 8년(1743), 10년(1745)의 장사부를 비롯하여 19세기 전반까지도 간헐적으로 나타나고 있다.[33]

아래 <표 5-3>에서 보면 1930년대에도 호남성의 압도적인 생산 우세가 나타나고 있는 것을 알 수 있다.

---

28) 章有義, 『中國近代農業史資料』 第2輯, p.228.
29) 嚴中平 主編, 『中國近代經濟史統計資料選輯』, 北京, 科學出版社, 1955, p.374.
30) 注28)과 같음, p.632.
31) 金勝一, 앞의 논문
32) 위와 같음.
33) 重田德, 앞의 논문 ; 小島晋治, 「太平天國革命」 『岩波講座 世界歷史』 21, 東京, 岩波書店, 1974, p.283.

<표 5-3> 1936년 主要産米省秈粳稻生産量

省 別	면적(千畝)	수확량(千市擔)
江 蘇	25,845	106,126
安 徽	15,070	55,006
江 西	23,018	84,476
湖 北	21,428	71,902
湖 南	24,707	114,300
四 川	35,997	119,402
浙 江	23,123	87,231

출전 : 天野元之助, 『中國農業經濟論』(三), p.19에서 재구성

당시 1932년의 사정을 알려주는 『銀行週報』 16권 46호의 일부를 인용하면 다음과 같다.

살피건대 우리나라의 米생산이 가장 풍부한 곳은 호남, 호북, 강서, 강소, 절강 等省이다. 풍년을 만나면 호남과 안휘는 각기 米 3,000만 석을 수확할 수 있고 절강, 호북은 각기 800만 석, 강소, 강서는 각기 2,100만 석이다. 6省의 民食 9,300만 석을 제외하고 나머지가 약 2,600만 석이다.[34)

여기서 보면 호남의 1930년대초 미곡생산량은 매년 3000만 석에 달하고 있다는 것을 알 수 있다. 또 주요 미생산 6省 가운데 사천성은 빠지고 없다. 그런데 1930년대에 호남미의 강절지방으로의 이출에는 다소 장애가 발생한 것으로 보여진다. 같은 『은행주보』 19권 9기를 인용해 보면 다음과 같다.

湖南省은 産穀이 평소 풍부한 지역으로 종전에 상해, 漢口에 운반되는 米穀이 매년 수백만 石에 달하였다. 近年에 수확이 여러번 大豊이었는데, 長江유역도 또한 豊收를 거두었다. 또 大宗 洋米가 중국에 수입되니 湖

---

34) 章有義, 『中國近代農業史資料』 第3輯, p.144, "查我國産米最富之區 允推湘鄂贛蘇浙等省 歲遇豊稔湘皖可獲米三千萬石 浙鄂各八百萬石 蘇贛各二千一百萬石 就六省之民食 除九千三百萬 石外 約余二千六百萬石."

南米는 갑자기 시장을 상실하였다. 저장량이 풍부하니 가격이 하락하여 농촌경제가 絶境에 빠졌을 뿐 아니라 市面금융도 크게 타격을 받게 되었다.(國內要聞, pp.10~11, 1934年 3月 13日)[35]

호남미의 유통 장애가 그 자체의 생산량 감소 때문은 아니고 강절지역의 豊收와 洋米의 수입 탓이라는 것을 알 수 있다. 광동에서는 매년 대량의 洋米를 구매하고 있는데 이웃의 호남은 豊荒으로 米賤현상을 겪고 있는 사실이 나타나고 있다. 연해의 각성은 가격이 저렴한 洋米를 공급받을 수 있으므로 도리어 교통이 불편하고 捐稅가 과중한 호남미를 구입하지 않는 결과가 이 시기에 초래되고 있다.[36] 이리하여 민국 19년(1930)에는 장사시 一埠에만 陳穀이 200만 석 이상 저장되어 있는 현상이 생겨났다.[37] 마침내 행정원에서 호남미로 광동을 구제하게 하는 방안을 마련할 상황에 이르렀다. 어쨌든 1930년대 중일전쟁 이전까지의 호남의 농업생산은 결코 쇠퇴한 것은 아니었다.

이러한 호남미가 양자강 하류지역으로 유통되는 경로는 청 전기부터 행해져 온대로 일단 한구에 집중되어 蘇州의 楓橋鎭에 집산되고 여기서 상해, 복건, 광동 등지로 운송되었다.[38] 이때 兩淮의 鹽商이 한구에서 鹽을 판매한 후 즉시 米를 구입, 선박에 싣고 강절에 가서 판매하는 교환형식이 전개되었다.[39] 호광미의 수출 대신 강남에서 구입하는 것은 鹽뿐 아니라 면포, 絲綢, 油鹽, 枯餠, 농구 기타 일용 잡화 등이었다.[40] 청말 이후에는 洋布, 洋紗, 絲帶, 顏料, 洋針, 絨線, 紐扣, 火柴, 洋傘 등의 각종 洋貨가 호남지역에 도입되고 있다.[41]

---

35) 위의 책, p.620, "湘省爲産穀素豊之區 從前運銷滬 漢各埠者 年達數百萬石 近年 歲收 屢占大有 而長江流域亦値豊收 更有大宗洋米運華傾銷 致湘米頓失市場 囤儲旣富 價格低賤 不僅農村經濟 陷于絶境 市面金融 亦大受打擊."

36) 『中國農村』 2권 12期, 1936年 12月, 위의 책, p.155.

37) 章有義, 위의 책, p.620.

38) 吳量愷, 앞의 논문.

39) 關文發, 앞의 논문.

40) 方行, 「淸代前期湖南農民賣糧所得釋例」 『中國經濟史硏究』, 1989年 4期.

41) 李文治 編, 『中國近代農業史資料』 第1輯, p.492.

그런데 호광미의 유통문제를 취급하는 소론들이 상당수 있지만 구체적인 산미지역에 대해서는 다소의 혼란이 존재한다. 청초 호남미 산지에 대해 정철웅은 趙申喬의 「奏摺湖南運米賣買人姓名數目稿」를 토대로 辰州, 瀏陽, 永興, 湘潭, 衡陽, 長沙, 善化, 湘陰, 衡山, 巴陵, 澧州, 武陵, 桃源 등지를 지적하고 있다.[42) 그러나 시장의 존재와 미산지가 어느 정도 함수관계는 있다고 인정되지만 곧 바로 미산지로 확정하기는 어렵다. 호남미 시장을 주로 분석한 重田德에게서도 진주는 '非産穀之地'로 명시되어 있고[43) 이런 사실은 地方志에서도 확인된다.[44) 대체로 호남의 미산지는 長沙府, 岳州府, 常德府, 澧州, 衡州, 寶慶府 등이고, 그 중 특히 장사부, 형주부, 상덕부 등 이 3府가 미생산량이 많았다는 지적이 있다.[45) 그런데 19세기 후반 함풍 7년(1857)의 左宗棠 상주에 의하면 악주, 상덕, 예주, 장사, 형주가 미곡의 주요 산지이고 辰州, 沅州, 永順府, 靖州, 永州, 郴州, 桂陽 등은 山多田少의 지역으로 겨우 자급에 미칠 정도라는 것이 확인된다.[46) 장사부의 경우 상담현과 그 주변 몇 주현에서 호남지역 미곡 생산의 거의 半을 생산했다는 것이 알려지고 있는데 장사부도 전 지역이 미곡수출지역은 아니었다.[47) 건륭중기까지의 市集발달 장소로 장사, 선화, 상담, 익양, 상향의 6현이 지적되고 있고 이들은 米의 多産지역의 가능성이 높다.[48) 그런데 좌종당의 서신에 의하면 19세기 후반의 湘陰縣도 民食의 반을 보경과 익양에 의존한 것으로 보인다.[49) 보경부 新化의 蘇

---

42) 鄭哲雄, 앞의 논문.

43) 重田德, 앞의 논문.

44) 『辰州府義田總記』 권上, 「勸買義田說」.

45) 方行, 앞의 논문.

46) 『左宗棠全集』, 奏稿, 권6, 「皖省需米實難籌辦摺」, "湖南素稱産米之鄕 岳湘澧三府州 濱湖之處 圩田最多 長沙衡州 地勢稍平 稻米之收 數處爲廣 此外如辰沅 永靖寶永郴桂 各府州縣 則山多田少 本境産米 僅敷民食."

47) E.S. Rawski, *Agricultural Change and the Peasant Economy of South China*, Harvard University Press, 1972, p.131

48) 重田德, 앞의 논문.

49) 『左宗棠全集』, 書牘 권1.
　　"本地山多田少 民食半資寶慶益陽 偶遇荒歉兩處奸民卽堅持閉糴之議 新化之

溪關과 익양의 桃化江은 모두 資江이 동정호로 흘러 들어가는 길목인데
이 루트를 통해 상음에 부족한 미곡의 일부가 공급되었다고 보아진다. 보
경부의 邵陽과 신화도 자체 생산미곡은 식용에도 부족하여 武岡州에서
공급을 받고 있다는 것을 볼 때, 보경부 안에서도 미곡 생산지대는 주로
무강주에 한정된 것이 아닌가 한다.[50] 청 중기까지는 보경부의 소양, 무
강 등지에는 모두 市集이 없는 곳으로 분류되고 있으나, 淸末시기(광서
26)의 위 관련 사료에는 성내의 商家에는 항상 5만여 석이 보관되고 있다
는 것과 상향현의 객상들이 활동하고 있는 사실이 나타나고 있다. 미곡산
지로 알려진 형주부에서도 그 소속의 未陽縣 등은 食米를 형양현 등에서
구입하고 있는 것이 확인된다.[51]

   따라서 포괄적인 범위로서 호남, 호북을 곡창지대로 설정할 것이 아니
라 보다 좁은 범위로서 확정하고 내부에서의 상호 거래 관계를 파악하는
것이 중요하다고 생각된다. 호북지역의 경우는 청 후반기 이후 곡창기능
의 상대적 쇠퇴와 호남미의 의존도의 심화 때문인지 미곡산지의 구체성
이 잘 드러나지 않고 있다. 대체로 확인된 바로는 荊州府, 安陸府, 漢陽
府, 武昌府, 黃州府 등이 거론되고 있다.[52]

2) 畝産量

   단위면적당 생산량을 검토하는 것은 생산력의 중요한 측정 수단이 될
수 있어서 대단히 중요하다. 19세기 후반의 단위면적당 산량은 고찰할 통

   蘇溪關 益陽之桃花江 遇歉遏糶."
50) 李文治 編,『中國近代農業史資料』第1輯, p.539.
   "邵陽新化 山多田少 向來所産穀米 不敷食用 須賴武岡接済 而武岡素稱産米之
   區 自食之外頗有盈餘 所有該州各米商皆湘鄕客民 秋收春運 歲以爲常."
51) 重田德, 앞의 논문
52) 張國雄,「湖廣熟天下足的經濟地理特徵」『湖北大學學報』, 1993年 4期 ; 同,「明
   淸時期兩湖開發與環境變遷初議」『經濟史』1994年 5期 ; 安部健夫, 앞의 논문
   末尾에 民國初期 米穀 生産地의 지도가 있다. 여기에는 荊州府, 沙市, 安陸府,
   襄陽府 등이 표시되어 있다.

계자료가 희박하다고 하면서도 건륭·가경시기보다 그 수준이 하강하고 있다고 보는 견해가 있고,[53] 심지어는 근대의 양식畝産 수준은 漢代와 비교될 정도로 감축되었다는 고찰도 있다.[54] 토지의 비옥도나 종류 등에 따라 다양한 차이가 존재하기 때문에 畝당 産量의 변화추세를 파악하기가 어렵다. 호남성 상담현의 경우 좌종당의 문집에서 보면 畝당 4石 수준, 상음현은 3石 6斗 정도인 것을 알 수 있다.[55] 광서刊의 『湘潭縣志』에는 中田의 경우 畝당 5石穀을 수확한다고 되어 있다.[56] 같은 광서년간에 간행된 『荊州府志』에도 附郭高腴之田이 畝당 5~6石,[57] 黃梅縣도 5~6石 수준인 것이 확인된다.[58]

민국시대 호남의 湖田지대 畝당 産量은 풍년시에 약 6石 이상인 사례가 조사되고 있는데[59] 앞서 좌종당이 지적한 상음현도 호전지대에 해당하므로 만일 兩者를 등치시킬 수 있다면 상당한 진보가 있었다고 보아야겠지만 명확하지 않다.

<표 5-4> 1920년대 湖南各縣의 産量과 租額

縣 名	物租單位	每畝 租額	每畝 産量	租額 占産量%	註
衡 陽	石	1.8	3.5	51.4	①
衡 山	石	1.2	3.5	34.2	②
株萍路	石	2.0	3.5	57.1	①
臨 湘	石	2.63	4.13	63.6	①
永 明	石	1.2	1.5	80.0	①
湘中各縣	石	1.8	3.3	54.5	③
桂 陽				60.0	④
醴 陵	石	3.0			⑤

출전 : 金勝一의 論文에서 재인용

---

53) 鄭慶平,「對中國近代農業生産力的基本估計」『經濟史』, 1995年 1期.
54) 吳慧,『中國歷代糧食畝産研究』, 北京, 農業出版社, 1985, pp.195~198.
55) 『左宗棠全集』, 文集, 권1, pp.14625~14626.
56) 光緒 15年刊 『湘潭縣志』, 賦役15, p.567.
57) 光緒 6年刊 『荊州府志』 권5 ; 吳承明 主編, 『中國資本主義發展史』 권1, p.255.
58) 吳慧, 앞의 책, p.176.
59) 馮和法 編,『中國農村經濟資料』下, p.1112.

① 嚴中平編,『中國近代經濟史統計資料選輯』, 頁304.
② 長野郎著, 强我譯,『中國土地制度的硏究』, 頁420~421.
③ 『中國經濟年鑑』, 1934, 第七章, 頁32.
④ 『湖南歷史資料』, 1980, 第一輯, 頁133
⑤ 張朋園,「中國現代化區域硏究」, 頁85, <표 1-5-6>.

여기서 보면 湘中各縣의 畝産量은 3.3石으로 나타나지만『中國經濟年鑑』이 워낙 포괄적인 자료를 취급하고 있기 때문에 개별 지방지처럼 구체적 사실을 충분히 전해주고 있다고는 여겨지지 않는다.

범위를 넓혀서 민국시대 호남, 호북의 전체적인 畝産量 추세를 확인해 보겠다.

<표 5-5> 民國시기 各省畝産量

省名	糧食畝産 (斤)	糧食播種面积 的比量(%)	省名	糧食畝産 (斤)	糧食播種面积 的比量(%)
黑龍江	152.3	3.53	河 南	116.9	9.69
吉 林	171.3	4.62	江 蘇	171.3	9.47
遼 寧	177.7	4.83	安 徽	183.5	4.87
熱 河	130.2	1.19	湖 北	222.5	5.29
察哈爾	108.9	1.01	湖 南	316.6	2.99
綏 遠	117.7	1.10	江 西	240.1	3.32
寧 夏	224.6	0.13	四 川	214.8	7.64
新 疆	187.9	0.79	雲 南	203.3	2.09
甘 肅	134.9	1.59	貴 州	253.8	1.71
陝 西	133.3	2.57	浙 江	236.8	3.41
山 西	110.9	4.36	福 建	253.8	1.86
河 北	119.8	7.87	廣 東	273.2	4.24
山 東	137.2	9.84	平 均	175.9	100.0

출전 : 吳慧,『中國歷代糧食畝産硏究』, p.204

<표 5-5>에서 보면 민국시대 호남의 畝당 산량은 전국에서 최고 수준이며 호북도 비교적 높은 편에 속한다고 할 수 있다. 20세기 초년의 한 조사에 의하면 작물의 단위면적당 산량 비교 중 稻의 경우는 14개국 중 중국이 2위를 차지하고 있다.[60] 민국시대에도 양식 단위면적당 산량은 차

즙 증가 추세였다는 조사가 있는데 1913년에 1市畝당 215斤, 1923년은 223斤, 1956년은 254斤으로 나타나고 있다.[61] 중국의 전체적인 생산수준도 증가 추세인 것을 확인할 수 있지만, 다시 작물을 稻에 한정해서 각 省別 단위면적당 생산량을 검토해 보자.

<표 5-6> 1936년 中國各省籼粳稻畝産量(단위 : 斤)

省 別	早稻	中稻	晩稻
江 蘇	368	—	440
安 徽	339	505	315
江 西	370	394	333
湖 北	325	400	337
湖 南	440	488	391
四 川	325	—	335
浙 江	326	387	424

출전 : 天野元之助, 『中國農業經濟論』(三), pp.19~20에서 재구성.

<표 5-6>에서도 호남미의 단위면적당 생산량이 최고 수준인 것을 충분히 알 수 있다. 적어도 중일전쟁이 발발한 1937년 이전까지 중국의 농업생산성은 쇠퇴만 한 것이 아니라 일정 정도 상승 추세에 있었고, 특히 곡창지대인 호남지역의 畝産量도 상승하고 있었다고 보아야 할 것이다.

畝당 산량뿐 아니라 생산총량을 구하는데도 곤란을 초래하는 문제가 도량형의 불통일이다. 강소의 無錫縣 22개 촌에서 173종의 서로 다른 畝 면적이 사용되고 있었다는 보고가 있지만 국민정부에서 실시를 장려한 신도량형법은 호북에서는 민국 20년에 大半이 실시하고 호남은 민국 26년에도 실행이 잘되지 않았다.[62] 호남의 湖田지대에서는 보통 가로 15弓×세로 16弓, 즉 240步를 1畝로 하고 있는데 他지역에 비해서 畝 면적은 적은 편에 속한다. 경우에 따라서 360步, 540步를 1畝로 하는 지역이 있는데 이에 비해 畝積은 크지 않다.[63] 그런데 趙翼의 지적대로 "지금 사천

---

60) 吳存浩, 「中國近代農業危機表現及特点試論」『經濟史』, 1994年 5期.

61) 劉建中, 「近代中國農業生産力的綜合考察」『經濟史』, 1992年 12期.

62) 天野元之助, 『中國農業經濟論』(一), p.10.

의 斛은 호광보다 크고 호광은 강남보다 크다(如今川斛大于湖廣 湖廣大 于江南)"의 사실에서 보듯이 호광의 斗石은 강남보다 크다. 또 장사의 市 斛은 官斛보다 1할이 크다는 지적도 있다.[64] 호북의 雲夢縣에서도 雲斗 1,100여 石은 官斛 1,800여 石에 해당한다는 기록이 있고,[65] 호남 형양현 에서도 衡斗(民斗) 8斗는 官斗 1石 3升에 해당하는 것으로 되어 있다.[66] 호남·호북의 畝면적은 상대적으로 적은데 비해, 民斗가 官斛보다 크다 는 사실은 통상 사료상 표시되는 수치보다도 타지역에 비해 畝당 생산량 이 크다고 이해할 수 있을 것이다.

현재의 중국에서도 1989년 통계로 稻穀은 2,492.18만 톤을 생산, 전국 1 위는 호남성이 차지하고 있다.[67] 1995년 1월 중에 필자가 호남 악양의 湖 田지대를 방문하여 현지 농민과 행한 인터뷰에 의하면 早稻(3월 중순~7 월 중순)와 晩稻(7월 중순~10월 중순)를 합쳐 畝당 생산량은 700~1,000 斤에 이르는 것으로 파악된다.

Ⅱ. 기타작물

1) 二麥·雜糧

麥은 호광 중의 호북에서는 옹정 초기 隕陽과 襄陽 2府 정도에서만 재 배되고 있었는데, 옹정 5년(1727) 이후 정부 장려로 서서히 보급되기 시작 하였다. 호남은 특히 토질에 부적당하여 麥作에 소극적이었다.[68]

아래 <표 5-7>에서 보는대로 1930년대 호북의 小麥생산은 상당한 수 준으로 수확량 기준에서 전국 22개 省중 5위이고 주요 미산지 7省 중의

---

63) 馮和法 編, 『中國農村經濟資料』下, p.1112.

64) 方行, 앞의 논문.

65) 光緒 8年刊 『雲夢縣志略』 권2, 食貨, p.332.

66) 同治 13年刊 『衡陽縣志』, 賦役9, p.209.

67) 周躍雲, 「湖南經濟開發戰略研究」『湖南師範大學社會科學學報』, 1992年 1期.

68) 安部健夫, 앞의 논문.

2위이다. 18세기 겨우 북방 2府에서 재배되던 수준에서 현격하게 생산량이 증대했다고 할 것이다. 한구에서의 수출통계를 보면 1901년의 3,859擔에서 1905년의 557,558擔으로 5년간 무려 145배나 증가하고 있다.[69]

<표 5-7> 1930년대 長江流域 7省 小麥生産狀況

省 別	면적(千畝)	수확량(千擔)	畝당수확량(斤)
江 蘇	42,127	55,514	132
安 徽	21,295	26,559	125
江 西	4,389	4,979	113
湖 北	18,748	28,700	153
湖 南	3,444	5,126	149
四 川	18,437	26,463	144
浙 江	8,996	11,742	131

출전 : 天野元之助, 『中國農業經濟論』 3권, p.27

<표 5-7>의 호남은 小麥생산에서 저조한 성적을 보이고 있다. 그러나 畝당 수확량은 호북과 함께 최고 수준을 나타내고 있다. 大麥의 경우도 호북은 전국 22개 省 중 3위를 차지하고 있으나 호남은 미미한 실정이다. 그러나 畝당 생산성은 호남, 호북이 각각 4, 5위를 차지하고 있다.

雜糧재배에 대해서 보면 호북, 호남에 걸쳐 지방지에 관련 기사를 쉽게 찾아볼 수 있다. 호북 서부 施南府의 경우, "향민들이 높은 곳에 거주하는 자는 옥수수를 믿어 正糧으로 삼고 낮은데 거주자는 고구마를 믿어 양식을 보충한다. 고을 중에 가장 높은 산지는 토질이 찬 것을 견디니 거민들이 감자를 많이 심는다"[70]라 하고 있다. 城 근처 비옥지대는 稻作을 하고 있으나 약간 고지대는 包穀 즉 옥수수가, 약간 下地에서는 甘薯(고구마)가 正糧이 되고 있고 극히 추운 高山지대는 감자를 재배하고 있다. 운양부 중에 도작농업이 가장 발달한 房縣의 경우도 평소 "裕米之鄕"이

---

69) 李文治, 『中國近代農業史資料』 第1輯, p.478.

70) 同治 10年刊 『施南府志』 권10 ; 張國雄, 「明淸時期兩湖開發與還境變遷初議」 『經濟史』, 1994年 5期에서 재인용, "鄕民居高者恃包穀爲正糧 居下者恃甘薯爲接濟正糧 郡中最高之山 地氣苦寒 居民多種洋芋."

라고 불리고 있지만 近城 일대는 稻田이고 淺山 중에는 옥수수를 많이 심고, 깊은 산 속에는 감자를 심어 식용으로 하고 있다.[71]

宜昌府의 경우도 관련 기사를 보면 "鶴峰……農人田少山多 陂陀磽确 之處 皆種包穀", "長樂 農人多種包穀……高阜多種洋芋", "歸州……日食 則城市多食稻 鄕間皆包穀雜糧食稻者少", "長陽……日食在邑者 兩餐皆 稻穀……山居則多食包穀", "興山……民間以脫粟大小麥爲常食 蕎麥燕麥 包穀濟之", "巴東……里中以脫粟大小麥爲常食 蕎麥燕麥次之", "長 樂……日食城鄕皆包穀 食稻者絶少" 등의 표현이 빈번하다. 歸州, 長陽, 鶴峰 등은 城중은 稻米를 식용으로 하지만 鄕間의 대부분은 옥수수 위주 의 雜糧을 식용한다. 興山, 巴東縣은 大小麥이 上食이고 그 다음에 메밀 (蕎麥), 귀리(燕麥)와 더불어 옥수수(包穀)가 식량이 되고 있다. 長樂縣은 城鄕 모두 옥수수가 主食이다.[72] 包穀, 玉米, 玉蜀黍 등 다양한 명칭의 옥 수수가 호북의 여러 지역에서 향간의 농민이나 산간 주민의 주식이 되고 있는데, 이것이 유행하게 된 시기는 언제일까. 일반적으로 중국 전체에 걸 쳐 건륭·가경시기 수십 년간에 광범위하게 전파되었다고 알려져 있다.[73]

『宜昌府志』에 실린 包穀行, 洋芋歌, 種藷歌의 작자인 李煥春은 도광 30년(1850), 장락지현으로 부임하여 함풍 元年(1851)에 署長陽縣 知縣을 겸하고 있는데 이것을 보면 이 지역 잡량재배의 확대 시기는 이 무렵이 아닌가 한다.[74] 호북 武昌府의 崇陽縣은 紅薯가 건륭초년에 복건으로 부 터 전래되었다는 기록이 있고, 通山縣은 "乾隆間始興薯 今極多 民仰食 之 十之五六"이라 한 데서 보듯이 역시 건륭년간에 파급되었으나 동치년 간(1862~1874)에 극히 번성하게 된 사정을 알려주고 있다.[75]

호남 辰州府에서도 옥수수로 米를 대신하고 있고 고구마가 耐旱性이 있고 多産이어서 居民들이 즐겨 심고 있었다.[76] 도광『永州府志』에는 高

---

71) 同治 5年刊『房縣志』권2 ;『水利志』권11, 物産, 上同.
72) 同治 3年刊『宜昌府志』권11, 風土志 風俗.
73) 吳慧,『中國歷代糧食畝産硏究』, 北京, 農業出版社, 1985, p.182.
74)『宜昌府志』권8, 職官表下 ; 권14, 藝文志.
75) 同治 7年刊『通山縣志』권2, 風土志 ; 張國雄, 앞의 논문에서 재인용.

粱의 재배가 이전에는 대단히 적어서 舊志『康熙 9年刊』에는 기재하지 않았다고 되어 있다. 그런데 지금은 包穀은 府 전체에 있고 永州山民은 甘薯를 식량으로 삼고 있다는 것을 밝히고 있다.[77] 桂東縣은 가경년간에 이미 "生齒日繁 謀生者衆 深山高陵種植雜糧 幾無隙地"라 한 데서 보듯이 인구증가에 대한 대응책으로 잡량재배가 적극 추진되었다.[78] 호남의 주요 米産地인 악주부 등에서도 처음에는 平江縣에서만 고구마 등을 재배하다가 가경 이후 府 전체에 확대되고 있다.

장사부 瀏陽縣의 경우에도 "邇年來人口極盛……山戶農家 遂有全食 雜糧 而留穀以換錢者 亦有半食雜糧 以濟穀之不足者……番薯爲雜糧大 宗"이라 하고 있다.[79] 기록시기인 광서 23년(1897)으로부터 근래에 인구가 급증하여 山戶농가가 잡량을 全食하고 米를 판매하여 換錢하거나 잡량을 半食하여 곡식의 부족을 보충한다고 되어 있다. 호남 城步縣의 경우 동치 5년 부임한 知縣 盛鎰源이「興除」라는 글을 지어 농민들에게 잡량의 재배를 적극 권장하고 있다. 인구급증으로 인한 米價의 상승에 대처하는 방안으로 잡량재배를 강제하고 糧米가 이미 족하면 米價가 저절로 내려갈 것이라고 주장했다.[80] 호광미의 수출이 全省 인구의 食米 소비량을 제외한 잉여분의 것은 아니었음은 물론이나, 청 후말기에 인구증가에도 불구하고 지속적인 米수출이 가능했던 것은 이와 같이 잡량재배의 확대라는 새로운 농업의 생산력 제고가 있었기 때문이었다고 여겨진다.

2) 경제작물

(1) 棉花

호북 皮棉의 수출통계에 의하면, 1899년 이전에는 湖北棉이 부족하여

---

76) 張國雄, 위의 논문.

77) 위와 같음.

78) 위와 같음.

79)「瀏陽土産表」『農學報』第3期 ; 李文治,『中國近代農業史資料』第1輯, p.916.

80) 同治 6年刊『城步縣志』권10, 物産, 附興除.

매년 通州로부터 3~4萬 擔을 運入해오는 실정이었다.[81] 그런데 1898년 702擔을 수출하고 1904년에는 399,720擔으로 약 560배의 수출 증가율을 보이고 있다. 호북의 주요 면화 산지는 漢陽, 黃州, 黃陂, 孝感, 沔陽, 里河口, 武昌, 蔡甸, 漢川, 沙市, 宜昌 등지인데 주로 중부와 동부에 집중 분포하고 있다. 선통 2년(1910) 당시 호북의 면화산량은 150~160만 석으로 漢陽府 이하 일대가 60만 석, 黃州府 東西兩河 일대가 50만 석, 武昌, 安陸, 德安, 荊州府 등지가 30~40만 석을 생산하고 있다. 1920년대에도 호북은 민국 5년(1916)이래 국내 면방직업의 발전과[82] 일본의 면화 수요 증대에 힘입어서[83] 계속적으로 면화재배가 확대되었다. 1922~1926년의 평균으로 호북은 생산량 1,308,077擔으로 강소에 이어 전국 2위를 차지하고 있다.[84] 한구의 면화수출 통계도 1871~1880년 248,617擔에서 1921~1927년의 1,598,295擔으로 약 6.4배 증가하고 있다.[85] 1932~1936년의 평균 산량은 하북, 강소, 호북의 순서로 되고 있지만, 호북은 여전히 중일전쟁 이전까지 증가 추세에 있다.[86]

호남은 강희년간에 편찬된『湖廣通志』物産에는 永州府, 寶慶府의 면포만 기재되고 있다. 옹정 3년(1725)에 완성된『古今圖書集成』에는 장사, 악주, 보경, 형주, 상덕, 영주부 등으로 그 지역이 확대되고 있다.[87] 그러나 건륭년간의 사정을 반영하고 있는「商賈便覽」의 風俗土産의 項에는 장사부, 악주부 등 13개 府州 중 면화나 면포가 한 군데도 기재되어 있지 않다.[88] 소양현에서는 함풍 8년(1858) 知縣 周玉衡이 면화를 재배하여 생산을 높일 것을 권장하고 있다.[89] 淸末에 간행된 호남 각 지방지에도 면

---

81) 李文治,『中國近代農業史資料』第1輯, p.421.

82) 章楷,「八十年前的我國農業敎育」『復印報刊中國近代史』, 1995年 2期.

83) 蔣建平,『簡明中國近代經濟史』, 北京, 北京大學出版社, 1985, p.233.

84) 章有義 編,『中國近代農業史資料』第2輯, p.221.

85) 위의 책, p.239.

86) 天野元之助,『中國農業經濟論』(三), p.125.

87) 天野元之助,『中國農業史硏究』, 東京, 御茶の水書房, 1962, p.580.

88) 重田德,『淸代社會經濟史硏究』, 東京, 1975, p.30.

89) 注87)과 같음, p.581.

화, 면포가 빈번하게 기재되고 있는 것으로 보아, 청 후기 이후 호남지역의 棉作 증가 사실을 짐작할 수 있다. 선통 2년(1910)경에는 호남성 산면지로서 악주부 臨湘縣이 최고로 매년 약 5000萬 斤을 생산하고 있었고, 湘鄕, 攸縣, 茶陵, 衡山, 永明, 巴陵, 華容, 桃源, 龍陽, 沅江, 瀘溪, 澧州, 石門, 安福, 安鄕, 慈利, 桂陽 등지도 역시 산출이 왕성하였다. 또 장사, 상음, 유양, 예릉 등지가 다음이고, 선화, 안화, 零陵, 祁陽 등지가 그 뒤를 이었다. 靑泉, 東安, 桂陽州, 靖州 등은 産棉 최소지역이고 寧鄕, 益陽, 常寧, 永順, 保靖, 龍山, 永興 等處는 土性이 부적당하여 면을 재배하지 않고 있다.[90] 호남의 면화재배는 꾸준히 증가하여 1936년 이전 평상년의 경우 재배면적 2,791,000畝로 전국 22개 省 중 8위를 차지할 정도가 되었다.[91] 이러한 성장은 주로 청말민국기 동안 이루어진 것이다.[92]

면포는 특히 호북의 漢陽, 黃州, 德安, 荊州府 일대가 유명하다.[93] 그 중에서도 江夏의 九峰, 金口 武昌의 葛店, 大冶의 永豊, 四會, 宣化 3鄕, 漢陽의 南鄕, 黃岡의 西鄕, 天門의 岳口, 監利의 車灣, 枝江의 江口, 董市 등지가 중심지였다. 德安産의 府布, 孝感産의 孝感布, 荊州産의 荊布 등이 각기 특색이 있으면서 전국시장에 팔려나갔다.[94] 주로 도광(1821∼1850) 이후 민국기에 걸쳐 편찬된 지방지 조사에 의하면 호북 무창부는 6/9縣, 漢陽은 3/5, 德安은 5/5, 荊州는 5/7, 宜昌은 5/6, 施南府 3/5개 縣이 면포 산지이고, 건륭년간까지 면포 기재가 드물던 호남에서도 장사부 6/9, 보경부 4/5, 예주 3/3, 형주 4/4, 영주 4/7, 원강부 3/3, 악주부 4/4개 현에서 면포가 생산되고 있다.[95] 이렇게 생산된 호남 면포는 장사의 것은 한구에 팔리고 茶陵布는 광동에, 永明의 것은 광서 등지로 팔려 나가고 있다.[96]

---

90) 李文治, 『中國近代農業史資料』 第1輯, p.422.

91) 天野元之助, 『中國農業經濟論』(三), p.70.

92) 天野元之助, 『中國農業史研究』, pp.582∼583 참조.

93) 關文發, 「試論淸代前期漢口商業的發展」『淸代區域社會經濟史硏究』上, 北京, 1992, p.564.

94) 吳量愷, 앞의 논문.

95) 劉秀生, 「淸代中期湘鄂贛棉布産銷與全國棉布市場格局」『淸代區域社會經濟史硏究』下冊, p.688.

⑵ 茶

호남은 이미 元明代에 강서에 이어 전국 2위의 생산량을 기록한 바 있다. 건륭년간의 「商賈便覽」에는 장사부의 安化茶, 湘潭茶가 기재되어 있고 악주부, 보경부, 영주부, 郴州 등도 茶産地로 소개되고 있다. 호남 茶가 수출시장에 등장하는 것은 1842년 이후이다. 광동상인에 의해 홍차로서 유럽에 수출되면서부터 호남의 茶生産은 대단한 자극을 받게 되었다.[97] 도광 26년(1846) 좌종당이 상음현 柳莊에서 茶를 재배하여 "湘陰産茶 實府君之倡"이라 하고 있으니 상음현 茶재배는 청 후반 이후에 개시된 것으로 생각된다.[98] 악주부 평강현의 경우도 동치 13년(1874) 무렵 종전 고구마(紅藷)를 재배하던 泉流地上이나 山谷間에 모두 茶種을 대신하여 이익을 얻는 것은 몹시 크나 흉년시 양식이 될 수 없다는 것을 지적하고 있다.[99] 이것을 보면 아편전쟁 후 茶수출 증대로, 수익을 위해 잡량인 고구마 대신 茶재배가 확대되는 것을 알 수 있다.[100]

그런데 19세기 1880년대 이후 국제시장에 인도스리랑카 茶가 진출함으로써 中國茶가 위축되는 현상이 나타나고 있다.[101] 그러나 중국차의 쇠퇴 와중에 러시아에 대한 수출이 일부를 보충할 수 있었다. 민국 3(1914)~4년의 중화민국 農商部 조사에 의하면 한구 茶무역 시장에서 호남이 1위, 호북이 4위를 차지하고 있다.[102] 1936년에 나온 「中國茶業復興計劃」에 따르면 紅茶區는 安化, 新化, 邵陽, 寧鄕, 湘鄕, 桃源 등지로 생산량이 15~16만 담, 最盛時는 20~30만 담으로 수출 茶생산지 중 최대 수준에 속한다. 또 내수용 茶생산지 가운데 六安綠茶區는 호남, 호북 兩省의

---

96) 天野元之助, 『中國農業史研究』, p.583.

97) 重田德, 「淸末における湖南茶の新展開」『淸代社會經濟史硏究』, 1975, pp.238~293.

98) 『左宗棠全集』 20冊, 年譜, 권1.

99) 李文治, 『中國近代農業史資料』 第1輯, p.451.

100) 龐毅, 『中國淸代經濟史』, 北京, 人民出版社, 1994, p.180. 1850년대 茶 수출액은 100萬 兩, 同治 12年(1873)은 3800萬 兩으로 증가.

101) 蔣建平, 앞의 책, p.232 ; 龐毅, 위의 책, p.180.

102) 注97)과 같음.

동남부와 안휘북부를 포함하는 지역인데, 약 십수만 담을 생산하는 것으로 되어 있다.[103]

호북의 茶産地는 무창부 咸寧, 蒲圻, 崇陽縣, 宜昌府의 宜昌, 興山, 長陽五峰, 施南府의 建始 등인데 그 중 무창부의 포기, 숭양, 통산과 黃州府의 蘄春 등지의 산량이 최다이다.[104] 포기의 茶생산에는 산서상인이 개입하고 숭양현은 산서상인과 광동상인의 양세력이 생산을 통제했다.[105] 그런데 이들 茶商(산서, 안휘)들이 호남을 왕래하며 이 지역이 茶種에 적합하다 하여 주민들을 지도하여 홍차의 재배 및 제조법을 가르친 것은 함풍년간(1851~1861)이었다.[106] 호북 주요 茶생산지의 생산이 청 후반 이후 시작되었으며, 이 지역의 홍차무역이 극성을 보인 것은 광서년간이었다. 동치 10년(1871)의 襄陽知縣 宗景藩이 「種茶說十條」를 펴내어 농민에게 茶재배를 권고하고 있고,[107] 광서 24년(1898)의 安陸府 鍾祥에서도 崇陽, 武昌 등지에 사람을 보내어 茶의 종자를 구입, 재배를 시도하고 있다.[108] 1885년 무렵에는 숭양 함녕 等縣과 포기현의 羊樓崗지방에 茶釐恩局을 설립하였는데 매년 收茶釐銀이 약 20여 萬兩이나 되었다.[109] 이상에서 보면 호남, 호북은 아편전쟁 이후 특히 茶재배가 크게 확대되고 있는 것을 알 수 있다.

⑶ 落花生 烟葉 其他

아래 <표 5-8>은 청말~민국에 걸쳐 간행된 몇 개의 지방지의 물산 부분을 대강 정리한 것이다.[110]

---

103) 天野元之助, 『中國農業經濟論』(三), pp.86~87.
104) 關文發, 앞의 논문.
105) 吳量愷, 앞의 논문.
106) 章有義, 『中國近代農業史資料』 第2輯, p.142.
107) 李文治, 『中國近代農業史資料』 第1輯, p.608.
108) 위의 책, pp.886~887.
109) 위의 책, p.552.
110) 同治 5年刊 『當陽縣志』; 民國 22年刊 『光化縣志』; 同治 4年刊 『宜昌府志』; 康熙 33年刊 『潛江縣志』; 光緒 15年刊 『德安府志』; 光緒 6年刊 『荊州府志』;

<표 5-8-1> 湖北 物産

府 縣	品 目
安陸府 潛江縣	稻, 糯, 大麥, 小麥, 蕎麥, 粟, 黍稷, 芝麻, 豆, 白菜, 油菜, 棉花, 苧麻, 蠶絲, 藍靛
荊門州 當陽縣	秔稻, 糯稻, 麥, 棉花, 苧麻, 豆, 疏菜, 花生
襄陽府 光化縣	粟, 麥, 黍, 稻, 菽 麻, 高粱, 玉米(包穀), 棉花, 苧麻, 菜油, 桐油, 麻油, 藍靛, 蘿蔔, 王瓜, 靑瓜, 甘蔗, 落花生
德安府	大麥, 小麥, 蕎麥(甘蕎, 苦蕎), 高粱, 黃豆, 菉豆, 根子菜, 白花菜, 南瓜, 冬瓜, 甘蔗, 柑橘, 落花生, 葡萄, 棉花
宜昌府 東湖縣	稻, 稷(黍), 玉蜀黍(包穀), 粟(小米), 大麥, 小麥, 燕麥, 蕎麥, 黃豆, 白豆, 黑豆, 芝麻, 蔬菜, 瓜, 葡萄, 甘蔗, 木棉, 茶, 煙葉, 靛, 油
〃 歸 州	稻, 麥, 稷, 粟, 豆菽, 生絲, 茶, 烟葉, 煤, 油, 漆, 木耳, 硝
〃 長陽縣	稻, 麥, 黍, 苦菽, 蠻豆, 茶豆, 絲, 木棉, 棉布, 茶, 煙葉, 靛, 菜油, 桐油, 漆
〃 興山縣	地不産稻, 其麥豆之屬 與歸長同, 絲, 茶, 油, 漆, 煤
〃 巴東縣	稻(粘, 糯), 菽, 麥, 黍稷, 包穀, 木棉, 絲 漆, 桐油, 菜油, 烟葉, 茶
〃 鶴峰州	稻(粘, 糯), 大麥, 燕麥, 蕎麥, 包穀(玉黍), 粟, 高粱, 豆, 紵麻, 茶, 烟葉
〃 長樂縣	稻(粘,糯), 大麥, 燕麥, 蕎麥, 包穀(玉黍), 粟, 高粱, 豆, 茶, 菜油, 桐油, 煤
荊州府	稻, 大小麥, 蕎麥, 黍, 高粱, 菽, 芝麻, 玉蜀黍, 紅薯, 洋芋, 白菜, 茶, 棉布, 紙, 木炭

<표 5-8-2> 湖南 物産

府 縣	品 目
長沙府 湘鄕縣	稻(秈, 秔, 糯, 秫), 高粱, 粟, 麥(大·小), 黍, 玉米(蜀黍, 包穀), 刀豆, 黃豆, 菉豆, 芝麻, 白菜, 油菜, 南瓜, 冬瓜, 柑橘, 甘蔗, 棉花, 棉布, 藍靛, 桐油, 茶, 煤炭
長沙府 湘潭縣	稻, 茶, 棉花, 棉布, 藍靛, 煙葉,
寶慶府 邵陽縣	稻, 高粱, 麥, 稷黍, 玉蜀黍, 芝麻, 煤, 鐵, 紙, 靛, 漆, 油, 茶
寶慶府 城步縣	稻, 粟, 蕎, 菽, 芝麻, 蔬菜(油菜, 白菜, 蘿蔔), 冬瓜, 南瓜, 葛布, 靛, 麻, 石炭
常德府 桃源縣	稻(秔, 糯), 大麥, 小麥, 蕎麥, 玉蜀黍, 芝麻, 油菜, 大豆, 小豆, 棉花, 茶, 麻
衡州府 衡陽縣	稻, 豆, 蓮藕, 煙草

同治 13年刊『湘鄕縣志』; 光緖15年刊『湘潭縣志』; 光緖 33年刊『邵陽縣鄕土志』; 同治 6年刊『城步縣志』; 光緖 18年刊『桃源縣志』; 同治 13年刊『衡陽縣志』.

호북 當陽縣, 襄陽府의 光化縣, 德安府 등지에 落花生의 재배 사실이 나타나고 있다. 땅콩(落花生)은 일명 長生花, 花生, 地豆로도 불리며[111] 17세기에 남미에서 도입되어 광동, 복건의 연해지방에서 재배되다가 청의 함풍년간(1851~1861)에 중부 諸省에 보급되었다.[112] 따라서 호북, 호남의 경우도 이 시기 이후에 재배가 시작되었을 것이다. 광서 21년(1895)경의 호남 新寧縣에서도 낙화생에 대하여 "土人榨油 獲利最多"라고 하고 있어 다수익작물로 재배되고 있는 것을 알 수 있다. 태평천국 후 미국에서 새로운 종자가 전래되고 재배지역이 확대되면서 낙화생은 20세기 초 중국의 주요 수출품의 하나가 되고 있다.[113] 호북은 산동, 하북, 하남, 강소 등과 더불어 중국의 주요 낙화생 생산지역으로 성장하였다. 1910년부터 1927년까지 중국의 전체적인 낙화생 수출은 대체로 증가하였다.[114] 1930년대 전반 평상년 기준 재배면적상 호북은 전국 22개 省 중 8위, 호남은 10위를 차지하고 있다.

연초도 아메리카에서 17세기에 도입된 것으로 복건, 광동 등지에서 먼저 재배되고 이후 다른 지역으로 보급되었다.[115] 20세기 이전에는 그다지 활발하게 재배되지 않았다. 광서년간에 호북 均州, 黃岡縣, 江夏, 廣濟縣 일대에 모두 연초재배가 확인된다.[116] <표 5-8>의 의창부에서도 東湖縣, 長陽縣, 巴東縣, 鶴峰州 등에서 모두 연초재배를 하고 있다. 호남의 상담현과 형양현에서도 건륭년간에는 찾아볼 수 없었던 煙葉이 물산에 나오고 있다.[117] 1913년 英美人들이 호북 균주 등지에 가서 미국 종자를 제공하고 재배를 장려하여 연초 수확은 더욱 증대되었다.[118] 1920년대 말 국내 卷烟공업의 발달에 따라 연초재배는 더욱 활발해지고 한구의 煙業시

---

111) 李潘, 『中國栽培植物發展史』, 北京, 1984, p.72.
112) 天野元之助, 『中國農業經濟論』(三), p.102.
113) 龐毅, 앞의 책, p.181.
114) 章有義, 『中國近代農業史資料』 第2輯, pp.148~149.
115) 李潘, 앞의 책, p.152.
116) 李文治, 『中國近代農業史資料』 第1輯, p.442.
117) 重田德, 『淸代社會經濟史硏究』, p.439.
118) 章有義, 『中國近代農業史資料』 第2輯, p.505.

장은 상당한 活況을 누렸다.

이 밖에 <표 5-8>에 보듯이 다양한 물품이 나오고 있다. 芝麻는 호북의 중요 수풀품 가운데 하나이다.[119] 油菜는 호남, 호북이 1936년 기준 전국 3위, 5위를 차지하고 있다.[120] 桐油는 청 전기에도 호남북에 재배되고 있었는데 20세기에 들어와서 급격한 수출증가로 재배면적이 확대되었다. 또 蠶桑의 증가에 따라 20세기 이후 호남, 호북에서도 桑田지역이 발전하였다. 전체적으로 농산품의 상품화 전개는 아편전쟁 이후 급격히 진행되었다. 예를 들면 면화의 상품화율은 1840년 약 27%에서 1936년 51%로 증가하고 있고, 양식 상품화율도 같은 기간 10%에서 30%로 증가하고 있다.[121] 경제작물의 재배도 일정한 자극과 영향을 주고 받으면서 상품경제 촉진에 기여하고 있다.

Ⅲ. 생산력의 발달

1) 水利開墾

청대에서 민국기까지의 대체적인 등록전지의 변화 추세를 정리하면 아래 <표 5-9>와 같다.

표에서 보는대로 호남과 사천은 경지면적 증가에 있어서 他省을 압도하고 있다. 長江유역 7省이 모두 미곡 생산 중심지인데 그 중 유독 호남, 사천의 兩省이 경지면적 증가가 우세한 것은 곧 청~민국기의 대부분의 기간 미곡수출이 가능한 생산력이 이 지역에 있었다는 것과 무관하지 않을 것이다. 호남과 사천은 강희 24년(1685)에서 옹정 2년(1724)에 걸쳐 현격한 증가를 보이고 있고 그 후의 발전은 다소 완만하다가 다시 1887년에서 1933년 사이에 한 차례 도약을 하고 있다. 호남은 옹정 2년에 경지면

---

119) 李文治, 앞의 책, p.439.
120) 天野元之助, 『中國農業經濟論』(三), p.106.
121) 劉建中, 「關于中國近代農業商品經濟發展的幾個問題」『經濟史』, 1994年 5期.

적이 기준년에 비해 두배 이상 증가했고, 1930년대에 3.6배 이상 증가하고 있다. 호북의 경지 증가율은 호남에 비해서는 미미한 편인데 이것은 청 후기~민국기의 기간동안 주로 호광지방 중에서도 호남이 미곡수출 중심이 되고 있는 것과 관련 있을 것이다.

<표 5-9> 淸~民國期, 長江流域 7省 田地數

	康熙24년 (1685)	雍正2년 (1724)	乾隆18년 (1753)	嘉慶17년 (1812)	咸豊元年 (1851)	同治12년 (1873)	光緒13년 (1887)	1929-1933 (市畝)
江蘇	67,515,399	69,332,409	70,109,995	72,089,486	64,754,727	64,754,727	75,127,538	85,296,000
	100	102.7	103.8	106.8	95.9	95.9	111.3	126.3
安徽	35,427,433	34,200,121	35,019,797	41,436,875	34,078,633	34,078,633	41,114,341	73,128,000
	100	96.5	98.8	117	96.2	96.2	116.1	206.4
浙江	44,856,576	45,885,288	46,182,951	46,500,369	46,412,026	46,388,126	46,778,169	41,658,000
	100	102.3	103	103.7	103.5	103.4	104.3	92.9
江西	45,161,071	48,552,851	48,571,128	47,274,107	46,218,727	46,220,099	47,343,012	43,339,500
	100	107.5	107.6	104.7	102.3	102.3	104.8	96
湖北	54,241,816	55,404,118	58,745,029	60,518,556	59,443,944	59,443,944	59,220,195	64,500,000
	100	102.1	108.3	111.6	109.6	109.6	109.2	118.9
湖南	13,892,381	31,256,116	32,009,996	31,581,596	31,304,273	31,340,273	34,730,825	50,206,500
	100	225	230.4	227.3	225.3	225.6	250	361.4
四川	1,726,118	21,503,313	45,957,449	46,547,134	46,381,939	46,383,462	46,417,417	155,448,000
	100	1245.8	2662.5	2696.6	2687.1	2687.2	2689.1	9005.6

출전 : 康熙 24~光緒 13年은 梁方仲, 『中國歷代戶口·田地·田賦統計』, 1980, p.380 ; 1929~1933년은 嚴中平, 『中國近代經濟史統計資料選集』, p.356 및 章有義, 『中國近代農業史資料』第3輯, p.921

다른 자료에 의하면 호광의 경지면적은 가경 17년(1812) 893,009頃에서 광서 13년(1887)의 1,521,969頃으로 약 200% 증가한 것으로 되어 있으나 梁方仲의 통계와는 다소 차이가 있다.[122) 사천은 강희~옹정간 약 12배, 1930년까지는 기준년에 비해 90배 정도의 대폭적 증가를 보이고 있다. 기본적으로 인구증가와 토지개간 확대에 따른 것이라는 것을 부인할 수 없겠지만 옹정시대 사천巡撫 憲德의 주장과 같이 사천의 隱田이 10에 5, 6이었다는 것을 주목해야 할 것이다.[123) 즉 地丁銀 실시 이후 인구는 비교

122) 吳承明 主編, 『中國資本主義發展史』 권1, 上, p.251.

적 정확해졌지만, 墾田 수는 적게 보고하여 稅賦 도피의 경향이 심해 토지 통계의 정확성이 의심된다고 하는데,[124] 사천은 기준년도인 강희 24년 당시도 隱田의 대량 존재로 등록田地가 지나치게 낮게 되었을 가능성을 배제할 수 없다.[125] 호남은 강희~옹정간의 현격한 토지 증가 후 약간의 감소 추세를 보이다가 함풍 元年(1851) 이후 증가세로 전환하여 청말민국기에 재차 두드러진 증가세를 보이고 있다.

근대에 호남 농업생산력 위축의 근거로 청말민국기 경지면적 감소 현상을 지적하는 다수의 논자들이 있다.[126] 그런데 인용 자료는 모두『中國近代經濟史統計資料選集』의 <표 81>인데 이것은 실면적 표시는 없고 지수만 표시되어 있다. 각 省 農情보고원들의 1,532건 보고를 분석한 것이라 되어 있는데 이것을 그대로 믿어도 좋을지 모르겠다. 전란과 災荒의 빈번으로 믿을만하다고 하지만 오히려 그런 이유로 행정적 파악 능력이 부족했던 것은 아닐까 한다.[127]

田地문제와 더불어 생산력을 검토하려면 인구를 검토하지 않으면 안 된다. 19세기 호남성은 인구의 감소를 보여주고 있다는 주장이 있지만[128] 청대 건륭, 가경, 도광, 함풍, 동치, 광서 六朝 인구통계와 민국시대 인구통계를 관찰하면 1933년까지는 거의 감소 현상을 찾아 볼 수 없다.[129] 長江流域 7省의 인구밀도를 표로 작성하여 제시하면 다음 표와 같다.

표에서 보면 호남과 사천이 함풍 원년(1851) 시점까지 계속하여 밀도가 가장 낮은 省이다. 주요 産米지역 7省 가운데 호남, 사천이 米수출 가능

---

123) 安部健夫, 앞의 논문.

124) 李惠村,『中國統計史』, 北京, 中國統計出版社, 1993, p.209.

125) 1929~1933년은 단위가 市畝이기 때문에 淸畝로 환산하면 약간 낮아질 가능성도 있다. 趙岡, 尹貞粉 譯,『中國土地制度史』, 大光文化史, 1985, p.75 ; 吳承洛,『中國度量衡史』, 北京, 商務印書館, 1937(1993年 重印本), pp.312~314.

126) 吳存浩,「中國近代農業危機表現及特點試論」『經濟史』, 1994年 5期 ; 郭德宏,『中國近現代農民土地問題研究』, 靑島, 靑島出版社, 1993, p.172.

127) 嚴中平, 앞의 책, p.357.

128) 鄭哲雄,「淸代揚子江 中流地方의 人口變化」『崇實史學』第7輯, 1992.

129)『湖南省志』2권, 地理志 上冊 修訂本, 1982, pp.235~239.

성이 가장 높다고 해야 할 것이다. 아편전쟁시기 인구 최다이며 밀도 최고의 省은 강소이다. 인구증가가 가장 빠른 省은 사천으로 건륭 26년(1761) 인구 2,782,976명에서 도광 21년(1841) 38,951,000명으로 80년간 약 3,600萬이 증가하였다.[130] 이것은 淸末시기 이후 사천의 미곡수출 퇴조와 관련이 있을 것이다.

<표 5-10> 長江流域 7省 인구밀도

	雍正2년 (1724)	乾隆13년 (1748)	乾隆32년 (1767)	乾隆51~ 56년평균	嘉慶17년 (1812)	道光10~ 19년평균	道光20~ 30년평균	咸豊元年 (1851)	면적㎢
江蘇	27.05	127.80	240.64	322.88	382.95	424.62	440.02	448.32	98,820
安徽	8.36	16.13	143.88	179.60	210.49	228.90	231.07	231.83	162,324
浙江	28.38	89.12	170.00	227.61	270.13	292.97	301.67	309.74	97,200
江西	11.97	27.86	63.60	107.52	127.02	134.91	135.08	135.12	181,440
湖北	2.50	25.18	46.29	108.64	150.85	177.68	184.31	186.34	181,440
湖南	1.53	19.40	39.84	72.95	83.43	87.86	90.76	92.36	223,560
四川	0.77	2.57	5.55	16.67	40.22	65.57	77.35	83.97	532,980

출전 : 梁方仲, 『中國歷代戶口・田地・田賦統計』, p.272

호남의 경우 1726년에서 1748년 사이 인구밀도의 급증은 앞 <표 5-9>에서 나타나는 옹정 2년(1724)까지 경지면적의 대폭 증가와 어떤 연관을 갖고 있다고 보아야 할 것이다. 1873~1933년 사이에도 호남은 약 44%의 인구가 증가하고 같은 기간 사천은 57% 증가를 보이고 있다.[131]

그러면 省 내부에서의 인구변화 현상은 지역적으로 어떤 특성을 나타내고 있을까. 『湖南省志』 地理志에 기재된 광서 湖南通志 所收의 가경 21년(1816) 인구와 국민당 호남성 民政廳의 1947년 戶口조사를 서로 비교하여 그간의 양상을 추적해 보겠다.[132] 기재된 주현수는 71개 현에 달하고 그 내용은 모두 검토하였지만 번거로움을 피하기 위하여 증가율과 감소율을 따져 상위 10순위, 하위 10순위를 추려 표로 작성하여 보면 다음과 같다.

---

130) 蔣建平, 앞의 책, p.12.

131) 章有義, 앞의 책, 제3집, pp.907~908.

132) 注129)와 같음.

<표 5-11> 湖南省 各府縣 人口變化

| | 嘉慶 21年(1816) ① | | 民國 36年(1947) ② | | 人口增減指數 |
	戶	口	戶	口	
長沙府 湘潭縣	70,720	399,300	149,526	896,474	+124.5
瀏陽縣	59,219	257,096	144,517	690,958	+168.7
醴陵縣	43,430	246,680	75,272	537,840	+118.0
益陽縣	58,910	256,040	90,270	798,001	+211.6
安化縣	20,825	64,016	65,359	572,919	+794.9
常德府 沅江縣	17,110	79,806	44,675	274,934	+244.5
澧 州 慈利縣	35,270	139,560	41,738	332,429	+138.1
永州府 永遠縣	23,366	131,601	74,366	356,117	+170.6
祁陽縣	56,605	329,700	69,700	705,817	+114.0
江華縣	15,498	83,758	39,169	182,124	+117.4
岳州府 臨湘縣	48,324	369,797	47,057	209,787	-43.2
華容縣	118,490	416,270	63,028	298,318	-28.3
衡州府 安仁縣	34,128	196,713	29,654	139,438	-29.1
酃縣	31,950	109,538	19,532	81,288	-25.7
永順府 永順縣	54,310	302,690	37,534	192,395	-36.4
沅州府 芷江縣	40,880	239,170	23,778	152,205	-36.3
靖州府 本 州	35,020	266,150	13,752	76,577	-71.2
通道縣	16,290	67,170	6,298	27,477	-59.0
桂陽州 本 州	88,860	395,810	69,505	304,902	-22.9
郴 州 本 州	38,890	259,040	35,585	172,103	-33.5

① 光緒『湖南通志』, ②『湖南省志』2卷, 地理志, 上冊 修訂本, 1982.

위에서 알 수 있는대로 장사부는 증가율 상위 10현 가운데 5개 현이 차지하고 있다. 특히 안화현은 비교 기간동안 인구가 8배 정도 증가하고 있다. 장사부는 소속 주현 가운데 상음을 제외한 전 주현이 인구증가 지역이다. 상음도 戶數는 증가하는데 口數가 감소된 것으로 되어 있어 기재가 잘못되었을 가능성을 배제할 수 없다. 상덕부는 증가 폭이 큰 원강현뿐 아니라 도원과 용양현도 비교적 높은 증가를 보이고 있다. 무릉현만이 戶數는 증가하고 있는데 口數는 감소한 모순적인 기록을 보일 뿐 전체적으로는 증가 추세이다. 예주도 자리현뿐 아니라, 소속 주현 전부 증가 추세이다. 보경부는 전부 증가하고 있는데 미곡산지로 유명한 무강주는 증가 폭이 가장 큰 것이 주목된다.[133) 악주부는 평강현은 증가하고 있고 파릉현은 口數는 감소된 것으로 나타나지만 戶數는 증가로 되어 있다. 戶와 口數가 일관되게 감소한 것은 臨湘縣과 華容縣인데 이들의 감소율은 그다지 크지 않다.

이것은 또 민국시대 행정구역 개편과 관련 있을 가능성이 크다.[134] 형주부는 衡陽, 耒陽, 常寧 등은 증가하고 있고 戶와 口가 일치되게 감소하는 것은 安仁과 酃縣뿐이다. 그런데 원주부는 3현 중 2현 감소, 靖州는 4현 중 3현 감소, 桂陽州는 4현 모두 감소, 郴州는 6현 중 4현 감소, 辰州府는 4현 중 2현 감소를 보이고 있다. 특이한 것은 永州府이다. 증가율 상위 10순위 안에 소속 3개 縣이 포함되어 있고 전체적으로 증가 추세를 보이고 있다. 그러나 縣別로 보면 府屬 8개 縣 중 4縣은 감소를 보인다. 인구변화의 전체적인 특징은 미곡생산 중심지인 장사부, 상덕부, 예주, 보경부, 형주부 등이 증가 추세를 보이고 있고 미곡생산 중심지로부터 약간 벗어난 주변부 지역의 인구감소 현상이 나타나는 것이다.[135]

<표 5-10>에서 보면 호남의 인구밀도는 1851년까지는 가장 낮은 편에 속하지만 민국 9년(1920)경에는 ㎢당 341로 강소 다음으로 높아지고 있다.[136] 청말민국기에도 계속 인구증가가 집중되었음을 알 수 있다. 같은 시기 호남내의 인구밀도는 湘, 資, 沅江유역이 가장 조밀지역으로, 이 지역 15縣이 全省 인구의 36%, 澧水유역 및 동정호 주변의 밀도가 그 다음으로 10縣 인구가 全省의 약 14%를 차지하여 全省 75縣 중 上述의 25縣 인구가 약 절반을 점하고 있다.[137] 이것을 보면 생산 중심지대인 주요 하천유역에 인구집중이 심화되고 있었던 것을 알 수 있다.

田賦문제와 관련해서 생각해 보면 양자강 중류의 3省 중에 호남이 강서나 호북보다 상대적으로 낮은 田賦 부담을 하고 있었기 때문에 미곡

---

133) 증가율 11순위에 해당, 109.5% 증가.

134) 光緖 중 華容 9都 淤洲를 분할하고 安鄕, 武陵, 沅江, 巴陵 가 일부를 쪼개어 설치한 것이 南州直隷廳이고 이것이 民國시대 南縣이 됨.

135) 鄭哲雄, 앞의 논문, 注128)의 결론과는 아주 다르다. 鄭의 제시 지도에 湘江유역은 급속한 인구증가 지역에 포함되어 있는데 본문의 주장과는 다름.

136) 金勝一, 앞의 논문.

137) 위와 같음.

수급 운영상 여유가 있었다는 주장이 있다.[138]

<표 5-12> 光緒 19年(1893) 各 直省實收田賦 수

省別	토지면적 (畝)	地丁 (兩)	雜賦 (兩)	租息 (兩)	糧折 (兩)	耗羨	합계 (兩)	전국 비율 (%)
江蘇	75,127,538	1,700,214.44	193,492.85	30,269.65	76,785.73	180,104.10	2,890,866.77	8.69
江西	47,343,012	1,291,288.15	69,809.31	1,100.49	880,510.22	145,422.08	2,388,130.25	7.18
湖北	59,220,195	862,673.16	16,880.79	1,147.92	512,318.12	98,409.32	1,491,429.31	4.48
湖南	34,730,825	1,064,531.47	7,333.14	513.64	286,221.19	109,573.41	1,467,172.85	4.41
四川	46,417,417	669,101.00	194,593.57	10,666.51	754.77	175,220.32	1,050,336.11	3.16

출전 : 梁方仲,『中國歷代戶口·田地·田賦統計』, p.417

그러나 청 전기에도 호남은 호북보다는 田賦가 높았다.[139] <표 5-12>
에서도 알 수 있는대로 田土면적을 고려하면 호남은 호북보다 부담이 무
겁고 사천은 호남보다 가벼운 편이다. 민국시대에도 호남은 부가세가 正
稅의 한 배 이하인 곳이 75현 가운데 겨우 5현에 불과했다.[140] 중요 財賦
지역은 생산중심에 대한 국가적 파악의 결과였다고 할 것이다. 같은 호남
에서도 田賦가 가장 무거운 곳은 장사부인 것도 이것과 관계가 있다.[141]
이외에 衡州府, 岳州府, 常德府 등이 田賦가 높은 지역인데, 대체로 미곡
생산 중심지와 범주가 일치하고 있다.[142] 호북도 武昌, 黃州, 荊州 등이
전부 부담이 상대적으로 무거운 지역이다. 그런데 동일한 府 안에서도 縣
別로 科則이 서로 다르고 雜稅도 복잡하다.

---

138) 鄭哲雄,「淸初揚子江 三省지역의 미곡유통과 가격구조」『歷史學報』 143집,
    1994, <표 7>에서 康熙·雍正간의 사실을 지적하고 있다. 그런데 康熙 24年은
    湖南의 田土면적이 다른 2省보다 현저하게 적은 점을 고려하면 田賦가 낮은 편
    이 아니다. 또 雍正年間 湖南 田賦銀은 1,092,634兩인데 鄭哲雄은 192,634로 錯
    誤를 일으키고 있다. 梁方仲,『中國歷代戶口·田地·田賦統計』, p.387 참조.
139) 梁方仲, 앞의 책, p.391 참조
140) 章有義, 앞의 책, 第3輯, p.17.
141) 同治 刊『湘潭縣志』, 賦役8, "巡撫曰 湖廣之糧 獨重於天下, 長沙一郡之糧 又
    獨重於十七州郡 此人人所知也."
142) 鄭哲雄, 注128)의 논문.

<표 5-13> 湖南·湖北 數縣田賦

지 역	매 畝 科糧	지 역	매 畝 科糧
①長沙府	5升~1斗	⑧荊州府	1升 3合 4勺
②湘潭縣	4升 8合 3勺	⑨公安縣	上田 2升 4合
③湘鄕縣	4升 4合 6勺	⑩潛江縣	5升 3合 4勺
④衡陽縣	上田 5升 5合	⑪德安府	9合 9勺
⑤桃源縣	3升 3合 4勺	⑫宜昌府 東湖縣	上田 1升, 中田 8合
⑥城步縣	上田 4升 7勺	⑬　 〃　 巴東縣	上田 1升 5合, 中田 1升 2合
⑦邵陽縣	2升 2合 1勺	⑭荊門州 當陽縣	上田 5合, 中田 4合

출전 : ① 『湘潭縣志』, 賦役8 ; ② 『湘潭縣志』, 賦役8 ; ③ 『湘鄕縣志』 권3下, 賦役志 田賦 ; ④ 『衡陽縣志』, 賦役9 ; ⑤ 『桃源縣志』 권3, 賦役志 田賦 ; ⑥ 『城步縣志』 권2, 田賦 ; ⑦ 『邵陽縣志』 권4, 地理 物産 ; ⑧ 『荊州府志』 권4, 經政志2, 田賦 ; ⑨ ⑧과 같음 ; ⑩ 『潛江縣志』 권9, 戶口 ; ⑪ 『德安府志』 권6, 田賦(鄭哲雄, 1992년 논문과 숫자 약간 차이가 있다. 즉 경지는 33,032頃여로 原額秋糧은 32,921石 5斗 2升 8合) ; ⑫·⑬『宜昌府志』 권5, 賦役志 ; ⑭ 『當陽縣志』 권4, 田賦.

　『湘潭縣志』賦役조에는 장사부가 호남 중에 가장 田賦가 무겁다는 것과 다른 지역은 매 畝당 1合에서 1升에 그치는데 장사는 5升에서 1斗정도 부담하는 것으로 되어 있다. <표 5-13>의 상담과 상향은 田地塘을 함께 나눈 수치이므로 上田의 科糧은 훨씬 높을 것이다. 호북의 경우는 米穀 생산지대인 潛江縣과 公安縣, 荊州府가 높은 것을 제외하고는 대체로 낮은 편이다. 국가가 田賦를 무겁게 부과하는 것은 그 지역이 미곡생산 중심인 것을 파악하고 있다는 것이지만, 田賦가 原額을 중심으로 편성되어 있고 호남의 개간지에서는 탈세목적의 隱田이 많기 때문에 이것이 곧바로 米수출 부진의 이유가 될 수는 없다.[143]

　수리개간에 있어서는 이미 오금성 선생이 명대 동정호 주변 垸堤의 발달이 "湖廣熟 天下足"의 생산력 배경이 되고 있다는 것을 치밀하게 논증한 바 있다.[144] 청대에도 康熙·雍正·乾隆시기에 걸쳐 지속적인 堤垸개발이 이어졌다.[145]

---

143) 『宜昌府志』 권5, 賦役, 淸朝의 原額은 明 萬歷 30년을 기준.

144) 吳金成, 『中國近世社會經濟史硏究』, 一潮閣, 1986, 제3장.

145) 彭雨新, 『淸代土地開墾史』, 北京, 農業出版社, 1990, p.171.

청말민국기에는 정부가 재정위기를 타개하기 위해 官荒을 매도함으로써 堤垸개발이 더욱 촉진되었다. 濱湖各縣에 최근 수십년래 淤積으로 허다한 비옥한 토지가 형성되었고, 청말민국기에 걸쳐 湖田개간이 "正如風起雲湧"하는 것 같았다. 安鄕縣에서는 도광·동치년간에 湖에 14垸이 있었으나, 1880년대 초에는 100여 완이 되고 1930년대 초에는 630여 완으로 급증하였다. 垸田 총수는 60萬 畝 이상에 달하였다.[146] 또 동치 9년(1870)에 荊江 南岸 藕池口의 붕괴로 大江이 洪流하여 대량의 泥沙를 동정호에 운반해 왔다. 동치말년에 이르러 藕池口 이하 泥沙퇴적이 날로 심하여 水面으로부터 高阜가 융기하여 옥토를 형성하고 여기에 대한 개간과 인구집중으로 광서 20년(1894)에 南洲廳이 성립하였다.[147] 華容 9都에서 龍陽縣, 漢壽縣에 이르는 荒洲는 200여 리에 달하는 거대한 것이었다. 광서 30년(1904) 洋務관료 聶緝槻는 3,000여 緡의 개간비로 南洲일대 淤田 4만여 畝를 개간하였다.[148] <표 5-9>에 보이는 동치 12년(1873) 이후 1887~1930년까지 호남 토지면적의 현격한 증가는 이 湖田의 새로운 개발 증가와 무관하지 않을 것이다. 통계에 의하면 청대 전기 동정호 수면은 약 6,000㎢였는데 1949년에는 4,350㎢로 축소되고 있다.[149]

청대에 특징적 현상의 하나는 山土개간의 성황이었다. 湖田지대가 주로 堤垸에 의한 것이라면 山土는 陂와 塘을 중심으로 한 것이다.[150] 동치 5년에 부임한 城步知縣 盛鎰源이 "在本地居民 已經生齒日繁……開墾山者……雖將前棄薄田 及開墾平坦山土 改爲水田 一律普種稻穀"이라 한 데서 보듯이 山土개간으로 稻作지역이 확대되고 있다.[151] 萬歷년간에 沅江河谷분지에 陂塘 관개시설이 9處 있었는데 가경년간에 이미 1,329곳에 달한 것을 보면 그 발전과정을 짐작할 수 있다.[152]

---

146) 馮和法, 『中國農村經濟資料續編』 下, p.706.
147) 彭雨新, 앞의 책, p.189 ; 鄭肇經, 『中國水利史』, 北京, 1993, p.257.
148) 彭雨新, 앞의 책, p.189.
149) 汪家倫, 『中國農田水利史』, 北京, 農業出版社, 1990, p.381.
150) 張建民, 「明淸長江中游山區的 灌漑水利」『明淸史』, 1993年 7期. 陂는 堰을 막아 물을 저장한 것, 塘은 웅덩이를 파서 물을 저장한 것.
151) 『城步縣志』 권10, 物産, 附興除.

<그림 5> 洞庭湖區 堤垸發展

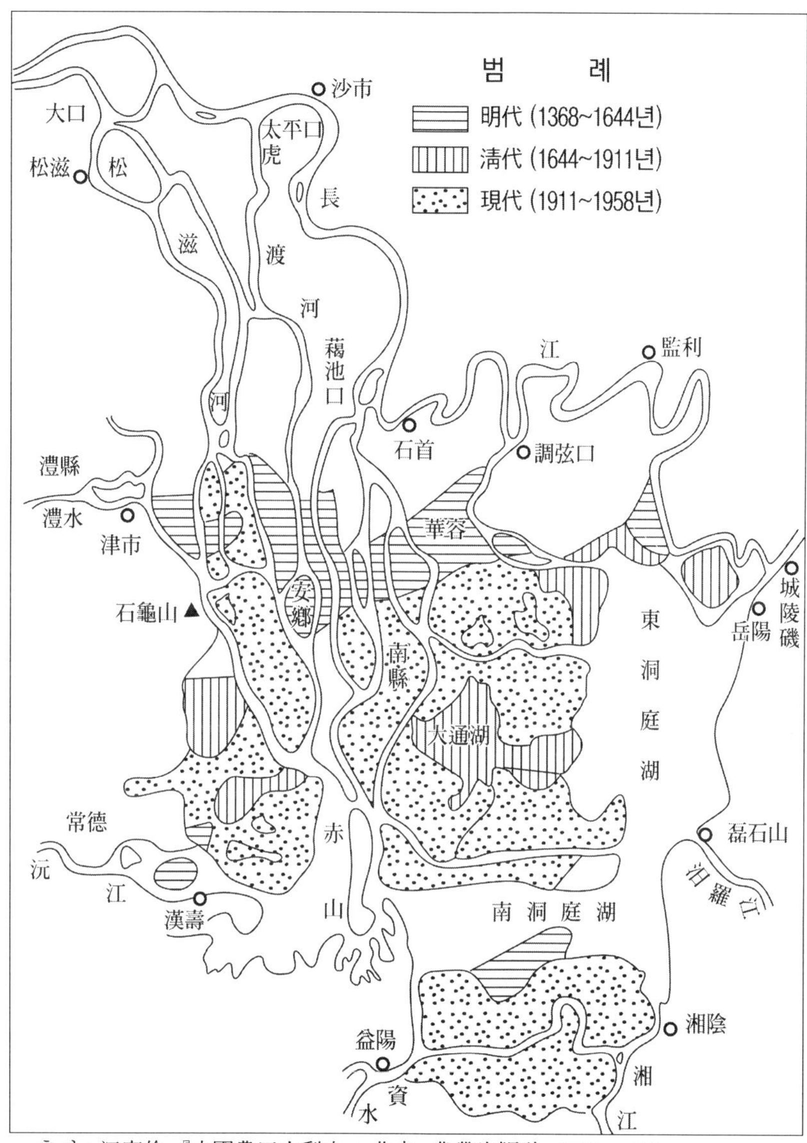

출전 : 汪家倫, 『中國農田水利史』, 北京, 農業出版社, 1990, p.383

152) 張國雄, 「明淸時期兩湖開發與環境變遷初議」 『經濟史』, 1994年 5期.

동치 10년『攸縣志』, 광서 4년의『道州志』, 선통 원년의『永綏廳志』에
도 이러한 山土개간 사실을 전하고 있다.[153] 山區의 개발은 강우시에 土
沙의 유실을 초래하고 이것이 江湖에 含沙量을 증대시켜 堤垸개발의 조
건을 만들어 낸다.[154] 그런데 제완의 무분별한 개발이 호수면을 부단히
축소함으로써 大江의 游水地를 약화시켜 홍수피해, 수재를 격화시키고
있다. 이 문제에 대하여 淸朝는 건륭 11년, 28년에 연이어 私垸禁止令으
로 대처하였다.[155] 그러나 禁令은 有名無實하였고 堤垸개발은 계속되었
다. 江漢 – 洞庭平源의 수재는 가경·도광을 轉機로 하여 격심하게 되었
다. 건륭년간에는 수재가 1~2州縣에 그치고, 회복도 빨랐지만 도광 이후
는 피해 면적이 넓어지고 생산회복 능력은 하락하였다.[156] 명대에는 평균
18년 1차, 청대에는 평균 16년 1차 수재가 일어났으나, 청말에서 민국기
에 동정호 일대는 평균 5년 1차의 빈번한 수재가 발생하고 있는 것도[157]
이 지역 제완의 발전 정도를 반영한다고 할 수 있을 것이다.

이러한 수해를 막기 위한 논의가 청 중엽부터 빈번하게 전개되었는데
그 방안은 대략 세 가지이다. ① "廢田還湖"로 일부 垸堤를 없애서 湖區
容量을 확대하는 것, ② "塞口還江"으로 入湖穴口를 막아 長江水沙가
호수에 들어오는 것을 차단하는 것, ③ "南北分流"로 河道를 확보하는
것 등이었던 논의는 의견 통일을 보지 못하였다.[158] 私垸禁止의 명령이
실효를 거두지 못하는 상황에서 대처방법은 우선 堤를 더 높고 튼튼하게
하는 것이었다. 광서 10년刊『沔陽州志』에 따르면, "長堤短堤 加高加厚"
한다는 것이다.[159] 호북 면양주는 호북 제완의 대표적 지역이다. 다른 한
방법은 가경 7년(1802) 호남순무 馬慧裕의 주장과 같이 私圍의 고도를 제
한하자는 것이다. 圍內의 業民이 평소에는 경작하되 大水가 나면 물의

---

153) 李文治, 앞의 책, p.919.

154) 注152)와 같음.

155) 彭雨新, 앞의 책, p.189.

156) 注152)와 같음 ; 汪家倫, 앞의 책, p.184.

157) 汪家倫, 앞의 책, p.381.

158) 위의 책, p.382.

159) 彭雨新, 앞의 책, p.178.

흐름을 방해하지 않는 것이다. 이렇게 고도가 낮은 것을 특히 "埂"이라 부르고 있다.[160] 호남에서는 매년의 歲修와 3년마다의 大修가 있고 매년 歲修時에는 數寸에서 1尺, 大修時에는 數尺의 고도를 높이는 공사를 하고 있다.[161] 광서 32년(1906) 澧州 慈利縣의 紳民이 자금을 出資하여 墾務公司를 설립하고 器機를 구비하여 圍埂을 높이 쌓아, 그런 뒤에 단계적으로 개간을 개시하여 水患을 피했다는 기재가 있다.[162] 堤에 대해 私垸 즉 낮은 고도를 유지하는 대처 방안보다는 圍堤의 고도를 높이는 쪽이 더 선호되었다고 여겨진다.

湖田개간이 촉진되는 것은 그것이 고도의 생산성을 가지고 있을 뿐 아니라 그것이 등록전지에서 빠질 가능성이 높은 때문이다. 『湘鄕縣志』에 "新墾自首"라 하고 있는 것을 볼 때, 개간지의 등록은 자수에 의존하고 있는 것을 알 수 있다.[163] 또 건륭 38년 2월 상소의 내용을 보면, "陳輝祖의 상주가 官荒에 대한 封禁이 이미 유명무실하여 개간을 허락하고 과세하는 것이 낫다. 그런데 民이 자수하여 보고하게 하니 官이 조사하지 않으면 누가 全數를 보고하겠는가. 폐단이 백가지 나오는데 墾多報少하거나 胥吏와 내통하기도 한다. 官이 淸丈하지 않으면 철저하게 淸厘할 수 없다. 그런데 査丈의 일도 쉽지 않다."라 하는데 대해, 건륭제는 "水淸無魚 朕示不肯辦此一事"하여 일을 방치해 두고 있다.[164] 이렇게 隱田으로 묵인된 것이 일반적이었다고 생각된다.

衡陽縣에서도 "有田無糧 多由墾荒"이라 한 것을 보면 그것을 알 수 있다.[165] 또 開墾田은 과세하더라도 水田의 경우 6년 후 升科하고 旱田은 10年후 升科한다고 되어 있다.[166] 稅率도 저렴하여 호북 沔陽의 5等率에 上田은 단지 銀 2分 9厘에 불과하다. 청조가 원래 圍堤造田을 장려

---

160) 위의 책, pp.176~187.

161) 『淸實錄經濟史資料』 2책, p.414.

162) 李文治, 앞의 책, p.880.

163) 『湘鄕縣志』 권3, 賦役志, 田賦.

164) 『淸實錄經濟史資料』 2책, p.278.

165) 『衡陽縣志』, 賦役9

166) 『淸實錄經濟史資料』 2책, p.276.

한 것은 수재민을 안착시키기 위한 것이지 과세 목적이 아니었으며, 오히려 소유자의 재산권 보장 측면에서 輕稅가 부과되었던 것이다.[167] 비옥한 토지에서의 고수익 생산과 그 위에 면세 또는 輕稅혜택으로 湖田개발은 더욱 촉진되었던 것이고 이것이 호남 미곡수출의 한 動因이 되었다 할 것이다.

2) 농구

최근 양자강 중류의 산미지대의 하나인 강서의 근대 농업생산력에 대한 소론에서는 동치 11년刊 『余千縣志』에 기재된 17종의 농구를 제시하고, 아편전쟁 후 강서의 생산공구는 조금도 진보가 없었다는 결론을 내고 있다.[168] 또 王禎農書(1313), 徐光啓의 『農政全書』(1628), 鄂爾泰 等編 『授時通考』(1742) 등 農書에 등재된 농구는 新중국 성립 이전(1949) 중국 농촌에서 사용된 것들을 거의 망라하고 있고, 수량의 증가에도 불구하고 질량과 종류에는 어떤 변화가 없다는 주장도 있다.[169] 전술한 강서 여천 현 소개의 농구와 강서, 호북, 절강, 강소, 안휘 5省 11縣의 1,426田場 조사 후, 1930년대 농구를 제시하고 역시 아편전쟁 이전 명청시대와 조금도 다를 것이 없다는 인식도 있다.[170]

1926년에 나온 「湘省農業概況」에 의하면 호남의 농기구는 대개 구식인데 종류는 자못 완비되어 있다고 하고 종류별로 소개를 하고 있다.[171] 耕田農具는 犁, 鋤 2종이 있는데, 犁는 大小의 구분이 있고 湖田은 面廣水寬하므로 水牛와 大犁를 사용한다. 山田은 田盤이 狹窄하므로 小犁를 사용한다. 鋤는 方板, 長板의 구별이 있고 方板鋤는 아주 좁아 牛로 경작할 수 없는 田에 犁 대신 사용한다. 長板鋤는 토양이 특히 堅結한 곳에

---

167) 彭雨新, 앞의 책, p.184.
168) 萬振凡, 「江西近代農業的生産關係與生産力」『經濟史』, 1993年 8期.
169) 劉建中, 「近代中國農業生産力的綜合考察」『經濟史』, 1992年 12期.
170) 鄭慶平, 『中國近代農業經濟史槪論』, 北京, 中國人民大學出版社, 1987, p.149.
171) 章有義, 『中國近代農業史資料』 第2輯, p.396.

사용한다. 選種農具는 風車, 篩子 등이 있는데 風車는 灰屑을 제거하고 篩子는 粃糠(쭉정이, 겨), 黃稗(돌피와 피)를 제거하는 용도이다. 栽種農具는 籮匡(광주리), 筴箕(삼태기), 耙齒, 糞船, 糞桶, 糞瓢, 鉤鋤 등이 있다. 籮筐은 종자 운반용이다. 筴箕는 長, 短 2종이 있는데 긴 것은 모내기 시에 苗를 담는 것이고, 짧은 것은 泥土와 草糞 운반용이다. 耙에는 梳耙, 踩耙 2종이 있는데 梳耙는 糞土를 고르게 하는 것이고 踩耙는 泥土를 잘게 부수는 것이다. 鉤鋤는 点種菜秧時 苗를 심을 때 구멍을 뚫는 것이다. 糞船은 糞 1~2石을 담고 水田 중에 끌고 가면서 糞을 뿌리는 것이다. 糞桶은 糞 운반도구이고 糞瓢는 糞을 퍼는 것이다. 碾壓農具는 石轆子가 있다. 鋤耘農具는 扒頭, 蒲滾 2종이 있다. 扒頭는 兩齒, 四齒, 六齒가 있고 前 2者는 鋤草도구이고 6齒는 糞草를 뒤집어 엎는 것이다. 蒲滾犁는 땅 속의 草根을 절단하는 것으로 湖田 特用의 農具이다. 관개 농구는 水車, 轆轤(桔槹)가 있다. 수확 농기구는 禾鎌(낫), 穀簏(禾毛를 체로 치는 것), 扁擔(곡식 멜대), 籮筐, 風車, 扮桶, 扮折(打穀時 곡식 낱알을 떨어 흩는 것), 枷板(탈곡), 扞石(稻草운반), 穀扒, 梳扒(곡식을 말릴 때 사용) 등이다.

그러면 호남의 농구는 발전의 방향이 없었던 것일까. 동치 11년(1872)의 강서 여천현에서는 "灌田爲水車 灌坪田爲牛車 巨輪旋轉 一車可灌田數十畝"라고 하고 있어 水車 이용의 관개 능력이 수십畝 정도임을 알 수 있다.[172] 그런데 호남 유양현의 동치 12년(1873) 기록에 의하면 관개농구로 筒車, 牛車가 있고 筒車는 하루에 200~300畝의 관개가 가능하고 牛車는 100畝 정도를 灌田할 수 있는 것으로 되어 있다.[173] 牛車는 곧 桔槹로 『天工開物』의 그림을 보면 지렛대의 원리를 이용, 수동식의 간단한 것인데, 이 시기는 畜力 이용의 개량형이 되고 있다.[174] 강서 여천현에 비해 명칭은 유사하지만 그 관개능력은 쌍방의 격차가 너무 크다. 또 선통 원년(1998) 호남 안화현에서 文童 梁見龍이 새로운 관개도구를 발명하고

---

172) 李文治, 『中國近代農業史資料』 第1輯, p.587.
173) 위의 책, p.588.
174) 沈宗瀚, 『中華農業史』, 台北, 1979, 1책, pp.127~128.

있다. 즉 "文童伏處田間 每見農人用土法漑水 足踏手挽 效少工多……因 精心硏究 創造螺旋攪水車……事半功倍"이라 하고 있는 것을 보면 그 내용을 대략 알 수 있다.[175] 桔槹를 사람이 손이나 발로 움직이는 것을 脚車, 手車라고 하는데 이 螺旋攪水車 발명으로 노동력은 절감되고 효과 는 배가 된 것이다. 이것은 또 지금까지 어려웠던 高地에 관개를 가능하 게 하였다. 또 광서 24년(1896)에는 호남에 湘中水利公司가 설립되고 신 식 농기구인 汽機구입 사실이 알려지고 있고,[176] 광서 23년 이후 각지에 서 신식 농기구 구입이 개시되는 가운데 호남도 抽水機가 사용되고 있 다.[177] 민국시대 성립한 澧州의 南縣에서도 荒地개간시에 미국산 機器犁 및 파종기 사용으로 큰 효과를 보고 있다.[178] 또 동치 5년(1866)에 城步縣 에 잡량재배를 권장하던 知縣 盛鎰源은 除草도구로 大小의 鋤를 소개하 고 있고 樓車(파종도구)도 "力省而功倍"로 표현하고 있다.[179] 이처럼 기 존에 알려진 농구가 지역적으로 보급이 확대되는 경향이 있다. 따라서 호 남지역은 관개도구의 개량과 발명으로 인근 産米지역인 강서보다 우월한 성과를 올리고 있고, 蒲滾犁와 같이 湖田지대 특유의 농구개발, 기존 농 구의 확대 보급 등을 이루고 있다. 때문에 호남지역의 농구는 정체하거나 퇴행한 것은 아니었다.

3) 농사기술

(1) 품종개량

水稻의 품종개량은 청대에 현저하게 증대하여 수백 종을 초과하였 고,[180] 19세기 말에는 외국의 영향을 받아 본격적인 良種選育이 행해졌 다.[181] <표 5-14>는 주로 청 후말기의 지방지에 기재된 호남북의 稻品種

---

175) 위의 책, p.588.
176) 위의 책, p.879.
177) 鄭慶平, 앞의 책, p.161.
178) 馮和法, 『中國農村經濟資料』 下, p.1121
179) 『城步縣志』 권10, 興除.
180) 吳承明, 앞의 책, p.251.

이다.

<표 5-14> 湖南·湖北 數個府縣 稻品種

	秔	糯
湖 南 邵陽縣	銀根粘, 金包銀, 籠裏粘(過冬粘), 蓋茅粘, 大穀蚤, 思南蚤, 江西蚤, 銅仁粘, 鐵莖粘, 火燒粘, 芥菜粘	泡穀糯, 桂陽糯, 蝦公糯, 油麻糯, 黑糯, 金線糯, 蓋芽糯, 響糯, 矮糯, 乾禾
城步縣	百日粘, 油粘, 銀莖粘, 桂陽粘, 蓋芽粘, 麻穀粘, 野齊粘, 沙粘, 大穀粘, 北風粘, 隴裡粘, 呆粘, 割根秈, 扁砂禾, 南木秈, 雲南紅, 衫木紅, 赤米紅, 老來白, 南流根, 野豬鬃, 大白禾, 冷水紅, 香白禾	桂陽糯, 矮糯, 紅穀糯, 蝦公糯, 黃絲糯, 冷水糯, 水菅糯, 響糯
湘鄉縣	秈(早稻)：四十粘, 六十粘, 雪了粘, 鬚了粘, 沙邱早, 洗白早, 雲南早, 三百粒 등. 秔(早稻)：江西早, 楊柳粘, 蘇州早, 齊頭粘 粳(遲稻)：麻粘, 金包銀, 紅晚米, 紅粘, 冬粘	秔(早收種)：摸糯早, 白糯, 燒衣糯, 蜜蜂糯 (晚收種)：黃糯, 黑糯, 麻糯, 香糯, 蠻子糯, 紅穀糯, 遲白糯
桃源縣	王瓜早, 五十日早, 六十日早, 七十日早, 八十日早, 수십 종	柳條, 光頭, 紅糯, 半粘糯
湖 北 荆州府	早稻：五十早, 七十早, 毛穀香粳, 一邱水, 竹節早, 上白早, 黃瓜早, 金裏銀, 大子白, 小子白, 亂麻秈, 靑粘油, 紅粘團 白粘, 晚稻：香谷, 里毛谷, 毛冬粘, 一歲兩熟粳稻：雲南早, 凍粘子	杉木紅, 南香, 燕哨, 烏節, 柳條 馬鬃, 黃板, 蜜蜂, 團高排, 響鈴 蝦穗, 土紅, 團糯, 菜糯
潛江縣	早稻：六月熟, 紅稻, 白稻 晚稻：九月熟	黃殼糯, 芒糯, 晚糯
宜昌府 東湖縣	白粘, 紅粘, 麻粘, 百日早	早糯, 晚糯
德安府	早：落地黃, 救公飢, 一坵水 遲：無名粘, 櫛頭黍, 銀條粘, 靑粘, 亂麻粘, 溝道粘, 粲白粘 晚：香籽晚	早：金線糯, 絲芽糯, 留兜翻, 墊倉底, 虎皮糯 遲：柳條糯, 鵝翎, 白溜, 沙白糯, 紅毛糯, 烏糯

---

181) 鄭慶平, 앞의 책, p.164.

이것을 보면 秔稻가 다수를 점하고 있는데 강소의 蘇州, 松江 등에서 楚秈이라 부르며 常食하는 것이 바로 이 품종임을 알 수 있다.[182] 그런데 명말청초의 각지 품종 조사에 의하면 호남의 다수 품종은 百日粘이 되어 있으나,[183] <표 5-14>에서는 城步縣에서 겨우 찾아 볼 수 있을 뿐이다.

明末淸初시기에서 청 후말기 사이에는 현저한 품종개량이 있다는 것을 알 수 있다. 품종의 다수 기재는 그 지역 稻作의 발전 정도를 가늠할 수 있는 근거가 될 수 있다. 邵陽縣의 銀根粘은 이전에는 보이지 않던 것인데 米가 길고 색은 희며 맛이 으뜸인 것으로 유명하다. 또 金包銀, 過冬粘은 高田에 적합한 품종이다. 湘鄉縣에서도 耐旱性이 강한 품종 등이 개발되고 있다.

도원현에서도 토지의 비옥과 척박의 정도에 따라 품종이 다르다고 되어 있다. 호북 荊州府에서는 高田, 坡田 등에서는 早稻, 湖田에는 晚稻를 심고 있다. 이런 품종의 다양화는 각 지역마다 상이한 환경 적응도를 높이는 것이며, 특히 高田, 坡田처럼 稻作이 평원에서부터 낮은 구릉지대로 확대되는 것을 반영하고 있다. 지방지 기재에 稻品種이 다수인 지역은 주요 산미지역이고 반대의 경우는 稻産이 저조한 지역이다. 호북 宜昌府의 경우 東湖縣만 내용이 상세하고 巴東縣, 鶴峰州 長樂縣 등은 겨우 粘, 糯로만 기록하고 있다. 鄖陽府의 경우는 麥, 蕎 등 다른 작물은 품종을 기재하면서 稻種은 적지 않고 있다. 光化縣도 마찬가지이다. 호북 형주부, 안륙부, 덕안부의 일부가 주요 稻作지대인 것과 품종 기재의 다수 여부가 상관관계를 보이고 있다. 중국이 정부 차원에서 水稻의 良種 選育을 한 것은 1920년대지만,[184] 청말까지도 부단한 품종개량이 稻作 중심지인 호남·호북 일대에서 행해져 왔고 그것이 생산량 증대에 기여한 것은 부인할 수 없을 것이다.

---

182) 安部健夫, 앞의 논문 ; 天野元之助, 『中國農業經濟論』. 1930년대 湖南, 湖北 재배품종의 90%이상이 秈稻이다.

183) 天野元之助, 『中國農業經濟史研究』, 東京, 1962, p.343.

184) 劉建中, 앞의 논문.

(2) 施肥

청대에는 多肥農法이 행해졌던 것은 이미 알려진 사실이지만[185] 지방지 등의 기록에서 구체적 施肥기술에 관한 것은 찾아보기가 어렵다. 광서 18년(1892)에 간행된 『도원현지』에 보면 "稻는 土脈이 焦枯하면 수확이 저조하므로 勤農은 다방면으로 糞田한다. 즉 人畜穢遺, 榨油枯餠, 草皮木葉 등으로 사용한다. 土性이 冷獎한 것도 마땅히 骨灰로서 秧根에 담가야 되고 석회로 苗足을 누르는 것은 좋지 않다. 그런데 경내에 石灰壓苗者는 많으나 骨灰로서 담그는 것은 적다."라고 하고 있다.[186] 骨灰사용이 권장되고 있는 것이다. 토양의 성질에 따라 다른 비료 사용이 이루어지고 있다. 전술한 농구부분에서 호남의 경우 糞船, 糞桶, 糞瓢 등 유난히 施肥관계 명칭이 많은 것도 시비의 발전을 뒷받침한다고 할 수 있다.

선통 원년(1909)의 永綏廳 기록을 하나 검토해 보겠다. "生齒日繁 其爲出産 難言推廣矣 乃有近二十年 所新出之黃白石質料 增出無限嘉穀 以惠我永民 黃石砂出于上下十里 抓揷在根底下 肥禾至效……自得石灰 向每畝收 穀四石者 可收六石 收包谷一石 今可收二石 故特詳說之 見肥料之爲益矣……凡磽瘠之土 以巖砂鋪之 逐變爲沃壤."[187] 이것을 보면 淸末시기 이 지역에서 石灰 사용으로 穀은 畝당 4石에서 6石으로 包穀(옥수수)은 1石에서 2石으로 수확이 증대된 것을 알 수 있다. 巖灰는 竹子寨에서 생산된 것이 가장 좋은데, 瘠土를 沃土로 바꾸고 禾苗에 뿌리면 5일 뒤에 무성해진다고 한다. 永綏廳은 사천에 가까운 호남의 서북 변경지역이다. 청말에 와서 화학비료가 도입되고 있는데, 1924년까지 일반인의 인식 부족으로 그 소비량은 대단히 적었다. 1925년에서 1930년까지 6년간에 소비량이 9배나 증가했다. 화학비료의 최대 소비지는 광동과 복건이었고 그 다음이 화중의 강소, 절강과 호북 등지였다. 상해에서는 화학비료 제조 공장이 생기는 등 전통 시비기술에 현대적 농업이 접맥되는 변동기가 청말민국기였다.[188]

---

185) 中國史硏究會 編, 『中國史像の再構成 － 國家と農民 －』, 京都, 1983, pp.65～68.
186) 光緒 18年刊 『桃源縣志』 권1, 疆域志, 土産.
187) 李文治, 『中國近代農業史資料』 第1輯, p.594.

⑶ 二期作

包世臣의『薺民四術』에 보면 강남 水稻 兩熟을 거두는 것이 많고 이어 보리(大麥)을 심어 年三毛作이 행해지고 있던 것을 알 수 있다.[189] 호남지역에서도 雙季稻의 재배가 강희년간에 출현하고 도광 전후에 크게 보급되었다는 주장이 있다.[190] 그러나 청말의 호남 지방지 등에서 쌍계도 재배 사실을 확인하기가 쉽지 않다. 주요 미산지의 하나인 상담현 기록을 보면 "각 고을의 농민들은 黍, 麥, 雜豆, 면화 등을 심어 혹은 두번 세번 수확하는데 장사는 한 가지를 심는데 그친다. 수재, 한재를 만나면 천리에 한 톨의 쌀도 수확이 없게 된다"고 되어 있다.[191] 즉 다른 府에서는 2毛作, 3毛作이 행해지지만 장사부는 오직 稻를 한번 심는데 그친다는 것이다. 상향현에서도 "湘土其穀宜稻 歲有一種 農人春耕夏耘 至秋收弗懈 歲晚儲糞種修陂池 四時間無日休息"이라 하고 있어 1년에 稻 1차 수확임을 알 수 있다.[192] 호남 辰州府의 의전에서도 전호에게 二麥의 경작을 금하고 있는데 이것은 稻의 수확량을 高産으로 유지하기 위한 것이었다.[193] 도원현의 경우 "一歲有早中晚三收"가 있다 하는데 이것은 동일田에서가 아니고 같은 縣 안에 早稻, 中稻, 晚稻의 수확이 있다는 것이다.[194]

벅(J.L. Buck)에 의하면 水稻二毛作區는 기후조건이 1월 평균 섭씨 14°8分, 7월 평균 28°9分, 年평균 강우량 1,742㎜이고 북위 25°이남의 광동, 광서, 복건 일부 등지이다.[195] 따라서 호광은 이 범주에 포함되지 않는다. 그런데 劉世錡의「中國農業地理」에 의하면 기후 조건은 연평균 16°이상

---

188) 劉建中, 앞의 논문.

189) 天野元之助,『中國農業史硏究』, p.348.

190) 方行,「淸代前期湖南四川的小農經濟」『中國史硏究』, 1991年 2期.

191)『湘潭縣志』賦役8, "各郡之農 種黍麥雜豆棉花 或二熟三熟 長沙田則止一種 遇水旱則千里無粒米之入矣."

192)『湘鄕縣志』권2, 風俗.

193) 拙稿,「淸後期湖南辰州府의 義田」『釜山史學』20집, 1991.

194)『桃源縣志』권1, 疆域志 土産.

195) J.L. Buck,『支那農業論』上, 生活社, 1939, pp.145~148.

4월 평균 15°, 10월 평균 17°이고, 無霜期 연250일 이상 연평균 강우량 1,300㎜이상으로 되어 있다. 2期間作(早稻 파종 후 10~30일 후 早稻의 行間에 晚稻種을 심음)과 2期連作(早稻 수확 후 그 田土를 갈고 다른 곳에 假植하고 있던 晚稻를 移植)이 있는데 前者는 절강, 복건북부 연해지구, 강서남부, 호남동부의 醴陵, 攸縣, 安化 일대가 포함된다. 後者는 광동, 대만, 복건, 절강의 甌江이남, 강서남부, 광서동남부, 운남의 南境, 호남의 동정호 주변이 포함된다.196) 상음현에서도 縣北의 澤地에서는 2期連作水稻, 縣南의 高原은 稻와 雜糧의 2毛作재배 사실이 확인된다.197) 동정호 주변에 대해서는 도광 14년(1834)의 李彦章의 「江南催耕課稻」에 "近聞兩湖四川在在亦漸藝此……湖田之稻 一歲再種 一熟則湖南足 再熟則 湖南有余粟"이라 하고 있다. 즉 이 무렵 호남지역에 稻의 二期作이 보급되고 있었고 그것이 湖田지대의 생산력 발전의 한 방법이었던 것을 알 수 있다.198) 1949년 이전 長江유역 7省의 쌍계도 면적은 약 500萬 畝로 추산되고 1955년에는 2,070만 무, 1957년에는 4,670만 무로 계속 확대되어 갔다.199) 1995년 1월 필자가 호남 동정호 주변의 湖田지대인 岳陽 농촌에서 현지조사를 해 본 결과, 早稻는 3월 중순~7월 중순, 晚稻는 7월 중순~10월 중순의 기간 2期作이 행해지고 있었다.

(4) 區田法

區田法은 가경 21년(1816) 강소성 吳縣의 擧人이었던 潘曾沂에 의해 창시되고 林則徐가 제창하여 널리 알려진 일종의 水稻直播法이다.200) 대체로 水田을 溝壟으로 分區하고 溝內에 糞肥한 후 稻種을 뿌린다. 溝 매 行의 넓이는 1.5尺이고 株의 거리는 1尺 정도이다. 호남에서 구전법 시행은 좌종당의 『廣區田制圖說』에서 그 내용을 찾아 볼 수 있다.201) 그 내용

---

196) 安野省三,「湖廣熟天下足考」『木村正雄先生退官紀念東洋史論集』, 東京, 1976.
197) 嘉慶 23年刊『湘陰縣志』권17, 風俗.
198) 注190)과 같음.
199) 吳慧, 앞의 책, p.179.
200) 吳承明, 앞의 책, p.259.

은 "善六便三"으로 정리하고 있는데 일부를 摘示해 보면 다음과 같다.

① "區田法布穀於區 手覆按令著土 足履區旁 高土水不縐 穀不易其所 有撮穀之利 而無其病善一也." 區에 穀을 직접 뿌리고 손으로 이를 덮는데, 발은 區旁을 디디므로 물이 출렁이지 않고 곡식이 장소를 움직이지 않는다. 그래서 병이 없다.

② "今農田一畝 糞多者十數箕而止 農糞之薄禾亦報之薄 徐文定公稱張宏言以糞壅法治田 今田一畝亦得穀二十餘斛 多恒田三之一 區種法區用熟糞二升 一畝一千三百五十二升 旁土不糞 土受糞者止畝四之一 實土戴糞 糞圍禾 質取其熟 力取其多 以視恒田倍十有加善二也." 區種은 區마다 熟糞 2升 1畝에 1,352升을 투입하는데 旁土에는 넣지 않아 糞이 禾에 집중되게 함으로써 효과를 극대화 한다.

③ "區種法費水止今田四之一水易足 又禾根深禾葉茂 雨澤雖遲 實土常潤 陰穀能旱……區深一尺禾自出葉已上至結實時 旋助區土壅之 無慮七八寸 振林之風不損善三也." 區種法은 물의 소비가 지금의 1/4정도에 그친다. 그래서 가뭄에 견디기 쉽다. 區의 깊이가 1尺이라 결실時까지 風害에 저항력이 강하다.

④ "區種法空四旁 風貫行間纏纏然鬱者通緒者解 蟲類無油滋……善四也." 사방을 비워서 바람이 行間으로 통하므로 병충해를 막을 수 있다.

⑤ "區種務勤鋤厚壅 禾生葉馬耳已上 卽鋤比稼成數不啻十徧……王穗蕃碩而長 圓粟而小糠 米飴以香多沃而食之彊善五也." 호미질을 자주 하여 이삭이 크고 곡식알이 둥글고 겨가 적고 米가 달고 향이 많다.

⑥ "區田歲易其所 不甚其取 旋相爲代 地氣孔有善六也" 區와 旁의 위치를 매년 바꿈으로써 地氣를 극대화 할 수 있다.

이외에 편리한 점 세 가지를 들고 있다. 그것은 첫째, 區田은 비록 손질이 자주 가지만 중노동이 아니라서 年小老弱者까지 일을 할 수 있다는 것, 둘째는 작은 면적의 경영으로 다수확을 할 수 있다. 셋째는 舊說에 매 區 4~5升을 수확하여 畝당 30石을 얻는다 하였는데, 糠少粒圓(겨가

---

201)『左宗棠全集』17책, 권1.

적고 알이 굵어서)하니 1斗를 찧어 8升을 얻는다. 米 20石 정도를 얻어 실수확률이 높다 등이다. 이 구전법은 광서년간에 直隷 豊潤縣, 하남 淇縣 등지에도 실현되고 있다.[202] 도광 8년(1828) 潘陞이 蘇州의 婁門外에 豊豫義田을 구전법으로 豊收를 거두고 이듬해 이에 대한 規條 12조를 밝힌 바도 있다.[203] 각지의 조항이 약간씩 다르나 深耕, 多肥, 早種, 稀種, 多收가 공통적인 특징이다. 그런데 이 법이 널리 보급되지 않은 이유에 대해 牛犁, 車戽를 사용하지 못하고 전부 雙手細作에 의존하여 費工이 지나치게 큰 때문이라는 설도 있고,[204] 林則徐는 區田之利가 원대한 것을 모르고 목전의 비용이 많은 것을 꺼린다고 지적하고 있다.[205] 어쨌든 淸末시기 이 구전법이 상당히 자본집약적 농법으로 등장하여 호남 등지에도 확대되고 생산력 발전에 기여하였다.[206]

Ⅳ. 생산관계의 특징

1) 押租

호남·호북 지역의 押租 발전 지역을 표로 작성해 보면 다음과 같다.
일찍부터 호남의 租佃關係상의 특징으로서 押租가 주목되어 왔다.[207] 호남에서는 進莊禮, 進莊銀, 進莊禮銀, 進莊錢, 批耕銀, 佃規銀, 佃規錢, 規銀, 典佃銀, 押租錢, 押佃銀, 寫田錢 등으로 불리고 호북에서는 上莊銀, 上莊錢, 莊銀, 頂種銀, 頂種錢, 佃禮錢, 價銀, 押課錢, 寫田禮, 批禮銀 등 다양한 명칭으로 나타나고 있는 것이 압조이다.[208] 압조의 발생시

---

202) 李文治, 앞의 책, p.614.
203) 天野元之助, 『中國農業史硏究』, p.364.
204) 注200)과 같음.
205) 天野元之助, 앞의 책, p.370.
206) 吳慧, 앞의 책, p.230. 이 區田法은 현대 중국에서도 발전되어 粟麥豊産時 畝産 1,000斤 이상을 올리고 있다.
207) 白石博男, 「淸末湖南の農村社會」 『中國近代化の社會構造』, 東京, 1973.
208) 周遠廉, 『淸代租佃制硏究』, 瀋陽, 1986, pp.245~246.

기는 대체로 淸 중기에서 시작되고 있다.[209] 압조 발생의 배경은 상품경제의 발전, 定額租의 보편화, 佃農 人身 依附관계의 해이, 농민 抗租투쟁의 격화, 지주의 수탈 강화, 토지집중, 인구증가, 농민 租佃경쟁의 가열 등에서 찾아지고 있다.[210] 그런데 호남·호북 전체지방의 압조 유행 사실에 일반적으로 주목하고 있다.[211]

<표 5-15-1> 湖南 押租 발전 지역

時期	地域	출전	時期	地域	출전
雍正 10년(1732)	郴州 興寧縣	①	同治間(1862~1874)	郴 州 桂東縣	④
乾隆 2년(1737)	衡州府 安仁縣	①	光緖間(1875~1908)	郴 州 永興縣	④
〃 5년(1740)	常德府 武陵縣	①	同治間(1862~1874)	長沙府 瀏陽縣	④
〃 7년(1742)	長沙府 茶陵州	①	光緖間(1875~1908)	〃 善化縣	④
〃 12년(1747)	寶慶府 新化縣	①	同治間(1862~1874)	〃 寧鄕縣	④
〃 13년(1748)	郴 州 桂陽縣	①	同治間(1862~1874)	岳州府 平江縣	④
〃 18년(1753)	長沙府 湘鄕縣	①	光緖間(1875~1908)	〃 巴陵縣	④
〃 30년(1765)	〃 長沙縣	①	道光間(1821~1850)	長沙府 湘陰縣	⑤
〃 31년(1766)	〃 益陽縣	①	道光間(1821~1850)	〃 湘潭縣	⑤
〃 36년(1771)	寶慶府 邵陽縣	①	光緖間(1875~1908)	常德府 桃源縣	⑥
〃 37년(1772)	衡州府 衡山縣	①	民國期(1912~1949)	灃 州 安鄕縣	⑦
〃 45년(1780)	岳州府 華容縣	①	〃 (1912~1949)	〃 南縣	⑦
〃 60년(1795)	長沙府 湘鄕縣	①	〃 (1912~1949)	衡州府 衡陽縣	⑦
〃 25년(1760)	郴 州 桂東縣	①	〃 (1912~1949)	〃 衡山縣	⑦
乾隆間(1736~1795)	長沙府 湘潭縣	②	〃 (1912~1949)	岳州府 岳陽縣	⑦
乾隆 56년(1791)	〃 瀏陽縣	③	〃 (1912~1949)	〃 臨湘縣	⑦
〃 58년(1793)	衡州府 酃縣	③	〃 (1912~1949)	寶慶府 邵陽縣	⑦
嘉慶 9년(1804)	長沙府 湘潭縣	③	〃 (1912~1949)	長沙府 湘鄕縣	⑦
〃 17년(1812)	〃 瀏陽縣	③	〃 (1912~1949)	郴 州 郴縣	⑦

출전 : ① 拙稿,『淸代 義田의 硏究』, 제1장 ; ② 乾隆 44년刊『湘潭縣志』 권
14, 風俗 ; ③ 李文治,『明淸時代封建土地關係的松解』, 北京, 1993,
pp.284~285 ; ④ 白石博男,「淸末湖南の農村社會」『中國近代化の社會
構造』, 東京, 1973 ; ⑤『左宗棠全集』, 文集, 권1, pp.14625~14626 ; ⑥
光緖 18년刊『桃源縣志』 권5, 賓興 ; ⑦ 馮和法 編,『中國農村經濟資

---

209) 龐毅, 앞의 책, p.83.
210) 위의 책, p.95 ; 周遠廉, 앞의 책, p.235.
211) 白石博男, 앞의 논문 ; 李文治,『明淸時代封建土地關係的松解』, 北京, 1993, pp.282
~285.

料』 下, pp.1121~1123.

<표 5-15-2> 湖北 押租發展지역

時期	地域	출전	時期	地域	출전
乾隆 元년(1736)	漢陽府 黃陂縣	①	民國 13년(1924)	襄陽府 棗陽縣	②
〃 18년(1753)	黃州府 黃岡縣	①	〃	漢陽府 漢陽縣	③
〃 22년(1757)	〃 廣濟縣	①	〃	黃州府 麻城縣	③
〃 22년(1757)	荊門州	①	〃	宜昌府 五峯縣	③
〃 26년(1761)	荊州府 江陵縣	①	〃	〃 興山縣	③
〃 30년(1765)	襄陽府 宜城縣	①	〃	〃 巴東縣	③
〃 34년(1769)	黃州府 蘄水縣	①	〃	郞陽府 郞縣	③
〃 48년(1783)	〃 蘄州縣	①	〃	〃 竹溪縣	③
〃 51년(1786)	郞陽府 竹山縣	①	〃	安陸府 京山縣	③
〃 57년(1792)	〃 郞西縣	①	民國 13년(1924)	安陸府 潛江縣	③
民國 18년(1929)	漢陽府 黃陂縣	②	民國 23년(1934)	襄陽府 棗陽縣	④
〃	襄陽府 南漳縣	②		德安府 隨縣	⑤

출전 : ① 乾隆刑科題本租佃關係史料之一, 『淸代地租剝削形態』 下, 北京, 1982,
　　　　pp.347~480 ; ② 馮和法 編, 『中國農村經濟資料續編』 下, 臺北, 1978,
　　　　p.510 ; ③ 章有義 編, 『中國近代農業史資料』 제2집, p.105 ; ④ 天野元之
　　　　助, 『中國農業經濟論』 제1권, p.429 ; ⑤ 章有義 編, 『中國近代農業史資
　　　　料』 제3집, p.259.

　　본장에서 관심을 가지고자 하는 것은 호남·호북 내부에서 어떤 지역
에 압조가 집중 발생하는가 하는 문제이다. <표 5-15-1>에서 보면 청 중
기에 장사부·장사현·상향현·익양현·유양현·상담현·다릉주 등의
사례가 나타난다. 특히 상향은 건륭 18년과 60년 두 차례, 상담도 건륭간
과 가경 9년에 걸쳐 나타나고 유양도 건륭 56년과 가경 17년 중복 사례가
보인다. 이 지역은 주로 湘江유역을 중심으로 하는 비옥한 미곡 생산지역
이다. 寶慶府, 新化縣, 邵陽縣, 常德府, 武陵縣, 岳州府, 華容縣, 衡州府,
安仁, 衡山, 酃縣 등의 지역도 호남 내의 주요 미곡산지라는 공통점을 갖
는다. 청 후말기에 가면 도광 후기 湘陰縣·상담현, 동치년간의 장사부·
유양현·寧鄕縣 등에 압조의 개괄적인 유행을 볼 수 있다. 淸 중기에는
화용현만 보이던 악주부도 동치년간 平江, 광서년간 巴陵縣 등에 전반적
인 유행을 보이고 있다. 광서년간에는 상덕부 도원현, 민국기에는 澧州의

安鄕·南縣, 악주부의 岳陽·臨湘 등으로 압조의 전반적인 보급이 이루어지고 있다. 이들 지역에 공통적인 것은 전술한 바와 같이 미곡생산 중심지라는 것이다.

그런데 제시된 <표 5-15-1> 상에 등장하는 興寧·桂東·永興은 침주에 속하는데 미곡산지로 알려진 곳은 아니다. 그 중 계동현은 건륭 25년(1760)에 사례가 나타나고 또 동치년간 지방지에 일반적 풍속으로 나타나고 있다. 永興은 광서刊 지방지에 역시 풍속으로 소개되고 있다. 계동현은 山地가 많지만 가운데 작은 분지들이 있고, 漚水(耒水 상류)가 縣 중부를 통과하고 있다.「湖南省地理志」에는 농업발달 지구로 기재되어 있고, 産物은 稻穀·紅薯·豆類·烟葉·면화·茶·南竹·목재 등이다. 영흥은 동부와 서부는 山地이고, 중부는 구릉지이며 便江은 뇌수에 永樂江은 湘江에 연결되는 자연환경이다. 산물은 계동과 거의 같은데, 小麥과 落花生이 더 있다.[212] 興寧과 桂陽縣도 거의 마찬가지로 하천 교통이 편하고 稻穀생산 외에 잡량의 재배, 면화·茶·烟葉·花生 등 상품작물의 재배가 활발하였다.

<표 5-15-2>에서 보면 호북은 黃陂縣, 漢陽縣, 黃州府, 黃岡, 廣濟, 蘄水, 蘄州, 麻城縣, 荊州府, 江陵縣, 荊門州, 襄陽府, 宜城縣, 南漳縣, 棗陽縣, 安陸府의 京山·潛江縣, 德安府의 隨縣·雲夢縣[213] 등이 주를 이루고 있다. 개별 구체적 사례는 제시하고 있지 않지만 건륭(1736~1795)·가경년간(1796~1820)에 걸쳐 호북의 압조 사례는 20건으로 보는 조사도 있는데,[214] 민국 25년(1936) 상황으로는 호북은 조사대상 지역의 61.9%, 호남은 42.3%로 나타나고 있다.[215] 소작 보증금인 압조와 달리 소작료를 미리 납부하는 預租는 실제상 압조제의 보충으로 이해되고 있는데,[216] 이

---

212)『湖南省志』, 地理志 上冊, 長沙, 1982, pp.92~110.

213) 拙稿,「淸 後期 湖北의 義田과 租佃關係」『釜大史學』제18집, 1994.

214) 烏廷玉,『中國租佃關係通史』, 長春, 1992, p.107.

215) 天野元之助,『中國農業經濟論』(一), p.422. 조사 장소가 縣 단위인지 어떤 지역 단위인지가 밝혀져 있지 않다.

216) 方行,「淸代前期的預租」『淸史硏究』, 1992년 2기.

預租 유행 지역은 黃州府 黃梅, 麻城縣, 安陸府 京山, 天門縣, 漢陽府 沔陽州, 荊州府 監利縣, 荊門州 當陽縣 등이다.[217] 麻城은 면화 산지로 알려진 곳이지만 이들 지역이 거의 미곡 산지에 해당한다.[218] 宜昌府와 鄖陽은 미곡 중심 산지가 아니지만 의창부의 경우 민국기에 가서야 나타나는 것으로 보아 預租지대가 확대되면서 편입된 것으로 보인다. 따라서 호남·호북 내부에서 주요 압조 지대는 미곡생산의 중심으로 농업생산력이 발달한 곳이었다고 보아야 할 것이다.

그런데 호광의 내부에서 압조 발달 지역에 대한 검토를 행했지만 이들 지역의 전부가 압조를 행했다고는 볼 수 없다. 즉 동일 지역 안에서도 많은 편차가 있을 수 있다. 호남의 黔陽縣에서는 佃農이 山地를 承佃하면 押金이 없다는 것이 확인된다.[219] 앞서 예를 든 預租지역 경우도 麻城은 租田의 12%, 京山은 20%, 天門과 沔陽은 50~100%의 수준을 보이고 있다.[220] 天門과 沔陽처럼 稻作 중심지에 접근한 지역일수록 분포 비율이 높은 것을 알 수 있다. 호남 桃源縣 賓興田의 경우에도 小作地를 帳簿 정리할 때 반드시 莊名, 佃戶名과 더불어 信錢(押租)의 有無를 적고 있다. 동일 지주 소유지 안에서도 압조가 있는 것과 없는 것이 혼재하고 있는 것이다. 역시 도원현의 漳江書院 膏火田의 경우도 압조가 없는 소작지가 상당수 존재한다. 관련 사료 124건을 분석해 보면 地目이 田인 경우는 대체로 압조가 있고, 地目이 地, 園, 土인 것은 압조가 없는 것이 보인다.[221] 여기서 압조는 동일한 지역(村=都 단위의 협소한 지역)안에서도 생산성이 높은 토지, 주로 水田에만 선택적으로 부과되고 있었다는 것을 알 수 있다.

호남 압조 관련 자료 가운데 衡州府 安仁縣의 佃戶 李元武는 자신의 3畝田을 팔아 押租金을 마련하고 있다.[222] 이것으로 볼 때 상대적으로

---

217) 嚴中平, 『中國近代經濟史統計資料選集』, p.293 ; 拙稿, 앞의 논문, 1994.
218) 安部健夫, 앞의 논문.
219) 馮和法, 앞의 책, p.1121.
220) 天野元之助, 앞의 책(一), p.433.
221) 拙稿, 『淸代 義田의 研究』, 1992, 제1장.

생산성이 높은 토지에 대한 선호에서 압조관계가 발생한 것이 아닐까 한
다. "押重租輕(압조가 무거우면 소작료가 가벼워 짐)"이 흔히 알려진 사
실인데, 도원현의 장강서원 膏火田의 사료 124건을 분석하면 압조가 높
은 토지가 地代가 높은 관계가 주류를 이루고 있다.223) 즉 단일 토지 안
에서 "押重租輕" 관계가 성립된다는 것을 인정하지만 다른 여러 소작지
의 상호 관계를 보면 압조가 높은 편이 租額도 높은 것이다. 상대적 생산
성이 높은 토지에 대한 소작인의 취득 경쟁과 관련이 있다고 생각된다.
압조는 호남·호북 내부에서도 미곡생산 중심지대에서 특히 발전하고,
당해 지역 안에서 생산성이 높은 水田에서 선택적으로 성립하고 있다. 이
것으로 압조는 상대적으로 발전된 생산력에 대응된 생산관계라고 할 것
이다.

2) 富佃農

額租, 화폐地代, 永佃制, 押租 등의 변화와 발전은 생산력 수준의 제고
와 경제작물 재배면적의 확대와 관련 있는 것이고, 그러한 배경 하에 湖
廣지방에서는 이미 청 전기부터 富佃農이 출현하기 시작하였다.224) 부전
농의 존재는 경영규모의 확대에서 쉽게 찾아 볼 수 있다. 청대 佃戶의 경
영규모는 上戶가 20畝 정도라든지225) 혹은 강남의 上農은 15무 정도로
알려지고 있다.226) 이미 가경 12년(1807) 기록을 보면, "王繩祖……嘉慶丁
卯大旱　晚稻豊悉以予佃　佃多致富者……又張永椿　於嘉慶丁卯大旱　某
佃田二百餘畝無收　秋末晚稻勃發　請詣分"227)이라 하고 있어 다수확으로
전호가 부유해지는 사례가 있음을 알 수 있고, 또 전호의 경영규모가 200
여 무에 이르는 사례를 볼 수 있다. 한 조사에 따르면 민국시기 호남 전

---

222) 『淸代土地占有關係與佃農抗租鬪爭』 下, p.730.
223) 注221)과 같음.
224) 譚天星, 「淸前期兩湖農村的租佃關係與民風」 『經濟史』, 1992년 11기.
225) 拙稿, 앞의 책, 1992, 제1장.
226) 方行, 「淸代前期北方的小農經濟」 『歷史硏究』, 1991년 2기.
227) 光緖 33년刊 『邵陽縣鄕土志』 권2, 歷史, 耆舊.

호의 평균 경지면적은 상담현이 최대 18.9무, 보통 9.06무, 최소 4.5무, 邵陽 中郷 17保는 최고 85.4무, 보통 18.2무, 최저 7.7무로 나타나고 있다.[228]

광서 31년 당시의 邵陽縣의 인구분포는 총 인구 약 1,188,000명 정도에서 工匠 약 5만 내외, 상인 약 12만, 노약 부녀 60~70만, 無業 閑人 10만, 농부 12만 정도로 추산되고 있다.[229] 당시의 등록 田地는 9034頃 93畝 정도인데, 인구 每人당 田地는 0.76무 정도에 지나지 않는다. 이미 인구분포 가운데 상인·工匠 등의 비율이 크고 실업자도 거의 8.3%에 육박하고 있다. 따라서 인구증가에 따라 전호의 경영 규모는 영세한 축소 재생산만을 거듭한게 아니라 일부 유력 전호에 의해서는 경영규모 통합이 행해졌다는 것을 추론할 수 있다.[230] 청말의 도원현에서도 장강서원 膏火田의 경우 경영규모가 99무에 이르는 사례가 있고 賓興田에서는 70무 이상 경영의 전호가 확인된다.[231] 호남 辰州府의 義田에서도 38무 이상의 경영 전호를 비롯하여 다수의 부전농이 나타나고 있다.[232]

湖田지대인 澧州의 安鄕縣에서는 일개 垸에 6,000畝 田을 포함하는 곳이 있는데 경영규모100무 이상이 8戶, 70무 이상이 6호, 50무 이상이 36호, 20무 이상이 40호, 10무 이상이 82호인데 반해서, 10무 이하는 단지 3호에 그치고 있다.[233] 전호가 수개 垸에 경작지를 갖고 있는 경우도 있어 전호의 경작면적은 이 수치 이상일 가능성도 있다. 이 지역에서 100무 이상에서 300무 범위의 경영 전호가 드물게 보이지 않는 현상이 나타나고 있다. 이 지역 300무 경영 전호의 收支관계를 보면, 곡물 수확이 1,600여 擔, 納租 400여 담, 捐稅부담 100여 담, 종자·비료·工資·기타 비용 400여 담, 부채 利息 100여 담, 지출 총계 1,000여 담, 현재(1930년대) 穀價에 의하면 전호 수입 500~600여 擔은 1,500~2,000元 수입을 올리게

---

228) 烏廷玉, 앞의 책, p.261.
229) 『邵陽縣鄕土志』 권2, 人類, 實業.
230) 拙稿, 앞의 책, 1992, 제4장. 蘇州府에서 몰락 전호의 소작지를 흡수하여 경영규모를 확대하는 전호의 존재가 확인됨.
231) 拙稿, 위의 책, 1992, 제1장.
232) 拙稿, 위의 책, 1992, 제2장.
233) 馮和法, 『中國農村經濟資料續編』, p.707.

된다. 이 전호는 14명의 長工과 다수의 短工을 고용하고 있는데 長工 2인은 1년에 80元, 나머지는 50元 이하이며, 短工은 매일 工資가 2角 내지 3角 정도이다.[234] 湖田지대는 1년에 兩熟이 가능함으로써 富의 축적에 상당히 용이했다고 볼 수 있다.

호북 荊門州 當陽縣에서도 淸末시기 學田의 전호 9인 중 7인이 10무 이상을 경영하고 있고, 전호 劉士榮은 70무, 陳光照는 65무를 경작하고 있다. 같은 當陽縣의 州院卷費公田, 賓興田 등에서도 50무 이상에서 100무 가까이에 이르는 대규모 경영 전호가 다수 보인다. 荊州府 公安縣에서도 南平書院田이나 빈홍전 등에서 70~80무 이상의 대규모 경영이 존재한다.[235] 민국시기 棗陽縣에서는 전호도 상당한 자본이 없으면 소작을 하기 어렵다는 것이 지적되고 있는데,[236] 1930년대 이 지역의 전호 최대 경영규모는 76무 정도로 밝혀지고 있다. 보통은 38무, 최소는 21무, 수준이다. 襄陽은 최고 74무(보통 36무, 최저 14무), 當陽은 25무(보통 13무, 최저 5무) 정도인 것이 확인된다.[237] 襄陽에서 부농이 차지하는 인구비율은 크지 않으나 그들이 점하는 토지는 거의 1/4이 되고 있고 경작의 일부에 참가하면서 약간의 工資 노동자를 고용하여 생산을 행하고 있다.[238] 이러한 경영규모가 큰 부전농의 존재가 쉽게 확인되는 곳은 湖田지대를 비롯하여 주요한 미곡 생산지대, 생산력이 상대적으로 발전된 곳에 집중되고 있다.

이들 부전농이 많이 존재하는 지역은 대개 압조 預租 등의 주요 발생 지역과 겹치는 측면을 가지고 있다. 또 地代면에서 볼 때는 비교적 저렴한 편이 아닌가 생각된다. 도광 후기 湘潭 西南鄕에서 수확 4石에 1石의 소작료를 바친다고 되어 있는 것을 보면 租率은 25%정도인 셈이다.[239]

---

234) 위와 같음, p.708.
235) 拙稿, 앞의 논문, 1994.
236) 馮和法, 위의 책, p.106.
237) 烏廷玉, 앞의 책, p.263.
238) 章有義, 『中國近代農業史資料』 제3집, p.824.
239) 『左宗棠全集』, 文集 권1, pp.14625~14626.

압조가 적은 이웃 湘陰縣은 3石 6斗 수확에 소작료 1석 5두로 약 42% 수준에 해당된다. 도원현에서도 저렴한 지대에다 실제 징수과정에 할인이 존재하고 있다.[240] <표 5-4>에서는 1920년대 호남 각 縣의 지대 수준이 30~60%까지 분포를 보이고 있으나 여기서는 産量에 평균치가 사용되고 있는 것 같다. 실제 5~6석 이상의 수확이라는 기록이 흔하고 또 지대 징수과정의 할인 부분을 고려한다면 부전농이 출현할 수 있는 여건이 되었을 것이다.

1930년대 호북의 地租率은 上田의 경우 棗陽이 24%, 襄陽은 57%, 江陵은 37%, 雲夢은 30%정도의 수준을 보이고 있다.[241] 또 실제 청말 지방지에서 확인하면 운몽현·공안현·光化縣·大冶縣 등지에서 錢納지대가 일반화되어 가는 추세를 확인할 수 있다. 當陽縣의 預租, 棗陽縣의 압조 등으로 볼 때, 이 지역의 전호가 경작 개시 전에 상당한 화폐를 축적하고 있었다고 보아야 할 것이다.[242] 호북의 枝江·江陵·天門縣 등이 중요한 면포産區가 되고, 운몽현도 잇따라 면포생산 지역이 되고 있다. 荊州府·공안현 등지의 사정도 마찬가지이다. 당양현은 면포 茶의 생산뿐 아니라 落花生 재배도 호북지역에서 선구적으로 행하고 있다. 이와 같이 부전농 발전지역은 湖田지대 등 미곡생산 중심지와 함께 상품작물 재배, 화폐경제 발전과도 밀접한 관계가 있다고 할 것이다.

小結

중국의 곡창지대로 알려진 호남·호북이 明 중기 이후 양자강 하류인 江浙지역으로 미곡수출을 해 온 것은 주지의 사실이다. 본장에서는 그러한 현상이 淸末民國期에는 어떻게 되었는지를 살펴보았다. 적어도 중일전쟁 발생 이전까지는 여전히 호광미의 수출 현상이 나타나고 있는 것을

---

240) 拙稿, 앞의 책, 1992, 제1장.
241) 烏廷玉, 앞의 책, p.282.
242) 拙稿, 앞의 논문, 1994.

대체적으로 확인하였다. 호남·호북지역의 계속적인 인구증가에도 불구하고, 미곡수출이 지속될 수 있었던 것은 이 지역의 농업생산력의 발전과 상응하는 것이었다. 호광미의 수출은 일반 농민의 饑餓 판매 현상에만 기인하는 것은 아니고, 淸 중기 이후 이 지역에 현저히 증가하는 잡량재배에도 큰 까닭이 있었다. 山地의 개간과 이 지역에서 재배하는 잡량을 식량으로 사용하고, 그 대신 미곡을 수출하는 관계가 일부 지역에서는 분명하게 눈에 띄고 있다. 면화, 茶, 落花生, 大豆, 桐油 등 경제작물의 재배도 청말민국기로 갈수록 지역이 확대되고 있다. 특히 아편전쟁 이후 외국과의 교역이 활발하고 수출이 증대되면서 경제작물 재배가 더욱 활성화되고 있다.

水利 개간 문제도 明末에 이미 湖水의 游水地를 堤垸을 통해 과도하게 湖田으로 조성하면서 홍수조절 기능이 저하되고 그 결과 빈번한 水災를 만들어냈다는 것, 거기에 대한 대처 방법으로 "廢田還湖"가 논의되었지만 청말민국기에도 여전히 湖田 개간은 계속되고 있다. 잡량재배의 확대가 홍수시에 山坡의 土沙 流失을 초래하고, 이것이 강과 호수의 含沙量을 증대시켜 일종의 沙洲를 부단히 형성하고 있었다. 낮은 山坡에는 水田이 개간되고 陂·塘의 조성과 筒車 등으로 水利가 가능해져 稻作지대가 확대되면서 江·湖의 주변에는 개간 가능한 沙洲가 끊임없이 확대재생산되었다. 한편 청말에 정부재정 결핍으로 官荒을 대량으로 賣渡한 것도 개간 증가의 한 원인이 되었다. 홍수조절 기능의 저하로 인한 수재를 막기 위해서는 堤垸의 高度를 점점 높여 나가는 것과 함께 "埂"처럼 일정 高度 이하로 유지함으로써 수재를 감소시키는 방법이 강구되었다.

이리하여 청말민국기에는 경지면적이 현저히 증대했다. 농구의 발달은 두드러지지는 않았으나 水車의 개량으로 山地까지 수리가 가능해지고 安化縣에서처럼 螺旋攪水車의 발명으로 노동력은 절감되고 효과는 증가되는 결과도 나타났다. 아편전쟁 이후는 드물기는 하지만 신식 농기구의 사용도 보여진다. 또한 품종개량이 부단히 이루어지고, 시비법의 발달, 一年兩熟지역(稻二期作)의 확대가 있었다. 또 좌종당의 제창에 보이는 것처럼 구전법의 시행으로 자연재해에 대한 대처 능력을 높이면서 생산력을 증대시켜 나갔다.

이러한 생산력의 발전이 대응하는 생산관계로서 호남·호북 각지에 압조가 발생하여 그 지역이 확대되고 경영규모가 큰 부전농도 출현하였다. 아편전쟁 이후는 반식민지반봉건제사회이고 제국주의·봉건주의의 이중 수탈로 농업생산은 침체되고 위축되었다는 것이 대륙학계의 통설적인 입장이다. 그러나 호남·호북의 미곡 생산지대를 중심으로 보면 적어도 중일전쟁(1937) 이전까지는 농업생산력의 발전이 지속되고 있었다고 생각된다. 역사는 결코 일면적인 작용만 하는 것은 아니고 그러한 외부 조건의 억압과 자극을 받으면서 농업생산력은 대항적으로 발전의 길을 모색해 왔다고 여겨진다.

제2장 淸末民國期 湖南 邵陽縣의
농촌사회와 농업생산

序言

중국 근현대 약 100년간의 중국사회 성격은 기본적으로 '半植民地半封建社會'로 인식되고 있다. 제국주의, 봉건주의, 관료자본주의라는 3대 억압세력의 수탈과 착취로 농업생산력은 침체되었으며 농민생활은 파탄에 빠졌다는 것이 핵심이다.

그런데 개별 구체적 실례를 중심으로 실증적 연구를 진행해 보면 근현대의 중국 농촌사회가 발전의 방향성을 갖고 있다는 것을 발견하게 된다. 기존 이론을 고수하려는 입장에서는 이러한 발전적 요소를 의도적으로 貶下하고 농민생활의 빈곤상을 부각시키며 제국주의 책임론을 강조하는 것이 경향이다. 이 시기 변화와 발전에 대하여도 다소간의 인정은 하면서도 필립 黃은 이것을 '과밀형 增長'으로 본질상 '발전 없는 성장'이고 중국 농업은 여전히 '糊口농업'단계에 머물러 있었다고 보고 있다.[1]

근현대 중국 농촌사회의 성격은 과연 어떠했는지를 기존의 도식적 이론에 만족하지 않고 개별 구체적 실증 연구를 통해 탐구해 나가려는 것이 필자의 의도이다. 그동안 중국의 곡창지대인 호남지역을 소재로 얼마간의 연구 성과를 집적해 온 바가 있다.[2] 근현대에도 湖南지역은 지역내

---

1) 慈鴻飛, 「二十世紀前期華北地區的農村商品市場與資本市場」 『中國社會科學』, 1998年 1期 ; 李金錚, 「二十年來中國近代鄕村經濟史的新探索」 『歷史研究』, 2003年 4期.

인구를 부양하고 揚子江 하류지역으로 미곡을 유통하고 있다는 것을 알
게 되었다. 그러나 農産 상품화의 발전을 농촌 잉여산품의 약탈, 부분 필
요산품까지 착취당하게 하여 도리어 농촌 빈곤을 가중시켰다거나,[3] 청말
민국시기 양식 생산의 提高는 단순히 기후 온난화의 결과이고 농업생산
력 발전과는 관계없다는 주장도 있다.[4]

이제까지 湖南이라는 광역적인 지역을 염두에 두고 주로 미곡생산 중
심지역을 소재로 연구 분석을 해 왔다. 그런데 이번에는 미곡생산 중심지
가 아닌 寶慶府 안의 縣級단위인 邵陽縣을 고찰 대상으로 하려 한다.

소양현은 호남 중부의 구릉지대로 미곡 수출지는 아니지만 교통의 요
충지로서 나름의 대표성을 지니는 곳이라 할 수 있다. 淸代 寶慶府는 경
제가 발달하지 못하고 대외교역이 상대적으로 많지 않은 내륙지역이라는
평가를 받고 있다.[5] 소양현은 호남성 중부 資水 상류에 위치하고 있고 邵
水와 資水가 交會하면서 縣境을 통과하고 있다. 明淸시대 寶慶府의 府
治였는데 민국 2년(1913)에 府 폐지로 잠시 寶慶縣이 되었다가 민국 15년
(1926) 다시 邵陽縣으로 칭하였다. 縣境은 동서 235리(117.5㎞) 남북 170
리(85㎞)이다. 면적은 약 5,487㎢ 이상이다.[6] 연평균 강우량은 1,300㎜ 내

---

2) 田炯權,「淸末民國期 湖廣지방의 農業生産力과 生産關係」『慶南史學』7, 1995 ;
    田炯權,「淸末民國期 湖南의 公産田과 地主-佃戶關係」『明淸史硏究』12, 2000 ;
    田炯權,「淸末民國期 湖南 汝城縣의 商品流通과 物價變動」『明淸史硏究』9,
    1998 ; 田炯權,「淸末民國期 湖南의 米穀市場과 商品流通」『東洋史學硏究』74,
    2001 ; 田炯權,「淸末民國期 湖北의 米穀市場과 商品流通」『東洋史學硏究』87,
    2004 ; 田炯權,「淸末民國期 湖南 長沙府의 농업생산과 상품유통」『明淸史硏究』
    25, 2006.

3) 徐正元,「中國近代農産商品化的發展與米市的形成」『復印報刊經濟史』, 1997年
    3期.

4) 夏明方,「近代中國糧食生産與氣候波動」『社會科學戰線』, 1998年 4期.

5) 雷妮·王日根,「淸代寶慶府社會救濟機構建設中的官民合作」『淸史硏究』, 2004
    年 3期.

6)『湖南省志』「地理志」上冊, p.622, p.28, p.114, p.124, p.136, p.140. 면적은 邵陽縣
    에서 분리된 邵陽市, 邵陽縣, 新邵縣, 邵東縣을 합친 것이다. 이 밖에 1947년 隆
    回縣이 邵陽縣의 일부를 분리해 갔으므로 기존 邵陽縣 면적은 6,000㎢ 이상으
    로 추정된다.

외, 연평균 기온은 17° 내외이다.

접근 방법은 邵陽縣 농촌사회의 환경 탐색으로서 인구와 직업분포를 살펴보려 한다. 인구변화의 특성은 무엇인지, 농업인구와 비농업인구 비율, 도시화의 진전은 있었는지 검토할 것이다. 상대적으로 경제가 낙후되었고 미곡수출지도 아니었던 소양현의 市鎭과 상품유통 특성을 보면서 상업발달 정도를 검토할 것이다. 다음에 이런 환경변화의 토대 위에 농업생산이 어떻게 변화하고 있었는지를 곡물생산과 경제작물 생산으로 나누어서 살펴볼 것이다. 궁극적으로는 소양현이라는 지역사회를 미시적으로 검토하여 근현대 중국농촌의 변화 성격이 무엇인지를 찾는 것이 과제이다. 이런 고찰을 통해 호남 근현대 농촌사회의 역사적 방향성을 이해하는 데 약간의 시각 제시가 가능할 것이라 생각된다.

I. 사회 환경

1) 인구와 직업

(1) 소양현의 인구변화

淸末民國期에 邵陽縣의 인구변화가 어떤 특성을 갖고 있는지 여러 측면에서 검토해 보겠다.

<표 6-1> 소양현 인구변화

	가경 21년(1816)	광서 33년(1907)	민국 23년(1934)	민국 36년(1947)
戶數	114,748			180,448
口數	646,575	1,188,008	1,519,333	1,047,154
戶당 口數	5.63			5.80

출전 : 가경 21년과 민국 36년은 『湖南省志』「地理志」, pp.231~243 ; 광서 33년은 『邵陽縣鄕土志』 권2, 戶口 ; 민국 23년은 「민국23年 國際貿易局調査」.

<표 6-1>에서 민국 36년(1947) 인구가 특히 낮게 나타난 것은 이 해에 隆回縣이 邵陽縣에서 분리되어 설치된 것과 무관하지 않다.[7] 소양현의

인구는 가경 21년(1816) 64만 정도에서 광서 33년(1907)에는 1,188,000인 정도로 늘어났다. 순 증가만 54만 정도이고 증가율은 83.74%이다. 호남성 전체의 인구는 1816년 18,754,259인에서 1912년 27,616,708인으로 약 886만 이상 증가했고, 증가비율은 47.26%이다. 호남 전체의 증가율보다 소양현의 증가율이 현격하게 높게 나타나고 있다.[8] 1816년 대비 1934년 인구 증가를 보면 소양현은 87만이 증가하였고 순 증가율은 134.98%에 이른다. 1816년 대비 1933년 호남 인구를 보면 11,463,261인이 증가하여 61.12%가 증가하였다. 역시 소양현의 인구증가율이 현격히 앞서고 있다. 또 청말보다 민국기에 소양현의 인구증가가 급격히 빨라지고 있는 것을 알 수 있다.

호남 인구는 1776년의 1,500만 정도에서 1953년에는 3,300만으로 증가하였다.[9] 민국 원년(1912)에도 27,616,708인으로 淸 후기에만 1,000만 정도 증가하였다. 기본적으로 이 지역의 인구 부양력이 확대되고 있다는 것을 알 수 있다. 이 중에서도 소양현은 급격한 인구증가를 보이고 있다.

호남성의 인구밀도는 1816년 62인/㎢, 1917년 92인/㎢이다. 소양현이 속한 寶慶府의 경우 동시기 각각 60인, 118인이다. 앞은 비슷한 수준인데 1917년은 호남성 전체 밀도보다 소양현이 현격히 높다. 1917년에는 衡州(158인), 常德(129인)에 이어 보경부가 3위로 장사부(115인)보다 높은 수준이다.[10]

<표 6-2>에서 소양현이 속한 보경부 내의 5개 현의 인구변화를 보면 소양현의 인구증가율이 134.9%로 가장 높은 것을 알 수 있다. 다음으로 높은 것은 武岡이다. 무강주는 보경부내에서 대표적인 産米지역으로 미곡을 송출하는 곳이다. 호남지역의 다른 사례 연구에서도 볼 수 있었던 것처럼 주요 미곡 송출지역은 인구 집중현상이 두드러진 것과 맥락을 같

---

7) 『湖南省志』「地理志」, p.632.

8) 위의 책, p.231, p.239.

9) 張朋園, 『中國現代化的區域研究』(湖南省, 1860~1916) 中央研究院近代史研究所專刊, 1988, p.15.

10) 위의 책, p.20.

이 한다.

<표 6-2> 寶慶府 5縣의 인구 변화

	가경 21년(1816)		민국 23년(1934)		증가율(%)
	戶	口	戶	口	
邵 陽	114,748	646,575		1,519,333	134.9
新 化	46,840	430,400		821,843	90.9
武 岡	86,770	383,240		807,318	110.7
新 寧	35,378	122,600		201,507	64.4
城 步	15,550	89,390		94,824	6.1

생산성이 가장 낮은 성보현의 인구증가율이 6.1% 밖에 되지 않은 것도 시사하는 바 크다. 邵陽縣은 경제가 덜 발달된 지역으로 알려져 왔고 미곡 송출지역도 아니지만 높은 증가율을 보이고 있어 인구 부양력이 크다고 생각된다.[11]

호남성 내의 他府와 비교해 보면 1816년 단계에서 소양현이 속한 寶慶府는 7위에 머물렀으나 1917년에는 3위로 뛰어 올랐고 1935년에도 桂陽州, 長沙府, 衡州府에 이어 4위를 차지하고 있다.[12] 1816년에서 1947년 사이 인구변화를 보면 호남 각 府縣 중에 상위 10순위 안에 長沙府의 5개 현이 들어있다. 지나치게 높은 安化縣을 제외하면 益陽縣이 211.6%, 湘潭縣이 124.5%, 醴陵縣이 118.0% 수준이다.[13]

전술한대로 1947년에 邵陽縣에서 隆回縣이 분리되는 행정구역 개편이 있어 1947년 소양현 인구의 낮은 수치는 실제 인구감소의 반영은 아니다. 이것을 감안하면 소양현의 인구증가율도 호남성 각 현 중 증가율 10순위 안에 들 수 있는 수준으로 여겨진다.

다음으로 농촌인구와 도시인구 문제를 논의해 보자. 보통 근대 이전의 중국은 모두 농촌사회로 생각하기 쉽다. 호남 농촌은 현대화의 초기에 현

---

11) 張麗芬, 『湖南省米糧市場産銷硏究』(1644~1937), 臺灣大學校碩士論文, 1990, p.269, 1934년 인구.
12) 劉泱泱, 『近代湖南社會變遷』, 長沙, 湖南人民出版社, 1998, p.45.
13) 田炯權, 앞의 논문, 1995.

대화의 영향을 조금도 받지 못하였고 인구의 도시이동도 없었으며 인구 구조로 보면 호남은 전형적 전통 농업사회라는 견해도 있다.[14] 호남성 각 州縣의 도시인구 총수는 민국 5년(1916)에 841,547인으로 전체의 3.5%, 민국 20년(1931)에는 1,514,460인으로 5.34%인데, 중국인구론자의 견해에 의하면 전통시대 도시인구는 6~7%라는 것이다.[15] 張朋園은 城內의 인구만을 도시인구로 산정하고 있어 城外로 확산된 도시인구를 고려치 못한 한계를 드러내고 있다. 또 호남 汝城縣의 도시인구는 1916년에 1,000명인데, 1931년에도 1,000명으로 아무 변화가 없고, 湘潭城도 동일시기 인구변화가 전혀 없다.

邵陽은 1815년 인구를 18,000에서 21,000 사이로 추정하면서 별다른 설명 없이 1916년에는 도시인구가 8,000으로 격감한 것으로 되어 있다. 張朋園의 도시인구 추정은 매우 조심스럽게 받아들여야 할 부분이라 생각된다. 호남에서 도시인구 10만 이상은 長沙, 湘潭, 衡陽 세 곳이고 다음 5만 이상이 常德, 邵陽으로 분류되고 있다. 2만 이상은 益陽, 湘鄕, 安化, 醴陵, 零陵, 寧遠, 新化, 武岡, 岳陽, 桃源, 沅陵, 洪江이다. 1만 이상은 湘陰, 瀏陽, 寧鄕, 攸縣, 祁陽, 道州, 常寧, 平江, 芷江, 石門, 大庸, 茶陵, 耒陽, 漢壽, 鳳凰이다.[16] 소양이 장사, 상담, 형양 다음의 큰 도시로 성장한 것을 알 수 있다. 소양현성의 도시인구는 1815년의 약 21,000인에서 1934년 75,945인으로 3배 이상 증가하고 있다. 광서년간 이후 상공업 발전과 국내 및 국제시장의 연계가 날로 강화된 것과 무관하지 않을 것이다.[17] 1815년의 소양의 도시인구 비율은 약 3.57%에 해당한다. 1907년의 光緖刊『邵陽鄕土志』上에는 도시인구 78,505인으로 전체인구의 6.6%정도에 해당한다.[18] 1934년 통계로는 다시 4.9%로 하강한 것으로 되어 있어 약간 의문이지만 적어도 1815년 단계에서 1907년 청말까지 소양현에 도

---

14) 張朋園, 앞의 책, p.404.

15) 위의 책, p.374.

16) 위의 책, pp.381~383.

17) 劉泆泆, 앞의 책, p.194.

18) 光緖 33年刊『邵陽縣鄕土志』권2, 戶口.

시화의 진전이 현저했던 것은 분명하다. 이 시기 약 100년간 도시인구는 273.8% 증가했고 전체인구는 101.95% 증가하였다. 도시인구증가는 전체 인구증가와 비슷하다는 조사도 있으나 호남 소양현의 경우 인구의 도시 이동이 타 지역보다 두드러진 측면을 보이고 있다.[19]

1953년 중국 정부의 인구조사시에 城鎭인구 기준은 상주인구 2,000인 이상이고 비농업인구가 50% 이상을 점하는 것이었다.[20] 1953년 조사에서 호남의 도시인구비율은 8.8%이고 농촌인구는 91.2%로 나타나고 있다.[21] 湖南 長沙府 醴陵縣의 민국 36년(1947) 도시인구비율은 5.08%였다.[22]

중국 전체나 호남에서 보면 도시화의 속도가 완만했던 것은 분명해 보인다. 그러나 소양현에서 보듯이 청말민국기로 가면서 전체 인구증가율보다 도시인구증가율이 높게 나타나고, 인구의 도시 집중현상이 심화된 것은 하나의 방향성을 보이고 있다.[23]

(2) 직업분포

근대에 중국 호남 농촌에서 직업별 인구에 대한 통계는 거의 찾아볼 수 없다. 막연하게 농촌사회는 전부 농업인구로, 도시인구는 비농업인구로의 이분법적인 이해가 대부분이다.

그런데 光緒 33年刊『邵陽縣鄕土志』에 직업별 인구분포를 짐작할 수 있는 귀중한 자료가 제시되어 있다.[24]

農夫約在一十二萬名有奇 農於丁口一百二十萬內 計屬十分之一强 此外 工約五萬內外 計屬丁口一百二十萬 二十分之一.

商約一十二萬名 計屬丁口一百二十萬十分之一　老弱婦女　約六七十萬

---

19) 吉尓伯特 外,『中國的現代化』, 南京, 江蘇人民出版社, 1988, p.210.

20) 任放,「二十世紀明淸市鎭經濟硏究」『歷史硏究』, 2001年 5期.

21)『湖南省志』「地理志」, p.246.

22) 民國 37年刊『醴陵縣志』 1책, p.456.

23) 지리학에서는 20%까지를 전통사회형으로, 20~70%까지를 가속화단계, 70% 이상을 정착단계로 보는 구분법이 있다.

24) 光緖 33年刊『邵陽縣鄕土志』 권2, 實業.

計屬丁口百二十萬之半 無業閑人 約十萬以外 計屬丁口一百二十萬
十分之半而弱.

위 사료를 보면 대략적인 추산으로 비율계산에 부분적인 오류도 엿보
인다. 그러나 이 시기 소양현의 농촌사회가 막연하게 농업인구로만 구성
된 것이 아니라, 비농업인구가 현저하다는 것을 알 수 있다. 이 사료 내용
을 알기 쉽게 표로 정리하면 다음과 같다.

<표 6-3> 소양현 직업별 인구분포

분류	인구	비율
농　부	12만	10%
工　人	5만	4.17%
상　인	12만	10%
노약부녀	6～70만	50～58%
無業閑人	10만	8.33%
士(지식인)	1만2천	1%
기　타		
계	120만	100%

<표 6-3>을 보면 소양현의 비농업인구도 예상외로 많음을 알 수 있다.
광서 33년(1907)의 인구는 1,188,008인으로 적시되어 있는데 120만으로 간
주하고 계산하고 있다. 농부와 상인의 수치가 거의 같게 나와 있는 것은
놀라운 일이다.

농업인구와 농민에 대해서 생각해 본다면 농부 12만은 생산인구를 말
할 것이다. 앞서 인구조사에서 살펴본 대로 戶당 인구를 6인 이내로 잡으
면 12만×6=72만이 농업인구가 될 것이다. 1戶당 농부 2인이 포함되어 있
다면 수치는 조금 내려갈 것이다. 농업인구는 가족을 포함하여 전체인구
의 50～60% 수준이 될 것이라 생각된다. 1920년대 江蘇省을 비롯한 몇
지역의 향촌조사에서 16세 이상 男工 중 농업종사자 비율이 49%정도라
는 조사가 있다.[25] 민국 36년(1947) 長沙府 醴陵縣의 농업인구가 37.39%

---

25) 馮和法, 『中國農村經濟資料』 上, p.24.

라는 통계도 있는데 國共內戰期의 혼란기이고 실업률이 34.25%로 지나치게 높은 수치라서 참고에는 조심스러운 점이 있다.[26]

농가의 경영규모가 얼마인가는 농가수입과 관련하여 매우 중요하다. 淸代 호남·호북의 1인당 경지면적은 1820년에 2.0畝, 1873년, 1893년은 1.9畝였다.[27] 1952년 호남의 1인당 경지도 1.71무라는 통계가 있다.[28] 근대 호남 경지면적은 1873년 3.1무, 1913년 2.4무, 1933년 1.9무라는 조사도 있다.[29] 1인당 경지면적 통계는 경지 부하량의 변화를 추정하는 자료로 흔하게 쓰이고 있지만 실제 농민의 경영규모를 설명하는 데는 한계가 있다.[30]

1930년대 호남 14개 縣 조사에서 매 호당 평균 경영규모는 14.056무였다.[31] 민국시기 예릉현에서는 1호당 경지가 10무 미만이라는 사료도 있다.[32] 中日전쟁 후 농촌조사에서 邵陽中鄕 第17保의 경우, 농가 경영면적은 최고 85.4무, 최저 7.7무, 평균 18.2무라는 조사 보고가 있다.[33]

『邵陽縣鄕土志』에 등재상 田地는 903,493무이다.[34] 湖南省經濟調査所의 1930년대 전반 조사상으로는 1,141,000무이다.[35] 앞의 것은 乾隆년간까지 丈量이 반영되고 있을 뿐이어서 실제 면적과는 많은 차이가 있다고 생각된다. 1930년대 조사는 다소 신뢰성이 있지만 민국시대에도 제대로 된 丈量이 성공한 사실은 없다.[36]

같은 『소양현향토지』에 농부 1인이 1石田 즉 10畝를 경작한다고 계산하고 있는 것이 더 현실을 반영한다고 여겨진다.[37] 1戶에 16세 이상 농부

---

26) 民國 37年刊 『醴陵縣志』 1책, p.456.

27) 龔勝生, 『淸代兩湖農業地理』, 華中師大出版社, 1996, p.232.

28) 編輯部, 『當代中國的湖南』, 中國社會科學出版社, 1990, p.155.

29) 張朋園, 앞의 책, p.24.

30) 姜判權, 「淸代 安徽省 廬州府의 穀物農業」 『明淸史硏究』 21, 2004.

31) 嚴中平, 『中國近代經濟史統計資料選集』, 科學出版社, 1955, p.285.

32) 民國 37年刊 『醴陵縣志』, 食貨志, 農業, 經濟.

33) 烏廷玉, 『中國租佃關係通史』, 吉林出版社, 1996, p.266.

34) 光緒 33年刊 『邵陽縣鄕土志』 권4, 地理, 物産.

35) 張人价, 『湖南の穀米』, 生活社, 1940, p.32.

36) 張朋園, 앞의 책, p.325.

2인이 있다고 가정하면 1호당 경영면적은 20무가 된다. 전술한 1930년대 소양현의 평균 경영규모 18.2무와 근사한 수치이다. 실제 농가경영의 수입구조를 밝히는 일은 더욱 어렵다. 畝당 수확량 문제, 농가부업, 식량소비량 뿐 아니라 自小作의 문제 등이 복잡하여 쉽게 밝히기 어렵지만 소양현에서 1930년대까지 농가경영이 18~20무 정도였던 것은 개연성이 있다고 생각된다. 淸 후기 이후에 '佃多致富者'라든지, '以農畝起家', '墾荒起家' 등의 기록이 빈번한 것을 보면 농사를 통한 부의 축적, 소작농이 富農으로 성장하는 경우도 드물지 않았다고 생각된다.[38]

商人은 앞서 <표 6-3>을 보면 농부와 상인이 같은 12만으로 기재되어 있다. 농업에 버금가는 정도로 상업이 발달하고 있는 것으로 보인다. 淸代에 邵陽縣은 상업이 크게 발달한 곳이 아니었다. 광서 2년(1876)刊『邵陽縣志』에도 "商賈의 활동이 그 鄕을 넘지 않는다"는 기재가 있을 정도이다.[39] 그런데 淸 후기에 이곳으로 이주하여 商人으로 성장한 기재가 등장한다.[40] 같은 府內의 新化縣에서도 "왕래하는 상인이 종래에는 長沙 湘鄕, 益陽 등지에서 왔는데 현재는 本地人이 적지 않다"는 기록이 있어 本地상인의 증가를 짐작할 수 있다.[41] 열전 기록에도 어려서 가난했는데 상인으로 致富한 성공담도 보인다.[42] 咸豊 5년(1855) 이후 호남 재정수입상 田賦 비중이 축소되고 釐金 비중이 52.6%를 넘는 등 商稅가 확대된 것과 이 지역 상인인구의 급증과도 연관지어 생각할 수 있을 것이다.[43] 상인세력의 증가가 이 시기 호남 농촌사회의 두드러진 특징이다. 이것과 상업발달을 분리해서 생각할 수 없지만 다음 절에서 이어 논할 생각이다.

工人은 약 5만으로 전체의 4.165%정도이다. 민국 36년(1947) 조사의 장사부 예릉현의 공업종사자는 6.67%였다.[44] 시간적 차이를 고려하면 邵陽

---

37)『邵陽縣鄕土志』권2, 人類, 實業.

38)『邵陽縣鄕土志』권2, 歷史, 耆舊.

39) 光緒 2年刊『邵陽縣志』권1, 歲時.

40)『邵陽縣鄕土志』권2, 人類, 氏族.

41) 馮和法,『中國農村經濟資料續編』上, p.124.

42)『邵陽縣鄕土志』권2, 歷史, 耆舊.

43) 劉泱泱,『湖南通史』近代卷, 湖南出版社, 1994, p.166.

縣 수준도 거의 비슷할 것으로 생각된다. 工匠의 구체적 생업에 대해서는 상술하기 어렵다.

士人의 경우에는 과거제 폐지 전에 試童들이 4,000~5,000인, 儒業을 익히지만 시험에 나가지 않는 자 및 廩貢增附 諸生들 1,000인 이상, 합쳐서 6,000인 내외였다. 지금은 學堂에 들어가 학업을 익히는 자가 있는데 그 수는 有限하다. 이런 신지식인을 포함해서 士층은 1%정도로 추산되고 있다.[45] 120만의 1%는 12,000명 정도이다. 어쨌든 과거제 시대에 비하여 신지식인이 등장하고 범위도 확대되고 있었다고 여겨진다. 『邵陽縣鄕土志』耆舊조에 실린 士층 45인 가운데 거주지가 城居가 분명한 사람은 8인으로 17.8%, 향촌 거주가 분명한 자는 32인으로 71.1%이다. 未표시가 5인으로 11.1%이다.[46] 이것으로 보아 鄕紳층의 城居地主說은 사실과는 거리가 있다고 여겨진다.

<표 6-3>에서 실업자는 10만으로 약 8.33%에 해당한다. 민국 36년(1947)의 예릉현 조사에서 실업률은 34.25%로 되어 있다. 國共內戰시기의 혼란으로 야기된 특수한 상황이었다고 생각된다. 근대의 기록에는 실업률이 거의 기재되어 있지 않다. 1907년 당시 소양현에는 10만 정도의 실업자가 있었다는 기록 자체가 매우 소중한 것이라 할 수 있다.

2) 市鎭과 상품유통

(1) 市鎭 발달

淸初 湖南米 시장에 대한 고찰에서 重田德은 湖南省例成案을 인용하고 있다. 거기에 보면 寶慶府는 소양현을 비롯한 5개 縣 모두 미곡을 구매할 만한 市鎭이 없었다고 되어 있다. "無市集口岸 外來米石 可以購買"가 그것이다.[47] 건륭 18년(1753) 단계에는 소양현에 제대로 된 市鎭이

---

44) 民國 37年刊 『醴陵縣志』 1책, p.456.

45) 『邵陽縣鄕土志』 권2, 人類, 實業.

46) 『邵陽縣鄕土志』 권2, 耆舊下.

47) 重田德, 『淸代社會經濟史硏究』, 岩波書店, 1975, p.19.

없었다는 것을 알 수 있다. 그런데 광서 2년刊『邵陽縣志』와 33년刊『邵陽縣鄕土志』사이에 현격한 차이가 있음을 알 수 있는데 그것을 정리한 것이 <표 6-4>이다.

<표 6-4> 邵陽縣 市鎭 변화

光緒 2年(1876)		光緒 33年(1907) 新增	
仙槎市	巖口市	界嶺市	石馬江市
余田市	桃花坪市	兩頭塘市	六都砦市
黑田市	和尙橋市	洪橋市	隆回司市
九弓橋市	巨口市	龍王橋市	黃泥井市
小溪市		霞光嶺市	五峯鋪市
灘頭市		酈家坪市	

광서 2년(1876)과 광서 33년(1907)은 불과 31년 간격에 지나지 않다. 그런데 광서 33년에 세운 市鎭이 11개 추가되었다는 것은 주목할 일이다. 광서 2년의 10개 시진 중 九弓橋市와 小溪市는 사라지고 없다. 광서 33년은 기존 10개 중 8개 시진과 新設 11개 시진이 합쳐 19개 시진이 발달하고 있다.[48]

전술한 직업구성에서 농민과 상인 수치가 거의 같은 정도로 상인이 증가한 것과 이런 市鎭 발달의 급격한 증가는 상관관계가 있다고 여겨진다. 또 제국주의 침략이 고조되는 淸末시기에 상업이 번성하고 있는 것도 주목해야 한다.

「邵陽市鎭大略圖」를 보면 市鎭 분포가 동부쪽에 높은 집중도를 보이고 있는 것을 알 수 있다. 新增 5곳을 비롯하여 기존 3곳을 더하면 8곳이 된다. 전체 19곳의 절반에 가까운 수치이다. 광서 33년(1907)의 東鄕8局의 인구는 526,940으로 전체 1,188,000의 44.5%에 해당되니, 인구와 시장밀도는 대응관계에 놓여 있다. 기존 3곳보다 新增 5곳의 시진 증가로 淸末시기 상업발달을 짐작할 수 있다. 가경 20년(1815)의 東路24都의 戶數는 전

---

48) 光緒 2年刊『邵陽縣志』권3, 建置 ; 光緒 33年刊『邵陽縣鄕土志』권3, 地理, 疆域. 邵陽市鎭大略圖.

체의 40%정도인데 東鄕8局의 인구 집중도는 더욱 심화된 것이다.[49] 시진
발달은 3배 가까이 증가한 것이니 청말 상업발달을 짐작할 수 있다. 또
신증된 시진이 현 경계지역에 많이 발달한 것도 특징이다. 湘鄕縣과 경
계지역의 界嶺市, 東安縣 방향의 酈家坪市, 五峯鋪市, 漵浦縣·新化縣
방향의 六都砦市, 隆回司市, 黃泥井市 등의 발달이 그것이다. 광서 2년
기재에 '商賈貿遷 不越其鄕'이라 하여 상인의 활동범위가 鄕內에 국한되
었던 처지에서 이제 縣의 경계를 뛰어 넘는 활발한 교역시대로 전진하였
음을 알 수 있다.[50]

　중국 근대 시장체계 형성은 개항 후에 시작된 것이 아니고 최소 明代
에 시작되었으며 淸代 중엽에 이미 상당 규모에 달했다는 주장이 있다.[51]
소양현은 건륭 18년(1750) 단계까지는 미곡수출기지가 될 만한 市鎭이 없
었다. 광서 2년(1876)『邵陽縣志』에 실린 시진 10곳은 淸 후기에 주로 발
달된 곳으로 생각된다. 광서 33년(1907)의 획기적 시진 증가와 상인수 급
증 등은 제국주의침략 시기에 이루어진 상업발달을 말해주고 있다. 동시
에 전통적 시장체계가 근대사회에 접속되고 있음을 보여준다.

⑵ 상품유통

　전술한 대로 市鎭이 발달하고 縣을 뛰어넘는 거래의 발전 등과 함께
상인이 성장하고 있다. 湘潭, 漢口 등에 湖南 각지 상인의 부두가 건설되
고 있는 와중에 漢口에도 寶慶碼頭가 설치된다.[52] 武漢 목재시장은 거의
호남상인이 장악하였는데 그 중에 寶慶幇의 세력이 가장 컸다. 寶慶幇의
주축은 邵陽縣이 중심이었을 것으로 생각된다.[53] 竹木商으로 유명한 5大
都 18幇(長衡幇, 寶慶幇, 淸洪岐三幇, 安益7幇, 西湖5幇) 중에 寶慶幇이
가장 두드러진다고 볼 수 있다.

---

49) 光緒 33年刊『邵陽鄕土志』권2, 人類, 戶口.

50) 光緒 2年刊『邵陽縣志』권1, 歲時.

51) 任放, 앞의 논문.

52) 田炯權, 「淸末民國期 湖南의 米穀市場과 商品流通」『東洋史學硏究』74, 2001.

53) 劉泱泱,『近代湖南社會變遷』, 湖南人民出版社, 1998, p.152.

<표 6-5> 邵陽縣 상품유통(1907)

수입	지역	수출품	지역
綢緞	江浙에서 옴	煤	漢口경유 河南 安徽
夏葛	瀏陽, 醴陵	鐵纜. 它鐵	資水거쳐 漢口
棉花	湖北	鋼條	永豊, 測水거쳐 省城
洋布	上海, 湖北 織造局	鐵鍋	新寧 통해 廣西
羊裘	北直, 山陝	鐵釘	鄰府 鄰省
蘇酒, 紹酒	江浙	銻鑛	漢口, 上海
汾酒	山西	紙	省城, 縣城, 漢口
煤腿	金華	毛貨	各地
魚翅, 해삼, 墨魚, 魷魚	浙, 閩	靛漆	各地
饞食	兩粤(광동, 광서)	油(茶油,菜,桐,麻,花生油)	外省
細製點心	嘉興, 湖州	茶葉	洋人에 판매
崮茶	全州 六崮	刊板서적	日增 日衆
芽茶	龍兀, 武彝		
條絲煙品	福建		
藥材	江西		
人參 鹿茸	關東		
肉桂	雲南蒙自		
湖筆 徽墨	安徽		
端硯	廣東, 肇慶		
洋板書籍圖書	上海, 東西洋		
團扇, 摺扇	蘇州, 杭州		
蒲扇	廣東		
磁器	江西		
羅經	徽州人製		
鍾表(시계)	外洋人製		
眼鏡, 유리	廣州, 蘇州人製		
藤几 藤牀	廣東人製		

　광서 33년(1907) 『邵陽縣鄕土志』 단계에서 상품유통을 정리하면 <표 6-5>와 같다. 淸代의 소양현은 資江유역에 위치하고 있지만 급류 때문에 선박운송이 어려웠다. 때문에 타 지역의 富商들이 잘 오지 않았고 米穀船도 대개 40~50石을 싣는 소규모 위주였다.54) 그런데 <표 6-5>를 보면 상품의 종류가 다양해지고 전국적인 교역망 속에 있음을 알 수 있다. 邵

---

54) Evelyn. S. Rawski, *Agricultural Change and Peasant Economy of South China*, Cambrige, Mass, Harvard Univ. Press, 1972, p.126.

陽은 省都인 長沙에서 서남으로 약 500리로서 省治에서 縣에 이르는 길은 水路로 湘潭 및 湘鄕의 永豊市에 이르고 여기서 縣城까지는 육로로 180리에 이른다. 동정호에서 資水를 거슬러 올라오면 縣城에 도달한다. 현내의 여러 상인의 상품운송은 위로 武岡, 新寗 및 광서 合浦坪에 미치고 아래로는 동정호를 건너 漢口에 이르는 코스이다.『邵陽縣鄕土志』에 "邑舊以産煤鐵著……近自中外通商廣求地利"라 되어 있다.55) 즉 대외교역의 시작 이후 煤炭, 鐵의 판매가 격증한 것을 알 수 있다.

개방후의 근대화 방향과 <표 6-5>의 내용은 어느 정도 상관성이 있다. 煤炭은 鐵工用에 제공하거나 輪船과 機器局 원료에 사용되고 있다. 매년 大小 선박이 천 척 내외로 수송에 동원되고 있다. 큰 商號 1곳이 배를 100척 거느린 경우도 있다. 鐵釘, 鐵鍋 등 鐵貨를 생업으로 삼는 자가 가장 많다고 할 정도였다. 銻鑛은 이 시기 채굴이 시작되어 漢口·上海에 팔렸다. 이 밖에 毛貨, 靛漆, 油, 茶 등이 出境之貨의 大宗이다.

수입품은 품목이 훨씬 다양하다. 의복, 일용품 등이 주종이다. 수입품 유통루트도 상해→상담-소양 코스거나 혹은 漢口를 거쳐 資水로 縣城에 이르는 길이다. 주목되는 것은 洋布가 湖北 織造局 또는 上海에서 온 국산 洋布가 많다는 것이다. 시계는 外洋人 제조이지만 안경, 유리는 廣州, 蘇州人 제조로 되어 있다. 국산 洋貨가 내륙지역까지 판매되는 것을 알 수 있다. 이 시기 수출품은 주로 農礦産品과 수공일용품이고 수입품은 일용품과 사치품 위주였다. 그러나 제품 내용이 근대적 산품으로 바뀌고 있고, 전국적인 시장망과 해외까지 연결되는 교역관계의 성립을 알 수 있다.

淸末에 가서 租稅구조의 변경도 상업발전 과정을 말해 주고 있다. 건륭 18년(1753) 田賦는 전국 稅收의 73.5%였으나 광서 34년에는 35.1%에 불과했다. 1896년 호남 稅收비중에서 田賦는 37.1%였다.56) 宣統 3년(1911) 호남 예산에서 田賦는 21.1%에 지나지 않는다.57) 商稅 부분의 급

---

55)『邵陽縣鄕土志』권4, 地理, 物産.

56) 宋惠中, 「晩淸湖南的商業稅與商業網絡」『史原』20, 1997年 5期.

57) 張朋園, 앞의 책, p.249.

증은 이 시기 상업발전의 결과임에 분명하다.

1930년대 사정을 반영하는 『通郵地方物産誌』 내용을 정리한 것이 <표 6-6>·<표 6-7>이다.58)

<표 6-6> 邵陽縣 상품유통

품명	단위	가격	수량	행선지	시기
煙葉	担	12.0~30.0	200,000	本省	秋
皮毛	張	0.5~20.0	500,000	北平, 上海	全年
煤	担	0.1~0.2	30,000,000	長沙, 漢口	〃
鐵	〃	12.0~16.0	10,000	益陽, 湘潭, 漢口	〃
毛筆	枝	0.03~0.10	3,000,000	雲南, 貴州	〃
竹器	件	0.3~10.0	3,000,000	上海	〃
紙	担	10.0~30.0	300,000	長沙, 漢口, 北平, 上海	〃
竹紙	担	12.0~14.0	30,000	益陽, 湘潭, 漢口	秋

<표 6-7> 桃花坪 상품유통

품명	단위	가격	수량	행선지	시기
百合	石	13.0~14.0	4,000	漢口, 廣東	夏秋
靑紅豆	石	5.0	3,000	邵陽, 新化	秋
花生	石	6.0	3,000	邵陽	秋
凉藷	石	1.3~1.4	3,000	邵陽, 新化, 益陽	秋
大麥	石	4.0	2,000	邵陽	夏
冬筍	石	5.0	1,000	邵陽, 湘潭, 長沙	冬
大布	疋	1.6	20,000	武岡	全年
豆腐	石	5.2	1,000	武岡	全年

위 <표 6-6>·<표 6-7>에 보이는 것은 邵陽縣에서 대외교역되는 물품이다. 경제작물인 煙葉, 花生 등의 판매가 현저해진 것이 특징이다. 漢口·上海를 통한 대외수출이 이루어지고 있고 국내에서도 전국적인 시장권이 되고 있다. 특기할 것은 縣城뿐 아니라 桃花坪市가 縣城을 능가하는 市鎭으로 성장한 것이다. 桃花坪도 漢口·廣東, 湘潭·長沙, 또 資水를 통한 邵陽·新化·益陽과 상류의 武岡까지 활발한 교역망을 보이고

---

58) 交通部 郵政總局 編,『中國通郵地方物産誌』民國 25年刊, 華世出版, 1978, 湖南.

있다.

<표 6-8> 邵陽商業

業別	家數	最早成立年	資本(元)	營業額(元)
鹽	100	光緒 20年	112,000	1,175,000
皮革	89	光緒 12年	110,000	689,000
牙刷	74	-	22,200	6,300
南貨	70	-	202,420	809,680
糧食	68	乾隆 年間	109,800	965,000
磁鐵器	53	光緒 30年	78,000	355,000
紙	49	光緒 8年	122,000	564,000
竹木	41	光緒 30年	42,200	293,000
茶食	40	光緒 16年	135,000	896,000
藥材	40	光緒 3年	110,000	293,000
布	40	光緒 4年	29,500	215,000
蠟燭	33	-	66,000	264,056
綢緞	29	光緒 24年	107,000	530,000
百貨	26	民國 元年	38,300	380,000
山貨	23	-	60,220	240,880
書坊	21	宣統 元年	20,000	60,000
花紗	20	宣統 2年	60,000	1,320,000
棉帶	20	光緒 31年	44,000	210,000
估衣	7	-	3,485	13,940
顔料	4	民國 16年	17,000	1,200,000
煤油	3	民國 元年	43,000	350,000
猪行	3	光緒 30年	300	60,000
鋼莊	1	同治 年間	5,000	20,000
鐘錶	1	-	500	3,600
酒館	22	-	18,685	74,740
旅館	11	-	8,615	34,460
麵館	10	-	5,000	20,736
照相	5	-	1,500	4,800
茶館	3	-	1,500	4,800
娛樂	2	-	1,000	12,960
運輸	3	民國 18年	500,000	70,000
共計	911		2,074,225	11,135,952

출전 :『中國實業誌』(湖南省),「都會」, 頁145-172(丙)

邵陽의 상업은 清末 광서년간에 신속하게 발전하기 시작했고 시계, 煤

油, 사진 등 외래의 行業이 차츰 확대되고 있다. <표 6-8>은 邵陽 상업의 발전과정을 정리한 것이다.[59] 이것을 보면 광서년간에 신진 行業이 집중적으로 발생한 것을 알 수 있다. 洋貨 중에는 煤油의 영업액이 비교적 많은 것도 주목된다.

邵陽의 신식공업은 電燈廠 礦米廠이 주종을 이루고 있다. 민국 12년(1923) 銻礦公司가 소양에만 154개로 극히 번성하고, 민국 24년까지 전국에서 銻礦 수출의 90% 이상을 湖南이 담당하고 있다.[60] 『通郵物産誌』에 邵陽 行號를 조사하면 유리에 寶光公司 煤礦 부분에 楚華公司가 보인다.[61] 行號에 회사체제가 등장하고 있다고 여겨진다. 소양현의 行號는 農産부분이 5개, 林礦부분 1개, 제조품이 11개, 운수 1개이다. 농산보다 제조품 行號가 훨씬 많다. 전기재료, 유리, 인쇄, 화학용품 등 근대적인 부분이 목격된다. 桃花坪의 경우는 농산품 분야에 25개, 水隆畜産에 6개, 제조품이 20개로 나타난다. 번거로움 때문에 다 적시하지는 못하지만 역시 제조품 行號도 많다. 통조림, 화장품, 인쇄, 사진 등 洋貨류의 행호도 주목된다. 앞서 『邵陽縣鄕土志』에 '中外通商' 이후 상품교역이 활발해진 사실을 확인한 바 있다. 교역량의 증대, 전국적 시장과 해외시장과의 연계, 市鎭의 확대, 桃花坪의 발전(行號 부분은 縣城보다 더 발달), 洋貨 보급의 확대 등은 出口成長이론과 부합되는 내용이라 할 수 있다.

國産洋貨의 등장과 보급도 모방을 통한 초기공업화 과정으로 볼 수 있다. 洋貨는 처음에는 통상항구의 주변지역에서 부유층 위주로 소비되었지만 차츰 내륙으로 확산되었다. 외국자본이 중국에 공장을 설립하여 중국 본토 제조의 값싼 洋貨가 등장한 것이 중국 민중에게 소비 기회를 제공하였다.[62] 洋貨의 사용은 한편으로 생활수준의 향상이라고 할 수 있다.

제국주의 침략 강조의 입장에서는 洋貨수입의 증가과정에서 실제상 중국은 이미 자본주의 국가의 원료공급지와 상품판매시장으로 형성되었

---

59) 張朋園, 앞의 책, pp.396~397.
60) 張朋園, 앞의 책, p.269.
61) 『通郵地方物産誌』, 湖南.
62) 朱英, 「近代中國商業發展與消費習俗變遷」『復印報刊經濟史』, 2000年 3期.

다고 보고 있다.[63] 그러나 이 시기 중국 상업은 발전의 역사적 방향성을 갖고 있고 대외교역에 자극을 받고 있다. 市鎭 발달은 중국 기존의 시장망과 근대화가 대립되지 않고 연속적으로 발전하고 있음을 보여준다.[64]

Ⅱ. 농업생산

1) 穀物生산

⑴ 米穀생산

여기서는 소양현의 미곡생산을 3시기로 나누어 고찰해 보겠다. ① 嘉慶 21년(1816) 인구 64만 단계, ② 光緖 33년(1907) 인구 118만 단계, ③ 민국 23년(1934) 인구 151만 단계로 구분하여 보는 것이 그것이다. ①시기는 『寶慶府志』, 『邵陽縣志』를 보면 겨우 자급하거나 종종 외부로부터 미곡을 구매하는 것으로 되어 있다.[65] 19세기 후반까지도 비슷한 사정이 지속되었을 것으로 생각되는데 한 사료에 "邵陽新化 山多田少 向來所産穀米 不敷食用"이라 되어 있다.[66] 그런데 ②시기인 광서 33년『邵陽縣鄕土志』에 보면 소양현의 物産 大宗이 穀米이고 다음이 煤와 鐵, 다음이 紙, 靛漆, 茶, 毛貨 등의 순서로 되어 있다.[67] 또 같은 자료에 「入境之貨」 품목에 미곡이 게재되어 있지 않다. 또 미곡이 수입품으로 분류되어 있지 않다. 「本境銷售之貨」란의 첫 번째 물목이 稻米로 되어 있다. 지역내 거래되고 있는 물품의 大宗이 穀米이다. 또 酒와 饎의 제조에 穀米 소모가 대단히 많다고 적고 있다. 이것을 보면 이 당시 식량으로서 미곡이 지역내 자급될 뿐 아니라 술과 饎 제조에 다량의 穀米 소모가 있었던 것을 알 수 있다.

---

63) 譚文熙, 『中國物價史』, 武漢, 1994, pp.272~273.

64) 沈祖煒, 「中國近代商業市場的三重結構」『中國經濟史硏究』, 1994, 增刊.

65) Evelyn. S. Rawski, 앞의 책, p.127.

66) 李文治, 『中國近代農業史資料』 제1집, p.539.

67) 光緖 33年刊 『邵陽縣鄕土志』 권4, 地理, 物産.

　인구변화에서도 검토했지만 ①시기에 64만 정도 인구에서 ②시기 120만 가까운 인구로 증가된 상황을 고려하면 淸末시기 농업생산력의 상당한 발전을 상상할 수밖에 없다. ①시기 64만 인구를 겨우 부양하거나 일부 외지 공급에 의존하던 처지에서 ②시기 거의 배에 가까운 인구를 부양하게 되었던 것이다. 특기할 것은 상품유통에서 稻米가 ‘本境銷售之貨’의 大宗이었다는 것이다. 농가의 자가소비가 아니라 지역내에서 미곡이 상품으로 주종이었다면 대규모 비농업인구를 예상해야 한다. 이것은 앞서 직업별 분포에서 상인의 급증을 비롯한 비농업인구 존재와 부합되는 사실로 이해된다.

　③시기의 사정을 설명해주는 것은 비슷한 시기 조사의 산물인『通郵物産誌』와『湖南の穀米』이다. 전자를 보면 같은 寶慶府內의 武岡州에서 穀 45,000担, 武岡高沙에서 米 10만 石을 소양으로 보내고 있다. 후자에서는 무강에서 60만 석을 소양으로, 衡陽에서 1만 석을 祁陽, 邵陽으로, 東安에서 16,000석을 무강, 소양으로 보내고 있는 것이 확인된다.『湖南の穀米』에는 漵浦에서 武岡으로 50만 석, 綏寧에서 武岡 등지로 37,000석을 보내고 있다. 新化縣은 소양 등지에서 미곡을 수입하는 것이 보인다.[68] 즉 武岡 등지에서 이입된 소양의 미곡은 무강뿐 아니라 인근 현의 산품이 내포되어 있고, 소양의 미곡은 新化 등지로 송출되는 등 복잡한 유통관계를 보이고 있다. 즉 소양 유입의 미곡은 최종 종착지가 아닌 경우도 분명히 존재한다. 그런데 분명한 것은 이 시기 소양현이 1907년 단계의 자급 수준은 후퇴되어 일부나마 외부의존으로 전환된 것이다. 이것을 곧바로 제국주의침략 시기 즉 청말민국기 호남농업의 침체와 후퇴로 해석하는 데는 신중해야 할 것이다. ②시기에 비해 인구가 30만 이상 더 증가하여 152만이 되었다. 또 ①시기에 비하면 거의 100만에 가까운 인구가 순 증가된 것이다. 이런 인구부양을 고려하면 농업생산은 오히려 향상된 것으로 간주하더라도 무리는 없다.

　미곡생산의 총량적 개념에서는 이 시기 계속 상승하고 있다고 여겨진

---

68)『通郵物産誌』, p.12 ;『湖南の穀米』, pp.35～36.

다. 광서 2년刊『邵陽縣志』에 실린 豊歉관련 기사 중 嘉慶 이후 것을 정리하면 <표 6-9>와 같다.[69]

<표 6-9> 邵陽縣 풍흉상황

년도	사실	년도	사실
嘉慶 12년(1807)	大旱	道光 29년(1849)	大饑 斗米錢800
22년(1817)	大有年	咸豊 2년(1852)	旱
25년(1820)	麥大熟 秋旱	4년(1854)	大熟 (石穀錢 4~500)
道光 14년(1834)	饑	5년(1855)	大熟 (〃)
15년(1835)	大旱 4~7月始雨	6년(1856)	大熟 (〃)
	晩稻復甦 蕎麥大熟	同治 원년(1862)	饑
16년(1836)	麥大熟	5년(1866)	夏小旱
17년(1837)	大有年	8년(1869)	大饑
25년(1845)	大有年	10년(1871)	大有年
26년(1846)	秋旱	11년(1872)	大有年

이것을 보면 가경 25年間에 大旱 한 차례, 道光 30년간 饑 1차, 大旱 1차, 大饑 1차이고, 咸豊 10년간 旱 1차, 同治 12년간에 饑 2차, 小旱 1차이다. 전체로 보면 大熟, 大有年으로 표시된 풍년이 기록 건수 20건 중에 무려 11차에 달한다. 咸豊 4(1854), 5, 6년은 太平天國시기이지만 연속 풍년으로 1石 穀이 錢 400~500文에 머물렀다. <표 6-9>에서도 도광 15년 大旱 후 다시 晩稻가 成熟되고 蕎麥이 大熟했다는 기록이 있다. 같은 책의 열전 부분을 보면 <표 6-9>에 大旱으로만 표시된 가경 12년(1807)에도 晩稻가 풍년을 이루어 佃戶 가운데 致富했다는 기재가 있다.[70] 인물 열전류의 기재에서 입체적으로 확인되는 것은 道光 14년(1834), 15년(1835), 29년(1849), 咸豊 2년(1852), 同治 원년(1862), 同治 7년(1868) 등이 흉년으로 드러나고 있을 뿐이다. 豊歉조에 흉년으로 기재된 해 중에는 후에 麥大熟이나 晩稻가 풍년을 이루는 사실도 있어 天災에 대한 대응력이 높아지고 있던 것을 알 수 있다. 淸末시기에도 晩稻재배나 麥, 蕎麥 등 작물 다양화는 생산력을 높인 것이다. 미곡의 생산 총량이 일단 증가했다

---

69) 光緒 2年刊『邵陽縣志』권1, 歲時, 豊歉.
70) 위의 책, 권2, 歷史, 耆舊.

고 생각되는데 邵陽이 위치한 資水유역 수개 縣의 미곡생산 실태를 보면 <표 6-10>과 같다.[71]

<표 6-10> 邵陽縣 미곡생산

	경작면적(千畝)	매 畝産高(石)	産高(石)	%
資水유역	4,110	4.87	20,010,190	14.2
益 陽	863	4.83	4,168,290	2.96
安 化	291	5.00	1,455,000	1.04
新 化	547	5.83	3,189,010	2.26
邵 陽	1,141	4.71	5,374,110	3.81
激 浦	302	4.50	1,359,000	0.96
武 岡	706	4.63	3,268,780	2.32
新 寧	260	4.60	1,196,000	0.85

<표 6-10>의 資水유역 7개 縣 중에 소양현이 경지면적도 제일 넓다. 총 생산량 추정치는 5,374,110石이다. 湖南省 經濟調査所의 조사 내용과 민국시대 지방지의 기재내용이 일치하고 있는 등으로 보아 이 수치는 상당한 신뢰성이 있다.[72] 호남성 전체 미곡 생산량의 3.81%를 차지하지만 資水유역 7개 縣 중에서는 가장 높은 비율이다. 光緒 33년(1907) 단계의 미곡 생산량을 畝당 생산량에 경지면적을 곱하는 방식으로 구하면 3,613,972석이 된다.[73] 소양현이 미곡수출지인 府內의 武岡縣보다 월등히 생산력이 높은 것은 물론이다. 다만 과도한 인구 부양 때문에 송출 여력이 감소한 것이다. 1930년대 생산량은 1907년 단계보다 48.7%가 순 증가하였다. 청말민국기에 미곡생산 총량은 증가하고 있다고 여겨진다.

畝당 産量에 대해서는 17세기 초부터 1870년대까지는 거의 3石대에 정체되어 있었다는 견해가 있다.[74] 또 소양현 畝産은 1800~1899년 사이는

---

71) 張人价, 『湖南の穀米』, p.32.

72) 田炯權, 「淸末民國期 湖南 長沙府의 농업생산과 상품유통」 『明淸史硏究』 25, 2006.

73) 龔勝生, 『兩湖農業地理』, p.116. 邵陽縣의 畝産 4.0石×903,493畝.(1907년 표시면적)

74) E.S. Rawski, 앞의 책, p.128.

4.0石 정도였다는 조사도 있다.[75) 앞의 자료도 19세기 후반에는 4석대로 진행하는 것으로 되어 있어 이때 농업생산성이 향상되었다고 여겨진다. 민국시대 한 자료에 따르면 邵陽의 畝당 産量은 4.5석이다. 武岡 4.0석, 新化 4.5석, 新宁 2.5석, 상담이 4.2석, 상음 5.5석, 瀏陽 4.4석, 醴陵 5.0석, 宁鄕 3.96석, 攸縣 4.95石, 安化 5.0석, 岳陽 4.9석, 安鄕 5석의 수준이다.[76) 동일 부내의 武岡州가 4석 수준이지만 이보다 높다. 호남의 주요 미곡수출 지역과도 거의 비슷한 수준이다.

邵陽縣을 비롯한 諸縣은 粒穀早 재배가 보편적이었는데, 이것은 다수확 품종으로 매 畝당 4~5石이었다. <표 6-10>에 제시된 것을 보면 무당 4.71석이다. 이것은 府內의 미곡수출지 무강의 4.63석보다 높은 수치이다. 1930년대 호남성 경제조사소의 조사는 지방지와 기재 내용이 부합되는 것으로 보아 상당히 신뢰할 만하다. 따라서 19세기 후반 이전에는 거의 무당 3석 수준에서, 청말민국기에는 5석代에 육박하는 단위면적당 생산량의 증가를 인식할 수 있다고 여겨진다.

경지면적의 증가에서 보면 알다시피 淸代에 전국적인 토지 丈量이 없었다. 明 萬曆년간 丈量 결과를 原額으로 하여 과세하였다. 소양현은 淸初에 明制 계승 7,750頃 44畝였는데, 康熙, 雍正, 乾隆시기 543.29頃, 嘉慶, 道光, 光緖시기 741.2頃, 도합 9,034頃 93畝였다. 이것이 光緖 33년 『邵陽縣鄕土志』에 등재된 토지이다. 淸 일대에 겨우 12만 畝 남짓 증가한 데 그쳤다. 淸代에 原額主義의 고집으로 사실 토지 丈量에 소극적이었던 淸朝 정부 때문에 경지면적의 정확도는 떨어진다. 장부상에 등재된 토지면적은 稅畝이지 실제 면적이 아니라는 연구 결과가 있다. 즉 과세를 유지하기 위한 목적으로 장부 수치를 증가시키지 않고 3畝를 1畝로 하거나 2畝를 1畝로 하는 折畝가 지역적으로 다양하게 전개되었다는 것이다.[77) 따라서 광서 33년(1907) 등재면적 903,493畝가 실제 면적이 아닐 가능성은 있다.

---

75) 龔勝生, 앞의 책, p.116.

76) 烏廷玉, 『中國租佃關係通史』, p.284.

77) 張研・田炯權, 「淸代土地統計初探」『昌原史學』 제3집, 1997.

<표 6-10>에 제시된 1,141,000무는 호남성 경제조사소가 각 縣의 보고를 토대로 작성한 것이다. 제대로 된 토지 측량은 광서년간에 시도하다 실패하고 민국시대에도 계획이 완전한 실천을 보지 못하였다. 두 수치 모두 한계는 있으나 양 시기 사이에 경작면적의 증가 추세는 확인할 수 있을 것이다. 단순 비교로는 약 26.3%정도 민국시기에 증가한 것을 알 수 있다. 소양현은 구릉지대와 산지가 섞인 지형인데, 이 시기 호남의 다른 지역들과 마찬가지로 山田의 개간과 水田化가 확대되는 추세였을 것으로 짐작할 수 있다.

품종개량에 대해서 살펴보면 광서 33년(1907) 단계와 민국 23년(1934) 단계의 비교가 <표 6-11>이다.

<표 6-11> 邵陽縣 稻 품종

光緒 33年(1907)『邵陽鄕土志』	民國 23年(1934)『湖南の穀米』
銀根粘, 金包銀, 籠裏粘(過冬粘), 蓋芽粘, 大穀蚤, 思南蚤, 江西蚤, 銅仁粘, 鐵莖粘, 火燒粘, 芥菜粘	粒穀早, 三百粒, 金包銀, 鷄瓜蘇, 堆穀黏, 一品黏, 萬利黏, 它穀黏, 乾禾, 六十早, 黃爪早, 貴陽公, 馬尾黏, 鯉魚白, 蘇子早, 染粳, 雲南粟, 二八鮮黏, 柳麻黏, 廣東麻, 糖米黏, 躲豊黏, 銀牙黏, 二禾掃帚糯, 銀捍糯, 柳條糯, 弓背糯, 早深泥糯, 黃藤糯, 泡子糯, 重陽糯
泡穀糯, 桂陽糯, 蝦公糯, 油麻糯, 黑糯, 金線糯, 蓋芽糯, 響糯, 矮糯, 乾禾	
21종	31종

호남성 최다의 품종은 雲南白, 江西早, 冬粘糯 등이고 이것은 예전에 전입된 것으로 청말민국기에 조금도 개량이 없다는 견해가 있다.[78] 그런데 <표 6-11>을 보면 광서 33년(1907) 단계의 품종 21종에서 민국 23년(1934) 단계 31종으로 현격한 증가가 보이고 있다. 또 1934년에는 淸末시기와 동일한 품종도 金包銀, 乾禾, 泡子糯 3개뿐이다. 31종 중에 28종이 청말민국기에 새로 개발된 것이다. 전술한 대로 타 품종이 畝당 3~4石 수준이지만 粒穀早는 4~5石 수확이라 보편적으로 재배된 것도 알 수 있다. 光緒 末年에 農工商部가 農會章程을 제정했고 민국 원년에는 湖南

---

78) 張朋園, 앞의 책, p.326.

農會도 長沙에 설치되었다. 각지에 분회가 설립되었으며 보경부 내의 武岡에도 分會가 설치되었다. 미미하기는 하지만 신식 농업에 대한 장려로 일부 농업의 변화가 일어나기 시작하였다. <표 6-11>의 파격적인 품종개량도 이런 흐름의 일부였으며 생산량 증대에 기여했다고 생각된다. 1930년대에 호남성 경제조사소의 보고에도 荒地개간, 품종개량, 신식 농기구 채용과 구식농기구 개량, 농법개량 등이 건의되고 있다. 근대화에 주동적으로 적응하기 위해 농업생산 부분에서도 정확한 조사에 입각한 노력이 시도된 것으로 보인다.

(2) 雜糧生産

乾隆 『寶慶府志』 物産에 보면 고구마에 대해 '佐食之功 不少'라 되어 있다.[79] 식량보충으로 쓰인다는 말이다. 그런데 同治년간에 보경부 城步縣 知縣 盛鎰源이 고구마, 옥수수, 감자, 땅콩 등의 재배를 장려하고 있다. 이 지역 잡량재배는 주로 청 후기부터 본격화한 것으로 생각된다. 호남은 小麥생산도 활발하지 않았으며 花生(땅콩)도 18~19세기에, 고구마는 19세기 중엽 이후에 보편화했다.[80]

光緒 2년간 『邵陽縣志』에 실린 明淸시대 풍흉 기록을 보면 嘉慶 25년(1820)에 처음으로 麥이 등장한다. 이때부터 麥의 풍년이 의미 있는 식량 대체 기능을 할 정도로 재배가 확대된 것으로 생각된다.[81]

호남성 경제조사소의 조사에 의하면 1930년대 소양현은 미곡의 부족을 잡량으로 보충한다고 되어 있다. 호남의 다른 지역에서는 잡량이 단순한 식량보충이 아니라 원거리까지 수송되는 상품량의 성격으로까지 발전하고 있었다.[82] 소양현에서는 桃花坪의 大麥 2,000石이 邵陽으로 수송되고 있는 것이 보이지만 잡량의 장거리 유통은 보이지 않았다.

같은 寶慶府 내 다른 縣들과 소양현의 양식생산과 인구부양력에 대한

---

79) 龔勝生, 앞의 책, p.144.

80) 張朋園, 앞의 책, p.30.

81) 光緒 2年刊 『邵陽縣志』 권1, 歲時, 豊歉.

82) 田炯權, 「淸末民國期 湖南의 米穀市場과 商品流通」 『東洋史學硏究』 74, 2001.

통계치를 발췌한 것이 <표 6-12>이다.[83]

<표 6-12> 寶慶府 5縣 양식생산

현명	인구	미곡 부양인구능력	잡량 부양인구능력	盈缺비율
邵陽	1,519,333	74.32%	9.80%	-15.88%
武岡	807,318	108.43%	5.82%	14.25%
新化	821,843	71.96%	11.44%	-16.60%
城步	94,824	95.17%	2.95%	-1.89%
新寧	201,507	92.45%	1.26%	-6.29%

위 표의 조사는 雜糧 생산량에 대해서는 민국 23년(1934) 國際貿易局 호남성 통계조사에 의한 것이다. 각 종류의 양식사용 비율은 「中國糧食 消費槪況」을 이용한 것이다. 대체적 사실을 반영하고 있다고 여겨진다. 소양현의 잡량에 의한 인구 부양력은 9.8%로 미곡수출지인 武岡의 5.82% 보다 높다. 동치년간 지현에 의해 잡량재배가 장려되었던 城步縣이 2.95% 수준에 머물고 있는데 비하여 소양현의 잡량재배는 이 시기 현격히 증가되었다고 여겨진다.

호남성 각 縣의 作物指數 일람표를 보면 소양현의 경우 小麥은 2.31, 大麥은 2.11, 甘藷(고구마) 6.35, 玉米(옥수수) 2.71로 나타난다.[84] 小麥, 大麥이 비슷하고 고구마가 다소 우세한 것으로 보인다. 『邵陽鄕土志』에 보면 고구마조에 '近更多種'으로 되어 있어 청말민국기에 보급이 확대된 것을 알 수 있다.[85] 같은 기록의 物産조에 高粱, 玉蜀黍(옥수수) 등의 물목은 있으나 物産 大宗을 논할 때는 穀米 외에 잡량은 거론되지 않고 있다. 민국기에 들어 <표 6-12>의 기록대로 잡량이 식량보충으로서 유의미한 존재로 확대되었다고 여겨진다. 잡량의 증가는 경지면적 확대, 양식 단위 생산량과 총생산량의 증대 등을 가져왔고 결국 급증하는 인구 부양에 크게 기여했다고 생각된다.[86]

---

83) 張麗芬, 『湖南省米糧市場産銷硏究』(1644~1937), p.269.

84) 張麗芬, 위의 책, pp.266~267.

85) 光緒 33年刊 『邵陽縣鄕土志』 권4, 地理, 物産.

86) 曹玲, 「美洲糧食作物的傳入對我國農業生産和社會經濟的影向」 『復印報刊經濟

2) 경제작물 생산

(1) 茶, 烟草, 棉花

茶는 乾隆년간의「商賈便覽」에 이미 長沙府의 安化茶, 湘潭茶와 더불어 寶慶府도 茶産地로 소개되고 있다.[87] 그런데『湖南通志』에는 寶慶府의 茶는 新化, 武岡이 주산지임을 밝히고 있어 소양현은 거론되지 않고 있다.[88] 호남 주요 産茶區를 논한 저서에는 岳州府 및 그 주변과 長沙, 寶慶, 常德, 辰州의 4府를 들고 있다. 호남 중부에는 安化, 新化가 중심이고 곁의 邵陽, 武岡, 益陽, 寧鄕, 桃源, 武陵, 淑浦 등이 茶産地로 알려졌다.[89] 즉 소양현은 인근 新化茶의 영향으로 재배가 확산된 것으로 추정할 수 있다.

『邵陽縣鄕土志』에는 物産 大宗을 논하는 가운데 茶가 거론되고 있다. 이 사료를 보면 다음과 같다.[90]

> 茶葉은 각 鄕에서 많이 생산된다. 東鄕 茶岡嶺과 水東江 일대가 특히 많다. 茶箱을 洋人에 판매하는 것은 대개 湘鄕 永豊市 楊家灘 두 곳에서 구매하여 별도로 제조한다.

이 茶에 대한 기록은 '出境之貨' 항목에 서술되고 있다. 縣內 각지에 茶재배의 보편화와 해외수출을 말해 주고 있다. 湖南茶의 해외수출은 아편전쟁 이후이다. 廣東상인에 의해 紅茶 제조법이 安化, 湘潭지역에 전파되면서부터이다. 19세기 1890년대 이후 국제시장에 인도·스리랑카 茶가 등장하여 중국 茶가 위축되는 현상이 나타났지만 이것은 제국주의 침략의 탓이 아니라 茶의 품질이 떨어졌기 때문이다. 이 와중에 러시아에 대한 茶수출이 확대되는 현상도 나타났다. 광서 33년(1907)에도 소양현의

史』, 2006年 1期.

87) 田炯權, 앞의 논문, 1995.

88)『湖南通志』권60, 食貨, 物産.

89) 龔勝生, 앞의 책, p.184.

90) 光緖 33年刊『邵陽縣鄕土志』권4, 地理, 商務.

茶재배는 오히려 확대되고 있다. 다만 품질 문제로 해외수출의 경우 湘鄕 등지에서 구매하여 제조하는 현상이 나타났다.

민국 3년(1914) 漢口의 茶무역 시장에서 湖南이 1위로 나타나고 있다. 1936년에 나온 「中國茶業復興計劃」에 따르면 湖南紅茶區는 安化, 新化, 邵陽, 湘鄕, 桃源 등지로 드러난다. 곧 소양현이 중요지역으로 부상하고 있다. 수출茶 생산지 중 최대량을 산출하는 지역의 일부가 된 것이다. 茶 수출이 재배확산을 가져온 것은 분명하다. 국제시장에서의 위축과 확산 은 철저하게 시장경제의 논리에 따라 연동한 것이다. 정치논리보다는 시 장생산과 경쟁력 문제에서 농산상품화를 보아야 할 것이다.

烟草는 건륭시기 衡陽 각지에 재배가 만연하였고 부근의 소양에까지 재배가 확산된 것으로 되어 있다. 인근에서 생산된 것 역시 衡烟으로 팔 렸다.[91] 광서 33년 단계에서도 소양현 연초재배는 지역 내의 내수용이었 고 '出境之貨'의 물목에 들어있지 않다.[92]

그런데 『通郵地方物産誌』의 상품유통에는 烟葉 20만 担이 本省지역 으로 송출되고 있다. 烟葉 1担 가격은 12.0~30.0元, 전체 가격은 240만 원에서 600만 원 사이이다. 府內의 武岡의 穀價 1担 3元으로 환산하면 최고 200만 担을 매입할 수 있는 금액에 해당한다. 武岡 高沙의 米價 1石 2.5元으로 환산하면 최고 200만 석 이상 미곡구입 가격에 해당한다. 연초 는 경제작물로서의 환금성이 뛰어났다. 광서 33년(1907) 단계에서 자급 수 준이었고 대외판매가 보이지 않았는데, 1930년대에는 높은 경제성을 가 진 작물로 성장하고 있는 것을 알 수 있다. 1920년대 말 국내 卷烟공업의 발달에 따라 연초재배 확산의 결과가 소양현에서도 나타나고 있다.

면화는 淸初부터 寶慶府에서 재배된 것으로 알려져 있다. 그러나 건륭 년간 사정을 반영하고 있는 「商賈便覽」에는 風俗土産의 項에 長沙府 岳 州府 등 13개 府州 중 면화나 면포가 한 군데도 기재되어 있지 않다.[93] 소양현에서는 咸豊 8년(1858) 知縣 周玉衡이 면화를 재배하여 생산을 높

---

91) 劉泱泱, 『近代湖南社會變遷』, p.148.

92) 『邵陽縣鄕土志』 권4, 商務.

93) 重田德, 『淸代社會經濟史硏究』, 岩波書店, 1975, p.30.

일 것을 권장하고 있다.[94] 淸末期에 호남지역 면화재배가 확대되고 있는
와중에 소양현도 생산이 확대되었다고 여겨진다.

소양현에서는 光緒 2年刊 『縣志』에 면화가 주요 物産으로 소개되고
있다. 광서 33년(1907)의 기록에는 면화에 대하여 "縣舊産木棉 稱曰山花
色黃而溫 遠勝他處所産 後頗喜種湖花 近更多種洋花"라 하고 있다.[95]
여기서 洋花라 하여 近者에 많이 심게 되었다는 것을 보면 서양棉 품종
이 수입되었던 것을 알 수 있다. 같은 기록은 '本境銷售之貨' 품목에 기
재되어 있다. 즉 대외 송출보다는 지역내 소비가 위주였던 상품이었다.
그런데 1930년대 사정의 반영인 『通郵物産誌』를 보면 邵陽 桃花坪市에
서 大布 20,000匹을 인근 武岡으로 보내고 있다. 민국기에 들어가면서 면
화재배가 확대되고 면포 판매가 늘어난 것을 알 수 있다. 당시 大布 1匹
가격은 1.6원, 전술한 대로 소양으로 판매된 무강 高沙의 米 1석이 2.5원
이었던 것을 고려하면 棉花, 棉布의 경제성은 짐작할 수 있다. 호남의 면
화재배 증가 추세와 소양현의 사정도 궤를 같이 하고 있다.

(2) 落花生·기타

낙화생(땅콩)은 湖南에서는 嘉慶년간에 재배되기 시작하였다. 咸豊
(1851~1861)·同治(1862~1874) 이후 재배가 신속하게 발전하였다. 光緒
21년(1895) 寶慶府 내의 소양현 인근 新寧縣에서도 낙화생에 대하여 "土
人榨油獲利甚多"라 하고 있어 다수익 작물로 재배되고 있음을 알 수 있
다.[96] 『邵陽縣鄕土志』에서 花生은 外省에 많이 판매된다고 적시하고 있
다. 태평천국 후 미국에서 새로운 종자가 전래되고 재배지역이 확대되면
서 落花生은 20세기에 중국의 주요 수출품의 하나가 되고 있다.[97] 20세기
1930년대 상반기 花生재배가 양식보다 이익이 많아 稻穀, 면화 등을 대
체하는 경향도 있었다고 한다.[98] 1930년대 전반의 사정인 『通郵物産誌』

---

94) 田炯權, 앞의 논문, 1995.

95) 光緒 2年刊 『邵陽縣志』 권6, 食貨 ; 光緒 33年刊 『邵陽縣鄕土志』 권4, 商務.

96) 田炯權, 앞의 논문, 1995.

97) 위의 논문.

를 보면 소양현 桃花坪市에서 花生 3,000石을 송출하고 있다. 花生 1石
의 가격은 6.0元으로 상당히 높다. 米穀價와 대비해 볼 때 높은 경제성이
있었다고 생각된다.

藍靛은 邵陽, 新宁, 城步, 武岡 등이 모두 호남 주요 산지 가운데 하나
이다. 湘中의 衡山, 酃縣, 茶陵, 攸縣, 湘鄕, 湘潭 등 縣도 주요 산지이다.
아편전쟁 후 藍靛수출이 증가하여 호남의 藍靛業도 크게 발전하였다. 民
國 이후에는 인조 顔料의 진입으로 藍業이 쇠퇴하였다.[99) 광서 33년
(1907) 단계의 기록에는 靛漆이 중요 물산으로 '出境之貨'가 되고 있다.
수출을 통한 수익성 작물이었다고 생각된다.

桐油는 淸 전기에도 호남에 재배는 되고 있었으나 20세기에 들어와 수
출증가로 재배면적이 급격히 확대되었다. 光緒 末年에 호남에 서양의 桐
子樹가 시험 재배되어 보급되었다. 민국 이후 湘江유역과 資水유역에 재
배가 활발하였다. 호남의 桐油産量은 민국 중기 이후 격증하였고 常年
생산량이 전국의 30% 이상이었다.[100) 광서 33년(1907) 소양현의 수출품
가운데 桐油의 존재는 청말민국기 桐油재배 확대를 반영하고 있다고 생
각된다.

長沙府의 醴陵縣에서도 『縣志』에 桐油, 棉, 藍靛 등의 경제작물이 대
외무역 전개에 따라 급격히 팽창하고 때로는 위축된 사정이 기재되어 있
다.[101) 경제작물 재배 발전은 국제교역 증가가 원인인 것은 충분히 이해
할 수 있다. 부분적인 수축은 국제시장의 수요 감소 탓이지만 중요원인은
품질 경쟁력의 부재이다. 소양현에서도 中外通商이 상품생산과 유통에
영향을 주고 있음을 지방지 기재에서 확인할 수 있다.[102)

---

98) 劉泱泱, 『湖南通史』 現代卷, p.276.
99) 龔勝生, 앞의 책, p.175.
100) 劉泱泱, 앞의 책, pp.149~150.
101) 民國 37年刊 『醴陵縣志』, 食貨志.
102) 光緒 33年刊 『邵陽縣鄕土志』 권4, 地理, 物産.

小結

청말민국기 호남 보경부 소양현의 농촌사회에 대하여 살펴보았다. 먼저 인구와 직업 부분을 보면 이 시기 인구는 현격한 증가를 보이고 있다. 嘉慶 25년(1816)에 대비하여 光緒 33년에는 인구는 83.74% 증가하였다. 1934년에는 1816년 대비 인구는 87만이 증가하였고 증가율은 134.98%였다. 도시인구는 1815년에서 1907년 사이 273.8% 증가하였다. 전체인구가 101.95% 증가한 데 비하여 도시화의 진전이 현저하였다. 도시인구의 비율이 낮아 전통사회 유형에 속한다 하더라도 1934년에는 1815년 대비 3배의 도시인구가 증가한 것은 주목해야 한다.

직업 분포에 있어 막연하게 농촌사회이고 농업인구로만 생각해 왔으나 농부와 상인이 각기 12만으로 대등한 분포를 보이고 있는 것은 이 사회가 청말민국기에 전통농업사회로부터 상공업사회로 이행하는 과도기였음을 말해 주고 있다. 또한 실업률도 8.8%로 추산될 수 있는 사회구조를 보이고 있다.

市鎭의 발달은 종래 10개의 시진이 있었으나 淸末에 11개의 시진이 신설되었고 기존 시진 중에 2개는 폐지되었다. 전체적으로 시진이 10개에서 19개로 증가한 것은 현저한 상업발전을 반영하고 있다. 또 신설된 시진들이 湘鄕, 衡陽과 가까운 동부지역에 집중적으로 분포하고 있다. 다른 신설된 시진들도 인근 현과 주요 교통로 상에 많이 포진하고 있다. 이것을 보면 縣과 縣 사이를 뛰어넘는 상품유통이 활발했던 것을 알 수 있다.

상품유통을 보면 소양현에서 수출되는 것은 농산품, 광산품, 수공업품들이고 수입품은 일용품, 사치품이 많다. 다른 지역 사례연구에서도 보이듯이 洋貨가 등장하여 확대 보급된 것이다. 洋貨 중에는 上海와 湖北에서 제조된 國産洋貨가 많이 보인다는 것이다. 洋貨의 보급은 이 지역 생활수준의 향상을 의미한다. 國産洋貨는 모방을 통한 초기 공업화의 원형을 보여준다.

농업생산에서 보면 곡물생산에서도 현격한 증대가 보인다. 가경 21년(1816) 단계 인구 64만 수준에서 자급부족이었는데 광서 33년 인구 120만 상태에 미곡이 수입품에 없고 자급되었다는 것은 획기적이다. 1930년대 인구 150만대에 일부 미곡을 같은 府內의 武岡에서 주로 수입하지만 생산량과 생산성은 향상되었다고 여겨진다.

경지면적의 현격한 증가, 단위면적당 생산량의 증가, 품종의 개량과 다양화, 신식 농기구 도입과 구식 농기구 개량 노력 등이 보여지고 있다. 또 잡량의 보급 확대로 식량보충이 행해져 인구부양력은 그 전 시기보다 현저히 향상되었다.

경제작물 재배는 호남의 타 지역과 마찬가지로 아편전쟁 후 대외교역의 증가에 자극받아 재배가 확대되고 있다. 민국시대에 해외 수요의 감소로 재배가 위축되는 경우도 있으나 중국산의 품질문제에도 원인이 크다. 상업적 농업은 제국주의 침략으로 조종되고 결과적으로 농민생활의 파탄을 초래했다고 보기는 어렵다. 이 시기 광범위한 농민대중의 빈곤을 목격할 수 있겠지만 이것이 그 전 시기보다 더욱 악화된 상황이라 보기는 어렵다.

중국근대화 과정에서 파생되는 문제의 모든 책임을 제국주의로 돌리는 데는 동의할 수 없다. 오히려 '제국주의 부분책임론'이 타당하다고 여겨진다. 중국 농촌사회는 '出口成長이론'에 부합된다. 대외교역으로 성장하고 있는 것이다. 이 시기 자본부족, 기술부족 등으로 나타난 문제는 자본주의 발전과정에서 대부분의 국가가 공통적으로 직면하는 사실과 무관하지 않다고 생각된다.

제3장 淸 後期～民國期 湖南의 水利開發과 농업생산

序言

　淸 후기의 사회성격은 대체로 淸 전기의 康熙, 雍正, 乾隆 三代의 盛世에 대비하여 상대적인 쇠퇴기로 간주되는 경우가 많다. 또 아편전쟁 이후의 근현대 약 100년간은 이른바 '半植民地半封建社會'로 규정되어 제국주의와 봉건세력의 억압으로 농업생산은 위축되었다는 것이 중국학계의 기본적인 인식이다.

　淸 후기에 정치권력의 弛緩과 淸朝 지배력 약화를 곧 바로 사회경제적 침체로 연결시키는 데는 약간의 문제가 있다. 근현대사회의 실상에 대해서도 연역적 이론이 아니라 구체적 실증 연구를 통해서 보면 다소 발전적 측면을 찾아 볼 수 있다.

　호남지방의 농업생산에 대한 연구는 주로 "湖廣熟天下足" 俗諺을 해명하는 것에서 비롯되었다.[1] 明 中期 이후에 湖廣이 중국의 새로운 穀倉지대로 대두하여 생산된 湖廣米가 揚子江 하류지역으로 송출된 계기와 과정은 분명하게 밝혀지고 있다. 한 걸음 나아가 湖南米穀 유통의 성장과 전개에 대한 구체적 실상의 해명과 더불어 그것을 가능하게 한 배경

---

1) 岩見宏, 「湖廣熟 天下足」『東洋史硏究』20-4, 1965 ; 安野省三, 「湖廣熟すれば天下足る考」『木村先生退官紀念東洋史論集』, 東京, 汲古書院, 1976 ; 寺田隆信, 「湖廣熟天下足」『文化』43-102, 1980 ; 張建民, 「湖廣熟天下足述論 - 兼及明淸時期長江沿岸的米穀流通」『中國農史』, 1987-4.

이 客民의 移入, 堤垸개발 등 水利발달이었다는 연구도 상당히 축적되어 있다.[2]

그런데 대부분의 연구가 淸 전기의 발전상을 해명하는 데 집중되고 있다. 주로 洞庭湖 주변의 비옥한 저습지에 堤垸을 쌓아 垸田개발이 활발했던 것을 밝히고 그것이 湖廣米 유통의 배경이었다는 것이다. 이것이 乾隆期에 이르면 포화상태에 이르게 되었고 私垸禁止令으로 나타난다는 것이다. 잦은 禁令에도 불구하고 목전의 이익만을 노린 무분별한 堤垸개발은 湖面을 축소하고 遊水地를 감소시켜 빈번한 水災를 초래, 결국에는 생산의 위축을 가져온 것으로 파악되고 있다.[3] 특히 道光咸豊 이래의 잦은 수재와 흉년의 연속은 무분별한 垸田개발이 가져온 水利붕괴의 결과로 이해된다. 淸 후기 이후의 垸田개발은 '盲目的 圍墾의 악성 팽창'으로 垸田생산 자체의 불안정성이 증가했던 것을 밝히고 있다.[4] 湖南개발은 乾隆期까지는 垸田개발이 위주였으나 그것이 포화상태에 도달하자 山地개간 위주로 변화해 갔다는 견해도 있다. 이른바 '與水爭地'에서 '與林爭地'로 바뀌었다는 것이다.[5]

水利史연구에서도 垸田개발이 淸 전기에 포화상태에 도달하고 이후의 지나친 개발과잉이 빈번한 수재를 초래했다는 데 인식을 같이 하고 있다. 합리적 수리계획을 결여한 채 맹목적 약탈적 堤垸 수축은 수재빈발과 생산위축의 악순환을 결과한 것으로 나타나고 있다.[6]

---

2) 吳金成, 『中國近世社會經濟史硏究』, 서울, 一潮閣, 1986, 제2편 2장, 3장 ; 龔勝生, 『淸代兩湖農業地理』, 武漢, 華中師範大學出版社, 1996, 제3장, 7장 ; 梅莉 · 張國雄, 『兩湖平原開發探源』, 南昌, 江西敎育出版社, 1995 ; 張麗芬, 『湖南省米糧市場産銷硏究(1644-1937)』, 臺灣大學碩士論文, 1990.

3) 張麗芬, 앞의 책, pp.97~99, pp.156~158.

4) 梅莉 · 張國雄, 위의 책, pp.123~124, p.202, p.213.

5) 龔勝生, 앞의 책, pp.91~93.

6) 汪家倫 · 張芳, 『中國農田水利史』, 北京, 農業出版社, 1990, pp.382~383 ; 鄭肇經, 『中國水利史』, 北京, 商務印書館, 1939, 1993 影印本, pp.257~258 ; 張國雄, 『明淸時期的兩湖移民』, 西安, 陝西人民出版社, 1994, pp.175~176 ; 張家炎, 「十年來兩湖地區暨江漢平原明淸經濟史硏究綜述」『中國史硏究動態』, 1997年 1期 ; 彭雨新 · 張建民, 『明淸長江流域農業水利硏究』, 武昌, 武漢大學出版社, 1993,

건륭초에 개시되어 거듭되는 私垸禁止令의 존재나 '廢田還湖'논의에서 보듯이 무분별한 垸田개발이 빈번한 수재발생의 한 원인이 되고 있는 것은 분명해 보인다. 그런데 대부분의 연구가 量的으로 淸 전기에 집중되고 주안점이 거기에 있어 淸 후기 이후에 대해서는 다소 소홀한 측면이 없지 않다.[7]

본장의 문제의식은 淸 후기 이후에 호남의 수리는 과연 붕괴되었는가. 붕괴되었다면 어떻게 급증하는 인구를 부양하고 나아가 미곡의 외부 방출이 가능했던 것일까. 과연 垸田개발은 淸 전기에 포화상태에 도달한 뒤 더 이상의 발전은 불가능했던가 하는 것이다. 종전까지 주로 청말민국기의 호남미 유통에 대해 연구를 해 왔다.[8] 이제는 淸 전기를 시야에 넣으면서 후기 이후 民國 前半에까지 호남의 水利개발이 어떠했는지를 살펴서 농업생산과의 관계를 파악해 보고자 한다.

본장에서 연구대상으로 하고 있는 것은 동정호를 둘러싸고 있는 4개 府 즉 長沙府, 常德府, 岳州府, 澧州이다. 이곳이 호남의 주요 미곡 생산지역이고 洞庭평원과 湘江유역을 끼고 있어 호남의 수리도 전형적으로 발전된 지역이다. 4府州 중에서 청말민국기의 地方志 입수가 가능한 지역을 대상으로 하니 長沙府의 12縣 전부와 岳州府 4屬 가운데 3縣, 常德府 4屬 가운데 3縣, 澧州 6屬 가운데 2縣, 도합 20개 縣이 분석대상이다. 기본 자료는 이들 20개 縣과 관련된 府縣志가 주종이다.

---

pp.262~268.

7) 최근의 山西지방 水利연구가 수 편 나와 있다. 鄧小南,「追求用水秩序的努力 - 從前近代共同的水資源管理看民間与官方」『區域社會史比較研究』, 北京, 社會科學文獻出版社, 2006 ; 張俊峰,「明淸介休水案与地方社會」同上書 ; 行龍,「從 "治水社會"到"水利社會"」同上書.

8) 田炯權,「淸末民國期 湖廣地方의 農業生産力과 生産關係」『慶南史學』7, 1995 ; 田炯權,「淸末民國期 湖南 汝城縣의 商品流通과 物價變動」『明淸史研究』9, 1998 ; 田炯權,「淸末民國期 湖南의 米穀市場과 商品流通」『東洋史學研究』74, 2001 ; 田炯權,「淸末民國期 湖北의 米穀市場과 商品流通」『東洋史研究』87, 2004 ; 田炯權,「淸末民國期 湖南 長沙府의 농업생산과 상품유통」『明淸史研究』25, 2006 ; 田炯權,「淸末民國期 湖南 邵陽縣의 農村社會와 農業生産」『中國史研究』45, 2006.

이번의 考察을 통해서 淸 후기 이후 호남 농촌이 빈번한 수재 속에서 어떻게 적응해 갔는가에 대한 실상을 밝힐 수 있을 것으로 생각한다. 또한 인구증가에도 불구하고 일부 미곡유통이 가능했던 배경도 파악할 수 있을 것으로 기대한다.

Ⅰ. 水利開發

1) 인구증가

인구통계는 淸 전기에는 주로 人丁數 위주의 기록이기 때문에 신뢰성이 낮다. 原 사료 자체의 기록상 문제가 있는데다 통계처리 과정의 일관성 결여로 여기저기 수치의 상이성이 존재한다. 그럼에도 대략적인 추세를 파악하기에는 큰 무리가 없다. <표 7-1>은 호남 長沙府를 포함하여 인구밀도 10순위까지의 府州를 정리한 것이다.[9]

<표 7-1> 湖南 各 府州의 人口밀도

	1816年	1917年	1935年	1947年
長沙府	102.54	168.45	217.30	175.59
岳州府	135.62	172.39	110.00	95.60
常德府	102.11	186.34	160.91	154.55
澧　州	66.25	130.50	100.78	99.45
衡　州	135.22	228.71	193.70	154.97
寶　慶	72.70	180.38	168.83	150.54
桂陽州	112.03	109.17	255.26	127.98
辰　州	70.00	156.20	70.10	75.82
永　州	69.63	139.37	164.89	145.33
沅　州	70.49	106.67	124.67	132.00

호남 전체의 인구밀도가 1816년에는 62인/㎢, 1917년에는 92인/㎢, 1933년에는 139인/㎢인 것에 비추어 보면 동정호 주변 4府州의 인구밀도는 대

---

9) 劉泱泱, 『近代湖南社會變遷』, 長沙, 湖南人民出版社, 1998, p.45에서 재구성.

단히 높다. 대체로 湘江유역과 동정평원지역이 인구조밀지역이고 호남서부와 남부산악지역이 인구밀도 희박지역이라는 것은 쉽게 확인할 수 있다.[10] 1917년에서 1935년 사이 밀도가 내려간 지역이 있다. 호남 전체인구가 1933년을 기점으로 그 후는 감소한 것으로 되어 있어 이런 사실이 반영된 결과로 보인다.[11] 인구통계의 수정치 제시에 의하면 이 시기 인구감소는 기록상 오류로 보이지만 현재 정확히는 알 수 없다.[12] <표 7-1>을 보고 각 府州의 인구밀도 변화를 보면 1816년 밀도 1위인 岳州는 1917년에는 4위로 되고 있다. 1816년의 5위였던 常德은 1917년에는 2위로 상승하였다가 1935년에는 6위, 1937년에는 다시 3위로 격상한다. 澧州는 1816년에는 그다지 높지 않았지만 1917년에는 8위로 상승하고 있다. 長沙府는 1816년 4위에서 1917년 5위, 1935년에는 2위, 1947년에는 1위로 상승하였다. 동정호 주변 4府州는 호남의 평균 밀도보다 높을 뿐 아니라 전체에서 갈수록 밀도가 심화되는 지역임이 분명하다.

  <표 7-2>는 연구대상지역인 長沙府, 岳州府, 常德府, 澧州 소속 20개 縣의 인구변화 내용이다. 표를 보면 1816년 화용현 인구가 지나치게 높게 나와 있다. 光緖『華容縣志』를 보면 戶 23,989에 口 190,873의 수치가 가경 22년(1817) 編査의 결과로 나와 있다.[13] 전후맥락을 볼 때 이것이 타당성이 높아 수정치로 사용할 것이다. 湘陰縣은 인구는 감소하였으나 戶口는 증가한 것으로 되어 있다. 상음현의 1816년 戶당 口數는 12.8로 지나치게 높아 비현실적이다. 주변 縣들과 비교해 보면 1816년은 戶數가 진실성이 높아 보여 戶增 부분을 계산하였다. 비슷한 경우가 巴陵縣이다. 巴陵縣도 戶增을 계산한다. 戶數와 口數가 일관되게 감소한 것은 臨湘縣이다. 이것이 기록의 오류인지 진정한 감소인지는 분명히 알 수 없다.

---

10) 張朋園, 『中國現代化的區域研究(湖南省, 1860~1916)』, 台北, 中央研究院, 1988, pp.20~21.

11) 『湖南省志』「地理志」上冊, 長沙, 湖南人民出版社, 1982, p.239.

12) 章有義, 「近代中國人口和耕地的再估計」『明淸及近代農業史論集』, 北京, 中國農業出版社, 1997.

13) 光緖 8年刊 『華容縣志』 권3, 賦役, 戶口.

그런데 華容, 巴陵, 臨湘 등은 南縣이 설치되면서 인구가 이동한 부분이 있으므로 단순 비교는 곤란한 문제가 있다.

<표 7-2> 湖南 各 府州縣 人口 變化

	嘉慶 21年(1816)		民國 36年(1947)		증감(%)
	戶	口	戶	口	
長沙府12屬	691,742	4,348,883			
長 沙	103,160	766,370	224,663[*]	1,339,385	
善 化	61,472	450,647			
湘 陰	49,730	637,170	111,274[**]	557,969	戶增 +123.8
瀏 陽	59,219	257,096	144,517	690,958	+168.8
醴 陵	43,430	246,680	75,272	537,840	+118.0
湘 潭	70,720	399,300	149,526	896,474	+124.5
寧 鄕	52,080	362,420	118,537	714,191	+97.1
益 陽	58,910	256,040	90,270	798,001	+211.7
湘 鄕	77,750	489,555	174,180	1,042,311	+112.9
攸 縣	47,026	218,130	65,354	327,041	+49.9
安化縣	20,825	64,016	65,359	572,919	+795
茶陵州	47,420	201,458	48,944	208,170	+3.3
岳州府4屬	303,050	1,782,918			
華容縣[***]	118,490(23,989)	416,270(190,873)	63,028	298,318	+56.3
巴陵縣(岳陽)	93,740	712,390[**]	95,916	419,885	戶增 +2.3
臨湘縣	48,324	369,797	47,057	209,787	-43.3
常德府4屬	202,562	1,249,996			
桃源縣	42,380	301,850	98,398	535,387	+77.4
龍陽(漢壽)	34,770	186,495	56,303	309,263	+65.8
沅江縣	17,110	79,806	44,675	274,934	+244.5
澧州6屬	212,880	1,041,795			
安鄕縣	34,660	158,730	48,714	236,772	+49.2
石門縣	36,109	176,465	66,652	324,971	+84.2

출전 : 『湖南省志』 地理志, pp.231~243에서 재구성
*민국 원년 선화현은 장사현에 병합. **는 戶增. *** ( )안은 수정치 사용.

조사대상 20개 縣을 검토해 보면 대체로 인구증가율이 높게 나타나고 있다. 호남 71개 현을 같은 기간 인구변화를 조사했을 때 상위 10순위 안에 연구대상 지역 7개 현이 포함된다.[14] 그 중 6개 縣은 長沙府 소속이고 하나는 常德府 沅江縣이다. 10순위 안에는 澧州 소속 慈利縣이 6위를 기

록하고 있다. 변방지역인 永州府의 2縣(永遠, 江華)을 제외하면 長沙府, 常德府, 澧州 등 동정호 주변지역의 인구증가율이 현저하게 높은 것이 드러난다.

같은 기간 호남 전체의 증가율 36.3%보다 낮게 나온 것은 茶陵州, 巴陵, 臨湘 3곳뿐이다. 호남의 미곡유통 조사를 보면 민국 전반기에 미곡 수출지역이 아닌 곳은 20개 현 중 安化縣, 臨湘縣, 石門縣 3곳 뿐이다. 분석 대상 중 17개 縣이 米穀 수출지역이다.[15]

長沙府 소속 12현만 보면 1816~1947년 사이 인구증가율 76.7%로 호남 전체의 36.3%보다 현저히 높다. 절대인구수는 4,348,883에서 7,685,259로 3,336,376명이 증가하였다. 거의 배에 가까운 330여 만이 증가하였다. 그럼에도 소속 州縣 중 安化縣 제외 11개 縣이 민국시대 미곡 수출지역으로 등장하고 있다.

湖田지대를 보면 長沙府의 湘陰이 123.8%, 益陽은 211.7% 증가하였다. 증가폭이 더욱 두드러진다. 常德府의 沅江縣은 244.5% 증가하여 더욱 파격적이다. 龍陽縣은 85.8% 증가이다. 華容縣 56.3%, 安鄕縣 49.2%, 巴陵縣 2.3% 증가 순이다. 이들 3개 縣은 南縣분리 신설(1912)로 인한 인구이동의 가능성을 고려해야 한다. 화용현, 안향현의 인구증가도 결코 낮지 않다. 沅江, 湘陰, 益陽, 龍陽 등의 인구증가가 두드러진 것은 淸 後期~민국기 사이 西洞庭湖 개발이 더욱 활발했던 것과 무관하지 않을 것이다.[16]

湖南 堤垸개발을 통한 양식생산의 증대는 인구압력 해결이라는 측면을 가지고 있고, 한편으로 인구증가는 圍垸개발의 주요 동력이 되고 있다.[17] 인구의 지역적인 과도한 집중은 분명히 자연증가만이 아니라 이주민에 의한 사회적 증가가 두드러진 때문이다. 민국시대 安鄕縣에도 客籍

---

14) 『湖南省地理志』, pp.231~243.
15) 田炯權, 앞의 논문, 2001 ; 張人价 編, 『湖南の穀米』, 東京, 生活社, 1940, pp.35~36.
16) 汪家倫·張芳, 앞의 책, pp.381~383.
17) 彭雨新·張建民, 앞의 책, p.268.

이 3/4에 달하고 토착민이 1/4밖에 안되었다고 한다.[18] 藕池口 붕괴 이후 새로 생겨난 南洲를 개발하기 위해 각지에서 이주민이 몰려든 것 역시 개발의 동력이었다.[19] 호남 이민자 중에는 江西客民이 유명하였다. 湖南 이민의 기원 조사에는 瀏陽은 56.3%, 湘陰은 71.7%, 寶慶은 61.1%가 江西人이었다.[20] 安鄕縣에서는 같은 호남내의 타지역에서 이주민도 移入하는 것이 목격된다.[21]

이상을 보면 洞庭湖 주변의 4府州 지역이 淸 후기에서 民國 전반에 걸쳐 상대적으로 인구증가율이 높은 인구 집중지역이다. 水利개발에 나서지 않으면 안 되는 인구압력이 있고 또 개발을 가능하게 할 동력으로서 충분한 노동력이 존재했다. 근본적으로 비옥한 생산성이 있어 이익동인이 되었을 것으로 보인다.

2) 水利 확대 改良

淸 후기 이후에 水利시설이 무분별한 堤垸개발로 인한 빈번한 수재 초래의 결과로 거의 붕괴되었는가. 정치권력의 弛緩과 지배력 쇠퇴로 효율적 관리는 포기되고 방임상태에 있었는지를 살펴보아야 한다. 먼저 湖田지대의 몇 개 縣을 검토해 보겠다. <표 7-3>은 華容縣의 水利시설 증가에 대한 것을 정리한 것이다.[22] 화용현은 북으로 長江을 등지고 남으로 동정호에 임하고 있다. 동북부와 남부가 구릉지구인 것을 제외하고 대부분이 濱湖평원에 속한다.[23] <표 7-3>의 내용은 건륭 25년(1760)과 광서 8년(1882)에 각각 편찬된 『華容縣志』에 게재된 수리시설이다. 건륭지에 실

---

18) 民國 25年刊 『安鄕縣志』 권13, 戶籍.

19) 張麗芬, 앞의 책, p.105.

20) Peter, C. Perdue, Insiders and Outsiders - The Xiangtan Riot of 1819 and Collective Action in Hunan, *Mordern China*, Vol.12, No.l, 1986 ; 張國雄, 『明淸時期的兩湖移民』, 西安, 陝西人民出版社, 1994, pp.75~76, p.191.

21) 民國 『安鄕縣志』 권12, 田賦, "地廣人稀長益湘寧及澧西人民趨之……."

22) 乾隆 25年刊 『華容縣志』 권3, 水防 ; 光緖 8年刊 『華容縣志』 권2, 隄垸.

23) 『湖南省志』 「地理志」 上冊, p.56.

린 堤垸은 官垸 33垸뿐이다. 그런데 光緒『湖南通志』에는 주로 건륭 이전 사실을 정리하고 있는데 官垸 33垸 외에 民垸 20과 私垸 5의 존재가 확인된다.[24)]

<표 7-3> 華容縣 水利 增加

	乾隆 25年(1760)	光緒 8年(1882)
堤垸	黃封堤(17里), 蔡田垸(15里), 濤湖(長5里), 菱溪(長2里), 伍家(1里 5分), 張家(4里), 安息(8里 4分) (以上 7垸 俱在河西) 蔡家(9里 3分), 黃蓬(15里), 張家(3里), 朱家(3里 5分), 兎湖(15里) (以上 5垸 河東) 蓄陂, 余家, 線家, 馬家, 黃湖, 江黃, 黃家(4里), 湖家小路(6里), 陳劉(16里), 楊李(8.5里), 南北(2里), 乙酉(3里), 吳小(4里), 蔡劉(3里3分), 合工(18.4里), 周小(2.5里), 永固(36.5里), 嚴小(4里), 林家(5.2里), 宋家(9.3里), 桃樹(5.5里) (以上 21垸 迫近洞庭) (소계 33垸)	羅合垸, 五一垸, 雙南垸, 夏鋪垸, 澄江垸, 五田垸, 黃家垸 등 (15垸 廢垸2, 在縣河東迤北南) 陳公垸, 護三垸, 三合垸, 六合垸, 余家西垸, 保和垸 등 (63垸 新垸 在邑西南. 大者隄長數十里, 小者十餘里) 上蕭何垸(長11里), 白沙垸(32里), 下蕭何垸(13里), 上白楊北垸(22里), 下白楊垸(35里), 白楊北垸(21里) 등 (17垸 邑東北, 濱荊江) (계 95垸)
圻	臼伏, 梧南, 宗家, 柞山 등 48圻	白伏, 梧南, 宗家 등 48圻
堰	官堰, 寺堰, 程家堰 등 35	官堰, 衙堰, 蔡家堰 등 40堰
壋	洪艶壋, 長湖壋, 龜湖塘	洪艶壋, 長湖壋, 黽湖塘. 蕭家壋(4)

　　光緒志의 내용을 보면 이 95垸은 모두 民垸에 해당된다고 여겨진다. 私垸은 게재되지 않는 것이 원칙인 것을 보면 淸 후기에 堤垸개발이 급증했던 것을 짐작할 수 있다. 전기에 비하여 堰은 35에서 40으로, 壋은 3에서 4로 증가하였는데 48圻의 수치는 동일하다. 광서지에는 건륭지에 기재되지 않았던 諸洲조항이 있어 새로 생겨난 南洲를 비롯 15洲를 기재하고 있다. 이것으로 水利시설 증가 추세는 확인할 수 있다고 여겨진다.

　　같은 岳州府 내의 湖田지대인 巴陵縣을 보면 역시 수리시설은 증가 추세이다.[25)] 건륭년간의 지방지와 광서년간『巴陵縣志』를 대조하면 隄는

---

24) 光緒 11年刊『湖南通志』권46, 建置6, 隄堰1.

8에서 17로, 塘은 20개에서 26개로 증가하였다. 陂는 17개로 동일하다. 『光緒志』에는 전기에 없던 堰이 별도 기재되고 있다. 그런데 隄는 수치 상 크게 증가하였지만 후기에 증가된 堤垸의 수축년대는 대부분이 건륭 년간 이전이고 兩岸隄만 咸豊 9年(1859) 수축이다. 건륭이전 수축된 것이 『乾隆志』나 광서『湖南通志』에는 기재되지 않은 것이 이상하다. 어쨌든 청 후기에 정비되어 지방지에 등재된 것이 아닐까 한다. 역시 동정호 北 岸의 安鄕縣(澧州)도 淸 전기에는 官垸 15, 私垸 11로 26정도 파악되고 있지만,[26] 光緒년간에는 310垸으로 파격적 증가를 보이고 있다.[27] 역시 호전지대인 常德府의 沅江縣은 전기에 92垸이 파악되고 있지만 함풍년 간에 124垸이 파악된다.[28] 같은 府의 龍陽縣 경우에 지방지상 堤垸 증가 기재가 분명히 드러나지 않지만 비슷한 추세였을 것으로 짐작된다.

다음으로 長沙府의 湖田지대인 益陽縣과 湘陰縣을 검토해 보자.

<표 7-4>는 益陽縣의 堤長 증가 사례이다. 『嘉慶志』에 실렸던 29垸 중에 堤長이 감소한 곳은 14곳, 9곳이 官垸이고 5곳이 民垸이었다. 증가 한 곳 중에서 5곳이 民垸, 3곳이 官垸이었다. 후기 증가된 23垸 가운데 堤長이 증가한 곳은 13곳, 감소한 곳은 7곳이었다. 후의 증가된 23垸은 모두 民垸이다. 堤長이 증가한 곳은 民垸이 두드러진다. 후의 증가된 23 垸이 民垸인 점도 민간주도적 측면의 강화가 보인다고 생각된다.[29] 光緒 『湖南通志』에 파악되는 전기의 堤垸은 官圍 14, 民圍 35, 私圍 12로 총 61개가 파악된다.[30] 함풍년간에 137로 파악되는 것을 보면 증가 추세를 알 수 있다.[31]

---

25) 乾隆 11年 刊『岳州府志』권14, 巴陵水利 ; 光緒 18年 刊『巴陵縣志』권11, 建
　　 置志4, 堤垸

26) 龔勝生, 앞의 책, p.89.

27) 彭雨新, 앞의 책, p.194.

28) 光緒『湖南通志』권47, 建置7, 隄堰2.

29) 同治 13年刊『益陽縣志』권5, 田賦, 堤垸.

30) 光緒『湖南通志』권46, 建置6, 隄堰1.

31) 彭雨新, 앞의 책, p.193.

<표 7-4> 益陽縣 堤垸 堤長 增加

종류	堤垸名	堤長(丈)(1874)	舊志(嘉慶25年 : 1820)	
官	沿河垸	2,846	2,132	+714
民	村松垸	1,267	885	+382
民	長春垸	282	157	+125
官	長灘垸	1,363	1,100	+263
民	桂花垸	740	460	+280
民	雙桂垸	1,556	638	+918
民	黃關垸	1,188.35	1,085.5	+102.85
官	下火田垸	2,478	2,285	+193
民	車公垸	1,187.183	283	+904.18
〃	楊家垸	360	356.66	+3.34
〃	後湖垸	869	744	+125
〃	千把坵	2,910.4	497.9	+2,412.5
〃	李家圫	1,465.33	490	+975.33
〃	月堤垸	6,945.15	4,842.35	+2,102.8
〃	隆陽垸	760	484	+276
〃	周家垸	648.2	248.25	+399.95
〃	豊興垸	1,049	1,019	+30
〃	隆興垸	1,800	1,695	+105
〃	甘家垸	472	62.6	+409.4
〃	朱菱垸	1,868.4	1,688.4	+180

長沙府 내의 湖田지대인 湘陰縣을 보면 전기에는 官圍 16, 民圍 53이 파악된다.[32] 그런데 도광년간 巡撫 馬慧裕의 보고에 따르면 당시 새로 파악된 私垸이 60으로 확인되어 계속 증가되고 있었던 것을 알 수 있다.[33] 건륭년간 이후 거듭되는 禁垸令에도 불구하고 堤垸이 증가되고 있었던 추세를 대체적으로 확인할 수 있다.

다음으로 非湖田지대의 수개 縣들의 水利 증가를 검토해 보겠다.

<표 7-5>는 『湘鄕縣志』의 전기, 후기 기재 내용을 비교한 것이다.[34]

---

32) 光緒 『湖南通志』 권46, 建置6, 隄堰1. 龔勝生, 앞의 책, p.89의 民垸수 기재는 착오.

33) 光緒 6年刊 『湘陰縣圖志』 권22, 水利志, "慧裕上言……其餘原報 及續報私埂 分別辦理 應平毁者三十六 聽其衝潰 不必平毁者二十四."

34) 康熙 12年刊 『湘鄕縣志』 권2, 建置志, 陂堰 ; 同治 13年刊 『湘鄕縣志』 권1, 地理, 水利.

<표 7-5> 湘鄕縣 水利 增加

	康熙 12年(1673)	同治 13年(1874)
陂	驢塘陂, 同田陂, 浪渦陂, 雙板陂, 管子陂, 奈子陂, 蔘子陂, 早禾陂, 陂田石陂, 龍岩石陂, 小水陂, 山田陂(12)	驢塘陂, 同田陂, 雙板陂, 管子陂, 奈子陂, 小水陂, 陂田石陂, 龍岩石陂(8)
汜	定汜, 雙陂汜(2)	馬汜, 馬前汜, 眞汜, 定汜, 雙陂汜(5)
壩	河壩, 黃潭壩(2)	駱家壩, 石壩, 磊石壩, 善際壩(4)
泉, 井, 塘, 기타		洞井, 銅坑井, 龍潭井, 龍井, 南泉井, 洞井(서남3坊) 溫塘泉, 汜塘泉(塘內48井) 潭陂塘, 驢塘, 大泉塘, 姚芳塘, 泉塘 泉井坳, 櫧木港, 觀音洞, 老龍潭, 冠曹溪, 秀溪岩, 梘埠蕩, 石巖(21)

육안으로 볼 수 있지만 『康熙志』의 사료를 보면 더욱 분명한 의미를 알 수 있다.

　　湘鄕은 넓은 하천과 큰 못의 이익이 없다. 溪流가 경사가 급하여 비가 오면 넘치고 그치면 마른다.……면적 수백 리의 지경에 陂汜으로 이름한 것이 겨우 열여섯이다.……모두 허리띠처럼 걸린 물로 쉽게 끊어진다. 하늘에 목숨을 의지하는 것이 열에 아홉이니 심히 위태롭다.[35]

위 사료를 보면 강희년간의 湘鄕 水利가 보잘것없었다는 것을 알 수 있다. <표 7-5>를 보면 전체로 水利시설이 증가하고 있지만, 泉井, 塘, 壩 수리가 특히 증가하고 있다. 『同治志』에는 汜塘泉은 塘內에 48井이 있다고 되어 있다. 또 銅坑井처럼 '가물어도 마르지 않는다'거나 '관개면적이 심히 넓다'라는 기재가 보여 『康熙志』 단계와 달리 수리시설이 증가하고 안전성도 제고되고 있다.

같은 長沙府 내의 寧鄕縣 경우 民國 地方志에 역대 지방지별로 설치된 水利시설이 게재되어 있다.[36] 즉 『康熙志』(1682), 『乾隆志』(1748), 『嘉

---

35) 康熙 『湘鄕縣志』 권2, 建置志, 陂堰.
36) 民國 30年刊 『寧鄕縣志』 故事篇, 第3, 財用錄, 水利.

慶志』(1817), 『同治志』(1868)가 그것이다. 民國시대도 나와 있어 변화의
흐름을 파악하기 좋은데 표로 작성해 보니 내용이 너무 많다. 『嘉慶志』
와 비교해 보면 『同治志』에는 泉 0→8, 湖陂 5→8, 塘 11→9, 壩 0→12,
井 4→9로 증가폭이 두드러진다. 民國『寧鄕縣志』기재를 보면 塘壩 및
井은 너무 많아 기록할 수 없다는 것, 대략 壩는 수백에서 천에 이르고
塘은 수천에서 萬에 이른다고 되어 있다.37) 淸 후기에서 民國期 사이에
水利시설의 비약적 증가를 알 수 있다. 관련 사료 하나를 검토해 보자.

> 북방 평원은 예부터 溝洫을 중시한다.……南方은 山이 많아 田은 오직
> 塘壩로 물을 저장하는 것을 의지한다. 寧鄕 농가는 이것에 가장 근면하여
> 그러므로 곡물생산이 여유가 있고 民俗이 순박하다.38)

위 사료를 보면 寧鄕에 塘壩水利가 특히 발전했던 것을 짐작할 수 있
다. 관개규모도 太陽壩의 경우 4,000~5,000頃의 면적을 관개할 수 있는
거대한 것이고 관개 수천 畝의 泉, 塘, 壩는 흔하게 보이고 있다.
  같은 長沙府 내의 醴陵縣을 검토해 보겠다. 民國刊『醴陵縣志』를 보
면 다음과 같은 기사가 있다.

> 농민은 개간에 부지런하여 높은 고지대의 땅은 개간하여 稻田으로 만
> 들었다. 반드시 계곡물을 저장하여 壩堰의 미치지 못하는 것을 구제할 것
> 을 도모한다. 토지는 날로 개간되고 塘井은 날로 증가한다. 진실로 위에
> 서 독촉할 것을 기다리지 않는다.39)

이것을 보면 상부의 독촉을 기다리지 않고 민간자율로 田地를 개간하

---

37) 위와 같음.
38) 上同, "北方平原 古重溝洫……南方山多 田惟恃塘壩蓄水 而寧鄕農家 最勤于此
  故穀産裕而民俗淳然."
39) 民國 37年刊『醴陵縣志』, 食貨志, 水利, "農民 勤於墾殖 高亢之地 拓爲稻田 則
  必謀所以瀦山溪之水 以濟壩堰之不逮 田疇日闢 塘井則日以增加 固無俟上令
  督促爲也."

고 塘井을 증가시켜 나간 것을 알 수 있다. 같은 『醴陵縣志』의 水利조를 보면 동치 10年刊 『縣志』에 실린 陂塘이 500여 곳 정도였는데 민국 지방지에는 塘만 530, 壩堰은 관개면적 50畝 이상인 것만 653개에 이르고 있다. 역시 비약적 성장을 보이고 있다. 이것이 바로 개간 田地의 증대를 의미하는 것 또한 분명하다.

瀏陽縣 경우도 『嘉慶一統志』 단계에 陂塘만 게재되어 있었는데 同治刊 『瀏陽縣志』에는 壩・堰 중심의 水利가 증가되고 있는 것이 목격된다. 사료를 보면 "並聽民間自爲 邇來地利盡闢 水利多興 間有增更 或起爭競 則廢興不可不紀"라 되어 있다.[40] 이것이 말해 주는 것도 역시 민간 자율에 의한 개간 증가, 水利 증가와 발달이다. 同治刊 『攸縣志』에도 "綜四境論之 水利足恃者十之七 不足恃者 十之三耳 是故攸雖非饒餘 然遇歉而濟 盖有由矣"라 되어 있다.[41] 淸末시기 攸縣의 水利는 열에 일곱은 믿을 만하고 비록 풍족하지는 않으나 흉년을 만나도 구제할 수 있다는 것이다.

茶陵州의 경우는 『康熙志』에서 陂 78, 塘 76이었는데 『嘉慶志』에는 陂가 2개 증가하고 塘이 1개 증가하였다. 『同治志』에는 數塘의 증가를 볼 수 있다.[42] 지방지 기재가 편찬자의 취사선택에 의한 기록이 많으므로 현실의 私陂, 私塘은 누락된 경우가 대부분이다. 그러나 증가 추세를 확인하는 데는 큰 문제가 없다.

長沙府를 벗어나 澧州의 非湖田지대인 石門縣 水利 변화를 정리한 것이 <표 7-6>이다.[43] 가경 23년(1818)과 광서 15년(1889)은 약 70년간의 간격이다. 가경지에 게재된 堰 6개 중에 千工堰 하나만 남고 모두 사라지고 있다. 堰의 수치는 6→3으로 외견상 감소하고 있다.

壋은 『嘉慶志』 16개 기재에서 30개로 증가하였다. 泉은 『가경지』 6개 중 九渡泉은 사라지고 5개가 남았으며 그 외에 15개를 더하여 20개로 늘

---

40) 同治 12年刊 『瀏陽縣志』 권4, 營建, 水利.

41) 同治 10年刊 『攸縣志』 권9, 水利.

42) 同治 10年刊 『茶陵州志』 권10, 惠政, 水利.

43) 嘉慶 23年刊 『石門縣志』 권9, 水利 ; 光緒 15年刊 『石門縣志』 권6, 水利.

어났다.

<표 7-6> 石門縣 水利시설 增加

	嘉慶 23年(1818)	光緒 15年(1889)
堰	九口堰, 三汊堰, 千工堰, 永昌堰, 西泉堰, 天池堰	雙堤堰, 龍背堰, **千工堰**
壋	瓜子壋, 千工壋, 龍溪壋, 張家壋, 孫家壋, 雷公壋, 木湖壋, 牛角壋, 黃溪壋, 花鼓壋, 阮家壋, 古老壋, 新壋, 觀音壋, 烏龍壋, 蜈蚣壋	獅腦, **觀音**, **烏龍**, 太華, 梅子, 南湖, **孫家**, **瓜子**, **龍溪**, **黃溪**, **蜈蚣**, 千工, 浸水, **阮家**, **古老**, **花鼓**, 汉汧, **木湖**, **新壋**, **雷公**, **張家**, **牛角**, 石板, 泉堰, 楓香, 金雞, 荷花, 響水, 千工, 蛇形
泉	龍泉, 蒙泉, 東泉, 九渡泉, 安民泉, 陽泉, 錦泉	**安民**, **龍泉**, 白龍, 邢家, 鷄公, 卓錫, 味泉, 夜泉, 兩鹿耳, 葉家, 洋耳, 馬龍, 白沙, **東泉**, 西泉, **蒙泉**, 碧岩, 白馬, **陽泉**, 柳河
洞		落馬, 金環, 熊耳, 澎水, 吳家, 霞氣, 螺子, 株樹, 源香, 獅孔, 商源, 燕子, 仙人, 龍王, 黃蓮, 出水, 縮水, 鐵龍飛沙, 鹿角, 黃金, 燕子, 風洞, 豬造凹
池		鹹池, 蝦蟆, 大洞, 犀牛, 龍頭
湖		白洋, 靑渚
壩		閤家

『嘉慶志』에는 堰, 泉, 壋이 기재된 종류의 전부인데『光緒志』에는 洞, 池, 湖, 壩의 종류가 추가되고 약 32개의 水利시설이 더해지고 있다. 光緒『石門縣志』水利에 의하면 湖, 池는 움푹 꺼져서 물이 고인 곳, 塘堰은 가운데 웅덩이가 있고 밖에 堤가 있는 것, 壋壩는 돌을 쌓아서 도랑을 막은 것으로 개념 정리를 하고 있다.

常德府 桃源縣의 경우 光緒『桃源縣志』를 보면,『湖南通志』에도 隄防이 실려 있지 않고 예전에는 歲修의 사례도 없었다고 되어 있다.[44] 그런데『光緒志』단계에서는 堰이 4, 壋이 6, 壩가 3, 陂塘이 282로 증가한 것으로 밝히고 있고, "皆水利之所由興也"라 하였으니 水利 증가 추세는 알 수 있다.[45] 柴口壋은 관개면적이 5,000여 畝이고 魚頤壩, 王星岩壩의

---

44) 光緒 18年刊『桃源縣志』권2, 營建志, 隄渠.

45) 위와 같음.

두 곳은 관개면적이 1,000頃에 해당하는 대규모였다.

　다음으로 이들 대상지역의 水利시설의 관리 개량에 대하여 알아보겠다. 湖田지대서 堤垸의 증가추세는 확인할 수 있었다. 그런데 堤垸 증가가 遊水地 축소, 수재빈발, 수리의 붕괴로 이어지고 관리는 放棄상태에 있었는지가 문제이다. 湖田지역인 龍陽縣의 大圍隄 수축에 관한 사료를 검토해 보자. 大圍隄는 縣 북쪽에 있고 둘레가 35,800여 丈, 길이 120여 里로 위로는 辰沅諸水에 접하고 아래로는 동정호에 위치한다. 明 正統 11년(1446)에 수축되었지만 淸 전기에도 거듭하여 重修가 있었다. 도광년간 이후의 관련 기재 사료를 보면 다음과 같다.[46]

　　　道光 11年 5月 무릉(武邑)의 譚家渡口. 楊神廟等處의 제방이 붕괴되어 龍陽隄인 王家堰, 羅公灣 등지 險隄 수십리를 연쇄붕괴시켰다.……知縣 靈秀가 **請帑修築**하였는데 공사가 완공 안 되어 障紳 黎學錦이 銀 2,000兩을 기부하여 완공하였다.

　　　道光 14年 龍隄 楊家灘 老鴉隄 등지 붕괴됨. 知縣이 **請帑修復**하였다.

　　　道光 15年 8月 武陵제방이 다시 붕괴되어 즉시 수복하였다.

　　　道光 19年 5月 趙公隁이 무너진 지 오래되고 隄塍이 붕괴됨. 知縣 熊浦雲이 **請帑修復**.

　　　道光 21年 2月 洪水가 갑자기 불어나 羅公灣險隄를 붕괴시켰다. 조정이 황하의 제방이 붕괴되어 공사가 커서 국고가 없어 障民에게 自行 修復하게 하였는데 공사가 겨우 준공되었다.

　　　道光 22年 4月 王家堰 제방이 붕괴되었는데 1,300丈이나 되었다.……知府 葛天柱와 知縣 陳炳이 典史 王銘, 訓導 張憲, 擧人 劉定範에게 위임하였다. 障內 首事 李王及 등이 4鄕에 勸捐 2만 兩 派費 역시 萬

---

46) 光緖 元年刊『龍陽縣志』권3, 輿志, 隄障.

여 兩. 始行修復.

道光 29年 5月 武隄 劉家墓 龍陽隄가 동시에 붕괴. 흉년을 만나 畝費를 할당하기 어렵다.……知縣 張建翎이 6總으로 하여금 大石涵 하나를 건설하게 했다.

咸豊 5年 知縣 李昌瑞가 險隄를 시찰하고 아주 험한 東西塘隄를 우선 石磯를 건설하고 隄身을 三沙로써 椎築하였다.

咸豊 9年 武陵 花戶灣隄가 300여 丈 붕괴되었는데 공사가 크고 비용이 많아 武陵읍 홀로 수축하기 어려웠다. 호남 순무 惲世臨이 무릉, 용양 兩縣 紳士로 하여금 협력하여 수축하게 하였다.……비용은 畝에 따라 균등하게 부과.

同治 元年……近因下游淤塞 水漲較高 監生謝朝郁廩生李珍等 添設石 磯十座 以殺水勢 東西塘一座 陳公隄一座 公安廟一座……等.

同治 12年 知縣 黃敎鎔 詣勘隄塍 飭諭各障 通体補築 加高二尺 培厚五 尺 王家堰 險隄加石磯……內固隄身 外防衝塌 **次第修築 水不爲患**.

같은 龍陽縣의 大護隄는 隄內에 10官垸, 8民垸이 포함되어 있는데 隄 의 둘레가 80여 里이고 포함 田은 3만여 畝를 포괄한다. 서북으로 辰沅 의 諸水를 막고 동남으로 동정호를 막고 있다. 동치 12년에 홍수가 발생 하였는데 知縣 黃敎鎔이 진두지휘하여 10여 일만에 수축완료하여 막아 내었다. 후에 紳士 王涵, 朱冠相 등이 청하여 合修하였다는 관련 사료를 보면 다음과 같다.

計畝籌款 用費一萬一千二百有奇. 太守瑞公 **發公帑費一千餘金 合隄 修築之資**.……始於癸酉八月 成於甲戌四月 隄身加高二尺 險處加高四 五尺 培厚者約二弓許 不惟民賦有賴 城郭學校 亦恃以永保焉.[47]

위 사료들을 보면 淸 후기에도 지방관과 紳士들이 주도하여 끊임없이 隄障 수축에 나서고 있는 것이 확인된다. 완전히 민간에 방임된 것도 아니고 도광 11년 이래 거듭되는 수복에서 **"請帑修築"**이라는 용어에서 보듯이 國庫가 지출되고 있다. 도광 21년 이후 민간의 비용 부담이 커지고 있지만, 도광 29년에도 1,700여 兩의 國庫가 지불되고 있다. 畝에 따라 부담금을 할당하거나 기부금의 모금도 주요 형식이 되고 있다. 大圍隄 관련 동치 원년 기사를 보면 하류의 퇴적으로 水位가 높아지니 石磯 10곳을 건설하여 水勢를 누그러뜨리고 있다. 동치 12년에는 知縣 黃敎鎔이 隄塍을 시찰한 뒤 각 障에 지시하여 높이 2尺, 둘레 5尺을 補築하도록 하고 있다. 王家堰 등의 險隄에 石磯를 설치하여 "水不爲患"이라 했으니 상당히 효율적으로 隄障 개량과 관리를 하고 있었던 것이 확인된다. 大護隄 관련 동치 12년 기사에는 畝에 따라 비용 부담을 할당하는 것 외에 역시 지부가 公金 1,000여 兩을 지출하는 것이 확인된다. 合修공사는 1873년 8월에서 이듬해 4월까지 7~8개월 소요되었다. 隄身을 二尺 높이는데 일률적이 아니고 험한 곳에는 높이를 4~5尺 높여 탄력적 대응을 하고 있다. 民賦의 의지하는 바가 있었다는 것을 보면 국가가 水利에 무심할 수 없었던 것을 알 수 있다.

華容縣의 경우 「隄垸變遷紀略」에는 다음과 같은 기사가 있다.

西大垸으로 永固垸 같은 것은 예전에 12垸을 합쳐서 하나로 하였는데 지금은 나누어 5垸이 되었다. 江黃垸은 예전에 9垸을 합쳐서 하나로 하였는데 지금은 나누어 4垸이 되었다.……線馬 黃湖 余家 東皮 十戶 五家 等垸 혹은 新築하고 혹은 移築하고 혹은 合한 가운데 분할이 있고 혹 분할 중에 합한 것이 있고 혹은 예전에 좁았는데 지금은 넓어지고 혹은 예전에 없던 것이 지금 신축되었다.[48]

종전에 合垸이 된 것이 分垸되고 확장, 신축, 이축 등의 다양한 수축활

---

47) 光緒 元年刊『龍陽縣志』 권3, 輿志, 隄障.
48) 光緒 8年刊『華容縣志』 권2, 堤垸.

동이 水勢의 변화에 따라 대응되고 있었던 것을 알 수 있다. 같은 광서
刊『華容縣志』에 보면 「隄工紀略」이 실려 있다. 그 중의 한 부분을 소개
해 보면 다음과 같다.

> 隄의 위에 隄를 만들어 물을 막는데 隄의 높이는 一尺이고 두께는 1尺
> 5寸이다.……隄밖에 이중으로 隄를 쌓는 것은 遙隄라 하고 隄밖에 隄를
> 쌓아 河流가 돌아서 지나가게 하는 것을 越隄 또는 月隄라 한다. 隄안에
> 隄를 쌓는 것을 帮隄, 儞隄라 한다. 隄의 高下厚薄을 보아서 費用에 정
> 액이 있는 것을 歲修라 한다. 水災로 인한 붕괴시 수시로 보호하기 위한
> 것을 搶修라 한다.49)

위 사료를 보면 水災시 피해 방지를 위해 여러 종류의 보호 隄防을 중
첩하여 쌓고 있는 것을 알 수 있다.「堤工紀略」에는 이 밖에도 間隄를 만
들어 一垸이 붕괴되면 일정구역에만 피해가 한정되게 하고 있다. 歲修시
에는 책임을 할당하는 分修의 시행, 수축기간은 매년 10월에서 이듬해 정
월까지로 낮은 것을 높이고 좁은 것을 넓게 한다는 것, 河道의 疏濬에도
언급하고 있다. 수축공사시에는 椿木杵, 石樌의 사용, 공사 재료인 埽에
갈대로 옷을 입히고 버들가지로 근육을 삼고 황토로 중심을 삼으며 穀草
를 입히는 것 등을 상세히 규정하고 있다. 乾隆刊『華容縣志』에도「修築
堤防考略」이 있는데 불과 4개조로 되어 있는 소략한 것이다.50)『광서지』
와 비교하면 그 발전 추세를 짐작할 수 있다. 乾隆期 官垸 33垸 중에 길
이 10리 넘는 것 8개에 불과하였다. 나머지는 10里 이하 數 里가 대부분
이었다. 光緒期에는 큰 것은 수 십리, 작은 것은 10여 里 수준이니 규모
의 확대를 쉽게 알 수 있다.
　澧州의 경우에도 石閘을 설치하여 때에 따라 열고 닫는다는 것, 그로
인해 水旱災가 조절되고 저습지가 비옥한 땅이 되었다는 것을 밝히는 자
료가 있다.51)

---

49) 光緒 8年刊『華容縣志』권2, 堤垸,「隄工紀略」.
50) 乾隆 25年刊『華容縣志』권3, 水防.

光緒 『巴陵縣志』에도 「修築堤防考略」이 실려 있는데 水勢의 흐름과 土宜를 살펴서 적절하게 제방 수축할 것을 권하고 있다. 모두 10개조로 되어 있어 내용이 상세하다. 제방이 터지기 쉬운 요충지는 石甃로서 반드시 石隄를 쌓을 것을 지시하고 있다.[52] 겨울에 일이 없으면 塘을 준설하고 隄를 두껍게 하여 貯水를 많이 한다는 것, 濱湖지대는 開濬의 說과 隄防의 說을 절충한다는 내용의 水利대책이 제시되고 있다.

湘陰縣 사정을 살펴보기 위해 사료 하나를 게시해 보겠다.

縣丞 嵆文醡이 말하기를 水患을 막고자 하면 반드시 水道를 疏通시켜야 한다. 저습지에다 支河 수십을 개설하는데 河底 一尺 깊이 개설하고 高埠가 퇴적되어 田이 된 곳은 역시 一尺을 더 높여 붕괴범람의 근심을 없앨 것이다. 어찌 개간을 금할 것인가.[53]

위 사료를 보면 개간은 계속하되 준설하여 支河를 소통시키고 成田된 곳은 제방을 더 높여 水患을 예방하는 쪽으로 대처하고 있다.

같은 長沙府 소속의 湖田지대인 益陽縣의 경우도 水勢의 변천에 따른 대응책을 찾고 있다. 관련 지방지 사료를 보면 다음과 같다.

예전에 실린 丈尺은 오직 그 처음을 따랐는데 지금 조사하여 보니 혹은 증가하고 혹은 감소하였다. 매양 부합되는 것이 없다. 이는 해가 오래 경과되어 水勢가 변천하여 혹은 灘淤가 있으면 확장 수축하고 물에 붕괴되는 곳이 있으면 減築한다.[54]

이것을 보면 익양현의 堤長의 증가와 축소는 水勢의 변천에 따른 신축적인 대응이었다. 같은 『익양현지』에 "近江濱湖之地 常不免於淹浸 有備無患 唯在依時培修堤垸而耳"란 구절이 있다. 오직 堤垸을 培修한다는

---

51) 同治 『直隷澧州志』 권4, 輿地志, 河渠記.
52) 光緒 18年刊 『巴陵縣志』 建置志, 권11.
53) 光緒 6年刊 『湘陰縣圖志』 권22, 水利.
54) 同治 13年刊 『益陽縣志』 권5, 田賦, 堤垸.

것이 중점이다. "及時堅築高厚"의 표현도 보인다. 실제 익양현의 水災 관련 기록을 보면 건륭 29년 '湖鄕堤垸潰' 기재가 있고 도광 3년에 비슷한 기록이 있다. 함풍 11년에도 '湖鄕大水' 기재는 있으나 堤垸 붕괴 사실은 없다. 동치 7년, 8년에 '湖鄕堤垸多潰' 기록이 있다.[55] 빈도수는 결코 흔하지 않다. 長沙縣의 경우 『縣志』 水利조에 동치 4년 민간 주도의 東南垾修復 사실이 기재되어 있다. 堤垸에 대하여 '一律加築高厚'의 기록도 있다.[56] '圍垸多潰'의 기재가 道光년간에 네 차례 보이지만 咸豊 同治년간에는 水災가 있어도 圍垸 붕괴 기재가 없다.[57] 어느 정도 수재에 대처 능력이 향상된 결과가 아닐까 한다.

攸縣의 경우 도광년간에 土陂를 石陂로 개량하여 효과를 보고 이름을 永陂로 고치고 있다.[58] 湘鄕縣도 『同治縣志』를 보면 閘을 설치하여 때에 따라 蓄洩한다는 기재가 있다. 旱災, 水災에 함께 대처한다는 기록이다.[59]

寧鄕縣도 同治 6년에 大屯壩를 石地石口로 添修하는 기록이 있다. 潙江 근처 일대로 壩가 정해진 장소와 정액이 없이 여기저기 설치하므로 活壩라 하였다. 동치 6년에 潙水 하류의 지주 31인이 合約하여 下壩가 높아 上壩에 영향을 주는 것을 못하게 하고 上源에 沙石이 막힌 것은 준설한다는 내용도 있다.[60] 『瀏陽縣志』에도 「禦災紀略」이 있어 旱災에는 筒車, 水車의 활용방안에 대하여 서술하고 있다. 水災에는 도랑을 깊이 파서 모래자갈의 田地 진입을 막고 물가에는 둑을 높이 쌓는다는 사실을 강조하고 있다.[61]

水車의 개량도 이루어지고 있다. 광서년간 선화현에서 龍尾車가 개발되었다. 하나의 힘으로 2輪을 돌리니 1인의 힘으로 數人의 공을 얻을 수

---

55) 同治 13年刊 『益陽縣志』 권25, 祥異.
56) 同治 10年刊 『長沙縣志』 권6, 水利.
57) 同治 10年刊 『長沙縣志』 권33, 祥異.
58) 同治 10年刊 『攸縣志』 권9, 水利.
59) 同治 13年刊 『湘鄕縣志』 권1, 地理, 水利.
60) 民國 30年刊 『寧鄕縣志』 故事篇, 財用錄, 農業水利.
61) 同治 12年刊 『瀏陽縣志』 권14, 祥異.

있었다. 기존의 龍骨車에서 개량된 것이었다.[62] 광서 24년에도 용양현에서 신식 양수기를 도입하였다. 기존의 중국 水車보다 효율성이 수백 배라고 인식되고 있다.[63] 신식 양수기 도입은 長沙, 衡州 등으로 확산되고 있다.[64]

이상에서 보면 淸 후기 이후에는 水勢의 변천에 따른 堤防의 增築 또는 減築, 加築加高, 石隄로의 변경, 分垸, 間隄와 같은 다양한 방식으로 수재에 대한 대응력을 높여 나간 것으로 보인다. 앞서 보았듯이 地方官도 堤垸수축에 관여하고 있다. 「堤工紀略」에 "무릇 隄는 백성의 身家와 생명이 관련되어 있어 힘을 다하지 않을 수 없다"라 되어 있듯이[65] 水利 문제는 결코 방기될 것이 아니었다. 중앙의 정치권력변동과 관계없이 당장의 생명과 생계가 걸려 있어 끊임없이 '與水爭地'를 할 수밖에 없었다.

3) 垸田개발

堤障의 증가가 垸田개발 추세를 반영한다고 볼 수 있다. 여기서는 田地 개간의 증대가 淸 후기~민국기에 걸쳐 지속된 점에 주목하고자 한다.

湖田지구의 垸田개발은 대체로 淸 전기의 康熙·乾隆시기에 집중되었고, 이 기간은 '與水爭地'의 과정이었다. 그 결과 건륭시기 垸田개발은 포화 상태에 도달하고 그 후는 山地개간 위주로 전환되었다. 이른바 '與林爭地'로의 변화였다라고 보는 일련의 인식이 있다.[66] 光緒『湖南通志』에 근거한 「淸代洞庭湖區垸堤情形表」는 垸田의 康·乾시기 집중을 보여준다. 그런데 이것은 국가의 관리대상인 官垸, 民垸 위주이다. 청 후기에는 官垸民垸의 쇠퇴는 분명하게 확인된다. 하지만 광범위한 私垸이 田地개간의 핵심이다. 私垸은 官의 승인받은 田地가 아니므로 파악이 어렵지만,

---

62) 光緒 3年刊『善化縣志』권5, 水利.

63)『湘報』, 北京, 中華書局, 2006, p.953.

63) 위의 책, p.80.

65) 光緒 8年刊『華容縣志』권2, 堤垸, 「堤工紀略」.

66) 龔勝生, 앞의 책, pp.89~93.

私垸이 官垸보다 백배나 많다는 수사적 표현을 고려하면 시사하는 바가 크다.[67] 그러므로 『湖南通志』의 官民垸 통계만 입각해서 淸 후기 垸田개발의 쇠퇴로 보는 것은 무리가 있다고 생각한다.

먼저 南洲의 발달 과정을 살펴보자. 관련 사료를 하나 인용하면 다음과 같다.

> 同治년간 이후로 荊江 南岸의 藕池口가 붕괴되어 江水가 모래를 끼고 西湖에 흘러들어와 차츰 퇴적층이 불어났다. 華容縣의 9都로부터 卑縣(용양) 南嘴山對岸荒地에 이르기까지 200여 里나 뻗었다. 토착민들이 南洲라 불렀다.[68]

이것을 보면 藕池口 붕괴 후 대량의 泥沙가 동정호에 들어와 새로운 퇴적층을 형성하였는데 그것이 2백여 리에 달하는 南洲였다는 것을 알 수 있다. 藕池口 붕괴는 함풍년간인데 아마 퇴적층의 출현과 발전이 동치시기로 여겨진다.[69] 「洞庭新洲宜講求農學論」에도 동정호 일각에 新洲가 생겼는데 면적이 백 수십 리이고 토지가 비옥하다는 것, '人稀地廣'하니 개간을 장려해야 한다는 내용이 서술되어 있다.[70]

광서년간에 南洲를 비롯하여 湖田지대의 활발한 垸田개발을 추정할 수 있는 자료로 修垸 통계를 살펴보면 <표 7-7>과 같다. 동정호에 갑자기 생겨난 南洲는 대개발을 거쳐 광서 21년에는 南洲廳으로 되고 민국 원년에는 南縣으로 승격하였다.

<표 7-7>에서 보면 광서년간 南縣에는 216개의 垸이 수축되고 있다. 華容縣의 경우에도 비슷한 내용이 발견된다.

> 함풍 4년 石首의 藕池口가 터진 후로 邑 서남 濱河지방에 江水가 퇴적

---

67) 張麗芬, 앞의 책, p.108.

68) 李文治 編, 『中國近代農業史資料』 第1輯, 北京, 三聯書店, 1957, p.231.

69) 光緒 8年刊 『華容縣志』 권2, 隄垸 ; 民國刊 『安鄕縣志』 권12, 田賦.

70) 『湘報』, 北京, 中華書局, 2006, p.655.

되었다. 종전의 廢垸 및 子垸과 圻·湖가 다 높은 언덕이 되어 居民이 청하여 修築 또는 修復……垸이 비교적 많았다.[71]

이 사료는 함풍년간 이후 활발한 垸田개발을 보여주고 있다. 같은 화용현지에 陳公垸에서 광서 8년 垸外의 荒地 1,300여 畝를 개간했다는 내용도 있다. 護三垸은 三垸의 외부에 隄를 다시 수축하여 여러 小垸 및 諸圻를 내포하는 방식으로 垸田을 확대하고 있다. 민간에서 저습지에 주위를 흙으로 둘러 堤를 쌓은 것들은 垸의 수에 포함하지 않는다고 하니, 무수한 小垸이 현실에는 존재하였다.

<표 7-7> 光緒年間 洞庭湖區 修垸실태[72]

州 縣	垸數(處)	근거
華 容	20	湖南省志, 水利志
安 鄕	310	〃
澧 縣	133	〃
漢壽(龍陽)	44	〃
沅 江	47	沅江縣 水利志稿
南 縣	216	南縣 水利志
益 陽	15	民國 益陽縣志稿 卷2
常 德	16	湖南省志, 水利志

安鄕縣에 대해서 민국시대 자료를 인용해 보겠다.

縣境의 垸堤가 縱橫하여 그 형세가 예전에 비하여 위험이 천배 백배뿐이겠는가. 정부가 救濟를 꾀할 수 없고 도리어 民의 小利를 꾀하여 허가를 주어 개간하게 한다.[73]

이것을 보면 국가가 허가증을 주어 개간을 촉진한 것을 알 수 있다. 같은 『안향현지』에 보면 종전에는 窮民들이 갈대를 엮어 돗자리를 만들어

---

71) 光緒 8年刊 『華容縣志』 권2, 堤垸.
72) 彭雨新, 앞의 책, p.194.
73) 民國 『安鄕縣志』 권3, 水利.

팔았는데 근래에 갈대밭이 모두 堤垸으로 개발되었다는 것을 알리고 있다.[74] 또 하나의 사료를 더 검토해 보자.

荊水가 泥沙를 운반해 와서 계속하여 淤阜를 형성하였다. 牟利者가 점차 차례로 修築하니 잡초갈대밭에 地廣人稀였다가 長沙, 益陽, 湘陰, 寧鄕 및 澧西人民이 달려와 이를 식민지 보듯 하였다. 소작인이 지주가 되고 흩어졌다 모이고 田이 적었다가 많아졌다. 이것이 縣이 堤垸을 생명으로 여기는 것이고 客籍이 多數를 점한 역사이다.[75]

위 사료를 보면 새로 형성된 퇴적층에 사방에서 客民이 몰려들어 개간에 참여하고 致富하는 과정이 엿보인다. "客民이 부지런하고 농사에 능하여 200~300畝를 경영하는 사람이 있는 반면 토착민은 100畝 경영도 드물다"는 기록이 있는 것을 보면 客民의 개발참여를 알 수 있다.[76] <표 7-7>에 보이는 安鄕縣 堤垸 수축의 두드러진 현상은 이러한 개발을 시사해 주고 있다. 한 조사에는 안향현의 垸은 도광·동치년간에 14완이었는데 1880년대 초에 100여 완, 1930년대 초에는 630여 완으로 증가했고 垸田 총수는 60만 畝에 달했다고 되어 있다.[77]

同治刊『澧州志』에도 하천의 퇴적이 심하여 水患이 빈발하고 격화되는 사정을 설명하고 奸民이 小利를 꾀하여 堤垸의 수축이 그치지 않는다고 되어 있다.[78]

龍陽縣도 광서년간의 관련 사료를 쉽게 찾을 수 있다.

南洲의 대안에 또 北洲가 있고 新洲浹 苧麻腰 倒浹湖等洲가 있다. 卑縣(용양)과 華容, 安鄕 등지에서 관할한다.……澧水가 동정호에 들어오는 요충지에 近年에 또 다시 퇴적층이 높아졌고 모두 비옥한 땅이 되었다.

---

74) 民國『安鄕縣志』권11, 食貨, 工業.
75) 民國『安鄕縣志』권12, 田賦.
76) 民國刊『安鄕縣志』권11, 食貨, 農業.
77) 馮和法, 『中國農村經濟資料續編』下, 台北, 1976, p.706.
78) 同治 8年刊『直隷澧州志』권4, 輿地志, 堤垸.

遊民들이 퇴적지에 와서 개간하여 농사짓는 자가 실로 많다. 호수 주변의
악질 生員監生들이 또 가짜 문서와 허가증을 가지고 명의를 도용하여 다
투어 점유한다. 盜賣盜佃과 械鬪가 성행하고 訟獄이 자주 일어난다.[79]

위 사료를 보면 南洲의 對岸에 新洲를 비롯한 수많은 沙洲가 발생하
였고 澧水의 동정호 진입구역 주변에도 새로 비옥한 땅이 발생하였다. 遊
民들이 앞 다투어 개간에 나서고 호수 주변의 질 낮은 紳士들이 문서를
위조하여 점유하거나 각종 분쟁을 일으키고 있다. 龍陽縣은 민국시대에
漢壽縣으로 개칭되었고 <표 7-7>에도 광서년간 垸田개발 사실이 나타
나 있다.

湘陰縣도 관련 史料를 찾아볼 수 있다.

동정호 동남방에 湘陰의 서쪽 大嶺湖가 있는데 淤洲 한 곳이 융기하였
다. 약 6만여 畝의 토지를 개간할 수 있다.……그 沙洲의 3분의 2로서 물
에서 조금 떨어진 땅을 선택하여 堤를 수축한다. 機器로서 개간한다. 이
번 봄에 즉시 공사를 시작한다.[80]

이것을 보면 광서 32년(1906) 당시에 湘陰縣 서쪽에 새로 沙洲가 형성
되었는데 6만여 畝가 개간 가능한 땅이었다. 더구나 기계를 사용하여 개
간하는 것이 나와 있다.『湘陰縣圖志』에 보면 건륭 12년(1747)부터 私垸
禁止令이 있었지만 효과가 없었다. 도광 5년(1825)에도 御史 賀熙齡이 역
시 私垸금지를 청하고 있다.[81] 간혹 지방관의 조사를 거쳐 私垸의 폐지
가 명해지기도 하지만 실효성은 낮았다. 胥吏에게 뇌물을 주어 폐지하였
다고 보고하고 사실은 계속 농사짓는 경우도 있고 기존의 垸에 이름을
가탁하는 경우, 새로 이름을 바꾸어 私垸을 유지하는 방법도 동원되고 있
다. 동치 4년(1865)에는 호남 순무 惲世臨이 발의하여 각 州縣의 廢垸을

---

79) 李文治, 앞의 책, p.231.
80) 李文治, 앞의 책, p.231, 時報, 光緒 32年 正月 15日.
81) 光緒 6年刊『湘陰縣圖志』권22, 水利.

조사하고 수축가능 여부를 파악한 다음 民에게 修復을 허가하기도 했다.[82] 같은 기록에는 洞庭瀕湖의 개간금지는 다만 소란만 초래할 뿐 실효가 없다는 언급도 있다. 지방지에는 道光 이후 상음지역에 거듭되는 私垸개발을 곳곳에서 나타내고 있다.

민국시대에도 동정호 주변의 농민들이 五方雜處로 客民이 많고 종족관념도 약했으며 安土重遷의 관념도 희박했다.[83] 민국시대 조사에 의하면 益陽湖田은 全縣 경지면적의 1/3 차지, 沅江은 3/4, 南縣湖田은 85%, 漢壽(龍陽)는 2/3, 常德은 6/10, 湘陰湖田은 거의 1/2이었다. 이 湖田들 대부분이 짧은 수십 년 안에 개간되었고 湖面 축소와 穴口淤塞이 이루어졌다.[84]

앞서 살펴 본 경우도 있듯이 官에서 허가증을 주어 개간을 장려한 측면도 있다. 淸末民國初에 재정상 이유로 대규모 官荒을 매도한 것도 하나의 원인이었다. 통계에 의하면 淸代 전기 동정호 水面은 약 6,000㎢였는데 1949년에는 4,350㎢로 축소되고 있다.[85]

淸代에 제대로 된 토지측량이 없었던 것은 주지의 사실이다. 민국 23년에 전국적인 丈量사업 시도는 있었으나 시종일관 결실은 없었다.[86] 경지면적 통계는 부정확하기 짝이 없으나 대체로 청말~민국시기 호남의 경지면적의 비상한 확대는 감지할 수 있다. 광서 13년(1887) 약 3,073만 畝 수준에서 1920~1930년대에 5,020만 畝 수준으로 급증한 것은 파악되고 있다.[87] 이것의 상당부분은 水勢 변천에 따라 새로 형성된 湖水 내외의 沙洲를 개간한 垸田개발에 원인이 있을 것이다. 垸田개발의 과다가 水勢의 흐름을 막는다는 지적은 나오고 있지만 '廢田還湖'의 적극적인 논의나 실천은 이들 지방의 지방지상에서는 거의 찾아 볼 수 없다. 민국 20

---

82) 光緒 6年 刊『湘陰縣圖志』권22, 水利
83) 章有義,『中國近代農業史資料』第3輯, p.881.
84) 張麗芬, 앞의 책, p.97, 108.
85) 汪家倫,『中國農田水利史』, 北京, 農業出版社, 1990, p.381.
86) 張朋園,『中國現代化的區域研究』(湖南 1860-1916), p.325.
87) 梁方仲,『中國歷代戶口田地田賦統計』, 1980, p.380 ; 嚴中平,『中國近代經濟史統計資料選集』, p.356 ; 章有義,『中國近代農業史資料』第3輯, p.921.

년(1930) 전국 大水災 후 중앙에서 廢田還湖 회의가 소집된 바는 있지만 실효는 없었다.[88] 주로 준설과 堤의 수축시 '加高加厚'하는 것이 주된 대책이었다. 이러한 급속한 垸田개발이 급증하는 인구부양과 나아가 미곡 방출까지 가능케 한 하나의 동력이었을 것이다.

Ⅱ. 農業生産

1) 水旱災와 豊凶

농업생산에 관련된 요소는 水利시설만 있는 것이 아니라 품종개량, 농기구개량, 施肥, 농법 등 다양한 요소가 있다. 다른 요소들에 대한 검토는 종전 연구에서 일부 행한 바 있으나 水利에 대해서는 중점 검토가 부족하였다.[89] 수리와 직접 관련된 것이 水旱災이고 이것이 농업생산과는 불가분의 요소이다.

湖南의 곡창지대화의 근원은 비옥한 湖田지대의 垸田개발임에는 틀림없다. 그런데 堤를 쌓아 물을 막고 물이 불어나면 堤를 높이고 또 堤垸이 물의 흐름을 막아 水災가 빈발한다는 것은 대개의 공통적 인식이다.[90] 垸田생산은 淸代 中期까지는 기본적으로 高産과 안정적 생산이 보장되었으나 후기는 무분별한 맹목적 개발로 생산 불안정성이 커지고 豊年이 감소하고 災年이 증가하였다는 견해가 주류를 이루고 있다.[91]

일단 연구대상 지역 20개 縣을 면밀하게 조사하여 淸 후기 이래 水旱災 현상에 대해 검토해 보자. 해당 지방지의 祥異조를 중심으로 조사한 것이지만 편찬년대의 차이와 기록자의 관심에 따라 정밀도에 차이가 있다.[92]

---

88) 鄭肇經, 앞의 책, p.258.

89) 田炯權, 앞의 논문, 1995 ; 田炯權, 앞의 논문, 2006.

90) 張家炎, 「十年來兩湖地域暨江漢平原 明淸經濟史硏究綜述」『中國史硏究動態』, 1997年 1期.

91) 梅莉·張國雄, 『兩湖平原開發探源』, 南昌, 江西敎育出版社, 1995.

<표 7-8> 湖南 各 縣 水災 빈도와 周期(年/1次)

水災 縣	順治 1644 -61	康熙 1662 -1722	雍正 1723 -35	乾隆 1736 -95	嘉慶 1796 -1820	道光 1821 -50	咸豐 1851 -61	同治 1862 -74	光緒 1875 -1908	民國
長沙	1/17		3/4	3/19.7	3/8	9/3.2	1/10	1/7		
善化	1/17		3/4	3/19.7	3/8	10/2.9		1/12	1	
湘鄕		3/20	1/12	4/14.8	2/12	3/4.8	1/10	3/4		
湘潭	2/8.5	2/30			2/12	8/3.6	3/3.3	2/6	1/10	
湘陰		2/30	2/6	4/14.8	1/24	8/3.6	2/5	8/1.5	2/2.5	
益陽	3/5.7	6/10	2/6	8/7.4	4/6	6/4.8	3/3.3	2/6		
寧鄕	2/8.5		1/12	1/59	1/24	3/9.7	1/10	2/6	2/16.5	5/6
瀏陽	4/4.25	2/30	1/12	1/59	1/24	7/4.1	4/2.5	5/2.2		
攸	2/8.5	2/30		2/29.5	1/24	2/14.5		1/8		
醴陵	2/8.5	2/30		2/29.5	1/24	3/9.7	1/10	1/12	2/16.5	7/4.4
安化	1/17	4/15	1/12	6/9.8	2/12	4/7.25	2/5	4/2		
茶陵	1/17			2/29.5	1/24	1/29	1/10			
華容		5/12	3/4	4/14.8	1/24	6/4.8	1/10	2/6		
巴陵 (岳陽)		1/60	1/12	1/59		11/2.6	7/1.4	10/1.2	5/1.6	
臨湘		6/10	2/6	3/19.7	1/24	10/2.9	1/10	3/3.3		
龍陽 (漢壽)		8/7.5	3/4	3/19.7	4/6	14/2.1	6/1.7	3/4		
沅江		9/6.7	3/4	10/5.9	5/4.8					
桃源						2/14.5			3/5.3	
石門		2/30		3/19.7		2/14.5	1/10			
安鄕	6/2.8	8/7.5	2/6	9/6.6		12/2.4	2/5	1/12	10/3.3	

출전 : 注92)의 관련 지방지에서 구성 ; 安鄕縣은 彭雨新, 앞의 책, p.263 자료.

92) 同治 10年刊 『長沙縣志』 권33, 祥異 ; 光緒 3年刊 『善化縣志』 권33, 祥異 ; 光緒 15年刊 『湘潭縣志』 권9, 五行, 事記13 ; 同治 13年刊 『湘鄕縣志』 권5, 兵防, 祥異 ; 光緒 6年刊 『湘陰縣圖志』 권29, 災祥 ; 同治 13年刊 『益陽縣志』 권25, 祥異 ; 民國 37年刊 『醴陵縣志』 大事記 ; 民國 15年刊 『醴陵縣鄕土志』 제6장, 實業, 農田 ; 同治 12年刊 『瀏陽縣志』 권14, 祥異 ; 同治 10年刊 『攸縣志』 권53, 祥異 ; 同治 10年刊 『茶陵州志』 권24, 雜志 ; 同治 10年刊 『安化縣志』 권34, 五行 ; 嘉慶 15年刊 『沅江縣志』 권22, 祥異 ; 光緒 元年刊 『龍陽縣志』 권11, 食貨3, 災祥 ; 光緒 18年刊 『桃源縣志』 권12, 災祥考 ; 光緒 15年刊 『石門縣志』 권6, 水利 ; 乾隆 25年刊 『華容縣志』 권3, 水防 ; 光緒 8年刊 『華容縣志』 권13, 祥異 ; 光緒 18年刊 『巴陵縣志』 권16, 政典志, 蠲䘏 ; 同治 11年刊 『臨湘縣志』 권2, 方輿志, 祥異 ; 民國 30年刊 『寧鄕縣志』 故事編, 歷年記.

당시의 사실관계의 반영이 다소 차이가 있을 것으로 보이지만 대체적 추세의 이해에는 무리가 없다고 생각된다. 水旱災 빈도와 주기의 정리가 <표 7-8>, <표 7-9>이다.

한 조사에는 동정호 일대에는 明代 이전에는 水災가 희소하였는데 明代는 평균 18년 1차, 清代에는 16년 1차, 清末~민국기에는 5년 1차였다고 한다.[93] 민국시기에는 38년간 중 35년이 상이한 정도의 水災가 있었다는 보고도 있다.[94] 清 후기 이후 水患빈발에 대한 인식은 당시 지방지 기재에도 드물지 않게 나타난다. 민국『안향현지』에도 "道咸以還 水患頻仍 沃壤廬舍 半府魚蝦……"라는 기록이 있다.[95]

<표 7-8>에 나타난 水災를 보면 道光년간 이후 집중적으로 발생 빈도가 높은 것을 알 수 있다. 이것은 垸田 발달구인 湖田지대나 非湖田지대를 막론하고 모두 공통적으로 水災가 흔해지고 있다. 도광 이후 清末시기에는 이전 시기에 비해 水災의 격증을 쉽게 볼 수 있다. 順治·康熙年間을 1期로, 雍正·乾隆·嘉慶間을 2期로, 清 후기 이후를 3期로 하여 水災 빈도와 주기를 조사하면,[96] 長沙, 善化, 湘鄕, 安化, 湘陰, 益陽, 沅江, 龍陽, 巴陵, 華容, 石門, 桃源 등이 1期→2期→3期로 갈수록 水災 주기가 짧아지고 있다. 臨湘, 攸縣, 醴陵縣, 瀏陽縣, 湘潭縣, 寧鄕縣은 2期→1期→3期의 순서로 水災가 빈발하다. 모두 청말민국기에 수재가 격증하고 있는 것은 동일하다.

湖田지대인 華容縣은 1기 15.6년 1차, 2기 12.1년 1차, 3기 6.7년 1차로 水災 주기가 빨라지고 있다. 巴陵縣은 1기(78년), 2기(48.5년)이다가 3기에 1.9년 1차로 水災가 격증했다. 龍陽縣은 1기(9.8년), 2기(9.7년)로 비슷하다가 3기에 2.3년 1차로 주기가 빨라진다. 沅江縣도 1기 8.7년에서 2기 5.3년으로 갈수록 빨라진다. 長沙府의 益陽縣은 각각 8.7년, 6.9년, 4.8년으로

---

93) 汪家倫, 앞의 책, p.382.

94) 宋斐夫 主編, 『湖南通史』(現代卷), 長沙, 湖南出版社, 1994, p.636.

95) 民國『安鄕縣志』 권12, 田賦.

96) 유소민 지음·박기수 역, 『기후의 반역』, 성균관대출판부, 2005, p.189, 시기구분 참조.

나타난다. 湘陰縣은 1기 39년, 2기 13.9년이다가 3기에는 2.95년 1차로 水災가 격증했다. 호전지대를 포함하고 있는 長沙縣은 1기에는 78년 1차로 거의 수재가 없다시피 하다가 2기에 10.8년 1차, 3기에는 4.4년 1차로 수재가 격증하고 있다. 이들 호전지대의 縣들은 淸 전기부터 후기로 갈수록 수재가 증가하고 있고, 道光 이후 水災가 격증한다는 것을 쉽게 파악할 수 있다.

2기인 雍正·乾隆·嘉慶시기에 水災 빈도가 상대적으로 낮았던 縣들은 臨湘縣을 제외하고는 모두 長沙府 내의 현으로서 상담현, 유현, 예릉현, 유양현, 영향현 등이 지리적으로 일정한 연관성을 갖고 분포하는 곳들이다. 지형적 조건과 연관이 있지 않은가 생각된다.

이러한 淸 후기 水災빈발의 원인은 무분별한 堤垸개발에 있다는 지적이 대부분이다.[97] 이것은 일정부분 타당성이 있다고 생각된다. 당시인들도 私垸 증축 금지와 '廢田還湖' 논의조차 있었던 것을 보면 분명한 이유이다. 그러나 이것만으로 道光 이후의 水災 격증을 설명하는 데는 한계가 있다고 생각된다. 우선 <표 7-8>의 조사를 보면 非湖田지대에도 淸 후기는 水災빈도가 높아지고 있다. 이것은 이들 지역에도 陂塘壩를 중심으로 과잉 水利개발이 한 원인이라 생각할 수도 있을 것이다.

청 후기 이후 장강유역 6省 즉 江蘇, 浙江, 安徽, 江西, 湖北, 湖南의 災荒조사를 보면 의외로 호남의 水災빈도와 정도가 타 지역보다 적은 편이라는 것을 알게 된다.[98] 1846~1911년까지의 조사 기록을 검토해 보면 한 눈에 알 수 있을 정도이다. 1846년부터 1883년 이전에는 湖南 水災는 드문드문 나타나는 정도이다. 피해 縣 수도 10縣을 넘는 경우가 드물다. 1884년부터는 6개 省에 공통적으로 水災가 빈번하다. 그 중에도 기록상 호남은 1907년의 17현이 범위가 가장 넓다. 반면에 강소, 절강 등의 성에는 수십 현이 기본이다. 안휘·강서 등에도 비슷한 성향이다. 이것을 보면 湖田의 堤垸개발 과잉만으로 水災빈발을 설명하는 데는 충분치 못하

---

97) 張家炎, 앞의 논문 ; 梅莉·張國雄, 『兩湖平原開發探源』, 南昌, 江西敎育出版社, 1995, pp.202~213 ; 張麗芳, 앞의 책, pp.104~106.

98) 李文治, 『中國近代農業史資料』第1輯, pp.720~722.

다고 여겨진다.

水災의 조건은 기본적으로 降雨이다. 강우의 총량뿐 아니라 집중호우와 같은 강우의 형태도 중요하다. 실제 지방지의 大水관련 기사를 보면 앞부분에 집중호우나 장기 강우에 대한 서술이 붙어 있는 경우도 많다. 大水의 시기가 5~6월(양력 6~7월)에 집중되는 것도 강우 형태와 연관이 있다.[99] 결국 水旱災는 근본적으로 기후의 변화와 관계있다. 따라서 道光 이후의 기후변화에 대한 종합적인 검토가 필요하지만 이것은 추후의 연구과제로 생각한다.

旱災 빈도에 대한 조사는 <표 7-9>에 제시되어 있다.

동정호 주변 4府지역에서 旱災는 水災보다 상대적으로 빈도와 정도가 약했던 것으로 생각된다. 淸 후기는 장사현의 경우 旱災는 9.6년 1차, 익양현은 13.3년 1차, 상음현은 59년 1차, 용양현은 26.5년 1차, 파릉현은 26.5년, 화용현은 30년으로 빈도수가 낮다. 非湖田지대를 보면 攸縣은 淸 후기에 49년 1차, 예릉현 26.5년, 상담현은 18년, 寧鄕縣 53년, 安化현 16.3년, 石門현 16.8년 1次, 桃源현은 53년 1次로 나오고 있다. 이상하게 善化縣은 9.2년 1次로, 湘鄕縣은 5.3년 1次로 조금 빈발한 것으로 나오지만 전체로 보면 거의 旱災는 문제될 수준이 아니다.

선화현, 상향현은 청 후기에 水災, 旱災가 이전 시기보다 모두 빈번한 것으로 나타난다. 湖田지대의 거의 대부분은 水災는 빈번해지나 旱災는 오히려 적게 되는 것이 특징적 현상이다. 영향현, 상담현, 예릉현, 유현, 石門현, 도원현 등은 마찬가지로 水災는 빈번하나 旱災는 청 후기에 줄어들고 있다. 청 후기로 갈수록 降雨量이 湖田지대나 非湖田지대에 관계없이 급증했던 것으로 짐작되는 부분이다. 水旱災가 바로 흉년으로 직결되고 있지는 않다. 水旱災의 증가는 바로 흉년 빈발과 생산 위축으로 결론짓기 쉽지만 실증적 조사는 꼭 그렇지 않다는 것을 말해준다.

---

99) 民國『醴陵縣志』地理志, 기후 ; 同治『安化縣志』권34, 五行 ; 光緒刊『桃源縣志』권12, 災祥考 ; 宋斐夫, 앞의 책, pp.631~638 ; 光緒『湘潭縣志』권9, 五行.

<표 7-9> 湖南 各 縣 旱災 頻度와 周期(年/1次)

旱災 縣	順治 1644 ~61	康熙 1662 ~1722	雍正 1723 ~35	乾隆 1736 ~95	嘉慶 1796 ~1820	道光 1821 ~50	咸豊 1851 ~61	同治 1862 ~74	光緒 1875 ~1908	民國
長沙	1/17	4/15		7/8.4	4/6	4/7.3		1/7		
善化	1/17	4/15		6/9.8	4/6	4/7.3	1/10	5/2.4		
湘鄕	2/8.5	8/7.5		5/11.8	6/4	6/4.8	1/10	3/4		
湘潭				3/19.7	1/24	2/14.5		1/10		
湘陰	1/17	2/30	1/12	4/14.8	1/24	13/2.2	2/5	8/1.5		
益陽	2/8.5	6/10	1/12	4/14.8	1/24	2/14.5	1/10	1/12		
寧鄕	1/17	3/20	1/12	2/29.5	1/24			1/12	2/16.5	7/4.1
瀏陽	5/3.4	5/12		1/59	3/8	5/5.8	2/5	1/11		
攸		2/30		2/29.5				1/8		
醴陵	2/8.5	2/30		2/29.5	2/12	2/14.5			2/16.5	3/10.3
安化	2/8.5	3/20		2/29.5	1/24	2/14.5	1/10			
茶陵	1/17									
華容	1/17	10/6	1/12	2/29.5	1/24	1/29	1/10			
巴陵 (岳陽)	1/17			1/59	1/24	1/29	1/10			
臨湘	1/17	5/12	1/12	1/59	5/4.8	2/14.5	2/5			
龍陽 (漢壽)	1/17	3/20	1/12	1/59	3/8	7/4.1	6/1.7	3/4		
沅江	1/17	4/15	1/12	3/19.7	2/12					
桃源	1/17	2/30		3/19.7	2/12		1/10		1/16	
石門	3/5.7	5/12	1/12	3/19.7	3/8	2/14.5			2/6.5	

아래 <표 7-10>은 관련 지방지에서 大有年, 有年의 풍년 기록을 조사한 것이다. 지방지에 따라 기록 정도가 소홀한 것이 많다. 비교적 충실도가 높은 7縣의 기재 사항이다. 공간적 비교가 아니라 시간의 흐름에 따른 변화를 관찰하기 때문에 7縣으로서도 경향성의 파악은 가능하다고 여겨진다.

장사현을 보면 水災가 가장 빈번한 도광년간에 7.3년 1차, 함풍년간은 3.3년 1차이다. 강희년간(3.3년), 옹정년간(4년), 건륭년간(4.5년)에 비하여 후기에도 풍년이 빈번하다.

<표 7-10> 湖南 各 縣 豊年 頻度와 周期(年/1次)

	順治	康熙	雍正	乾隆	嘉慶	道光	咸豊	同治	光緒	民國
長沙	6/2.8	18/3.3	3/4	13/4.5	15/1.6	4/7.3	3/3.3	1/7		
善化	4/4.3	9/6.7	3/4	4/14.8	9/2.7	13/2.2	2/5		1/1	
湘鄕	6/2.8	13/4.6	2/6	12/4.9	15/1.6	13/2.2	8/1.3	4/3		
寧鄕	2/8.5	8/7.5	4/3	7/8.4	3/8	9/3.2	1/10	2/6		1/29
瀏陽		6/10	3/4	6/9.8	2/12	5/5.8	1/10			
龍陽		2/30		6/9.8	1/24	5/5.8				
沅江	2/8.5	16/3.8	9/1.3	38/1.6	16/1.5					

인근의 선화현은 도광년간 13차로 풍년 주기는 2.2년 1차이다. 康熙·雍正·乾隆시기보다 월등히 빈도수가 높다. 도광년간 水災도 2.9년 1차이다. 水災의 빈번에도 풍년 횟수가 많아 생산성은 전기보다 오히려 높다. 상향현은 도광년간 풍년 13차로 2.2년 1차이다. 함풍년간은 8회로 1.3년 1차이다. 영향현은 빈번한 수재에도 불구하고 풍년은 3.2년 1차로 康熙·雍正·乾隆시기보다 빈도수가 높다. 瀏陽과 龍陽도 도광년간의 풍년이 5.8년 1차로 康熙·雍正·乾隆시기보다 높은 편이다. 이것을 보면 빈번한 水災에도 오히려 풍년이 더 자주 발생하여 높은 생산력이 유지되었다는 것을 알 수 있다.

『익양현지』를 보면 早稻·中稻·晚稻의 생장기간이 다른 점을 이용하여 水旱災에 대처하고 있다. 수확은 下鄕에서 上鄕으로 옮겨가는 데 3개월에 걸치고 있다. 작물을 효과적으로 배합하여 水旱災에 대응하는 데 "農家耕作甚勤 水旱之計亦備"의 표현이 나오고 있다.[100] 같은 『익양현지』의 연속되는 기록에 湖田지대에서 堤를 쌓아 물을 막고 있고 가뭄시에는 沿江지대에 水車로 물을 끌어들여 관개한다는 것과 가뭄시 항상 대비가 된다는 내용도 있다.

道光·咸豊년간에 湖田지대에 雙季稻의 전파 속도가 빨라져서 益陽縣, 巴陵縣 등지에서 1년에 稻를 두 번 수확한다는 언급도 있다.[101] 작물의 종류에 따른 생장기간의 차이를 효과적으로 조합하는 것이 대책이 되

---

100) 同治 13年刊『益陽縣志』권2, 풍속, 농사.

101) 梅莉·張國雄, 앞의 책, pp.72~73.

고 있다. 6~7월에 大水가 집중되기 때문에 홍수가 오기 전에 早稻를 수확하고, 홍수 후에 晩稻를 심는 방법이 동원되고 또 잡량의 급속한 재배 증가로 양식 부족에 대처한다.[102] 이 시기 고구마, 옥수수 등의 재배가 확산된 것이 농업생산 증대와 水旱災 대처와 무관하지 않다.[103]

민국『안향현지』를 보면 홍수 빈번으로 인구가 감소하지만 水災가 害만 있는 것이 아니고 비옥한 泥沙를 운반해 와서 퇴적층을 만들고 개간을 가능케 한다는 이점이 있다는 사실이 인식되고 있다.[104] 실제 지방지 관련 기록들을 보면 大水 다음해에 오히려 풍년인 경우가 드물지 않다. 善化縣에서는 도광 19년과 21년이 大水였지만 이 시기 풍년으로 '穀賤' 현상이 있었다.[105] 長沙縣에서도 가경 22년 홍수 후에 有年이었고 도광 14년은 大水 후에 大有年이었다. 도광 6년, 도광 26년, 동치 2년은 '旱不害稼'라 되어 있어 水旱災가 바로 흉년이 아니라 극복되고 있는 것을 알 수 있다.[106] 攸縣에서도 도광 14년 5월 大水로 搶米사태까지 빚었지만 6월에 早稻가 등장하여 민심이 안정되었고 이 해에 대풍년이 되었다.[107] 湘鄕縣에서도 도광 16년과 함풍 2년에는 旱災였는데 가을에 풍년이 들었다는 것과, 도광 24년과 29년에는 홍수 뒤에 풍년이 든 것이 기재되어 있다.[108]

전술한 바 있지만 호남의 水災는 피해 縣수가 10여 州縣을 넘는 경우가 잘 없다. 비가 많이 오면 湖田지대는 水災 가능성이 크지만 山田지대는 오히려 풍년이 들 수 있고 가뭄은 湖田지대는 그다지 걱정이 되지 않는다. 湘江유역이나 하천유역은 수많은 陂塘이나 壩를 이용하여 旱災를 극복한다. 龍尾車와 같은 水車의 개량으로 관개 효율성은 증대되었다. 善化縣 기록에는 도광 29년의 유명한 己酉 대홍수에도 濱湖지역 災民 수

---

102) 光緒刊『巴陵縣志』 권7, 輿地志, 物産.
103) 田炯權, 앞의 논문, 1995.
104) 民國『安鄕縣志』 권12, 田賦.
105) 光緒『善化縣志』 권33, 祥異.
106) 同治 10年刊『長沙縣志』 권33, 祥異.
107) 同治『攸縣志』 권53, 祥異.
108) 同治 13年刊『湘鄕縣志』 권5, 兵防, 祥異.

만을 救命하였다는 기재가 있다.[109] 같은 해에 상담현에서도 湖北 및 沅
江 饑民 수만이 상담현에 몰려 들어와 이들을 縣境의 士民이 賑恤했다
는 사실을 보면 水災의 국지성을 알 수 있다.[110]

민국 20년 寧鄕縣에서도 濱湖 荒民 만여 명이 영향현에 찾아들었다는
것을 보면 寧鄕의 사정이 나았다는 것을 알 수 있다.[111] 水旱災의 국지성
은 縣別뿐 아니라 동일 縣 안에서도 나타난다.『巴陵縣志』기재를 보면
淸 후기부터는 ○○都別로 피해 범위를 摘示하고 피해 정도에 따라 蠲免
정도가 다르다.[112] 縣 하나가 보통 2,000㎢를 넘는다는 사실을 고려하면
충분히 예상할 수 있는 일이다. 安化縣에서도 湄江大水, 資江大水, 伊溪
大水, ○○鄕大水 등 국지적 水災현상이 기재되고 있다.[113]

이상을 보면 水旱災 빈번은 凶年의 연속이고 곧바로 생산력 위축으로
보는 것은 사실과 다르다는 것을 알 수 있다.

2) '穀賤'과 米穀放出

淸 전기의 盛世에는 堤垸개발과 합리적 水利로 농업생산이 증대되었
고 그 결과가 湖廣米의 장거리 유통을 가능하게 하였다. 그런데 이후에
는 지나친 垸田개발로 遊水地를 축소시켜 도리어 빈번한 水災를 초래하
여 농업생산이 위축되었다. 그 위에 인구증가까지 겹쳐 湖廣米의 유통은
거의 정체되었다는 것이 나름의 일관된 논리성을 가진 채 흔히 언급되고
있다.

본장에서는 앞서 水利개발에 대하여 살펴보았지만 淸 후기에서 민국
기에도 湖南농민이 자연재해를 극복하고 '與水爭地'의 투쟁을 계속하였
던 것을 알 수 있었다. 논의의 전개를 위하여 농업생산의 결과 湖南米 유

---

109) 光緒『善化縣志』권33, 祥異.
110) 光緒 15年『湘潭縣志』, 事記.
111) 民國 30年刊『寧鄕縣志』故事編, 歷年記.
112) 光緒『巴陵縣志』권16, 政典志, 蠲卹.
113) 同治『安化縣志』권34, 五行.

통이 지속된 것을 밝혀야 하지만 이에 대해서는 이미 관련 논고를 수 편 발표한 바 있다.[114] 여기서는 淸 후기 이후 농업생산이 위축되지 않았다는 것을 입증하기 위하여 간략하게 논급하려 한다.

우선 '穀賤'현상에 대하여 살펴보자. 長沙府 攸縣의 사료를 검토해 보겠다.

客商이 열에 아홉인데 오직 米穀을 운반하여 衡·湘을 왕래하고 동정호에 내려가는 것은 대부분 토착상인이다. 攸邑은 銀錢이 모자라지 않은 까닭은 또 이 米穀유통에 의지하는 것인데 만약 외부 유통이 안 되면 농가에 재고가 쌓여 財用은 부족할 것이다.[115]

동치년간 長沙府의 변방 縣인 攸縣에서 농민이 米穀이 외부로 팔리지 않으면 재고가 쌓이고 財用에 곤란을 느낀다는 것이다. 또 미곡상인으로 토착민이 등장하고 있다. 또 善化縣의 사정을 보아도 비슷한 실정이다. 『선화현지』를 보면 도광 15년 전반에 大旱이 있었지만 '穀賤'이었는데 25년까지 연속 풍년과 '穀賤'이었다. 1845년에는 穀 1斗에 錢 50文까지 穀價가 하락하였다. 같은 『선화현지』에 보면 함풍 5년(1855)에도 '穀賤'기재가 나오고 있다.[116] 앞서 살펴 본대로 거듭되는 水災에도 선화현은 有年 기재가 후기에 더욱 빈번하였다.

寧鄕縣의 '穀賤'관련 기재를 하나 검토해 보겠다.

道光 26년……이 해 풍년이 들어 穀價가 싸서 농민을 상하게 하였다. 佃農들이 '穀賤'으로 크게 곤란을 겪고 서로 이끌고 농사를 그만두었다. 田主를 압박하여 退莊錢을 요구하였는데 田主는 '穀賤'으로 돈을 바꿀

---

114) 田炯權, 「淸末民國期 湖廣地方의 農業生産力과 生産關係」『慶南史學』7輯, 1995 ; 田炯權, 「淸末民國期 湖南의 米穀市場과 商品流通」『東洋史學硏究』74 輯, 2001 ; 田炯權, 「淸末民國期 湖南 長沙府의 농업생산과 상품유통」『明淸史 硏究』25輯, 2006.
115) 同治刊『攸縣志』권18, 風俗, 商買.
116) 光緒『善化縣志』권33, 祥異.

수 없었다.[117]

이것을 보면 佃農까지 '穀賤'으로 곤란을 겪고 있는 것을 알 수 있다. 米穀시장의 성격이 '지주적 시장'이라는 重田德의 주장과는 차이가 있다.[118] 같은『영향현지』에는 함풍 원년에도 '穀賤'으로 鄕民이 고통 받는 것을 지적하고 있다.

민국시대 長沙市 一埠에만 陳穀 200만 石의 在庫가 쌓여 있었다는 기록이나 1930년대 전반 호남에 大豊이 지속되었는데 장강 하류지역도 풍년에 洋米까지 수입하니 호남은 '穀賤'으로 고통받은 사실이 나오고 있다.[119] 이런 '穀賤'현상은 이 지역이 청 후기에서 민국기에 인구급증에도 불구하고 농업생산이 발전하고 있었다는 것을 보여주는 것이다.

<표 7-11>은 민국시대에 호남 米穀放出地 중 본장의 대상이 되는 20개 縣을 중심으로 내용을 정리한 것이다. 자료 ①, ②는 1930년대 중국에 근대적인 통계조사 기법이 도입된 후에 행해진 귀중한 조사를 토대로 한 것으로 사료적 가치가 높다. 湖南米 유통에 관한 종전 논문에서는『湖南の穀米』자료를 이용하지 못하였다.[120] 이번에 양자를 같이 검토하여 보완할 수 있으리라 생각한다.

長沙府에는 12縣 중에 長沙, 湘潭, 湘陰, 湘鄕, 寧鄕, 益陽, 醴陵, 瀏陽, 攸縣, 茶陵이 확인된다. 민국시대 善化縣이 長沙에 병합된 것을 고려하면 淸代 12縣 중 安化縣을 제외하고 전부 미곡 방출지로 확인된다. 常德府는 여기서 고찰한 桃源, 龍陽(漢壽), 沅江은 물론이고 상덕까지 전부 미곡 방출지로서 확인된다. 澧州는 澧縣, 南縣, 安鄕縣 등 거의 대부분이 미곡 수출지였다. 岳州府에는 華容, 巴陵(岳陽)등이 미곡 수출지로서 확인된다.

---

117) 民國『寧鄕縣志』故事編, 歷年記.
118) 田炯權,「淸末民國期 湖北의 米穀市場과 商品流通」『東洋史學硏究』87, 2004.
119) 章有義,『中國近代農業史資料』제3집, p.620.
120) 田炯權, 앞의 논문, 2001.

<표 7-11> 長沙府 및 동정호 주변 諸縣 米穀放出

지역		①中國通郵地方物産誌			②湖南の穀米	
		유통량	행선지		유통량	행선지
長沙靖港	米	1백만 担	漢口, 上海			
長沙				米穀	77,000石	省城, 漢口
湘潭株洲	穀	5만 石	上海, 漢口			
湘陰	米	50만 担	長沙, 申漢	米穀	780,000石	漢口, 長沙
湘陰新市	米	8천여 石	漢口, 長沙			
〃	穀	2천 石	〃			
寧鄕	米	30만 石	長沙靖港, 益陽	米穀	70,000石	湘潭, 長沙
益陽	米	30만 石	湘漢	〃	20만 石	長沙, 新化, 安化
湘鄕	穀	5천 担	長沙			
瀏陽				米穀	10,000石	長沙, 江西
醴陵				〃	204,000石	長沙, 漢口, 萍鄕
攸縣				〃	60,000石	湘潭, 長沙 기타
茶陵				〃	100,000石	長沙, 衡陽, 湘潭
華容	穀	3백만 担	長沙, 岳州, 漢口	〃	300,000石	漢口, 長沙
安鄕	〃	20만 担	長沙	〃	1,300,000石	長沙, 漢口
桃源	米	20만 石	長沙, 漢口	〃	247,000石	常德, 漢口
龍陽(漢壽)	穀	40만 担	長沙, 武漢	〃	150,000石	漢口, 長沙, 湘潭
南縣三仙湖	〃	30만 石	漢口, 長沙	〃	502,000石	漢口, 長沙
〃	米	30만 石	〃			
巴陵(岳陽)				米穀	100,000石	漢口
沅江				〃	150,000石	漢口, 長沙

① 民國 25年刊, 24년(1935) 조사 근거
② 民國 25年刊, 23~24년 上半期 조사 근거

민국시대 두 개의 통계조사에 의하면 동정호를 둘러싸고 있는 長沙府, 常德府, 岳州府, 澧州는 여전히 米穀生産과 수출의 중심으로서 작동하고 있는 것을 알 수 있다. 이러한 미곡수출의 이면에는 잡량의 보급확대라는 배경이 있었던 점을 고려해야 한다.[121] 잡량이 단순한 자급식량일 뿐 아니라 원거리 유통까지 되고 있었던 점도 확인된다. 개별 현지의 기재에도 미곡방출 기록이 있다. 민국『안향현지』에도 穀 15만 担을 수출한다 하였는데, 『中國通郵地方物産誌』 기재의 20만 담 수출과 거의 유사하다.[122]

---

121) 田炯權, 앞의 논문, 2001 ; 田炯權, 앞의 논문, 2006.
122) 民國 『安鄕縣志』 권11, 食貨, 物産年度輸出.

寧鄕縣도 생산을 400~500만 石하여 양조용, 제당용을 제외하고 식량이외에 수출이 40여만 石이라 하였는데『通郵物産誌』기재의 30만 石과 접근하고 있다. 통계조사의 신뢰성을 높여주는 사실이다. 영향현에서는 동치 2년에 풍년이 들어 長沙靖港에 八元堂이라는 쌀 수출기지를 처음으로 건립했다는 기록도 있어 청 후기 이후 미곡생산이 증가했던 것을 알 수 있다.123) 石門縣에서도 道溪穀이라는 良質의 米가 호평을 받아 澧縣 津市로 팔려 나간 기록도 있다.124)

　이상을 살펴보면 동정호 주변의 長沙府, 常德府, 岳州府, 澧州 諸縣이 淸 후기~민국기에 잦은 水旱災에도 불구하고 높은 생산성을 가지고 미곡 수출지 기능을 하고 있었던 것을 알 수 있다.

小結

　淸 후기에서 民國期는 전기의 盛世에 대비되는 쇠퇴기라거나 半植民地半封建社會의 성격 규정을 받고 있다. 본장에서는 사회경제사적 관점에서 이 시기를 살펴보았다.

　水利개발에 관해서 먼저 인구증가를 살펴보았다. 인구증가가 수리개발을 해야 할 필요성을 제기하는 인구압력이기도 하고 개발 자체에 필요한 노동력이기도 하기 때문이다. 長沙府는 이 시기에 인구밀도가 갈수록 높아져 민국기에 1순위로 상승하였다. 岳州府, 常德府, 澧州도 淸 후기에서 민국 전반에 인구밀도의 급증이 있었다. 전 시기에 걸쳐 호남의 평균 밀도보다 파격적으로 높아 이 지역의 상대적인 인구집중도를 보여주고 있다. 가경 21년(1816)과 민국 36년(1947) 사이 인구변화를 보면 조사대상 71개 縣 중 본장의 연구대상 지역 중 상위 10순위 안에 7개 縣이 포함된다. 20개 縣 중 17개 縣이 湖南의 평균증가율보다 월등히 높은 증가율을 기록하고 있다. 이 내용을 보면 이 지역이 수리개발과 관련 있는 인구집중

---

123) 民國『寧鄕縣志』故事編, 歷年記.
124) 嘉慶『石門縣志』권18, 風俗.

이 심화된 것을 알 수 있다. 이 증가치의 대부분은 사회적 증가였던 것도 확인된다.

수리 확대 개량을 보면 대상 지역 대부분에서 淸 후기 이후 수리시설이 격증하였던 것을 확인할 수 있었다. 堤垸이 증가할 뿐 아니라 陂塘, 壩, 泉井 수리 등 다양한 수리시설이 개발되었다.

수리시설의 개량에 있어서도 종전에 土堤를 石堤로 개량하는 사업이나 石陂도 등장하였다.

水勢의 변천에 따라 일부 廢垸을 버려두거나 堤長의 길이를 증감시키는 탄력적 방법도 동원되었다. 泥沙의 퇴적으로 인한 위험 감소를 위해 준설이 수시로 이루어졌다. 歲修나 大修의 방법으로 堤防을 '加築加高'하는 관리가 꾸준히 계속되었다. 垸田을 分垸하거나 合垸하는 방법이 사용되었고 堤에 있어서도 水勢를 막기 위해 遙隄, 月隄나 間隄 등 다양한 방법이 동원되었다. 지방지의 수리에는 곳곳에 堤의 수축방법에 대한 효율적 기술을 기재하고 있다.

중앙권력의 정치적 혼란에 관계없이 堤垸은 농민의 생계와 생명이 직결되는 일로 결코 수리 붕괴를 방치했던 것은 아니었다.

垸田개발을 보면 함풍년간 藕池口 붕괴 후 동정호상에 200여 리의 南洲가 생겨나 이것을 개발하고 마침내 南縣이 성립되었다. 그 뿐 아니라 동정호에 여기저기 새로운 퇴적층이 나타나 폭발적인 垸田개발의 계기가 조성되었다.

농업생산 부문에서 먼저 水旱災와 풍凶을 보면 도광 이후 水旱災, 특히 水災의 격증현상은 분명히 목격된다. 그러나 빈번한 水旱災가 곧 바로 흉년의 연속은 아니었다. 수리시설의 보완뿐 아니라 작물의 생장기간을 이용한 대처방법으로 水災를 극복하였다. 결과 청 후기 이후에 전기보다 풍년 기재가 많다는 사실을 발견하였다. 수재의 빈번을 이제껏 堤垸개발 과다가 원인이라는 데만 주목하였으나, 여기에 더하여 기후변화 요소를 고려해야한다는 시사점을 얻을 수 있었다.

'穀賤'은 이 지역이 청 후기의 인구급증에도 농업생산이 위축되지 않았던 것을 보여주는 사실인데 지방지상 그 기록들을 확인할 수 있다. 다음에 근대적 통계조사에 의한 두 자료를 보완하여 연구대상 20개 縣 중 17개 縣이 미곡 수출지였음을 확인하였다.

이상을 보면 淸 후기 이후 민국기 호남 농촌이 빈번한 水旱災로 생산 위축이나 생활 파탄에 직면했다기보다 災害 극복을 통해 농업생산의 발전을 지향하고 있었다고 생각된다.

제4장 淸末民國期 湖南 汝城縣의
新式學校와 敎育財政

序言

아편전쟁 이후 신중국 성립까지 근현대는 반식민지반봉건사회로서 제국주의, 봉건주의, 관료자본주의라는 억압세력에 의해 생산력은 후퇴하고 민중생활은 파탄에 직면했다고 이해하는 것은 중화인민공화국 등장의 역사적 필연성을 설명하는 이론이다.

현재의 현실은 공산주의권의 붕괴 도미노와 함께 중국도 사실상 자본주의화의 길을 가고 있으며, 反帝투쟁의 결과였던 중화인민공화국 성립이 민중을 빈곤에서 구하지 못했던 것과 대조적으로 漢奸, 買辦 등으로 지목되던 국민당 정권 治下의 대만은 자본주의적 번영을 구가하고 있다. 중국 내부에서도 1949년의 신중국 출현은 자본주의 체제에 대한 사회주의의 우월을 입증한 것이 아니라 毛澤東과 공산당 지도부의 정치기술과 군사역량의 승리였을 뿐이라는 인식도 제기되고 있다.[1]

그러나 기본적으로 半植民地半封建社會에서 민족자본주의 발전은 제국주의와 봉건세력의 압박으로 한계를 가질 수밖에 없었다는 것이 통설적 이해이다.[2] 이런 관점에서 외국 교육기관은 교육 형식으로 중국을 침략하는 것이라든지[3] 교회·학교는 군사 정치 경제수단의 채용과 동시에

---

1) 郭世佑,「21世紀 中國近代史硏究展望」『中國近代史』, 2001-1.
2) 龐毅,『中國淸代經濟史』, 北京, 人民出版社, 1994, p.231.
3) 馮開文,『中國民國敎育史』, 北京, 人民出版社, 1994, p.68.

교육수단을 보조로 하여 중국을 완전히 통제하려는 의도라는 인식도 있다.[4] 근대학당은 봉건통치와 중국사회 半植民地化의 환경 속에 출현하여 봉건정권의 통제와 제국주의 사상 문화의 영향을 받고 기형적인 발전을 보인 존재로도 파악된다.[5] 半植民地半封建社會論의 구조 속에서 정치, 경제, 사회, 교육문화 등이 동일한 방식으로 파악되는데 제국주의가 지나치게 강조되고 있는 것이 특징이다.

종래 호남성 汝城縣을 사례 분석한 결과 이른바 제국주의 지배하의 청말민국기에 물가는 계속 상승했으나 米價, 노동자의 실질 임금도 상승되고 있음을 밝힌 바 있다.[6] 이번에는 新式學校의 발전과정을 소재로 하여 청말민국기의 호남 지역사회의 실상을 파악해 보고자 한다. 과연 兩半論에 규정되는 것처럼, 호남의 지역사회는 침체된 모습일까. 제국주의와 봉건주의가 호남 교육을 명백히 억압하고 지배하는 것일까가 本章의 문제의식이다.

교육사에 대한 중국측의 연구 성과는 『中國淸代敎育史』와 『中國民國敎育史』에 잘 정리되어 있고, 지역사적인 접근으로 일본의 阿部洋의 江西省, 奉天省 연구, 高田幸男의 江蘇省 사례와 더불어 福建省 사례, 최근에는 湖南省 長沙를 다룬 논고도 나오고 있다.[7] 국내에서도 교육개혁 관련 연구 성과들이 적지 않게 축적되고 있다.[8] 본장에서는 호남성 여성

---

4) 龐毅, 앞의 책, p.197.

5) 王笛, 「淸末新政與近代學堂的興起」 『近代史硏究』, 1987-3.

6) 田炯權, 「淸末民國期 湖南 汝城縣의 商品流通과 物價變動」 『明淸史硏究』 9, 1998.

7) 龐毅, 앞의 책 ; 馮開文, 앞의 책 ; 阿部洋, 「淸末中國における近代敎育の展開過程」 『中國近代學校史硏究』, 福村出版, 1993 ; 多賀秋五郎, 「淸末近代學制の地方浸透 - 福建省を中心として - 」 『近代アジア敎育史硏究』, 東京, 1975 ; 宮原佳昭, 「淸末 湖南省長沙における民立學堂設立と新敎育界の形成について - 胡元倓と明德學堂を中心に - 」 『東洋史硏究』 62-2, 2003. 9 ; 高田幸男, 「淸末 江蘇における地方自治の構築と敎育會 - 江蘇敎育總會における地域エリ-トの「改造」 - 」 『駿臺史學』 111, 2001.(宮原佳昭, 위의 논문에서 재인용)

8) 張姜植, 『淸末의 敎育改革硏究』, 고려대학교 박사학위논문, 1990 ; 金裕利, 『淸末 書院의 學堂改編과 近代學制의 樹立』, 서울대학교 박사학위논문, 2001. 2 ;

현을 대상으로 하여 신식 교육기관의 발전과 재정문제를 주로 다루려고 한다. 여성현을 대상으로 한 것은 사료 입수의 용이함이 첫째 이유이고, 호남성 지역사회를 縣級 수준에서 해명하는데 좋은 소재라고 생각하기 때문이다.

여성현은 淸代의 桂陽縣이다. 湖南省 郴州지구 동남단에 위치하고 동쪽은 江西 崇義, 남쪽은 廣東의 仁化, 樂昌, 서쪽은 宜章, 북쪽은 資興, 桂東과 인접하고 있다. 면적은 2,341㎢이고 지형은 구릉과 산지가 많고 지세가 비교적 높아 평균 해발은 600m 전후이다. 연평균 기온은 16.6℃(1월 평균 6.3℃, 7월 평균 25.4℃)이고 연강수량은 1,578.3㎜이다.9) 민국 20년(1931) 인구, 면적, 田賦를 기준으로 3등급을 나누었을 때 여성현은 3等縣에 속한다.10)

본장에서는 호남의 변방지역인 여성현에서 신식학교가 청말민국기에 어떻게 변모하는가를 검토하여 호남 지역사회가 이른바 '半植民地半封建社會'라 규정되고 있는 '틀' 속에 어떤 내용으로 상응하고 있는지 살펴보고자 한다.

Ⅰ. 新式學校 발전 추이

1) 淸末 이전

호남의 교육개혁 풍조는 1897년 時務學堂의 설립과 더불어 서원제도 개혁과 신식학교 설립이 촉진되었으나, 戊戌變法 실패로 일시 좌절을 겪

金衡鍾,「淸末 江蘇敎育總會小論」『東아시아 歷史의 還流』, 서강대동양사연구실 엮음, 지식산업사, 2000 ; 金衡鍾,「淸末 新政期의 敎育改革과 財政問題」『外大史學』 8, 1998 ; 金衡鍾,「淸末 江蘇省의 敎育改革과 紳士層」『東洋史學研究』 46, 1994.

  9)『湖南省地理志』, pp.102∼103.

10) 張朋園,『中國現代化的區域研究(1860∼1916) 湖南省』, 台北, 中央研究院 近代史研究所, 1983, pp.379∼380.

게 된다. 그 후 여타 지역과 마찬가지로 光緒新政期에 본격적 교육개혁이 시작된다.[11]

1901년 新政 諭示, 1902년, 1903년 欽定, 奏定學堂章程에 의한 學制반포, 1905년 과거제 폐지, 1906년 學部 설치 등으로 淸朝가 교육개혁을 적극적으로 추진하자, 호남에서도 개혁이 추진되었다. 중앙의 지시에 따라 1901년 求實書院을 省城大學堂으로 하였다가 후에 전문과정 개설에 어려움이 있어 익년에 高等學堂으로 개편하고 있고,[12] 光緒 29년(1903), 湖南師範館, 師範學堂 설치, 이 밖에 中等工業學堂(광서 28년), 醫學堂(광서 28년), 高等實業學堂(광서 29년), 達林存古學堂(광서 31년), 景賢法政學堂(광서 32년), 盛德法政學堂(광서 32년), 中等農業學堂(광서 32년) 등 전문학당들도 설치되고 있다.[13]

中學堂은 광서 31년(1905)에 이르러 巡撫 端方이 西路, 中路, 南路 3곳에 설립하였고, 이후 광서 34년(1908)에 비로소 長沙府中學堂과 衡州府中學堂이 설립되었다.[14] 湖南省 學務處의 통계에 의하면 광서 33년(1907) 全省 普通中學堂 39소, 宣統 元年(1909)에 50소에 접근하여 四川 다음으로 전국 2위가 되고 있다.[15]

小學교육은 광서 29년(1093) 省城에 半日制 학당 12소를 설치하는 데서 시작하여, 광서 31년에는 巡撫 端方이 초등소학당 83곳을 설립하였다. 이 중 40곳이 長沙에 설립되었다.[16] 선통 원년의 호남 全省의 각급 小學堂은 1,113소, 학생수는 43,310인으로서 불과 6년 사이에 폭발적인 증가를 보이고 있다.[17] 그러나 당시 全省 學童은 近 300만으로 학동 대비 취학률은 1.5%에 못 미치고 있다. 약간의 오차는 있으나 선통 원년의 소학생수를 선통 3년의 인구에 견주어 보면 인구대비 소학생의 취학률은 0.2% 수

---

11) 劉泱泱, 『湖南通史』近代卷, 長沙, 湖南出版社, 1994, p.397, p.501.
12) 張朋園, 앞의 책, p.168.
13) 宮原佳昭, 앞의 논문.
14) 張朋園, 앞의 책, p.171.
15) 劉泱泱, 『湖南通史』近代卷, p.510.
16) 張朋園, 앞의 책, p.172.
17) 『湖南通史』近代卷, p.513.

준이다.[18]

이 밖에 광서 29년(1903)에 설립된 明德學堂을 필두로 다수의 사립 學堂들이 官의 보조금을 받으면서 운영되고 있다.[19]

호남성 전체의 신식학교 발전 조류 가운데 여성현은 어떤 구체적 모습을 보이고 있는지 『여성현지』에서 사료를 채취하여 보면 <표 8-1>~<표 8-4>와 같다.[20]

<표 8-1> 汝城縣 高小 以上 學校槪況表

校名	校址	班數	학생수	全年 경비(元)	성립시기
縣立 初級中校 鄕村師範	中區 縣城北	2	89	3,485	민국15년 8月(1926)
縣立 成敎女校	中區 縣城內	3	75	2,700	민국 2년 5月(1913)
鄕立 第一高小學校	中區 雲頭嶺	3	73	1,155	宣統 元年 2月(1909)
鄕立 第二高小學校	中區 西關口	4	124	1,250	민국 2년 2月(1913)
私立 儲能高小學校	中區 津江	4	150	2,300	민국 4년 8月(1915)
私立 啓明高小學校	東一區 孤山	5	145	2,300	光緒34년 2月(1908)
鄕立 新民高小學校	北區 北水村	3	69	1,180	민국 2년 1月(1913)
私立 桂林高小學校	南一區 古塘	3	64	1,340	민국10년 4月(1921)
私立 文明高小學校	西一區 文明市	2	80	1,280	민국18년 2月(1929)

<표 8-2>는 여성현 各區 初級小學校 槪況表의 일부이다. 208개소의 소학교를 모두 적시하고 있는데 표가 너무 번잡하여 中區만 견본으로 제시한 것이다. <표 8-3>은 이 표를 시기와 區別로 내용을 추려 정리한 것이다.

청말 이전 시기에 한정해서 보면 中學堂은 없고 高等小學 이상은 광서 34년 2월에 설립된 사립 啓明高小學校와 宣統 元年 2월(1909)에 설립된 鄕立 第一高小學校뿐이다. 『여성현지』에 기재된 표의 설명을 보면 鄕立 第一高小學校는 종전의 雲頭書院을 개편하여 만든 것이고 사립 啓明高小學校는 孤山 大士菴을 개편한 것이다.

---

18) 多賀秋五郎, 앞의 논문.
19) 『湖南通史』 近代卷, p.513.
20) 民國 『汝城縣志』 권17, 政典, 敎育.

<표 8-2> 汝城縣 各區 初級小學校 概況表(中區)

區別	校名	所在地	學生數	歲入經費	성립시기
中區1	三育	西禪寺	65	270	민국원년 2月 1912
中區2	益道	先農殿	85	330	민국 6년 2월 1917
中區3	靈洲	城南袁家	24	236	민국 6년 7월 1917
中區4	井井	井頭祠堂	33	280	민국 6년 2월 1917
中區5	三樂	三拱門	22	114	민국15년 2월 1926
中區6	尊樂	長塘周家	20	157	민국 6년 8월 1917
中區7	浙溪	龍王廟	19	119	민국15년 2월 1926
中區8	橫經	橫逕村	48	336	민국 2년 2월 1913
中區9	長安	長安村	25	79	민국 3년 2월 1914
中區10	淸和	予樂灣	25	149	민국18년 3월 1929
中區11	鄕三	錦堂葉家	24	130	민국 4년 2월 1915
中區12	養正	東藏李家	29	129	민국16년 2월 1927
中區13	津江第一	堂屋下	46	310	민국 6년 2월 1917
中區14	津江第二	克紀公祠	37	420	민국 6년 2월 1917
中區15	津江第三	松山頭	25	120	민국 6년 8월 1917
中區16	津江第四	門口村	22	140	민국 7년 2월 1918
中區17	津江第五	水東村	45	390	민국 8년 8월 1919
中區18	津江第六	溪浦	21	100	민국16년 2월 1927
中區19	津江第九	南嶺背	27	120	민국18년 2월 1929
中區20	津江第十一	磨刀坑	17	100	민국18년 2월 1929
中區21	津江第十二	東南洞	16	90	민국18년 2월 1929
中區22	育英	江頭吳家	15	70	민국18년 2월 1929
中區23	泰來	泰來墟	21	100	민국 2년 2월 1913
中區24	得心	得靖朱家	22	90	민국13년 2월 1924
中區25	長湖	長湖洞	40	270	민국 2년 2월 1913
中區26	順德	營內村	18	140	민국원년 1월 1912
中區27	淵源	得靖鄧家	21	110	민국13년 8월 1924

초등소학당은 癸卯學制에서는 5년제이다. 초등소학은 東一區의 第一曲成(광서 33년), 敬業(선통 3년), 東二區의 益子 第一(선통 2년), 益子 第二(선통 2년), 南一區의 振德(선통 원년), 西一區의 高桂(광서 33년), 養正(광서 32년)의 7곳이다.

省 전체로도 1905년 이후에 소학이 발전하기 시작하였고 巡撫 端方이 설립케 한 83곳 중에 40곳이 長沙에 집중되는 것에서 보듯이 변방지역인 여성현은 淸末시기 발전은 맹아기에 해당된다.

<표 8-3> 汝城縣 各區 初級小學校 槪況表

	中區	東1區	東2區	南1區	南2區	西1區	西2區	北區	計
淸光緒32(1906)						1			1
淸光緒33(1907)		1				1			2
宣統元年(1909)				1					1
宣統2年(1910)			2						2
宣統3年(1911)		1							1
民國元年(1912)	2	1							3
民國2年(1913)	3	5	1	3	3	2	1		18
民國3年(1914)	1	4				1			6
民國4年(1915)	1	4		2			1		8
民國5年(1916)		1	1	1		1			4
民國6年(1917)	7	6	4	7		1	1	5	31
民國7年(1918)	1	2	1			1	4		9
民國8年(1919)	1	1		3		1	3		9
民國9年(1920)			2	3			2	5	12
民國10年(1921)				4		3	5	3	15
民國11年(1922)		2		1			3		6
民國12年(1923)									0
民國13年(1924)	2			1					3
民國14年(1925)		1					1		2
民國15年(1926)	2	1					4		7
民國16年(1927)	2		1	11		3	3	1	21
民國17年(1928)		1		4		1			6
民國18年(1929)	5	10	1	5	1	8	1	2	33
民國19年(1930)		3	1		2		1	1	8
計	27	44	14	46	6	24	30	17	208

그런데 여성현에서 신식학교의 최초 출현은 광서 27년(1901) 知縣 龔開晉이 朝陽書院을 고쳐 공립소학당으로 만든 것이 처음이다.[21] 1905년 巡撫 端方이 소학 실시를 장려한 뒤 호남 각지에 소학이 발전되어 가는 궤도 위에 여성현도 상응되고 있다. 장사부의 醴陵縣도 광서 31년(1905) 群治小學, 32년(1906) 化成小學 설립 후 각 鄕 소학이 차츰 성행하였다는 것을 보면 全省的인 조류로 여겨진다.[22]

---

21) 民國 『汝城縣志』 권22, 人物志, 政績.
22) 民國 『醴陵縣鄕土志』 第5章, 敎育.

그런데 전통시대 여성현의 교육기관은 官學과 서원이 주종이다. 縣學은 사실 교육기관의 의미는 희박하지만 정원은 廩生 20명, 增生 20명, 歲科兩試의 附生 각 15명으로 70명 정도이다.

朝陽書院의 원래 정원도 20명 정도 수준이니 雲頭書院과 2개의 濂溪書院의 인원도 대략 많지 않을 것이다.[23]

서원의 학당 개편 후 학생수 증가는 高等學堂으로 개편된 嶽麓書院이나 求實書院, 求忠學堂 등에서도 나타나는 현상이다.[24] 여성현에서는 각종 社學도 모두 폐지되어 버리고 없었으므로 전통시대 교육은 보잘 것 없는 수준이었다.[25] 따라서 청말 新政期에 개설된 신식학교는 高小이상 218명, 초등소학 283명, 합계 501명으로 전통시대에 비하여 교육기회의 양적, 질적 확대가 있었다고 생각된다.

2) 民國시기

민국시기의 교육사적인 시기구분은 제1기 민국 원년~8년(1912~1919 : 근대교육 부르주아 교육의 실시단계), 제2기 민국 8~10년(1919~1921 : 현대교육의 발단시기, 마르크스-레닌주의 전파, 평민교육의 興起), 제3기 민국 11~16년(1922~1927 : 國共合作下 三民主義 대범주에서 공존), 제4기 민국 16~26년(1927~1937 : 國共쌍방 각자 교육주장, 국민당의 黨化교육, 공산당의 신민주주의 교육), 제5기 민국 26~34년(1937~1945 : 三民主義와 新民主主義 교육경쟁), 제6기 민국 34~38년(1945~1949 : 신민주주의 교육강화)으로 정리하는 시각이 있다.[26]

그런데 山東省에서는 제1단계는 1899년 袁世凱의 巡撫 부임~學部 설립까지, 제2단계는 學部 설립~1914·1915년 袁의 영향력 증대, 제3단계는 1916년 袁의 사망~1927·1928년 北伐 성공 이전까지, 제4단계는

---

23) 民國『汝城縣志』권17, 政典, 敎育.
24) 張朋園, 앞의 책, p.176.
25) 注23)과 같음.
26) 馮開文, 앞의 책, p.2.

1928년 국민당 지배~일본의 화북침략(1937)까지로 나누는 논법도 존재한다.[27]

호남에서는 제1기 新政운동 발발시기(時務學堂 南學會의 영향 큼. 교육활동 짧은 2년기간 호남 사상계 발전), 제2기 정부개혁 추진의 淸末시기(청말 최후 10년, 호남은 쾌속 진보의 시기, 이것은 교육 발전과 밀접한 관련), 제3기 완만한 진보의 민국시기(민국년간 사회질서 불안. 元年·2년간 약간의 성취가 있었으나 3년 이후 혼란 가중. 정부는 치안유지 위해 대량 군사비 지출. 민국교육은 정체상태임)로 교육의 전개과정을 이해하는 인식도 있다.[28]

호남의 교육발전 과정도 주로 정치적 변화를 기준으로 하여 구획하는 것이 타당하다고 생각된다. 교육이 정치적 변화에 종속되는 측면이 강하기 때문이다. 즉 제1기는 1912~1917년까지 북양군벌정부 지배 시기이고, 제2기는 1918~1926년까지 남북정부 대치와 남북군벌의 混戰시기, 제3기는 1927~1937년까지 북벌성공과 국민당 지배시기, 제4기는 1937~1945년 중일전쟁과 혼란기이다.[29] 중일전쟁 이후는 정제된 자료의 이용이 극히 어려워 본장에서는 제3기까지를 주요 검토 대상으로 한다.

앞의 <표 8-2>·<표 8-3>이 원래의 여성현 각구 초급소학교 개황표 전부를 분석하고 그것을 시기·구역별로 정리한 것이라면, 여기에 高等小學 이상을 포함하여 단계별 학교 수를 정리한 것이 <표 8-4>이다.

표는『여성현지』사료가 민국 19년(1930) 조사를 토대로 한 것에 그치고 있어 1930년까지의 대체적 추계이다. 이것을 보면 청말 이전까지 初小校 7곳, 高小以上校 2곳밖에 안 되던 것이, 민국 원년에서 6년까지 6년간 비약적 성장을 하고 있는 것을 알 수 있다.

---

27) David. D. Buck, Educational Modernization in Tsinan, 1899~1937 Modern china, In *The Chinese City Between Two worlds*, Standford Univ. Press, 1974.

28) 張朋園, 앞의 책, p.190.

29) 民國『汝城縣志』권15, 黨政, 國民黨. 民國 15年 北伐軍이 汝城縣을 통과하고 同年 8월에 汝城縣 黨部가 정식으로 성립하였으므로 제3기를 1927년부터 설정한다.

<표 8-4> 時期別 學校수 증가

時期	初小	高小以上
1906~1911	7	2
1912~1917	70	4
1918~1926	63	2
1927~1930	68	1

1918~1926년 사이도 앞 단계보다 약간 떨어지지만 계속 증가하고 있다. 1927~1930년은 불과 4년간에 初小校 68校, 高小以上 1개校가 증가하여 폭발적 증가를 보여주고 있다. 민국시대에도 결코 정체라고 볼 수는 없고 계속적인 학교수의 팽창을 목격할 수 있다.

개별 년도로서는 민국 2년(1913) 初小校 18곳, 高小以上 3개校의 증가가 두드러지고 있다. 민국 6년(1917)의 초소교 31곳, 민국 16년(1927) 초소교 21곳, 민국 18년(1929)의 초소교 33곳, 高小以上校 1곳이 증가폭이 돌출된 정도이다. 민국 2년에는 당시 知事였던 王子鑫이 "辨理新政甚力……曾籌學款"에 표시되듯이 新政과 교육사업 추진에 적극적이었던 것이 원인으로 생각된다.30) 민국 6년에도 당시 知事 譚嗣穆이 교육보급에 최선을 다하였다고 縣志에 기재된 것과 유관할 것이다.31) 민국 18년의 경우도 知事 陳必聞의 治績으로 소개되고 있다. 그러나 민국 16년은 縣知事가 有故로 行政위원회를 구성하는 등 다소 혼란스러운 시기임에도 교육발전이 지속 증가한 것은 교육이 행정과 분리되어 어느 정도 독자적 발전을 추구하게 되었다고 생각된다.32)

中學敎育은 광서 28년(1902) 欽定學堂章程에 의하면 府治에 중학을 설립하도록 되어 있다.33) 광서 31년 순무 端方이 西路, 中路, 南路 3곳에 公學堂(즉 中學堂)을 설립하고, 이후 광서 34년(1908)에 비로소 長沙府中學堂과 衡州府中學堂을 설치, 그 후 미비한 중학을 계산에 넣으면 선통

---

30) 民國 『汝城縣志』 권22, 人物志, 政績.
31) 위와 같음.
32) 위와 같음.
33) 張朋園, 앞의 책, pp.168~170.

원년(1909)까지 50곳에 접근하여 四川 다음으로 전국 제2위를 기록한 바 있다. 민국 5년(1916)에는 全省에 연합중학 15곳이 설립되었다.[34]

앞의 <표 8-1>에서 보면, 호남 여성현은 민국 15년(1926)에 설립된 縣立 초급중학교가 유일한 중등교육기관이다.『여성현지』의 관련 설명 부분을 보면 이것은 원래 朝陽書院이었는데 전술한 대로 광서 27년(1901) 知縣 龔開晉이 공립소학당으로 개편하였고, 민국 원년(1912)에는 다시 縣立第一高等小學校가 되고, 12년(1923)에는 甲種 師範班을 부설하였다. 15년(1926)에 초급중학교가 되고 20년(1931)에 鄕村師範班을 부설한 것으로 되어 있다.[35]

조양서원이 공립소학당에서 縣立 고등소학교로 바뀌었다가 민국 15년(1926)에 縣立 초급중학교로 발전하는 것을 보면 여성현 지역의 교육수요가 질적으로 높아지고 있는 것을 알 수 있다. 또 長沙를 중심으로 하는 학교 一極 집중현상이 다소 완화되면서 주변부인 여성현에까지 교육보급이 발전되는 것을 파악할 수 있다.[36]

인근 桂陽州 藍山縣도 민국 12년(1923) 단계에서 縣中學 1소, 高小校 9소, 初小 133소 수준이다.[37] 長沙府에 속하는 醴陵縣도 민국 14년(1925) 단계에서 縣立中學 1소, 縣立女學 1소, 高等小學이상 23개소, 국민소학 555소 등이다.[38] 縣立中學은 역시 1개소뿐이니, 여성현도 비슷한 발전 수준을 보이고 있다고 할 것이다.

小學校 수는 初級小學은 민국 이전에는 7개소에 불과하던 것이 민국시기 1912년부터 1930년까지 201개소가 증가하였다. 高等小學도 청말까지 2건이던 것이 민국시기 7건이 증가하였다. 양적인 발전은 명백하게 인지할 수 있다.

다음으로 학생의 취학 비율에 대하여 살펴보자. <표 8-5>는 여성현 각

---

34) 張朋園, 앞의 책, p.171.
35) 民國『汝城縣志』권17, 政典, 敎育.
36) 宮原佳昭, 앞의 논문.
37) 張朋園, 앞의 책, p.192.
38) 民國『醴陵縣鄕土志』第5章, 敎育.

구의 학생, 학동 및 인구비교표이다.

<표 8-5> 汝城縣 各區 學生, 學童 및 人口 비교표

項別 區別	人口總數	學童總數	學生總數	學生與學童比	學生與人口 百分比
中區	20,871	6,854	1,309	19.1	6.2
東一區	26,455	3,735	1,031	27.6	3.9
東二區	10,875	1,369	299	21.8	2.7
南一區	33,549	4,639	1,157	24.9	3.4
南二區	4,008	466	126	27.0	3.1
西一區	14,308	2,153	592	27.5	4.1
西二區	27,474	3,172	772	24.3	2.8
北一區	15,498	3,027	424	14.0	2.7
全縣合計	153,038	25,415	5,710	22.5	3.7

全縣 합계를 보면 남학생 5,377인, 여학생 333인으로 되어 합계 5,710명이다. 여학생 수가 너무 적어 교육에 있어 남녀 불평등이 심함을 알 수 있다. 그럼에도 청말 이전 시기보다는 분명한 양적 발전이 주목된다. 학생의 학동에 대한 취학 비율은 22.5%이고 학생의 인구에 대한 대비는 3.7% 수준이다.

1907년의 전국 학생수의 인구 총수에 대한 비율은 0.21%, 1910년 당시 교육이 가장 발달한 직예성도 학생수는 인구의 2%에 못 미친다.[39]

1937년 당시 호남성 小學은 28,500소, 학생수 119.46만 인이다. 이것을 당시 인구수로 환산하면 비율은 4.24%정도 수준이다.[40] 호남성에서 선통 원년(1909)의 학생수를 선통 3년(1911) 인구 20,580,000으로 나누면 소학생의 취학률은 인구 대비 0.2% 수준이다.[41] 민국시기 약 20년간 0.2%에서 4.24% 수준으로 학생수가 증가한 것이다. 여성현의 3.7% 수치는 1930년 상황이어서 위 1937년 省 전체 4.24%와 약간 차이가 있지만 발전 궤선 상

---

39) 王笛, 앞의 논문.

40) 『湖南省地理志』第3章, 人口, p.239 ; 宋斐夫, 『湖南通史』現代卷, 長沙, 湖南出版社, p.45.

41) 多賀秋五郎, 앞의 논문.

에 상응하고 있다고 생각된다.[42] 醴陵縣은 민국 14년(1925) 통계로 학생 수의 인구에 대한 비율은 약 2.86% 수준을 보이고 있다.[43] 예릉현에 비하여 인구와 생산력에서 뒤떨어지는 여성현이지만 취학 비율은 높거나 비슷하게 유지되고 있다고 생각된다.

다음에 학교의 구역별 분포와 비율에 대하여 살펴보겠다. 호남성 전체로 보았을 때 公私立학교 다수가 長沙, 衡陽, 常德 등 주요 城市에 집중하고 변방현은 문화가 부족하다든지 혹은 중등학교 이상은 長沙 一極 집중 현상이 지적되어 왔다.[44]

여성현의 교육발전을 보면 省 장사 중심의 교육기관이 변방현에까지 확대 보급되는 것으로 나타난다. 그런데 같은 縣內에서 區별 분포를 보면 <표 8-5>에서 나타나는 대로 학생의 인구에 대한 비율이 최고 높은 中區, 학생의 학동에 대한 취학률이 가장 높은 東1區, 취학률 다음 순위인 西1區, 학교수가 가장 많은 南1區 등 구역집중화의 특색이 나타나고 있다.

中區는 초급소학교 수는 4순위이지만 縣立 중학교와 縣立 成敎女校를 비롯하여 高級小學 이상 9개, 校中 5개校가 포진하고 있다. 中區는 淸代의 城鄕이 8區制 시행과 더불어 개편된 것이다. 가경 21년(1816)에서 민국 18년(1929)까지 여성현의 일반 인구증가율은 7.94% 수준이다.[45] 같은 시기 城鄕→中區의 인구증가율은 35.7%이다. 이 당시 여성현은 도시화가 낮아 縣城인구는 겨우 1,000인에 지나지 않는다는 주장이 있지만 대상 시기인 1916년에서 1931년 사이에 인구의 변화가 단 1명도 없었다는 주장은 받아들이기 어렵다.[46] 城鄕에서 中區로 개편될 때 약간의 행정구역 개편이 있을 수 있어 35.7%가 인구의 순 증가만을 의미하지는 않는다. 그

---

42) <표 8-5>의 수치 중 근소한 계산상의 오차는 수정치를 제시한 것이다. 학생수의 인구비율은 원표상 4.0%로 되어 있으나 수정치는 3.7%.

43) 注38)과 같음.

44) 『湖南通史』 現代卷, p.447 ; 宮原佳昭, 앞의 논문.

45) 田炯權, 앞의 논문, 1998.

46) 張朋園, 앞의 책, p.378.

러나 縣城과 附廓지대로 인구집중 현상은 쉽게 예측할 수 있다.

東1區는 학교수 44로 2위이고 학생의 학동대비 취학률은 27.6%로 1위이다. 東1區는 시장수가 3내지 2로 비교적 상업이 발달한 곳이다. 東1區의 土橋墟는 墟市 가운데 규모가 최대이다. 南1區는 학교수 46으로 1위, 학생수 1,157로 2위인데 학생의 학동 대비 취학률은 24.9%로 4위에 속한다. 이곳은 시장수 7로서 시장이 가장 발달한 곳이다. 시장이 가장 발달한 곳에 학교수도 가장 많다. 西1區도 학생의 학동대비 취학률 27.5%로 2위인데 시장수 역시 원래 6곳에서 4곳으로 되었고 2위에 해당한다. 구역별 분포를 보면 역시 시장이 발달하고 행정, 상업의 중심지에 학교가 집중화되는 현상을 부인할 수 없다. 이것은 시장의 거래물품과 내용이 자본주의적으로 바뀌고 있다면 결국 자본주의와 학교의 상관관계라 생각할 수 있을 것이다.[47]

Ⅱ. 지방재정과 교육비

1) 淸 후기 교육재정

淸代의 재정권은 중앙에 집중되어 있고 지방의 매년 소용 경비는 중앙으로부터 수입범위를 확정하여 지정된 범위 안에서 留用하게 되어 있다. 호남성에서 재정에 대하여 고칠 것이 있으면 반드시 戶部를 통해 奏請하여 황제의 비준을 받은 다음에 비로소 집행할 수 있다. 태평천국 이후 긴급조치로서 지방 督撫와 統兵大臣이 '就地籌餉'하는 가운데 중앙의 재정권이 점차 지방으로 이동하고 있지만, 엄격한 의미에서 淸代에는 합법적인 지방재정은 존재하지 않는 셈이다.[48]

---

47) 田炯權, 앞의 논문, 1998. 물가표에는 洋紗, 洋油 등의 서양상품만 보인다. 사치품이 제외되었다고 되어 있어 물가표에 누락되어도 서양상품은 충분히 유통되었을 것이다. 劉泱泱, 『近代湖南社會變遷』, 湖南人民出版社, 1998, pp.182~183. 전통 行業 가운데 약품업은 中藥과 西藥이 취급되고 복장업도 西服店 등이 등장하는 등 시장의 변화 보임.

　　호남의 歲入은 道光후기까지 200萬 兩 정도를 유지하다가 咸豊·同治
期에 2~3백만 냥 전후를 유지하였다.[49] 함풍 5년(1855)의 호남재정은 捐
輸 20만 냥, 厘金 200만 냥, 地丁銀 115만 냥, 漕折 45만 냥, 합계 380萬
兩의 세입이다.

　　세출은 地丁, 京餉, 解款 25만 냥, 漕糧 19만 냥, 厘金上交額 10만 냥,
각 省協餉 50만 냥, 軍費지출 200여만 냥, 官員廉俸, 辦公費, 藩庫存儲
등 소계 76萬 兩 정도이다.[50] 군사비 200萬 兩과 나머지 76萬 兩 정도를
지방에 存留된 것으로서 지방재정이라고 할 수 있을지는 의문이다. 76萬
兩 안에 省의 각종 행정경비가 포함되어 있다고 보아야 할 것이다. 淸代
의 교육재정이라는 것은 거의 언급하기 어려울 정도이다. 아편전쟁 前夜
의 淸朝의 주요지출 추계를 살펴보면 다음과 같다.[51]

阿片戰爭 前 淸朝 주요지출

皇室경비	2,000,000兩(5.2%)	
俸　　祿	6,000,000兩(15.6)	960,000石
兵　　餉	22,000,000兩(57.1)	2,500,000石
驛傳경비	2,000,000兩(5.2)	
敎育경비	500,000兩(1.3)	
河塘경비	4,000,000兩(10.4)	
其　　他	2,000,000兩(5.2)	
合　　計	38,500,000兩	

　　이것을 보면 미곡을 제외한 銀兩으로만 봤을 때도 군사비가 57.1%에
해당하는데 교육경비는 1.3%에 못 미치고 있다. 교육경비의 내용은 사실
과거시험 비용이 30만 냥이다. 각 省 府州縣 官學경비는 주로 學田에 의
존하고, 각 성 서원에 국가가 發款 보조하는 경비가 26,453냥, 각 省의 名

---

48) 歐陽志高, 『湖南財政史』, 中南工業大學出版社, 1988, p.32 ; 魏光奇, 「淸代後期
　　中央集權財政体制的互解」『近代史硏究』1986-1.
49) 歐陽志高, 위의 책, p.46 ; 劉泱泱, 『湖南通史』近代卷, 湖南出版社, 1994, p.488.
50) 劉泱泱, 위의 책, p.166.
51) 湯象龍, 『中國近代財政經濟史論文選』, 西南財經大學出版社, 1987, p.221.

額이 정해진 生員의 廩膳경비가 14만 냥, 米 2만여 石을 모두 포함하여 전부 50萬 兩에 해당된다. 과거시험 비용은 엄밀한 의미에서 교육비용이 아니니, 이것을 제외하면 교육경비는 20만 냥 정도로 겨우 전체지출의 0.5% 수준에 지나지 않는다. 성의 경우에도 경상비 형태로 지출되는 교육비는 거의 파악하기가 어렵다.

여성현의 경우에 지방단위에서 교육경비는 지방재정 규모 하에 어느 정도 지출되었을까.

<표 8-6>은 민국『여성현지』에 게재된 청대의 부세표이다.52) 여기에 耗羨 1004.748兩을 더하면 여성현의 세입 총액에 해당한다. 이 耗羨은 관리의 養廉銀으로 사용되도록 되어 있다.

<표 8-6> 舊征賦稅立成表

項別	原額	稅率	實征	附注
丁口	5,355丁	每丁1錢4分3厘	760兩8分6厘	康熙50年丁冊기준 雍正2年詔均入田賦 內帶徵
田地塘	1564頃62畝7分	8749石2斗9合4勺4抄	6425兩2錢4厘	秋糧夏稅桑絲 並折條銀如上數
報墾	11頃10畝3分9厘	55石5斗2升2合1勺2抄	40兩4錢4分	雍正初年報墾 升科
九厘饟	照原有頃畝計	每畝9厘	2414兩1錢8分7厘	明萬曆46年개시 淸 답습
屯田	41頃10畝9分5厘	587石4升3合8勺	232兩4錢9分3厘	건륭 2년 원액에서 75兩5錢을 삭감 如 上數
雜稅			190兩	湖課匠價不准優免 牙稅等 皆是 惟田 房契稅在外
總計			10047兩4錢8分7厘	加一火耗在外

지출내용을 검토해 보면 다음과 같다.

---

52) 民國『汝城縣志』권13, 政典志, 財政上.

汝城縣의 주요지출

楚運解往 藩庫	8,414.407兩
撥運解往 驛道糧道	548.895兩
實存留坐支雜支	1,084.186兩
合　　計	10,047.488兩

存留는 전체의 10.79%에 해당된다.『여성현지』에는 存留項下의 지출 내용이 나타나 있다. 주로 知縣衙門, 典史, 巡檢司, 儒學衙門에 관련된 것이다. 이 가운데 교육경비를 굳이 잡는다면 儒學衙門경비일 것이다. 敎諭, 訓導와 齊夫, 門斗, 書辦 등의 인건비를 포함해서 겨우 79.289兩이 지출내역이다. 存留項을 여성현의 지방재정으로 간주하더라도 교육경비의 지출내역은 거의 없는 것이나 다름없다.

淸代의 여성현에서는 官學과 서원이 주요 교육기관이다. 官學의 學額은 廩生 20명, 增生 20명, 歲科兩試 각 附生 15명씩으로 되어 있고, 朝陽書院의 경우도 매년 生童 20명을 선발하였다는 것을 보면 인원은 그리 많지 않았던 것 같다.53) 縣志에 기재된 公産租稅表에 보면 考棚田 18.75工, 儒學田 48.5工, 儒學米田 44.5工이다. 계 109.05工으로, 환산하면 163.575畝에 해당한다.54) 그다지 많은 면적은 아니다.

宋代에 건립되었다가 康熙 丁未年(1667)에 重建된 濂溪書院은 乾隆初에 조양서원이 일어날 때 폐지되었다. 조양서원도 道光 甲申年(1824)에 중건되었는데 이때 마련된 기부토지가 187.5工이었다. 1工 1.5畝로 환산하면 218.25무에 해당한다. 嘉慶 甲子年(1804)에 건립된 염계서원은 서원전의 규모가 분명하지 않다. 가경 10년에 건립된 雲頭書院은 후에 鄕立第一高小學校가 되었는데, 이 학교의 토지가 283.3工인 것을 보아 운두서원의 서원전이 그 일부라고 추정된다.『여성현지』에 書院조를 보면 明代에 社學이 있었으나 현재는 모두 폐지되고 없다고 하였으니, 淸代 여성현의 주요 교육시설은 전술한 것이 거의 전부인 것 같다.55) 淸 후기까

---

53) 民國『汝城縣志』권17, 政典志, 敎育.
54) 田炯權, 앞의 논문, 1998.
55) 民國『汝城縣志』권17, 政典志, 敎育.

지도 여성현에서는 지방재정 차원에서 경상비로 지출되는 교육경비는 거의 없는 것과 같은 실정이다. 學田류가 얼마간 있지만 서원의 폐지와 중건이 반복되는 것을 보니 그 유지 실태도 원만했다고 생각되지 않는다.

2) 청말민국기 교육재정

호남성의 재정은 道光후기까지 200萬 兩 전후의 歲入에서 청일전쟁 전야 310만 냥 정도였는데 광서 20년(1894)~선통 3년(1911)의 재정지출은 817만 냥 수준으로 증가하였다. 新政 수요, 군비지출 증가 등으로 재정규모가 빠르게 팽창해 왔다.[56] 선통 3년(1911)의 호남 재정의 예산세목을 보면 <표 8-7>과 같다.[57]

<표 8-7>에서 세입 부분의 특징을 보면 청 후기까지 절대 부분을 차지하던 田賦가 21.1% 수준으로 격감하고 있다. 반면, 鹽課稅厘, 茶課稅厘, 厘金을 합친 수치가 56.3%로 주요 핵심부분이 되고 있다. 이것은 청말민국기로 진행하면서 청조가 전통적 농업세 위주에서 상업세 위주로 바뀌는 맥락과 일치한다.[58] 이것은 중국 사회의 산업구조 재편과 정책방향의 변화를 보여주는 것이다.

세출부분을 보면 중앙정부에 보내는 解款이 39.1%를 차지하고 軍政費가 30.8%, 그 다음이 교육비로 9.2%를 점한다. 차순위는 實業費로 9.0%이다. 중앙정부에 보내는 비용을 제외한 것을 지방재정으로 간주한다면 교육비는 15.1% 수준이다. 지출 항목 중 교육비가 우선이고 다음이 실업비인 것을 보면 光緖新政期 이후 實業振興과 교육개혁의 정책추진 방향은 여기서도 관철되고 있는 것으로 보인다.

민국시기에 들어가서 國家稅와 地方稅의 획분조치가 시도되고 제3차 稅制정리(1923) 때에는 전통적인 농업세인 田賦가 지방세로 편성되는 획기적 조처가 시행되었다. 南京 國民黨政府 성립 이후 1928년에 국가세와

---

56) 歐陽志高, 앞의 책, p.46.
57) 張朋園, 앞의 책, p.249에서 재인용.
58) 魏光奇, 앞의 논문.

지방세의 획분이 실질적으로 단행될 때까지는 실제 稅政은 혼란스러웠다.[59)]

<표 8-7> 宣統 3年 預算細目

	項目	銀(兩)	制錢(串)	糧米(石)	銀(元)	比例
歲入	田賦	1,348,104				21.1
	漕糧	356,693				5.6
	租課	58,814	12,445	17,162		1.0
	鹽課稅厘	2,046,867	3,600			32.1
	茶課說厘	360,660	22,788			5.6
	釐金	1,186,084	6,984			18.6
	什捐	447,737	1,347,409			0.8
	官業收入	777,654	478		3,980	12.1
	雜收	189,091	123			3.1
	總計	6,368,704	1,393,827	17,162	3,980	100
歲出	解款	2,492,196				39.1
	行政費	344,714				5.3
	民政費	150,221	88,760		360	2.4
	典禮費	23,181				0.4
	財政費	153,232	250,048			2.4
	敎育費	574,247	1,000		350	9.2
	司法費	53,591	4,512			0.9
	軍政費	1,960,263		824		30.8
	實業費	565,089				9.0
	交通費	40,773				0.6
	總計	6,357,507	344,320	824	710	

출전 : 經濟學會編, 「湖南全省財政說明書」, 歲出入部

민국 원년(1912)부터 민국 5년(1916)까지 호남재정은 매년 赤子였고 순전히 紙票발행에 의존했다. 민국 6년(1917) 이후에도 호남은 기본적으로 남북군벌이 분열 대립하는 형세였고 湘西, 湘南, 湘東이 약간의 지구를 이루면서 각자 자유 징세와 자유 提用으로 중앙재정권은 명목뿐이었다. 歷年의 收支통계와 예산 분책도 戰火로 소실되고 일부 연도의 것만 남아

---

59) 北京 經濟學院 編, 『中國近代稅制槪述』, 北京, 1988, pp.68~73 ; 鄭學檬, 『中國 賦稅制度史』, 厦門大學出版社, 1994, p.691.

있는데 단편적인 추세를 알 수 있을 뿐이다.[60] 불완전한 통계이지만 1912
년을 보면 교육비 지출은 5.1% 수준이다. 군사비가 33.3%, 재정비가
46.3%로 비상히 높은 것을 제외하면 여전히 교육비 지출은 상위권에 속
한다. 1916년은 군사비가 50.9%이고 내무비가 25.5%인 것 다음으로 교육
비가 8.8%를 차지하고 있다. 기타 항목에 비해서 교육비는 최상위이다.
民國初의 특수한 상황이 아니라면 군사비는 지방재정 항목에 들어갈 수
없는 것이다. 군사비를 제외하면 지방재정의 최우선 지출 과목이 교육비
인 것은 분명해 보인다.[61]

또 호남에서는 교육경비 독립운동이 일어나 교육재정 확보에 기여하였
다. 호남교육경비의 주요 來源은 청대의 書院膏火田, 官學의 學田, 典息
등에서 유래하고 있는데 민국 이후 재정이 통일되고 정국 변동으로 교육
경비는 큰 영향을 받았다. 안휘파 군벌 張敬堯의 지배하에서 한 때 교육
경비 발급이 정지되는 사태가 발생하자, 張炯이 1920년 8월 省 敎育會에
서 교육경비 독립을 주장하고 塩稅附加를 교육경비 독립의 기초로 삼는
의안을 제출하였다. 1921년 성 헌법에는 전국교육회의 결의안에 근거하
여 매년 교육경비는 全 省 예산 총액의 30%는 되어야 한다고 규정하였
고, 1924년 9월에는 敎育經費委員會章程이 마련되었다. 각 현의 學款 경
리처에 있어서는 방법이 이것과 서로 같다. 이로써 호남성의 교육경비 독
립운동은 초보적 성공을 획득하였다. 때때로 군대에 징발당하는 사례는
있으나, 기타 각 성이 재정청에 직접 의존하는 것보다는 나은 결과가 되
었다.[62]

1934년 중앙정부 재정 예산규정은 지출의 15%를 반드시 文敎사업에
쓰도록 되어 있으나 실제상 이 목표는 실행되지 못했다. 1936년의 문교예
산은 총액의 4.5% 차지, 당년 군사비는 32.5%였다.[63] 이 당시 정부 당국
자들이 교육우선에 대한 정책의지는 가지고 있었다고 보여진다. 호남성

---

60) 歐陽志高, 앞의 책. pp.81~85.

61) 張朋園, 앞의 책, p.254.

62) 宋斐夫, 『湖南通史』 現代卷, pp.78~79.

63) 費正淸 主編, 章建剛 譯, 『劍橋中華民國史』, 上海人民出版社, 1992, p.424.

당국은 교육예산 30% 확보를 목표로 했고, 실제 9%정도 수준을 지출했으니 교육개혁 추진의지가 두드러졌다고 볼 수 있다. 민간에서 행해진 교육경비 독립운동도 정치적 혼란기에 호남교육의 지속적인 발전이 가능하도록 조력한 바가 크다.

호남성 여성현의 경우에 민국성립 이후에도 淸代의 地丁錢糧 10,047兩 4錢 8分 7厘를 기준으로 正稅를 징수하였는데 민국 4년 合邑士紳회의를 필두로 민국 9년, 민국 10년, 민국 14년 등 수차에 걸친 청원에 의한 감면이 행해졌다. 민국 20년 당시에는 총액 9,742兩 2錢 5厘였는데 賦章에 따라 兩을 元으로 고쳐 實征銀 23,381元 2角 9分 2厘가 되었다.

국가 雜稅表에는 印契稅를 종전 3%에서 6%로 징수하는데 定額이 없다는 것, 屠宰稅는 光緒말년에 시작되었는데 매월 약 250元을 징수하여 60%는 省에 보내고 40%는 截留하여 지방 교육경비에 쓴다고 되어 있다. 烟酒稅는 光緒말년에 시작되었는데 처음에 지방인이 처리하여 매월 銀약 100여 元을 올렸는데 지금은 專局을 설치, 위원을 두어 처리하고 稅는 더욱 커졌다는 것을 밝히고 있다. 印花稅도 매월 銀 수백元인데 專局을 두어 처리하고 있다. 국가잡세는 근래 수입이 번창하고 있는데, 수치를 확실히 조사하기 어렵다고 縣志에 기재하고 있는 것을 보면 관련 업종이 번창한 것을 알 수 있다.[64]

민국시대에 국가재정과 지방재정으로 획분이 되었어도 그것은 중앙정부와 省 재정을 말하는 것이고, 縣 재정은 省 재정의 부속이었다. 국민정부가 민국 23년(1934) 「財政收支系統法」을 만들어 省, 縣의 收支획분을 시도하였고 민국 28년(1939) 縣級 재정이 지방세 체계로서 확립되기 전에는 縣의 재정적 독립성은 빈약하였다.[65]

전술한 田賦는 縣에서 징수책임만 다하는 것이고 국가잡세 중에서 屠宰稅의 40%는 縣 교육경비에 쓰도록 되어 있다. 『汝城縣志』에 기재된 地方公用田賦附加一覽表는 민국 원년부터 민국 20년까지에 순차적으로

---

64) 民國 『汝城縣志』 권14, 政典志, 財政下.

65) 郭飛平, 『中國民國經濟史』, 北京人民出版社, p.77 ; 歐陽志高, 앞의 책, pp.92～95.

개설된 田賦 附加 18종이 적시되어 있다.[66] 명목상 學款부가가 분명한 것은 민국 14년(1925)에 실시된 初級中學校費가 있고 민국 19년(1930)에 실시된 敎育局 비용이다. 田賦附加는 기본적으로 縣級 재정의 주요 구성부분이다. 그런데 제목이 地方公用田賦附加로 되어 있고, 末尾의 서술에 汽車路股附加는 국가성질이어서 이곳에 列入하지 않는다는 것을 보면 국가 부가도 더 있었던 것 같다.

그러면 지방재정으로 볼 수 있는 지방경비의 세입세출을 살펴보자.

<표 8-8> 地方經費歲入槪算表 (單位 : 元)

歲入經常門			
科目	18年度 決算數	19年度 豫算數	20年度 豫算數
地方田賦附加	25,989	21,433	29,227
敎育田賦附加	4,872	7,794	9,742
團款田賦附加	49,618	77,937	77,937
契稅附加	961	500	700
契紙附加	136	200	200
菸酒附加	120	120	120
屠宰截留正稅	1,208	1,208	1,208
東西河木捐	16,918	17,000	17,000
高批八坵田捐	2,776	2,752	2,752
龍虎洞百貨捐	658	656	656
經紀捐	1,846	1,846	1,846
城市鋪租捐	130	1,200	1,000
財局田租款	1,638	1,755	1,355
敎育局田租款	950	897	897
鋪房租金	135	160	160
土地稅	20	30	30
八行茶油山稅	13	13	13
春秋屠帮款	425	420	420
田賦逾限息金	580	800	1,300
鎢砂出産捐	300	600	570
合　　計	109,293	137,321	147,133

---

66) 注64)와 같음.

臨時門			
敎育費特商捐	3,500	3,000	3,200
團款特商捐	12,436	13,500	10,600
合計	15,936	16,500	13,800
總計	125,229	153,821	160,933

출전 : 民國『汝城縣志』, p.588

지방 세입을 보면 田賦附加가 역시 많은 비중을 차지하고 있다. 田賦附加는 국가세인 正稅에 비해 대개 3배 내지 5배 정도를 이루고 있다. 그런데 지방경비 세입 중에서 田賦附加는 약 60~70%를 이루고 있다. 비중은 높지만 말단 縣에서도 상업세 관련 附加세입이 30~40%를 구성하고 있는 점에 주목해야 할 것이다.

<표 8-9>는 지방경비 세출 계산표이다. 민국 19년도 예산수를 기준으로 하면 세출경상문 가운데 교육비는 지출 총액의 16.83%를 차지한다. 臨時歲出까지를 합치면 비율은 14.28%로 떨어진다. 이것은 挨戶團경비를 포함한 치안관련 비용의 과다지출 때문이다. 挨戶團관련 경비는 전체의 67.31%를 차지한다. 군사관련비와 교육비 兩項의 합계는 지방세출의 81.6%에 해당한다. 당시의 치안불안 상황이 고조되었던 것을 능히 짐작할 수 있다. 재정, 경찰, 일반행정을 포함한 비용이 전체의 9.3%에 지나지 않는 것을 보면 여성현의 지출 중에 치안유지 관련 다음으로 교육경비가 최우선 순위였던 것을 알 수 있다. 앞서 본 호남성의 교육비 지출이 총괄의 9%대, 순수 지방재정만으로서는 15% 수준이었던 것을 보면 여성현의 지방재정상 교육비 지출 15% 수준과 상응한다고 생각된다.

또 地方公産租稅一覽表에는 考棚田, 育嬰堂田, 儒學田, 儒學米田 등 다양한 學田류의 토지들이 기재되어 있고 財政局에 田地, 坐落, 지명 등을 명기한 冊籍이 구비되어 있는 것을 밝히고 있다.

<표 8-9> 地方經費 歲出槪算表

歲出經常門

科目	18年度 決算數	19年度 豫算數	20年度 豫算數
縣堂務指導委員會	8,339	8,400	8,400
民報社津貼	1,476	1,477	1,680
民衆團體補助費			2,820
政務警察隊經費	3,549	3,634	4,284
縣行政會議經費		260	260
縣警察所經費	1,518	1,518	1,846
挨戶團總局經費	6,757	8,287	8,047
挨戶團設備費	8,643	8,636	10,290
挨戶團特別費	2,785	2,735	4,103
挨戶團豫備費		3,000	5,000
挨戶常備隊經費	57,922	58,952	59,152
財政局經費	3,656	2,912	4,832
財政委員會經費	821	1,008	1,512
教育局經費	5580	4,898	5,690
縣初級中學校費	5,008	4,662	5,930
縣立女子職業學校費	2,873	2,732	2,822
郴縣聯合中學校費	1,000	1,020	1,250
鄕私立高小校津貼	2,653	3,023	3,023
區教育委員會費	847	2,419	2,419
教育計劃委員會費	40	240	240
民衆教育委員會費	64	480	673
義務教育委員會費		360	360
小學教育硏究會費	240	240	
縣教育會經費	1,595	1,830	
民衆學校經費	512	452	200
民衆圖書館費	547	888	204
教育豫備金		1,000	1,000
林務專員辦事處費			636
修築縣道工程事務費		1,000	780
賑務分會經費	2,113	2,112	2,112
縣種痘局經費	359	705	705
貧民工廠津貼	900	231	2,400
廣益婦女工廠津貼			372
公報社津貼			744
慈善費	300	200	300
完公田賦款附加	349	400	280

田賦推收費	200	200	200
紀念慶祝開會費	425	500	500
合　　　計	121,131	130,411	145,066

臨時歲出

挨戶團特務隊費		7,733	2,124
剷共義勇總隊部費		543	246
挨戶團偵探費	852	800	800
挨戶團輸送差遣費	1,409	1,820	2,380
挨戶團購子彈費	2,482	8,200	6,100
挨戶團賞卹費	256	800	1,500
地方修整費	2,694	1,000	800
招待軍事費	1,098	2,000	1,500
政警隊服裝費	229	300	300
警察所服裝費	86	150	100
合計	9,106	23,346	15,850
總計	130,237	153,757	160,916

<표 8-10> 敎育經費收支表

入　款		出　款	
項　別	數　目	項　別	數　目
田賦附加	7,793	敎育局經費	4,992
契稅附加	250	捐貨紀念折肉金	26
菸酒附加	120	第七聯合中學校	1,000
屠宰附加	1,208	各高級小校	3,023
東河木捐	4,128	留學津貼	384
西河木捐	1,282	區敎育委員費	2,400
高排八坵田貨捐	1,376	區敎育委員會費	19
鎢砂出産捐	1,600	敎育計劃委員會費	240
成市鋪捐	1,200	民衆敎委員會費	480
學款田租	897	義務敎委員會費	360
田賦息金	800	縣立初級中校	4,710
特貨捐	3,000	縣立成敎女校	2,822
		縣立民衆學校	452
		民衆圖書館	788
		臨時動支	2,070
總　　　計	23,654		23,766

<표 8-10>은 敎育經費 收支表이다. 이것의 수치는 앞서의 지방경비

세출·세입표와 약간의 오차가 있지만 민국 19년도 예산과 비슷하다. 수입부분을 보면 총액 23,654元 중에 田賦附加는 7,793元으로 32.9%이다. 수입 來源에서 농업세적인 것은 32.9% 수준이고 상업세 부가 성질이 증가한 것이다.

學款田租는 앞의 지방 세입경비표에서 敎育局 田租와 수치가 부합된다. 『汝城縣志』에는 縣有敎育基産表가 있는데 여기에 토지의 위치, 면적 佃戶의 주소, 성명, 소작료 액수까지 정확하게 기재되어 있다.[67]

앞의 공산표는 재정국 관할이고, 敎育基産表상의 토지는 교육국 관할의 토지이다. 敎育基産의 토지는 합산 가능한 것만으로 245.9工, 이것을 畝로 환산하면 368.85畝이다. 소작료는 합산하면 2507.416斗에 해당한다. 세입예산상 學款田租 897元은 당시 물가 수준으로 보면 매우 낮은 수치인데 해당년도의 작황이 안 좋았거나 어떤 이유로 목표액의 징수가 어려웠던 것으로 보인다. 교육국 관할과 별도로 雲頭書院이 개편된 鄕立 第一高級小學校는 『汝城縣志』에 상세하게 토지소유 현황이 적시되고 있는데 면적은 대략 283.3工, 약 424.95畝에 해당한다. 아마 종전의 雲頭書院田이 확대된 것으로 보인다. 鄕立 第二高級小學校도 토지현황이 적시되어 있는데 면적은 161.1工, 약 240.15畝에 해당한다. 이것은 종래의 濂溪書院이 개편된 것으로 그 서원전을 인수한 것으로 보인다.

朝陽書院이 개편된 縣立 初級小學校는 종전 學田租와 城口埠의 상인에게 대여한 자금의 利息 등을 기금으로 갖고 있다. 여성현의 高等小學 이상 학교 설명에는 대부분 '每年經費除公款按班津貼外 由本校基金項下 支給'으로 표시되고 있다.[68]

대부분 부속토지나 현금 형태의 기금을 가지고 있던 것으로 여겨진다. <표 8-10>의 敎育經費 收支表를 보면 수입에서 田賦附加는 32.9%를 차지할 뿐이고 商業稅 부분이 증가하고 있다.

주목해야 할 것은 교육경비 수지표의 지출부분에 각 高級小學校 이상

---

67) 上同, p.619.

68) 民國 『汝城縣志』 권17, 政典, 敎育.

학교의 경비 보조는 나와 있으나, 무려 208개 校나 되는 초급소학교에 대한 경비 지급은 없다는 것이다. 앞의 <표 8-2>의 각 區 초급소학교 개황표의 전부를 보면 208개 校의 세입경비가 명시되어 있다. 이 내용을 합산하면 29,587元이다. 이 액수는 현 교육경비 세출표의 23,766元보다 더 많은 것이다. 여성현 各區學款 全年 收支 비교표에는 세출총액이 43,991元으로 되어 있다. 민국 18년(1929) 조사 수치임을 밝히고 있는데 中區의 경우 초급소학교 세입경비와 고급소학교 이상 보조금을 합친 액수와 中區 學款 액수가 접근하는 것을 보면, 기본적으로 고급소학 이상은 경비 보조를 縣에서 책임지고 초급소학은 각 區에서 해결한 것으로 생각된다. 이렇게 되면 지방재정 중에 교육경비의 점유율은 앞의 15%가 아니라 거의 두 배 가까이 될 수도 있다.

『汝城縣志』各區學款表의 부속 설명에 보면 "右二表總計 全縣 學校 歲款學生人數 而分列之 方今文明 競爭 首重敎育 敎育莫先於經費⋯⋯ 因經費不足 而學生有按名出錢出米 而助束脩者⋯⋯故貧家子弟 往往望 而裏足 惑讀一二年而廢學"라 되어 있다.[69] 즉 문명 경쟁시대에 먼저 교육을 중시해야 되는데 교육은 경비만큼 중요한 것이 없다. 경비 부족으로 학생들이 錢과 米를 내어 돕기도 하는데 가난한 집의 자제는 바라보고 안타까워 하거나 1~2년 공부하고 그만두는 이도 있다는 사정이다. 앞서 살펴보니 도시화가 집중된 縣城과 附廓인 中區에 학교와 학생이 밀집하고, 학생수가 다음 순위이고 초급소학수가 가장 많은 남1구는 시장이 가장 발달한 지역이었다. 학교수 2위의 동1구나 학동대비 취학률 2위인 서1구도 시장이 가장 발달한 지역이었다. 즉 초급소학은 각 區간의 경제력 정도와 학교발전과 직결되고 있었다고 여겨진다. 현의 교육경비 총지출 규모와 맞먹는 정도를 향촌지역에서 부담하고 있었던 것이다.

민국 18년(1929) 겨울 반포된 「地方自治開始實行法表解」에 보면 區公所는 고급소학을 설립하고 鄕鎭公所에서는 초급소학을 설립하는 것으로 교육 보급의 확대가 기대되고 있다.[70] 그런데 여성현에서는 초급소학은

---

69) 民國 『汝城縣志』 권17, 政典, 敎育, p.811.

민국 초년 이래 꾸준히 지속적으로 발전을 계속하고 있는데, 교육경비는 현의 직접적 보조보다는 자체적 노력에 의해 마련된 것으로 보인다.

다른 현의 사정을 잠시 보면 安鄕縣의 경우도 교육경비 지출 내역이 縣志에 기재되고 있다. 안향현 財政局公田表上 토지가 2,000畝 정도인데 敎育局公田表上에는 4,000무가 넘는 토지가 명시되어 있다. 淸代 이래 學田 등 교육재산이 민국시대에 들어와서도 소멸되지 않고 확대되어간 것을 짐작할 수 있다.[71]

醴陵縣도 교육경비로 賓興租穀이 12,000여 石이 되고 그 외 土租 7項이 더 있고 또 厘捐附加 등이 있다는 것을 밝히고 있다. 縣立 학교뿐 아니라 각 區당 약간의 금액을 보조하되 각 國民小學경비를 지역사회에서 징발 혹은 개인이 기부하도록 하고 있다. 예릉현의 현 보조 교육경비는 43,000원으로 당시 예릉 인구 70만 정도인 점을 고려하면 여성현에 비해 오히려 낮은 수치이다.[72] 한때 湘西 10縣을 통치했던 군벌 陳渠珍도 혼란기임에도 불구하고 1923년 1월부터 해당 지역에서 신식교육기관 확충과 교육경비의 독립성 확보에 주력했다.[73] 산동성의 경우에도 교육재정은 군벌시대 동안에도 근본적인 변화를 겪지 않았다는 사실도 있는 것을 보면, 청말민국기를 통해서 신식교육 추진은 일관된 시대적 흐름이었다고 생각된다.[74]

---

70) 民國 『汝城縣志』 권16, 政典, 民政.

71) 民國 23年刊 『安鄕縣志』 권11, 食貨.

72) 民國 15年刊 『醴陵縣鄕土志』 第5章, 敎育.

73) 金世昊, 「湖南 軍閥의 鄕村統治의 實相」 『中國近現代史上의 湖南省』, 지식산업사, 1995.

74) David. D. Buck, "Educationanl Modernization in Tsinan, 1899~1937", In *The Chinese City Between Two Worlds*, Stanford Univ. Press, 1974.

小結

이상에서 살펴보면 청말민국기의 사회성격 이해에 약간의 시사점을 얻을 수 있다.

호남성 여성현에서는 淸末 光緒新政期에 시작된 교육정책의 영향으로 신식학교 설립이 지속적으로 추진되었다. 민국 초기 즉 원년에서 6년(1917)까지 특히 두드러진 측면이 있고 그 이후 조사대상 1930년대까지 꾸준한 학교수와 학생수의 증가 현상을 목격할 수 있다. 정치적 혼란, 군벌전쟁과 대립이라는 상황 속에서도 교육보급과 교육기회의 확대가 계속된 것을 알 수 있다.

이러한 교육보급과 교육기회의 확대는 교육경비의 확보 없이는 불가능한 일이다. 나름의 교육재정이 혼란 속에서도 확보될 수 있었던 것은 淸代 이래의 각종 學田류와 書院田 등 교육재산이 정치격변기에 소실되지 않고 교육재산으로 확실하게 관리됨으로써 정국불안, 물가불안 속에서도 교육확대 유지가 가능했던 것이다.

다음으로 1920년대 일어났던 호남성의 교육경비 독립운동의 추진과 성공으로 교육경비 보관위원회가 만들어지고, 省의 인준을 받아 어느 정도 교육경비의 독립성이 확보되었던 것이다.

또 省정부뿐 아니라 縣級 지방재정에서도 군사비를 제외한 순수 지방재정에서는 교육비 예산이 최우선시 되었다. 여성현의 경우에는 지방경비의 약 15%정도가 縣 교육경비의 지출수준이고 각 區의 초급소학경비를 포함하면 약 30%에 육박하는 수준이 된다. 또 재원의 성격이 종전의 농업세 위주에서 상업세 위주로 바뀌고 있다.

다음으로 縣의 직접 보조를 받지 않는 각 區의 초급소학 등이 광범하게 존재하고 세입경비가 있었던 것은 이 지역의 경제력 성장과 무관하지 않다고 생각된다. 개별 학교수가 가장 많은 남1구는 시장수가 7로서 가장 발달한 지역이다. 縣城과 附廓이 포함된 中區는 고급소학 이상의 학교가 집중되고 縣立 초급중학이 위치한다. 학생취학 비율이 높고 학교가 많은 東1區, 西1區 등도 상업과 시장이 발전한 곳이다. 청말민국기의 이 지역의 시장의 소멸과 발전, 인구증가 등은 제국주의 침략하라고 칭해지는 이른바 '半植民地半封建社會'에서 민중의 새로운 경제력 성장을 의미한다고 생각된다. 앞서 여성현의 동치시기부터 민국시기까지 70년간 물가조사에서 노동자의 실질임금, 농민의 구매물가와 판매물가 등을 비교하여 민중의 생활수준이 향상되고 있던 것을 밝힌 바 있다.[75]

일부 가난한 학생들이 학비 부담을 견디지 못해 중도 퇴학하는 경우도 있었겠지만 錢과 米를 부담하는 것이 일반화했다면 학생수 증가가 민간의 경제력 성장으로 이해될 수 있을 것이다.

또 書院田, 學田 등이 1930년에 이르기까지 학교의 소유토지로서 존재하고 임대 수입으로 교육경비를 충당하고 있는 것을 보면 전통에 토대를 둔 근대화의 패턴을 시인하지 않을 수 없다. 초기 신정시기 교육개혁 추진에서 서원과 私塾 등이 신식학교에 건물 제공, 인적자원 제공 등의 토대로 사용된 것이 많이 지적되어 왔지만,[76] 민국 중년까지 學田이 그대로 경영되고 있는 것을 보면 새롭게 제기되고 있는 중국근대화의 '三元結構論'도 경청할 여지가 있다고 생각된다.[77]

호남 여성현 사회는 청말민국기에 있어 경제력이 성장되고 생활수준이 향상되었으며 교육보급과 교육기회의 확대가 이루어진 시기이다. 반식민지반봉건사회론에서 묘사되는 파탄상태의 농촌으로 파악하기만은 곤란하다고 생각된다.

---

75) 田炯權, 앞의 논문, 1998.

76) 金裕利, 「淸末書院의 學堂改編과 近代學制의 成立過程」『東洋史學硏究』75, 2001 ; 孫準植, 「淸末敎育改革與國民敎育」『中央史論』第十二·十三合輯, 2000.

77) 林剛, 「關于中國經濟的二元結構和三元結構問題」『經濟史』, 2001-1.

제3편

米穀시장과 상품유통

제1장 淸末民國期 湖南의 미곡시장과 상품유통

序言

明 中期 이래 江浙지역의 미곡 공급지로서 주목받은 호남은 淸代까지 중국 최대의 곡창지대였다. 이러한 호남의 미곡유통이 청말민국기로 진행하는 동안 어떤 변모가 있는지 알아보는 것은 중국 전통농업의 최고 수준에 도달한 호남지역이 근현대 사회에 어떻게 적응하고 있었던가, 또는 이전의 江浙지역에 대한 미곡 수출지 기능으로서 상호역할 분담관계가 달라지고 있었는지를 파악할 수 있는 주요 소재이다. 궁극적으로 이것이 호남을 매개로 한 청말민국기 중국사회경제사의 한 측면을 이해하는데 대단히 중요한 주제라 생각된다.

호남미의 유통에 대해서는 주로 "湖廣熟天下足" 俗諺 해명을 단초로 湖廣米 등장 시기에 집중하는 연구,[1] 이러한 호광미 등장의 실질적 배경으로서 객민의 이입, 垸堤의 발달, 토지개간 증대 등을 지적하는 연구,[2] 淸初 호남미 시장의 구조적 특질에 대한 연구,[3] 주로 淸 전기를 중심으로 한 미곡유통에 대한 연구[4] 등 다수의 논고가 제출되었다. 주로 사료의

---

1) 岩見宏,「湖廣熟天下足」『東洋史研究』20-4, 1965 ; 安野省三,「湖廣熟すれば天下足る考」『木村正雄先生退官紀念東洋史論集』, 東京, 汲古書院, 1976 ; 寺田隆信,「湖廣熟天下足」『文化』43-102, 1980.

2) 吳金成,『中國近世社會經濟史研究』, 서울, 一潮閣, 1986, 제2편, 2장, 3장.

3) 重田德,「淸初における湖南米市場の一考察」『淸代社會經濟史研究』, 東京, 1975.

4) 安部健夫,「米穀需給の研究 -「雍正史」の一章としたみた-」『雍正時代の研究』, 京都, 同朋舍, 1986 ; 鄧亦兵,「淸代前期內陸糧食運輸量及變化趨勢」『中國經

풍부함에 이끌린 탓으로 생각되지만 淸 전기의 호남미의 유통에 대해서
는 상대적으로 연구가 집중되는 경향이 있다. 그런데 淸 후기에서 민국기
에 걸쳐서는 호남미 유통에 대한 고찰이 소홀한 편이다.[5] 필자는 이 점에
착안하여 청말민국기의 호남미 유통이 同 시기에 지속되고 있다는 사실
을 이미 밝힌 바 있다. 그런데 이것이 淸 전기와 비교해서 유통량이 축소
지향이었는지 확대되었는지 역사적 의미의 체계화는 충분히 달성하지 못
하였다. 반면 호남의 미곡시장과 관련해서는 淸 후기 이래 인구급증과 경
지 부하량의 증가로 米價가 상승하고, 미곡 수출지 기능이 쇠퇴했다고 보
거나,[6] 군벌 지배하의 호남 농촌은 식량부족 현상 심화로 搶米 풍조가 발
생하였다는 주장도 제기되고 있다.[7]

본장의 문제의식은 일차적으로 호남미 유통이 청말민국기에도 지속되
고 있는데 그것이 전기에 비해 유통량과 성격이 어떤 변화를 보이고 있
는가를 알아보는 것에 두었다. 호남 각지 미곡시장이 米價체계를 통해 상
호 연계되고 유통방향의 체계성을 유지하고 있는가, 종래 호남미 유통의
교환상품으로서 淮鹽, 布 등이 청말민국기에는 어떤 내용으로 변화하는
가, 제국주의 침략下의 영향으로서 洋貨, 洋米의 범람이 개별 지방으로서
호남의 국지 시장에 어떤 정도의 비중을 실제 가지고 있는가, 이 洋米의
유통이 호남미의 시장 위축을 직접적으로 초래했는가, 호남미 판매의 성

濟史硏究』, 1994年 3期 ; 吳琦, 「淸代湖廣糧食流向及其社會功用」『華中師大學
報』, 1992 ; 郭松義, 「淸代糧食市場和商品數量的估測」『中國史硏究』, 1994年 4
期 ; 鍾永寧, 「18世紀湖南糧食輸出與省內供求效應」『求索』, 1991年 2期 ; 劉永
寧, 「十八世紀的湘米輸出与淸政府的糧食調控政策」『中國社會經濟史硏究』,
1993年 4期 ; 劉永寧, 「十八世紀湘米輸出的可行性問題」『中國社會經濟史硏
究』, 1990年 3期 ; 蔣建平, 「乾隆末至道光朝米穀貿易議論沈寂問題淺探」『經濟
科學』, 1994年 3期 ; 鄭哲雄, 「淸初 揚子江 三省地域의 미곡유통과 가격구조」
『歷史學報』 143, 1994.

5) 拙稿, 「淸末民國期 湖廣地方의 農業生産力과 生産關係」『慶南史學』 12, 1995 ; 侯
楊方, 「長江中下流地區米穀長途貿易(1912~1937)」『中國經濟史硏究』, 1996年 2期.

6) 龔勝生, 『淸代兩湖農業地理』, 武漢, 華中師大出版社, 1996.

7) 金勝一, 「軍閥統治時期(1914~1926)の湖南農民社會經濟の地域史的一考察」『九
州大學東洋史論集』 17, 1989.

과가 洋貨로 인해 상쇄되었는가, 이것과 관련해서 米價와 물가의 변화 내용은 어떠하였는가 등등을 살펴보려 한다.

접근방법으로서 제Ⅰ절에서는 미곡시장의 유통정황을 미곡의 省內外 유통량에 대해서 실증적 검토를 하여 살펴보고자 한다. 또 종래 식량 보충의 자급용으로 알려진 雜糧의 유통이 省內外로 확대되는 과정을 살펴보겠다. 호남 각 지방시장의 米價 수준을 통해 시장 상호연계와 유통방향에 대해서도 고찰해 보겠다. 제Ⅱ절에서는 수출상품인 미곡의 대응 상품유통이 淸 전기에 비해 어떤 특성으로 변모하는지를 살펴보고 米價와 물가 수준을 비교함으로써 미곡 판매자의 실질소득이 어떤 상황인지를 검토해 보겠다. 이런 고찰을 통해서 청말민국기 호남의 사회경제적 실상의 한 단면에 대한 이해가 심화되고 이후 근현대의 호남 농촌사회를 다소 발전적으로 이해할 수 있으리라 생각한다.

Ⅰ. 米穀시장의 유통정황

1) 미곡의 省內外유통

⑴ 省外유통

淸初 이래 호남미의 江浙지방 유출 현상은 일찍부터 주목되고 있다.[8] 그러나 이런 현상이 淸 후기에서 민국기에 걸쳐 어떤 변화를 보이고 있는가는 아직 선명하게 밝혀지지 않고 있다. 雍正期에 長江 水系의 양식 운수량은 명백히 증가했으나 嘉慶년간 9년 전쟁, 道光시기 인구증가 등으로 차츰 하강 추세로 되었다거나,[9] 乾隆 13년 미곡무역은 최고에 달했으며 건륭 50년~도광 30년의 근 70년간 諭旨, 奏稿 등에 미곡무역 관련 기재가 거의 없다는 것이 미곡무역 쇠퇴의 증거로 제시되고 있다.[10] 淸~

---

8) 重田德, 앞의 논문, 1975 ; 安部健夫, 앞의 논문, 1986.
9) 鄧亦兵, 앞의 논문, 1994.
10) 蔣建平, 앞의 논문, 1994.

民國期에 걸친 복건 양식시장 변천 조사에서도 민국기 복건 양식 수입시장의 위축이 지적되고 호남도 마찬가지로 경제 最落後의 省이 되고 있다는 지적이 있다.[11] 20세기 이래 長江 중류의 四川, 湖北 등 省의 米糧은 자급구 혹은 缺粮區가 되어 하류로 운반할 여력이 없어졌고, 호남은 사천·호북 등 缺糧지역에 공급하는 주요 省이며, 長江 下流省의 수요는 江西·安徽 등의 성에서 공급하게 되었다는 것, 18세기 직선적 운송판매 조직은 漢口 및 上海의 2元 조직으로 된 것이라는 이해도 있다.[12] 그런데 최근에 이르러 청말민국기 이후에도 호남미의 江浙 하류지역에 대한 유출이 지속되고 있다는 논고가 나왔다.[13] 그런데 이것이 淸 전기의 미곡 유통과 어떤 변화를 보이고 있는가는 애매한 채로 남아 있다.

全漢昇의 推計를 인용, 18세기 사천 호남 호북 등 省이 長江 下流로 운반한 미곡은 800~1300만 石인데 1930년대 이 지역 장거리 미곡무역은 700만 担으로서 18세기와 비교하면 이 2백년간 양식무역의 流量은 뚜렷한 증가가 없다는 지적이 있다.[14] 전한승의 推計는 옹정 12년 漢口~江浙 운반 米가 약 1,000만 石이라는 것이고, 여기에 옹정 9년의 川糧 外運量 추계 150만 석, 호북 外運米 가정 50만 석으로 하여 湘米 外運量은 800만 석이 되고 있다.[15] 18세기 長江유역 양식 운수량에 대한 所論들은 모두 전한승의 추계의 사료인 옹정 12년 湖廣總督 邁柱의 奏折 중에 나타난 當年 상반기 운수량 500만 석을 근거로 하고 있다.[16] 하반년이 상반기보다 더 많은 미곡들이 수출될 것이라고 보고 當年 미곡 운수량을

---

11) 徐曉望, 「淸~民國福建糧食市場的變遷」『中國農史』, 1992年 3期.

12) 呂紹理, 「1930年代中國的糧食運銷組織」『政治大學歷史學報』, 1997年 14期.

13) 拙稿, 앞의 논문, 1995 ; 拙稿, 「淸末民國期湖廣地區的農業生産力和生産關係」『淸史硏究』, 1996年 1期 ; 徐正元, 「上海近代稻米市場價格變動之分析」『中國經濟史硏究』, 1996年 2期 ; 侯楊方, 「長江中下流地區米穀長途貿易(1912~1937)」『中國經濟史硏究』, 1996年 2期.

14) 呂紹理, 앞의 논문, 1997.

15) 鄧亦兵, 앞의 논문, 1994.

16) 張建民, 「湖廣熟天下足述論兼及明淸時期長江沿岸的米糧流通」『中國農史』, 1987年 4期 ; 鄧亦兵, 앞의 논문, 1994 ; 吳琦, 앞의 논문, 1992 ; 郭松義, 앞의 논문, 1994 ; 鍾永寧, 앞의 논문, 1991.

1,000만 석 이상으로 잡으려는 견해도 있으나 명확하지 않다.[17] 漢口~江浙까지 운송된 1000만 석 중에는 四川米, 일부 호북미도 포함되어 있을 것이므로 위 추정치 800만 석 이하로 보는 것이 타당할 것이다. 1861년 양자강 개방 이후 증기선 등이 호남미 수출을 자극하여 연간 약 300만 석을 최고로 수출하였다는 분석도 있다.[18]

그런데 미곡유통 관련 기사 가운데는 실제 米와 穀이 명확하게 구분되고 있지 않다. 옹정 12년 湖廣總督 邁柱의 奏折 내용상 미곡은 運米船隻의 숫자를 계산하여 추정된 것이다. 문구에 '采買米穀' 등이라 되어 있어 米보다는 穀을 지칭할 가능성이 높다. 米와 穀의 혼용이라도 穀의 비중이 월등히 높을 것이다. 왜냐하면 衡陽, 湘鄕, 常德 등지에서 長沙에 운집하는 데만 4~5일 걸리고[19] 長江유역 항해를 거쳐 광동에 도착하는 데 20일 정도 걸리는 점을 고려하면,[20] 米의 신선도 유지를 위해서는 대소비지까지는 穀 상태로 운송되어야 할 것이다. 1930년대 無錫 米市에서도 외지에서 유입된 것은 穀이 많고 외지로의 유출은 米가 많았다는 사실은 이를 뒷받침한다.[21] 따라서 18세기 호남미의 長江 하류 유출은 거의 대부분 穀 800만 석 이하라고 추정된다.

호광 농업생산 수준 제고와 동남지구 양식 수요증가로 호광미의 東流 양식은 줄곧 상승추세였고 건륭·가경시기 최고조에 달한 후 장기간 쇠퇴 흔적이 없다는 것, 淸末 馮桂芬의 주장을 인용하여 3~4천만 석 수출이 가능했다는 것을 인정하고, 옹정기 1000만 석에 비해 경제발전 형세와 부합된다는 인식이 있다.[22] 그러나 馮桂芬의 3~4천만 석 주장을 사료 비판 없이 무조건 수용하는 것은 곤란하다. 건륭 50년~도광 30년까지 70

---

17) 郭松義, 앞의 논문, 1994.

18) E.S. Rawski, *Agricultural Change and the Peasant Economy of South China*, Harvard Univ. Press, 1972, p.131.

19) 徐正元, 앞의 논문, 1996.

20) 呂紹理, 「近代廣東与東南亞的米糧貿易」『政治大歷史學報』, 12, 1995.

21) 顧希佳, 「近代江南米市的經營格局」『復印報刊經濟史』(以下『經濟史』로 略稱함), 1995年 4期.

22) 吳琦, 앞의 논문, 1992.

년간 諭旨 奏稿 가운데 미곡무역 논의가 보이지 않는 것을 곧바로 무역 쇠퇴로 연결한다는 것도 위험하다. 하지만 동치 9년간 『祁陽縣志』에 의하면 20여 년 전에는 객상이 湘潭·漢口에 10여만 석을 수출하였으나 이제는 인구증가로 평년에는 자급하고 풍년시에 수만 석을 수출하는 정도라는 사실이 적시되고 있다.[23] 즉 道光末 이후 수출의 둔화 현상이 나타나고 있다. 인구는 건륭기에 지수상 연간 0.75정도 증가되고 있고, 1870~1933년 사이에도 호남 인구는 지수상 매년 0.7씩 증가되고 있다.[24] 반면 건륭 18년(1753) 이후 통계상 경지 증가는 동치 12년(1873)까지 정체상태에 있다가 광서 13년(1887) 이후 현격한 증가를 보이고 있다.[25] 이것을 보면 호남미의 유출현상도 淸代 전기부터 직선적 상승은 아니고 도광 전후 약간 둔화 후 淸末 이후 재상승한 것이 아닌가 생각한다.

이를 구체적으로 확인하기 위해 청말민국초의 사정을 알 수 있는 사료를 한 건 검토해 보면 다음과 같다.

長沙通信에 이르기를……湘省(호남) 産穀 총수는 本省人民의 食用을 제외하고 잉여의 곡은 豊收의 해를 만나면 겨우 500만 石을 수출할 수 있다. 이것은 淸末에 楊文鼎이 호남 순무일 때 조사하여 통계한 바이다. 그러므로 이래로 매번 禁令을 완화하였는데 그 放出額은 다만 300만 石으로 기준으로 삼았다.(민국 14년 5월)[26]

---

23) 同治 9年刊 『祁陽縣志』 권22, 風俗, "祁邑素稱産米之鄕, 詢諸父老二十年前, 客商販米, 至湘潭漢鎭者, 歲率十餘萬石, 故邑中銀錢流通不匱. 迨後戶口滋繁, 平歲米穀, 僅敷本境民食, 卽豊歲所餘, 亦不過數萬石, 一遇歉歲, 反仰給於鄰境."

24) 拙稿, 앞의 논문, 1995 ; 湖南省志 編纂委員會 編, 『湖南省地理志』, 湖南人民出版社, 再版, 1982, pp.235~239.(以下 『湖南省地理志』로 略함)

25) 拙稿, 앞의 논문, 1995 ; 梁方仲, 『中國歷代戶口·田地·田賦統計』, 1980, p.380 ; 嚴中平, 『中國近代經濟史統計資料選集』, p.356 ; 章有義, 『中國近代農業史資料』 제3집, p.921.

26) 章有義, 『中國近代農業史資料』 2輯, p.632, "長沙通信云……湘省産穀總數, 除供本省人民食用外, 余剩之穀, 遇豊收之歲, 僅能輸出五百萬石, 此爲淸末葉楊文鼎撫湘時, 所調査而統計者, 故歷來每次弛禁, 其放出之額, 總只以三百萬石爲率."(民國 14年 5月)

이것을 보면 淸末 穀 500만 석 정도가 호남미의 수출 수준이었고 민국 초년에도 300만 석을 방출 기준으로 삼고 있는 것을 알 수 있다. 풍흉에 따라 계절적, 일시적 수출금지 조치가 부분적으로 행해지고 있으나,[27] 漢口의 海關을 통한 미곡수출은 1871년부터 1927년까지 대체적으로 지속적 성장을 보이고 있다.[28] 1912년부터 1933년까지 해관 통계의 호남 수출 미곡량은 13,888,068關担[29]이고, 연평균 631,276關担인데, 호남미곡 出口는 米가 大宗이고 米는 대부분 輪運이기 때문에 해관 통계는 실제 수출량을 대표한다는 주장이 있다.[30] 그러나 1930년대 전반 無錫米市의 輪船 사용이 5%에 불과하다는 것이나,[31] 같은 시기 上海 수입 本國米의 民船 운반이 50~60%가 넘는다는 사실을 보면,[32] 위 해관 통계는 극히 일부에 지나지 않는다고 생각된다.

1895년부터 1927년까지 通商口岸 부근과 鐵路沿線의 농산 상품화 추세에 대한 조사 보고에 의하면 20세기 초 長沙 外運의 稻穀이 매년 300~500만 袋(每袋 150斤), 岳陽 매년 外運大米 100~200만 担, 1920년 최고 230만 担이라 되어 있다.[33] 稻穀은 淸 石 130斤 기준 346만 1538석~576만 9230석이고 岳陽의 大米 200만 担은 130만 石 미만의 수치에 해당된다. 앞의 長沙通信 所收의 穀 500만 석 수준과 비슷하거나 약간 높은 수치일 것이다.

사실 江浙지역의 缺糧 정도는 淸末 이후 심화되는 것은 자연스럽다. 인구압력 가중, 상공업발전, 대외무역 자극, 城市인구의 밀집화는 청말민국기의 두드러진 현상이다. 상해 1縣의 市鎭 수가 淸初~同治까지 20개 증가했는데 同治~淸末까지 25개 증가했던 것이나, 개항시 20여 만이었

---

27) 위의 책, pp.278~279.

28) 위의 책, p.237, 歷年 海關報告를 編制한 표, 1871~1927 各期 每年平均.

29) 呂紹理, 앞의 논문, 1995에서는 1關担=60.453kg.

30) 侯楊方, 앞의 논문, 1996, pp.70~79.

31) 顧希佳, 앞의 논문, 1995, pp.130~136.

32) 侯楊方, 앞의 논문, 1996, pp.70~79.

33) 劉克祥, 「1895~1927通商口岸附近和鐵路沿線地區的農産商品化」『社會科學院經濟研究所集刊』11, 1988.

던 上海人口가 1895년 50여 만, 1차 대전 후 300만으로 증가한 것은 缺糧 심화를 짐작케 한다.[34]

<표 9-1>은 『通郵物産志』에 기재된 내용을 정리한 것이다. 『通郵物産志』는 민국 24년에 조사된 내용을 민국 25년(1936)에 책으로 편찬한 것이다. 1930년대 근대적 통계가 중국 농촌조사에 도입되는 시점에서 우체국 통신망을 이용한 조사여서 신뢰성이 대단히 높다.[35] 『安鄕縣志』 기재에 민국 23년 穀 15만 担 수출이 확인된다. 『物産誌』는 이것보다 약간 증가한 수준으로 나타난다.[36]

<표 9-1>에 나타난 것 중 省外유출 부분만 종합하면 米가 1,108,000石, 150만 担, 100만kg이다. 担과 kg을 淸 石으로 환산하면 대개 979,593석, 전자와 합하면 米로 2,087,593석에 해당된다. 또 穀은 729만 석과 362만 담, 담을 석으로 환산하면 대개 2,332,955석 합계 9,622,955석이다.[37] 米는 전체 총량(2,087,593石+9,622,955石) 중에 17.83%이고 穀이 82.17%를 차지한다. 이로써 호남미의 방출은 사실상 穀 상태로의 방출이 압도적인 것을 알 수 있다. 여기서 앞의 米를 一米二穀 원칙으로 모두 穀으로 환산하여 더하면 穀은 13,798,141석이 된다. 통계상 호남 인구가 건륭 56년(1791)의 16,556,000인에서 1933년 30,217,520인으로 비약적으로 증가했는데도 불구하고, 1930년대 호남미의 수출은 18세기나 민국 초년에 비해서도 현격히 상승하고 있다.[38] 이 배경은 호남의 농업생산력 제고를 생각하지 않을 수 없다. 湖田의 지속적인 개발과 구릉지대에서 陂塘을 통한 稻作재배 확대, 稻稻連作이나 稻雜재배와 같은 경작방식 변화, 특히 동치 이후 비약적 雜糧재배 확대 등이 지적되고 있지만 이후 계속적인 고찰이 요구된다.[39]

---

34) 程厚思, 「淸代江浙地區米糧不足原因探析」 『中國農史』, 1990年 3期.

35) 交通部郵政總局 編, 『中國通郵地方物産誌』, 華世出版社, 1988, pp.5～9.

36) 民國刊 『安鄕縣志』 권11, 食貨, pp.232～233.

37) 馬立博, 「淸代前期兩廣的市場整合」 『淸代區域社會經濟史硏究』 下, 北京, 中華書局, 1992, p.1045, 淸代 1倉石=淸代 130斤=155.168市斤=77.584kg ; 吳承洛, 『中國度量衡史』, 北京, 商務印書館, 1937, p.369, 1担=50kg.

38) 拙稿, 1995 ; 『湖南省地理志』, pp.235～239

호남미곡의 유출은 漢口를 거쳐 江浙뿐 아니라 廣州 또 天津까지 진출한 것이 확인되고 있다.[40] 대개의 연구는 長江 水路를 이용한 하류지역 미곡유출에 주목하고 있지만, 일부 접경지역에 대한 유통도 확인된다. 호남 汝城縣에서 湘江지류인 耒水와 육로를 이용하여 廣東의 樂昌과 江西의 崇義지방으로 수출된 것이 일부 확인되었다.[41] 醴陵縣에서도 江西의 萍鄕에 미곡을 일부 수출하고 있다.[42] 이외에도 沅江 상류의 芷江縣의 楡樹灣市, 黔陽 등을 거쳐 貴州, 雲南 등지와도 미곡유출이 있었던 것 같지만 유통량을 명확히 알 수는 없다.[43]

(2) 省內유통

호남미의 省外유출에 관한 기재는 비교적 많으나 省內유통 상황에 대한 기록은 거의 보이지 않는다. 18세기 사정 조사에 의하면 資江유역에서 武岡州→邵陽→新化의 유통선이 파악되지만 이것이 동정호에 도달되지 않는다는 것, 澧江유역에는 지방지 기록상에 縣을 넘나드는 미곡유통기재가 없고 沅江유역 辰州府는 타 지역에서 米 수입에 의존하지만 그것이 어디에서 온 것인가 不明이라는 것, 藍山과 新田 미곡이 桂陽에 이동되고 永州에서 衡州도 미곡운송이 있다는 것이 파악되었다.[44]

資水를 통하여 武岡州에서 邵陽, 新化에 연결되는 유통로는 安化縣과 益陽縣까지 도달되는 것이 확인되고,[45] 沅江유역 진주부 瀘溪, 辰溪, 漵浦縣은 缺糧지역으로서 米船은 동정호 부근 常德 일대에서 逆流해 오는

---

39) 拙稿, 앞의 논문, 1995.

40) 侯楊方, 앞의 논문, 1996, pp.70~79 ; 劉克祥, 앞의 논문, 1988.

41) 拙稿, 「淸末民國期 湖南 汝城縣의 商品流通과 物價變動」 『明淸史硏究』 9, 1998.

42) 民國刊 『醴陵縣鄕土志』, p.32, 鄕鎭.

43) 李華, 「淸代湖南城鄕商業的發展及其原因」 『中國社會經濟史硏究』, 1991年 3期 ; 王國斌, 「18世紀湖南糧食市場与糧食供給」 『求索』, 1990年 3期.

44) 王國斌, 앞의 논문, 1990 ; Wong & P.C. Perdue, "Grain Markets and Food Supplies in Eighteenth Century Hunan," T.G Rawski, *Chinese History in Economic Perspective*, California Univ. Press, 1992.

45) 宋惠中, 「晚淸湖南的商業稅与商業網絡」 『史原』, 1997年 5期.

것이라는 지적도 있다.[46] 또 沅州府의 黔陽縣 托口市는 미곡집산지이고 沅江상류의 銅灣市는 黔陽, 辰溪, 芷江縣의 상호교역장소였다.[47]

18세기 호남에서 13개 府 중 10개 府는 어느 정도 府와 府 사이 미곡무역이 있었고, 그 중 다만 5개 府만 長江 중하류 수출무역에 가담하고 있다. 남부 山區의 운송판매가 湘江 수출무역과 연계가 있고, 호남 미곡 운송판매는 실제상 수출무역의 양식 유통에 지배당했다. 그러나 資水, 沅江 연안 및 남부 山區의 미곡유통은 도리어 수출무역지역과 공간적으로 분리된 채 독자적으로 진행되고 있다.[48] 湘江유역이 주요 수출지역이 되고 있지만 19세기 초까지 지방지 중 澧水유역의 縣과 縣 사이에는 무역 존재의 기재가 없다. 호남의 주요 미곡 수출지역은 상강유역의 장사부, 형주부와 동정호 주변의 상덕부, 악주부, 예주부이고 특히 집중도가 높은 곳은 장사, 형주, 상덕 3府였다.[49]

민국 24년(1935) 사정의 반영인 『通郵物産志』 내용을 정리한 <표 9-1>을 보면 寶慶府의 武岡에서 邵陽으로 穀 4만5천 担, 같은 寶慶의 高沙에서 米 10만 石을 邵陽에 송출하고 있다. 앞서 缺糧지역으로 동정호에서 역류하여 미곡을 공급받는 것으로 알려진 진주부의 漵浦縣이 府內의 龍潭에서 米 5천 석을 공급받고 일부는 보경부의 新化縣까지 방출하고 있다. 沅州府의 芷江縣은 黔陽縣 洪江에 穀 4만 석을 방출한다. 같은 원주부의 麻陽縣은 穀 2만 担, 米 1만 担을 本省에 방출하는 것으로 되어 있는데 대상지는 인근의 辰溪縣일 가능성이 크다. 이 밖에 藍山에서 臨武 嘉禾에 米 3만 石을 방출하고 있다. 이외에도 郴州府 汝城縣이 府內의 資興縣에 약간의 미곡을 유통하고 있다.[50] 咸豊 7년(1857) 左宗棠의 상주문에 의하면 湘陰縣도 民食의 半을 보경과 益陽에 의존한 것으로 되어있다.[51] 같은 좌종당 상주에 의하면 辰州, 沅州, 永順府, 靖州, 永州,

---

46) 王國斌, 앞의 논문, 1990.

47) 李華, 앞의 논문, 1991年 3期.

48) 王國斌, 앞의 논문, 1990.

49) 拙稿, 앞의 논문, 1995.

50) 拙稿, 1998

郴州, 桂陽 등은 겨우 자급지역으로 분류되고 있다.

<표 9-1> 民國 24年(1935) 米穀流通情況

지역	종류	단위	최저가	최고가	유통량	행선지	시기
長沙 靖港	米	担	4.0	6.0	1백만 担	漢口 上海	秋
湘潭 株洲	穀	石	2.0	6.0	5만 石	上海 漢口	秋
湘陰	米	担	4.6	5.6	50만 担	長沙 申漢	秋
湘陰 新市	米	石	4.2	4.4	8천여 石	漢口 長沙	秋
寧鄕	米	石	4.0	4.8	30만 石	長沙 靖港 益陽	全年
益陽	米	担	3.5	5.0	30만 石	湘漢	全年
湘鄕	穀	担	2.6	2.8	5천 担	長沙	秋
華容	穀	担	2.0	2.2	3백만 担	長沙 岳州 漢口	全年
澧縣 津市	穀	石	1.8	2.1	34만 石	長沙 漢口	秋
安鄕	穀	石	2.0	2.3	20만 担	長沙	秋
武岡	穀	担	2.7	3.0	4만5천 担	邵陽	秋
高沙	米	石	2.0	2.5	10만 石	邵陽	全年
衡陽	穀	石	1.7	2.0	160만 石	湘潭 長沙 漢口	秋
安仁	穀	担	1.8	2.0	1만5천 担	湘潭	秋
藍山	米	石	5.0	6.0	3만 石	臨武 嘉禾	秋
常德	穀	担	1.7	2.1	5천만 石(5백만 石?)	長江沿岸	秋
桃源	米	石	3.0	5.0	20만 石	長沙 漢口	秋
漢壽	穀	担	2.2	2.5	40만 担	長沙 武漢	夏末秋初
漵浦 龍潭	米	石	5.6	5.8	5천 石	新化 漵浦	秋
芷江	穀	担	1.5	3.0	4만 石	洪江	秋
麻陽	穀	担	2.66	2.77	2만 担	本省	秋
麻陽	米	挑	2.11	5.0	1만 担	本省	秋
零陵	米	石	5.0	7.0	1백만 公斤(kg)	長江沿岸	秋
南縣 三仙湖	穀	石	2.0	2.5	30만 石	漢口 長沙	秋
南縣 三仙湖	米	石	4.7	5.2	30만 石	漢口 長沙	秋

출전 : 民國 25年 『通郵地方物産誌』

<표 9-1>을 보면 1935년에 상음현도 米 50만 担과 8,000石을 長沙, 漢口 등지로 수출하고 있다. 전술한 대로 원주부 지강현, 마양현, 永州府 零陵, 辰州府의 龍潭, 桂陽州의 藍山, 寶慶府의 高沙와 武岡 등지가 새로

---

51)『左宗棠全集』書牘, 卷 1 ; 拙稿, 1995

운 餘糧지역으로 부상하고 있다. <표 9-1>의 내용을 실제 지도에서 찾아 보면 미곡생산 중심지대가 湘江과 동정호 주변지역에서 외곽지역으로 확 산되고 있는 것을 목격할 수 있다.[52]

2) 雜糧의 省內外유통

淸 후기 인구증가와 식량부족 현상에 대한 대응으로 호남지역에서 잡 량재배가 확대된 것은 앞에서 일부 살펴본 바 있다.[53] 잡량재배가 주로 식량부족을 보충하는 자급적 성격으로 등장한 것을 뒷받침하는 사료는 많은데 그것을 摘示하면 다음과 같다. 同治 5年刊『桂東縣志』에

근래 인구가 날로 증가하여 생계를 도모하는 자가 많아 깊은 계곡과 높 은 구릉에도 잡량을 재배하여 빈땅이 거의 없다. 地利도 다하고 民力도 또한 다하였다.[54]

라 되어 있고, 同治 13年刊『興寧縣志』에

농부 1人이 수십 石田을 경작하는데 반드시 山土에 잡량을 함께 재배 한다. 山土에는 돌이 많아 黍麥은 적합하지 않고 다만 包菽喬麥薯蕷등 류를 재배하여 稻米에 섞어서 식량을 보충한다.[55]

---

52) 譚其驤 主編,『中國歷史地圖集』「淸時期」, 地圖出版社, 1987, pp.37~38 ; 安部 健夫, 앞의 책, 1986, p.212, 지도.

53) 拙稿, 앞의 논문, 1995.

54) 同治 刊,『桂東縣志』, 卷 9, 風俗에,"近生齒日繁, 謀生者衆, 深谷高陵, 種植雜 糧, 幾無隙地, 地利盡, 民力亦盡"이라 함

55) 同治刊『興寧縣志』권5, 風俗, "一夫耕數十石田, 必兼種山土雜糧, 山復多石, 不宜黍麥, 祇種包菽喬麥薯蕷穄予等類, 雜稻米以佐饗飧." 호남지역은 경지면적 을 石田으로 표시하는 것이 많음. 1石田의 면적은 5畝, 10畝로 다양한데, 여기서 는 소작료 관련자료를 보면 0.5畝 이하로 추정됨.(光緒『興寧縣志』권8, 學田, pp.813~815 참조)

라 하고 있다. 이 밖에도 嘉慶 『郴州總志』,[56] 嘉慶 『宜章縣志』,[57] 光緖 『흥녕현지』[58] 등에도 유사한 기재가 있다.

침주부의 興寧縣은 同治년간 잡량의 식량보충이 보이는데 光緖刊 縣志에는 고구마(甘薯)를 돼지 먹이로도 이용하는 것이 나타난다. 민국 21년경의 여성현도 고구마는 식량보충으로 사용하지만 옥수수(玉蜀黍)는 거위 먹이로 제공하고 있다.[59] 영주부의 寧遠縣에서도 건륭초에는 山地에서 일부 재배되다가 광서년간에는 고구마(甘薯)를 평지에서 수확하는 사정이 확인되고, 道光 『永州府志』에도 "山民皆以爲糧"이라 하여 양식 대용인 것이 파악된다.[60] 同治 9年刊 『祁陽縣志』에도 "査祁邑山多田少, 秋收原有限制, 卽種雜糧以助"라 하고 있어 이런 경향성을 뒷받침한다.[61] 같은 영주부 零陵縣에서도 稻 수확 후 蕎麥雜糧을 심어서 곡식의 부족한 것을 보충하고 있다.[62] 서북 변경지역인 永順府에서 옥수수(包穀)와 고구마(甘薯)가 同治 이후 식량 대용이 되고 있고 진주부도 비슷한 사정이다.[63] 보경부 城步縣에서도 동치 5년 부임의 知縣 盛鎰源이 농민에게 잡량재배를 적극 권장하고 있다. 인구급증으로 인한 米價상승에 대처하는 방안으로 잡량재배를 강제하고 糧米가 이미 족하면 米價가 저절로 내려갈 것이라 주장한다.[64]

이런 외곽지역과 달리 미곡생산의 중심지였던 岳州府에서도 처음에는 平江縣에서만 재배하다가 嘉慶 이후 府 전체에 고구마 재배가 확대되고 있다.[65] 湘鄕縣의 경우에도 (紅薯)"山土에 재배하는 것이 극히 많다. 旱

---

56) 龔勝生, 『淸代兩湖農業地理』, 武昌, 華中師大出版社, 1996, pp.143~145. 嘉慶 『郴州總志』에는 "多種紅薯……"이라 함.

57) 위의 책. 嘉慶 『宜章縣志』에 "(甘薯)……邑中五鄕皆種之"이라 함.

58) 위의 책. 光緖 『興寧縣志』에 "(甘薯)……邑人多以喂猪"이라 함.

59) 民國刊 『汝城縣志』, p.815.

60) 注56), 57), 58)과 같음.

61) 同治刊 『祁陽縣志』 권8, 物産.

62) 光緖刊 『零陵縣志』 권5, 風俗.

63) 注56), 57), 58)과 같음.

64) 同治刊 『城步縣志』 권10, 物産 附 興除.

65) 注63)과 같음.

稻수확 후 또 遲薯를 심어 山農이 이것으로 식량을 보충하는 것이 해마다 반이나 된다."라고 되어 있고,[66] 善化縣에서 (甘薯)"一家에 10여 石 (수확하여) 貧民은 이로써 양식으로 삼는다."라고 하고 있다.[67] 민국시기 醴陵縣에서도 "山地에서는 모두 薯, 麥 및 諸 잡량 등속을 심는다. 山民은 특히 薯재배를 이롭게 여겨 거의 식량의 半을 점한다."라 되어 고구마(甘薯)가 주요 대체식량인 것을 알 수 있다.[68] 같은 장사부 瀏陽縣에서 광서 23년(1897) 작성된 「瀏陽土産表」를 보면 "근년이래 인구가 극히 번성하였다.……山戶農家가 마침내 잡량을 전부 먹고 穀을 남겨서 換錢하는 자가 있고, 또 잡량을 반을 먹어 穀의 不足을 보충한다. 고구마가 잡량의 大宗이다."이라 되어 있다.[69] 同治刊 『攸縣志』에도 유사한 사실이 기재되어 있다.[70]

淸初의 호남미 시장에서 佃戶의 饑餓판매 사실을 설명하면서, 重田德이 호남의 사례도 아닌 廣西지역 사료를 인용한 것은 우연이 아니라고 생각된다.[71] 그만큼 淸初의 호남지역에서는 전호의 잡량재배와 양식보충의 사례가 찾기 어려웠던 것이 아닌가 생각된다. 전술한 岳州府, 長沙府 등이 嘉慶 이후 고구마(甘薯)재배가 확대되고 있는 것이 보이지만 관련 지방지 가운데 빈도수가 가장 높은 것은 同治년간 刊行物이다. 光緒 23년(1897)의 「유양토산표」도 근년래 인구증가에 대한 대응 사실이다.

따라서 同治 이후 청말민국기로 가면서 장사부와 같은 미곡생산 중심지에서도 차츰 잡량재배가 식량대용의 수단이 되고 그 대신 미곡수출의

---

66) 方行, 「淸代前期的小農經濟」 『經濟史』, 1993年 11期, "山土種之極多, 收早稻後, 又種遲薯, 山農以此充食, 歲居太半."

67) 注63)과 같음. "一家十餘石 貧民以爲糧."

68) 民國刊 『醴陵縣鄕土志』, 제6장, 實業, "山地皆種薯種麥, 及諸雜糧之屬……山民尤利種薯, 幾佔食糧之半."

69) 李文治, 『中國近代農業史資料』 제1집, p.916, "邇年來人口極盛……山戶農家, 遂有全食雜糧, 而留穀以換錢者, 亦有半食雜糧, 以濟穀之不足者……番薯爲雜糧大宗."

70) 同治刊 『攸縣志』 권5, 物産.

71) 重田德, 앞의 논문, 1975, p.34, p.61.

여력을 확보했다고 생각된다. 그런데 <표 9-2>에 제시된 『通郵物産誌』
의 내용을 확인하면 새로운 사실을 발견하게 된다.

<표 9-2> 雜糧其他流通

지역	종류	단위	최저가	최고가	유통량	행선지	시기
湘潭 株洲	紅薯	石	0.4	1.6	1만 石	湘潭 長沙	冬
茶陵	紅薯	斤	10文	20文	2200担	湘潭 長沙	秋
衡陽	雜糧	担	3.0	6.0	15000石	湘潭 長沙 漢口	全年
邵陽 桃花坪	大麥	石	—	4.0	2000石	邵陽	夏
耒陽	麥	担	4.0	5.0	8000여 担	長沙 衡陽	夏
東安	麥	매百斤	2.5	3.5	1200担	衡陽	夏
湘鄕 永豊 楊家灘	小麥	斗	0.25	0.30	2000石	長沙 漢口	夏
澧縣	小麥	石	3.0	4.0	4500石	外縣	夏
嘉禾	小麥	担	4.0	5.0	300担	衡陽	夏
漵浦	小麥	担	4.2	4.3	4000여 担	常德 漢口	秋
澧縣	大麥	石	1.8	2.0	2100石	外縣	夏
澧縣	膏梁	石	2.0	2.4	1300石	外縣	夏
瀏陽	膏糧	石	1.7	1.9	1만 石	長沙 漢口	冬
嘉禾	高梁	担	5.0	6.0	100여 担	衡陽	秋
東安	高糧	매百斤	2.0	2.3	8000여 担	長沙	冬
江華	玉蜀黍	担	3.0	5.0	300担	永明 道縣	秋
湘鄕 永豊 楊家灘	黃豆	斗	0.35	0.40	800石	長沙 漢口	夏
華容	黃豆	担	3.8	4.0	1000担	長沙 漢口	秋
澧縣	黃豆	石	5.0	7.0	3500石	外縣	秋
安鄕	黃豆	石	4.5	5.0	1000石	漢口	秋
慈利	黃豆	石	4.5	5.0	1500担	津市	冬
漵浦	黃豆	担	6.5	6.7	300担	常德 漢口	秋
東安	黃豆	斗	0.65	0.80	800担	衡陽	夏
攸縣	豆	石	8.0	10.0	5000担	長沙 漢口 沙市 潭口	秋
澧縣	大豆	石	3.0	4.0	24500石	外縣	夏
石門	大豆	担	4.5	5.0	23000担	漢口	秋
華容	黑豆	担	4.0	4.4	200担	長沙 漢口	秋
華容	豌豆	担	3.0	3.5	2000担	長沙 漢口	春
邵陽 桃花坪	靑紅豆	石	—	5.0	3000石	邵陽 新化	秋
桃源 陬市	白豌豆	担	4.0	4.8	3000担	常德	春
東安	菉豆	斗	0.6	0.8	700担	衡陽	夏
桂東	紅豆	斤	0.06	0.07	5000担	廣東	冬

激浦	甘蔗	百斤	一	1.00	10만여 根	常德 漢口	秋
零陵	甘蔗	斤	0.02	0.04	5만公斤(kg)	長江沿岸	冬
永明	香米	斤	0.20	0.25	2만 公斤	長沙	冬
城步	苡仁米	斤	0.11	0.13	800担	長沙	冬
桂東	苡仁米	斤	0.12	0.14	500担	湖南 江西	冬
安鄉	蓮子	매石	35.0	40.0	500石	漢口	秋
安鄉	豌豆	石	3.0	3.5	500石	長沙	春
安鄉	棉花	石	28	32	2000石	長沙	冬
安鄉	蛋	枚	0.15	0.17	60만 枚	漢口	春冬

이제까지 식량대체의 자급용으로만 주목되어온 잡량이 漢口, 長江 연안 각지와 멀리 廣東까지 유통되는 상품량이 되고 있는 것이다. <표 9-2>를 보면 알 수 있는 바와 같이 衡陽의 잡량 15,000石이 漢口로 운송되고 미곡 수출지역의 하나인 長沙府 상향현에서도 小麥 2,000석을 장사, 한구로 보내고 있다. 같은 장사부의 瀏陽縣도 高粱 1만 석을 장사, 한구로 보내고 澧州 安鄉縣에서도 黃豆 1,000석을 한구에 운송하고 있다. 桂東縣에서는 紅豆 5,000担을 廣東에 송출한다. 零陵縣에서도 甘蔗 5만kg을 長江 연안으로 방출하고 있다. <표 9-2>에 제시된 41건 가운데 16건 약 39% 정도가 漢口를 비롯한 長江 연안으로 방출되는 것이다.

전술한 바대로 19세기 초까지 縣과 縣 사이의 무역이 보이지 않던 澧縣의 경우 小麥 4,500석, 大麥 2,100석, 高粱 1,300석, 黃豆 3,500석이 外縣으로 판매되고 있다. 湘潭 株洲의 고구마(紅薯) 1만 석이 상담, 장사로 방출되고 있는데 이것은 상담, 장사지역의 미곡수출을 보충하는 것이라 생각된다. 미곡 수출지인 衡陽은 耒陽, 嘉禾 등의 麥·高粱, 東安의 豆 등을 받아들이고 있다. 형양은 잡량을 漢口 등지로 수출하고 있어 미곡뿐 아니라 잡량의 집산지 기능을 하고 있다. 邵陽 桃花坪에서 大麥 2,000石을 소양에 공급하고 靑紅豆 3,000石은 소양과 新化縣까지 보내고 있다.

호남성 내부의 유통도 단순한 식량보충만은 아니고 미곡을 판매하고 잡량을 구매하여 먹는 농민을 상정할 수 있다. 또한 가화는 인근 藍山에서 미곡을 구입하지만 또 小麥 300担, 高粱 100여 担을 衡陽으로 수출하고 있다. 즉 잡량 방출과 미곡 수입현상도 있는 것이다. 청말민국기 특히 민국기에는 잡량은 省내외에 양식시장의 상품량이 되고 있다.

청말민국기에 걸쳐 호남에서 면화, 면포, 또 甘蔗, 茶, 烟草, 落花生 등의 경제작물 재배 확대에 대해서는 이미 살펴본 바 있다.[72] 그런데 앞의 <표 9-1>에서 살펴본 민국 24년(1935)의 사정은 소량의 甘蔗와 면화 등을 제외하고는 경제작물 유통은 뚜렷하지 않다. 藍靛, 甘蔗, 茶 등은 국제시장의 경쟁으로 다소 침체하고 국외 수요가 증가한 면화, 大豆·花生·烟葉 등은 부단히 증가했던 사실에 비추어보면,[73] 大豆의 수출이 뚜렷하고 나머지는 부진한 편이다. <표 9-2>에 근거하면 호남은 미곡뿐 아니라 잡량까지 상품화하여 양식시장의 전문성이 강화되었다고 여겨진다.

3) 市場聯系와 유통방향

중국 시장의 층급구조에 대한 여러 所論들이 제기되고 있지만, 대체적인 것은 農村集市－中心鎭集－地區性集散點－全國的大米市로 파악하는 것이다.[74] 이것을 호남 내에서 보면 각 州縣이하의 墟市, 場鎭 형태의 초급시장, 호남성 내의 湘潭, 衡陽, 郴州, 巴陵 중심의 중급시장, 그 상위의 고급시장에 漢口를 배치하는 층급 구조를 이해하거나,[75] 또 省際간 집산, 中轉시장으로서 漢口와 상담, 지방 소범위 수집·확산 기능으로서 상담 易俗河市, 澧州 津市, 郴州와 黔陽 新路市 등이 파악된다. 이들 지방 집산지는 한편으로 당해지구의 향촌 市鎭과 연결되고, 한편으로는 다른 고급시장에 연결된다. 그 예하에 역시 集市 墟場이 기초시장으로 되고 있다.[76]

湘江유역을 중심한 미곡수출의 주요 교통로상에 위치한 형양이 구역집산지가 되고 상담이 전국적 大米市가 되는 것은 이미 乾隆년간에도 뚜

---

72) 拙稿, 앞의 논문, 1995.

73) 莫日達, 「1840～1949年中國的農業增加値」『經濟史』, 2000年 3期.

74) 方行 等 主編,『中國經濟通史』「淸代經濟」上, 北京, 經濟日報出版社, 2000, p.392.

75) 李華, 앞의 논문, 1991年 3期.

76) 鄧亦兵, 「淸代前期的糧食運銷和市場」『歷史硏究』, 1995年 4期.

렷이 부각되고 있다.[77] 그런데 청말민국기로 오면서 호남의 3大米市였던 상담의 易俗河, 장사의 靖港, 상덕의 滄口는 차츰 쇠퇴하고 30년대 중기 이후 장사가 유일한 大米市가 되었다. 전국적 4大米市인 無錫(乾隆年間 설립), 九江(道光年間 개시), 蕪湖(光緒年間 개시), 장사(宣統年間 형성) 가운데 장사는 淸末에 최후로 등장하고 있다.[78]

초급시장인 농촌 集市는 주로 小農의 일반적 수요를 만족시키는 곳이고 전술한 대로 소량의 미곡, 기타 상품을 어깨로 져서 운반하여 판매하는 것 위주이다. 호남 桂東縣에서 "各鄕墟集 以二八三七等日交易而退 皆布米菽粟之類 無奇貨異物"이라 하고, 武岡州에서도 "列肆多者八九百家 少至數十家 所集之貨 多鹽米布帛取便日用"이라 되어 있어 내용을 짐작할 수 있다.[79] 즉 소농민의 농구, 비료, 종자, 가축 등 생산자료와 생활자료를 초급시장에서 구매하고 미곡과 생산품을 판매하는 것이다.

이런 集市도 청말민국기에는 약간의 변모를 보이고 있다. 醴陵縣에서는 민국기에 상당수가 상설시장화하고 주변부에 소규모 墟場이 배치되고 있다.[80] 호남 여성현에서도 墟市의 수가 증가할 뿐 아니라 비교적 좁은 구역 범위에 집중된 허시는 開市日이 서로 중복되지 않게 열리고 있어 결국 상설시장적 효과를 내고 있다.[81] 耒陽縣의 墟市, 茶陵州의 虛市 등도 청말민국기에 증가 추세를 보이고 있고, 이 시기 중국의 集市증가는 보편적 추세로 생각된다.[82]

湘江유역의 구역 집산지로서 衡陽이 부각된 것은 건륭기부터 확인되고 있다. 수출 미곡지대에서 약간 벗어난 원주부 芷江縣의 興隆市, 黔陽縣의 托口市, 銅灣市는 역시 지구성 집산지이다. 특히 동만시는 黔陽, 辰溪, 芷江의 교역장소로서 상업이 번성하고 매 墟期에 3,000~4,000인이

---

77) 乾隆刊『湘潭縣志』권14, 市羅 ; 重田德, 앞의 논문, 1975, p.4.

78) 侯楊方, 앞의 논문, 1996.

79) 許檀, 「明淸時期農村集市的發展」『經濟史』, 1997年 5期.

80) 民國刊『醴陵縣鄕土志』, 2장, 鄕鎭.

81) 拙稿, 앞의 논문, 1998, p.119 지도 참조.

82) 龔關, 「明淸至民國時期華北集市的數量分析」『經濟史』, 2000年 1期.

운집하였다.[83] 澧州 津市와 郴州 등 구역 집산지에 대해서는 상세한 자료가 부족하다.

가격 변화를 통해 이들 각 시장의 연계와 유통방향을 추정하는 것은 한 가지 유효한 방법이다. 康熙년간에도 江浙 米價는 湖廣地區 米價와 연계된다는 조사가 있고,[84] 全漢昇과 크라우스(Kraus)에 의하면 1710년대 蘇州의 米價 계절 변동폭은 1910년대 上海의 그것에 비해 크지 않았다는 것, 18세기 전반 米價의 지역적 가격차를 검토하여 長江-동남연안 루트를 통해 광범위한 통일시장이 형성되었다는 것이 확인되었다.[85] 건륭년간 상담의 米價가 호북·강남의 時價에 따라 低昻되었다는 것은 미곡 수출시장인 호남이 소비시장 江浙과 긴밀히 연계되었다는 것을 반증한다.[86] 민국시대에도 장사 靖港과 上海의 米價 상관계수는 0.9를 초과하는 고도의 상관관계를 보여주고 있다.[87]

호남 내부에서 각 시장이 어떻게 연계되고 있는가 파악하는 것도 중요하다. 여기에 대한 자료는 많지 않다. 빌리지(Village) 가격은 타운(Town) 가격의 85.2%에서 93.4%를 형성하면서 빌리지→타운의 시장 연계를 설명하고 있는 논고도 있으나 가격 비율은 명확하지는 않다.[88]

18세기 호남에서는 水次에 근접한 長沙, 衡州, 常德, 澧州 등 府州와 水次에서 멀리 떨어진 府州 米價변동은 극히 불균형하다는 보고도 있다.[89] 沅江상류 및 沅州, 黔陽의 지류에 별도의 일부분 무역이 존재했고 貴州 境內와 소량 유통이 있으며, 하류 동정호와 辰州 사이의 무역은 상당히 隔絶的이었다. 寶慶과 常德의 米價가 무관한 정황은 資水 경유 동정호로 내려가는 미곡이 없다는 증거로 이해된다.[90] 호남 미곡의 운송판

---

83) 李華, 앞의 논문, 1991年 3期.
84) 曾學優, 「康熙朱批奏折看南方米價」『經濟史』, 1994年 6期.
85) 岸本美緒, 『淸代前期の物價と經濟變動』, 東京, 硏文出版, 1997, p.31.
86) 乾隆刊 『湘潭縣志』 권14, 市糴.
87) 侯楊方, 앞의 논문, 1996.
88) David Faure, "The Plight of the Farmers", *Morden China*, Vol.11, No.1, 1985.
89) 鍾永寧, 앞의 논문, 1991.
90) 王國斌, 앞의 논문, 1990.

매는 실제상 수출무역의 양식유통에 지배당하지만 資水 沅江 연안 및 남부 山區의 미곡유통은 도리어 수출무역과 공간상 분리되고 있다. 수출지역 미곡시장에서는 모두 府와 府 사이 고도의 시장 통합을 보이고 있고, 수출지역 밖의 미곡시장에서는 시장 통합도가 극히 불완전하다는 인식이 18세기 호남 미곡시장에 대한 개관이다.[91]

<표 9-3> 民國期 湖南米價

1) 穀價

㉠

지역	단위	최저	최고	시기
湘潭 株洲	1石	2.0	6.0	秋
澧縣 津市	石	1.8	2.1	秋
安鄉	石	2.0	2.3	秋
衡陽	石	1.7	2.0	秋
南縣 三仙湖	石	2.0	2.5	秋

㉡

지역	단위	최저	최고	시기
湘鄉	1担	2.6	2.8	秋
華容	担	2.0	2.2	全年
武岡	担	2.7	3.0	秋
安仁	担	1.8	2.0	秋
常德	担	1.7	2.1	秋
漢壽	担	2.2	2.5	夏末秋初
芷江	担	1.5	3.0	秋
麻陽	担	2.66	2.77	秋

2) 米價

㉢

지역	단위	최저	최고	시기
長沙 靖港	1担	4.0	6.0	秋
湘陰	担	4.6	5.6	秋
益陽	担	3.5	5.0	全年

---

91) Wong & P.C. Perdue, "Grain Markets and Food Supplies in Eighteenth Century Hunan", T.G Rawski, *Chinese History in Economic Perspective*, California Univ. Press, 1992.

㉣

지역	단위	최저	최고	시기
湘陰 新市	1石	4.2	4.4	秋
寧鄕	石	4.0	4.8	全年
(寶慶) 高沙	石	2.0	2.5	全年
藍山	石	5.0	6.0	秋
桃源	石	3.0	5.0	秋
溆浦 龍潭	石	5.6	5.8	全年
零陵	石	5.0	7.0	秋
南縣 三仙湖	石	4.7	5.2	秋

<표 9-3>은 『通郵物産志』의 내용에서 지역별 미곡가격을 제시한 것이다. 단위 환산에서 생길 수 있는 오차를 고려하여 종류, 단위별로 비교해 보자. 穀 1石 당 가격인 ㉠을 보면 중심지 시장에 가장 근접한 湘潭株洲가 가격이 가장 높다. 최저가로 기준하면 형양의 1.7元과 澧縣 津市의 1.8元이 가장 낮다. 양 지역이 상담과 장사에서 접근 거리가 멀다. 澧縣 津市가 安鄕보다 약간 낮은 것은 유통 방향이 津市에서 안향을 거쳐 장사, 漢口로 나아갔을 것을 반영한다. 全漢昇의 주장대로 商路를 따라 가격이 상승하여 大城市에 도달, 정점에 달한다는 것이 사실과 부합되고 있다.[92]

㉡의 穀 1担 가격을 보면 주요 수출지역인 華容, 常德, 漢壽, 安仁 등의 가격 수준이 비슷하고 장사, 상담에 가장 가까운 상향 가격이 높다. 반면 주변부 시장인 武岡, 芷江의 최고 가격이 가장 높다. 이것만으로 보면 資江 水系인 武岡과 沅江 水系인 芷江, 蔴陽이 湘江과 동정호 주변과 다른 유통로 상에 있다는 것을 짐작하게 된다. 그런데 상향의 가격이 2.6 ~2.8元인데 무강은 2.7~3.0元, 마양은 2.66~2.77元, 지강은 1.5~3.0元으로서 양 지역 가격이 거의 유사한 수준이라는 것이다.

㉢의 米 1担價에서 보면 역시 益陽과 상음의 가격이 長沙, 靖港보다 낮은 수준이어서 유통 방향을 짐작할 수 있다. 특히 동정호에 근접해 있는 상음은 동정호에 바로 진입해서 漢口로 가는 것이 아니라, 인접한 중

---

92) 馬立博, 앞의 논문, 1992.

심시장이면서 가격이 더 높은 장사에 운집되어서 방출되었을 가능성도 있다고 여겨진다.

㉣의 米 1石價에서는 상음 新市, 寧鄕, 桃源, 南縣 三仙湖 등 湘江유역과 동정호 주변으로서 장사를 구심점으로 하는 지방시장은 가격이 유사한 접근성을 보이고 있다. 반면 국지시장인 寶慶府의 高沙와 漵浦 龍潭 등은 전혀 다른 가격대를 보이고 있다. 零陵은 5.0~7.0元으로 되어 있고 長江연안까지 방출되는 것이다. 위 장사 靖港의 1担 米價로서 환산하면 장사의 米 1石 價는 대충 6.2~9.3元 수준이다. 즉 영릉은 湘江 水系를 따라 형양을 거쳐 장사, 漢口로 나가는 것이 추측된다.

資江 水系인 寶慶府의 高沙에서 邵陽으로의 이동은 유통거리가 짧은 탓인지 표시 가격이 가장 낮다. 漵浦 龍潭이 湘陰 新市나 寧鄕보다 가격이 높은 것은 湘江유역과 별개의 沅江 水系에서 움직이고 있기 때문이라 생각되지만, 원강 하류인 桃源縣보다 높은 것은 어떻게 해석해야 할까. 단순 비교로서는 沅江 하구인 도원현에서 미곡이 역류할 수도 있다고 생각된다. 그러나 도원의 3.6~5.0元과 서포의 5.0~5.8元의 가격차가 운송비와 유통마진을 확보할 수 있는 정도는 아니라고 생각된다. 이 경우 沅江 하류인 常德府 일대는 장사 중심 미곡시장에 통합되고 원강 상류와 자강 상류 일부인 沅州府, 辰州府, 보경부 일부는 국지시장이 존재했다고 생각된다.

그러나 이들 국지시장도 18세기 경과 같이 수출 중심지역과 가격 상관성이 극히 낮은 채로 존재하는 것이 아니라 편차가 극히 작은 고도의 상관성을 보여주고 있다. 미곡의 수출지역이 종전의 長沙, 衡州, 常德, 岳州, 澧州 중심에서 永州府의 零陵이나 郴州府 汝城縣, 沅州府 芷江 黔陽 등 외곽지역으로 확대되고 있다. 漵浦는 미곡은 아니지만 雜糧類를 常德과 漢口에 수출하면서 중심시장과 연계를 맺고 있다. 永州府의 永明도 장사에 香米를 수출하고 있다. 資江 水系인 寶慶府 邵陽縣도 湘江 水系인 湘鄕縣과 지류 側水와 육로를 거쳐 교통하고 있다. 이렇게 미곡 외에도 각종 상품유통을 통해 긴밀한 시장의 연계가 형성되자 직접 미곡시장 상 연결되지 않더라도 중심시장과 주변부 시장이 높은 가격 연관성을 유지한 것으로 생각된다. 이것은 청말민국기에 상대적 교통의 발달, 상업 발달과 물동량 증가 등이 내부 시장 상호간의 연계성을 더욱 긴밀하게 만든 것으로 생각된다.

이들 시장에 미곡을 유통시키고 상호 연계를 형성하는 것은 상인이다. 상인에 대해서는 別稿에서 다루어야겠으나 종전의 통념적 시각에 약간의 보충을 하고 싶다. 江浙지방과 湖廣지방에서 米糧교역을 주도한 세력은 徽商으로서 선박에 소금을 싣고 와서 米糧을 싣고 가는 것이 주요 영업 내용으로 알려져 왔다.93) 태평천국 前에 있어서 호남의 미곡시장은 鹽전매의 특권을 획득하고 있던 淮商의 손에 장악되어 있었다는 주장도 있다.94)

淮鹽이 長江을 거쳐 漢口에 도달하는 데 1,600리이고 漢口에서 호남, 호북 각 府州에 보급되는 데 적게는 1천 수백 리 많게는 2,000리에 해당된다. 태평천국 後, 호남의 淮鹽시장은 붕괴되고 澧州府 등 북쪽 지역은 川鹽, 서부 남부 일대는 粤鹽시장으로 편성되었다. 태평천국 진압 후 淸朝 측의 淮鹽 복귀 시도는 있었으나 현실에서 성공적은 아니었다.95) 태평천국 前, 鹽을 매개로 한 淮商이 호남 미곡시장을 장악하고 있었으나 태평천국에 의한 호남 객상시장의 붕괴를 틈타 호남의 토착상인이 産米 판매에 나섰다는 것이 지적되고 있다.96) 그러나 건륭년간의 상담에서도 상인 회관 6곳 가운데 五穀殿은 本地 糧商이 건립한 것이었다. 가경년간 상담에는 상인 회관이 19곳인데 그 중 3곳은 本地 상인의 것으로 토착상인 세력 성장을 보여주고 있다. 淸末 광서년간 상담의 淮商 취급품은 裘褐, 汾酒, 關角, 潞參이고 蘇商은 綢布 위주였다.97) 실제 호남에서의 객

---

93) 張家炎, 「明淸江漢平原的農業開發對商人活動和市鎭發展的影向」『經濟史』, 1996年 2期.

94) 重田德, 앞의 논문, 1975, p.40.

95) 陳鋒, 「淸代兩湖市場与四川鹽業的盛衰」『四川大學學報』, 1988年 3期 ; 佐伯富, 『中國鹽政史の硏究』, 京都, 法律文化社, 1987, pp.784~786.

96) 注94)와 같음.

97) 李華, 앞의 논문, 1991年 3期.

상 가운데 제일 활동이 왕성한 것은 江西상인이었고 그 뒤에 廣東상인, 山陝상인, 江浙상인, 복건상인의 순서였다.[98] 淸代 漢口의 商帮 조사에 서도 湖南帮은 茶와 米 및 잡량을 취급하고 있는데 거래액은 江南帮과 廣東帮에 이어 3位에 이른다.[99]

同治刊『攸縣志』에 보면 "유현의 民은 末業을 쫓는 자가 적다. 약간의 市廛들이 餘財로 상품을 사 모으는데 객상이 10에 9이다. 오직 선박으로 미곡을 운송하여 형양과 상담에 왕래하고 동정호로 내려가는 것은 대부 분 토착인이다."라고 되어 있다.[100] 이것에 의하면 유현의 本地 상인이 형양, 상담과 동정호 지역까지 내왕하며 미곡유통에 종사하는 것을 알 수 있다. 민국년간 간행의『醴陵縣鄕土志』에도 예릉의 토착상인이 미곡유통 으로 致富한 사실이 나타난다.[101] 淸末 善化縣에서도 미곡 운송 이외에 遠邑에 나가 상업하는 자가 적다는 기재가 있다.[102] 선화현에서는 嘉慶 時에는 "淮船載鹽而來 載米而去"라는 사례가 있었는데[103] 咸豊 3년 이 후 淮鹽시장 붕괴와 粤鹽, 川鹽의 확대는 호남상인의 성장 기회였다고 생각된다.[104] 淸末의 武岡州 관련 史料를 보면 "무강은 평소 産米區라 일컫는다. 스스로 식량 이외에 자못 잉여가 있다. 그 고을의 각 米商은 모두 湘鄕의 客民인데 가을에 수집하여 봄에 운반하는 것이 해마다 常例 이다."라 하고 있다.[105] 光緒 26년 경의 이 史料는 湘鄕 客商이 武岡州

---

98) 李華,「淸代湖南的外籍商人」『淸史硏究』, 1991年 1期 ; 吳金成,「明淸時代의 社會變化와 江西商人」『明淸史硏究』9, 1998.

99) 吳量愷,「淸代湖北沿江口岸城市的轉運貿易」『淸代區域社會經濟史硏究』下, 北京, 1992.

100) 同治刊『攸縣志』권18, 風俗, "攸民鮮逐末, 幾列市廛, 操奇贏 客商客買, 十居其 九, 惟泛運米穀, 往來衡湘下洞庭, 多系土著之人."

101) 民國刊『醴陵縣鄕土志』, 實業, 商業, "本帮之貨殖著者……皆以營穀米 紅茶致 富."

102) 李華, 앞의 논문, 1991年 1期.

103) 위와 같음.

104) 宋惠中,「晩淸湖南的商業稅与商業網絡」『史原』20, 1997年 5期.

105) 李文治,『中國近代農業史資料』제1집, p.539, "武岡素稱産米之區, 自食之外, 頗 有盈餘, 所有該州各米商, 皆湘鄕客民, 秋收春運歲以爲常."

미곡 상인으로 활동하고 있다는 것을 말하고 있다.

湘鄕상인이 湘江 水系도 아닌 寶慶府 武岡州에서 활동하고 있고 攸縣 상인은 형양, 상담과 동정호까지 내왕한다. 또 醴陵상인, 善化의 미곡상인도 縣 범주를 뛰어넘어 미곡유통에 종사하고 있다. 湘潭에 각지 호남상인의 전용 부두가 건설되고 漢口에도 寶慶 부두, 萍醴 부두가 설립된다.106) 이것이 漢口 湖南帮의 결집이 아니었나 생각된다. 적어도 호남 각지의 미곡유통망과 漢口까지의 대동맥은 청말민국기에는 호남 미곡상인의 주도하에 있었다고 생각된다.

Ⅱ. 상품유통 정황

1) 유통상품 특성

여기서는 상품유통 전반의 문제는 아니고 호남이 미곡 수출시장으로서의 기능이 계속되는 동안 대응 상품이 주로 어떻게 유통되었는지 알아보고자 한다. 淸 전기에는 호남의 미곡이 漢口에 집중되고 여기서 淮鹽, 豆, 麥 등이 주로 호남으로 수입되었다.107) 또 주요 수입상품이 鹽, 布 위주였다는 지적도 있다.108) 청말민국기에 호남 각지의 유통 특징은 무엇일까. 제국주의 침략 확대 이후에 洋米, 洋貨 등의 수입증대가 호남 미곡유통에 심각한 타격을 가했던 것일까.

<표 9-4>, <표 9-5> <표 9-6>은 여성현, 소양현, 안향현의 상품유통 정황이다.

<표 9-4>의 경우, 여성현은 廣東과 접경지역으로 湘江 지류 耒水를 통해 일부 육로, 水路를 거쳐 廣東의 樂昌, 仁化 등으로 연결되고 있다. 대상시기가 민국 21년(1932)인데도 불구하고 수입 상품 가운데 洋貨는 극

---

106) 龍登高, 「中國傳統市場的整合」『經濟史』, 1997年 5期.
107) 鄧亦兵, 앞의 논문, 1995.
108) 龍登高, 앞의 논문, 1997 ; 吳琦, 앞의 논문, 1992.

히 저조하다. 이 시기 유통 鹽은 淮鹽이 아니라 粵鹽이 수입되고 있다. 여성현 물가표에 제시된 38개 품목 가운데 제국주의 서양 상품으로 추정되는 것은 洋絲와 洋油뿐이다.[109] 『通郵物産誌』의 여성현 行號 편에도 鍾表, 안경, 玻璃 등이 보이지만 시계 외에는 국산품이다.[110]

<표 9-4> 汝城縣 商品流通 (民國 21年 : 1932)

구분	품목	관련지역
수입품	食鹽	廣州 佛山 韶州 樂昌 及 城口지방
	洋油, 洋紗, 洋貨	〃
	廣貨, 故衣	〃
	布疋 靛	江西의 塘江 贛州 등지
	五色紙帳, 器, 糖 瓜子	〃
	豆, 茶油, 布疋, 綢緞, 帽巾, 書籍, 藥材, 海菜(미역), 酒食, 辣臘, 特貨	湘潭, 衡陽, 寶慶, 郴縣, 桂陽 등지
수출품	稻米, 縣 生産의 1/4 유출	廣東의 城口, 樂昌 江西의 崇義, 湖南의 資興
	紙, 6만 担	廣東의 樂昌, 仁化경유, 韶州, 廣州
	鎢砂, 牲畜, 土藥, 百貨粉條(剪粉, 豆根), 香菇,	〃
	茶油, 特貨(아편)	〃 (통과상품)
	杉木, 鴨, 特貨	江西의 塘江, 贛州, 南安

<표 9-5>는 光緒 33년(1907) 경의 소양현 상품유통 정황이다.

여기서 洋布는 上海에서 오는 것과 湖北織造局 제품이 대종이다. 호북직조국의 것은 국산 洋布인 셈이다. 같은 1907년 경 淸國 사정 보고와 상담현의 洋貨 수량통계를 보면 上海에서 수입된 洋布도 상해제조품일 가능성이 높다.[111] 洋貨 가운데 시계는 外洋人 제조로 되어 있지만 안경, 유리 등의 제품은 廣州, 蘇州人 제조로 국산품이다.

---

109) 拙稿, 앞의 논문, 1998.
110) 交通部郵政總局 編, 『中國通郵地方物産誌』, 民國 25年刊, 華世出版社, 1978.
111) 李文治, 『中國近代農業史資料』 1집, p.492.

<표 9-5> 邵陽縣 商品流通 (光緒 33年 : 1907)

수입품	관련지역
綢緞	江浙에서 옴
夏葛	瀏陽 醴陵에서
棉花	湖北
洋布	上海, 湖北織造局
羊裘	北直, 山陝에서
蘇酒 紹酒	江浙産
汾酒	山西産
烘腿	金華
魚翅 海參 墨魚 鮂字魚	浙閩産
細製點心	嘉興 湖州
峒茶	全州 六峒
條絲煙品	福建産
藥材	江西産
人蔘 鹿茸	關東
肉桂	雲南 蒙古
湖筆 徽墨	安徽
端硯	廣東
洋板 서적 도서	上海 혹 東西 兩洋에서 구입
團扇摺扇	蘇州 杭州
蒲扇	廣東
磁器	江西
羅經	徽州人 제조
鐘表	外洋人 제조
안경 玻璃	廣州 蘇州人 제조
藤几	廣東人 판매
藤牀	廣東人 판매
수출품	관련지역
煤	漢口경유 河南 安徽
鐵鑛 它鐵	資水거쳐 漢口
鋼條	永豊 測水거쳐 省城운반
鐵鍋	新甯 통해 廣西 운송
鐵釘	鄰府鄰省
銻鑛	漢口 上海
紙分	省城, 縣城, 漢口
毛貨	
靛漆	
油(茶油, 菜油, 桐油, 麻油, 花生油)	
茶葉	洋人에 판매, 湘鄕 永豊市 楊家灘
서적	

<표 9-6>의 安鄕縣 상품유통과 관련 도표를 보면 사정은 더욱 분명하다. 안향현은 동정호 주변의 비옥지대로 미곡 수출지역이다. 수출상품의 70.4%는 미곡이고 면화가 18.8%로 이것이 大宗이다. 그런데 수입상품의 大宗은 油(각종 茶油, 菜油 등)가 43.6%, 아편이 21.3%, 布가 12.2%, 鹽 8.5% 순서이다. 鹽은 咸豊 3년이래 川鹽이 주조를 이루고 있고, 민국 20년대에는 淮鹽, 川鹽이 병행하고 있다.[112] 아편은 수입산이 아니라 寶慶産이다.[113] 안향현 수입상품 가운데 洋貨로 추정되는 상품 煤油, 絲烟, 捲烟, 紙烟 등의 수입액은 수입총액의 8.7%에 불과하다.

미곡수출 중심지역인 장사부의 湘潭縣에서도 전술한 「淸國事情」에 1907년 당시 洋布 사용보다도 土布가 많다고 되어 있다. 양포는 토포의 보충에 지나지 않고 있다. 洋絲도 호북제품, 上海제품이 많고 뒤를 이어 日本絲가 유행하는 사실이 摘示되고 있다.[114] 민국 24년(1935)경 상담현 行號는 55개 업종에 63行號, 湘潭株洲는 9개 업종 16개 行號인데 그 중에 電料, 照相, 西藥을 제외하고는 별반 洋貨가 없다.[115]

<표 9-6> 安鄕縣 商品流通情況 (民國 23年 : 1934)

구분	품목	단위	수량	가격총액	단가
수출	穀	担	120,000	360,000	3元/担
	米	担	15,000	90,000	6元/担
	棉花	石	15,000	120,000	8元/石
	薑薹子	石	1,000	8,000	8元/石
	豌豆	担	6,000	18,000	3元/担
	蓮實	石	5,000	18,000	3.6元/担
	牛皮	張	500	4,000	8元/張
	猪毛	斤	1,800	400	0.22元/斤
	鴨毛	斤	250	250	1元/斤
	羊毛	斤	180	144	0.8元/斤
	魚	斤	200,000	20,000	0.1元/斤
	계			638,794	

---

112) 民國刊『安鄕縣志』권11, 食貨, 鹽法.
113) 民國刊『安鄕縣志』권11, 食貨, 商業.
114) 注111)과 같음.
115) 注110)과 같음.

구분	품목	단위	수량	가격총액	단가
수입	油	斤	3,618,000	904,500	0.25元/斤
	鹽	斤	1,536,000	334,416	0.218元/斤
	糖	斤	750,000	90,000	0.12元/斤
	煤油	瓶	30,000	114,000	3.8元/瓶
	麥麵	斤	360,000	36,000	0.1元/斤
	海味	斤	20,000	40,000	2元/斤
	絲烟	斤	576,000	159,880	0.278元/斤
	捲烟	盒	500,000	1,400	0.003元/斤
	紙烟	箱	300	66,000	220元/箱
	酒	斤	5,500,000	55,000	0.01元/斤
	茶葉	斤	28,000	84,000	3元/斤
	雅片	担	400	840,000	2,100元/担
	煤炭	担	228,000	159,600	0.7元/担
	木炭	担	60,000	120,000	2元/担
	鐵紙	枚	6,000	24,000	4元/枚
	藥材			100,000	
	綢緞	疋	8,400	33,600	4元/疋
	布疋	疋	210,000	483,000	2.3元/疋
	金	兩	190	192,000	1010.526元/兩
	銀	兩	190	24,960	131.368元/兩
	銅錫鐵	斤	200,000	16,000	0.08元/斤
	杉木	株	50,000	75,000	1.5元/株
	南竹	根	20,000	4,000	0.2元/斤
	石炭	担	800,000	56,000	0.07元/担
	磚	塊	2,000,000	8,200	0.0041元/塊
	瓦	疋	80,000,000		
	沙岩		2,000	12,600	
	靑岩		6,000	1,000	
	계			3,945,156	

<표 9-7> 安鄕縣의 수출입총액 비중

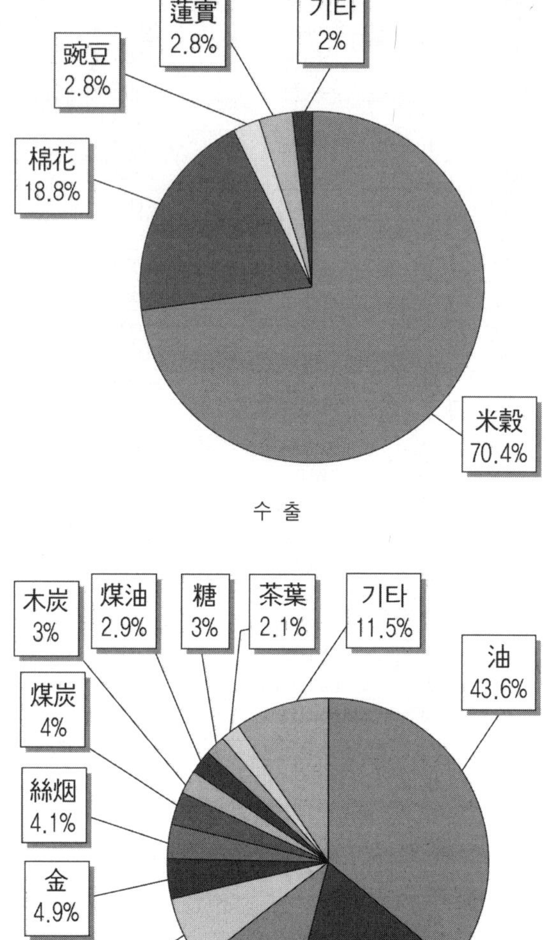

  장사는 76개 업종 134개 行號, 장사 靖港은 13개 업종 18개 行號가 있는데 捲烟雪茄, 전기재료 鍾表(시계), 西藥, 照相(사진), 화장품 정도가 洋貨로 주목된다. 이것도 일부는 國産洋貨가 포함되어 있다고 보아야 한다.

  『통우물산지』에 의하면 이 시기 장사에서는 비누, 유리, 電池, 성냥, 양말, 신발, 棉絲 등 제조품이 생산되어 本省에 공급할 뿐 아니라 그 외 각종 제품을 上海, 漢口 등지로 수출하고 있다. 麵粉과 면포는 漢口에 수출하고 刺繡제품은 국내 및 외국까지 수출한다.[116] 같은 장사부의 醴陵縣에서는 鹽은 粤鹽을 수입하고 있다. 여기서는 민국 15년(1926)경 수입품 大宗은 鹽이 되고 있다.[117] 洋貨로서 洋油, 洋布, 海菜, 五金, 잡화, 靛靑, 顔料, 약품 등이 소개되고 있으나 國産 洋貨 여부나 물동량은 분명하지 않다. 綢布, 棉蔴, 南貨 등이 수입되고 수출은 미곡, 磁, 煤, 土貨, 紅茶 등을 주로 하고 있다. 여성현에서 물가표 上 洋絲만 보이고 있지만 洋布 유행은 극히 한정적이고 洋絲가 土布의 원료가 되는 결합관계가 있었다고 생각된다. 화북평원에서도 洋絲가 土布의 원료가 된 사실이 지적되고 있고,[118] 중국 전체적으로도 19세기 말·20세기 초 洋絲의 대량 수입은 土布생산의 위축이 아니라 土布시장과 무역이 확대되었다는 것이[119] 호남의 개별 지방을 통해서도 입증된다고 생각된다.

  최근 수입품 洋貨의 증가는 국산상품 증가를 방해하지 않았다는 것이 주장되고 있다.[120] 즉 1870~1910년 상해의 洋貨증가는 328%, 海關을 거쳐 상해에 운반된 土貨는 535%였다. 內貿발전은 外貿보다 빨랐다는 것이다. 해관을 경유하지 않는 民船 등이 압도적인 사정을 고려하면 국내상품 무역은 더 높은 비율의 증가일 것이다. 아편전쟁 후 제국주의 침략 결과 洋貨가 대량으로 중국에 수입되고 최초 통상항구 소수지역과 부유한

---

116) 注110)과 같음.

117) 民國 刊, 『醴陵縣鄕土志』 實業, 商業

118) 史建雲, 「淸代華北平原農村棉紡織業商品生産」『淸代區域社會經濟史硏究』上, p.166.

119) 沈祖煒, 「中國近代商業市場的三重結構」『中國經濟史硏究』, 1994年 增刊.

120) 吳承明, 「洋務運動与國內市場」『經濟史』, 1995年 1期.

관료층, 부호 등에 보급되었으며, 19세기 말 中小城鎭에도 深入하게 되었다는 것, 일부 향촌에 범람되었다는 인식이나[121] 그 결과 전통 수공업의 파탄, 耕織 조성의 소농경제를 파산케 했다는 대륙학계의 통설은 약간의 수정이 필요하다고 생각된다.[122]

호남의 상업발전도 아편전쟁 이후 제국주의 침략으로 인한 단절, 침체는 찾아보기 어렵고 咸豊, 同治, 光緒朝에 걸쳐 비약적인 발전을 하고 있다.[123] 1896년의 호남 稅收는 田賦 37.1%, 糧稅 9.68%, 鹽 16.13%, 厘金 19.35%, 雜稅 9.68%, 土藥稅 8.06%로 상업세 관련이 40% 전후에 이르고 있다.[124] 1840~1936년까지 근 백년간 농촌 농산물 상품량, 상품화율은 모두 증가 추세이고 豆, 糖, 油, 麻 등은 국제시장의 자극을 받고[125] 경제작물재배도 1840년의 7.2%에서 1936년은 20.2%로 증가하고 있다.[126]

호남미의 유통에서 洋米수입이 어떤 영향을 주었을까. 洋米수입이 1860년 이후 70년간 국내 米糧무역시장을 대신하게 되었다거나,[127] 복건 수입미곡 중 洋米가 1910년 이후 압도적이었다는 보고가 있다.[128] 광동에서도 20세기 1930년대 洋米가 수입米 총액의 80% 이상이라는 推計도 나오고 있다.[129] 이 시기 洋米수입이 증대된 것은 사실이나 國米의 계산은 해관을 통해 명백히 드러나지 않기 때문에 반드시 정확하다고 할 수 없다.

반면 소비자는 國産米를 선호하였고 수입米는 단지 부족분의 임시 보충이었다는 인식이 있다. 1867~1911년까지 洋米수입은 연평균 351만 關

---

121) 朱英, 「近代中國商業發展与消費習俗變遷」 『經濟史』, 2000年 3期.

122) 王良行, 「淸末對外貿易的關聯效果(1860~1911)」 『近代中國對外貿易史論集』, 1997.

123) 李華, 앞의 논문, 1991年 3期.

124) 宋惠中, 앞의 논문, 1997.

125) 劉建中, 「關于中國近代農村商品經濟發展的幾個問題」 『經濟史』, 1994年 5期

126) 莫日達, 앞의 논문, 2000.

127) 呂紹理, 앞의 논문, 1995.

128) 徐正元, 「中國近代農産商品化的發展与米市的形成」 『經濟史』, 1997年 3期.

129) 連浩鎏, 「二十世紀三十年代廣東米荒問題的硏究」 『中國經濟史硏究』, 1996年 4期.

担으로서 淸末 年均 食米 소비량의 0.24%에 지나지 않았다.[130] 또 1912
년부터 1933년까지 상해의 洋米 수입총량은 27,358,288關担이고 매년 평
균 1,243,558關担 정도이다.[131] 매년 평균을 淸石으로 환산하면 100만 석
에 미달된다. 같은 기간 寧波는 417,913關担, 漢口는 157,903關担으로 거
의 무시해도 좋을 정도의 소량이다. 상해의 인구는 개항 당시 20만 정도
에서 1895년 50만, 1차대전 이후 300만으로 증가했고, 주변지역의 도시화,
공업화는 신속하게 진행되어 缺糧요소는 淸 전기보다 더욱 강화되었
다.[132] 따라서 앞 절에서 살핀 대로 청말민국기 호남 미곡시장의 상품수
출은 더욱 고조될 수 있었다고 생각된다.

그런데 洋米는 서양 열강의 産品이 아니라 태국, 베트남, 미얀마, 인도
등지의 생산품이고 공업제품이 아니며 무역 주체가 서양 상인이 아니라
면 제국주의 침략성은 어디에서 찾아야 할까. 동남아 米糧수입은 18세기
초 康熙帝 때 賑濟를 위해 시작되어 면세 또는 減稅조치로 지속되었고,
産地상인, 華僑상인 혹은 중국상인이 運米에 가담하고 있다.[133] 아편전
쟁 이후 洋米수입이 확대된 것은 사실이지만 그것이 호남 미곡시장을 왜
곡할 정도는 아니었다고 생각된다.

2) 米價와 물가

미가와 물가는 앞서 살펴본 호남미곡의 외형적 유통이 실질적으로 어
떤 성격인지 살펴보기 위한 소재이다. 미가의 장기 상승은 지주에게 유리
하고 佃農에게 불리하다든가,[134] 역시 시장 미곡이 지주의 租穀이 대부
분이어서 시장가격은 생산비를 밑도는 수준이고 결과 농산상품화는 농촌
의 빈곤을 가중시켰다고 보는 인식이 있다.[135] 근대 반식민지반봉건의 중

---

130) 王良行, 앞의 논문, 1997.
131) 侯楊方, 앞의 논문, 1996 ; 呂紹理, 앞의 논문, 1995, 1關担=60.453kg.
132) 程厚思, 앞의 논문, 1990.
133) 王業鍵, 「十八世紀福建的糧食供需与糧價分析」『中國社會經濟史研究』, 1987年
     2期.
134) 龔勝生, 앞의 논문, 1996, p.284.

국에서 미가파동은 농민에게 단지 수탈 빈곤만 초래했다는 것이다.[136] 또 미가상승은 농민수입을 제고시키는 측면이 있지만, 미가상승 속도는 기타 물가에 비해 완만하기 때문에 농민부담이 가중된다는 견해도 있다.[137]

미곡시장에 소량의 현물곡을 판매하는 자영농이거나 전농이라도 화폐지대인 경우, 혹은 折價에 의한 지대 납부인 경우는 시장에 미곡 공급자일 수 있다. 이 경우 米價상승은 미곡시장 참여 농민의 소득을 증대시키고 하락시에는 수입이 감소한다고 보는 것이 자연스러울 것이다.

18세기 이후 米價는 장기 상승세를 보이고 宣統 2년(1910) 경에는 매 石 7,000文에 달할 정도의 폭등을 보이게 되는 것을 기본적으로 人地관계 변화, 경지 부하량의 증가로 설명하려는 논법이 있다.[138] 그러나 선통년간 미가폭등은 銅元남발과 같은 화폐제도 혼란에서 찾기도 한다.[139] 淸代 米價는 장기추세 상 상승세인데, 그 가운데 17세기 후반, 19세기 2·4반기, 19세기 1870~80년대에 3회의 低落期가 있다.[140] 1820년대에는 하락세였다가 1880년대 초에 상승세로 전환하여 1920년대까지 계속되었고 인플레이션이 심해 매년 3.3% 비율로 상승했다는 조사도 있다.[141] 1930년대 총화폐 보유고는 60억 元에 달해 반세기간 화폐공급은 8~10배 증가한 것으로 되어 있다.

同治 이후 제국주의 침략이 날로 강화되고 淸代 경제가 쇠퇴하였으며 물가상승폭은 날로 커지고 인민생활은 더욱 빈곤해졌다는 인식이[142] 통념적 시각이라 생각된다. 광주의 米價도 1890년 이후 1930년대 초까지 전면적 상승추세였다.[143] 상해의 근대 米價도 1912~1928년 40.7% 상승, 기

---

135) 徐正元, 앞의 논문, 1997.

136) 徐正元, 「上海近代稻米市場價格變動分析」『中國經濟史硏究』, 1996년 2期.

137) 呂紹理, 앞의 논문, 1995.

138) 龔勝生, 앞의 논문, 1996, pp.279~282.

139) 岸本美緖, 앞의 논문, 1997, p.517.

140) 위의 논문, p.17.

141) Yeh-chien Wang, *Secular Trends of Rice in the Yangzi Delta, 1638~1935*, California Univ. Press, 1992.

142) 譚文熙, 『中國物價史』, 武漢, 1994, p.256.

준년도를 100으로 했을 때 평균 2.5씩 상승률을 보이고 있다. 같은 기간 일반 물가와 비교하면 미가상승폭은 조금 높았다.[144] 상해와 長沙米의 가격 상관정도가 0.9이상의 고도 상관이라고 전술하였다. 1934년 상해에 서 蘇米가격이 49% 상승하고 湘米가 39% 상승하였다.[145] 시장의 연계에 서 설명했지만 호남 각지 시장도 가격상관성이 밀집되고 상해시장과도 긴밀하게 연동되었다.

중간의 부분적 하락기가 있더라도 청말민국기 호남의 米價도 기본적 상 승세에 있었다고 여겨진다. 문제는 米價가 일반물가와의 상관도가 어떠냐 에 따라 미곡시장 참여 농민의 실질 소득이 결정되는 것이다. 米價와 물가 에 대한 대비조사의 사례를 보자. 江蘇 武進의 농민 소득물가와 지출물가 변동표를 보면 1919년부터 1932년까지 13개년간 米價와 鹽價 중에 7개년 간 미가상승폭이 더욱 크다. 같은 기간 米價와 煤油價는 8개년간 미가상 승폭이 煤油價상승폭보다 크다.[146] 江西의 南城縣은 1907~1932년 26개 년 중 18개년의 미가상승률이 煤油상승률보다 높다. 다만 이 기간 鹽價상 승률이 미가상승률보다 높은 것이 17개년이나 되는 점이 특이하다.[147]

민국 21년(1932)에 제시된 同治시기부터 민국 21년(1932)까지 약 70년 간 여성현의 물가 변동표를 참고로 제시해보면 <표 9-8>과 같다.[148]

표에 따르면 同治부터 민국 21년(1932)까지의 호남 여성현 米價가 지 속적 상승을 보이고 있는 것이 목격된다. 이 시기 호남의 각 시장 상호간 의 가격 수준이 밀접하게 상관되고 상해시장과도 연계되고 있으므로 호 남 미곡시장의 한 추세를 반영한다고 볼 수 있다. 여기서 보면 米價는 A 시기에서 B시기에 100%, B시기에서 C시기에는 133% 이상 상승하고 있 다. 그런데 구매물건인 土布 가격은 A시기에서 B시기에 약 66.7%, B에서

---

143) 呂紹理, 앞의 논문, 1995.

144) 徐正元, 앞의 논문, 1996.

145) 章有義, 『中國近代農業史資料』 제3집, p.416.

146) 嚴中平, 『中國近代經濟史統計資料選集』, 北京, 1955, p.338.

147) 위의 책, p.337.

148) 拙稿, 앞의 논문, 1998.

C시기에 약 100% 인상되어 米價상승률보다 밑돌고 있다. 농민의 주요한
구매물품인 鹽의 구매력도 A시기에서 B시기에 대폭 상승하였다. C시기에
는 다소 하강하지만 A시기보다는 상승하고 있다. 洋絲에 대한 구매력은
B시기 C시기에 같은 수준을 유지하고 있다. 洋油의 가격이 특히 상승하
고 있는 것이 주목된다. 전체로 보면 주요 구매물품과 洋絲 구매력이 유
지 또는 상승함으로써 미곡시장의 농민소득은 감소보다는 상승기회가 우
세하다고 생각된다.

<표 9-8> 汝城縣 物價變動 (民國 21年 10月)

品目	단위	시기		
		同光時期(A)	光宣時期(B)	民國時期(C)
穀	1石	大洋 1.5元	小洋 3元	小洋 7元
米	100斤	大洋 2元	小洋 4元	小洋 8元
土布	100尺	大洋 1.5元	小洋 2.5元	小洋 5元
鹽	100斤	大洋 2.5元	小洋 4元	小洋 11元
洋絲	100捆		小洋 3元	小洋 7元
洋油	1瓶		小洋 1.5元	小洋 7元
穀 1石의 鹽구매력		60斤	75斤	63.63斤
穀 1石의 洋絲 구매력			100捆	100捆
穀 1石의 洋油 구매력			2瓶	1瓶

* 大洋, 小洋이 동일 가치임이 사료에 명시됨.

호남 여성현의 민국 21년(1932) 斤당 鹽價는 0.11元이고 안향현의 斤당
鹽價(민국 23년 : 1934)는 斤당 0.21元 수준이다.[149] 『통우물산지』 상의 상
담현 株洲의 穀價는 1石당 6元이다. 이것을 여성현 염가로 기준하면 1石
의 구매력은 54.54斤이고 안향현 염가 기준이면 穀 1石의 鹽 구매력은
27.56斤 수준이다. 咸豊 5年(1855) 湖南巡撫 駱秉章의 奏文에 의하면 당
시 농민이 1石의 穀을 팔아 鹽 10斤을 살수 없었다고 한다.[150] 이것을 보
면 민국시기 호남 농민의 米穀의 구매물품에 대한 실질 구매력은 유지되
거나 향상되었다고 여겨진다.

---

149) 民國刊 『安鄕縣志』 권11, 食貨, 商業.
150) 龔勝生, 앞의 논문, 1996, p.285.

小結

　호남미의 유통이 청말민국기에도 지속되고 있을 뿐 아니라 淸 전기의 전성기 수준보다 오히려 증가하고 있는 것을 살펴보았다. 1930년대는 세계경제공황의 여파가 있는 시기이고 제국주의 침략도 고조된 시기였다. 『통우물산지』의 자료는 江浙지역으로 수출된 호남미곡이 실제 米는 전체 미곡유통 총량의 17.83%이고 穀이 82.17%라는 사실을 확인해 주었다. 淸 전기 자료의 호남미도 대부분 稻米로서 실제의 米는 극히 일부였다고 생각된다.

　1930년대 중반에 호남미는 穀 기준 약 1,300~1,400만 石에 가까운 수출이 지속되고 있다. 상해를 비롯한 근대도시의 성장, 주변지역의 공업화 등으로 江浙지역의 缺糧的 요소는 더욱 심화되었고 이것이 호남 미곡시장의 수출시장화를 촉구하였다고 생각된다. 하류지역 수출과 더불어 淸 전기의 湘江유역 동정호 주변으로 국한되었던 미곡 생산지역이 주변지역으로 확대되어 이들 지역도 접경지의 外省으로 미곡을 수출하거나 省內유통에 참여하고 있다. 한편 종래 식량보충수단에 불과하였던 잡량 등이 漢口를 비롯 長江연안지역으로 수출되면서 상품糧 대열에 합류되고 있는 것도 이 시기 새롭게 등장한 특징의 하나이다.

　호남 미곡시장은 상해의 미곡시장과 상관계수 0.9 이상의 고도의 상관관계를 갖고 상호 연계되어 있다. 상담, 장사 중심의 미곡수출 주도지역의 가격 연계는 대체로 체계성을 보여주고 있다. 즉 유통방향을 따라 가격 수준이 차츰 높아지는 체계성을 보이고 있다. 뿐만 아니라 非수출주도지역의 米價도 중심지역 米價와 일정한 상관관계를 갖고 있다. 상호간에 미곡교역은 없더라도 잡량이나 기타 상품을 판매하는 상업망을 통해 米價도 기준선을 유지할 수 있었다고 생각된다.

　한편 태평천국 前, 호남 미곡시장은 准鹽 판매특권을 가진 准商의 수중에 있다고 알려지고 있으나 乾隆期부터 湘潭 미곡시장을 무대로 토착상인이 성장하고 있고 태평천국 후, 准鹽시장 붕괴와 川粵鹽 경쟁시장화하면서 호남 미곡시장은 호남상인의 활동분야로 발전하고 있었던 것을 알 수 있었다.

미곡판매에 대한 대응상품으로 洋貨, 洋米의 판매는 1930년대 전반 경까지 호남 농촌의 국지시장 단위로까지 그다지 큰 비중을 차지하지 못하였다. 洋米는 호남미 유통을 방해할 수준은 되지 못하였다. 또 洋貨 가운데 國産洋貨가 등장하여 무대를 확장하고 있었다. 따라서 洋米 수입에도 불구하고 호남 미곡의 省外유통은 더욱 발전되고 있었다.

米價는 청말민국기에 기본적으로 상승추세를 유지하였고 부분적인 파동은 있었지만 미곡시장에 판매자로 참가한 농민의 소득증대에 기여했다고 생각된다. 米價와 가장 보편적인 소비품인 鹽價와 비교 혹은 洋絲, 洋油 등에 비교함으로써 米價의 실질구매력이 상승하거나 유지되었다는 것을 밝혔다.

대체적으로 보면 청말민국기 호남 농촌의 농업생산성은 발전하고 있었다고 여겨진다. 생산성의 구체적 내용의 해명을 위해서는 더욱 자세한 고찰이 있어야 할 것이다. 또 호남 미곡시장의 구조적 특질로써 '지주적 시장' 이론에 대해 '농민적 시장' 반론을 제시하려는 의도는 있었으나 실증자료의 부족으로 실패에 그쳤다. 이것은 이후의 과제로 생각된다.

제2장 淸末民國期 湖南 長沙府의
농업생산과 상품유통

序言

  아편전쟁 이후 中日戰爭 이전까지의 약 100년간 중국 근현대사회의 성격은 이른바 '半植民地半封建社會'로 규정되어 있다. 제국주의, 봉건주의, 관료자본주의라는 3대 억압세력의 수탈과 착취로 농업생산력은 침체되었으며 농민생활은 파탄에 빠졌다는 것이 기본적인 인식이다.

  그런데 연역적인 이론이 아니라 개별 구체적 실례를 중심으로 실증적 연구를 진행해 보면 근현대의 중국 농촌사회가 발전의 방향성을 갖고 있다는 것을 발견하게 된다. 기존 이론을 고수하려는 중국학계에서는 이러한 발전적 요소를 의도적으로 貶下하고 농민생활의 빈곤상을 부각시키며 제국주의 책임론을 강조하는 것이 경향이다.

  중국의 곡창지대로 알려진 湖廣지방에 대한 연구는 이제까지 상당한 연구 성과를 축적하고 있다. 연구의 중점은 明 중기 이후 사회경제적 변화의 상징으로서 등장한 "湖廣熟天下足"의 俗諺의 등장과 盛衰를 둘러싼 연구,1) 이러한 湖廣米 등장의 실질적 배경으로서 客民의 移入과 垸堤의 발달, 토지개간 증대 등을 밝힌 연구를 비롯한 많은 논고가 제출되었

---

1) 岩見宏,「湖廣熟 天下足」『東洋史研究』20-4, 1965 ; 安野省三,「湖廣熟すれは天下足る考」『木村正雄先生退官紀念東洋史論集』, 東京, 汲古書院, 1976 ; 寺田隆信,「湖廣熟天下足」『文化』43-102, 1980 ; 張建民,「湖廣熟 天下足述論 - 兼及明淸時期長江沿岸的米糧流通 - 」『中國農史』, 1987-4.

다.[2] 필자는 주로 청말민국기에 호남·호북미의 유통상황이 어떻게 되었을까에 대한 관심을 가지고 일련의 연구를 진행하였고, 그 결과 湖廣米가 여전히 江·浙을 비롯한 장거리 무역에 유통되고 있는 것을 알게 되었다.[3]

그런데 농산상품화의 발전을 농촌에 잉여 산품의 약탈, 부분 필요 산품까지 착취당하게 하여 도리어 농촌 빈곤을 가중시켰다거나,[4] 淸末民國期 양식생산의 提高는 단순히 기후온난화의 결과이고 농업생산력 발전과는 관계없다는 주장도 있다.[5] 또 근대 농업생산은 '발전 없는 성장'에 불과하다는 '과밀화이론'도 있다.[6]

따라서 湖廣米의 유통이라는 외형적 확대의 고찰을 넘어 내면의 농업생산 문제를 심도 있게 살펴 볼 필요가 있다. 근현대 100년간 중국 농촌 사회의 변화와 성장을 찾기 위해서는 곡창지대로 알려진 호남이 적절한 소재이다. 본장에서는 호남 중에서도 省都인 長沙를 포함하고 있는 長沙府를 연구대상으로 한정해서 검토하고자 한다. 長沙府의 면적은 37,200㎢이며 淸代에 12개, 민국시기에는 11개 縣으로 구성되어 있고 농업생산의 중심지이다. 중국의 전통농업이 근현대의 새로운 환경 하에 어떠한 적응과 발전을 하고 있었던가를 찾기에 적절한 대상지역이다.

접근 방법으로서는 먼저 곡물의 생산과 유통을 살펴보는데 농업생산성의 문제를 따져 보고자 한다. 다음으로 경제작물 생산이 제국주의 침입의

---

2) 吳金成, 『中國近世社會經濟史硏究』, 서울, 一朝閣, 1986, 제2편 2장, 3장 ; 龔勝生, 『淸代兩湖農業地理』, 武漢, 華中師大出版社, 1996, p.269 ; 梅莉·張國雄, 『兩湖開發探源』, 南昌, 江西敎育出版社, 1995.

3) 田炯權, 「淸末民國期 湖廣地方의 農業生産力과 生産關係」『慶南史學』7, 1995 ; 田炯權, 「淸末民國期 湖南 汝城縣의 商品流通과 物價變動」『明淸史硏究』9, 1998 ; 田炯權, 「淸末民國期 湖南의 米穀市場과 商品流通」『東洋史學硏究』74, 2001 ; 田炯權, 「淸末民國期 湖北의 米穀市場과 商品流通」『東洋史學硏究』87, 2004.

4) 徐正元, 「中國近代農産商品化的發展與米市的形成」『復印報刊經濟史』, 1997年 3期.

5) 夏明方, 「近代中國糧食生産與氣候波動」『社會科學戰線』, 1998年 第4期.

6) 李金錚, 「二十年來中國近代鄕村經濟史的新探索」『歷史硏究』, 2003年 4期.

영향과 어떤 상응관계가 있는가를 볼 것이다. 상품유통에 대해서는 제국주의 침입의 표현으로 간주되는 洋貨에 대해 알아보고 미곡의 판매 대신 이 지역의 주요 구매상품에 대해서 살펴 볼 것이다. 마지막으로 米價와 물가를 알아보고 과연 농업생산과 상품화의 증대가 농민의 빈곤화와 생활수준 하강을 초래했는지를 실증적으로 검토해 볼 것이다. 이런 고찰을 통해 근현대 호남 농촌사회의 성격과 역사적 방향성을 이해하는 데 약간의 시각 제시가 가능할 것이라 생각된다.

I. 穀物생산과 유통

1) 米穀

미곡생산과 유통을 분석하는 데 있어 먼저 직면하는 곤란은 정확한 통계를 찾기 어렵다는 것이다. 淸代는 물론이고 民國시기에도 단편적 기록은 있지만 구체적이고 종합적인 설명 자료는 거의 없다. <표 10-1>은 미곡 유통정황을 알려주는 민국시기 자료에서 발췌한 것이다. 1930년대 근대적 통계기법이 중국에 도입된 후 행해진 조사의 결과라는 점에서 가치가 있다. 『中國通郵地方物産誌』는 우체국 통신망을 이용하여 전국 각 지의 상품유통을 정리한 것이다.[7) 민국 25년 간행되었으니 조사는 민국 24년 이전에 행해졌을 것이다. 『湖南の穀米』는 민국 23년에서 민국 24년 전반기까지 湖南省 經濟調査所에서 조사한 내용인데 각 縣의 유통량은 縣 당국에 조사를 위탁하여 얻은 수치이다.[8) 제시된 수치 중에는 縣志 기재와 거의 일치하는 것도 있어 상당한 신뢰성이 있다고 여겨진다.[9)

<표 10-1>의 자료는 비슷한 시기의 조사 결과이지만 지역과 유통량이 완전히 일치하지 않는다. 각기 민국 23년과 민국 24년의 시차가 있는지도

---

7) 交通部郵政總局 編, 『中國通郵地方物産誌』, 華世出版社, 1988, 湖南編.
8) 張人价 編, 『湖南の穀米』, 東京, 生活社, 1940.
9) 民國 37年刊 『醴陵縣志』, 食貨志, 稻.

모르겠다.『通郵物産誌』의 경우는 寧鄕과 益陽은 全年 대상이고 나머지
는 가을의 유통량을 말하고 있다.『湖南の穀米』의 경우는 米로 여겨지지
만 米와 穀의 명시적 구분이 없다. 거의 같은 시기의 조사이므로 상호보
완적 이용이 가능하다고 생각된다.

<표 10-1> 長沙府 米穀유통정황

지역		① 中國通郵地方物産誌			② 湖南の穀米	
		유통량	행선지		유통량	행선지
長沙 靖港	미	1백만担	漢口, 上海	米穀		
長沙				〃	77,000石	省城, 漢口
湘潭, 株洲	곡	5만 石	上海, 漢口			
湘陰	미	50만担	長沙, 申漢	미곡	780,000石	漢口, 長沙
湘陰 新市	미	8천여石	漢口, 長沙			
〃	곡	2천石	〃			
寧鄕	미	30만 石	長沙, 靖港, 益陽	미곡	70,000石	湘潭, 長沙
益陽	미	30만 石	湘漢	미곡	200,000石	長沙, 新化, 安化
						漢口
湘鄕	곡	5천担	長沙			
瀏陽				미곡	10,000石	長沙, 江西
醴陵				미곡	204,000石	長沙, 漢口, 萍鄕
攸縣				미곡	60,000石	湘潭, 衡山 衡陽, 長沙, 기타
茶陵				미곡	100,000石	長沙, 衡陽, 湘潭

① 民國 25年刊, 24년(1935)년 조사 근거
② 民國 25年刊, 23~24년 上半期 조사근거

　먼저 <표 10-1>의 ①을 보면 유통량의 합계는 米 160만 2305.3石 정도
이다.[10] 이 가운데 府內의 他縣으로 移送되는 극히 일부가 포함되었을
것이 추측되지만 대다수는 漢口·上海 등지로 가는 원격지 무역이다.
　<표 10-1>의 ②내용을 보면 유통량 합계는 米 150만 1천 석 정도이다.
행선지는 益陽에서 府內의 安化縣으로 移送하는 일부와 宝慶府의 新化

---

10) 馬立博,「淸代前期兩廣的市場整合」『淸代區域社會經濟史硏究』下, 北京, 中華
　　書局, 1992, p.1045. 淸代 1倉石=淸代 130斤=155.168市斤=77.584kg ; 吳承洛,
　　『中國度量衡史』, 北京, 商務印書館, 1937, p.369, 1担=50kg.

縣으로의 일부 放出米, 그 외 攸縣과 茶陵에서 衡州府의 衡陽, 衡山 등지로의 일부 이동 외에는 대부분 漢口 등지나 江西로의 이동 등이 주류를 이루고 있다. 衡陽은 『通郵物産誌』에서는 長沙·漢口지역으로 穀 160만 石을 수출하는 것으로 되어 있다.[11]

<표 10-1>의 ①과 ②를 종합하면 長沙府 자체는 米 150만 石~160만 石 정도를 送出하는 것으로 생각된다. 『通郵物産誌』의 湖南省의 전체 米 수출량은 6,899,070石 정도이다. 장사부는 省 전체 수출량의 23%정도를 감당하고 있다.

<표 10-1>의 ①과 ②를 대조하면 長沙, 湘陰, 寧鄕, 益陽은 중복되지만 瀏陽, 醴陵, 攸縣, 茶陵은 ②에만 나오고 있다. 호남성 經濟調査所가 省 정부 지시로 행한 조사이고 각 縣 당국의 보고에 기초한 만큼 ②의 조사가 신뢰성이 있다. <표 10-1>의 ①에는 湘潭과 湘鄕이 나오는데 ②에는 없다. 그런데 ②『湖南の穀米』제10표에는 빠져 있으나 제11표에는 安化縣이 湘鄕, 寧鄕, 益陽으로부터 米 120만 石을 移入한다고 되어 있다. 같은 표의 湘鄕에서는 長沙 및 湘潭으로부터 4만 石을 구입한다고 되어 있다.[12] 이를 보면 湘鄕, 湘潭도 일정 부분 미곡의 공급지 역할을 하고 있다. 長沙府屬의 11縣 가운데 安化縣을 제외하고는 전부 미곡의 방출지임을 알 수 있다. ①, ②의 서로 다른 통계는 풍흉에 따른 차이를 반영한다고 보면 두 자료의 결합에 의한 최대 수치 米 280만 石이 이 시기 長沙府의 최대 수출능력이 될 것이다.

이것은 중일전쟁 이전 민국시기 최고의 도달 단계로 생각되지만 종래의 농업생산 사정과 어떤 변화의 양상인지를 생각해 봐야 한다. 乾隆 18년(1753)의 『湖南省例成案』에는 호남 長沙府의 採買 가능한 市鎭이 있는 곳으로 長沙, 善化, 湘陰, 湘潭, 益陽, 湘鄕의 6縣만 보인다.[13] 민국시기 善化縣이 長沙縣에 병합되었으므로 11縣 가운데 5縣만 잉여 미곡의

---

11) 田炯權, 앞의 논문, 2001.

12) 張人价, 앞의 책, pp.35~36.

13) 重田德, 「淸初における湖南米市場の一考察」『淸代社會經濟史硏究』, 東京, 1975, pp.16~18.

방출이 가능하다고 보아야 할 것이다. 같은 사료에 攸縣, 瀏陽, 茶陵, 寧鄕, 安化는 採買할 市鎭이 없다는 것을 注釋하고 있으며 醴陵은 淥口가 있으나 縣城에서 90리나 떨어져 있고 水路가 험하여 미곡운반이 어렵다고 되어 있다. 18세기 중반에 불과 5縣만이 미곡생산에 잉여가 있었던 데 비하여, 1930년대에는 安化 1縣을 제외하고 모두 미곡 방출지로 부상한 것은 民國期에 長沙府 농업생산이 현격히 증대한 것이다. 더구나 長沙府의 인구는 嘉慶 25년(1820) 4,290,086명에서 민국 23년(1934)에는 8,421,330명으로 약 400만 명 이상이 증가하였다.[14]

그러면 淸末시기 사정을 알아보겠다. 光緖 32년(1906) 수재시기에 長沙城 내외에 하루 양식 소비량이 원래 5,000石 정도였는데, "今交通便利 商旅倍增 每日當加一二千石 以每日六千石計算 月須穀十八萬石"이라 하고 있고, 洋商이 미곡 구매에 나서 省城의 보존곡식 30만 石 중에 이미 수만 石이 소모되었다는 기록이 있다.[15] 淸末의 長沙府縣城 일대 인구 집중, 상업의 번성, 미곡송출에 영국 상인까지 끼어든 사정을 알 수 있다. 醴陵縣에서도 咸豊(1851~1861) 同治(1862~1874) 光緖년간(1875~1908)까지 줄곧 수출화물의 大宗이 미곡이었다.[16] 攸縣에서도 同治시기 토착상인이 縣생산 미곡을 동정호 쪽으로 운송한다고 되어 있다.[17]

瀏陽縣의 경우 동치시기 市鎭이 총 72개나 된다.[18] 18세기 시진이 없다는 상황과는 극히 대조적이다. 같은 시기의 益陽縣에서도 무역의 大宗이 穀米라는 것과 상업이 발달하여 세칭 '金상담 銀익양'으로 불리고 있는 것이 확인되고 시진도 35개나 된다.[19] 茶陵에서도 「縣志」物産조에 舊志에는 布帛菽粟 외에는 별다른 산품이 없었다고 하며 현재는 稻穀을 중요산품으로 꼽고 있다. 鋪市가 21개, 墟 8개가 기재되어 있다.[20] 11縣

---

14) 張麗芬, 『湖南省米糧市場産銷硏究(1644~1937)』, 臺灣大碩士論文, 1990, p.264.

15) 宣統 2年 2月17日, 「長沙日報」; 李文治, 『中國近代農業史資料』 제1집, 北京, 1957, p.551.

16) 民國 37年刊 『醴陵縣志』, 食貨志, 工商.

17) 同治 10年刊 『攸縣志』 권18, 風俗, 商賈.

18) 同治 12年刊 『瀏陽縣志』 권4, 營建, 市集.

19) 同治 13年刊 『益陽縣志』 권2, 風俗 ; 권3, 市鎭.

중에 생산력이 가장 떨어지는 安化縣의 경우도 같은 시기의 지방지에 그 토양이 稻穀에 적당하며 淸明 전후 파종하여 處暑 후에 수확하는 中稻를 많이 재배한다는 것을 밝히고 있다.[21]

이상에서 보면 제국주의 침략이 고조되는 淸末시기에 長沙府 각 縣은 미곡 생산지역이 확대되고 생산량도 증대되었다고 생각된다. 수확의 풍흉이나 戰亂 등의 사정으로 부분적인 파동은 있었겠지만 <표 10-1>에서 보는 유통량의 흐름은 민국기 전반의 발전과정 상에 있었다. 民國시기 寧鄕縣에서도 평균적으로 매년 4~5백만 石의 생산을 하였고 수출은 40여만 石을 했다는 것이 지방지에 확인된다.[22] 長沙府에서도 민국 19년(1930) 이래 곡식이 비축되고 있고 1934년 초에는 저장米가 長沙의 한 부두에만 200여만 石이 쌓여 있었다.[23]

長沙를 비롯한 湖南米의 방출은 단순히 生産量의 多寡에 의해서만 결정되는 것이 아니라 上海, 漢口의 米 시세의 고저에 따라 영향을 받는다. 따라서 <표 10-1>의 유통량이 곧바로 생산량의 전부를 의미하는 것은 아니다.

청말민국기에 들어와 미곡유통에서 변화된 것의 하나는 종전과 달리 長沙가 최대의 미곡시장으로 성장하여 중국 4大米市 가운데 하나가 된 것이다. 湘潭의 易俗河나 長沙의 靖港 등이 부수적 위치로 밀려 나갔다. 이전에는 江面이 넓고 풍랑이 있어 작은 선박의 정박지로 불리하였던 長沙였지만 증기선의 운항시대에 도리어 그것이 장점이 되었고 철도교통, 도로발달 등이 미곡시장 성장의 여건이 되었다. 여기에 장사를 중심으로 금융업이 발달한 것도 長沙米市의 좋은 조건이었다.[24] 인구집중 현상은 말할 것도 없는 이유이다. 長沙의 주요 미곡 방출지는 漢口와 上海이다. 漢口는 汽船, 民船, 자동차 등의 운송수단이 이용되고, 上海는 거의 汽船

---

20) 同治 10年刊『茶陵州志』권7, 物産 ; 권4, 市墟.
21) 同治 10年刊『安化縣志』권10, 風俗.
22) 民國 30年刊『寧鄕縣志』제3, 財用錄, 物産.
23) 章有義,『中國近代農業史資料』제2집, 北京, 1957, p.620.
24) 張人价, 앞의 책, pp.46~47.

으로 운송된다. 1930년대 長沙市에는 糧行이 34家이고 기계 정미업은 민국 초년에 겨우 10여 곳이었으나, 100여 곳으로 증가하였다. 재래식 정미업인 碓戶는 光緒년간에 600~700여 곳이었는데, 1930년대에는 겨우 150여 곳으로 줄어들고 있다. 기계정미소 1인의 생산능력은 매일 4石 8斗인데 재래식 碓戶는 약 8斗에 지나지 않는다. 기계정미업의 발전은 근대화 과정의 한 지표라 할 수 있다.[25]

長沙市 이외의 米市로서 유명한 곳은 靖港, 鐵鑼嘴, 易俗河, 淥口, 湘潭縣城 등이 있다. 주요 방출지는 上海, 漢口 등이다. 일부는 省內의 타 지역에 대한 공급도 담당하고 있다. 그런데 靖港의 경우 방출은 米가 약 17만 石인데 비해, 穀은 6000石 정도에 불과하다. 淥口는 유입은 穀 30만 석, 米 10만 석이고 放出은 穀 8만 석, 米 20萬 석이었다. 湘潭縣城의 경우 유입은 穀 18만 석, 米 13만 석인데 放出은 穀 17만 석, 米 63만 석이었다.『通郵物産誌』의 분석에서 湖南米穀放出은 穀이 80% 이상인 것을 확인한 바 있다.[26] 그런데 湖北米의 放出은 米가 전체의 67.8%였다.[27] 여기서도 米市의 내부운영 내용을 알아보니 유입은 穀이 많았으나 대체로 米 상태 유출이 많았다. 원인을 생각해 보면 아마 운임 때문인 것 같다. 淥口에서 長沙까지 운임은 穀 1石에 1角 5分, 米 2角으로 약간 차이가 있으나, 漢口까지 운임은 穀, 米 모두 1石에 2角 4分으로 같다.[28] 이윤추구를 목적으로 하는 米商들이 米상태로 유출을 선호한 것은 불문가지다. 비슷한 시기의 자료인『通郵物産誌』의 湖南米 유통 부분의 분석이 이와 상치되는 결과인 것은 의문이 남아 있다.

長沙府 각 縣의 稻穀 생산량이 얼마나 될 것인가. 1930년대에 도달한 최고 수준이 얼마인지 정확한 통계는 없다. <표 10-2>는 대략의 추산치이다. 각 縣의 稻作면적은 湖南省 經濟調査所의 民國 23년(1934) 각 현에 대한 조사를 기초로 하고 여기에 국민정부 主計處 발표의 호남 각 현

---

25) 위의 책, pp.63~64.
26) 田炯權, 앞의 논문, 2001.
27) 田炯權, 앞의 논문, 2004.
28) 張人价,『湖南の穀米』, pp.80~81.

秈粳稻 및 糯稻면적과 민국 18년(1929) 湖南 自治籌備處 조사의 耕田면적을 참고로 작성한 것이다. 각 縣의 매 畝 産量은 각 현 농업 通信員 조사에 의한 것이다. 총 생산고는 각 縣의 매 畝 産量에 稻作면적을 곱하여 얻은 것이다.[29]

<표 10-2> 長沙府 稻作면적 및 稻穀生産量推算

縣別	人口	稻作면적(千畝)	稻穀生産量(石)	%
長沙	1,417,685	999	4,995,000	3.54
湘潭	1,069,584	1,502	6,759,000	4.80
寧鄕	676,734	1,249	6,245,000	4.43
湘陰	737,270	790	4,661,000	3.31
瀏陽	628,046	733	4,031,500	2.86
醴陵	582,514	513	3,406,320	2.42
攸縣	323,479	510	2,805,000	1.99
茶陵	223,340	239	1,613,250	1.14
湘鄕	1,283,611	1,286	5,246,880	3.72
益陽	821,686	863	4,168,290	2.96
安化	657,381	291	1,455,000	1.04
계	8,421,330	8,975	45,386,240	32.20
全省 총계	28,514,044	28,716	140,955,130	100.0

출전 : 『湖南の穀米』, p.31, 9표와 『湖南省米糧産銷硏究(1644~1937)』, pp.268~
269에서 발췌.

　　<표 10-2>의 각 현 생산량을 보면 醴陵縣은 340만 石 정도이다. 그런데 『醴陵縣志』에 보면 360만 石으로 나와 있다.[30] 대략의 추산치가 상당히 신뢰성이 있음을 보여준다. 같은 『예릉현지』에 매년 1인의 평균 식량 소비량으로 穀 4석을 잡고 있다. 남녀노소의 차이를 무시한 평균 계산치이다. 잠정적으로 이 평균 4石으로 당시 長沙府 인구 8,421,330을 곱하면 33,685,320石이 된다.

　　<표 10-2>의 총생산량 45,386,240石에서 식량 소비량을 제외하면 바로 수출가능 미곡이 되는 것은 아니다. 예릉현의 계산법으로는 술과 糖의 제

---

29) 張人价, 『湖南の穀米』, pp.31~32.
30) 民國 37年刊 『醴陵縣志』, 食貨志, 農作物, 稻.

조에 0.8石 정도를 소비하고 있다. 여기에 돼지 먹이, 닭, 거위 등의 사료까지 제외하고 총생산의 1/10에 못 미치는 수치가 放出米 수치가 되고 있다. 동물 사료로 미곡을 배정하는 것은 납득하기 어렵다. 그러나 酒糖은 당연한 것으로 여겨진다. 장사부 전체인구에 매년 1인 소비량 0.8석을 곱하면 약 6,737,064석이 된다. 양자의 합계는 40,422,384石이다. 여기에 田賦와 각종 세금 등을 제외해야 될 것이다. 총생산에서 식량과 酒糖 소비량을 제외하면 약 穀 500만 석이 된다. <표 10-1>의 유통량이 확인되는 것은 미 150만 석에서 160만 석 정도이다. 穀으로 환산하면 300만 내지 320만 석이다. 즉 1930년대 長沙府의 穀 방출능력은 300만 石에서 500만 石 사이의 어떤 수치일 것이다.

전술한 대로 嘉慶 25년(1820) 인구 429만 정도에서 민국 23년(1934) 842만으로 약 400만 이상이 증가하였으나, 이 인구를 부양하고도 穀 300만 石 이상의 방출능력이 있었다는 것은 농업생산의 현격한 증대를 상정하지 않을 수 없다. 省 전체의 총생산에서 長沙府의 생산은 32.2%를 차지한다. 穀米 인구 부양능력으로는 128.2%, 잡량으로는 7.37% 합계 135.57%로 잉여 米糧의 수출능력이 있다는 계산도 있다.[31]

다음으로 米禁문제를 검토해 보겠다. 청말민국기에 걸쳐 호남성에서 미곡의 방출을 금지하는 米禁정책이 省 당국에 의해 간헐적으로 실시되었다. 이것이 半植民地半封建社會論者들에게는 호남 농업생산력의 침체의 지표로 흔히 인용된다. 분명히 光緖 32년(1906) 5월에 시작되어 33년 12월 7일에 해제된 것을 필두로 宣統 2년(1910) 민국 2, 3, 4, 5, 6, 7년, 민국 18년(1929)까지 단속적인 米禁이 있었다. 그런데 送出금지 후에 밀수하는 자가 많아졌으며, 洞庭湖 연안 諸縣은 보관米가 많았는데도 일률적으로 금지되는 문제 등이 발생하였다. 이 기회에 奸商이 私利를 도모하는 반면 농촌경제는 침체되고 금융이 폐색되는 사태가 발생하였다. 米禁정책의 목적은 全省의 식량을 유지하고 稅收를 증대하는 것이었다. 사실 때로 식량공황이 발생하는 것은 원활한 수급을 일치시키지 못한 때문이

---

31) 張麗芬, 앞의 책, p.268.

다. 식량부족은 시간성과 지방성을 가지고 있는데 원활한 수급 조절정책
보다는 미곡의 송출금지를 해서 全省民의 식량을 유지시킨다는 것은 실
로 공상에 가깝다는 비판이 제기되고 있다. 정확한 생산과 소비의 조사도
없고 米禁의 해제 시에도 분명한 표준이 없다. 米禁 후에도 식량은 조절
되지 않고 농촌경제도 도리어 침체하는 결과가 야기되었다. 도광 20년
(1840)에도 米穀出境을 막는 것을 금지하는 詔가 여러 번 반포된 적이 있
다.[32] 1933년 10월에도 국민당 정부가 각 省 양식회의를 개최하여 "禁止
遏糴阻運"案을 결의한 바 있다.[33] 중앙정부가 米穀의 자유유통을 지시하
였으나 지방정부가 米禁을 실시하는 경우가 많다. 米禁정책은 반드시 호
남의 농업생산력 정체의 표시로 보기 어렵다. 교통 불편, 지역간 자금의
격차 등 여러 가지 요인으로 수급불균형 현상이 반영된 것이다. 또 정확
한 생산과 소비에 대한 통계조사도 없이 무분별하게 실시된 米禁은 애초
의 정책 목적인 全省의 식량 유지에도 한계가 있었고 도리어 농촌의 경
기침체를 가져왔다. 米禁정책은 시장경제의 육성을 통한 문제해결이 아
니라 이에 반하는 조치에 불과했다.

　洋米수입의 증가가 호남미 유통에도 얼마간의 영향을 주었다는 것은
부인하기 어렵다. 그런데 교통의 불편, 捐稅가중 등으로 양식운송이 어려
워지거나 저렴한 洋米에 대한 가격 경쟁력이 약해져 廣東을 비롯한 沿海
각 省 일부에 洋米가 주로 유통되었다. 호남의 武岡 등지에서 풍년의 穀
價하락으로 운반비, 捐稅 등이 감당 안 되어 곡식을 불태우는 사태도 있
었다.[34] 이와 같이 洋米 수입의 증대가 곧바로 농업생산력 침체와 직결되
는 것은 아니었다. 洋米 수입증대와 國米의 운수 무역량 모두 함께 증가
하여 시장이 신속하게 확대되는 것이 근대의 특징이었다.[35] 태국, 미얀마,
베트남, 인도 등지에서 온 洋米는 제국주의 열강의 産品은 아니다. 洋米
의 수입 증대는 시장경제의 입장에서 봐야 할 것이다.

---

32) 方行等 主編,『中國經濟通史』淸代經濟 中, 北京 : 經濟日報出版, 2000, p.1436.
33) 章有義,『中國近代農業史資料』제3집, p.145.
34) 章有義, 위의 책, p.155.
35) 譚文熙,『中國物價史』, 武漢, 湖北人民出版社, 1994, p.338.

2) 雜糧

長沙府는 호남성 가운데서도 稻作 중심지대에 속한다. 따라서 잡량재배 비중은 湘西·湘南지역에 비해 상대적으로 큰 편은 아니었다. 잡량의 개념은 麥과 분리하여 기재되는 경우도 있으나, 여기서는 麥을 포함하여 米 이외의 穀類를 잡량으로 함께 다루고자 한다. 1930년대 長沙府의 잡량유통 조사 내용을 담은 것이 <표 10-3>이다.『通郵物産誌』가운데 長沙府 부분만 발췌한 것인데 앞서 미곡 부분에서 보았듯이 비슷한 시기 조사에도『湖南の穀米』와 내용이 어긋나는 부분이 있다. 따라서 완벽한 것은 아니지만 민국시대 長沙府 잡량유통의 일부를 엿볼 수 있을 것이다.

<표 10-3> 雜糧유통 정황

지역	종류	단위	최저가	최고가	유통량	행선지	시기
湘潭 株洲	고구마	石	0.4	1.6	1만 石	湘潭 長沙	冬
茶陵	고구마	斤	10文	20文	2200担	湘潭 長沙	秋
湘鄕 楊家灘	小麥	斗	0.25	0.30	2000石	長沙 漢口	夏
瀏陽縣	膏梁	石	1.7	1.9	1만 石	長沙 漢口	冬
湘鄕 楊家灘	黃豆	斗	0.35	0.40	800石	長沙 漢口	夏
攸縣	豆	石	8.0	10.0	5000担	長沙 漢口 沙市 潭口	秋

출전 :『中國通郵地方物産誌』에서 발췌

여기서 보면 잡량이 자급용으로 지방 소시장에서 거래된다는 통념과 달리, 漢口 등지로 팔려나가는 商品糧이 되고 있다. 漢口의 米市場은 沈家嘴 일대이고 잡량 시장은 楊家河 일대인데, 시장 旺季에는 왕래 선박이 거의 같은 200～300척이었다고 한다.[36] 漢口의 8大行 가운데 米糧行, 雜糧行의 교역액이 연 1800만 兩 내외로 각기 같았다는 것도 잡량의 상품량 수준이 거의 미곡과 맞먹었던 것을 보여준다.[37] 청말 이후에 잡량을 주식으로 하는 광범위한 민중의 존재를 생각할 수 있다.

잡량의 大宗은 옥수수와 고구마이다. 康熙 24年(1685)刊『長沙府志』에

---

36) 田炯權, 앞의 논문, 2004.
37) 葉顯恩,『淸代區域社會經濟史研究』下, 北京, p.702.

옥수수의 기재가 있는 것으로 보아 淸初부터 이 지역에 보급되었던 것 같다.[38] 고구마는 옥수수보다 대단히 늦어 嘉慶·道光 이후에 보급되었다.[39] 고구마는 일찍 전입되어도 産米가 풍부한 長沙府에서는 확대 동기가 약하여 청말민국초에 비로소 널리 재배되었다. 同治 10年刊『長沙縣志』에 고구마로서 식량을 보충한다는 기재가 있다.[40] 같은 시기『攸縣志』에도 "山民이 고구마로써 양식을 충당한다."[41]고 되어 있고, 同治刊『安化縣志』에도 고구마·옥수수로 식량보충 사실을 전하고 있다.[42] 주로 청말민국기에 걸쳐 고구마 등의 재배가 확대되는 것을 볼 수 있다. 善化縣에서도 "一家에 10여石 수확하여 貧民이 식량으로 한다."[43]고 하고 湘鄉縣도 "早稻 수확 후 고구마를 심어 山農이 이것으로 식량을 보충하는 것이 해마다 반이나 된다."라 한다.[44] 광서 23년(1897) 작성된 「瀏陽土産表」를 보면 "近年이래 인구가 극히 번성하였다. 山戶農家가 마침내 잡량을 전부 먹고 穀을 남겨서 換錢하는 자가 있고 또 잡량을 반을 먹어 穀의 부족을 보충한다. 고구마가 잡량의 大宗이다."고 되어 있다.[45] 민국시기 醴陵縣에서도 "山民은 특히 고구마 재배를 이롭게 여겨 거의 식량의 半을 점한다."고 되어 있다.[46]

그런데 同治 12年刊『瀏陽縣志』에는 物産조에 고구마가 보이지 않는다.[47] 同治 10年刊『예릉현지』에도 고구마가 없다.[48] 長沙府 각 縣은 청말민국기에 고구마 재배가 확대되어 급격한 인구증가에 부응하면서 미곡 수출지 기능을 유지했던 것이 잡량보급을 통해 확인된다. 민국시기 寧鄉

---

38) 龔勝生, 앞의 책, p.130.

39) 張麗芬, 앞의 책, p.52.

40) 同治 10年刊『長沙縣志』권16, 風土.

41) 同治 10年刊『攸縣志』권5, 物産.

42) 同治 10年刊『安化縣志』권10, 風俗.

43) 嘉慶 23年刊『善化縣志』, 物産.

44) 方行, 「淸代前期的小農經濟」『復印報刊經濟史』, 1993年 11期.

45) 季文治, 『中國近代農業史資料』제1집, p.916.

46) 民國 15年刊『醴陵縣鄉土志』제6장, 실업.

47) 同治 12年刊『瀏陽縣志』권7, 食貨, 物産.

48) 同治 10年刊『醴陵縣志』, 輿地志, 土産.

縣에서도 잡량은 고구마가 大宗이었다.[49] 민국『예릉현지』에 보면 "近來 인구가 날로 조밀하여져 山에 가까운 자는 다투어 고구마를 심는다. 戶당 대개 20~30石을 수확한다. 비탈과 골짜기가 대부분 개간되어 고구마 밭이 되었다. 통상 고구마 3石으로 穀 1石을 바꾼다.……山谷의 民이 비록 흉년을 만나도 배부른 즐거움을 누린다."고 되어 있다.[50] 민국시기에 근래 인구가 날로 증가하는 대응책으로 고구마 재배가 확대된 것을 알 수 있다. 같은 縣志에 민국기 예릉의 고구마 생산은 연 100만 石 정도이고, 大麥 3,000석, 小麥 4,000석, 蕎麥 600석, 옥수수 400석, 高粱 4,000석, 黃豆 2,000석 등으로 나와 있다. 長沙府에서는 주로 고구마가 잡량 생산의 大宗임을 알 수 있다. 같은 시기 예릉현의 연 미곡 수확이 360만 석 정도인데 비하여, 고구마 100만 석은 거의 1/3에 가까운 수치이다. <표 10-3>의 유통량에 포착되지 않은 것은 조사의 불완전에 기인할 것이라 생각된다. 지방지 기재에 보면 '半年 식량'에 해당한다는 표현이 흔하다. 잡량의 재배가 제2차 식량혁명이라 할 정도의 인구부양력이 되었다고 여겨진다.

잡량을 식량화하고 미곡을 판매할 경우 미곡은 이미 시장을 향한 상품 생산에 해당된다고 생각된다. 더구나 전술한 바와 같이 잡량이 장거리 상품량화하고 그 유통규모가 미곡과 맞먹는 정도였다는 것도 주목해야 할 것이다. 長沙府의 고구마 재배 확대가 주로 嘉慶 이후 주목되고 同治시기에 집중 전파되었던 점, 민국시기의 생산이 왕성한 과정을 생각해보자. 제국주의 침략이 개시되고 심화되는 시기에 長沙府의 농업생산은 침체된 것이 아니라 이전 시기와 연속되면서 인구 급증에 대한 대응력을 높여 나갔던 것이다.

3) 농업생산성

(1) 畝産量

長沙府가 청말민국기에 급격한 인구증가가 있었던 것은 분명한 사실

---

49) 民國 30年刊 『寧鄕縣志』, 故事編, 財用錄.
50) 民國 37年刊 『醴陵縣志』, 食貨志, 雜糧.

이다. 가경 25년(1820) 대비 민국 23년(1934)은 무려 400만 이상이 증가하였다. 인구밀도도 가경년간에는 악주부, 형주부에 이어 3위였다가 선통 원년(1909)에는 衡州府에 이어 2위, 민국시대에는 1위를 차지하였다. 이러한 인구를 부양하기 위해 경지개간이 활발하였던 것도 사실이다. 경지개간의 확대보다는 단위면적당 생산량의 증가가 있어야만 더욱 뚜렷한 생산력 증대 지표가 될 수 있다.

근대에 들어와 중국 양식 畝産 수준은 하강했다는 견해가 있다.[51] 19세기 후반의 단위면적당 産量을 고찰할 통계자료가 희박하다고 하면서도 乾隆·嘉慶시기보다 수준이 하강했다는 주장도 있다.[52]

<표 10-4>를 보면 長沙縣은 淸 전기의 1.97석에서 민국시기 5.0석으로 발전하고 있다. 민국 23년은 농업 통신원이 각지에서 조사하여 보고한 수치이고 淸代는 주로 縣志의 기재 내용이다. 湘潭縣은 1738년 1.68석에서 건륭 40년(1775) 2.1석으로 증가하였다가 동치 7년(1868)에는 5.0석대에 도달하고 있다. 左宗棠의 文集에서 보면 상담현은 畝당 4石 수준이다.[53] 光緒『상담현지』에는 中田의 경우 畝당 5石穀을 수확한다고 되어 있다.[54] 同治刊『瀏陽縣志』에 "민간 1畝의 田은 매년 수확이 3~4石"이라는 기재가 있다.[55] 유양현도 淸 전기의 畝당 1.97석에서 3~4석 단계를 거쳐 민국시기 5.5석 수준에 도달한 것 같다. 익양현도 청 전기의 1.46석 수준에서 청 후기의 2.6석 단계를 거치고,[56] 청말 3.28석, 민국시기에는 4.83석 수준에 도달하였다. 민국 23년경 湖南省 전체 평균은 畝당 4.98석이다. 長沙府의 11縣 평균은 5.34석, 익양, 안화를 제외한 湘江유역 9縣 평균은 5.43석으로 長沙府의 생산성은 높다. 장사부가 공간적으로 타 지역에 비해 생산성이 높다는 것보다 동일 지역의 생산성이 청말민국기, 이른바 반

---

51) 吳慧, 『中國糧食畝産硏究』, 北京, 1985, pp.195~198.
52) 鄭慶平, 「對中國近代農業生産力的基本估計」『復印報刊經濟史』, 1995年 1期.
53) 『左宗棠全集』, 文集, 권1, pp.14625~14626.
54) 光緒 15年刊『湘潭縣志』, 賦役15, p.567.
55) 同治 12年(1873)刊『瀏陽縣志』권24, 雜志.
56) 龔勝生, 앞의 책, p.116.

식민지반봉건사회시기에 과연 쇠퇴하였는가가 중요한 문제이다. 상담현, 유양현, 익양현 등을 보면 분명 청말민국기에 생산성은 상승하고 있다.

<표 10-4> 長沙府 縣別 畝産量 (단위 : 石)

지역	건륭3년 1738	건륭8년 1743	건륭11년 1746	건륭40년 1775	가경2년 1797	동치2년 1863	동치7년 1868	민국23년 1934
長沙			1.97					5.0
湘潭	1.68			2.1			5	4.5
寧鄉								5.0
湘陰					5.6			5.9
瀏陽			1.97					5.5
醴陵								6.64
攸縣								5.50
茶陵								6.75
湘鄉								4.08
益陽		1.46				3.28		4.83
安化								5.0
평균								5.34

출전 : 民國 23년 『湖南の米穀』, p.31, 제9표 ; 淸代는 張朋園, 『中國現代化的 區域硏究』(湖南省), p.27.

　淸 전기에 주요 미곡 생산지역에 끼이지도 못했던 예릉현, 다릉 등이 6石대 이상 생산고를 올리고 있는 것은 주목되는 점이다. 앞의 <표 10-1>에 보는 대로 이들 지역이 미곡 수출지역으로 부상하고 있는 점과 무관하지 않다고 여겨진다. 민국 『예릉현지』에는 매 畝의 수확이 많으면 10석, 최소 2석인데 평균은 6석으로 되어 있다.57) 최고는 매 무 10석에 도달하였다니 놀라운 일이다.

　그런데 도량형의 불통일이 심각하기 때문에 해당 자료의 신뢰성을 수용할 수 있을까를 생각해 봐야 한다. 우선 지방지의 기재는 대체로 官斛을 사용하기 때문에 상호비교가 가능할 것이다. 청대의 관곡은 한국의 1斗 18.039ℓ에 비하면 약 57.4%에 해당한다. 1石은 5斗 7升 4合밖에 되지 않는다.58) 畝 면적도 縣에 따라 다르기도 하지만 <표 10-4>의 동일 縣의

---

57) 民國 37年刊 『醴陵縣志』, 食貨志, 稻.

시기별 변화 추세를 이해하는 데는 큰 문제가 없다고 여겨진다.

청말민국기에는 제국주의 침입에도 불구하고 淸 전기에 비해 농업생산성이 획기적으로 증대되었다. 長沙府 내에서 종래 주요 産穀지역이 아니었던 醴陵, 茶陵 등지에도 생산성이 크게 향상되었다.

(2) 농사기술

먼저 農具면에서 보면 민국시대까지 아무런 발전이 없었다는 견해가 주류를 이루고 있다.[59] 그런데 민국년간에 간행된 長沙府『寧鄕縣志』를 보면 농구조에 22종의 農具가 제시되어 있다.[60] 같은 민국시기 간행의 『醴陵縣志』에는 농구조에 生胚犁, 秒田犁 등을 비롯한 60종의 이름이 나오고 있다.[61] 「湘省農業槪況」에 소개되고 있는 호남성의 농기구가 대략 30종 미만인데 비하여, 『예릉현지』의 농기구는 대단히 종류와 기능이 다양하다.[62] 동치시기 이전 많이 간행된 縣志에는 농구에 대한 서술이 없는 것이 대부분이다. 민국시기에는 농구를 따로 제시하고 있고 『예릉현지』에는 스스로 耕耘 수확 및 관개 농구가 구식이라고 하면서도 농업 진화를 위해 마땅히 신식 機器를 채용해야 한다는 것을 강조하고 있다. 농기구 개량과 신식 기계 채택에 대한 관심이 地方志에 반영되고 있는 것이다.

舊式 농기구라 하더라도 개량을 위한 노력은 있었다고 생각된다. 長沙府 瀏陽縣의 淸末시기 기록에 의하면 관개 농구로 筒車, 牛車가 있고 筒車는 하루에 200~300畝 관개가 가능하고 牛車는 100畝 정도 灌田할 수 있는 것으로 되어 있다.[63] 같은 동치시기 江西 余千縣에서는 水車를 이

---

58) 田炯權,「淸後期 湖南 辰州府의 義田」『釜山史學』20, 1991.

59) 鄭慶平,『中國近代農業經濟史槪論』, 北京, 1987, p.149 ; 萬振凡,「江西近代農業的生産關係与生産力」『復印報刊經濟史』, 1993年 8期 ; 劉建中,「近代中國農業生産力的綜合考察」『復印報刊經濟史』, 1992年 12期.

60) 民國 30年刊 『寧鄕縣志』, 故事編, 財用錄, 農具.

61) 民國 37年刊 『醴陵縣志』, 食貨志, 農具.

62) 章有義, 『中國近代農業史資料』 제2집, p.396.

63) 李文治, 『中國近代農業史資料』 제1집, p.588.

용한 灌田 능력이 수십 畝였다.[64] 같은 구식 관개라 하더라도 瀏陽縣의 경우 관개능력이 크게 향상되고 있다. 선통 원년(1909), 安化縣에서도 梁見龍이 螺旋攪水車라는 새로운 관개 도구를 발명하였다.[65] 이것의 발명으로 "事半功倍"라 하였으니 노동력은 절감되고 효과는 배가되었다. 지금까지 어려웠던 高地帶에 관개를 가능하게 하는 효과도 있었다. 광서 24년 湖南에 湘中水利公司가 설립되었고 신식 농기구인 汽機가 구입되었으며,[66] 광서 23년 이후 각지에서 신식 농기구 구입이 개시되는 가운데 호남도 抽水機가 사용되었다.[67] 이와 같이 기존 농기구의 개량과 확대보급, 미미하지만 신식 농기구 도입도 시도되었던 것이 청말민국기의 사정이었다. 淸 전기에는 주요 産米지역이 아니었던 예릉현이 민국시대 미곡수출에 가담하고 있고 畝당 産量에서도 6石 이상의 고수확을 올린 것은 농기구 개량에도 원인이 있다고 여겨진다.

施肥에서도 개량이 강구되고 있다. 민국『예릉현지』에 보면 歐美에서 성행하고 있는 輪栽法을 권장하는 農學者들이 있다는 것과 윤재법 시행으로 施肥뿐만 아니라 병충해까지 방지하여 수익도 증대할 수 있다고 한다. 잡량 채소의 재배에 시행하는 자가 있는데 애석한 것은 아직 보편화하지 못한 것이라 지적하고 있다.[68] 민국시대 과학적 施肥를 위한 연구가 행해지고 부분적으로 윤재법이 시행되고 있는 것을 알 수 있다. 비료의 명목은 人糞肥, 가축분뇨, 骨肥, 魚肥 등 18종이 제시되고 있다. 民國『寧鄕縣志』에도 비료조에 人糞, 菜枯, 棉枯, 蕩糞, 石灰 등 다양한 비료를 제시하고 병충해 방지 기능도 소개하고 있다.[69]

품종개량을 보면 民國刊『예릉현지』의 稻 품종이 同治刊 縣志보다 4배나 증가하였다.[70] 1871년 무렵부터 1930년대 사이에 품종개량의 노력

---

64) 위의 책, p.587.

65) 위의 책, p.588.

66) 위의 책, p.879.

67) 鄭慶平, 앞의 책, p.161.

68) 民國 37年刊『醴陵縣志』, 食貨志, 肥料.

69) 民國 30年刊『寧鄕縣志』, 故事編 財用錄.

70) 同治 10年刊『醴陵縣志』, 興志, 土産 ; 民國 37年刊『醴陵縣志』, 食貨志, 稻.

과 성과가 있었다고 봐야 할 것이다. 앞 다투어 외부의 품종을 구하여 稻 품종이 75종이나 된다는 것과 위치, 토질에 따라 선택하여야 한다고 밝히고 있다.

새로운 농법의 전개로서 시행된 것이 區田法이다. 光緒년간에 直隷, 河南 등지에서 전파되고 있는데 湖南에서는 左宗棠의 「廣區田制圖說」에서 보인다. 區田法은 일종의 水稻직파법이라 알려져 있다. 左宗棠은 區田法 시행은 6가지 좋은 점과 3가지 편리한 점이 있다고 하고 있는데 畝당 30石의 다수확이 가능하다고 주장한다. 각지의 조항이 조금씩 다르지만, 구전법의 특징은 深耕, 多肥, 早種, 稀種, 多收가 공통적 특징이다. 雙手細作에 의존하고 費工이 큰 까닭으로 널리 보급되지 못했다고 하고 있다.[71] 어쨌든 淸末시기 區田法은 상당히 자본집약적 농법으로 등장하여 長沙府 일대에도 일부 시행된 것 같다.

민국『寧鄕縣志』에 보면 민국 후 중앙정부의 지시로 각 省에 농업학교 설치, 각 縣에 농사시험장 설립이 이루어졌고, 民國 원년에 寧鄕縣에 農會가 설립되어 종자 개량, 糞土 개량이 시도되고 있다.[72] 광서 33년(1907)에 農會章程이 만들어졌고 선통 원년에 湖南農會가 성립하였다. 總會는 長沙에 두고 瀏陽, 湘鄕, 寧鄕을 비롯한 각 縣에 분회가 설치되었다. 선통 3년에 長沙에 농사시험장이 만들어졌다. 민국 23년경(1934) 조사를 거쳐 출간된 『湖南の穀米』에도 신식 농기구 채용, 구식 농기구 개량, 輪栽제도의 채택, 품종개량 등의 필요성이 강조되고 있다. 湖南省 經濟조사소에 의한 계획적인 조사활동도 생산성 향상과 무관하지 않다. 민국기에 편찬된 長沙府의 각 縣志에도 農具, 비료 등의 조항이 신설되는 등 농업생산 향상에 관심이 나타나고 있다.

半植民地半封建社會로 규정되는 청말민국기에는 농업생산력은 쇠퇴하였다는 것이 중국학계의 통설이다. 경지면적이 확대되었더라도 농업생산력은 실제로 하강하고 있다는 견해이다. 양식의 畝産量은 淸 중엽 이

---

71) 田炯權, 앞의 논문, 1995.
72) 民國 30年刊 『寧鄕縣志』, 新志, 實業.

후 하강하였고 1930년대에 양식 畝産은 淸 중엽보다 20% 하강했다는 주장도 있다. 그런데 長沙府의 畝당 생산량은 청말민국기에 오히려 크게 상승하고 있었던 것을 확인하였다. 이용 사료에 石이나 畝의 도량형 차이가 있다 하더라도 대체적 상승 추세를 확인하는 데 지장은 없다. 총생산량이 증가되었다 하더라도 단위면적당 産量이 하강했다는 주장이 많다. 총생산의 증가는 부단한 인력 투자의 증대를 통한 것이라거나, 청말민국기 양식 생산의 증대는 기후 온난화의 결과이지 농업생산력 발전과는 무관하다는 주장도 있다. 신식 농기구, 外來良種 등은 새로운 맹아요소지만 '전통 농업의 넓은 바다에 핀 몇 송이 꽃'이라는 시각이다.73)

확실히 청말민국기에 신식 농기구 도입이나 농업근대화 방면의 발전은 완만하다. 그러나 일부 신기술 도입, 품종개량, 輪栽法 도입, 肥料 발전 등은 종래에 비하여 확실히 발전된 요소이다. 이러한 변화는 전통농업의 바다에 핀 몇 송이 꽃이 아니라 "세포핵"이다. 완만한 발전의 원인에 대해서는 여러 가지 요인을 종합적으로 검토해야지 단순히 '제국주의 책임론'으로만 돌릴 수는 없다. 1960년대 한국 농촌에서도 여전히 구식 농기구와 전통 농법이 존재했다. 자본주의 발전 도상에서 도시에 대한 상대적 농촌의 낙후는 언제나 존재한다. 중국의 농촌 근대화가 100년간을 경과하면서도 충분히 달성되지 못했던 것은 정치 불안과 효과적인 정책실행 결여가 하나의 중요 원인으로 생각된다.

Ⅱ. 경제작물 생산

1) 면화, 茶

먼저 면화에 대해서 보면 호남의 주요 産棉지역은 북부 동정호 평원지역이었다. 선통 2년(1910) 農工商部 조사의 湖南 産棉區도 岳州府 臨湘縣이 가장 중요한 지역이다. 그 다음이 湘鄕, 攸縣, 茶陵 등의 諸縣이다.

---

73) 李金錚, 「二十年來中國近代鄕村經濟史的新探索」 『歷史硏究』, 2003年 4期.

長沙府의 縣들을 중심으로 보면 그 다음 순서가 長沙, 湘陰, 瀏陽, 醴陵 등 縣이다. 寧鄕, 益陽 등은 토질이 맞지 않아 재배하지 않은 것으로 되어 있다.74) 그런데 동치년간 간행 지방지를 보면 湘鄕縣, 茶陵縣과 함께 安化縣, 益陽縣의 物産에도 면화가 포함되어 있다. 淸代 전기에는 면화 재배가 활발하지 않았던 호남이 청말민국기에 재배면적이 확대되어 전국 22개 省 중에 8위를 차지할 정도로 성장하였다.75)

광서년간(1875~1908) 중엽에 長沙는 常德과 더불어 호남 면화의 주요 집산지였다. 민국시기 省內에도 면방직업이 발달하여 호남 면화생산이 자극을 받게 되었고, 出口도 차츰 증가하여 청말민국기에는 주요 수출화 물의 하나가 되었다.76)

항구의 개항 이후 외국수요의 자극을 받아 湖南·湖北지방에 면화생 산이 확대되었으며, 洋布의 충격을 받아 면화 품종개량, 재배방법 개선이 진행되었다. 湖廣總督이었던 張之洞이 광서 18년(1892) 미국에서 면화씨 34担을 수입하여 시험 재배하기도 했다.77) 長沙府 湘鄕縣에서도 동치년 간 면화재배가 확대되었고 貧富를 막론하고 부녀가 모두 방직에 종사하 였다. 淸末 攸縣에서는 추수가 끝나자마자 집집마다 棉布를 짜서 '半年 식량'을 마련하기도 했다.78)

민국『예릉현지』에 보면, "邑中舊産不多 近因紗價踴貴 始多種者…… 近又有美棉種輸入 結實比中棉 多三分之一"이라 되어 있다.79) 예릉현에 서는 종전에 면화생산이 많지 않았는데, 근래에 棉紗의 가격이 등귀하니 비로소 많이 재배하게 되었으며, 또 근래 미국면화 종자가 수입되었는데 수확이 중국 면보다 1/3이나 많다는 것이다. 시장가격의 상승이 면화재배 에 자극을 주고 있고, 미국 면화종자 수입으로 품종개량을 시도한 것이

---

74) 龔勝生, 앞의 책, p.165.

75) 天野元之助,『中國農業經濟論』(3), 東京, 改造社, 1978, p.70.

76) 劉泱泱,『近代湖南社會變遷』, 長沙, 1998, pp.140~143.

77) 龔勝生, 앞의 책, p.176.

78) 위의 책, p.166.

79) 民國 37年刊『醴陵縣志』, 食貨志, 棉.

다. 청말민국기는 시장에 자극된 상품생산이 하나의 흐름이었다. 제국주의 침략과 농촌경제의 파괴라는 측면보다 국제수요 증가에 따른 생산증대로 시장경제와 경제성장이라는 각도에서 이 시기를 봐야 되지 않을까 한다.

茶의 상품화는 아편전쟁 이후 대외교역이 증가하면서 발전하고 있다. 함풍 8년(1858) 광동상인이 호남에 들어와 湘潭에서 安化에 도달, 紅茶 제조법을 전파함으로써 紅茶를 대량생산하여 구미에 수출하게 되었다. 高價에 이윤이 높아 19세기 1860년대부터 20세기 초에 특히 湖南茶 생산·판매가 극히 발달하였다.[80] 長沙府 내에서 湘鄉, 湘潭, 湘陰, 益陽, 攸縣, 安化, 寧鄉, 醴陵, 瀏陽 등 대부분의 지역이 茶재배에 참여하고 있다.[81] 청말민국기에 대외교역 증가 상황하에 茶수출이 증대되고 이것이 茶의 생산을 자극한 것이 분명한 사실이다. 湘陰縣에서도 도광 26년(1846) 左宗棠이 柳莊에서 茶를 재배한 것이 茶생산 확대의 계기가 되었다.[82] 同治 6年(1867)刊『寧鄉縣志』에도 "近日에 심는 자가 특히 많다."라 하고 있는 것을 보면 茶재배 확대가 근대의 특징적 현상이다.[83]

예릉현에서도 淸 광서년간(1875~1908)에 紅茶가 예릉의 大宗産品이고 매년 2만 石을 외부판매한다는 기록이 있다.[84] 민국 15年刊『醴陵鄉土志』에도 "茶를 국외 수출하는데 縣城에는 항상 茶號가 십수家이다. 각 鄉에 設莊 茶수매로 漢口에 운송 판매한다. 采摘, 運送, 發揀, 裝箱 등에 동원되어 빈민이 생계를 의지하는 자가 헤아릴 수 없이 많다."고 되어 있다.[85]

安化縣은 함풍 初年에 紅茶 600만 斤을 포함 800만 斤을 수출하고 있는데 주로 러시아와 英·美에 판매하였다. 동치·광서시기에는 茶莊이

---

80) 劉泱泱, 앞의 책, p.146.

81) 龔勝生, 앞의 책, pp.183~185.

82)『左宗棠全集』20책, 年譜, 권1.

83) 同治 6年刊『寧鄉縣志』, 物産.

84) 民國 37年刊『醴陵縣志』, 食貨志, 茶.

85) 民國 15年刊『醴陵鄉土志』, 食貨志, p.27.

80여 家였다. 19세기 말에서 20세기 초에 인도·스리랑카 茶의 국제시장 진출로 湖南茶는 국제시장 판매량이 차츰 감소한 바 있다. 이것을 제국주의의 시장조작으로 보는 견해도 있지만, 본질은 중국 茶가 품질경쟁에서 뒤진 것이지 정치적 외압의 결과는 아니다. 민국시대에 '中國茶業復興計劃'이 수립되고 茶 품질개량을 위한 노력이 시도된 것은 시장에서의 경쟁력 강화를 위한 것이다.[86]

『通郵物産誌』를 보면 1930년대 전반에도 安化縣은 紅茶 300만 斤을 포함, 綠茶, 黑茶 등 800만 斤을 漢口를 거쳐 외국으로 수출하고 있다. 이 安化縣의 수출량은 同治·光緖의 全盛期보다는 못하지만, 咸豐(1851~1861)시대의 수출량은 유지하고 있는 셈이다. 같은 『通郵物産誌』에 확인되는 유통량은 湘鄕의 150만 担 이상을 비롯하여 湘陰縣의 130만 斤, 寧鄕의 2만 斤, 瀏陽의 1만 斤, 湘潭의 2,600kg과 2,000石 등이다.[87]

安化縣에서는 함풍년간에도 '茶로써 米를 바꾼다'는 말이 있었다. 『通郵物産誌』의 安化縣의 茶수출을 금액으로 환산해 보면, 安化의 800만 斤이 약 300만 원, 安化 藍田의 110만 斤이 55만 원이다. 합계 355만 원을 인근 寧鄕縣 米價 4.4元으로 계산하면 806,818石이 구매 가능하다. 약재와 기타 물품의 판매액을 합하면 85만여 석 정도 구매 가능하다.

長沙府에서 청말민국기에 茶의 생산과 수출이 국제수요에 자극되어 팽창하다가 일부 위축을 경험하는 과정은 철저하게 시장경제의 원리에 따라 연동한 것이다. 정치논리보다는 시장생산과 경쟁력 문제에서 농산 상품화를 보아야 할 것이다.

2) 烟草·花生·기타

烟草는 건륭년간 무렵에도 衡州府가 특히 재배의 중심이었다. 이에 영향을 받아 인근 長沙府 茶陵縣, 攸縣이 烟草재배에 가담하였고, 산품은 주로 衡陽에 팔렸다.

---

86) 天野元之助, 『中國農業經濟論』(3), pp.86~87.
87) 『中國通郵地方物産誌』 湖南, pp.7~10.

그런데 청말에 가서 연초재배가 長沙府의 각 縣에 활발해지고 있다. 同治刊 縣志에 瀏陽, 益陽의 物産으로 烟草가 摘示되고 있다.[88] 善化縣에서는 동치년간에 연초재배의 이익이 커 "田과 園을 폐하여 이를 만든다."고 하고 있다. 醴陵縣에서는 광서년간에 "거의 안 심는 집이 없다."고 할 정도로 동치년간 이후의 청말에 연초재배가 보편화되고 있다.[89]

이런 사정을 보면 고수익을 노려 기존 경지를 바꾸어 연초재배를 하는 것은 시장을 향한 상품생산에 다름없다. 이것이 농가소득 증대에 기여한 것은 틀림없다.

민국 초년의 연초생산량은 호북이 약 30만 担, 호남이 200만 担 정도였다. 유명상품화된 것 중에는 湘潭 潭子烟도 있었다. 『通郵物産誌』의 물동량 가운데는 湘潭株洲의 烟葉이 常德, 湘南 등지로 판매되고 있다.

花生은 땅콩으로 落花生이라 부르기도 한다. 호남은 가경년간에 花生이 재배되었다.[90] 함풍년간(1851~1861)에 중부 諸省에 보급되었다는 주장도 있다.[91] 태평천국 후 미국에서 새로운 종자가 전래되고 재배지역이 확대되었으며, 20세기 초에 땅콩은 주요 수출품의 하나가 되고 있다.[92]

1930년대 사정인 『通郵物産誌』에는 湘潭株洲에서 花生 2,000石을 湘潭·長沙로 보내고 있고, 茶陵에서도 1,800担을 長沙로 보내고 있다. 湘鄕 楊家灘에서도 3,000石을 長沙·漢口에 보내고 있다. 이것 역시 시장을 향한 상품생산의 일면을 보여주고 있다.

苧麻는 호남에서 오래 전부터 재배되어 왔다. 단 근대에 와서 비로소 큰 발전을 이룬 것은 다른 작물과 비슷하다. 동치년간(1862~1874)에는 長沙府의 瀏陽縣, 湘鄕縣, 攸縣, 茶陵, 醴陵 등에 재배가 활발하여 모두 麻鄕이라 불렸다. 민국시기 호남의 苧麻생산과 외부판매는 모두 커다란 발

---

88) 同治 12年刊 『瀏陽縣志』 권7, 食貨, 物産 ; 同治 13年刊 『益陽縣志』 권2, 風俗, 物産.

89) 龔勝生, 앞의 책, p.188.

90) 위의 책, p.197.

91) 天野元之助, 『中國農業經濟論』(3), p.102.

92) 田炯權, 앞의 논문, 1995.

전을 했고, 1930년대 말까지 생산량은 대체로 증가 추세이다. 湘鄕과 長沙, 瀏陽 등은 省內에서도 저명한 苧麻산지이다. 일부를 省內에 판매하는 것을 제외하고 다수는 漢口를 거쳐 영국, 일본, 독일에 판매되기까지 했다.[93)

桐油는 油漆, 涂料 등의 제조에 쓰이는 화공원료이다. 근대공업발달 전에는 가옥, 器具 등에 사용하였다. 재배 역사는 오래되었으나 대량발전은 청말민국기이다. 동치년간의 『유양현지』, 『익양현지』 物産에도 桐油가 기재되어 있다. 同治 『攸縣志』에도 桐油재배가 보인다. 광서 末年에는 서양의 桐子樹가 수입 재배되어 보다 양호한 품질이 확대되었다. 민국 중기에는 호남의 桐油생산은 전국 총생산의 30% 이상이나 되었다. 호남의 桐油수출액도 전국 수출 총량 중에 1~2위를 다투었다. 1930년대 호남의 수출화물 가운데 桐油의 비중은 컸다. 한 통계에 의하면 수출총액 3,000만 兩 가운데 桐油가 1천만 냥이라는 주장도 있다.[94)

예릉현의 관련사실을 보면 "以前桐油銷路不廣 所産無多至民國十年後 乃行銷美洲……二十七年 對外貿易 湘省出産 首推桐油"라 되어 있다. 종전에 桐油 판로가 넓지 않아 생산이 많지 않았는데, 민국 10년 (1921) 후에 미국에 판매하게 되어 생산이 증가하였다. 민국 27년(1938) 대외무역에서 호남성 수출의 首位를 차지한다고 하는 것이다.

藍靛의 경우도 예릉현에서 보면 淸末民初에 동일한 1石田에 稻 심는 것보다 藍靛재배가 3배의 수익을 올릴 수 있다고 되어 있다.[95)

이상에서 보면 경제작물 생산이 청말민국기에 대폭 확대되고 있는 것이 공통적인 특징이다. 국제적 수요 증가가 농산상품화를 자극한 것이다. 出口成長이론과 부합된다고 할 수 있다. 생산의 확대와 위축은 시장경제에 대한 반응이다. 이 시기 호남 장사부의 농촌은 시장경제와 경제성장의 관점에서 이해해야 할 것이다. 종전 시기에 비하여 전진하고 있었던 것은 틀림없다.

---

93) 劉泆泆, 앞의 책, pp.144~145.
94) 위의 책, pp.149~151.
95) 民國 37年刊 『醴陵縣志』, 食貨志, 桐油, 藍靛.

Ⅲ. 상품유통

1) 洋貨와 상품유통

아편전쟁 전 국내 시장의 주요 상품유통 가운데는 양식이 42%, 면포 24%, 塩이 15%로 세 가지 합계가 80% 이상이었다. 시장은 양식과 布, 塩의 교환 위주였다.[96] 嘉慶『長沙縣志』에서도 秋收기에 淮商들이 塩을 싣고 와서 미곡을 싣고 돌아가는 것으로 되어 있다.[97] 19세기 1850년대까지도 호남의 미곡위주의 농산품과 塩의 교환관계는 지속되었으나, 1860년대 漢口개항 이후는 洋貨가 본격 수입되게 되었다. 洋貨의 범람은 중국수공업품에 대한 배제 타격 작용이 날로 증대되게 하였으며, 제국주의 침략자의 주된 관심사였다.[98]

洋貨의 충격하에 호남 전통 상공업은 쇠퇴한 측면이 있다.[99] 그러나 제국주의 침략성을 지나치게 강조한 나머지 洋貨의 범람을 침략의 경제적 표현으로만 보는 것은 편견에 가깝다. 漢口개항 이래 호남은 米穀과 茶, 광산품, 鞭爆 등을 移出하고 외국수입의 綿布, 綿紗, 철강, 煤油 등을 수입하였다. 1899년 岳州개항, 1904년 長沙개항 후에는 상업도 더욱 번영하고 교역의 내용도 바뀌어 갔다. 1899년경에는 米, 茶, 木, 煤, 면화가 移出品의 大宗이었다. 1904년 長沙개항 후에는 米와 礦砂가 送出品의 절반을 차지했다. 礦砂, 폭죽 등의 교역액 증가가 19세기 말과는 다른 현상이었다.[100] 長沙, 岳州의 선박 진출은 1902년에는 수백 척에서 1911년은 2,000여 척으로 3~4배 증가하였다. 교역량이 급증하는 것이 추세였다.[101]

長沙府에서 기본적인 송출품은 米穀과 茶 등 농산품이고 차차 제조품의 생산과 판매도 진행되는 것이 근대의 특징이다. 구매물품이 종전에는

---

96) 劉泆泆,『近代湖南社會變遷』, 長沙, 1998, p.199.

97) 張朋園,『中國現代化的區城研究 - 湖南省』, 臺北, 1998, p.386.

98) 夏宝璋,『中國買辦資産階級的發生』, 中國社會科學出版社, 1984, p.126, p.135.

99) 劉泆泆, 앞의 책, p.97.

100) 위의 책, pp.199~200.

101) 張朋園, 앞의 책, p.110.

塩 위주에서 洋貨가 주요 내용이다. 洋貨의 구체적인 내용을 살펴보자. 광서 27년(1901)과 28년 湘潭縣의 洋貨수량 통계를 보면 洋布가 약 100만 필, 洋紗 약 2만 斤과 그 외에 絲帶, 絨線, 顔料, 洋針, 鈕扣, 火柴(성냥), 洋傘 등이 등장하고 있다.[102] 막 岳州는 개항되었으나 長沙개항 이전에 상당한 洋貨가 유통되고 있다.

1918년경 長沙에 구입된 洋貨는 香烟, 鍾表(시계), 전기재료, 유리, 성냥, 洋布, 금속제품 등 총 50여 종이다. 그 중에 당시 가치 100만 元을 초과한 것은 銅, 鐵, 鉛, 錫 등 금속재료와 제품, 棉布, 棉紗, 糖類, 石油, 香烟, 呢絨 등이다.[103] 1924년 駐長沙 日本영사의 보고문에 의하면 호남의 주요 수출품은 米穀, 광산물, 麻, 면화, 桐油, 기타(폭죽, 皮革, 木材, 紙, 傘 등)이고 주요 수입품은 棉紗布, 해산물, 洋紙, 石油, 砂糖 기타(染料, 洋傘, 香烟 등)이다.

1930년대 전반에는 米, 면화, 桐油, 紅茶, 烟葉 등 34종의 수출화물이 제시되고 있는데, 광산물, 桐油, 폭죽, 烟葉이 주요 수출품이 되고 있다. 수입상품은 총 32종인데 면직품, 煤油, 광산물, 染料, 糖類 등이 大宗이다.

민국 15年刊 『醴陵鄕土志』에 보면 예릉현에서는 米穀, 夏布, 磁器가 주요 수출품인데 수입상품은 塩이 가장 많고 洋貨가 다음으로 되어 있다. 洋貨의 내용은 洋油, 각종 洋布, 海菜, 五金, 雜貨, 靛靑顔料, 약품 등이다. 洋貨 다음은 綢布, 棉麻, 南貨의 순서이다.[104] 民國 『예릉현지』에는 同治刊 현지의 "貨에는 20개 품목이 있는데 태반이 農礦品에 속하고 그 공업제품은 겨우 夏布, 棉布, 土絹, 瓷器 4종이 있다. 당시에는 또한 단지 境內에 소비될 뿐이고 수출은 대단히 적었다. 이것이 모두 지금과 예전이 다른 것이다"[105]고 되어 있다. 청말에서 민국시대로 진행하면서 상품의 종류와 교역량이 늘어나는 것을 알 수 있다.

---

102) 李文治 刊,『中國近代農業史資料』제1집, 1957, p.492.
103) 劉泱泱, 앞의 책, p.200.
104) 民國 15年刊 『醴陵縣鄕土志』, 제6장 實業.
105) 民國 37年刊 『醴陵縣志』, 食貨志.

1936년 이전의 상황을 전하고 있는 민국『예릉현지』를 보면 예릉현의 상품 수출과 수입이 적시되어 있다.[106] 거의 비슷한 시기의 사정인『通郵物産誌』와 비교하면 훨씬 상세하고 다양한 항목이 기재되어 있다. 미곡 수출은 40만 石 정도이다. 瓷器가 매년 20만～10만 石, 編爆이 매년 20만 箱, 夏布 20～30만 匹, 土布가 100만 元 이상, 茶油가 1만 石 이상 등 다양한 상품이 수출되고 있다. 수입은 각종 면직물(布疋, 衫襪, 수건 등) 약 1000만 元, 綢段 등 약 1000만 元, 染料, 煤油, 糖, 南貨(海味, 木耳, 南粉, 乾果 등), 食塩 약 7만여 石, 약재, 목재, 油漆, 五金, 陶瓷顔料, 烟, 肥皂 (비누), 서적문구, 기타 각종 洋貨(유리, 牛皮, 白蠟, 시계, 안경) 등 다양한 상품이 있다. 그런데 주목되는 것은 위 민국 15년(1926) 당시 수입상품 중에 塩이 제일 크고 洋貨가 다음이라 하였는데, 1930년대에는 洋貨의 비중이 훨씬 더 커진 것이다. 소금 7만 石은 같은 민국『예릉현지』물가표에 의하면 石당 14元(1931년) 정도이다. 7만 石은 100만 원 정도에 해당한다. 그런데 유리, 시계, 안경 등의 기타 洋貨만 100만 元 정도이다. 면직물 수입품 가운데 상당수는 洋布, 洋紗일 것인데 면직물의 합계만 1000만 원이다. 煤油가 100만 斤이 있고 糖이 6000여 石, 五金 중의 일부, 陶瓷顔料 10만 元, 染料 1000여 石 등을 보면 소금 수입액보다 훨씬 많은 부분이 洋貨에 해당한다. 綢段類, 수입액도 1000만 元에 이른 것은 경제 수준의 상승을 의미한다고 할 수 있다. 수출품 중 編爆은 상자당 15元 단가로 계산하면 300만元이다.[107] 穀米 40만 石을 米로 보고 예릉현 물가표 상 石당 5元으로 계산하면 200만 元에 해당된다.[108] 매출액으로 보면 編爆이 米를 초과하고 있다. 민국 전반기에 洋貨의 보편화와 교역량의 현격한 증가를 예릉현 사례에서 확인할 수 있다.

앞서 인용한 1919년 駐長沙의 미국 영사 보고문에는 長沙 수입 洋貨

---

106) 위의 책, 食貨志, 工商.

107)『中國通郵地方物産誌』湖南편, p.8. 物價에 '民國『醴陵縣志』食貨志 工商조의 수출' 참조

108) 民國 37年刊『醴陵縣志』, 食貨志, 工商, 物價表2. 穀 1石 2.5元을 米石당 5元으로 계산.

총액이 제시되어 있다. 총 50여 종의 洋貨가 10,250,953元이다. 그런데 長沙 出口의 本省 상품은 40여 종에 12,813,352元이다. 단순 비교하면 수출액이 수입액보다 큰 出超이다. 자료에는 米穀 수출액은 통계 수치가 결여되어 있다. 이 액수에는 長沙를 통해 호남성의 기타 지역에 배급되는 것도 있고 수출 貨物 중에도 長沙는 집산지 기능만 하는 것도 있을 것이다. 어쨌든 50여 종의 洋貨가 당시 가격 1000만 元이 넘는 액수로 수입되고 있다.

洋布, 洋貨의 보급은 국산화에 대한 자극을 불러 일으켜 國産洋貨의 유통도 활발해지는 것이 이 시기의 특징이다. 淸末인 1907년 일본 외무성 보고에 의하면 "近銷棉布 以上海製品 最多, 其次爲美國製品"이라 부르고 있어 상해제조의 國産洋布가 湘潭에 많이 팔리고 있는 것을 알 수 있다.[109]

『通郵物産誌』에 보면 1930년대 長沙에서는 棉紗, 棉布, 성냥, 유리, 비누, 國産電池 등 제조품이 생산되어 호남성 각지와 漢口로 팔려 나가고 있다. 國産 洋貨가 유통되고 있는 것이다.

湘陰 新市에서도 土棉洋布가 제조되고 있다. 민국시기에 國産 공업품이 점차 증가하여 적지 않은 지방에서 洋貨를 초과하여 수입공업품의 主角이 되었다는 추세에 湖南 長沙府도 연동되고 있다.[110]

전술한 대로 청말민국기 長沙府는 인구밀도 1위로 상승할 정도로 인구집중이 심화되었다. 長沙 도시의 인구도 19세기말 10여만 인에서 20세기 중기에 40만 인 전후까지 급증하였다. 1904년 長沙개항 후 대외교역이 급증하고 水陸교통이 발전하였으며, 호남 근대공업이 발전한 것이 長沙 발전의 원인이다.

1916년부터 1933년 사이에 장사 상공업 점포 발전을 보면, 사치품이 171家에서 1,128家로 거의 7배, 복장점은 43家에서 2,028家로 약 50배 증가하였다. 洋貨店도 127家에서 233家로 약 2배, 식품점도 281家에서

---

109) 李文治, 『中國近代農業史資料』 제1집, 北京, 1957, p.496.

110) 樊圍國, 「近代上海口岸市場對內地市場的輻射和制導」 『復印報刊中國近代史』, 2005年 3期.

2,124家로 늘어났다.[111] 이것만 보아도 경제규모의 놀라운 성장을 알 수 있다. 전통 行業이 발전되었을 뿐 아니라 洋貨, 洋行, 電燈, 汽船, 신식 서점, 영화관 등 신식 行業이 발전하고 약품에도 中藥店과 西藥店, 복장에도 西服店이 등장한다. 中西 行業의 병존은 토대에 기초한 근대화의 전형이라 생각한다.

國産 洋貨의 제조는 수입 洋貨에 자극 받은 것이 분명하다. 淸末 新政期에 호남에서도 신식공업이 태동되었다. 1909년 長沙에 설립된 湖南電燈公司, 광서 22년(1896)에 설립된 성냥공장 和豊公司, 광서 31년(1905) 예릉현 설립의 磁業有限公司, 근대식 방직공장인 민국 원년의 經華紗廠, 유리공장인 玻离公司, 造紙廠, 화장품 공장 등이 계속 만들어졌다.[112]

그런데 長沙는 개항 이래 매년 평균 入超였으며, 入超는 경제발전에 있어 일대 장애였다는 것, 동시에 현대화의 진전을 자극했다는 견해가 있다.[113] 민국 예릉현 향토지에도 "而輸出之數 尙不足以抵輸入"이라 하고 있어 入超현상을 지적하고 있다.[114] 그러나 長沙府이든 醴陵縣이든 수출입 물동량의 정확한 價額을 알 수 있는 통계는 거의 없다.

중요한 것은 구매력이 있기 때문에 洋貨가 수입되고 있는 것이다. 앞서 인용한 1907년 日本 외무성 보고에는 "湘潭 주민들이 대부분 농부들로서 복장이 조잡하여 대개 土布를 사용하고 洋布 사용자는 대단히 적다. 그래서 洋布 수입이 그다지 크지 않다. 장래 상담이 개방되면 농부 등 각종 노동자 수입이 증가하여 洋布 판매도 늘어날 것이다."고 하고 있다.[115] 구매력이 증가하면 洋布 사용이 늘어날 것이라는 예측이다.

長沙의 상공 店鋪가 1916년의 4912家에서 1933년 13764家로 증가한 것도 구매력 증가와 무관하지 않을 것이다. 이미 호북과 호남을 범위로 한 연구에서도 미곡방출지 지역의 行號 발달이 많고 洋貨行도 상대적으

---

111) 劉決決, 앞의 책, pp.181~183.
112) 張朋園, 앞의 책, pp.327~335.
113) 위의 책, p.388.
114) 民國 15年刊 『醴陵縣鄕土志』, 제6장 實業.
115) 注109)와 같음.

로 비중이 높은 것을 확인한 바 있다.[116) 長沙府의 각 縣의 行號수는 대체로 절대 인구가 많고 생산력이 높은 지역을 중심으로 하여 많다. 長沙는 縣·市 134, 靖港 18로 총계 152家, 湘潭현은 상담 63, 株洲 15로 계 78, 湘鄕縣은 湘鄕 17, 㵗水 10, 婁底 4, 永豊 9, 楊家灘 18, 靑水坪 12, 총계 70, 湘陰縣은 湘陰 19, 新市 15, 계 34이다. 寧鄕, 瀏陽, 醴陵, 益陽현이 각 18이고 安化는 총계 35, 茶陵은 14이다. 攸縣은 인구가 32만 수준인데 行號가 77로 이례적으로 높다. 이상의 수치는 『通郵物産誌』상의 수치이다. 洋貨行號는 역시 장사에 집중도가 높다. 통조림식품, 捲煙, 洋布, 유리, 비누, 성냥, 전기 재료, 시계, 안경, 사진, 西藥, 화장품, 五金, 洋傘, 기타 잡화 등이 목격된다. 전술한 50여 종의 洋貨를 취급하고 있을 것이다. 상담, 상향, 상음, 유양, 예릉 등에도 洋貨行이 많이 보인다. 非産穀지대인 安化縣 등에는 洋貨行이 보이지 않는다. 장사부에서도 구매력과 洋貨의 유통은 대체적으로 상관관계가 있다고 여겨진다.

洋貨의 범람은 제국주의 침략의 경제적 표현이고 전통 수공업 파괴라는 측면에서만 이해하기는 곤란하다. 洋貨유통의 증가는 구매력 증대에 의한 경제규모의 확대이다. 또, 國産 洋貨의 증가는 서방 洋貨에 자극된 근대화 과정을 의미한다. 전통 수공업도 변모를 모색하면서 병존하는 양상을 보이고 있다. 洋貨에 의해 다 파괴되었다는 것은 인상적인 이야기에 지나지 않는다. 오히려 공업화 수준의 낮은 단계가 오래 지속된 원인을 '제국주의 전부 책임론'으로 돌리는 것은 잘못이라 생각한다. 정치혼란, 교통미발달, 금융문란 등이 제국주의와 완전히 무관한 것은 아니므로 '부분책임론'을 제기할 수는 있을 것이다. 그러나 청말민국기를 이전 단계에 비추어 경제성장과 시장경제의 발달로서 이해하는 데 큰 무리는 없다.

---

116) 田炯權, 「淸末民國期 湖南의 米穀市場과 商品流通」 『東洋史學研究』 제74집, 2001 ; 田炯權, 「淸末民國期 湖北의 米穀市場과 商品流通」 『東洋史學研究』 제87집, 2004.

2) 미가와 물가

同治년간(1862~1874) 이후 제국주의 침략이 날로 강화되고 淸代 경제가 쇠퇴하였으며 물가상승폭은 날로 커지고 인민 생활은 더욱 빈곤해졌다는 것이 통념적 시각이다.[117] 민국 전기의 물가수준은 비교적 완만한 상승세였고 민국 중기는 파동 중의 상승세였다. 米價는 淸末보다 民國初에 상승하였다. 소수년도의 약간 하락을 제외하고는 대체적인 상승 추세이다.[118]

그런데 米價의 장기 상승은 지주에게 유리하고 佃農에게 불리하다든가,[119] 역시 시장미곡이 지주의 租穀이 대부분이어서 시장가격은 생산비를 밑도는 수준이고, 그 결과 농산상품화는 농촌의 빈곤을 가중시켰다고 보는 인식이 있다.[120] 근대 半植民地半封建의 중국에서 米價파동은 농민에게 단지 수탈, 빈곤만 초래했다는 것이다.[121] 또 米價상승은 농민 수입을 提高시키는 측면이 있지만, 米價상승속도는 기타 물가에 비해 완만하기 때문에 농민 부담이 가중된다는 견해도 있다.[122]

사실관계의 규명을 위해서는 정확한 米價나 물가 통계가 꼭 필요하지만, 호남성 米價에 대해서 민국 17년(1928) 이전까지는 시장에 관한 근거 있는 통계자료가 없다. 물가사 관련 논저에도 여기 저기 흩어진 단편적 자료를 재구성하는 수준에 그칠 수밖에 없다. 민국 23년과 민국 24년에 걸쳐 대대적 조사를 시행한 湖南省 經濟調査所의 조사가 상당히 신뢰할 만하다. 인구증가에 따른 식량수요 증대, 생산비 증가, 일반물가 상승, 통화량 증대 등으로 米價상승 추세는 자연스럽다. 연도별의 부분적인 등락은 풍흉에 따른 공급량의 과부족이나 기타 사유에 기인한다.

---

117) 譚文熙, 『中國物價史』, 武漢, 1994, p.256.

118) 위의 책, p.100, p.103, p.111.

119) 龔勝性, 앞의 책, p.284.

120) 徐正元, 「中國近代農産商品化的發展与米市的形成」『復印報刊經濟史』, 1997年 3期.

121) 徐正元, 「上海近代稻米市場價格變動分析」『中國經濟史研究』 1996年 2期.

122) 呂紹理, 「近代廣東興東南亞的米糧貿易」『政治大歷史學報』12, 1995.

　　호남성 경제조사소 통계는 長沙 부근의 小河穀과 동정호 부근의 大河穀으로 나누어 민국 17년(1928)부터 민국 24년(1935)까지 연도별 米穀가격을 제시하고 있다.[123] 長沙 부근 생산의 小河穀 가격이 조금 높은 편인데, 兩者 평균가는 민국 17년 穀 1石당 2.33元에서 민국 24년(1935)에는 4.02元으로 상승하고 있다. 米價는 민국 17년 1石당 6.53元에서 24년(1935)에는 9.42元으로 상승하고 있다. 민국 22년, 민국 23년의 하락이 눈에 띄지만 대체적인 상승 추세가 보인다.『通郵地方物產誌』의 穀價 자료를 보면 湘潭株州가 1石당 2.0~6.0元 사이이다. 米價의 경우 湘陰新市가 1石당 4.2~4.4元, 寧鄕현이 4.0元~4.8元의 폭을 보이면서 같은 長沙府내 米價의 유사성이 나타나고 있다.[124] 비슷한 시기를 다루고 있는 두 자료 상호간에도 차이가 있다. 穀價의 경우 경제조사소는 민국 24년 4.02元인데『物產誌』의 湘潭株州는 2.0~6.0元이다. 이것은 범위 안에 있지만 米價는『物產誌』가 4元대인데 경제조사소는 9.42원으로 격차가 너무 커서 단순 비교는 곤란하다. 兩者간에 도량형의 차이나 조사 시기, 방법의 차이가 있다고 여겨진다.

　　호남성의 도량형은 縣과 縣이 다르고 심지어는 縣내에서조차 다른 경우가 있으므로 조사 과정에서 환산치를 제시하지 않으면 비교의 오류는 불가피하게 생겨난다. 그런데 米價의 변동 추세는 호남성 내에서도 상당히 비슷한 것을 확인한 바 있고, 上海의 米시장과도 연동되고 있었다. 1871년부터 1936년까지 중국과 미국의 기본 물품가격지수도 거의 비슷한 곡선을 그리고 있으며, 이를 근거로 제국주의가 중국 기존 시장 연계를 타파하고 중국시장을 국제시장에 종속시켰다는 주장도 있다.[125]

　　문제는 米價와 물가의 상관관계를 이해하는 일이다. 청말 선통 2년(1910)의 기록을 보면 "小民들의 日用 먹고 마시는 물품의 가격이 모두 10년 전에 비해 두 배나 올랐다.……농민의 의복 居室 器用 蔬饌의 비용, 牛種糞漑의 비용도 예전보다 두 배나 올랐다.……米價도 비록 동일 비율

---

123) 張人价,『湖南의 穀米』, pp.87~93.
124) 田炯權, 앞의 논문, 2001.
125) 章有義,『中國近代農業史資料』 제2집, pp.297~298.

로 함께 올랐으나 넉넉하지 못해 괴롭다."라 되어 있다.[126] 이것을 보면 米價도 일반 물가와 동일 비율로 오른 것을 알 수 있다. 같은 사료의 이어진 부분을 보면 米價는 국가가 항상 특별정책으로 통제를 하기 때문에 충분히 오르지 못한다고 되어 있다. 국가 정책의지는 인정할 수 있지만 淸末 단계에 왕조 정부가 시장경제를 왜곡할 통제력이 있었다고 여겨지지는 않는다.

농민이 米穀을 판매하여 얻는 것과 일반 구매물가를 비교하는 것이 필요한데 자료는 부족하다. 호남 汝城縣에서 조사한 바로는 1932년경 米價가 일반 물가에 비해 상승률이 높거나 비슷하게 유지되는 것을 알 수 있었다. 대상 시기도 同治년간(1862~1874)부터 1932년까지의 약 70년간이고 세 단계로 나누어 비교한 결과이다.[127]

호남성 衡陽縣에서 민국시기 米價와 塩價, 煤油價를 조사한 것에는 米價상승률보다 구매물가인 塩價, 煤油價 상승률이 더 크다는 상반되는 보고도 있다.[128] 이 경우에도 米의 매출액과 塩, 煤油의 구매액은 총량 개념이 고려되어야 하기 때문에 구매물가 상승이 곧바로 농민빈곤의 이해로 직결될 수는 없다.

개별 구체적인 물가 변동자료가 극히 빈약하기 때문에 번거롭지만 長沙府 醴陵縣의 물가변동표를 제시한 것이 <표 10-5>·<표 10-6>이다. <표 10-5>에서 穀 1石의 가격으로 구매할 수 있는 塩의 斤수는 11.33(1878), 13(1888), 10.79(1893), 16.67(1909), 31.11(1912), ?(1916), 21.11(1921)이다. 1893년에 부분하락이 있지만 대체적으로 증가 추세이다. 민국 10년(1921)에도 원년보다는 낮지만 1878년의 11.33斤 수준보다는 현격히 증가하고 있다. 특이하게 높은 민국원년을 제외하면 청말에서 민국기까지 米價의 塩 구매력은 상승추세가 분명하다.

---

126) 李文治, 『中國近代農業史資料』 제 1집, p 561

127) 田炯權, 「淸末民國期 湖南 汝城縣의 商品流通와 物價變動」 『明淸史研究』 9, 1998.

128) 章有義, 『中國近代農業史資料』 제3집, p.672.

<표 10-5> 醴陵縣物價表 a (私家數簿에 의함)

품명	단위	光緒4년 (1878)	광서14년 (1888)	광서19년 (1893)	선통원년 (1909)	민국원년 (1912)	민국5년 (1916)	민국10년 (1921)
穀	石	680文	780文	680文	2000文	2800文	2800文	3800文
猪肉	斤	88	63	62	112	160	240	280
雞	斤	80	72	68	120	250	300	360
雞蛋	個	2	2	3	4	10	15	20
草魚	斤	40	40	36	70	90	160	
茶油	斤	116	69	54	150			300
塩	斤	60	60	63	120	90		180
煤	石	50	120	50				
苧麻	斤	270	99	170				
棉花	斤	200	96	280				
竹布	尺	70	62	60	60	90		
靑洋布	尺	55	50	50	70			
白連紙	刀	40	82			80		100

附記 : 前淸通行制錢文으로써 단위 민국초년에는 비록 銅元을 단위사용하나
　　　 관습상 매 1銅元은 錢10文에 해당
출전 : 民國 37年刊『醴陵縣志』

　　<표 10-6>을 보면 穀1石의 塩 구매력은 0.133석(1926), 0.171석, 0.16석, 0.175석(1938)으로 나타난다. <표 10-5>와 塩의 단위는 다르지만 상승추세는 분명하다. 1926, 1931, 1936년의 물가를 1926년을 100으로 했을 때는 穀價는 100, 150, 156이다. 洋紗 가격은 100,100,109이다. 煤油는 100, 109, 200수준이다. 1936년의 煤油價 상승률이 穀價보다 높은 것을 제외하면 구매물품인 洋紗, 煤油보다 穀價상승률이 높은 추세가 확실하다. 이것을 보면 농민이 제국주의 침략과 국제시장에의 강제편입으로 나날이 빈곤해졌다는 것은 타당성이 없는 이론이 아닌가 생각된다. 민국 25년(1936) 예릉현의 농업노동자 임금은 숙식제공할 경우 하루 0.25元이었다.[129] 민국 21년(1932) 당시 남부의 汝城縣 雇農의 임금도 0.25元이었던 것을 보면 공간을 달리하고 있는 호남성의 두 지역간에도 물가 수준의 연계가 있다고 여겨진다.[130] 長沙府內에서 米價수준이 어느 정도 평형을 유지하고

---

129) 민국 37년刊『醴陵縣誌』, 食貨志, 농업경제.
130) 田炯權, 앞의 논문, 1998.

있고 洋紗, 煤油, 塩 등이 外地에서 반입되는 물품이므로 예릉현의 물가 표상 상관관계는 장사부 전체의 추세로 이해해도 큰 무리는 없다고 생각된다.

<표 10-6> 醴陵縣物價 표 b (근거 : 縣商會 조사)

품명	단위	민국15년 (1926)	민국20년 (1931)	민국25년 (1936)	민국27년 (1938)	민국28년 (1939)	민국29년 (1940)	민국30년 (1941)
穀	石	1.60원	2.40	2.50	2.80	5.0	8.0	30.0
猪肉	百斤	20.0	17.0	20.0	36.0	40.0	56.1	130.0
草魚	百斤	16.0	15.0	15.0				
茶油	石		24.0		29.0	56.0	76.0	200.0
塩	石	12.0	14.0	15.0	16.0			200.0
洋紗	件	220.0	220.0	240.0	2000	2500	1500	
土布	匹				2.7	7.0		
夏布	匹				7.0	7.0	14.0	
竹布	匹	10.0	10.0					800.0
棉花	石		20	25	40	100	200	400
煤炭	石		0.20	0.30	0.40	0.50	2.30	7.0
煤油	瓶	2.20	2.40	4.40	9.0	30.0	46.0	200
毛邊紙	石				19.8	43.2	120.0	
黑靛粉	桶10斤				100	200	1500	2000
赤金	兩	50	70	80	90	500	560	1600

출전 : 民國 37년刊 『醴陵縣志』

  종전에 시장에 투입되는 미곡이 대부분 지주의 租穀이기 때문에 시장은 지주적 시장이고 농민은 도리어 미곡의 구매자라는 주장이 많았다.[131] 그런데 호북 농촌시장에서 청말민국기 상황을 보면 '穀賤傷農' 현상을 확인할 수 있었고 여기서 농민은 시장을 향한 상품으로서 미곡을 판매하는 소농민이었다.[132] 청말민국기의 자료모음인 李文治의 『中國近代農業史資料』를 보면 강소, 강서, 호북 등지의 穀賤傷農 관련 사례를 찾기가 그다지 어렵지 않다.

---

131) 重田德, 「淸初における湖南米市場の一考察」 『淸代社會經濟史硏究』, 東京, 1975 ; 張麗芬, 앞의 책, p.250.

132) 田炯權, 앞의 논문, 2004.

여기서는 長沙府 관련 자료를 제시해 보겠다. 먼저 동치년간 간행『攸縣志』를 보면 “攸邑에 銀錢이 모자라지 않은 것은 또 이 米穀유통에 의지하는 것인데 만약 외부로 방출되지 않는다면 농민은 묵은 재고가 쌓여 財用이 결핍될 것이다.”라 기재되어 있다.[133] 攸縣民들이 미곡유통으로 의지하는데 수출이 안되면 재고가 쌓여 고통받고 財用이 결핍되는 것은 농민이 시장판매에 종사하는 것으로 봐야 될 것이다.

또 1934년 사정을 전하고 있는『銀行周報』를 보면 “호남성이 장강하류에 매년 수백만 石을 수출하고 있는데 근년에 장강유역도 풍년이고 거기에 洋米까지 수입되어 호남米 시장이 상실되었다는 것, 재고가 쌓이니 가격이 하락하여 농촌경제가 絶境에 빠지고 금융도 마비되었다. 長沙府 1埠에만 米穀이 200여만 石 저장되었다.”고 되어 있다.[134] 이 사료를 꼼꼼히 보아도 米穀을 상품으로 시장에 판매하는 농민의 모습을 유추할 수 있다. 淸 초기와 淸末民國期의 농민의 상황은 다를 것이라 생각된다.

농민생활 수준을 보면 약간의 변화를 알 수 있다. 民國刊『예릉현 향토지』에 예전에는 鄕民이 명절이 아니면 고기를 안 먹고 慶弔 아니면 술을 베풀지 않는다. 손님 접대는 닭 잡는데 그친다. 縣城식당은 단지 包麵茶館에 그치고 酒席을 업으로 삼는 자가 없었다. 지금은 酒樓 茶館이 街內에 보편화되었다. 예전에 士類 大半이 淥江서원에 모였는데 그 중 비단신 신은 자가 불과 수인이고 羊裘 입은 자가 1~2인에 지나지 않았다. 지금은 絲履 皮袍가 거의 常服이 되었다. 일용품은 대부분 수입품으로 “物力이 더욱 어려운데 민속은 사치하다.”라 되어 있다.[135] 民國『寧鄕縣志』에도 “同光之間 地方安寧 家給人足 縣城商業 於時爲盛”이라 되어 있다.[136] 同治(1862~1874)·光緖(1875~1908)년간의 淸末시기에도 상업이 번성하고 집집마다 넉넉하였다니 제국주의침략 시기의 ‘농촌파탄’과는 거리가 멀다.

---

133) 同治 10年刊『攸縣志』권18, 風俗, 商賈.
134) 章有義,『中國近代農業史資料』제3집, p.620.
135) 民國 15年刊『醴陵縣鄕土志』, 제4장, 풍속, 생활.
136) 民國 30年刊『寧鄕縣志』, 故事編 제3 財用錄.

湖田지대인 安鄕縣에서도 근대에 농민생활이 개선되어 어떤 농민은 외출할 때 좋은 옷을 입고 양산 쓰고 차림새가 紳士와 같았다는 기록도 있다.[137) 민국『예릉현지』에서 예전에는 茶油 桐油로써 燈을 켰는데 지금은 집집마다 煤油를 쓴다고 하고 있고, 長沙에서도 개항 이후는 사람들이 차츰 洋布를 사용하고 시계, 성냥 등 洋貨사용이 증가한 사실을 알 수 있다.[138)

19세기 1880년대부터 20세기 1930년대까지 중국경제 발전은 완만한 성장이었고, 국민수입은 부단한 상승추세였다는 조사가 있다.[139) 1887년부터 1936년까지 工農業 總産値는 약 1.2배 증가, 연평균 1.58% 증가했고, 국민수입은 근 50년간 80% 증가, 연평균은 1.21% 증가했다. 벅(Buck)의 조사에 의하면 1929~1933년 사이 21省 142縣 216개 지구를 볼 때, 생활정도 향상 農家가 4/5이상이었다. 의류개선 56%, 煤油 燈으로의 개선 45%, 洋貨多用이 28%였다.[140) 선통 3년(1911)에 長沙에 설치된 湖南電燈公司가 정식 발전하였을 때, 燈은 2,000여 개였다. 1911년에서 1922년 사이 전등사용 戶 수는 약 20배, 燈수는 약 22.56배 증가했다.[141) 長沙 중심의 신식 공업의 확대, 洋貨의 범람, 교역량의 증대 등으로 볼 때, 청말민국기 호남 장사부는 경제성장, 시장경제발전, 농민 생활수준의 향상 추세를 보이고 있다. 광범위한 농촌의 보편적 빈곤을 지적할 수는 있지만, 그것이 근대 이전 시기보다 더 악화되었다는 증거는 빈약하다.

---

137) 張朋園, 앞의 책, p.405.

138) 위의 책, p.118.

139) 張東剛, 「近代中國消費需求結構變動的宏觀分析」 『復印報刊經濟史』 2001年 4期.

140) 張東剛, 「20世紀 上半期中國農家收入水平和消費水平的總体考察」 『復印報刊經濟史』, 2001年 3期.

141) 張朋園, 앞의 책, pp.329~330.

小結

이제까지 청말민국기 특히 1930년대 이전까지를 주로 대상으로 하여 호남 長沙府의 농업생산과 상품유통을 살펴보았다. 서언에서 밝힌 대로 본장의 문제의식은 半植民地半封建社會로 규정되어 있는 이 시기의 湖南 長沙府 농촌사회가 구체적 실제적으로 어떻게 변모하고 있었는가이다.

米穀생산 부분에서 보면 洋米 수입 증가로 湖南米시장이 상실됨으로써 미곡유통이 활기를 잃은 것은 아니었다. 또 인구의 증가로 米穀은 자급에 그쳐서 수출이 중단된 것도 아니었다. 농업생산은 기후 조건의 영향을 받아 풍흉의 변동이 있기 마련이다. 따라서 수확량으로만 보면 매년은 하나의 파동을 형성한다고 볼 수 있다. 長沙府는 가경시기에 비해 민국 전반에 거의 인구가 400만 정도 증가하였으나, 1930년대 전반까지 미곡수출지 기능을 하고 있는 것을 확인하였다. 종전에 주요 미곡 수출지가 아니었던 醴陵, 攸縣, 瀏陽, 茶陵 등지까지 米穀생산이 확대되고 있다.

잡량의 재배도 주요 米穀 생산지대인 長沙府에서 청말민국기에 집중적으로 확산되고 있다. 옥수수, 고구마 특히 고구마 재배가 활발하다. 관련 지방지 사료 가운데 잡량으로 半年식량을 한다거나 잡량을 전부 먹고 미곡을 상품화한다는 기재가 빈번하다. 이 잡량재배를 '제2차 식량혁명'이라 할 정도로 기여한 바가 컸다. 청말민국기에 長沙府의 인구가 갑절로 증가하였는데도 늘어난 인구의 부양뿐 아니라 揚子江 하류지역으로 미곡수출이 가능하게 한 힘의 상당부분은 이 잡량재배가 원인이었다. 종전에 잡량은 자급용이거나 지방 소시장의 상품일 뿐이라고 생각해 왔으나, 청말민국기에 잡량은 漢口와 같은 大城市의 곡물시장에서 미곡과 같은 유통규모로 거래되는 상품이 되고 있다. 잡량 소비의 대규모 민중층을 생각할 수밖에 없다.

농업생산성은 분명히 향상되고 있다. 畝당 産量은 湘潭縣 경우 1738년 1.68石에서 동치 7년(1868)에는 畝당 5.0石으로 증가하고 있다. 瀏陽縣도 淸 전기의 1.97석에서 동치년간 3∼4석 단계를 거쳐 민국시기 5.5석 수준

에 도달하고 있다. 長沙府 11縣을 검토해 보아도 畝당 생산량은 청말민
국기에 분명히 높아지고 있다. 농사기술면에서도 민국기 지방지에는 農
具항목이 신설되어 자세한 기록과 관심이 표현되고 있다. 民國『예릉현
지』에 60여 종의 농구가 摘示되어 있다. 구식 농기구의 개량이 이루어지
고 미미하지만 長沙府에도 신식 농기구 도입과 품종개량이 시도된다. 외
국 종자의 수입도 일부 시행된다. 施肥개량과 새로운 농법인 區田法도
실행되고 있다. 民國시기의『예릉현지』에는 同治刊 현지보다 稻 품종이
4배나 늘어난 것도 발전적 측면이다. 신식 농기구 사용이 있다 하더라도
"전통농업의 망망대해에 떠 있는 몇 송이 꽃"이라는 견해는 새로운 발전
을 의도적으로 貶下하는 것이다. 그것은 전체로 보면 미미하다 하더라도
전 단계에 비해서는 분명히 발전된 양상이고 변화의 방향을 제시한 점에
서 오히려 "세포핵"이라고 해야 할 것이다. 농업생산력 발전이 완만한 데
대해서는 따로 원인 연구가 이루어져야 한다.

경제작물 생산에는 면화, 차, 桐油, 烟草 등이 국제시장의 수요증대에
민감하게 반응하면서 생산이 확대되었다. 이것이 제국주의의 시장지배와
조종의 현상으로 이해되기보다는 농업의 상품화가 자본주의적 시장경제
에 적응하는 과정으로 여겨진다. 국제시장 수요의 감소는 품질 경쟁의 문
제이지 제국주의의 정치적 억압 때문은 아니다. 생산의 증대와 상품판매,
교역량 증대는 경제성장과 시장경제 강화로 이해된다.

洋貨의 범람은 제국주의 침략의 경제적 표현으로 이해되고 전통수공
업의 몰락, 파산으로 간주해왔다. 그러나 洋貨의 수입은 국산洋貨의 등장
을 촉진하고 국내 수공업의 개량을 자극한 것이 사실이다. 洋貨유통이 넓
은 지역은 미곡생산이 풍부하고 구매력이 높은 지역이었다. 洋貨소비의
급증은 경제성장과 생활수준의 향상이었다.

米價와 물가는 비교 가능한 정확한 통계가 부족하다. 넓은 범위에서
다룰수록 도량형, 화폐의 상이로 인해 비교 자체가 곤란하다. 여기서 예
릉현의 물가표를 분석해 본 결과 米價의 상승추세는 구매물가인 塩, 煤
油, 洋紗 등과 비교해서 결코 낮지 않고 오히려 높은 편이었다. '穀賤傷

農’ 사료를 검토해 보면 米穀을 시장에 판매하여 화폐를 획득하는 소농민의 존재가 확인된다. 米價의 구매물가에 대한 수준 유지는 결코 농민의 절대 빈곤화를 말하지 않는다. 제국주의 침략기라는 청말민국기에 농민의 생활수준도 오히려 향상되고 있다. 洋貨사용의 보편화, 煤油 또는 전기사용, 시계, 안경, 약품 등 전통시대에 없던 신문명에 접촉하고 있다. 물론 여전히 절대빈곤에 놓인 많은 대중을 발견할 수는 있을 것이지만 이들이 淸 이전 사회보다 더욱 비참해진 증거는 없다.

총괄하면 청말민국기는 湖南 長沙府의 농촌사회에서도 경제성장과 시장경제로의 발전이 진행되고 있었다. 발전 속도가 완만하고 빈곤 농민이 생활파탄에 도달한 자도 있지만 이 현상에 ‘제국주의 전부책임론’을 매기는 것은 옳지 못하고 ‘제국주의 부분책임론’은 가능할 것이다. 상당 부분은 내부적인 원인에 찾아야 할 것이다.

제3장 淸末民國期 湖南 汝城縣의 상품유통과 물가변동

序言

　　가격의 변화는 경제 현상의 변동을 추상적으로가 아니라 구체적 수치를 통해 체계적으로 보여 준다는 점에서 매우 주목되는 항목이다. 그런데 중국물가사 연구는 歐美나 일본 등에 비해 현재까지 그다지 활발한 편은 아니다.

　　충분하지 못한 중국물가사 연구에서도 量的으로는 江南지방을 소재로 한 것이 많다. 彭信威는 明淸의 米價자료를 수집해서 10년 단위로 평균치를 산출하였는데 『實錄』, 『東華錄』, 『淸史稿』 등에서 추출한 米價자료 약 900건을 지역을 묻지 않고 10년 단위로 평균하여 물가변동을 구성하고 있다. 王業鍵의 물가 그래프는 17세기 후반은 上海米價, 18세기 후반은 광동 生絲 수출가격, 19세기 전반은 하북의 농산물 가격으로 나타내고 있다.[1] 주로 淸代 前期 강남의 물가변동을 중심으로 중국물가사를 연구한 岸本美緖는 최근까지의 물가사 연구성과와 구체적 소개를 '物價史 硏究의 現狀과 課題'라는 절로서 잘 요약하고 있다.[2]

　　중국에서 최근 출판된 譚文熙의 『中國物價史』도 각 지역의 지방지나 기타 日記류 등 자료에서 가격을 추출하고 지역간 차이를 무시한 채 時

---

1) 岸本美緖, 『淸代前期の物價と經濟變動』, 東京, 1997, p.17.
2) 岸本美緖, 위의 책, 제1장.

系列의 물가사를 구성하고 있다.[3] 예를 들면 松江府, 漢陽, 四川, 江安
巴州, 重慶 成都 등 다양한 지역의 물가가 무차별로 종합되고 있는 것이
다.

물가사의 자료로 주로 이용되는 것은 官에 의한 보고인 糧價淸單(州縣
단위로 정기적으로 조사되고 황제에게 私的上奏(奏摺)형태로 보고되는
곡물가격), 糧價細冊(각 省마다 매월 全省 각 주현의 보고를 종합해서 戶
部에 보내는 것) 등이 있다. 또 17세기 후반 上海人 葉蒙珠의「閱世編」
이나 18세기 후반 蕭山縣人 汪輝祖의「病榻夢痕錄」, 19세기 전반 常熟
縣人 鄭光祖의「一斑錄雜述」같은 수필, 일기류가 있고 帳簿(상점 혹은
종족)도 이용되는 자료이다.

그러나 비교적 신빙성이 있는 糧價淸單의 경우에도 지방관의 열의에
따라 개별적인 차이가 많이 날 수밖에 없는 것이 한계로 지적된다.

게다가 화폐와 도량형의 불통일은 계통이 다른 자료에서 추출된 가격
자료 상호간 비교를 불가능하게 하고 있다. 화폐의 경우 민국시대에도 國
幣제도가 시행되었지만 여전히 銀兩, 銀元, 銅元, 銅錢 등 다양한 화폐가
쓰이고 있고 각지 銀兩은 72곳의 다른 표준이 있었다.[4] 스페인 화폐인 本
洋, 멕시코 화폐인 鷹洋 등은 각각 1억 元, 4~5억 元이 수입되어 통용되
었고, 1887년 張之洞이 廣東에서 외국 銀貨를 모방하여 銀元주조 후 각
지에서 모방이 행해졌다.[5] 도량형의 경우도 諸家의 연구서가 상이한 표
준들을 제시할 뿐, 개별 지역으로 들어가면 환산 가능한 계산표를 만들지
못하고 있다.[6]

이런 자료의 한계에도 불구하고 호남과 관련된 물가연구도 일부 행해
지고 있다. 淸初 양자강 중류지방의 미가변동에 대한 연구가 있고,[7] 윙과

---

3) 譚文熙,『中國物價史』, 武漢, 1994.

4) 章有義,『中國近代農業史資料』3, p.289.

5) 邱思達,『中國近現代鑄幣圖說』, 北京, 1989, p.1.

6) 吳承洛,『中國度量衡史』, 北京, 1993 ; 梁方仲,『中國歷代戶口田地田賦統計』,
上海, 1980.

7) 鄭哲雄,「淸初揚子江 三省지역의 미곡 유통과 가격구조」『歷史學報』143, 1994.

퍼듀(Wong & Perdue)의 호남 곡물가격 연구[8]가 있다. 퍼듀(Perdue)의 연구에서는 18세기 전 기간 호남의 미가가 거의 변함이 없는 것으로 되어 있어 이용되는 糧價淸單의 신빙성이 의심되는 정도이다. 糧價淸單 작성을 위해서는 대량의 인력, 물력, 지방관의 열의가 필요한데, 이것이 제대로 되었는지 의문이라는 문제제기 아래 근대 양식상업 조직 및 통계 기구의 기록을 이용하여 미가변동을 長江 중하류지역에서 조사한 논고도 있다.[9]

또 도량형문제, 穀米折算문제, 銀錢折算문제, 米價代表值 등 여러 가지 한계를 고려하면서 18세기 兩湖지역 미가의 변동을 정리한 것이나,[10] 미가 변화를 통해서 청대 兩湖의 人地관계와 농업경제의 발전을 추적한 것도 있다.[11]

그러나 호남의 개별 현을 단위로 물가변동에 대한 연구를 진행한 것은 거의 눈에 띄지 않는다. 통상 지방지의 물가 기재는 풍흉에 따른 것, 天災에 관한 異常的인 것이 대부분이다. 그런데 민국『汝城縣志』에는「近年物價表」를 작성하여 60년간 변동 추세를 적시하고 있어 매우 드문 자료가 되고 있다. 縣知事인 陳必聞은 호남 未陽人으로 북경대학 商科를 초창기에 졸업한 인물이다. 민국 18년에 부임하여 바로 물가조사에 착수하여 21년 10월에 물가표가 작성되고 있다.[12]

汝城縣은 호남성 郴州지구 동남단에 위치하고 동쪽은 江西 崇義, 남은 廣東의 仁化 樂昌, 서쪽은 宜章, 북쪽은 資興, 桂東과 인접하고 있다. 면적은 2,341㎢이고 지형은 구릉과 산지가 많고 지세가 비교적 높고 평균 해발은 600m 전후이다. 연평균 기온은 16.6℃(1月 평균 6.3℃, 7月 평균 25.4℃)이고 연강수량은 1,578.3㎜이다.[13]

본장에서는 호남의 주변부 지역이며 주요 개항지와 접근이 비교적 덜

---

8) 岸本美緒, 앞의 책, p.52.

9) 侯楊方,「長江中下流地區米穀長途貿易 1912∼1937」『中國經濟史硏究』, 1996年 2期.

10) 龔勝生,「18世紀 兩湖糧價時空特徵硏究」『中國農史』, 1995年 3期.

11) 龔勝生,『淸代兩湖農業地理』, 武昌, 1996, pp.270∼287.

12) 民國刊『汝城縣志』 권22, 人物志 職官.

13)『湖南省地理志』, pp.102∼103.

용이한 여성현의 청말민국기의 물가변동 실태를 살펴보고, 제국주의 침략이 고조되고 半植民地半封建社會라 규정되고 있는 중국의 실태가 지방 단위에서 어떤 모습인지 알아보려 한다.

Ⅰ. 시장과 상품유통

湖南米의 유통에 주목한 論考가 많이 있지만,[14] 호남 내부에서도 주요 미곡시장은 주로 洞庭湖 부근 常德府·澧州府·岳州府, 湘江유역의 長沙府·衡州府 소속의 일부 주현에 한정된다는 것이 밝혀지고 있다.[15]

호남은 모두 동정호에 연결되는 澧江·沅江·資江·湘江의 4대강과 수많은 지류가 분포하고 있다. 그 중 상강은 호남 양식 운반의 중요 통로이다. 청 전기에는 湘江 주변 각 현의 양식이 湘潭에 집중되고 漢口에 전달되며, 한구에서 호남에 구입되는 상품은 淮塩, 荊州와 沔陽의 豆, 襄陽과 河南의 麥이었다. 지류 耒水는 郴州에 통하고 침주에서 陸運으로 宜章에 이르고 다시 廣東에 이른다. 湘米와 廣貨의 교류도 이 노선상에 있다.[16] 상강 상류는 바로 廣西에 도달, 小船으로 全州, 桂林간에 교역이 이루어진다. 주요한 남북 교역로인 廣州－韶關－宜章－湘潭－洞庭湖－漢口－開封－北京 루트상 의장현이 여성현과 인접하고 있다. 강서에 이르는 길은 상담에서 상강 동부지류인 淥水에 진입, 江西 萍鄕에 이른다. 萍鄕과 萬載 사이에는 짧은 水陸 교체를 거쳐 宣風鎭에서 贛水유역에 진입한다.[17]

---

14) 鄧亦兵, 「清代前期的粮食運銷和市場」『歷史硏究』, 1995-4 ; 重田德, 「清初におげる湖南米市場の一考察」『清代社會經濟史硏究』, 東京, 1975 ; 侯楊方, 「長江中下流地區米谷長途貿易 1912～1937」『中國經濟史硏究』 1996-2 ; 鄭哲雄, 「清初揚子江三省지역의 미곡유통과 가격구조」『歷史學報』 143, 1994.

15) Worg & P.C. Perdue, "Grain Markets and Food Supplies in Eighteenth Century Hunan," T.G. Rawski, *Chinese History in Economic Perspective*, California Univ. Press, 1992.

16) 注14)와 같음.

17) 劉秀生, 「清代中期湘鄂贛棉布産銷与全國棉布市場格局」『清代區域社會經濟史

민국시기에 호남의 3大米市는 湘潭의 易俗河, 長沙의 靖港, 常德의 滄口가 있는데, 1930년대 중기 이후는 장사가 유일한 大米市가 되었다. 湘中생산은 장사, 蘆林潭을 거쳐 한구에 운반하고 湘南생산은 郴縣을 거쳐 兩廣에 운반, 醴陵을 거쳐 江西에 운반한다. 湘米 95% 이상은 長江하류지구에 운반하는데 粤省 수요는 장강을 경유, 상해에서 轉運한다. 대부분 輪船을 통한 水運이며 육로 운송은 30%에 불과하다.[18] 1932~1934년 매월 미가에 대한 상관계수 조사에 의하면 상해와 장사, 九江, 한구간의 계수가 0.9보다 크다.[19] 고도의 상관관계가 있음을 알 수 있다. 호남의 매출상품은 미곡 외에도 竹木, 煤炭, 桐油 등이 있었다.[20] 매입상품은 塩, 銅, 氈皮 기타 잡화가 있다.[21]

호남미의 유출이라는 면에서 볼 때 그 주요 대상지역이 아닌 호남 남부의 주변부인 여성현이 이러한 전반적 유통 흐름 속에 어떤 특색과 내용이 있는지 검토해 보자. 여성현의 상품수출로는 대략 세 가지가 있다. 하나는 廣東의 樂昌 및 仁化의 城口埠·長江墟를 거쳐 韶州·廣州에 운송 판매, 그 大宗 화물은 종이이다. 다음은 米, 그 다음은 鎢砂(텅스텐), 牲畜, 粉條(속칭 剪粉 또는 豆根), 香菇(표고버섯), 土藥, 百貨가 있다. 여성은 통과하나 汝産이 아닌 것으로 茶油, 特貨(아편)가 있다. 또 하나는 여성현의 集龍 熱水에서 出口 운송하여 강서의 塘江 贛州, 南安으로 향하는 것이다. 그 大宗은 杉木, 오리(鴨), 汝産이 아닌 것으로 아편(特貨)이 있다. 나머지 하나는 資興의 黃草坪에서 出口하여 資永 株州 상담으로 가는 것 그 大宗 화물은 杉木, 그 다음은 텅스텐(鎢砂), 汝産이 아닌 것으로 食塩이 있다. 이 밖에 北區의 田莊, 西區의 文明은 비록 영세한 화물이나 外縣에 판매하는데 또한 많지 않다.[22]

研究』下, 北京, 1992.

18) 侯楊方, 위의 논문. 1936년 粤漢철로 개통 이전에는 주로 水運.

19) 注18)과 같음. 상관계수 -1에서 1까지 범위.

20) 關文發, 「試論淸代前期漢口商業的發展」『淸代區域社會經濟史硏究』上, 北京, 1992 ; 吳量愷, 「淸代湖北沿江口岸城市的轉運貿易」『淸代區域社會經濟史硏究』下, 北京, 1992.

21) 鄭哲雄, 「淸代 揚子江 中流지역의 상품생산과 시장구조」『明淸史硏究』4, 1995.

상품 수입로 역시 세 가지이다. 첫째, 廣州 佛山에서 韶州 樂昌 혹 城口지방으로 進口하는 것으로 그 大宗 화물은 食塩이다. 그 다음은 洋油, 洋紗, 洋貨, 廣貨, 故衣 등이다. 둘째는 강서의 塘江, 贛州 등지를 거쳐 集龍을 경유 進口, 화물은 布疋, 靛 五色紙帳 器, 糖, 豆粉 瓜子 등이다. 셋째는 상담, 衡陽, 寶慶, 郴縣, 桂陽 등지에서 黃草坪 혹 文明을 거쳐 進口, 大宗 상품은 豆, 茶油, 다음은 布疋, 綢緞, 帽巾, 서적, 약재, 海菜, 酒食, 辣臘, 아편(特貨)이다. 全縣의 수입상품 총액을 대략 계산하면 현의 일용수요품은 광동에서 수입되는 것이 6/10을 점하고 호남에서 수입되는 것 3/10, 강서에서 수입된 것이 1/10을 차지한다.[23]

농산품 가운데서 稻米는 현 생산의 大宗으로서 풍년에 1/4産額을 수출하는데 광동의 城口, 樂昌, 강서의 崇義, 호남의 資興 등에 판매한다.[24] 옥수수(玉蜀黍), 高粱, 고구마(番藷) 등은 자급할 정도이고 보리, 콩은 수입하는데, 특히 콩은 상담이나 강서의 塘江에서 수입하며 현 수입품의 大宗이다. 杉木은 호남·호북·강서·안휘 등으로 판매한다.

塩은 郴州·宜章·永興·興寧은 廣東 樂昌縣 西河埠에서, 桂陽州·臨武·嘉禾 등은 連州에서 구입하고, 桂陽(汝城縣)·桂東·酃縣은 광동 仁化縣 城口埠의 塩을 구입한다. 청말 조사에 의하면 城口에 운송 판매되는 종이가 거의 6만 擔으로 '貨去塩回'로 교역이 이루어졌다는 것을 알 수 있다.[25] 즉 여성에서 광동으로 종이를 수출하고 대신 소금을 구입한 것이다. 이외에도 淮塩이 私塩으로 일부 진입하였다.[26]

여성현에서 상품의 유통로를 보다 자세히 검토하면 다음과 같은 경로가 있다.[27]

---

22) 民國刊『汝城縣志』권18, 政典, 商業.
23) 民國刊『汝城縣志』권18, 政典, 實業.
24) 民國刊『汝城縣志』권18, 政典, 實業.
25) 民國刊『汝城縣志』권13, 政典, 財政上.
26) 民國刊『汝城縣志』권13, 政典, 財政上.
27) 民國刊『汝城縣志』권9, 交通志.

동쪽 集龍→崇義路

　　*馬坎嶺→忠心亭(5里)→糞箕壟(10里)→五里廟(15里)→松樹坳(20里)→破石界(25里)→木蘭隘(30里)→臘嶺坳(35里)→益將市(40里)→天子江(50里)→集龍(60里)→集溪口(65里)：豊州75里, 崇義125里.

동남 熱水→南安路

　　*馬坎嶺……同上……益將市(40里)→穿風坳(50里)→熱水(60里)→塘口：文英90里, 南安150里.

동북 永豊→上猶路

　　*馬坎嶺→上淳亭(5리)→土橋墟(10리)→南子坳(15리)→石門山(20리)→永豊(25리)→社溪(30리)→高原(35리)→朱子塘(45리)→白石坳(55리)：上堡70리, 上猶180리.

남쪽 太平隘→至仁化路

　　*上黃門→擔塩坳(5리)→泰來墟(10리)→銅皮店(15리)→太平墟(20리)→太平隘(30리)→高排(40리)→新橋(45리)：城口60里, 仁化120里.

동남 東嶺→至仁化路

　　*上黃門→同上→太平墟(20리)→山口廟(30리)→三江口(50리)→東嶺坳(80리)：長江95里, 仁化140里.

서남 龍虎洞→至樂昌路

　　*上黃門→城頭寨(8리)→三步橋(15리)→白泉橋(20리)→下靑山(25리)→古塘(30리)→龍虎洞(45리)→分界嶺(65리)：董塘墟80里, 樂昌150리.

서　　文明→至宜章路

　　*西關→四拱橋(2리)→外沙(10리)→磻溪(20리)→山店鋪(30리)→小浙鋪(40리)→驢鞍鋪(50리)→百丈嶺(55리)→文明市(60리)→山佃鋪(65리)→界牌嶺(70리)：里田80里, 宜章140리.

서남 延壽→至樂昌路

　　*西關→同上→外沙亭(12리)→梓嶺(20리)→珠目(25리)→鍾家(35리)→延壽墟(50리)→磚頭坳(60리)→分水坳(70리)：九峯85里, 樂昌140리.

서북 馬橋→至資興路

　　*西關→予樂亭(2리)→高村(7리)→捌木店(12리)→馬橋墟(15리)→雙魚嶺(20리)→石嶺脚(30리)→何家山(35리)→竹篙嶺(40리)→白牛塘(50

리) : 黃草坪60리, 資興150리.

북   田莊→至桂東路

　*橫黃門→豊谷亭(7리)→新鋪前(10리)→銀嶺脚(20리)→暖水墟(25리)
　→新橋(30리)→新墟(33리)→田莊墟(40리)→開山鋪(50리)→界牌塘(65
　리) : 沙田墟80리, 桂東140리.

서북 南洞→四都路

　*橫巷門→同上→<u>新墟(33리)</u>→<u>南洞墟(60리)</u>→龍王廟(80리) : 四都墟
　100리, 桂東160리.

동북 濠頭→桂東路

　*馬坎嶺→永安村(5리)→<u>土橋墟(10리)</u>→羊石巷(15리)→南子坳(20리)
　→澗布店(25리)→永豊坳(30리)→下濛橋(35리)→濠頭墟(45리)→石
　壁下(65리) : 沙田85리, 桂東145리.

다음 시장의 발달에 대해서 살펴 보기로 하자.

여성현의 墟市를 정리한 것이 <표 11-1>이다.[28]

<표 11-1>과 지도상에 표시된 墟市는 25곳이다. 이러한 시장이 대부분 前述한 교통로上에 위치하고 있다.(위 교통로上 밑줄친 부분은 주로 墟市) 縣志의 관련 서술을 보면 다음과 같다.

　여성현의 墟市를 살펴보면 남 1구 1단이 가장 조밀하고 동 1구의 土橋墟가 최대이다. 동구의 集龍·熱水, 남구의 太平·龍虎, 서구의 文明·馬橋, 북구의 田莊은 모두 호남·광동·강서간의 왕래 요충지이므로 내왕객이 자못 많다.[29]

즉 남 1區 1段이 밀도가 제일 조밀하고 동 1區 土橋墟가 최대 규모임을 알 수 있다. 동구의 集龍·熱水, 남구의 太平·龍虎, 서구의 文明·馬橋, 북구의 田莊이 호남·광동·강서로 향하는 요충지로 내왕객이 자못

---

28) 民國刊『汝城縣志』, 建置志 권9, 交通, p.320.

29) 民國刊『汝城縣志』권9, 交通, 墟市, "按汝城墟市 以南一區一段爲最密 東一區
　土橋墟爲最大　其東區之集龍熱水　南區之太平龍虎　西區之文明馬橋　北區之田
　莊　皆當湘粤贛往來要衝　故行旅頗盛."

번성했다.

<표 11-1> 墟市

墟市名	區域	距離(城)里	集期日	비고
泰來墟	中區 제 8段	10	5 · 10	
敎場墟	東一區 제 1段	30	2 · 7	今廢
土橋墟	東一區 제 2段	8	3 · 8	
濠頭墟	東一區 제 8段	40	2 · 7	
益將墟	東二區 제 1段	40	4 · 9	
集龍墟	동이구 제 2단	60	1 · 6	
熱水墟	동이구 제 3단	60	2 · 5 · 8	
盧陽墟	남일구 제 1단	12	3 · 8	新增
泉水墟	남일구 제 1단	13	1 · 6	新增
白泉墟	남일구 제 1단	15	3 · 8	
龍阪墟	남일구 제 1단	15	4 · 9	
太平墟	남일구 제 3단	20	2 · 7	
井坡墟	남일구 제 2단	25	5 · 10	
龍虎洞墟	남일구 제 2단	40	4 · 9	
東嶺墟	남이구	60	4 · 9	新增
外沙墟	서일구 제 2단	10	今廢	
抑木坳墟	서일구 제 5단	10	今廢	
太坪墟	서일구 제 4단	17	4 · 9	新增
山店墟	서일구 제 4단	28	2 · 7	
馬橋墟	서일구 제 7단	15	4 · 9	
延壽墟	서일구	40	5 · 10	
文明墟	서이구	60	4 · 7 · 10	
暖水墟	북구 제 1단	30	2 · 7	新增
田莊墟	북구 제 2단	40	4 · 9	
南洞墟	북구 제 3단	60	5 · 10	

南 1區는 <표 11-2>에서와 같이 戶口가 가장 많고 인구밀도가 높은 곳이며, 縣內에서 비교적 평원이 많고 産米가 풍부한 곳이다. 남 1구는 세로 17.5㎞, 가로9㎞ 정도이며, 제1단은 65개 촌이 포함되어 있다.[30] 동 1 구 2단은 20개 촌으로 구성되어 있으나 토교허는 교통의 요충지로서 최 대 규모가 되고 있다. 특히 남 1구 1단 지구에서는 시장이 증가하면서 서

---

30) 民國刊 『汝城縣志』 권3, 鄕區, pp.103~130.

로 다른 開市日이 연속되어 거의 상설시장화의 효과를 거두고 있다.

<표 11-2> 民國18年의 조사보고
* 全縣 戶 : 34,959, 口 : 153,038 각 區別로 分數는 다음과 같다.

區域	戶	口	비율(口/戶) 4.35
中區	4,661	20,871	4.48
東一區	6,034	26,455	4.38
東二區	2,787	10,875	3.90
南一區	7,402	33,549	4.53
南二區	949	4,008	4.22
西一區	3,344	14,308	4.28
西二區	6,141	27,474	4.47
北區	3,641	15,498	4.26

* 嘉慶時와 비교 : 戶增 230, 口增 7,433

　　시장 수 25개는 同治 전후 贛中지구 시장 수, 매 현 평균 21.18개, 광서년간 강서성 매 현 평균 21.15개에 유사하다.[31] 인근 계동현의 15곳,[32] 未陽縣의 24곳,[33] 茶陵州의 32곳 등에[34] 비추어 볼 때 일반적 수준이라 할 수 있다.

　　청대 중엽 集市 밀도는 대체로 매 100㎢에 1~2集, 평균 매 集 교역 면적은 60~90㎢, 그 중 평원은 40~60㎢, 山區는 대부분 100㎢ 이상, 매 集 교역 반경은 평원은 3~5㎞, 산구는 대부분 5~7㎞, 평균 4~6㎞로 알려지고 있다.[35] 贛江 중류인 3곳은 龍泉縣(197㎢, 3,748戶, 20,851口), 吉水同水鄕(90㎢, 2381戶, 10,376口), 河西坊郭鄕(34㎢, 769戶, 3,186口)의 밀도를 보이고 있다.[36] 그런데 여성현의 경우 단순 계산상 93㎢당 허시 하나의 밀도이다. 위의 세 지역 중 분지 평원구인 길수현 동수향과 유사하다.

---

31) 曾學優,「淸代贛江中流地區農村市場初探」『復印報刊資料經濟史』, 1996年 5期.
32) 同治刊『桂東縣志』권3, 彊域 墟市.
33) 光緒刊『未陽縣志』권1, 墟市.
34) 同治刊『茶陵州志』권4, 市墟.
35) 許檀,「明淸時期農村集市的發展」『印報刊資料經濟史』, 1997年 5期.
36) 注31)과 같음.

<그림 6> 汝城縣 墟市 開市日

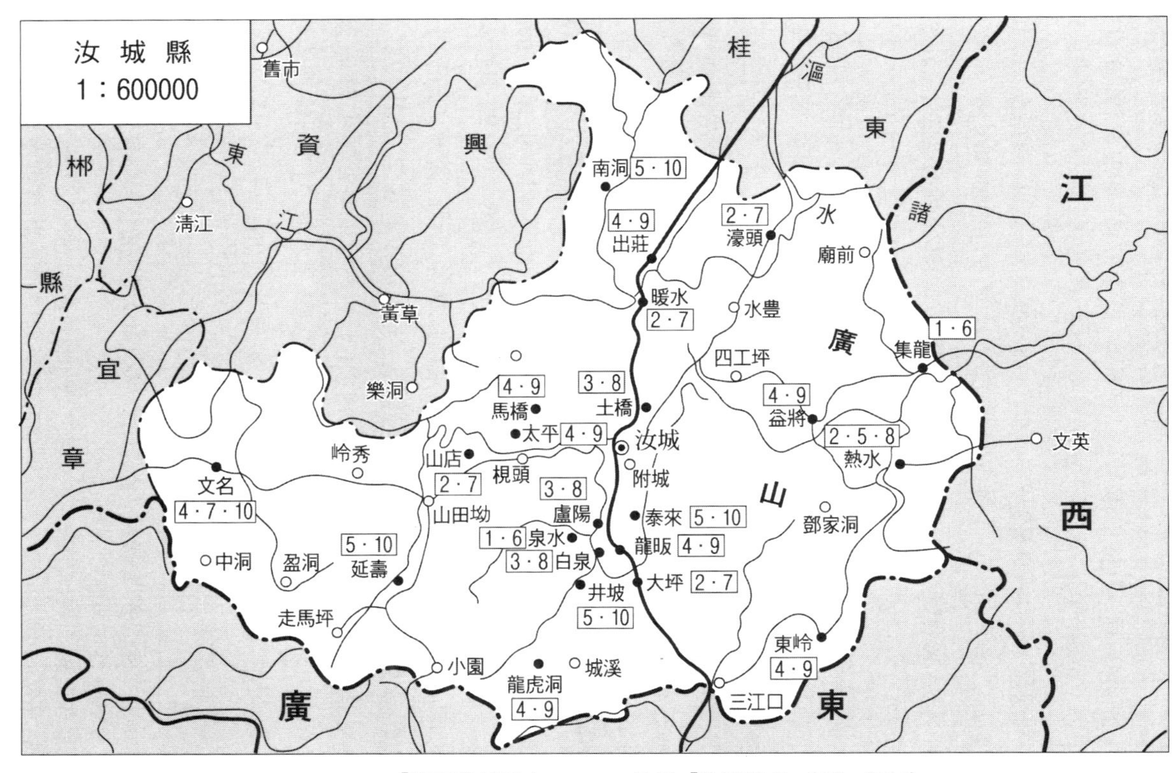

『湖南省地理志』 p.103. 民國 『汝城縣志』에서 재구성

남 1구의 허시당 평균인구는 1,057戶 4,792.7口이고, 서 2구의 것은 6,141
戶 27,474口에 하나의 허시가 대응한다. 남 1구 1단에만 4개의 허시가 있
어 이곳만의 교역 범위는 훨씬 좁을 것으로 생각된다.

여성현 허시의 개시일은 1·6(2), 2·7(5), 3·8(3), 4·9(7), 5·10(4), 2·
5·8(1), 4·7·10(1), 未詳(2) 등이다. 이 중 4·9일의 빈도가 가장 높고
2·7, 5·10일이 그 다음이다. 인근 계동현의 허시 개시일도 1·4·7, 3·
6·9와 1·6, 2·7, 3·8, 4·9, 5·10 등이 조합되고 있다.[37]

淸 後期로 갈수록 集市 수량 증대, 開市 日期 증대, 규모확대 등이 각
지에서 확인되는 것이 빈번하다.[38] 江漢평원의 각지에서도 同治·光緒년
간에 市鎭 발전이 현저하게 나타나고,[39] 贛江 중류 각 현에서도 동치년
간~민국초에 걸쳐 지방 소시장이 집중적으로 발생하고 있다.[40] 寧波주
변의 奉化縣, 余姚縣에서도 광서년간 새로운 집시가 두드러지게 나타난
다.[41]

그런데 여성현의 경우도 청말민국기에 걸쳐 허시의 증가가 두드러졌다
고 생각된다. 趙申喬의 自治官書(1709) 단계 市集 기재의 10현(湘潭, 衡
陽, 長沙, 善化, 湘陰, 衡山, 巴陵, 澧州, 武陵, 桃源), 그 이후 湖南省例成
案(1753)에 추가된 7현(益陽, 湘鄕, 臨湘, 華容, 沅江, 龍陽, 安鄕)이 보이
지만 永興, 興寧, 宜章, 桂東, 桂陽은 "無城市鎭集"으로 되어 있다.[42] 즉
여성현(계양현)은 18세기 중반까지 시장의 존재가 파악되지 않고 있다.
<표 11-1>에서 보면 남 1구 1단의 盧陽墟, 泉水墟, 남 2구의 東嶺墟, 서
1구 4단의 太平墟, 북구 1단의 暖水墟 등이 '新增'으로 표시되고 있어 민
국 21년 당시 시장이 증가되는 것을 알 수 있다. 따라서 18세기 중반까지

---

37) 注32)와 같음. 加藤繁,「淸代における村鎭の 定期市」『支那經濟史考證』, 東京,
    1953.의 결과와도 유사.

38) 王興業,「淸代河南集市的發展」『復印報刊資料經濟史』, 1996年 3期.

39) 張家炎,「明淸江漢平原的農業開發對商人活動和市鎭發展的影響」『復印報刊資
    料經濟史』, 1996年 2期.

40) 注31)과 같음.

41) 樂承耀,「明淸寧波集市的變遷及其原因」『浙江學刊』, 1996年 2期.

42) 重田德,「淸初湖南米市場の一考察」『淸代社會經濟史硏究』, 東京, 1975.

시장의 無存在에서 타 지역의 추세와 같이 청말민국기에 걸쳐 시장의 증가 추세가 짐작될 수 있다.

이들 허시의 개별 거래 내용이나 상품의 거래량 등에 대해서는 자료가 없어 밝힐 수 없다. 그러나 시장의 증가는 인구증가나 구매력의 상승을 예상하지 않고는 설명하기 어렵다.

II. 물가변동

아래의 여성현 물가표는 동치 丁卯志 편찬 후 약 60여 년간을 세 시기로 나누는데 동치 말년에서 광서 초년을 同光時期, 광서 중년에서 선통 말년을 光宣時期, 민국 초에서 21년까지를 民國時期로 하였다. 가격은 매월 매년에 따라 상이하기 때문에 매 期의 중간가격을 채택하였다고 『여성현지』 편찬자인 縣知事 陳必聞이 밝히고 있다.[43] 또한 제시된 상품들은 사치품, 장식품 등을 제외한 일상 수요품에 국한되고 있다.

그런데 화폐와 도량형의 불통일은 물가 수준의 입체적 이해를 어렵게 하고 있다. 민국시대에도 중국은 銀兩, 銀元, 銅錢, 銅元 등 다양한 화폐가 쓰이고 있고 각지의 계량은 같지 않았다.[44] 銀兩은 72곳의 다른 표준이 있고 銀과 角의 兌換率도 일정치 않았다.[45]

아래 물가표의 화폐는 大洋, 小洋으로 표시되고 있고 이것은 광서 13년(1887)을 전후해 확산되는 洋元으로 짐작된다.[46] 大洋, 小洋 역시 각지에 따라 내용이 차이가 있으므로 타 지역과의 명확한 비교는 곤란하다. 주어진 한계 안에서 여성현의 물가수준과 추세를 검토해 보겠다.

---

43) 民國刊『汝城縣志』권18, 政典, 實業.
44) 譚文熙,『中國物價史』, 武漢, 1994, p.282.
45) 章有義,『中國近代農業史資料』3집, p.289.
46) 邱思達,「中國近現代籌幣圖說」, 北京, 1992, p.1 ; 趙仁平,「從雲南的半開銀元看近代中國的幣制」『復印報刊經濟史』, 1997年 3期.

<표 11-3> 汝城縣 物價表(民國 21年 10月)

物別	數量	近　年　物　價			附記
		同光時期(元)	光宣時期(元)	民國時期(元)	
穀	1石	大洋 1.5	小洋 3	小洋 7	同光時期의 小洋은 아직 통행하지 않았다.
米	100斤	大洋 2	小洋 4	小洋 8	光宣時期는 大洋小洋이 크게 차이가 없다.
豆	1石	大洋 6	小洋 12	小洋 24	
玉蜀黍	1石	大洋 2	小洋 4	小洋 8	
番藷	100斤	大洋 1.2	小洋 2.5	小洋 5	
茶油	100斤	大洋 8	小洋 16	小洋 40	
鹽	100斤	大洋 2.5	小洋 4	小洋 11	
柴	100斤	銅錢 150文	小洋 0.4	小洋 0.8	동광시기 柴價는 錢으로 단위
肉	100斤	大洋 8	小洋 16	小洋 40	
土布	100尺	大洋 1.5	小洋 2.5	小洋 5	
洋紗	100捆		小洋 3	小洋 7	同光時期洋紗가 오히려 통행되지 않음
竹布	100尺	大洋 8	小洋 15	小洋 32	
桐油	100斤	大洋 7	小洋 15	小洋 36	
洋油	1瓶		小洋 1.5	小洋 7	同光時期 洋油가 오히려 未盛行
上等 水牛	1頭	大洋 25	小洋 50	小洋 100	
次等 水牛	1頭	大洋 20	小洋 25	小洋 50	
上等 黃牛	1頭	大洋 18	小洋 35	小洋 70	
次等 黃牛	1頭	大洋 8	小洋 16	小洋 22	
猪	100斤	大洋 8	小洋 16	小洋 40	
雞	100斤	大洋 8	小洋 16	小洋 40	
鴨	100斤	大洋 7	小洋 14	小洋 32	
蛋	100個	大洋 0.8	小洋 1.2	小洋 2.5	
魚	100斤	大洋 6	小洋 12	小洋 28	
水酒	100升	銅錢 600文	小洋 1.2	小洋 2.5	
菸	100斤	大洋 10	小洋 20	小洋 40	
條木	圍碼 1兩	大洋 8	小洋 12	小洋 22	
磚	1筒	大洋 1.2	小洋 2.5	小洋 5	磚一筒計二百皮
瓦	萬皮	大洋 10	小洋 20	小洋 45	
鐵	100斤	大洋 5	小洋 10	小洋 20	
山貝紙	1擔	大洋 4	小洋 8	小洋 16	
高封紙	1擔	大洋 5	小洋 10	小洋 18	

上等田	1工	大洋 40	小洋 80	小洋 120	
中等田	1工	大洋 25	小洋 50	小洋 80	
次等田	1工	大洋 12	小洋 25	小洋 40	
木工	1日	銅錢 60文	小洋 0.15	小洋 0.3	光宣時期土木等工價均
土工	1日	銅錢 60文	小洋 0.15	小洋 0.3	以錢爲單位
雇農	1日	銅錢 40文	小洋 0.1	小洋 0.25	
夫役	10里	銅錢 100文	小洋 0.2	小洋 0.4	

1) 곡물류

(1) 미곡

미가와 곡가는 同光시기의 가격에서 민국시기에 300%, 366% 상승하였다. 미 100斤에 大洋 2元에서 민국시기 小洋 8元으로 변하고 있는데 附記에 光宣시기 大洋, 小洋이 크게 차이가 없다고 밝히고 있다. 곡가는 1石 大洋 1.5元에서 민국시기 小洋 7元으로 366% 상승하고 있다. 중국에서 '穀二米一'의 折換率이 일반적으로 사용되고 있었고,[47] 호남 안향현에서도 1934년 당시 곡 1擔에 3元, 米 1擔에 6元인 것을 보면 여성현의 사정도 미루어 짐작할 수 있다.[48] 즉 곡가와 미가의 비율을 생각하면 미 1石은 150斤으로 산출되는 것이다. 각지에 따라 1石의 斤數도 다르지만 심지어 동일 현에서도 시기에 따라 150斤, 160斤, 170~180斤 등 다양한 변화를 보이고 있는 것을 보면,[49] 이 시기 여성현의 미 1石은 150斤으로 추정된다.

호남 안향현의 미가 1담 6元은 여성현의 민국시기 미가 小洋 8元과 외관상 유사하다.[50] 타 지역과의 미가의 직접 비교는 전술한 대로 도량형 화폐 등의 불통일로 아주 곤란하다. 단지 변화추세는 비교가 가능할 것이다. 우선 범위를 넓혀서 兩湖지역 미가변화와 비교해 보자.

---

47) 馬立博, 『淸代區域社會經濟史硏究』 下, 北京, 1992, p.1036.

48) 民國 『安鄕縣志 初稿』 권11, 食貨, p.232.

49) 譚文熙, 『中國物價史』, 武漢, 1994, p.440. 奉賢縣의 경우 1911~1949년 사이 斤數 變化.

50) 1担＝100斤, 그러므로 汝城縣 米價와 비교 가능.

<그림 7> 淸代兩湖米價變化趨勢圖

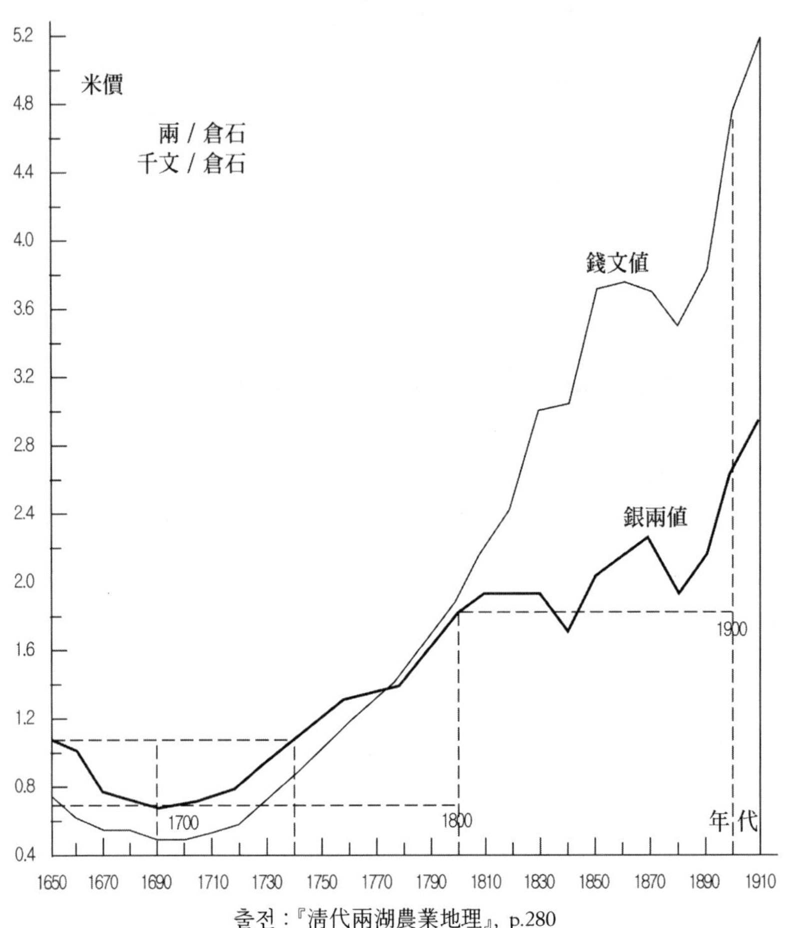

출전 :『淸代兩湖農業地理』, p.280

양호지역 미가의 변동 추세를 그래프로 대략 짐작할 수 있다. 銀兩値를 기준으로 하면 1890년부터 1910년까지 20년간 약 82.7% 상승을 보이고 있다. 비슷한 기간 汝城縣의 경우 약 100% 상승하고 있다.

그래프에 나타나는 양호 미가는 지역과 시간대가 광범위한 점을 고려하면, 여성현의 미가상승은 비교지역 전체와 보편적인 궤적을 그리고 있거나 약간 상회하는 수준이다.

또 민국시대 최대의 미소비지인 상해와 장사가 미가변동상 고도의 상관성을 보이고 있다는 점을[51] 고려하면, 上海 미가변동과도 연관시켜 볼 수 있을 것이다. 江南의 미가 동향으로서 順治期의 高米價, 순치말의 급락, 康熙시대의 低米價, 건륭초의 급등, 20년대 이래 漸騰의 궤적이 지적되고 있는데 앞의 양호 미가 추세와 대세는 비슷하다.[52] 청대 미가의 장기 추세를 보면 전체로서 騰勢 중에 17세기 후반, 19세기 2·4반기, 19세기 70~80년대의 低落期를 보이고 있는데, 양호 미가도 같은 추세이다.[53]

1912년에서 1928년까지 상해의 미가상승은 40.7%, 기준년을 100으로 했을 때 지수는 매년 2.5정도씩 상승했다. 여기에 비하면 여성현의 미가상승률은 대단히 높은 편이다. 여성현은 대상 시기 65년간 약 300% 米價가 상승하여 단순 수치로서는 역시 기준년을 100으로 할 때 지수는 매년 4.6 이상 상승한 편이다. 그러나 上海의 경우에도 1931년은 1929년에 비해 일반 물가지수가 21.2% 상승했으므로 짧은 시기만의 물가상승률과 바로 대비하기는 어렵다.[54] 1912년에서 1932년까지 20년간 米價상승폭을 보면 天津 81.73%, 杭州 55.43%, 寧波 47.3%, 廣州 26.8%, 重慶 177.56%, 江蘇 武進의 경우 白米 55.55%, 粳稻 131.8%로 나타난다.[55] 지역별로 다양한 편차가 있음을 알 수 있다. 표에서 확인되는 대로 호남 여성현의 미

---

51) 徐正元,「上海近代稻米市場價格變動之分析」『中國經濟史研究』, 1996年 2期. 上海와 長沙는 0.7~0.9까지 높은 상관성.

52) 岸本美緖, 『淸代中國の物價と經濟變動』, 東京, 1997, 제3장.

53) 위의 책, p.51.

54) 注51)과 같음.

55) 譚文熙, 『中國物價史』, 武漢, 1994, p.356.

가는 1870년대 이후 가파른 상승세로 지수는 매년 4~5씩 증가했다고 여겨진다.

⑵ 콩, 옥수수(玉蜀黍), 고구마(番藷)

重田德의 주장대로 호남미 시장이 지주적 시장이기 위해서는 소작료가 현물지대일 것이고 소작인의 주식은 미라는 것이 전제가 되어야 한다. 그러나 타 지역에서도 그렇겠지만 호남에서도 잡량을 식량으로 사용하는 사례가 흔히 보이고 있고,[56] 郴州에서도 包穀으로 양식을 보충하는 것이 보인다.[57]

콩(豆)은 여성현 수입품의 大宗이고 옥수수(玉蜀黍)와 고구마(番藷)는 자급품인데, 시기별 가격상승폭은 유사하다. 콩은 1石당 민국시기 24元인데, 옥수수는 8元으로 3배의 가격차를 유지하고 있다. 옥수수는 여성현 서 1구의 梓洞·馬橋, 서 2구의 延壽·文明 등에 産額이 풍부하나 현내의 자급에 그치는 정도이다. 고구마도 식량보충에 활용하지만 현내 수요에 그치는 정도이다.[58] 내부에서 생산되지 않는 콩의 가격이 수출용의 곡 1石 價보다 3~4배 비싼 것이 주목된다.

2) 기타물가

茶油, 桐油는 다 같이 光宣시기에서 민국시기에 걸쳐 상승률이 2.5배로, 前시기보다 현저하게 높아지고 있다. 桐油는 100斤당 15元에서 36元으로 상승하고, 茶油는 같은 기간 100斤당 16元에서 40元으로 상승하였다. 동치년간 이전에는 주로 내수 위주의 桐油는 광서 2년 이후 수출을 개시하였고, 1차대전 후에도 각 참전국 桐油 수요량이 급증하였다. 한구는 매 담 銀 5兩 정도이던 것이 1911년 8~9兩 전후 수준으로 상승했고, 重慶은 1922년 이전 9兩 전후에서 1929년 23.41兩으로 상승하였다.[59] 이

<hr>

56) 光緖刊『零陵縣志』권5, 學敎 風俗.
57) 襲勝生,『淸代兩湖農業地理』, 武漢, 1996, p.134.
58) 民國『汝城縣志』권18, 政典, 實業, p.815.

것을 보면 여성현의 桐油가격 상승은 타 지역과 같은 맥락에 있다고 생각된다.

土布가격은 光宣시기에서 민국시기에 걸쳐 100尺 2.5元에서 5元으로 100% 상승했다. 표의 物目에서 洋布는 보이지 않고 같은 기간 洋絲의 가격상승률과 유사한 것을 알 수 있다. 청말민국기에 걸쳐 洋絲, 洋布가 중국 농촌시장에 진입하지 않았거나, 하더라도 土布와 평화공존한 것이라든지,[60] 洋布 수입 후에도 土布가격이 비교적 안정했다는 지적[61]과 여성현의 사실도 부합된다. 洋絲의 가격상승률은 光宣시기에서 민국시기에 걸쳐 배 이상 증가했다. 同光시기에 아직 洋絲가 유행하지 않았던 것에 비해 볼 때 청말민국기에 洋絲의 급격한 수요 증대를 짐작할 수 있다. 같은 시기에 洋油의 가격상승률은 4배를 초과한다. 급격한 洋油 수요가 있었을 것이다.

상해에서 洋油, 洋烟, 洋皂, 洋燭 등 洋貨전문상점이 생겨난 것에 비하거나[62] 상담현에서도 洋貨가 상대적으로 많이 보급된 것에 반하여[63] 여성현 물가표상 洋貨는 별로 보이지 않는다.

田價를 보면 우선 단위가 '工'으로 나타난다. 호북·호남 등지에서는 '石' '斗'로서 면적 표시단위가 많이 나타나는데,[64] 여성현에서와 같이 '工'의 표시는 극히 드문 현상이다. 『汝城縣志』에 "田의 명칭은 畝라 하지 않고 工이라 한다. 매 田 1工半을 1畝의 수에 준한다"[65]라 되어 있어 1.5工이 1畝임을 알 수 있다. 同光시기에서 光宣시기에 걸쳐서는 미가상승

---

59) 譚文熙, 『中國物價史』, 武漢, 1994, p.350.

60) 史建運, 「淸代華北平原農村綿紡織業商品生産」 『淸代區域社會經濟史硏究』, 北京, 1992, p.166.

61) 譚文熙, 『中國物價史』, 武漢, 1994, p.372.

62) 謝國權, 「近代長江中下遊沿岸中等城市商業硏究」 『復印報刊資料經濟史』, 1996年 6期.

63) 李文治, 『中國近代農業史資料』 제1집, p.492.

64) 吳承洛, 『中國度量衡史』, 北京, 1937(1993 影印版, p.311).

65) 民國 『汝城縣志』 권13, 政典, 財政上, "田之稱名也 不曰畝而曰工 每田一工半 準一畝之數."

폭과 田價상승폭이 같은데, 그 후 光宣시기에서 민국시기에 걸쳐서는 田價상승률이 미가상승률보다 저하되고 있다. 民國 前期에 지주계급 특히 신흥군벌이 다투어 田産을 매입함으로써 田價가 상승하는 추세였다가 민국 중기에는 지주 자본가의 투자 방향이 공상업으로 향하여 田價상승률이 둔화된 것에 원인이 있다고 여겨진다.[66]

임금을 검토해 보면 木工, 土工의 경우 光宣시기에서 민국시기에 걸쳐 명목소득의 증가율은 미가상승률과 비슷하다. 실질임금 추정을 위해 구매 가능米를 계산해 보면 光宣시기 1日 노임 0.15元으로 米 3.75斤을 구입할 수 있다. 같은 방법으로 하면 민국기에도 1日 임금 0.3元으로 米 3.75斤을 구입할 수 있어 이 기간 木工, 土工의 실질임금은 변동이 없음을 알 수 있다. 雇農의 경우 청말민국기에 2.5배 명목소득이 상승했다. 雇農의 1日 임금 0.1元으로는 米 2.5斤을 살 수 있고 민국기 임금 0.25元으로는 米 3.125斤을 살 수 있어 실질임금은 오히려 증가하고 있다.[67] 全漢昇에 의하면 1875~1925년에 걸쳐 四川省 合江縣의 임금과 물가와의 변동 추세가 거의 일치하고 있던 것이 보고되고 있는데,[68] 여성현의 경우에도 경향은 비슷하다.

塩價는 각 시기에 걸쳐 가격상승폭이 최고에 가까운 품목이다. 즉 同光시기에서 光宣시기에 걸쳐 2.5배, 光宣시기에서 민국시기에 걸쳐 2.75배씩 증가하고 있다. 청말 특히 광서 중후기는 청대 전중기에 비해 염가는 대체로 5~10배 상승하였다. 생산지의 성격상 연해에서 멀어질수록 염가가 높아지는 것이 일반적인데 奉賢縣이 염가는 1912년 0.008元이다가, 1926년 0.02元, 1931년 0.05元, 丘池縣은 민국 5년에 60~100文, 민국 15년에 400~600文이 되었다. 민국 초기의 염가 상승은 보편적 현상이었다.[69]

전체적 물가 동향을 보면 상해에서와 마찬가지로[70] 미가의 변동 추세

---

66) 譚文熙, 『中國物價史』, 武漢, 1994, p.384.

67) 岸本美緖, 앞의 책, p.51 참조.

68) 위의 책, p.28.

69) 譚文熙, 『中國物價史』, 武漢, 1994, p.364.

와 일반물가변동 추세가 대단히 유사하다. 가격상승폭이 보다 현저한 것은 洋油, 洋絲를 비롯하여 塩, 茶油, 桐油, 木工, 土工, 雇農의 임금도 여기에 해당된다. 청대 18세기 전후 약 100년간 가격 총 수준이 300% 증가한 것에 비해,[71] 65년간 300% 이상 증가한 것을 보면 청말민국기에 여성현의 물가 수준이 급격히 올라간 것을 알 수 있다.

Ⅲ. 물가상승의 원인

郴州府 여성현의 경우 Ⅱ절에서 살핀 바와 같이 1867~1932년의 기간에는 미가를 비롯한 기타 물가가 기준년도를 100으로 했을 때 지수가 평균 매년 4~5씩 상승하였다.『여성현지』물가표에도 가격이 매월 매년 다르기 때문에 각 시기의 중간 값을 적는다고 되어 있어 대체적인 추세 파악을 할 수 있을 뿐이다. 계절간의 변동도 당연히 심하여 호남은 6월에서 10월, 호북은 5월에서 9월이 가격이 낮은 시기이고, 12월에서 5월, 11월에서 4월이 가격이 높은 계절이다. 安鄕縣의 경우 3월에 10일간 미가가 25% 하락한 사례에 보이듯이[72] 매일의 시장가격도 변동이 많았을 것이다.

이러한 가격변동 물가상승의 원인에 대하여 다양한 해석이 있고 또 여러 요소가 복합적으로 작용했다고 할 수 있을 것이다. 몇 가지를 검토해 보기로 하자.

우선 토지·인구문제에 대해서 검토해 보겠다.

청대 양호지역의 농업에 대해 고찰한 龔勝生은 嘉慶년간(1796~1820) 이후 兩湖의 인구 압력이 날로 증가하고, 매 人당 경지 2畝 이하, 매 頃 경지의 부하량이 50인을 초과하였다는 것을 밝히고 人地관계 변화가 米價상승 원인이라고 지적한다.[73] 호남 零陵縣에서도 "고을의 미곡생산이

---

70) 注51)과 같음.

71) 郭成康,「18世紀中國物價問題和政府對策」『淸史研究』, 1996年 1期.

72) 民國『安鄕縣志初稿』권10, p.226.

예전에는 인구가 적고 먹는 양식이 적어, 혹은 여유가 있으면 외부를 구
제할 수 있었다. 근래에는 호구가 증가하였고 농업생산량은 늘어나지 않
았다. 먹는 자가 날로 증가하여 湘江하류가 모두 흉년을 만나 다른 고을
들이 곡식을 사러 오면 본 고을의 곡가는 곧 등귀한다……"한 것을 보
면,[74] 인구증가가 米價상승의 일부 원인이 되고 있음을 알 수 있다. 근대
중국은 토지생산력 하강과 인구증가로 米價의 지속적 상승은 피할 수 없
는 추세였다는 조사도 있다.[75]

그런데 여성현의 경우 경지와 인구의 관계는 어떤 변화 추세를 보이고
있을까. 淸代는 정확한 토지장량이 거의 행해지지 않았으므로 실제 경지
면적을 알기 어렵다. 특히 좁은 현의 단위에서는 면적 표시가 드물고 여
성현이 소속해 있는 침주부의 토지면적이 제시되어 있다.[76]

<표 11-4> 淸代兩湖實際耕地估計(萬頃)

年　　代	湖　南	湖　北	兩　湖
原額	29.5	54.7	84.2
順治一八(公元1661년)	-	-	58.7
康熙二四(公元1685년)	14.0	48.7	62.7
雍正二　(公元1724년)	30.0	50.0	80.0
乾隆一八(公元1747년)	31.5	51.6	83.1
乾隆四九(公元1784년)	35.1	54.7	89.8
嘉慶二五(公元1820년)	38.6	56.4	95.0
同治一二(公元1873년)	43.8	59.4	103.2
光緖一九(公元1893년)	45.7	61.3	107.0
(公元1913년)	47.6	63.2	110.8
(公元1932년)	49.5	66.2	115.7
(公元1957년)	62.9	70.5	133.4

출전 : 『淸代兩湖農業地理』, p.81

---

73) 龔勝生, 『淸代兩湖農業地理』, 武漢, 1996, pp.281～282.
74) 光緖 『零陵縣志』 권5, 風俗, 生計, "通邑米粟所入 昔時人少食寡 或有餘可以濟
　　外 近來戶口繁庶 農不加多 而食者日增 遇湘江下遊 均有荒歉 他邑時來就糶
　　則本境穀價 立致翔貴……."
75) 徐正元, 「上海近代稻米市場價格變動分析」『中國經濟史硏究』, 1996年 2期.
76) 注73)의 p.98.

<표 11-4>는 호남·호북의 실제 경지면적 변화 추세이다. 여기서 여성현의 물가 분석대상 시기와 유사한 1873년에서 1932년의 湖南 耕地변화를 보면 총 13.01% 증가이고 매년은 상승지수 상은 0.22씩 증가 추세이다.

여성현의 경지 변화추세는 명확하지 않다. 민국『여성현지』에 기재된 原額田地는 155,457.56畝이지만 이것이 실제 田地라고 보기는 어렵다. 1949년의 매 人당 경지가 1.71畝인데 이것을 1947년의 인구 144,445명으로 곱하면 247,000畝가 나온다. 민국 21년(1932)에서 1949년 사이가 현격한 경지 증가가 없었다면 민국시대 여성현의 경지는 247,000畝 이하에서 가까운 어떤 實數로 생각된다.

1816년에서 1929년의 인구 차이는 11,268명으로 총 증가는 7.94%이다. 113년간의 간격에서 상승지수상 매년 증가는 0.07 정도 수준이다. 전술의 약 60년간 경지의 매년 증가 상승지수상 0.22에 비하여 낮은 수치이다. 1947년 인구는 1929년보다 오히려 감소하고 있는데 이것이 전쟁, 혼란 등으로 실제 감소를 나타내는지는 알 수 없다. 인구밀도도 嘉慶 25년(1820) 郴州府 전체가 ㎢당 80.6인인데 비해, 여성현은 1816년 60.6/㎢, 1929년 65.4/㎢로 나타난다. 따라서 여성현이 인근 현에 비해 인구 압력이 두드러지게 높았다고 보기는 어렵다.

<표 11-5> 湖南 汝城縣 人口

시　　기	戶	口	備　　考
嘉慶 21年(1816年)	33,850	141,770	*각주 참고
民國 18年(1929年)	34,959	153,038	
1947年	32,933	144,445	
1953年	46,525	175,929	

출전 : 民國『汝城縣志』,『湖南省地理志』, p.240.
*이 수치는 『嘉慶通志』에 기재된 것이고 『汝城縣志』에는 戶 34,729, 口 145,605로 되어 있어 誤差가 있다.

그런데 여성현의 水田비율은 99.2%이고 旱地가 0.8%에 불과하다. 인근의 계동현과 자홍현(興寧)도 水田이 98% 이상이다.[77] 해발 600m 전후의

구릉과 산지가 많은 곳으로서는 의외로 水田비율이 높다.[78] 또 1800∼
1899년 사이 양호지역 稻穀 畝産 조사에 의하면 여성현(청대 계양현)은
畝당 4石으로 호남의 평균 3.19石보다 훨씬 높고 거의 최고 수준에 속한
다.[79] 청대 호남의 주요 미곡수출구에 포함되지 않는 주변부인 침주부 여
성현이 全縣으로 계산하여 1/4의 産額에 여유가 있다는 것, 그 잉여미가
광동 城口, 樂昌지방, 강서의 崇義, 호남의 자홍 등지로 수출되었다는 것
은 분명 이 지역 米生産의 발전을 표시한다고 보아야 할 것이다.[80] 타 지
역에서는 보충식량으로 쓰이는 옥수수(玉蜀黍)는 현내의 오리 먹이로 쓰
인다는 것도 생활 수준을 가늠할 수 있는 것은 아닐까 한다. 18세기 전반
까지 이 지역에는 재배가 없던 麥의 생산도 농업생산력의 발전이다. 고구
마(番藷 일명 甘藷)는 식량보충의 穀糧으로, 생산량이 많고 이 지역민의
큰 利原이 되고 있음이 확인된다.[81] 따라서 이 지역 미가상승은 단순한
인구 압력만은 아니라고 여겨진다. 오히려 농업생산력의 발전과 이에 따
른 소비수준 향상이 원인이 아닐까 한다.

미가상승의 원인으로 흔히 採買가 지적된다.[82] 여성현의 경우 縣志에

> 동치 13년에 觀察 朱明亮이 義擧 勸募를 제창하여 각 향단향족이 田畝
> 를 기부 설치하게 하여 평년에 兵穀 900여石을 내게 하여 주둔 녹영에 공
> 급한다. 오로지 糧戶採買에 해당하게 한다.……正餉 외에 採買 명목을
> 폐지한 지 이에 40년이 되었다.

라 한 것을 보면 同治 13년(1874)에 이미 採買가 폐지되고 있다.[83] 이것을

---

77) 襲勝生, 『淸代兩湖農業地理』, 武漢, 1996, p.62.

78) 『湖南省地理志』, p.102.

79) 注77)의 책, p.116.

80) 民國 『汝城縣志』, p.815, 농업개황.

81) 위의 책.

82) 郭成康, 앞의 논문 ; 鄭哲雄, 「淸初 揚子江 三省지역의 미곡유통과 가격구조」
    『歷史學報』 143, 1994.

83) 民國 『汝城縣志』 권14, 財政下, "……於同治十三年 經朱觀察 明亮 提倡義擧勸
    募 各鄉團族捐置田畝 常年出兵穀九百餘石 輪供駐境綠營 專抵糧戶採買一項

보면 분석 대상시기인 1867~1932년까지 사이에 여성현에서는 採買가 미가상승의 원인이 아님을 알 수 있다.

국가의 물가조절 정책으로 직접 糧價에 관여하거나 遏糴금지, 양식 出洋금지, 進口稅의 면제 등 여러 가지 정책이 있으나 중요한 것의 하나가 倉儲제도이다.[84]

清 후기 각지에서 倉儲제도가 문란해지지만 여성현에서도 가경 4년이후 倉政이 붕괴되기 시작하였다. 동치년간 태평천국 동란 이후 다시 倉儲의 필요성을 절감해 정비를 시도했으나 분식 보고가 대부분이고 조사를 나가면 부호의 창고를 거짓으로 가리키는 사례가 왕왕 있을 정도였다.[85] 이것은 지방단위의 물가조절 기능을 일부 상실한 것으로 볼 수 있다. 이것이 물가상승의 한 원인일 수도 있다.

청말민국기에 세금의 가중은 여성현에서도 확인할 수 있다. 국가 잡세표를 보면 屠宰稅, 烟酒稅 등은 광서 말년에 新稅로 등장하고 있고 印契稅는 세율이 3%에서 6%로 배로 증가한다. 地方公用田賦附加一覽表에는 畝捐, 驗契附加, 軍用附加, 團練附加, 學款附加 등 16개 항목의 附加가 있다. 地方經費歲入槪算表에는 地方田賦附加, 敎育田賦附加, 契稅附加, 契紙附加, 烟酒附加 屠宰截留正稅, 經紀捐, 八行茶油山稅, 龍虎洞百貨捐, 鎢砂出産捐 등 22개 항목이 있다.[86]

契稅, 契紙 등 거래상의 부가세나 經紀捐 등 거래 중개인에게 부과되는 세금, 또 酒나 茶油, 百貨 등 상품에 부과되는 세금 등은 모두 상품의 가격에 전가되기 마련이고 이것이 물가상승에 직간접의 영향을 줄 것은 분명하다. 민국 18년의 여성현 지방경비 세입은 125,229元, 19년 예산은 153,821元으로 22.83% 증가치를 보이고 있다. 각종 부가세 항목 증설뿐아니라 예산도 1년 사이에 큰 폭으로 상승되고 있다.

之徵納 業經稟奉請督撫批准在案 正餉之外 取消採買名色已 四十年於玆矣……
……汝邑則照無採買之處 一六徵收……."
84) 譚文熙, 『中國物價史』, 武漢, 1994, p.287.
85) 民國『汝城縣志』권13, 政典, 財政上.
86) 위의 책.

<표 11-6> 地方經費歲入槪算表(單位：元)

科　　目	18年度 決算數	19年度 豫算數	20年度 豫算數
	歲 入 經 常 門		
地方田賦附加	25,989	21,433	29,227
敎育田賦附加	4,872	7,794	9,742
團款田賦附加	49,618	77,937	77,937
契稅附加	961	500	700
契紙附加	136	200	200
菸酒附加	120	120	120
屠宰裁留正稅	1,208	1,208	1,208
東西河不捐	16,918	17,000	17,000
高批八坵田捐	2,776	2,752	2,752
龍虎洞百貨捐	658	656	656
經紀捐	1,846	1,846	1,846
城市鋪租捐	130	1,200	1,000
財局田租款	1,638	1,755	1,355
敎育局田租款	950	897	897
鋪房租金	135	160	160
土地稅	20	30	30
八行茶油山稅	13	13	13
春秋屠帮款	425	420	420
田賦逾眼息金	580	800	1,300
鎢砂出産捐	300	600	570
合　　計	109,293	137,321	147,133
	臨　　時　　門		
敎育費特商捐	3,500	3,000	3,200
團款特商捐	12,436	13,500	10,600
合　　計	15,936	16,500	13,800
總　　計	125,229	153,821	160,933

출전：民國『汝城縣志』, p.588

　　다음으로 국제교역과 관련하여 생각해 보겠다. 全漢昇은 18세기 중국 물가상승을 아메리카 銀에 의한 세계적 물가혁명이라 보고 있다. 彭信威도 건륭년간 물가상승 기본원인을 외국 銀의 유입에서 찾고 있다.[87] 18세기 약 100년간 수억 元의 외국 銀이 도입되어 통화팽창 물가상승을 가져왔다는 지적도 있다.[88]

---

87) 岸本美緖, 앞의 책, 2절.

그런데 19세기 후반에서 20세기에 걸쳐 제국주의 침략이 고조된 시점에서 국제교역과 물가변동에 대한 시각은 위와 조금 다르다. 鄒大凡은 1895년 이후 급속한 물가등귀를 제국주의 침략 강화와 계급모순의 격화에서 원인을 찾는다.[88] 譚文熙도 "同治 이후 제국주의 침략이 날로 강화되고 청대 경제는 날로 쇠퇴, 물가상승폭은 날로 커지고 인민생활은 더욱 빈곤해졌다"고 한다. 그러나 그가 인용한 자료는 민국 지방지 중에 주로 "大旱" "大飢" "不收" 등 자연재해 관련 미가기록이다.[90] 비관론자들의 주장이 주로 1920~1930년대 수집된 데이터에 의해 주장되어진 것이고 정밀한 논증이 아니다는 비판을 가하는 것은 파우어(David Faure)이다. 그는 청말의 통화 평가절하에 의해 시작된 인플레이션하에서 生絲, 면화 등 상업작물, 미곡 양쪽에서 농민은 富를 축적할 수 있게 되었다고 한다. 또 1870~1929년까지 강남과 珠江 삼각주 지역이 무역확대에서 이윤을 취했다는 것이다.[91] 로스키(E.S. Rawski)도 18세기 호남을 사례로 시장의 확대라는 좋은 조건에 농민이 적극적으로 대응하여 농업발전이 이루어졌다고 이해하고 있다.[92]

王業鍵에 의하면 1880~1920년대에는 양자강 델타지대의 물가가 매년 3.3%씩 상승했고, 1930년에 총화폐 보유고는 60억 元에 달했다고 밝히고 있다.[93] 반세기간 화폐공급은 8~10배 증가, 매년 4.2~4.7% 정도 성장했다. 豆·桐油 등은 세계시장에 판로를 얻었고 기선, 철로는 수송비용을 절감하였다. 南開大 자료에 의하면 1881~1930년에 수출·수입이 3배나 증가했다. 각 省간의 교역도 19세기 후반보다 1920년대에 3배나 성장했다.

호남 여성현의 사정은 어떠한가. 전술한 대로 18세기 중반까지 이 지역

---

88) 郭成康, 앞의 논문.

89) 岸本美緒, 앞의 책, p.23.

90) 譚文熙, 『中國物價史』, 武漢, 1994, p.256.

91) David Faure, "The Plight of the Farmers," *Modern China* Vol.11 No.1, 1985.

92) 岸本美緒, 앞의 책, p.23.

93) Yeh-Chien Wang, *Secular Trends of Rice Prices in the Yangzi Delta, 1638~1935*, California Univ. Press, 1992.

에는 "無市鎭集"이라 할 정도로 상업 발전이 미미했다. 그런데 이 시기 城市의 점포가 300~400家가 되고 衡帮, 寶帮, 廣帮(嘉應, 新寧 등), 西帮 (吉安, 贛縣 등)상인들이 현성에 주재하고 동향회관을 설립할 정도가 되었다. 또 민국 6년에 텅스텐 광산이 개발되어 상업 활성화에 기여하였다. 茶葉의 경우 南 一區의 仁化茶, 西山茶, 南 二區의 厚溪茶 九龍岡毛茶, 西 二區의 延壽茶 등이 생산되었는데 粵商이 와서 수매하여 운송 수출 하였다. 가격이 날로 오르고 本地의 소비도 많아지고 있다는 것이 민국시기의 사정이다.[94] 여성현의 외부와 교역은 광동과의 것이 60%, 호남이 30%, 강서가 10%정도이다. 이 시기 국제교역과 통화량의 팽창이 여성현 물가에도 영향을 미치고 있다고 할 것이다. 그러나 $MV=PT$ [M(화폐량) V (화폐유통속도) P(가격) T(거래량)]의 공식에 대입할 수 있는 구체적 수치 는 확보할 수 없다.

민국시기에서 중일전쟁 이전까지는 대체로 물가가 안정 중에 상승세가 있는 것이 기본적 흐름이다.[95] 여성현의 1867~1932년까지 물가가 기준 년에 비하여 지수상 매년 4~5씩 상승하는 추세였다는 것도 이런 흐름에 크게 벗어나지 않는다고 생각된다.

강희년간에 물가가 극히 싼 데도 불구하고 구매자는 도리어 감소하고 사람들의 생활은 여유가 없고 상인은 손실을 입는다는 사실에서 강희기 는 불황이었고 물가가 비싼 18세기는 오히려 호황이었던 것이 지적되고 있다.[96] 광서 9년(1883)에 상해지역에서 상품가격이 低落한데도 불구하고 도산 점포가 속출하고 거래가 부진한 불황이 발생한 일도 있다.[97] 이를 보면 물가가 상승한다고 해서 생활수준의 후퇴가 초래된다고 보기 어렵 다. 앞서 물가표에서 보면 미가상승과 관련, 木工, 土工 등의 실질임금이 유지되고 있고 雇農의 실질임금이 오히려 상승한 것을 알 수 있다. 농민 의 구매물가와 구입물가가 모두 상승률을 비슷하게 유지하는 현상도 보

---

94) 民國, 『汝城縣志』 권18, 政典, 商業.
95) 譚文熙, 『中國物價史』, 武漢, 1994, p.429.
96) 岸本美緒, 앞의 책, 7장, p.245.
97) 위의 책, p.438.

였다. 이런 견지에서 보면 이 시기 여성현의 물가상승이 농민이나 민중의 생활수준 침체를 초래했다고 생각되지 않는다.

개항지의 주요 교통로에 편리한 접근이 어려워서인지 洋貨는 상담현보다 덜 유행하였다. 洋絲와 洋油 정도가 두드러질 뿐이다. 이로 볼 때 제국주의 침략의 경제적 침투 현상은 汝城縣에서는 크게 가시적이지 않았다.

小結

이상에서의 고찰을 통하여 청말민국기 여성현의 물가변동에 대해 살펴보았다.

미가를 중심으로 이 60여 년간 물가는 지수상 매년 4~5 정도 상승 추세이다. 이것은 中日戰爭, 세계대전 등 혼란한 시기인 민국 후기에 비해서 상대적으로 안정 속의 상승이라고 할 수 있다. 물가상승 원인으로 흔히 지적되는 인구의 폭발적 증가와 경제개발의 둔화 등의 이유는 적어도 이 지역의 통계 수치상으로는 확인하기 어렵다. 인구의 완만한 성장과 농업생산력의 성장이 물가상승폭을 어느 정도 안정시키고 있는지도 모른다.

또 다른 원인으로 採買가 지적되지만 여성현에서는 同治 13년(1874)에 採買가 중단되었다. 세금에서는 田賦 외에 지방경비조달 차원에서 각종의 雜稅가 新設되거나 增加되는 것이 확인된다. 더욱이 契稅, 契紙稅, 經紀捐, 百貨捐, 烟酒稅 등 상업활동과 관련, 각종 附加稅가 무수히 신설되는 것 등은 직간접으로 가격에 轉嫁되기 때문에 물가상승에 기여하였다고 생각된다. 倉儲제도 역시 淸 후기 다른 지방과 마찬가지로 가경년간 이후 붕괴됨으로서 국가차원의 가격조절 기능이 쇠퇴하였다. 이것도 물가상승의 한 원인이 되었을 것이다.

국제교역이 직접적으로 이 지역에 미치는 영향은 수치상 불명확하다. 「近年物價表」에 거래량이 명기되어 있지 않다. 桐油가 외국시장에 수출됨으로써 가격이 상승했다는 것이 지적되고 있고, 『여성현지』에도 茶葉의 수출을 위해 광동상인이 여성현에 買集차 내왕하는 것이 확인된다. 또 여성현의 대외 거래 중 60%가 광동을 통한 것이며, 그 루트로 洋貨가 들어온 것은 분명히 확인된다. 洋絲, 洋油의 가격이 등귀하는 폭은 일반 물가상승폭을 앞지르고 있으나 洋布가 물목에 빠져있어 土布의 존재가 어느 정도 경쟁력을 가지고 있었다고 여겨진다. 洋絲, 洋油 외에 洋貨의 물목은 「物價表」에 보이지 않는다. 그러므로 민국 21년 단계까지도 호남 여성현에는 제국주의의 경제적 침략이 구체적으로 왕성한 것 같지 않다. 洋絲의 도입은 土布 생산을 자극했을 것이고 실제 土布가격의 상승률도 일반 물가상승률을 밑돌지 않는다.

중국학계에서는 이 시기 국제교역은 제국주의의 상품시장인 동시에 원료 수탈시장으로 중국을 규정하는 것이라 본다. 결과 중국 농민의 생활은 더욱 곤궁하고 비참해졌다는 것이다. 그러나 이 여성현의 경우 청 전기 18세기 전반까지 麥作도 행해지지 않았고 市集도 존재하지 않는 山邑이었다. 호남의 미산지로 보면 缺糧區에 해당한다. 그런데 청말 이후 麥作이 보급되고 고구마 등 재배가 확대된다. 미곡은 단위당 畝産도 호남성 각 현 가운데 최고 수준 4石/畝가 되고 産額의 1/4은 광동이나 인근 資興縣 등지로 수출되기에 이르렀다. 타 지역에서 양식 보충 자료인 옥수수(玉蜀黍)는 오리 먹이용으로 제공되고 고구마(番藷)는 양식 보충이 되었다. 米의 생산량 증가, 雜糧의 확대 등은 농민의 米상품화를 가능하게 해주는 것이다. 이런 배경하에 각지에 市集이 발전하고 현성에는 300~400家의 점포가 등장하였다. 뿐만 아니라 각지의 상인 즉 衡帮, 寶帮, 廣帮, 西帮 등 외지 상인이 와서 여성현에 상주하며 회관까지 설립하기에 이르렀다. 민국초에는 텅스텐 광산이 개발되어 인구유입과 경기 부양을 도왔다.

농민의 판매물가와 구매물가는 명확히 구분할 수 없으나 「物價表」의 물목 거의 대부분이 비슷한 상승폭을 보이고 있다. 木工, 土工 등의 실질임금은 물가상승에 따라 감소하지 않았고 雇農의 실질임금은 오히려 상승하고 있었다. 이런 면에서 볼 때 민국 21년(1932년)까지의 호남 여성현의 물가상승에서 제국주의 침략의 영향으로 농민이 더욱 곤궁해지고 비참해졌다고 보기는 어렵다고 생각된다.

그런데 「物價表」의 사료는 매년 매월의 상세한 항목이 없고 장기 추세를 알려줄 뿐이다. 또 화폐의 환산치도 끝내 정확히 밝히지 못하여 타 지역과의 물가의 직접 비교도 할 수 없었다. 중국 물가 연구의 일반적 문제, 자료의 한계 등은 앞으로 극복되어야 할 과제이다. 다만 이제까지 물가사가 전국적인 이론으로 구성되면서 실제 자료는 여기 저기 상이한 지역의 자료를 무차별 종합을 했다는데 대해 한 개의 현을 단위로 당시인의 시각에서 時系列로 정리된 物價史를 재구성해 보려한 데 의의가 있다고 여겨진다.

附論

淸末民國期 湖北의 미곡시장과 상품유통

序言

湖廣米의 유통은 揚子江 하류 경제적 선진지대인 江·浙지방에 대한 商品糧의 공급으로서 일찍부터 주목받아 왔다. 明 中期 이후 새로운 사회경제적 변화의 표상으로서 "湖廣熟天下足"의 俗諺의 등장과 盛衰를 둘러싼 연구,[1] 이러한 湖廣米 등장의 실질적 배경으로서 객민의 이입, 垸堤의 발달, 토지개간 증대 등을 밝힌 연구,[2] 주로 淸 전기를 중심으로 한 미곡유통에 대한 연구[3] 등 다수의 논고가 제출되었다.

---

1) 岩見宏, 「湖廣熟 天下足」『東洋史研究』 20-4, 1965 ; 安野省三, 「湖廣熟すれば 天下足る考」『木村正雄先生退官紀念東洋史論集』, 東京, 汲古書院, 1976 ; 寺田隆信, 「湖廣熟 天下足」『文化』, 43-102, 1980 ; 張建民, 「湖廣熟 天下足述論 - 兼及明淸時期長江沿岸的米糧流通 - 」『中國農史』, 1987-4.

2) 吳金成, 『中國近世社會經濟史研究』, 서울, 一潮閣, 1986, 제2편 2장, 3장.

3) 安部健夫, 「米穀需給の研究 -「雍正史」の一章としたみた - 」『雍正時代の研究』, 京都, 同朋舍, 1986 ; 鄧亦兵, 「淸代前期內陸糧食運輸糧及變化趨勢」『中國經濟史研究』, 1994年 3期 ; 吳琦, 「淸代湖廣糧食流向及其社會功用」『華中師大學報』, 1992 ; 郭松義, 「淸代糧食市場和商品數量的估測」『中國史研究』, 1994年 4期 ; 鍾永寧, 「18世紀湖南糧食輸出與省內供求效應」『求索』, 1991年 2期 ; 鍾永寧, 「十八世紀的湘米輸出与淸政府的糧食調控政策」『中國社會經濟史研究』, 1993年 4期 ; 鍾永寧, 「十八世紀湘米輸出的可行性問題」『中國社會經濟史研究』, 1990年 3期 ; 蔣建平, 「乾隆末至道光朝米穀貿易議論沈寂問題淺探」『經濟科學』, 1994年 3期 ; 鄭哲雄, 「淸初 揚子江 三省地域의 미곡유통과 가격구조」『歷史學報』 143, 1994.

대체로 "湖廣熟天下足"의 俗諺은 康熙 40년(1701)대부터 乾隆 40년 (1775)대까지 유행하였으며[4] 건륭 50년(1785)부터 道光 30년(1850)까지 근 70년간 諭旨, 奏稿 등에 일체 등장하지 않는다는 것으로 미곡무역의 쇠퇴를 지적하고 있다.[5]

그런데 明 中後期에 江·浙이 절대적으로 의지하던 중심은 湖北米였으나, 강희년간부터 湖北의 미곡수출지 기능이 동요되었다고 보거나,[6] 건륭년간에는 '湖南熟 天下足', 乾隆末 嘉慶初에는 '湖南熟 湖北足'의 俗諺이 유행하는 등 호북은 米의 자급불능으로 사천, 호남에 의존하게 되었다는 인식도 있다.[7]

호남미가 청말민국기에도 지속적으로 江·浙지역 등으로 방출되고 있던 것을 밝힌 논고도 있다.[8] 湖北米의 쇠퇴에 대해서는 대체적인 통설이 되고 있고 특히 청말민국기의 변동기적 양상에 대해서는 고찰이 소홀한 편이다. 호북이 호남에 비하여 상대적으로 인구 압력이 강한 것은 사실이었으나 전체 경지면적, 人均 경지면적 등에서 시종일관 호남을 압도하고 있는데도 불구하고,[9] 왜 호북은 商品糧의 방출이 쇠퇴하였는가.

淸代 전기 중국의 농업생산은 明代에 비하여 발전되어 頂峰에 도달하였으나 이후 점차 半봉건 半식민지 국가로 전락하면서 停滯와 衰退 추세 출현, 20세기 1930년대 농촌경제는 끝내 전면 파산, 철저 붕괴되었다는 중국학계의 통설적 견해와 상응하는 것인가.[10]

본장의 문제의식은 근현대기에 호북 농촌사회가 어떻게 적응하고 있었으며 그 역사적 방향성은 무엇인가를 찾는 것이다. 제국주의침략 시기의 농업생산과 상품유통이 어떤 상관관계를 갖고 있는가. 米價와 물가변동을 통해 농민소득의 증가 여부, 洋貨의 판매가 호북의 국지시장에 어떤

---

4) 龔勝生,『淸代 兩湖農業地理』, 武漢, 華中師大出版社, 1996, p.269.

5) 蔣建平,「乾隆末至道光米穀貿易議論沈寂問題淺探」『經濟科學』, 1994-3.

6) 梅莉·張國雄,『兩湖平原開發探源』, 南昌, 江西敎育出版社, 1995, pp.160~161.

7) 龔勝生, 위의 책, p.269.

8) 田炯權,「淸末民國期 湖南의 米穀市場과 商品流通」『東洋史學硏究』74, 2001.

9) 梅莉·張國雄, 앞의 책, pp.161~165.

10) 夏明方,「近代中國糧食生產與氣候波動」『復印報刊中國近代史』, 1998年 11期.

비중을 갖고 있는가. 또 淸初에 지주적 시장으로 규정되어 온 미곡시장에 약간의 성격 변화가 있는지 등을 알아보려 한다. 이런 고찰을 통해 근현대 호북사회의 성격규명에 다소 발전적인 시각을 가질 수 있으리라 생각한다.

Ⅰ. 미곡시장의 유통정황

1) 미곡의 省내외 유통

⑴ 省外 流通

전술한 대로 건륭년간 이후에는 호북의 미곡 수출지 기능은 호남에 의해 대체되고 호북은 缺糧省이 되어 사천·호남 등에 식량공급을 의존하게 되었다는 것이 통설적 견해이다.

그런데 淸朝實錄 등에는 乾隆代는 물론이고 嘉慶 이후에도 湖北米의 방출 관련 기재가 등장하고 있다. 가경 이후의 것만 추려 정리한 것이 <표 12-1>이다.

<표 12-1> 嘉慶以後 湖北米 放出 情況

時 期	형식	행선지	유통량	원인·목적	근거
嘉慶12年7月(1807)	撥運	江蘇·安徽	米 30萬石	平糶	仁宗實錄, 권 183
嘉慶19年12月(1814)	〃	通倉		缺額보충	仁宗實錄, 권 300
道光3年8月(1823)	采買	江蘇		水災	宣宗實錄, 권 55
〃	민간유통	浙江		水災	宣宗實錄, 권 57
道光22年6月(1842)	민간유통	江·浙		米穀需給	宣宗實錄, 권 375
〃 7月(1842)	민간유통	浙江		〃	宣宗實錄, 권 377
光緖3年10月(1877)	采買	河南		倉儲	德宗實錄, 권 60
〃 12月(1877)	采買招商	山西·河南		災, 平糶	德宗實錄, 권 64
26年10月(1900)	采買	陝西	米 10萬石 雜糧麥石	救濟	德宗實錄, 권 474

<표 12-1>은 湖南·湖北의 米 방출 관련 기사 가운데 호북으로 명백

히 표시된 경우만을 정리한 것이다. 이 밖에도 호남·호북을 포괄하는 것
으로 楚, 湖廣 등으로 기재된 것이 道光 3년과 12년, 同治 2년의 3건이
더 있다. 가경 이후 호남·호북 관련 자료 25건 가운데 호남 단독이 13건
으로 52%를 차지하고 호북 단일의 것이 9건으로 36%, 공통 3건 12%를
차지하고 있다. 호남의 미곡 수출지로서 비교우위가 분명하지만 호북도
여전히 江蘇·浙江 등지에 대한 수출지로서 확인된다.[11]

<표 12-1>의 9건 중 5건이 재해로 인한 식량부족 해결을 위한 平糶이
고, 2건이 倉穀의 缺額보충을 위한 것, 2건이 江·浙지역의 상시적 식량
부족 해결을 위한 미곡수급이 그 목적이다. 平糶 등을 위한 采買가 국가
의 주요 관심사로 實錄에 기재된 것이기 때문에, 민간유통 부분은 기록이
소홀하다. 그러나 도광 3년 8월, 浙江상인들이 漢口 일대에서 미곡을 구
입·운송하고 있고, 도광 22년(1842) 6월에는 江蘇의 米商들이 호북 등지
에서 미곡을 구입·운송할 때 통과하는 각 세관에서 징세를 면제한다는
조치가 행해지는 것을 보면 민간유통도 활발했다고 여겨진다.[12]

海關보고를 토대로 한 미곡무역 조사에서도 1886~1911년까지 대부분
의 시기에 漢口의 米穀 進口量보다 出口量이 많았던 것이 밝혀지고 있
다.[13] 청말에서 민국에 이르기까지 호북은 여전히 상품미곡을 시장에 방
출하고 있는 것으로 지적하는 견해도 있으나 민국 초년 이후의 것은 다
소 모호한 채이다.[14]

<표 12-2>는 『中國通郵地方物産誌』에 기재된 내용을 정리한 것이
다.[15] 이 책은 민국 24년에 조사된 내용을 민국 25년(1936)에 책으로 편찬
한 것이다. 1930년대 근대적 통계가 중국 농촌조사에 도입되는 시점에서

---

11) 梅莉·張國雄, 앞의 책, pp.149~151.

12) 9건의 자료는 采買 중심의 실록의 기록이다. 불충분하지만 민간유통의 방향도
　　암시하고 있다. 湖北이 淸 후기 缺糧省 自給不能에 빠졌다는데 대한 반증은 가
　　능하다고 생각됨.

13) 李文治, 『中國近代農業史資料』第1輯, 北京, 1957, pp.473~474.

14) 梅莉·張國雄, 앞의 책, p.167.

15) 交通部郵政總局編, 『中國通郵地方物産誌』, 華世出版社; 1988, 鄂 pp.1~19.(以
　　下『通郵物産誌』라 略함)

우체국 통신망을 이용한 자료여서 신뢰성이 대단히 높다. 또 1930년대 해관 통계를 보아도 호북의 경우 미곡유입보다 방출이 많아 호북의 미곡 수출지 기능이 작동되고 있음을 알 수 있다.[16]

호북미의 省外유통이 근현대기에 종전보다 축소지향이었는지 확대되었는지 알아보는 것은 중요하다. 그런데 1930년대 이전에는 정확한 통계를 찾기 어렵다. 全漢升이 추산한 漢口~江浙 운반 米 1,000만 石 중에 호북미는 약 50만 石 정도라는 추산이 있다.[17] 長江 水路 양식 운수량이 매년 약 1,850만 석이고 그 중 湖北等省(陝西·河南 포함)이 200만 석이라는 추계도 있지만 근거는 애매하다. 건륭 51년(1786) 采買가 약 4.5만 석인데 사천에서 호북으로 楚商이 민간유통한 米糧은 38만여 석으로 采買의 약 8.4배였다.[18] 실록에 기재된 호남·호북의 米糧 방출 기사 75건을 분석해 보면 乾隆시기까지 대부분 건당 米 10만 石 이하이다. 건륭 21년 정월에도 호북미 10만 석, 호남미 10만 석이 江浙로 撥運되고 있고, 건륭 52년(1787) 7월에도 호북에서 복건으로 米 10만 석이 방출되고 있다.

앞 <표 12-1>의 米 30만 석은 호남·호북을 합친 양이다. 앞서의 관행을 보면 호남·호북이 각 15만 석일 가능성이 높다. 건륭 후기로 갈수록 放出米의 액수가 증가하는 추세이다.[19] 호남의 경우 건륭 3년(1738)부터 건륭 14년(1789)까지 각 省에 撥運한 곡식이 175만여 석, 매년 穀 15만여 석을 방출하였다. 옹정년간의 호남미 常年운수량이 800만 석 정도라면 민간유통과의 격차는 엄청나다. 가경 6년에도 호남에서 陝西로 米糧 15만 석을 보내고 있다. 건륭년간에 호북과 호남의 각기 米 10만 石을 기준으로 대체로 外省으로의 采買·撥運 등이 비슷하게 이루어지고 있다. 광서 28년(1902)부터 32년(1906)까지 漢口를 거쳐 수출된 大米는 8,982,582석으로 매년 평균 180만 석에 가깝다.[20] 이 시기 호북미의 정확한 省外

---

16) 徐正元,「中國近代稻米供需運銷狀況的計量考察」『中國經濟史硏究』, 1992年 1期.

17) 鄧亦兵,「淸代前期內陸糧食運輸量及變化趨勢」『中國經濟史硏究』, 1994年 3期.

18) 梅莉·張國雄, 앞의 책, pp.167~168.

19) 위의 책, pp.141~151.

유출량은 알기 어렵다. 건륭기까지 采買撥運量이 대개 米 10만 석이 기준이었고 광서 26년까지도 비슷한 규모인 것을 보면 민간유통 규모가 10배라도 100여 만 석일 것이다.

건륭 이후 호북미의 쇠퇴를 지적하는 奏稿 등이 주목받고 있는 것을 보면 후기 湖北米의 방출량을 지나치게 높게 잡을 수는 없을 것이다.[21] 1936년 7월에서 1937년 6월까지 漢口 미곡 방출이 360여 만 석인데 그 중 호북이 148만여 석이며 호남 다음으로 2위를 차지한다는 지적이 있다.[22] 또, 沙市, 宜昌, 漢口의 유통량을 분석해서 1936년에는 호북의 出超 276,442市担, 1937년은 1,357,702市担 出超인 것을 밝히는 논고도 있다.[23] 1930년대 전반 호남의 해관수출 통계에 일반유통이 3.55배였던 것, 안휘성의 경우 일반 유통량이 해관통계보다 3.86배였던 것을 보면 호북의 경우도 해관통계는 일반유통의 극히 일부라 여겨진다.[24] 더구나 이런 통계들은 長江하류로의 이동 경우를 대상으로 하고 있다. 1871년부터 1927년까지 上海 등 5대 항구의 농산품 유통 통계를 보면 漢口의 경우 대체로 지속적 성장을 보여주고 있다.[25]

<표 12-2>의 『通郵物産地』의 내용은 片面的인 것이 아니라 1930년대 전반 호북성 전체의 省內외 유통을 보여주는 귀중한 구체적 자료이다. <표 12-2>에서 보면 省外 유통은 米 2,099,800石, 598,600担, 穀 1,178,000石 정도이다. 598,600担을 대충 淸石으로 환산하면 385,775石이다.[26] 米는 2,485,575石, 여기에 穀 1,178,000石을 一米二穀원칙에 따라 589,000石으로 하여 더하면 총계 3,074,575石이 된다.

---

20) 위의 책, p.167.

21) 龔勝生, 앞의 책, pp.264~269.

22) 梅莉·張國雄, 앞의 책, p.167.

23) 徐正元, 앞의 논문.

24) 위의 논문.

25) 章有義, 『中國近代農業史資料』第2輯, 北京, 1957, pp.237~240.

26) 馬立博, 「淸代前期兩廣的市場整合」『淸代區域社會經濟史硏究』下, 北京, 中華書局, 1992, p.1045. 淸代 1倉石＝淸代 130斤＝155.168市斤＝77.584kg ; 吳承洛, 『中國度量衡史』, 北京, 商務印書館, 1937, p.36. 1担＝50kg.

<표 12-2> 民國時期 湖北 米穀 流通情況淸

지역	종류	단위	최저가	최고가	유통량	행선지	시기
(鄂城)金牛	穀	石	2.0	3.0		漢口	秋
(蒲圻)汀泗橋	米	担	5.0	7.0	18,000担	武漢	秋
崇陽	穀	石		1.7	100,000石	武漢	秋
通城	穀	石	1.0	1.2		當地	秋
〃	米	石	4.5	5.0		當地	秋
孝感	穀	石	3.3	3.5	6,000,000石?	漢口	秋
孝感車站	米	担	13.0	15.0	500,000担	漢口	夏
(黃陂)橫店	米	石	6.0	7.0		漢口	夏, 秋
(〃)祁家灣	米	石	5.0	6.9	50,000石	平漢路沿線	秋
沔陽	米	石	6.0	7.0		當地	秋
鍾祥	米	石	5.0	8.0	1,000,000石	漢口	秋
京山	米	石	4.0	5.0	5,000石	本省	秋
(天門)皂市	穀	担	3.0	4.5	1,000担	漢川	秋
〃	米	担	6.0	9.0	8,000担	漢口	秋
(當陽)河溶	穀	石	3.0	4.0	2,000石	沙市, 宜昌	秋
光化	穀	斤	.05	.07	50,000石	漢口	秋
〃	米	升	.04	.07	1,000石	漢口	秋
(光化)老河口	穀	担		5.0	100,000石	漢口	秋
竹谿	米	石	9.0	10.0	100,000石	竹山, 洵陽	秋
應山	米	石	7.0	8.0	10,000石	廣水	秋
黃岡	穀	石	2.2	2.8		當地	春, 夏
(黃岡)陽邏	穀	担	2.4	2.6		當地	秋
新洲	米	担	6.0	8.0		當地	秋
浠水	米	担	5.2	7.1	50,000担	武漢	秋
蘄春	米	石	5.0	6.0	120,000石	漢口, 黃陂, 孝感	秋
	米粉	石	6.0	7.0	10,000石	陽新, 九江, 漢口	全年
廣濟	穀	石	3.5	3.8	320,000石	武穴 圻春 陽新 瑞昌	秋
	米	石	6.6	6.9	368,800石	武穴 圻春 陽新 九江	全年
(廣濟)龍平鎭	米	石	6.4	6.6	15,000担	漢口, 陽邏	秋
(江陵)沙市	米	担	4.5	6.0	7,600担	上海	秋
松滋	穀	担	4.5	5.5	10,000担	宜昌	夏
(枝江)江口	米	担	7.0	8.0	30,000担	沙市, 宜昌	秋
董市	米	担	6.0	9.0	180,000担	宜昌, 巴東	全年
房縣	籼米	石	37.0	40.0	8,000石	老河口, 漢口	夏

米 2,485,575石과 穀 1,178,000石을 비율로 보면 米가 전체의 67.8%이

고 穀이 32.2%를 차지한다. 동일시기 호남미의 방출량이 약 米 680만여 석 정도인데 비하여, 호북은 300여만 석 규모이니 호남의 비교우위는 여전하다.[27] 하지만 호북도 전 시기에 비해 省外 유출규모가 확대된 것은 분명한 것 같다. 호남은 米와 穀 중에 穀의 방출이 압도적인 데 비해 호북은 米 상태의 방출이 더 많은 것이 특징이다. 사실 本省 또는 當地 소비의 기재 외에 漢口·武漢 등을 행선지로 하는 것은 省外 유통으로 계산하였으나, 이 중의 일부는 漢口 등지의 자체 소비 부분일 것이다. 江浙까지의 유통거리가 짧은 이유도 있겠지만 漢口에서의 직접 소비 부분도 많기 때문에 米 상태의 유통이 높은 비율이 아닌가 한다. 漢口에서 소비량의 정확한 측정은 어렵다. 단 호남 등지에서 漢口로 송출되어 온 미곡도 많기 때문에 <표 12-2>상의 漢口미곡 내에서 소비량이 한정되었다고 볼 수는 없다.

대체로 섬서, 江西 등지로의 유통을 포함하여 1930년대 전반에는 호북미의 유통은 米 300만 석 전후가 아니었나 생각된다.[28] 全漢升 추계에 따라 18세기 川湘鄂 등 省의 長江 하류 운반 미곡은 800만~1,300만 石이고 1930년대 장거리 미곡무역은 700만 担으로 2백년간 양식무역의 유통량은 큰 변화가 없다고 보는 것은 사실과 다르다고 여겨진다.[29] 그러나 호북미의 유출은 직선적 성장은 아닐 것이다. 광서 33년(1907)에도 호남에서 미곡을 采買하는 등 호북도 수시로 外省으로부터 미곡을 수입하고 있다.[30] 즉 매년의 수확량은 파동식이고 십 년, 수십 년의 장기 국면에서 성장을 볼 수 있는 것이다.

호북의 주요 産米區는 江漢平原과 鄂東南지역이고 武昌府, 漢陽府, 黃州府, 安陸府, 德安府, 荊州府屬 30여 州縣이다. 이외에도 宜城, 南漳,

---

27) 田炯權, 「淸末民國期 湖南의 米穀市場과 商品流通」 『東洋史學硏究』 74, 2001.

28) 趙德馨, 「湖北經濟近代化進程與武昌首義」 『中南財經大學學報』, 1991-6기. 武漢 인구 1894년 80만 돌파, 실제 武漢의 米를 주식으로 하는 인구와 소비량을 정확히 알 수 없다. 漢口의 雜糧行의 거래량이 米穀과 맞먹고 있어 雜糧을 주식으로 하는 대량 인구를 상정하지 않을 수 없음.

29) 呂紹理, 「1930年代 中國的糧食運銷組織」 『政治大學歷史學報』, 1997, 14.

30) 梅莉·張國雄, 앞의 책, p.168.

遠安, 房縣 등이다.31) 건륭 13년의 朱倫瀚의 「截留漕糧以充積箚子」에
보면 호북의 宜昌, 施南, 郞陽은 대부분 萬山 중에 있고 荊州는 武昌, 漢
陽에서 兵米를 공급받고 있으며 德安, 襄陽, 安陸은 豆麥을 재배하는 것
이 많고 稻田이 적다. 武昌 소속은 半이 山中에 있고 오직 한양부, 황주
부만이 産米區에 속한다라는 표현이 있다.32) 1908년 日本人 水野幸吉의
漢口 시찰기에도 "長江 漢水沿岸 到處皆有稻田 黃陂·孝感諸縣 特稱
豊沃……襄陽府, 安陸府, 荊州府, 黃州府境 亦皆米産之最著者"라 하고
있다.33)

한양부, 황주부 등 주요 産米區는 淸代에서 근현대에도 그대로 지속되
고 있다. 건륭 47년(1782) 湖南巡撫 李世杰이 부임하는 도중 거쳐온 정황
을 서술하면서 호북 襄陽府屬의 양양, 의성, 안육부 속의 鍾祥, 荊門, 荊
州府屬의 江陵 公安 등 州縣이 雜糧을 심는 자가 40~50%이고 水田에
벼를 심는 것이 50~60%라 하였다.34) 同治刊『郞縣志』에 郞縣·房縣 등
의 水田비율이 10~20%라 하고 있다.35) 淸末 전후 房縣의 水田 비중은
72.4%, 荊門은 67.3%, 公安은 74.4%, 江陵도 65.8%로 상승하고 있다.36)
『物産志』에 미곡 최대 방출지인 孝感은 水田비중 85.0%로 최고 수준이
다. 黃陂도 79.5%, 沔陽 85.2%, 蒲圻 62.8%, 黃岡 73.0% 등 産米區의 水
田비중이 대체로 높다. 鍾祥(33.9%)과 光化(24.1%)는 예외적으로 낮다.
『物産誌』상의 주요 米産地는 武昌府(金牛, 汀泗橋, 崇陽, 通城), 漢陽府
(孝感, 黃陂, 沔陽), 安陸府(鍾祥, 京山, 天門), 荊門州(當陽), 襄陽府(光
化), 郞陽府(竹谿房縣), 德安府(應山), 黃州府(黃岡, 陽邏, 新洲, 浠水, 蘄
春, 廣濟), 荊州府(沙市, 松滋, 江口, 董市) 등이다. 역시 한양부, 황주부
등의 구역 집중도가 심화되고 있지만 운양부 등으로 米産地가 확대되고

---

31) 龔勝生, 앞의 책, p.110.
32) 張海英,「淸代江南與兩湖地區的經濟關係」『復印報刊經濟史』, 2002年 3期 ;
　　『皇朝經世文編』권39, 戶政14, 倉儲上.
33) 梅莉·張國雄, 앞의 책, p.179.
34) 龔勝生, 앞의 책, p.65.
35) 위의 책, p.67.
36) 위의 책, pp.63~64.

기존 지역에도 水田비중이 높아지는 경향이다.

호북米의 쇠퇴 원인으로서 경지에 대한 인구 압력의 과도가 지적되어 왔다. 통계상 건륭 51년(1786)부터 광서 13년(1887)까지 호북은 1500만 인구가 증가하고, 같은 시기 호남은 500만이 증가하였다. 1887년의 인구밀도는 호북은 km²당 186.08, 호남은 93.96으로 호북이 거의 2배에 가깝다.[37] 경지는 호남은 康熙에서 光緖까지 근 2100만 畝 증가했으나, 호북은 단지 500만 畝 증가하는 데 그쳤다. 그런데 人均 경지면적은 1887년에 호북 1.75, 호남은 1.65畝로 여전히 호북이 높다.[38] 그런데 근현대에 들어와 호북의 경지면적은 재차 급격히 발전하고 있다. 1873년을 100으로 했을 때, 1893년 104, 1913년 109, 1933년에는 128로 증가하고 있다.[39] 같은 시기 전국의 총 지수는 101로 겨우 1% 증가한 데 비해, 호북은 민국 전반기에 특히 현격한 증가를 보이고 있다. 같은 기간 인구증가에 대해서는 여러 가지 상이한 통계를 정밀하게 고증하여 수정치를 제시한 것을 보면 민국 전반 호북 인구는 정체 내지 감소를 보이고 있다.[40] 이것만으로서 단순히 청말민국기에 호북미의 省外 유통의 외관상의 이유는 될 것이다. 그러나 보다 자세한 것은 호북 농촌의 생산력 증가의 해명에서 찾아야 될 것이다. 湖廣지역의 농업생산력 발전에 대한 초보적 고찰은 있지만 이것의 해명은 別稿에서 다루어야 할 것이다.[41]

(2) 省內 유통

<표 12-2>에서 제시된 상황을 보면 행선지가 當地로 표시된 것이 6건이다. 通城이 2건, 黃岡, 陽邏, 新洲, 沔陽이 각 1건이다. 이들 지역은 호북의 주요 産米區인 黃州府, 武昌府 소속이다.

---

37) 梅莉・張國雄, 앞의 책, pp.162~163.

38) 위의 책, p.165.

39) 馮和法, 『中國農村經濟資料續編』 下, 台北, 1978, p.494.

40) 徐正元, 앞의 논문.

41) 田炯權, 「淸末民國期 湖廣地方의 農業生産力과 生産關係」 『慶南史學』 12, 1995.

當地 소비이니 유통량이 명시되지 않았다. 그러나 미곡시장의 米價와 穀價가 제시되고 있다. 黃岡에는 雜糧行 1家만 있고 陽邏에 米麥雜糧行 3家, 新洲에 米麥雜糧行 4家가 있으며 沔陽에는 行號가 없다.[42] 전문 米行이 독자로 있는 것이 한 곳도 없는 것을 보아 대외수출 위주보다 當地 소비지역에는 米行의 발전이 없는 것은 상관관계가 있는 것 같다.

京山(安陸府屬)은 米 5,000石을 本省에 보낸다고 되어 있다. 같은 안육부의 天門縣 皂市에서는 인근 漢陽府의 漢川으로 穀 1000担을 보내고 있다. 같은 皂市에서 漢口로 米 8000担을 보내고 있는 것을 보면 漢川에 간 穀 1000担은 漢川 소비용일 가능성이 크다. 漢川은 주요양식 産地인 漢陽府 소속이고 인근의 孝感縣은 미곡을 대량으로 漢口에 방출하는 곳이다. 그럼에도 역시 인근 府縣에서 미곡을 수입하고 있는 것은 이 지역의 미곡이 원격지로 많이 방출된 이유로 생각된다.

荊門州 當陽縣 河溶鎭에서는 沙市, 宜昌으로 穀 2,000석을 보내고 있다. 宜昌府 지역은 주요 미곡 생산지대가 아니므로 省內의 産米區에서 양식이 수입되고 있는 것이다. 沙市방향은 沙市가 주요 교역항이므로 미곡 방출지이고 하용진에서 보내진 穀이 현지 소비인지 여부는 명확히 알 수 없다.

荊州府 枝江縣의 江口에서는 沙市・宜昌으로 米 3만 担, 董市에서는 宜昌 巴東으로 米 18만 担을 송출하고 있다. 德安府 應山縣에서는 인근의 廣水로 米 1만 石을 보내고 있다. 鄖陽府의 竹谿縣에서 인근의 竹山縣으로 유통량은 분명하지 않으나 미곡이 송출되고 있다.

앞의 <표 12-2> 상에서 보면 省內 유통은 그리 많지 않다. 수치가 분명한 것만 합산하면 米 15만여 石 정도이다. 수치가 불명확한 것을 포함하면 이것보다 훨씬 많을 것이다.

주요 미곡산지 지역에서 宜昌府나 施南府・鄖陽府 등지로 가는 미곡 유통이 극소하거나 전무한 것이 특징이다. 非稻作지역이 주로 雜糧으로 주식을 삼는다든지 미곡의 구입을 위한 구매력 부족 등의 이유가 원인이

---

42) 『通郵物産誌』 工商行號, 鄂 21~48.

아닐까 생각된다.

2) 雜糧의 省內外 유통

인구증가와 경지 부하량의 증가가 미곡수출지 기능의 쇠퇴를 가져왔다고 보는 것은 기본적으로 米를 主食으로 할 때의 경우를 전제로 해야 할 것이다. 호북에서는 米 이외의 小麥·雜糧 등이 主食인 경우가 허다하다. 雍正 初期에는 鄖陽, 襄陽 등 北部 소수지역에서 麥이 재배된 데 지나지 않았던 것이 乾隆 이후 점차 호북에 재배가 확대되고 있다.[43] 고구마, 옥수수 등 신대륙 작물의 전래는 16세기 전기로 알려졌지만, 건륭·가경·도광 년간에 걸쳐 2단계 전파의 시기에 호북에는 재배가 확대되었다는 지적도 있다.[44] 호북의 옥수수 주요산지와 생산정황에 대한 관련 사료 37건을 분석해 보면 절반이 同治시기 간행 地方志이고 同治期 이후를 포함하면 56.8%에 속한다.[45] 고구마의 경우는 관련 사료 15건 중 同治期 지방지가 11건으로 73.3%이고, 同治期 이후를 포함하면 86.7%에 해당한다.[46] 이것을 보면 淸末시기로 이행하면서 옥수수, 고구마 등의 보급이 확산되었다고 여겨진다.

호북 武昌縣에서는 인구증가와 식량부족의 해결책으로서 고구마 등의 재배 사실이 목격되고,[47] 建始縣에서도 동일한 이유로 옥수수 재배 보급이 보여진다.[48] 同治 『竹溪縣志』 物産에 "山農多以玉蜀黍爲主食"이라든지, 同治『施南府志』 風俗에 "鄕民居高者 恃包穀爲正糧"이라 하고 있는 것을 보면, 옥수수 등이 主食이 되는 곳이 많았던 것을 알 수 있다. 鄖陽府, 宜昌府, 施南府 등에서는 主食, 正糧 등의 표현이 빈번하다. 옥수

---

43) 安部健夫, 앞의 논문 ; 龔勝生, 앞의 책, pp.124~125.

44) 方行·經君健·魏金玉 主編, 『中國經濟通史』 淸代經濟卷, 北京, 2000, pp.347~366.

45) 龔勝生, 앞의 책, pp.135~136.

46) 위의 책, pp.143~144.

47) 위의 책, p.155.

48) 方行 等 主編, 앞의 책, pp.358~359.

수의 풍흉에 따라 糧價에 영향이 미치고 있다. 襄陽府에서도 평민들이 常食한다고 되어 있다. 荊州府에서도 옥수수 재배가 확대되고 있다. 고구마의 경우 武昌府 武昌에서도 "遍地種之 人以爲糧"(光緒縣志 物産)이라든지, 通山에서도 民이 식량으로 의지하는 자가 10에 5·6이라는 것(同治縣志 物産), 黃州府 黃安에서도 貧人이 半年식량으로 한다고 되어 있다.

荊州府, 宜昌府, 施南府 등지에서도 正糧으로 삼는다는 기재가 흔하다.49) 鄂西北山地나 鄂北 구릉지뿐 아니라 주요 稻作區로 알려진 武昌府, 黃州府도 고구마 등의 재배를 貧人의 半年식량이 된다든지 식량으로 의존하는 民人이 많다는 것을 보면 인구증가에 대한 대응 수단으로 잡량이 재배된 것을 알 수 있다. 이러한 잡량재배로 식량부족이 보충되고 그 대신 미곡수출의 여력이 확보된 것은 호남의 추세와도 유사하다.50)

그런데 『通郵物産誌』를 분석한 <표 12-3>을 보게 되면 약간의 변화를 알 수 있다. 총 37건 중에 漢口로 보내지는 것이 23건으로 62.2%, 여기에 河南·湖南行의 3건을 더하면 70.3%에 해당한다. 雜糧은 주로 민간 小市場에서만 교역되고 장거리 판매는 많지 않다는 주장과는 다르다.51) 호남의 경우도 漢口로 방출하는 잡량이 거의 40%에 달했던 것을 보면 잡량도 자급이나 지방 소시장의 교역상품이 아니라 장거리 무역에 투입된 商品糧으로서 등장하고 있다.52)

漢口 등지로 방출된 것들을 보면 鄂城 葛店에서 小麥 14,000担, 沔陽에서 小麥 7000석, 鍾祥에서 80,000석, 光化 80,000석, 宜城 8,000석, 老河口에서 400,000석, 黃岡 69,258석, 郝穴 10,000석이 있고, 麥이 孝感 120,000석, 孝感車站 500,000담, 光化 2,000석, 浠水 20,000담이 있다. 小麥, 麥을 합산하면 대략 110만 석이 넘는 수치이다.53)

---

49) 龔勝生, 앞의 책, pp.143～144.

50) 田炯權, 「淸末民國期 湖南의 米穀市場과 商品流通」 『東洋史學硏究』 74, 2001.

51) 鄧亦兵, 「淸代前期的糧食運銷和市場」 『歷史硏究』, 1995-4.

52) 田炯權, 앞의 논문.

53) 馬立博, 「淸代前期兩廣的市場整合」 『淸代區域社會經濟史硏究』 下, 北京, 中華書局, 1992, p.1045. 淸代 1倉石＝淸代 130斤＝155.168市斤＝77.584kg ; 吳承洛, 『中國度量衡史』, 北京, 商務印書館, 1937, p.369, 1担＝50kg.

<표 12-3> 小麥雜糧等 流通情況

지역	종류	단위	최저가	최고가	유통량	행선지	시기
(鄂城)葛店	小麥	担	3.6	4.0	14,000 担	漢口	夏
(蒲圻)汀泗橋	紅薯	〃	1.0	2.0	5,000 把	武漢	秋
(漢陽)蔡田	雜糧	〃	3.0	5.0	50,000 担	漢口	夏
孝感	麥	石	3.3	3.5	120,000石	〃	春
〃	黃豆	石	9.0	10.0	1,000 石	〃	秋
孝感車站	麥	担	9.0	10.0	500,000担	〃	夏
〃	豆	〃	6.0	7.0	300,000担	河南	夏
黃陂	雜糧	石	2.0	3.0	23,000石	漢口	秋
黃陂諶家磯	小麥	担	4.0	5.0	------	漢口, 黃陂	夏
沔陽	小麥	石	3.0	6.0	7,000 石	漢口	夏
〃	黃豆	〃	4.0	7.0	20,000 石	〃	秋
新堤	雜糧	担	3.0	5.0	------	當地	秋
鍾祥	小麥	石	4.0	9.0	80,000 石	漢口	夏
〃	豆	石	4.0	7.0	100,000 石	〃	秋
天門	黃豆	担	4.0	7.0	600,000 担	〃	夏
(當陽)河溶	小麥	石	6.0	8.0	1,000 石	沙市 宜昌	夏
宜城	〃	担	3.8	4.0	8,000 石	漢口	夏
光化	〃	升	0.05	0.07	80,000 石	〃	夏
〃	大麥	〃	0.03	0.04	2,000 石	〃	夏
〃	黃豆	斤	0.05	0.08	2,000 石	〃	夏
〃	紅薯	斤	0.015	0.02	------	當地	秋
〃	高粱	斤	0.04	0.06	1,000 石	漢口	秋
老河口	小麥	担	----	6.0	400,000 石	〃	秋
〃	高粱	担	----	4.0	80,000 石	〃	秋
黃岡	小麥	石	4.3	5.0	69,258 石	〃	冬 春
〃	大豆	石	4.0	4.5	5,208 石	圻水	秋 冬
陽邏	麥	担	3.7	4.0	------	當地	夏
新洲	小麥	担	4.2	5.0	------	當地	夏
浠水	麥	担	2.30	2.50	20,000 担	武漢	秋
〃	黃豆	担	4.3	4.5	5,000 担	武漢	秋
郝穴	小麥	石	3.8	4.2	10,000 石	沙市, 湖南	夏
〃	黃豆	石	4.7	5.3	20,000 石	漢口, 湖南	秋
〃	高粱	石	2.8	3.3	300 石	漢口	秋
松滋	大豆	担	5.0	6.0	8,000 担	沙市	夏
〃	大麥	担	4.0	5.0	8,000 担	沙市	夏
〃	小麥	担	6.0	7.0	9,000 担	沙市	夏
〃	高粱	担	5.0	6.0	4,000 担	沙市	秋
五峯	黃豆	斤	0.08	0.12	1,000 担	?	夏 秋

이 밖에 잡량으로만 표기된 것이 漢陽 蔡田에서 50,000担, 黃陂에서 23,000石이 방출되고 있다. 黃豆는 天門의 600,000담, 孝感 1000석, 沔陽 20,000석, 光化 2,000석, 郝穴 20,000석, 浠水의 5,000담 등이다.

豆는 孝感車站의 300,000担, 鍾祥의 100,000石이다. 豆, 黃豆를 합치면 대략 70만여 석 정도이다. 이외에 光化, 老河口, 郝穴 등지의 高粱이 81,300석 방출되고 있다. 大宗을 이루는 것은 小麥과 豆類이다. 1931～1937년 사이 호북의 麥재배면적은 3342萬 畝이고 호남은 740萬 畝라는 조사가 있는데, 호북은 麥재배에서는 호남보다 비교우위에 있다.[54] 주요 小麥지대는 鄂北구릉지대 江漢평원과 鄂東구릉지가 되고 있다. 그런데 <표 12-3>에 확인되는 주요 麥 잡량의 방출지도 대체로 이것과 일치한다. 즉 한양부, 무창부, 안육부, 양양부, 황주부, 형주부 등이다. 이들은 주요 稻作地帶와도 중첩된다. 이것은 兩湖稻作區에서 稻麥輪種 또는 稻豆, 稻菜輪種制의 발전과 관련이 있다.[55]

1929년 시기 襄陽, 棗陽, 荊州, 宜昌 등지는 매년 잡량수확이 많아 소작료 납부시에 稻와 잡량을 함께 납부한다는 기사도 있다.[56] 청말민국기에 걸쳐 옥수수, 고구마 등의 생산량이 비약적으로 증가했다는 조사도 있다.[57] 1871～1927년 사이 漢口를 통한 小麥의 수출통계도 비약적인 성장을 보이고 있다.[58] 1930년대 上海에 수입된 小麥量의 70%를 漢口에서 제공했다는 통계도 있다.[59] 漢口의 米市場은 沈家嘴 일대이고 잡량시장은 楊家河 일대인데, 시장 旺季에는 왕래 선박이 각기 거의 같은 200～300척이었다고 한다.[60] 즉 米시장과 잡량시장의 물동량이 거의 같은 규모였던 것이다. 양식 관련 行號조사를 보아도 漢口에는 米行 3家와 雜糧行 3家가 있고 小麥雜糧行號가 함께 존재하거나 崇陽이나 黃石港, 光化,

---

54) 龔勝生, 앞의 책, p.127.

55) 梅莉・張國雄, 앞의 책, p.179.

56) 馮和法, 앞의 책, pp.1126～1127.

57) 方行 等 主編, 앞의 책, pp.379～380.

58) 章有義, 『中國近代農業史資料』 第2輯, pp.237～240.

59) 李丙仁, 「中華民國時期 上海의 교역네트웍과 物流」『中國史硏究』 28, 2004.

60) 湖北省 地方志 編纂委員會, 『湖北省志』 經濟宗述, p.14.

黃岡처럼 雜糧行號만 명시된 경우도 있다.[61] 이것을 보면 小麥·잡량 등이 米와 버금가는 商品糧으로서 거래되고 있는 것을 알 수 있다. 무창부, 황주부, 한양부 등 종전의 주요 稻作地에서도 예외 없이 雜糧行이 발달하고 있는 것을 보면 이 産米區에서 잡량을 주식으로 하는 민중의 대량 존재를 예측할 수 있다.

<표 12-3>에서 當地 소비로 되어 있는 것은 光化의 고구마(紅薯)인데 광화는 小麥, 大麥, 黃豆, 高粱을 漢口로 보내고, 고구마(紅薯)는 현지 소비를 하고 있다. 新堤의 잡량, 陽邏의 麥, 新洲의 小麥이 역시 현지 소비되고 있다. 黃陂는 米와 잡량을 漢口로 수출하고 있는 지역이다. 수입된 小麥을 양식으로 하고 미곡은 원격지 시장으로 수출했는지도 모른다. 當陽 河溶은 荊州府의 沙市와 宜昌府의 宜昌으로 小麥 1,000석을 방출하고 있다. 黃岡은 大豆 5,208석을 동일 府內의 인근 縣인 蘄水로 보내고 있다. 郝穴은 小麥 10,000석을 沙市 호남으로, 黃豆 20,000석을 漢口 호남으로 보내고 있다.

松滋는 大豆, 小麥, 大麥, 高粱을 沙市로 보내고 있다. 미곡의 경우와 마찬가지로 當地 소비인 경우는 유통량의 표시가 없다. 省內 이동의 경우도 대부분 미곡 생산지대와 중복되는 구역이 많다. 鄖陽府, 宜昌府, 施南府 등이 전혀 포착되지 않은 것은 이들 지역이 잡량마저 자급에 그치고 商品糧의 대열에 합류할 수 없었기 때문이 아닌가 한다. 잡량의 생산 확대는 호북미의 방출여력을 가능하게 하는 기반이었고 또 잡량 스스로 원격지 商品糧으로 발전하게 된 것이다. 주요 稻作區와 小麥雜糧의 상품화 지구는 대체로 중복된 것으로도 이를 짐작할 수 있다.

3) 시장聯系와 유통방향

시장의 체계성에 대해서는 일반적으로 農村集市 – 中心鎭集 – 地區性 集散点 – 전국적 大米市의 계통으로 이해되고 있다.[62] 초급시장인 集市

---

61) 『通郵物産誌』 鄂 20～47.

62) 方行 等 主編, 앞의 책, p.395 ; 郭松義, 「淸代糧食市場和 商品數量的估測」 『中

는 농민의 米糧蔬菜와 생필품을 교역하는 장소로 광범위하게 분포하는 것이고, 그 위에 층급으로서 縣城과 市鎭 등이 발전하고 있다. 청말민국기로 갈수록 縣城보다 휘하의 상업市鎭이 번성하는 경우가 더 많아지고 있다. 3층차에 해당하는 구역 집산지의 대표적인 예는 沙市와 같은 곳이다. 최종의 전국적 大米市인 漢口에 호북의 商品糧이 집중하는 것이 대체적 구조이다.[63] 淸代 漢口 米市에 米糧의 주요 공급원이 되고 있는 곳은 漢江 중류의 鍾祥, 溳水유역의 雲夢, 漢口 이상 장강 연안의 沙市, 洪湖新堤 嘉魚, 漢口 이하의 葛店, 鄂城 灄水, 流水유역의 黃陂, 孝感 등이 확인되고 있다.[64] 沙市는 인근의 石首, 公安, 荊門의 后港, 拾回橋 및 江陵 등지의 産米를 운반해 온 것이고, 雲夢은 溳水유역의 隨縣, 厲山, 環潭, 安陸의 양식을 흡수하고 있다. 또 漢江상류인 襄陽府의 老河口도 구역 米市로서 번성했던 것을 알 수 있다.[65]

그런데 1930년대 사정인 『通郵物産誌』의 내용을 정리한 앞의 <표 12-2>를 보면 淸代와 약간의 변화가 감지된다. 淸代 專業米市 발전의 사례였던 雲夢, 石首 등의 쇠퇴사실이다.[66] 『通郵物産誌』行號조사에 의하면 雲夢의 경우 전문 米行이 없고 雜貨行만 3家가 있을 뿐이다.[67] 石首도 米麥雜糧行 1家뿐인데 반하여, 인근의 藕池鎭에는 米行 2家, 雜糧行 1家, 麵粉行 1家로 번성하고 있어 상업중심이 縣城보다 市鎭으로 옮겨가고 있다. 호남에서도 민국기의 米穀價 조사를 통해 시장이 긴밀하게 상호연계되고 있는 것이 확인된 바 있다.[68] 민국기 호북의 경우 <표 12-4>를 통해서 살펴보기로 하겠다.

國史硏究』, 1994年 4期.

63) 梅莉・張國雄, 앞의 책, p.243.

64) 위의 책, p.176.

65) 吳琦, 「淸代 湖廣糧食流向及其社會功用」『華中師範大學學報』, 1992 ; 光緒 10年刊 『光化縣志』 권1, 鄕鎭.

66) 張家炎, 「明淸江漢平原的農業開發對商人活動和市鎭發展的影向」『復印報刊經濟史』, 1996年 2期.

67) 『通郵物産誌』, 鄂 36.

68) 田炯權, 앞의 논문, 2001.

<표 12-4> 1935년경 湖北 米穀流通

㉠ 穀價

지역	단위	최저가	최고가	행선지	시기
(鄂城)金牛	石	2.0	3.0	漢口	秋
崇陽	石		1.7	武漢	秋
通城	石	1.0	1.2	當地	秋
孝感	石	3.3	3.5	漢口	秋
當陽河溶	石	3.0	4.0	沙市, 宜昌	秋
黃岡	石	2.2	2.8	當地	春夏
廣濟	石	3.5	3.8	武穴, 圻春, 陽新, 九江	全年
(天門)皂市	担	3.0	4.5	漢川	秋
(老化)老河口	担		5.0	漢口	秋
(黃岡)陽邏	担	2.4	2.6	當地	秋
松滋	担	4.5	5.5	宜昌	夏
光化	斤	0.05	0.07	漢口	秋

㉡ 米價

지역	단위	최저가	최고가	행선지	시기
通城	石	4.5	5.0	當地	秋
(黃陂)橫店	石	6.0	7.0	漢口	夏秋
(〃)祁家灣	石	5.0	6.9	平漢路沿線	秋
沔陽	石	6.0	7.0	當地	秋
鍾祥	石	5.0	8.0	漢口	秋
京山	石	4.0	5.0	本省	秋
光化	石	4.0	7.0	漢口	〃
竹谿	石	9.0	10.0	竹山, 洵陽	〃
應山	石	7.0	8.0	廣水	〃
蘄春	石	5.0	6.0	漢口, 黃陂, 孝感	〃
廣濟	石	6.6	6.9	武穴, 圻春, 陽新, 九江	全年
(〃)龍平鎭	石	6.4	6.6	漢口, 陽邏	秋
(蒲圻)汀泗橋	担	5.0	7.0	武漢	秋
(孝感)車站	担	13.0	15.0	漢口	夏秋
(天門)皂市	担	6.0	9.0	〃	秋
(黃岡)新洲	担	6.0	8.0	當地	〃
浠水	担	5.2	7.1	武漢	〃
(江陵)沙市	担	4.5	6.0	上海	〃
(枝江)江口	担	7.0	8.0	沙市宜昌	〃
董市	担	6.0	9.0	宜昌巴東	夏

穀 1石價를 보면 孝感→漢口(3.3~3.5), 河溶→沙市 宜昌(3.0~4.0), 廣濟→武穴, 圻春, 陽新, 九江(3.5~3.8)이 비교적 높다. 그런데 유통방향이 다르지만 가격의 대체적인 유사성을 보여주고 있어 시장이 어느 정도 연계성을 갖고 작동하고 있었던 것 같다. 通城(1.0~1.2)(秋)과 黃岡(2.2~2.8)(春夏)는 當地 소비로 되어 있는데, 외부 판매시장보다 비교적 가격이 저렴하다. 이유는 通城이 자체생산이 넉넉하거나 혹은 인근 蒲圻, 崇陽 등이 대량 미곡 방출지이기 때문이 아닐까.

黃岡 역시 자급이 가능하거나 아니면 주변부의 浠水, 蘄春, 廣濟 등 미곡 수출지가 많은 것이 이유가 아닐까 생각된다.

穀의 担價를 보면 皂市→漢川(3.0~4.5)(秋)과 光化 老河口→漢口(~5.0)(秋)로 비슷한 수준이다. 松滋→宜昌은 중심시장인 漢口쪽이 아니라 서부지역으로의 유통인데 4.5~5.5로 약간 높게 나타나지만 여름 가격이다. 지역간 가격차가 크지 않다. 陽邏의 경우도 當地 소비로 되어 있는데 2.4~2.6으로 비교적 낮은 수준을 보이고 있다. 이 지역은 주요 미곡 생산지 구역에 속하고 있다.

米價의 경우 1石價를 보면 12건의 평균이 5.7~6.95元 사이이다. 현저하게 높은 것은 竹谿의 9.0~10.0元이다. 竹谿→竹山(동일한 鄖陽府內의 인근 縣)과 竹谿→洵陽(陝西省)으로 이동하고 있는 경우이다. 중심시장인 漢口로의 이동 방향과는 관계없는 것 같으며 이 지역이 미곡 부족지역인 것과 상관성이 있다고 생각된다. 동일한 德安府內의 이동인 應山→廣水의 경우도 7.0~8.0 사이로 비교적 미가가 높은 편이다.

조금 낮은 편인 것은 通城 4.5~5.0(秋) 當地 소비와 京山 4.0~5.0(秋) 本省 소비인 것, 두 곳이다. 黃陂 橫店에서 漢口로 이동시 6.0~7.0元이나 祁家灣에서 平漢鐵路 沿線으로 가는 것은 5.0~6.9元으로 가격대가 거의 유사하면서 12건의 평균치 수준이거나 약간 높다. 두 곳의 시장의 높은 통일성을 생각할 수 있다. 廣濟→武穴, 圻春, 陽新, 九江의 6.6~6.9는 全年 가격이고 廣濟 龍平鎭의 6.4~6.6은 가을 가격이나 차이가 거의 없다. 光化(4.0~7.0)→鍾祥(5.0~8.0)은 漢水유역의 동일한 이동노선 상에서 시장의 체계성을 보여주는 경우이다. 동일 安陸府內의 鍾祥이 京山보다 높은 것은 왜일까. 鍾祥은 漢口 방향이고 京山은 本省 소비로 되어 있는데, 앞에서 살펴본 바 當地 소비가 가격이 상대적으로 낮았던 경우와 같이 원격지 商品糧일 때 가격이 더 높은 것이 아닌가 한다. 동일한 漢口 방향 蘄春(5.0~6.0)과 龍平鎭(6.4~6.6)의 경우 용평진이 더 가격이 높은 것은 水運의 편리성 때문이 아닐까 여겨진다.

米價의 担價를 보면 이상하게 높은 가격인 孝感車站의 여름 가격을 제외하고 7건의 평균은 5.67~7.73元 사이이다. 또 7건이 거의 평균치에 근접하고 있어 높은 시장연계성을 예측할 수 있다. 蒲圻의 汀泗橋(5.0~7.0)와 浠水(5.2~7.1)는 평균치보다 약간 낮은 수준이다. 汀泗橋와 浠水는 가격이 거의 비슷한데 둘 다 미곡을 武漢으로 방출하고 있는 지역이다. 양자의 武漢에 대한 접근 거리도 비슷하여 중심시장과 일정한 가격 체계성이 있다고 여겨진다. 天門 皂市(6.0~9.0)와 新洲(6.0~8.0)가격대가 큰 차이가 없다. 皂市는 중심시장인 漢口로의 방출경우이고 新洲는 當地 소비로 되어 있으나 新洲의 최고가가 약간 낮은 수준이다. 江口(7.0~8.0)는 沙市 宜昌으로 이동하고 있는데 평균치와 비슷하거나 약간 높은 수준이다. 각각의 시장 사이에 가격의 유사성이 큰 것으로 보아 시장의 통합성이 강한 것으로 생각된다. 단 江陵의 沙市는 4.5~6.0元으로 上海로 가는 것으로 되어 있는데 평균치보다 낮은 가격이다.

구역 집산지인 沙市가 江口에서 沙市로 가는 가격보다 낮은 것은 이해 곤란한 일이다. 시장의 유통방향과 가격체계성으로 볼 때 양 지역 조사중 어느 하나가 잘못일 가능성이 높다. 각지 조사원의 자질과 성실도가 다르고 조사 시점의 차이도 있을 수 있다. 다른 경우들을 고려하면 沙市 가격이 잘못일 가능성이 크다. 같은 枝江縣內의 江口와 董市의 가을 가격과 여름 가격이 큰 차이가 없다. 江口 7.0~8.0(秋)과 董市 6.0~9.0(夏)으로 계절 차가 그리 크지 않다. 이동 방향에 따른 시장가격의 체계성이 큰 것은 浠水(5.2~7.1)에서 新洲(6.0~8.0)→漢口 방향, 沙市(4.5~6.0)에서 汀泗橋(5.0~7.0)→漢口방향의 경우이다. 天門 皂市와 新洲는 漢口 중심시장을 가운데 두고 동서로 떨어져 있지만 가격대의 유사성을 보여 주고 있다. 江口의 경우 沙市 宜昌쪽으로 미곡유통이 되고 있지만 天門, 皂市, 新洲 등과 높은 가격 유사성을 보여주고 있다. 대체로 보면 유통방향에 따른 가격체계성을 보여주면서 더욱 뚜렷한 것은 유사한 가격 분포를 통한 시장 통합성이다.

全漢升과 크라우스(kraus)의 長江유역 米價와 양식시장의 분석 중에 가격은 반드시 商路를 따라 상승하고 대도시에서 정점에 도달한다는 주장은 호북 미곡시장에서도 대체적인 경향성이 있는 것으로 보인다.[69] 18세기 호남의 양식시장이 5개 주요 米수출 府 중에 최소한 1개 府의 가격과 서로 직, 간접적으로 연계되고 있다든지,[70] 혹은 호남 米시장분석에서 미곡 수출지역 이외의 府縣은 매우 낮은 시장 통합성을 보이고 있다는 관찰[71]에 비하면, 1930년대 호북 미곡시장은 미곡 수출지역이든 당지 소비지역이든 중심시장과 접근성을 고려할 때 높은 시장 통합성을 보여주고 있다. 漢口의 米市는 민국전반에 이미 上海 등 통상 항구의 가격과 연동하고 있고, 통상항구의 미가는 국제 시장가격에 영향을 입게 됨으로써 호북 미곡시장은 基層市場인 集市에서부터 大米市까지 시장의 연계성을 강화하고 있었다고 여겨진다.[72]

---

69) 馬立博,「淸代前期兩廣的市場整合」『淸代區域社會經濟史硏究』下, pp.1029～1044.

70) 王國斌,「十八世紀湖南的糧食市場与糧食供給」『求索』, 1990-3.

71) Wong & Perdue, "Grain Markets and Food Supplies in Eighteenth Century Hunan", T.G. Rawski, *Chinese History in Economic Perspective*, California Univ. press, 1992.

72) 徐正元,「中國近代農産商品化的發展與米市的形成」『復印報刊經濟史』, 1997年 3期.

Ⅱ. 상품유통 정황

1) 상품유통 특성

여기서는 상품유통 전반에 대한 것은 아니고 주로 호북 미곡시장의 대응 流入 물품을 중심으로 몇 가지 특성을 생각해 보겠다. 漢口에 밀집한 각지 商帮들의 판매물품을 보면, 호남의 미곡 잡량, 四川의 藥材, 桐油, 生漆 등 각종 농부산품이 망라되고 있다.[73] 또 淸代 漢口의 주요 수출 상품은 米, 면화, 布이고 유입상품은 塩, 木材, 藥材였다는 지적도 있고,[74] 또 청 후기 이후에는 湖廣米에 대한 대응 상품은 塩, 布, 廣雜貨가 주종이었다.[75]

湖北米의 揚子江 하류지역으로의 방출을 주목할 때 하류에서 호북미의 대응 상품이 무엇인가가 주요 관심사이다. 淸代에는 저명한 塩商인 徽商이 塩으로 미곡을 교환하는 것이 주요 거래였고 호광미는 거의 전부 고액의 塩價 중에 소모되었다.[76] 外商의 침입 후 농산상품 생산비중은 커졌지만 外商의 수탈을 받아 농민은 끝내 소득이 없었다는 지적이 있다. 이 경우 外商의 상품은 당연히 洋貨일 것이다.

따라서 종전 중요 교역상품이었던 淮塩의 존재와 근현대의 새로운 상품인 洋貨, 洋米 등이 호북 미곡시장에서 어떤 비중을 가지고 작동하고 있는지 살펴보아야 할 것이다.

淮塩을 싣고 온 선박이 미곡을 사서 싣고 가는 시기에 塩船의 행렬이 수십 리에 뻗쳤으며 漢口에서는 江浙까지 이동하는 데 20일이 걸리지 않았다.[77] 건륭년간 湖廣소비 淮塩은 779,900引(每引 800斤)으로 淮塩 총

---

73) 梅莉·張國雄, 앞의 책, pp.227~229.

74) 張家炎, 「明淸江漢平原的農業開發對商人活動和市鎭發展的影向」 『復印報刊經濟史』, 1996年 2期.

75) 吳琦, 「淸代湖廣糧食流向及其社會功用」 『華中師範大學學報』, 1992-2.

76) 위의 논문.

77) 關文發, 「試論淸代前期漢口商業的發展」 『淸代區域社會經濟史硏究』 上, 北京, 1992.

소비량의 48%였다.[78] 그런데 호북 漢口의 8大行 거래액을 보면 塩行의 1
년 교역액이 4~5백만 兩인데, 米糧行의 연간 교역액이 1800만 兩, 雜糧
行의 교역액이 1800만 兩 규모이다. 米糧의 판매대금이 고가의 塩구매에
다 소비된다는 견해는 이를 볼 때 사실이 아닌 것 같다.[79] 또 이 淮塩은
태평천국의 난 발발 후 場子江 하류와의 교통이 두절되자 호북지역에 유
입하지 못하게 되었다. 임시조치로서 함풍 3년(1853)부터 '川塩 濟楚' 정
책을 실행하여 호북은 川塩의 주요 소비시장이 되었다.[80]

그 후 曾國藩이 淮塩시장의 복귀를 추진하였으나 애로를 겪다가 동치
10년(1860) 戶部의 認準을 받아 호북 武昌, 漢陽, 黃州, 德安 4府는 淮塩
시장으로 복귀하고, 나머지는 川塩시장으로 하였다. 광서 2년(1876)에는
戶部 인준으로 兩湖引地 전부가 淮塩시장에 복귀하게 되었다.[81] 호북의
주요 미곡시장 지역은 태평천국기간 얼마간을 제외하고는 淮塩의 소비시
장이 되고 있다.

1861년 漢口 개항 이래 洋行과 외국상인이 호북에 범람하였고, 수입
대종 상품인 棉紗, 棉布, 煤油, 食糖, 五金 등과 연필, 비누, 糖果, 卷煙,
西藥, 식품, 공예품, 장식품 등이 일반 상점의 상품이 되었다. 1870년대
이후는 서방 일용소비품 洋貨, 시계, 안경, 화장품 등의 유입이 가속화되
고, 漢口의 百貨店 상품의 절반을 洋貨가 차지하였다.[82] 그러나 호북의
기층사회에 洋貨가 실제적으로 얼마나 유통되었는지 분명치 않다. 1899
년 당시 세관 통계에 의하면 호북 宜昌에서 四川, 雲南으로 송출되는 洋
貨는 면포가 67%, 면사가 25%, 모직은 2%, 잡화는 8%였다. 면포, 면사를
제외하면 이렇다 할 洋貨의 유통이 보이지 않는다.[83]

---

78) 梅莉·張國雄, 앞의 책, p.228.

79) 吳量愷, 「淸代湖北沿江口岸城市的轉運貿易」 『淸代區域社會經濟史硏究』 下,
　　北京, 中華書局, 1992.

80) 李俊甲, 「太平天國時期四川食塩在湖南湖北市場的進出與銀流通」 『明淸史硏
　　究』 20, 2004.

81) 陳鋒, 「淸代兩湖市場與四川塩業的盛衰」 『四川大學學報』, 1988-3.

82) 章開沅 主編, 『湖北通史』 晩淸卷, 武昌, 華中師大出版社, 1999, pp.170~173.

83) 謝國權, 「近代長江中下流沿岸中等城市商業硏究」 『復印報刊經濟史』, 1996年 6

華北 농촌에서는 1920~1930년대까지 일부 지방에서는 洋布와 洋紗가 기본적으로 농촌시장에 진입하지 않았다는 조사도 있고,[84] 국내시장 상품량 중에 수입 洋貨의 비중은 1840년 1%에서 1908년 20.1%로 증가했다가 1920년 12.8%, 1936년에는 9.3%로 비중이 감소되고 있다는 지적도 있다.[85] 수입 洋貨의 증가는 시장상 국산 상품의 증가를 방해하지 않았으며, 국내무역 발전은 대외무역보다 빠른 속도였다. 1870~1910년 상해 수입의 洋貨 증가는 328%, 海關을 거쳐 상해에 운반된 국내 상품은 535% 증가했다. 해관을 거치지 않은 土貨까지 포함한다면 국산 상품 증가는 더욱 많을 것이다.

호북의 주요 미곡 방출지역 중 일부의 제조품 관련 行號조사를 정리한 것이 <표 12-5>이다.[86]

전술한 대로 19세기 말 宜昌세관 통계에 의하면 당시 수입 洋貨의 절대 다수가 면포와 면사였다. 그런데 <표 12-5>의 行號 내용에 적시된 면포, 면사 중에 수입 洋貨가 얼마간 섞여 있을 가능성을 배제할 수 없지만, 『通郵物産誌』를 보면 武漢에서 제조된 국산 洋布와 洋紗가 국내에 유통되고 있고, 19세기 말·20세기 초 上海를 중심으로 국내 민족공업이 발전함으로써 國産洋貨가 증가하여 1930년대 수입 洋貨비중이 9.3%로 축소된 사정으로 보아 <표 12-5>의 行號 가운데 洋貨비중은 크지 않았다고 생각된다.[87]

<표 12-5>에서 보면 武昌府 鄂城은 10개 行號 중 사진, 西藥 등이 洋貨行으로 생각된다. 金牛는 7개 行號 중에 卷煙, 유리가 洋貨行이다. 崇陽은 9개 行號 가운데 五金, 사진 등이 눈에 띈다. 通城은 시계, 사진 2行뿐이다. 崇陽은 미곡 10만 石을 武漢에 방출하고 있으며 通城은 유통량

期.

84) 史建雲,「淸代華北平原農村棉紡織業商品生産」『淸代區域社會經濟史硏究』上, 北京, 1992.

85) 吳承明,「洋務運動與國內市場」『復印報刊經濟史』, 1995年 1期.

86) 『通郵物産誌』「工商行號調査」에는 行號와 취급상품이 명기되고 있다. '雜貨', '百貨' 등을 제외하고는 行號名이 취급품목이 되고 있다.

87) 謝國權, 앞의 논문.

<표 12-5> 주요 米穀放出地 제조품 및 기타 行號 조사

지 역	行 號
武昌府 鄂城	면직물, 布, 자기, 인쇄, 사진, 西藥, 國藥, 油漆, 銀樓, 典當
〃 金牛	精鹽, 卷煙, 絲綢, 綿紗布疋, 瓷器, 유리, 전당
蒲圻	통조림, 卷煙, 綿紗布疋2, 瓷器2, 서적문구, 西藥, 國藥2, 운수2
〃 汀泗橋	製衣, 양말, 紙, 燭, 전당, 운수
崇陽	五金, 饍餠, 疋頭棉紗, 우산, 서적문구, 인쇄, 사진, 國藥, 油漆
通城	시계, 사진
漢陽府 孝感	土布2, 木器, 竹器
〃 孝感車站	식품, 精鹽, 통조림, 신발·모자·양말, 製衣
〃 黃陂	식품, 精鹽, 통조림, 卷煙, 布疋, 綿線, 세탁, 자기도기, 양초·비누·성냥, 화장품, 서적문구, 사진, 西藥, 國藥, 은행
〃 橫店	棉紗布疋, 양초·비누·성냥·화장품, 서적문구, 銀樓2, 典當3, 운수2
〃 祁家灣	疋頭布料
〃 沔陽	양말, 布疋, 傘, 和血丹
〃 脈旺鎭	絲綢·棉紗布疋4, 자기, 百貨, 서적, 西藥2, 國藥3
安陸府 鍾祥	布疋2, 傘, 서적문구3, 인쇄, 西藥, 銀樓
〃 京山	통조림, 棉紗布疋5, 신발, 모자, 양말, 자기도기, 양초·비누·성냥, 사진, 西藥
〃 天門	통조림, 絲綢, 棉紗, 疋頭, 百貨·화장품, 자기, 傘, 서적문구, 인쇄, 사진, 西藥2, 國藥2, 銀樓
〃 皂市	絲綢, 서적문구, 西藥, 油漆, 銀樓
荊門州 荊州	絲綢, 棉紗布疋, 製衣, 자기, 시계·안경, 傘扇·신발·양말 및 화장품, 문구, 인쇄, 사진, 西藥, 丸藥
荊門州 河溶	卷煙, 絲綢百貨, 棉紗布疋, 신발·양말·모자, 서적문구
襄陽府 光化	棉紗, 布疋2, 國藥2
〃 老河口	五金, 絲織2, 棕繩, 蓆, 布疋2, 洗染, 자기도기, 유리, 비누, 시계·안경, 서적, 國藥2
黃州府 黃岡	精鹽, 絲綢, 화장품, 서적인쇄, 國藥, 油漆, 銀樓, 전당
〃 陽邏	絲綢布疋2, 五金, 棉紗布疋4, 자기2, 西藥2, 國藥3, 磚瓦水泥1, 銀樓
〃 新洲	棉紗布疋6, 자기·철기2, 國藥2, 西藥
〃 浠水	五金, 精鹽·통조림, 絲綢棉紗布疋, 화장품, 安息香, 서적문구, 筆墨, 인쇄, 사진, 西藥, 國藥2
〃 蘄春	絲綢, 棉紗布疋, 자기, 화장품, 서적문구, 筆, 사진, 西藥, 國藥, 전당
〃 廣濟	통조림, 絲綢, 棉紗布疋, 製衣洗染, 서적필묵, 西藥, 國藥, 磚瓦, 銀樓
荊州府 沙市	精鹽, 통조림3, 五金3, 卷煙4, 絲綢5, 繡織2, 棉紗2, 면직, 皮貨2, 製衣 4, 洗染3, 양말, 신발모자3, 草帽3, 자기4, 도기2, 유리3, 肥皂2, 搪瓷, 木器2, 漆器2, 電料4, 시계안경, 扇2, 傘2, 화장품百貨4, 서적4, 필묵3, 인쇄3, 사진3, 西藥4, 國藥4, 磚瓦2, 銀樓4, 油漆3, 은행6, 錢莊4, 전당4, 보험3
〃 松滋	疋頭百貨4
〃 董市	絲綢, 土布, 자기, 화장품, 서적문구, 西藥, 國藥, 銀樓

明記없이 當地 소비로 되어 있다. 미곡방출이 많은 崇陽에 行號가 더 발달한 것은 합리적이다. 武昌府治의 제조품 行號 35개 중 전기, 시계안경, 유리, 화장품, 사진, 西藥 등 6개 行號가 洋貨行으로 추측된다.

武昌府內에서 『通郵物産誌』에 등재된 17곳 중 분명한 洋貨가 보이지 않는 것이 8곳이다. 미곡방출이 摘示된 金牛, 汀泗橋, 崇陽, 通城 4곳 중에 3곳은 洋貨行이 분명히 보이고 있어 미곡방출이 洋貨 구입의 구매력과 상관 있음을 알 수 있다.

漢陽府 孝感의 경우 미곡 대량 방출지이면서 제조품 行號의 발전은 많지 않다. 土布 2行을 비롯, 4行 뿐이다. 孝感車站은 5개 行인데 精塩, 통조림, 신발·모자·양말 行號가 洋貨를 포함하고 있을 가능성이 있다. 黃陂와 橫店의 경우 황피는 15개 行號가 있고 화장품, 사진, 西藥 등 洋貨行도 비교적 많은 것 같다. 횡점도 10개 行號이다. 미곡 다량 방출지에 제조품 行號도 발달하고 洋貨유통도 상대적으로 많은 것 같다. 孝感의 土布 2行, 花園의 土布 4行 등으로 볼 때, 1935년경까지 土布가 유통시장에 건재하고 있다. 洋紗를 이용, 土布를 제조한다든지, 洋布, 土布의 병존 현상에 대한 보고는 많다.[88]

『通郵物産誌』제조품 유통현황을 보면 武昌을 비롯한 호북 각지에서 제조된 土布가 현지 소비만이 아니고, 江西, 河南, 陝西, 四川, 山東, 山西 등 外省과 長江하류까지 팔려 나가고 있는 것을 알 수 있다.[89] 安陸府의 경우 미곡 대량 방출지인 鍾祥은 9개 行號가 있고 西藥과 같은 洋貨行이 있다. 京山(11개 行)과 天門(14개 行), 皂市(5개 行) 등도 비교적 行號가 많고 화장품, 사진, 西藥 등의 洋貨行이 보인다. 襄陽府 光化(4行)와 老河口(15개 行)를 보면 미곡 방출지이면서 양적으로 대규모적인 老河口는 行號도 훨씬 많고 유리, 시계, 안경을 비롯한 洋貨行도 많이 보인다.

黃州府는 <표 12-2>상 미곡 방출지 내지 當地 소비의 미곡시장이 발

---

88) 史建雲, 앞의 논문 ; 沈祖煒, 「中國近代商業市場的三重結構」 『中國經濟史硏究』, 1994, 增刊.

89) 『通郵物産誌』, 湖北編, 物産調査.

달한 지역들-黃岡(8行), 陽邏(16行), 新洲(11行), 浠水(13), 蘄春(10), 廣濟
(9), 龍平鎭(6행)-은 대체로 제조품 行號 수가 많다. 이들 전 지역에 洋貨
行이 존재하고 있다. 荊州府 沙市의 경우는 제조품 부문에서 39개 업종
에 113개 行으로 漢口의 제조품 行號 62개 업종 145개 行號와 버금가는
수치이다. 洋貨行으로 간주되는 것도 五金 3行, 電料 4行, 시계, 안경, 화
장품 百貨 4行, 사진 3행, 西藥 4行, 精塩 등 다양하게 존재한다. 최대의
구역 집산지로서 번성이 나타나고 있다. 枝江縣의 江口는 米 3만 担을
沙市, 宜昌으로 방출하고 있고, 董市는 米 18만 担을 宜昌 巴東으로 보
내고 있는데 江口에는 國藥, 棉紗布疋 2行뿐이고 董市에는 8行이 있다.
董市에는 화장품, 西藥 등 洋貨行도 보이고 있다. 미곡 방출량이 많을수
록 제조품 行號도 발전하고 洋貨유통도 활발했던 것을 짐작할 수 있다.
　이상에서 보면 전체 제조품 行號 가운데 洋貨行의 비중은 지극히 낮아
1930년대 전반까지도 서양자본주의 상품의 호북시장에 대한 점유율은 높
지 않다고 생각된다. 미곡 방출지 지역의 行號 발달이 많고 洋貨行도 상
대적으로 비중이 높다. 같은 미곡 방출지 경우 대체로 유통량이 많을수록
行號 발달과 洋貨行의 빈도 수도 높다. 이것은 洋貨에 대한 구매력 측면
에서 생각할 수 있을 것이다.90) 미곡 방출지가 아닌 郞陽府, 宜昌府, 施
南府 등은 府治인 宜昌, 恩施 등의 行號 발전을 제외하고는 제조품의 괄
목할 만한 발전은 없다. 또 洋貨行도 상대적으로 빈약한 것 같다.91) 土布
가 洋布와 경쟁력을 가지고 外省과 長江 하류지역에 대한 수출품으로서
건재하고 있다. 제조품 行號 가운데 西藥과 함께 國藥行이 반드시 병존
하고 있다. 은행과 함께 錢莊, 典當 등 전통적인 금융기관이 함께 발전하
고 있다. 洋紗를 이용, 제작된 土布의 존재에서 중국 근대 상업시장의 '三
重結構'論을 제시하고 있지만, 분명히 호북의 근현대 상품시장의 모습은
전통의 揚棄를 통한 서구식 자본주의화가 아니라, 융합을 통한 '아시아적'

---

90) 田炯權, 앞의 논문, 2001. 1907년 邵陽縣 유입洋貨 가운데 안경, 유리는 廣州, 蘇
　　州人 제조로 되어 있어 안경, 유리제품 전부가 수입洋貨는 아닐 것이다.
91) 예외적으로 施南府 咸豊은 15개 行으로 行號도 많고 京廣百花行이 洋貨를 취
　　급한 行號였을 것이다. 茶, 桐油 등의 廣州, 漢口 등지 원격지 수출 많음.

자본주의 모형이 형성되고 있던 것은 아닐까 생각된다.[92]

洋貨의 수입이 호북 미곡시장과 어떠한 관련이 있을까. 19세기 후반부터 복건, 광동 등지에 洋米 수입이 격증하고 本國米의 유입이 감소하였다.[93] 洋米의 수입은 稻米생산 부족과 소비 과도 때문이 아니라, 각 지구 간의 불균형이 초래한 것이라는 인식이 있다.[94] 1867~1911년 동안 洋米의 수입은 청말 연평균 食米 소비량의 0.24%에 지나지 않았고, 1912년부터 1933년까지 上海의 洋米 수입량은 연평균 1,243,558關担 정도였다. 같은 기간 漢口의 洋米 수입은 157,903關担으로 거의 무시해도 좋을 소량이다.[95] 상해의 인구는 개항 당시 20만 정도에서 1차대전 이후 300만으로 증가했고 도시화·공업화가 신속하게 진행되어 缺糧요소는 더욱 강화되었다. 따라서 호북미의 상품수출은 더욱 발전될 수 있었다고 생각된다.

그런데 洋米는 서양 열강의 産品이 아니라 태국, 베트남, 미얀마, 인도 등지의 생산품이고, 공업제품이 아니며, 무역주체가 서양 상인이 아니기 때문에 제국주의 침략성은 찾아보기 어렵다. 아편전쟁 이후 洋米 수입이 확대된 것은 사실이지만 그것이 호북 미곡시장을 왜곡할 정도는 아니었다고 생각한다.[96]

2) 미가와 물가

청말민국기로 이행하면서 미곡의 상품화율은 점차 제고되었지만 제국주의 세력의 억압에 의해 이윤은 수탈당하였다. 따라서 농산상품화의 발전은 도리어 농촌의 빈곤을 초래했다는 것이 통념적 시각이라 생각된

---

92) 沈祖煒, 앞의 논문.

93) 徐正元,「中國近代農産商品化的發展與 米市的形成」『復印報刊經濟史』, 1997年 3期.

94) 徐正元,「中國近代稻米供需運銷狀況的計量考察」『中國經濟史研究』, 1992-1.

95) 王良行,「淸末對外貿易的關聯效果(1860~1911)」『近代中國對外貿易史論集』, 1997 ; 侯楊方,「長江中下流地區米穀長途貿易(1912~1937)」『中國經濟史研究』, 1996-2.

96) 田炯權, 앞의 논문, 2001.

다.[97] 米價와 물가 변화를 알아봄으로써 호북 미곡시장의 실질적 성격이 무엇인지 알아보겠다.

上海 粳米가격의 1872~1934년의 장기추세 조사에 의하면 계속적인 상승세가 확인된다.[98] 같은 양자강 하류 델타지대의 米價 장기추세 조사에서도 1820년대에는 하락세였다가 1880년대는 상승세로 전환하여 1920년까지 계속되었고 인플레이션이 심해 매년 3.3% 비율로 상승했다는 견해도 있다.[99] 1930년대 총 화폐 보유고는 60억 元에 달해 반세기간 화폐 공급은 8~10배로 증가한 것으로 되어 있다. 1912~1936년에 걸친 天津, 廣州, 重慶 등 7개 도시 米價조사를 보면 각지의 가격변화 추세가 기본상 일치하는 높은 상관성을 보이고 있다. 또 가격변화 추세는 1932~1935년의 약간 하락을 제외하고는 米價상승 추세를 지속하고 있다. 일반적으로 1929~1931년의 사이에 기간 중 최고점에 도달하고 있다.[100] 상해의 米價와 蕪湖, 無錫, 長沙, 九江 米價와 상관 분석에서도 민국시기 중기에 고도 상관성을 보여주고 있다.[101] 상해지역으로의 미곡 수출지 역할을 하고 있는 호북 미곡시장은 같은 米價변동 추세를 갖고 있다고 생각된다.

淸代 兩湖(湖南, 湖北)의 米價는 18세기 이후 장기상승 추세를 보이고 있다. 19세기 중·후반에 부분적인 하락이 있지만 1910년까지 전체적으로는 상승 추세를 계속하고 있다.[102] 민국초의 米價는 청말보다 상승했고 그 후도 소수년도의 微落을 제외하고는 전체적으로 상승 기조이다.[103] 민국 중기는 수확이 비교적 좋아서 米價가 약간 하락현상을 보이기도 한다. 호북의 天門, 沙道觀, 浠水 등지의 1930~1936년까지 米價변화 조사를

---

97) 徐正元, 「中國近代農産品化的發展與米市的形成」『復印報刊經濟史』, 1997年 3期.

98) 章有義, 『中國近代農業史資料』 第3輯, p.618.

99) Yeh-chien Wang, *Secular Trends of Rice in the Yangzi Delta 1638~1935*, California Univ. Press, 1992.

100) 譚文熙, 『中國物價史』, 武漢, 湖北人民出版社, 1994, p.356.

101) 徐正元, 「上海近代稻米市場價格變動分析」『中國經濟史研究』, 1996年 2期.

102) 龔勝生, 앞의 책, pp.278~280.

103) 譚文熙, 앞의 책, p.339.

보면 전반부에 米價가 다소 하락하였다. 1934~1935년에 이르러 다시 상승세로 돌아서고 있다. <표 12-4>에 확인되는 대로 1935년경 호북 각 지의 米價는 1石에 5.7~6.95元 사이이고, 穀 1石價는 2.5元에서 2.86元 정도이다. 一米二穀의 원칙에서 보면 米價가 穀價의 2배가 되어야 하나 호북 米價를 보면 穀價보다 2배가 넘고 있다. 동일시기 호남 각지 米價를 보면 穀 1石價는 1.90~2.98元이고 米 1石價는 4.19~5.09元이다. 호북의 米價가 호남 米價보다 평균적으로 약간 높은 수준이어서 호남미의 호북으로의 이동방향을 짐작할 수 있다. 그러나 漢口의 중심시장에서 멀리 떨어진 지방시장의 경우 개별적으로는 호남 각지 米價와 유사한 곳도 적지 않다. <표 12-4>의 米價는 계절차도 많이 축소된 경향성을 보이고 있다.[104]

米價와 일반물가와의 상관성을 생각하지 않을 수 없다. 일반물가의 경우 민국 전기(1912~1926)는 농업생산이 비교적 안정되고 민족 상공업이 발전한 것을 배경으로 비교적 완만한 물가상승의 시기였다. 민국 중기는 물가가 파동 중 상승의 과정이었다. 제1단계(1927~1931)는 지속적 微升의 시기였고 제2단계(1932~1935)는 약간 하락하였으며, 제3단계(1936~1937) 시기는 물가가 거듭 상승하는 추세였다. 이 시기 물가상승의 원인으로는 화폐개혁에 의한 통화량 증대, 농업생산 성장, 구매력 제고 등이 지적되고 있다.[105] 상해 근대 米시장의 가격변동 분석에 의하면, 1912년에서 1929년까지 일반물가지수는 39.1% 상승, 연평균 2.3% 상승이었다. 1912년에서 1928년 사이 米價상승은 40.7%, 연평균 2.5% 상승이었다. 같은 기간 米價상승폭은 일반물가 상승폭보다 조금 높다. 1930~1931년에는 일반물가가 현저한 상승단계에 들어 매년 10.6% 상승하였다. 米價는 일반물가 변동추세와 대단히 유사하였다. 1932~1933년도 연속 풍년에다 洋米 수입증가로 米價하락폭이 일반물가 하락폭보다 컸다.[106]

米價를 판매물가로 보면 구매물가로서 대표적인 것이 塩이다. 米와 食

---

104) 譚文熙, 위의 책, p.414 참조. 계절차 26.6~71.1%.
105) 위의 책, pp.302~306.
106) 徐正元, 앞의 논문, 1996年 2期.

塩은 생활 필수품으로서 기타물가에 영향이 크며 일반물가상승의 지표가 되기도 한다.[107) 민국 초기의 塩價 상승은 보편적이었는데, 1930년대 초에 상승 풍조가 정지되었고 차츰 안정되었다는 보고가 있다.[108) 호남 巡撫 駱秉章의 奏文에 의하면 함풍 5년(1855) 당시 농민이 1石의 穀을 팔아 塩 10斤을 살 수 없었다고 한다.[109) 호북의 1935년경 각지 穀價의 평균은 1石당 2.5元에서 2.86元 정도이다. 1935년경 武漢의 淮塩價 1市斤당 0.131元을 계산하면 穀 1石價 2.86元으로서 塩 21.83斤을 살 수 있고, 天門의 淮塩價 0.066元을 근거로 하면 43.33斤을 구입할 수 있다. 또 應城에서 塩을 제조하여 15,000,000斤을 부근 각 縣으로 송출하고 있는데 가격은 斤당 0.09元에서 0.1元 정도로 동시기 武漢의 淮塩價보다 낮은 수준이다. 德安府 應城은 미곡생산 중심지역인 漢陽府 孝感과도 근접한 지역이다. 應城 塩價 0.1元으로 계산하면 28.6斤을 구입할 수 있다. 함풍 5년 호남 塩價와 비교하면 미곡의 상대적 구매력은 민국시대에 상승하고 있다. 그런데 함풍 5년은 태평천국으로 인해 淮鹽의 湖南湖北 진입이 차단된 시점이라 鹽價가 상승한 시기였다. 따라서 이와 같은 구매력 대비는 한계성을 갖고 있다. 同治末 光緒 初年의 약 20년간 호남 여성현의 평균 鹽價는 斤당 0.025원으로 당시 1석 穀價 1.5원으로서는 60근을 구매할 수 있는 수준이다. 호북과 단순 비교하면 1930년대 미곡의 鹽에 대한 구매력은 도리어 대폭 하강한 수준이 된다. 지역 차가 크기 때문에 단순 비교하기에는 어려운 점이 있다. 여성현 자체의 청말민국기 약 60년간 물가변동에서는 미곡의 鹽에 대한 구매력이 상승하거나 유지되고 있다.[110)

호북에서 100市斤의 米價로 구매할 수 있는 공업품 수량표가 <표 12-6>이다.[111) 食塩 구매력의 省 전체 평균가를 보면 1930년 대비 1931

---

107) 章開沅 主編, 『湖北通史』 晚淸卷, 華中師大出版社, 1999, p.35.
108) 譚文熙, 앞의 책, p.364.
109) 田炯權, 앞의 논문, 2001.
110) 田炯權, 「淸末民國期 湖南 汝城縣의 商品流通과 物價變動」 『明淸史硏究』 9, 1998.
111) 譚文熙, 위의 책, p.418.

년에 대폭 상승했다가, 1932년부터 하락을 개시하였으나 1935년에는 상승세로 돌아서고 있다. 煤油에 대한 구매력은, 1931년에 하락을 개시했으나 1934년부터 상승세로 돌아서고 있다. 1931~1936년까지 공업품 가격 수준은 농산품 가격 수준에 비해 상대적으로 3.2% 증가하였다. 1934년 이후 세계경제가 회복기에 들면서 농산품 가격은 상승을 개시하였고 상승폭도 공업품보다 컸다. 1919년부터 1932년까지 13년간 강소 武進의 농민 소득물가와 지출물가 비교에서도 米價와 鹽價 중에 7년간 米價상승폭이 크다. 같은 기간 煤油價에 대해서는 8년간 米價상승폭이 煤油價 상승폭보다 크다.[112] 전술한 대로 漢口의 米糧行과 雜糧行이 연간 거래액 각기 1800만 兩이고 鹽行의 1년간 교역액이 4~5백만 兩인 것을 보면 鹽의 소비도 한계가 있는 것을 알 수 있다.[113]

　1936년 당시 호북의 농촌에서 상품구입 농가의 총호수에 대한 비율이 煤油의 경우 73.8%, 洋布의 경우 42.8% 등으로 나타나고 있다.[114] 소금은 필수품이지만 나머지 물품은 선택적인 소비였던 것이다. 『農情報告』에 의하면 57.2%는 洋布를 구입하지 않고 있고, 煤油의 경우도 26.2%는 사용하지 않고 있었던 것이다. 따라서 공업품과 농산품의 가격지수를 단순 비교하기는 어려울 것 같다. 앞서 살펴 본대로 주요 미곡 방출지역에서 洋貨行의 발달 정도가 높은 것을 보면 미곡 판매대금과 구매력 제고가 어느 정도 관련성이 있다고 여겨진다. 煤油를 비롯한 洋貨의 사용 증가는 경제성장과 생활수준의 향상으로 이해하더라도 큰 무리는 없다고 생각된다.

　1867~1937년의 중국시장상 도매물가지수에서 보면 농산품과 공업품의 가격 剪刀差가 없고, 또 농산품 물가상승은 공업품 물가상승보다 빨랐다는 조사도 있다.[115] 여기에는 의문 제시도 있지만 종래 제국주의 침략하의 半植民地半封建社會 중국 농촌은 20세기 1930년대 전면 파산과

---

112) 嚴中平, 『中國近代經濟史統計資料選集』, 北京, 1995, p.338.

113) 吳量愷, 앞의 논문.

114) 章有義, 『中國近代農業史資料』 第3輯, p.310.

115) 李金錚, 「二十年來中國近代鄉村經濟史的新探索」 『歷史研究』, 2003年 4期.

철저히 붕괴되었다는 통념에는 시각조정이 필요하다고 생각된다.[116]

 식민지 지배를 받지 않았던 태국의 근대 공업화가 완만하였던데 비하여 식민지였던 홍콩, 마카오에 고도 자본주의의 발전이 있었다. 이를 볼 때 민국 전반까지 중국의 각종 곤란과 어려움은 후발자본주의 국가들에게 공통적으로 직면한 문제였다. 중국 농촌의 발전에 관한한 제국주의 침략은 지나치게 강조되고 있는 것이 아닌가 한다.

<표 12-6> 1930∼1936年湖北省百市斤稻穀換工業品數量表

交換稻穀(百市斤)

市 場	年 被交換品 品名單位	1930	1931	1932	1933	1934	1935	1936	七年 平均
全省平均	食油 (市斤)	12.18	11.18	9.03	9.01	13.18	14.67	10.76	11.43
浠 水		15.06	10.57	7.18	6.02	16.61	14.27	10.70	11.49
全省平均	食鹽 (市斤)	16.24	21.55	15.07	13.30	13.87	17.38	17.36	16.40
沙道觀		11.94	18.41	15.41	12.57	15.08	13.71	15.32	14.63
全省平均	食糖 (市斤)	21.18	19.89	12.50	9.38	12.21	16.58	16.14	15.41
天 門		31.06	29.02	17.81	10.51	12.26	12.25	19.79	20.81
全省平均	白布 (尺)	25.70	26.27	22.02	18.13	23.30	29.71	29.51	24.95
資 丘		19.17	24.65	20.95	15.59	12.27	19.72	28.28	20.09
全省平均	肥皂 (條)	29.63	29.18	25.25	20.87	25.33	32.32	32.27	27.84
浠 水		31.52	26.47	18.49	15.19	27.47	27.25	23.81	24.30
全省平均	火柴 (盒)	317.47	302.34	240.39	193.61	257.22	315.09	296.46	274.65
恩 施		177.01	207.38	146.69	152.42	130.65	326.70	296.36	205.32
全省平均	面盆 (個)	4.60	4.80	3.72	2.80	3.96	5.01	5.41	4.33
天 門		5.95	5.56	4.17	3.02	3.34	5.45	5.75	4.75
全省平均	煤油 (公斤)	8.40	7.65	6.12	5.23	6.33	7.69	6.97	6.91
恩 施		5.84	4.73	3.22	3.18	2.09	5.92	5.21	4.31
全省平均	梨鏵 (個)	10.50	10.21	9.27	7.43	8.74	10.95	9.64	9.58
沙道觀		4.22	4.44	4.39	3.94	4.45	4.27	4.30	4.29

출전 : 『湖北省工農業商品比價調査資料』

---

116) 夏明方,「近代中國糧食生産與氣候波動」『復印報刊中國近代史』, 1998-11.

3) '穀賤傷農'과 시장

淸 전기 호남 미곡시장의 본질을 '지주적 시장'으로 규정한 重田德이래 다수의 논고들이 미곡시장 투입의 농산물이 대부분 지주의 地租 수입이었다고 지적하고 있다.[117] 重田德은 지주가 현물지대를 징수하여 佃戶가 미곡을 상품화할 기회를 박탈당하게 되었으며, 후에 도리어 전호가 미곡시장의 구매자로 등장하게 된다는 것이다. 미곡시장의 주체를 봉건적 지대를 방출하는 지주로서 파악하는 것은 궁극적으로 명말청초를 봉건제 성립기로 간주하는 이론 기초와 무관하지 않다고 생각된다.[118] 그 근거는 『湖南省例成案』, 『陶文毅公全集』 등에 나오는 '有穀多之家', '有米可糶之家' 등의 몇 가지 사료이고 구제적인 세량분석은 없다. 힌편 시장투입의 미곡이 지주와 농민의 방출에 의해 구성된다는 주장도 나오고 있다.[119] 또 미곡시장은 지주적 시장도 국가적 시장도 아닌 '농민적 시장'이란 所論도 있지만 실증이 없다.[120] 최근에 편찬된 『中國經濟通史』 淸代편에는 시장 투입 미곡의 2/3는 농민 제공의 商品糧이라 하고 있는데 역시 구체적 실증은 없다.[121]

이미 강희년간 穀價하락을 광서년간과 함께 경기 변동적 차원에서 불황으로 파악하는 견해가 있다.[122] '穀賤傷農'이란 문자 그대로 穀價하락 탓으로 농민이 손해를 입는다는 뜻이다. 이때, 농민이 미곡시장에 판매자

---

117) 徐正元, 「中國近代農業商品化的發展與米市的形成」 『復印報刊經濟史』, 1997年 3期 ; David Faure, "The Plight of the Farmers", *Modern China*, Vol.11, no. Ⅰ, 1985 ; 孫競昊, 「明淸江南商品市場結構與機制深析」 『復印報刊明淸史』 1996-6 ; 梅莉·張國雄, 앞의 책, p.157.

118) 重田德, 「淸初における湖南米市場の一考察」 『淸代社會經濟史研究』, 東京, 1975.

119) 王國斌, 「18世紀湖南的糧食市場與糧食供給」 『求索』 1990-3 ; 馬立博, 「淸代前期兩廣的市場整合」 『淸代區域社會經濟史研究』 下, 北京, 1992, pp.1029~1041 ; 呂紹理, 「一九三十年代中國的糧食運銷組織」 『政治大學歷史學報』 제14기, 1997.

120) 山本進, 「淸代市場論における關する一考察」 『歷史學研究』 603, 1990.

121) 方行 等 主編, 『中國經濟通史』 淸代經濟上, 北京, 2000, p.400.

122) 岸本美緒, 『淸代前期の物價と經濟變動』, 東京, 硏文出版, 1997, pp.239~268, pp.433~438.

로 상정되지 않으면 안 된다. 광서 29년(1903) 당시 湖廣總督 張之洞의 奏稿에 의하면 호북의 産米지역에서 농민들이 잡량을 식량으로 하고 대신 미곡을 시장에 팔아 일용의 비용을 마련한다는 것이 확인된다.[123) 광서 8년(1882) 당시 호북 孝感縣에서도 수년간 '穀賤傷農' 현상이 있어 농민들이 면포를 짜서 생계를 의지한다는 사실이 있는데, 여기서 '農'은 결코 지주는 아니고 자작농 또는 소작농으로 보아야 할 것이다.[124) 1927년경 호북 서북 농촌에 대한 서술을 보면 농민이 2월에 新絲를 팔고 5월에는 新穀을 판다는 것, 수확기에 싼값으로 곡식을 방출하는 사실이 나오고 있다.[125)

최대 다수의 소농민은 수확 이후에 판매자로 시장에 출현한다는 지적도 있다.[126) 1970년대 金陵대학의 각지 농산품 가격의 계절차 조사에서도 농민은 수확 후 그 생산품을 즉시 판매하는 자가 55%에 해당하였다.[127) 수확 후 농민들의 미곡 즉시 판매가 수확 후의 비상한 가격하락을 초래한다는 것이다. 수확 후 미곡시장의 商品糧은 농민제공의 양식이 더 많았을 것이다. 사실 호남·호북의 농민은 건륭년간에도 穀으로 命脈을 유지하는데 필요한 물자는 미곡 판매대금에 의지한다는 서술이 있다.[128)

米價가 장기하락한다면 '穀賤傷農'으로 농민은 穀으로서 命脈을 유지하지 못하고 호남·호북도 전후 주요 稻米産區가 되지 못했을 것이다.[129) 1930년대 전반 洋米수입의 증가가 '穀賤傷農'을 초래하였고 농민이 거대 손실을 입게 되었다는 지적도 있는 것을 보면 청말민국기에 걸쳐 미곡시장에 농민이 판매자로 참여하고 있는 것은 분명해 보인다.[130)

---

123) 李文治, 『中國近代農業史資料』 1, p.469 ; 『張文襄公奏稿』 권36, "江北里下河 産米最多 別無出産土貨 農民多自食雜糧 而以米出售爲日用資生之計."
124) 위의 책, p.519, "棉布……西賈所收也……數年穀賤傷農又値凶旱 民皆恃此爲生."
125) 章有義, 『中國近代農業史資料』 第2輯, p.324.
126) 위의 책, p.520.
127) 嚴中平, 『中國經濟史統計資料選集』, 北京, 1955, p.336.
128) 龔勝生, 앞의 책, pp.259~260, "僅僅與穀爲命脈"(皇朝經世文編, 권39), "卒歲所 需 率多糶價用度"(宮中檔乾隆朝奏折).
129) 張海英, 「淸代江南與兩湖地區的經濟聯系」 『復印報刊經濟史』, 2002年 3期.

　문제는 미곡시장 商品糧 가운데 어느 정도가 농민제공의 부분인가가 중요하다. '穀賤傷農'이 사회문제화할 정도이니 시장의 본질이 '지주적 시장' 일변도로 볼 수 없는 것은 확실하다. 가장 확실한 계량분석은 현재로서는 자료의 미비로 불가능하다. 「중국경제연감」의 민국 24년(1935)경 조사에 의하면, 호북 농촌사회는 自耕農 30%, 佃農 38%, 半佃農 32%의 구성이었다.131) 1936년경의 또 다른 조사에는 자경농 33%, 전농 41%, 반전농 26%였다.132) 1930년대 鄂西농촌은 자경농이 15%, 반자경농이 30%, 전농과 雇農 55%라든지 鄂東의 黃岡농촌도 자경농 40%, 반자경농 20%, 전농과 고농이 40%라는 보고도 있다.133) 개별 지역에 따라서 편차도 있겠지만 전술의 省 전체에 대한 평균인 것을 참고하면, 우선 30~33%의 자경농이 존재한다. 이들이 잉여米를 방출하든 혹은 잡량을 自食하고 商品米를 판매하든, 미곡시장에 일정 부분 공급자의 역할을 담당했을 것이다. 26~32%의 반전농은 일정부분 시장에 대한 공급자의 역할을 했을 것이다. 나머지 佃農은 38~41%범주로 나타나고 있는데 이들이 바친 地代가 지주의 상품량이었는가가 문제이다. 그러기 위해서는 地代가 반드시 현물지대이고 최종적으로 현물상태로 지주에게 납부되어야 한다. 1930년대 중반 호북성 棗陽, 襄陽 등 15縣의 地代분석 결과에 의하면 實物定額地代 78%, 分成地代 9%, 화폐지대는 13%였다.134) 1796~1820년까지의 조사에는 호북의 화폐지대는 20%수준이었는데 단순 비교하면 화폐지대가 후퇴한 인상을 주고 있다.135) 조사 건수와 보고縣 수의 한계로 충분한 사실 반영이 안되고 있는 것은 아닐까 생각된다.

　호북 雲夢縣, 大冶縣, 當陽縣, 公安縣, 光化縣의 사례 연구에서 보면 운몽현 公田 370건 사례중 81.35%가 화폐지대이고 18.65%가 실물 정액지

---

130)　徐暢, 「1929~1933年世界經濟危機對中國農村經濟影向散論」『復印報刑經濟史』, 2000-4.

131)　烏廷玉, 『中國租佃關係通史』, 長春, 吉林文史出版社, 1992, p.261.

132)　嚴中平, 앞의 책, p.262.

133)　『湖北通史』, p.27 ;『湖北年鑑』, 1937.

134)　烏廷玉, 앞의 책, p.271.

135)　李文治, 『明淸時代土地關係的松解』, 北京, 中國社會科學出版社, 1993, p.214.

대였다. 대야현에서도 광서 21년(1895)刊『대야현지』후편에 錢納化가 가속되고 있는 것이 확인되었다. 당양현에서는 전호의 요청에 의해 화폐지대로 전환된 사실도 확인되었다. 이들 지역에서 19세기 末을 전후해 화폐지대의 확산, 보급이 되고 있는 것을 알 수 있었다.136) 1930년대 전반의 사료로서 "최근 수년 안에 경제작물 재배가 증가하여 錢租의 시행도 이에 따라 날로 보편화되었다"는 내용을 찾아볼 수 있다.137) 1934년경 호북 28개 현에 대한 조사에서는 화폐 地租비율이 20.2%로 보고되고 있다.138) 전호 중에 화폐지대를 바칠 경우 미곡의 상품화 기회는 일단 전호에게 있다.

그런데 실물 정액지대의 경우에도 折租라 하여 화폐로 환산하여 바치는 지대방식이 陶煦의 「租覈」에 보고되고 있고, 浙西지방에서도 내려오는 관습상 실물 정액지대를 택하고 있으나, 현금 折算 납부방식이 보편화되고 있었던 것이 확인되고 있다.139) 실물 정액지대 중에 折租가 절대 우세를 점하게 되었고 화폐지대로의 과도기를 형성했다는 견해가 제시되고 있다.140) 호북의 경우 민국 전반에 襄陽, 棗陽, 荊州, 宜昌 등지에서 實物 地代를 현금으로 折算하여 바치는 折租의 유행사실이 나타나고 있다.141) 호북 각지 漢陽, 麻城, 五峯, 興山, 鄖縣, 竹谿 각 縣 등에서 모두 押租 사실이 보고되고 있는 것만 보아도 민국 전반에 租佃관계 가운데서도 화폐경제 확산을 짐작할 수 있다.142)

이로써 보면 自耕農의 투입 米穀, 半自耕農의 일부 상품량, 佃農의 화폐지대인 경우와 實物지대의 折租 商品糧 부분, 또 佃農의 지대외 투입 미곡을 고려하면 정확한 계량분석은 어렵지만 '穀賤傷農'의 내용을 구성

---

136) 田炯權, 「淸後期 湖北의 義田과 租佃關係」『釜大史學』18, 1994.
137) 章有義, 『中國近代農業史資料』 3, p.259, "(湖北)最近數年來 工藝作物的生産額 日見增高 錢租的行使 亦隨之日見普遍."
138) 嚴中平, 앞의 책, p.289.
139) 李文治, 앞의 책, p.670 ; 馮和法, 『中國農村經濟資料續編』 下, p.520.
140) 章有義, 『中國近代農業史資料』第3輯, p.241.
141) 馮和法, 『中國農村經濟資料』下, pp.1126~1127.
142) 章有義, 『中國近代農業史資料』第2輯, p.105.

하는 농민시장적 요소는 충분히 예측할 수 있다고 생각된다. 전술한 대로 농산품 상품화의 증대에 따라 화폐지대의 보급도 확산되고 있듯이 청말민국기 시장과 교역확대에 의해 시장을 향한 농민의 商品糧 생산도 가속화되었다고 생각된다. 양식의 상품화율은 1840년 약 10%에서 1936년 30% 수준으로 상승하였다.[143) 농산물 재배도 국내외 시장의 수요에 따라 좌우되기 시작했고 예를 들면 茶무역 증대는 호북에서 1871년 茶재배를 이전 시기보다 50% 증대시켰다. 농민은 자기 소비의 잉여만을 시장에 판매하는 것이 아니라 시장을 향한 商品糧 생산에 편입되었다.[144)

미곡을 식량으로 하지 않고 잡량을 먹으면서 米를 생산하는 경우 처음부터 시장을 전제로 한 생산이라고 봐야 할 것이다. 자유임노동과 시장을 위한 생산을 농업자본주의화의 전제로 볼 때, 청말민국기의 호북농촌도 거기에 접근하고 있었다고 생각된다.[145)

小結

종전에 호북은 건륭 이후에는 급속한 인구증가로 인한 경지 부하량의 가중으로 미곡수출지 기능이 쇠퇴한 것으로 통념적으로 이해되어 왔다. 그런데 청말민국기 특히 1936년 이전까지 상황을 분석해 본 결과 호북은 여전히 미곡을 揚子江 하류지역과 기타 省으로 방출하는 생산력을 갖추고 있었다. 또 미곡수출의 대체식량으로 주목되기도 하는 잡량재배의 확대, 小麥의 생산증가 등으로 小麥雜糧의 일부도 자급이나 지방소시장 상품에 국한되지 않고 원격지 시장의 상품량으로 발전하고 있다.

시장의 연계와 유통방향을 보면 漢口와 같은 중심지 시장으로의 이동경로에 따라 가격이 높아지는 체계성이 확인되었다. 전반적으로 지방시장 상호간에 가격의 접근성이 두드러져 시장의 강한 통합성을 짐작할 수

---

143) 劉建中, 「關于中國近代農村商品經濟發展的幾個問題」 『復印報刊經濟史』, 1994-5.
144) 『湖北省志』 經濟綜述, pp.19~25.
145) Jane Whittle, *The Development of Agrarian Capitalism*, Oxford Univ. Press, 2000.

있었다.

상품유통의 특성을 보면 商品糧으로 수출된 미곡의 대응 상품에 대하여 살펴보았다. 종전 淮塩의 대량소비 가운데 미곡 판매대금이 모두 상쇄된 것으로 이해해 왔지만 실제 교역액을 보면 米糧과 雜糧이 각기 연 1,800萬 兩인데 비해, 塩교역액이 400~500만 냥에 불과하였다는 것을 알게 되었다. 또 함풍 3년(1853)부터 太平天國 때문에 川塩시장으로 되었다가 광서 2년(1876)까지 淮塩의 호북진출이 좌절되었던 것도 확인되었다.

洋貨의 유통에 대해서 보면 주로 미곡방출지인 黃州府, 武昌府, 漢陽府, 安陸府 등지에 보급정도가 높은 것 같다. 襄陽府의 老河口나 荊州府 沙市와 같이 미곡집산지 등에도 洋貨유통이 비교적 활발하였다. 인구와 구매력 집중지에 洋貨 보급이 활발한 것은 자연스러운 일이지만 미곡방출 등이 구매력의 기초를 제공하고 있다는 것을 알 수 있다. 전체적으로는 시계, 안경, 유리, 사진, 화장품, 西藥 등이 두드러진 洋貨인데 상품시장 전체에서의 비중은 여전히 미미한 편이다. 성냥, 비누, 국산 洋布 등의 국내 민족공업 발전의 결과, 國産洋貨도 많이 보급되고 있었던 것을 알 수 있다. 西藥과 國藥行의 병존, 銀行과 錢莊의 공존 등에서 전통과 근대가 연속되고 단순히 서구에 의한 전통의 대체가 아니라 제3의 근대화 모형으로서 '아시아적' 자본주의의 원형을 엿볼 수 있었다. 洋米의 경우 근현대에 수입량이 증가한 것은 사실이나 호북의 미곡시장을 왜곡할 정도는 아니었다.

미가와 물가를 보면 청말~민국기에 걸쳐 물가는 부분적인 파동을 거치면서 전체적으로는 상승기조를 걷고 있다. 미가의 생필품인 塩에 대한 구매력은 淸 후기에 비하여 민국기에 오히려 상승하고 있다. 그 외 일반 공업제품에 대한 구매력은 일부 시기에 하강하고, 부분 시기에는 상승하고 있다. 민국 전반기 농산품 가격과 공산품 가격에 대한 가격 剪刀差는 생각보다 크지 않다. 煤油나 시계, 안경 등 기타 洋貨에 대한 比價문제를 떠나 洋貨의 보급확대는 농민의 소비생활 수준의 향상으로 보아야 할 것이다.

'穀賤傷農'은 근현대 호북의 미곡시장이 종전 통념처럼 지주의 租穀에 의한 봉건적 상품시장으로서가 아니라, 상품糧 공급 주체로서 농민을 파악하게 하는 단서였다. 일정 부분 지주의 租穀이 있었으나 상품화폐경제의 진전에 따라 농민의 상품糧 점유 부분이 점차 확대되어 간 것이 이 시기 변화의 양상이었고, 이것이 농업자본주의화의 시초가 될 수 있다고 생각된다.

다수 중국학자들의 근대 농산상품화의 제고는 있었으나 여전히 자연경제가 우세하다든지 자본주의 萌芽는 있었으나 제국주의·봉건주의·관료자본주의 압박에 의해 좌절되었다는 견해는 재고의 여지가 있다고 생각된다. 신식 농기구나 농업기술의 존재는 전통 농업의 망망대해에 떠 있는 '몇 송이 꽃'이 아니라 '세포핵'이었다. 근현대 호북 농촌에서 자본주의화 과정의 각종 곤란은 후발자본주의 국가들이 직면하는 공통적 요소와 무관하지 않다. 시장의 물리적 광범위함과 구매력의 유한성이 자본주의 발전을 완만하게 한 것이고 동시에 제국주의 침략의 경제적 파급효과를 지연시켰다고 생각된다. 농업생산은 자연재해·기후 등의 이유로 매년 수확량이 다른 것이기 때문에 끊임없는 파동이고, 근현대의 농업생산은 파동 속의 성장을 계속했다고 생각된다.

結 語

이 책의 내용은 지난 20여 년간 필자의 중국 호남지역에 대한 연구와 고민의 흔적이다.

청대 하면 이른바 강희·옹정·건륭의 '三代盛世'가 주목의 대상이 되어 왔고, 청 후기는 백련교란을 필두로 한 각종 농민반란과 사회혼란으로 인해 상대적 '衰世'로 간주되어 왔다. 그러나 청조의 정치적 지배질서의 이완과 파탄을 사회경제사적 흐름과 곧바로 등치시키는 데는 다소 무리가 있다고 생각된다. 또 아편전쟁 이후는 제국주의 침략으로 인하여 중국의 농업생산력은 정체, 쇠퇴하였으며, 농민생활은 파탄되었다는 인식이 보편적이었다. 도론에 제시한 대로 이 책은 이런 견해에 의문을 가지고 나름의 실증적 연구를 행하였다.

의전과 생산관계를 보면 청 후기 특히 도광(1821~1850), 함풍(1851~1861) 이후에 의전의 설치가 집중되고 있는 것을 알 수 있다. 이 시기 사회적 모순의 증대에 대응하여 지주계층과 국가의 조직적 움직임으로 이해되는 부분이다. 직접적 농민봉기라는 위기 이외에도 소작인이 상시적 소작료 체납이나, 납부 거부, 지주의 동의 없이 소작권리를 매매하거나 '移坵換段'이라 하여 소작지편의 상호 교환, 소작지의 자의적 개간이나 형질 변경 등 소작인의 끊임없는 생산투쟁·계급투쟁이 의전 설치를 급증시킨 배경이었다고 생각된다. 의전은 표면상 공익 목적의 토지였지만 실제적으로는 지주 소유지의 조직적 관리와 대토지소유 증대의 한 방식적인 측면이 강하다.

이 가운데 경영형 부전농이 출현하여 70~100畝의 대규모 소작지를 관리하기도 하였다. 일각에서는 청말민국기 조차 광범위한 실물 정액지대와 액외 착취의 존재를 지적하기도 한다. 하지만 이 책의 사례 연구를 통해서 볼 때, 청말로 갈수록 지대는 실물 정액지대에서 전납지대로의 변화 추세를 보이고 있다. 실물 정액지대라 하더라도 절조전이라 하여 실제로는 화폐로 환산하여 납부하는 경우도 빈번하게 드러난다. 심지어는 전호 스스로의 요청에 의하여 화폐지대로 전환하는 경우도 목격되고 있다.

소작보증금인 압조도 전호의 성장을 분명하게 보여 주고 있다. 종래 호남의 압조 관행이 지주제의 특성으로서 보고되고 있었다. 여기서 고찰한 결과 압조는 어떤 지역에 보편적으로 존재하는 것이 아니라 동일 지역, 동일 지주의 소유지 안에서도 선택적으로 부과된 것이었다. 즉 생산성이 높은 토지에 대한 소작인의 상대적 선호도에 따라 정해진 것이었다. 어떤 전호는 심지어 자신의 3畝 下田을 팔아 압조금을 마련하고 있었다. 종래 알려진 '押重租輕'은 동일 토지 안에서 가능한 이야기였다. 실제 서로 다른 토지 사이에는 압조가 높은 토지가 소작료도 높은 '押重田租重田'의 현상이 나타나고 있다. 즉 압조의 존재는 토지생산력의 증대와 소작인의 경제력 성장을 대변하는 것이었다.

의전 설치자의 신분을 조사해 보면 압도적 다수가 서민지주층이었다. 종전의 향신지주론이나 성거지주, 향거지주론도 이 지역의 개별·구체적 연구 결과와는 부합되지 않는 것이었다. 의전 설치의 급증은 이 시기 서민지주층의 향신층 편입 통로였고 신분상승의 계기가 되고 있다. 이것을 통해 보면, 청 후기 이후 경영형 부전농의 발달, 서민지주의 성장 등으로 신분변동이 활발했던 것으로 여겨진다. 이 책의 직접적 연구 주제는 아니었으나 중국 근대 '紳商'의 존재도 이 시기 신분변동의 흐름을 보여 주는 단서로 생각된다.

농업생산력 발달을 보면 우선 잡량재배의 확대를 들 수 있다. 감자·고구마·옥수수 등 잡량의 재배는 거의 청 후기 이후 청말에 집중적 확대 보급이 되고 있다. 관련 사료를 보면 잡량재배로 반년 식량을 한다거나 잡량을 식량으로 하고 대신 미곡을 판매한다는 기록도 있다. 종전에 잡량은 농가의 식량 보충적인 용도로만 생각되어 왔으나, 漢口의 상업 거래에서는 미곡과 같은 물동량의 규모로 잡량이 유통되고 있었다. 또한 지방소시장의 상품으로 한정된 것이 아니라 장거리 교역 물품으로 성장하고 있다. 호남미가 청 전기에는 양자강 하류로 이동되는 상품량으로 거래되었지만 청 후기에는 쇠퇴하였다는 인식이 있다. 그러나 조사 결과에 의하면 민국시기까지 여전히 활발하게 교역되고 있었다. 그 이면의 한 축이 잡량 재배의 확대였다. 이 잡량재배는 청 후기 급증하는 중국 인구 부양에 기여한 것도 사실일 것이다.

미곡생산에 있어서도 끊임 없는 품종개량, 시비법 개량, 1년 2기작의 확대, 구식 농기구 개량과 신식 농기구 도입, 區田法과 같은 새 농법의 시행, 수리시설의 부단한 개량과 확대 등으로 증산노력이 이루어졌다. 수리개간의 확대는 종전의 평지뿐 아니라, 구릉지대나 산간지대까지 稻作지대를 확대시켰다. 산지의 활발한 개간은 홍수시 토사 유실을 초래한다. 이 흘러간 토사는 호수나 강 주변의 숨沙量을 증가시켜 새로운 沙洲를 형성한다. 이것이 새로운 湖田개발의 토대가 되고 있다. 호전지대의 水利도 강과 호수의 흐름에 따라 끊임 없이 탄력적으로 개선되고 있다.

혹자는 신식 농기구 도입이 미미했기 때문에 '전통 농업의 망망대해에 떠 있는 몇 송이 꽃'이라 비유하기도 하지만 그것은 이후의 방향을 제시하는 '세포핵'이었다고 할 것이다. 품종개량에 있어서도 같은 청대에 간행된 동일 지역의 지방지에 수록된 稻 품종이 그 전 단계와 중복되는 품종이 거의 없을 정도로 완전히 바뀌고 있는 경우도 있다. 시비법에서도 작물의 종류에 따른 비료의 다양화와 전형적인 多肥농법이 행해지고 청말 민국기에는 화학비료도 등장하고 있다. 호남미 생산과 유통의 커다란 배경으로서는 산지지역으로의 水田 확대, 잡량재배의 확대, 湖田개발의 지속 등을 꼽을 수 있을 것이다.

미곡시장과 상품유통을 보면 종래 호남미가 청 전기에는 "湖廣熟天下足"이라 할 만큼 활발하게 유통되었으나, 청 후기에는 호남의 자체 인구 증가와 농업생산력 정체로 위축되었다는 것이 통설적 견해였다. 그런데 실증적 연구를 해 본 결과, 청말민국기에도 여전히 호남미가 종전보다 더 큰 규모로 유통되고 있는 것이 확인되었다. 호남미가 인근의 광동이나 호북에도 공급되고 있지만 주요 간선은 역시 양자강 하류지역으로의 이동이었다. 후기에 호남의 인구가 급증한 것은 사실이다. 그러나 높은 인구증가에도 불구하고 전술한 대로 농업생산의 증대가 있었기 때문에 여전히 양식 수출지역이 될 수 있었다. 양식 수출이 생산지역의 인구부양 후 남은 잉여미만의 방출은 아니었다. 소농민의 기아판매도 있었기 때문에 청말에 부분적인 搶米소동과 양식 수출금지 조치가 있었다. 양식의 수출금지는 단속적인 것이었지 장기적인 것은 아니었다. 또 시장경제 원칙에 반하는 인위적인 금지 조치는 물가 조절의 실효성도 없었다. 오히려 양식의 밀수출과 같은 각종 부작용을 초래했다. 무엇보다 정확한 통계조사에 입각한 정책 집행은 아니었다. 오히려 어떤 지역에서는 양식 수출금지 조치는 식량재고의 증대와 금융 불안으로 지방경제가 위축되는 결과를 낳았다.

민국시대, 적어도 중일전쟁 이전까지는 호남미는 여전히 상해지역으로 수출되고 있었다. 洋米의 수입이 호남미 위축을 가져 왔다는 견해도 있지만 양미가 호남미 수출을 중단시킬 정도는 아니었다.

호남미의 교환 상품은 청 전기에는 주로 소금(淮鹽)이었다. 소금을 싣고 온 선박들이 다시 미곡을 싣고 가는 교환관계였다. 그러나 청말에는 회염시장의 위축과 川鹽 粤鹽의 등장으로 변화가 나타났다. 어쨌든 소금의 비중이 축소되고 洋貨가 새로운 상품으로 들어오게 되었다. 양화 외에도 상품의 종류와 물동량이 크게 증가하였다. 제국주의 상인들의 진출로 차를 비롯한 중국의 각종 농산품과 부산품이 해외 수출의 길을 걷게 되었다. 이러한 과정에서 상인의 수와 각종 行業의 폭증, 거래량의 눈부신 증대가 일어나게 되었다. 호남지역으로서는 악양과 장사의 개항이 하나의 기폭제가 되고 있다. 이러한 변화는 시장경제의 발전과 경제성장으로 이해할 수밖에 없다. '出口成長理論' 즉 수출이 경제성장에 자극을 주고 있다는 것을 인정하지 않을 수 없다. 제국주의 상인들의 수중에 중국 농촌시장이 장악되고 물가가 조종되었다는 것은 일면적인 고찰이다. 그 외에도 국제시장의 수요와 공급의 증감이 시장에 영향을 주고 있었다고 생각된다.

물가문제를 보면 米價는 청말민국기에 부분적인 등락이 있지만 전체적으로는 상승기조에 있었다고 여겨진다. 물가변동의 구조를 보면 미가의 상승률과 여타 상품의 상승률이 연동 관계에 있었다. 서양 공업제품에 비하여 상승률이 낮은 것은 사실이지만 현격한 격차는 아니다. 호남미의 수출을 부단히 자극한 것은 미가의 상승이었다. 이익 동기가 없다면 시장을 향한 미곡생산은 없었을 것이다. 미곡생산이 활발한 지역이 양화를 비롯한 공업제품 수입이 왕성한 지역이었다. 구매력 증대 없이는 기타 물품을 구입할 수 없기 때문이다.

농촌사회의 변화를 보면 우선 상공업 인구의 증가를 들 수 있다. 청말에 소양현 사례를 보면 농부 12만, 상인 12만, 匠人 5만으로 인구의 직업별 구성이 나타나고 있다. 막연히 농업사회는 농민 위주로 생각했는데, 농민이나 상인의 숫자가 맞먹고 있다. 이것은 전통 농업사회에서 상공업 사회로 변모하는 모습을 보이고 있다고 여겨진다. 광서시기의 어눌한 통계이기 때문에 정확하지는 않지만 청말에 활발한 상공업 발달의 추세는 확인할 수 있다.

또 농민의 소득에서 보면 미가상승이 지속적으로 이루어지고 있고, 여타 물가에 대한 연동성을 보이고 있다. 木工・土工 등 공인의 실질임금의 변화를 살펴보면, 청말민국기 약 70년간 상승하거나 현상 유지를 보이고 있다. 명목임금의 米에 대한 구매력으로 실질임금을 측정해 보면 1930년대 초까지 그런 결과를 보이고 있다. 제국주의 침략하에서 노동자・농민의 생활이 더욱 비참해지고 마침내 파탄되었다는 인식과는 거리가 있다.

또 시계・안경・서양 약품・성냥・양복 등 다양한 서양 상품, 즉 洋貨가 농촌에 유통되고 있다. 이것은 미곡생산이 풍부한 지역일수록 양화행의 존재와 유통량이 주목되는 점이다. 구매력을 가진 지역에 서양 상품유

통이 활발한 것이다. 이런 신식 상품의 유통은 이 지역 농민의 생활수준
이 향상된 것을 말해 주고 있다.

여성현 사례를 보면 이 시기 호남 변방지역에도 신식학교와 학생수가
폭증하고 있는 것을 알 수 있다. 이것은 서민층에 교육 기회가 확대된 것
을 말한다. 여기서 신식교육의 확대는 종래의 서원이나 사묘 등이 교육시
설과 재정의 일부를 부담하고 종전의 紳士 일부가 신식학교의 교사로 변
신함으로써 급속히 실행될 수 있었다.

이상을 종합해 보면 애초에 제기한 의문 즉 전통과 근대는 단절적인가
에 대해 약간의 시사점을 얻을 수 있다. 지리적 원근법에 의해 가까운 것
만 너무 크게 보아서는 안 된다는 생각이다. 청 후기에 일어난 상업발달,
농업발달, 서민지주와 경영형 부전농의 성장 등은 청말민국기에도 지속
적으로 확대 발전하고 있다. 근현대의 상공업이 명청시대의 상업 유통망
과 상인 조직의 토대 위에 성장하고 있었다는 것이 여기서도 대체적으로
확인되고 있다.

신식교육기관의 확대 보급은 전술한 대로 전통적인 서원·사묘 등의
인적·물적 자원의 토대 위에 연속된 것이다. 따라서 전통의 토대 위에
연속적인 근현대로의 이행으로 이 시기를 보아야 하지 않을까 생각된다.

지금까지 제국주의 침략의 역할은 지나치게 강조되고 부각된 느낌이
없지 않다. 이 책은 전반적으로 반식민지반봉건사회론에 대한 비판적인
서술이다. 제국주의·봉건주의·관료자본주의의 3대 억압 세력에 의해
중국의 농업생산은 정체, 쇠퇴하였으며 농민생활은 파탄되었다는 주장은
지나치게 도식적인 이론이다. 사회주의 중국의 탄생을 정당화하기 위한
이론적 가설이라 생각된다.

실제 현실에서 중국 농민은 그것이 청조 지배하이건, 제국주의 침략하
이건, 군벌지배하이건 끊임 없이 생존 생활을 위해 생산에 주력해 왔다.
그 몸부림이 사회경제적 발전을 추동하고 있다. 앞서 보았지만 중국시장
의 물리적 광범위함과 불편한 교통조건, 유통망의 미비, 도량형의 불통일
등은 제국주의 침략 후에도 서양 상품의 내륙 보급을 지연시켰다. 그것보

다 더 중요한 것은 구매력의 부족이었다. 여성현 사례에서 보듯이 주요 거래 품목 가운데 서양 상품의 비중은 지극히 낮다. 1930년대까지도 호남의 농촌지역이 서양 상품시장화한 흔적은 미미하다.

민국시기에도 중국 농촌에 파산 농민이나 실업자가 넘친 것은 사실이다. 그러나 이것이 청 전기나 그 이전 시기보다 더욱 비참했다는 계량적 통계는 어디에도 없다. 역사에서 가정이란 무의미한 것일 수 있지만 '漢奸'이라 불리면서 제국주의 하수인으로 취급되던 蔣介石이 대륙을 계속 지배했다면 어떻게 되었을까. 아마 대만과 같은 경제적 번영이 대륙에도 훨씬 빠르게 성취되었을 것이다.

1980년대 한국사회성격논쟁에서 위세를 떨쳤던 '식민지반봉건사회론'은 이론적 과오라 생각된다. 북한은 자주민족국가이고 남한은 미국에 종속된 식민지에 불과하다고 여기는 이론이다. 하지만 남한은 세계 11위의 경제대국이면서 민주주의에도, 경제발전에도 성공한 것으로 인정되고 있다. 북한은 기아와 경제파탄으로 허덕이고 있고, 정치적으로 유례를 찾기 어려운 세습독재가 지속되고 있다. 북한의 체제는 한마디로 '봉건적 사회 파시즘'이라 부를 수 있다.

사회경제적 발전은 제국주의란 정치적 규정성에만 얽매이는 것이 아니라, 주체의 생존 생활을 위한 몸부림 가운데 이룩된다. 반식민지반봉건사회에서도 농업생산력의 발전이 주목된다는 필자의 견해를 두고 섣불리 '식민지적 자본주의론'의 신봉자로 매도해서는 안 된다. 중국의 근현대 변화를 두고 제국주의 침략을 미화하거나 정당화하는 것은 결코 있을 수 없는 일이다. 그러나 연구의 결과 필자의 인식은 중국의 근현대는 '아시아적 자본주의'의 원형이라는 것이다. 일본이나 한국의 자본주의를 유교적 자본주의라 부르기도 하지만 아시아적 가치는 유교 하나만은 아니다. 중국의 근현대는 서양 산업자본주의에 의한 전통시대의 완전한 대체가 아니라 융합된 형태라고 생각된다. 서양의학의 위세 앞에서도 중의학이 여전히 존재한다. 현대 은행시대에도 전당포가 존재한다. 신약과 중약이 함께 병존한다. 기업경영 역시 완전히 서구적은 아니다. 현대 기업가의 기원은 근대에 등장한 紳商에서 그 원형을 찾을 수 있다. 동서의 가치가 융합된 '아시아적 자본주의'의 원형이 중국의 근현대에 태동하고 있었다고 여겨진다.

참고문헌

1. 1차 자료

嘉慶 15年刊 『沅江縣志』.
嘉慶 23年刊 『湘陰縣志』.
嘉慶 23年刊 『石門縣志』.
嘉慶 23年刊 『善化縣志』.
嘉慶刊 『宜章縣志』.
康熙 12年刊 『湘鄕縣志』.
康熙 33年刊 『潛江縣志』.
乾隆 11年刊 『岳州府志』.
乾隆 25年刊 『華容縣志』.
乾隆 44年刊 『湘潭縣志』.
光緒 元年刊 『龍陽縣志』.
光緒 元年刊 『平江縣志』.
光緒 2年刊 『零陵縣志』.
光緒 2年刊 『邵陽縣志』.
光緒 2年刊 『衡山縣志』.
光緒 3年刊 『善化縣志』.
光緒 6年刊 『湘陰縣圖志』.
光緒 6年刊 『荊州府志』.
光緒 8年刊 『雲夢縣志略』.
光緒 8年刊 『華容縣志』.
光緒 9年刊 『蘇州府志』.
光緒 10年刊(민국 22년 重印本) 『光化縣志』.
光緒 10年刊 『大冶縣志續編』.
光緒 11年刊 『湖南通志』.
光緒 12年刊 『耒陽縣志』.
光緒 15年刊 『當陽縣補續志』.
光緒 15年刊 『德安府志』.

光緒 15年刊『湘潭縣志』.
光緒 15年刊『石門縣志』.
光緒 18年刊『桃源縣志』.
光緒 18年刊『巴陵縣志』.
光緒 19年刊『新寧縣志』.
光緒 21年刊『大冶縣志後編』.
光緒 33年刊『邵陽縣鄉土志』.
光緒 33年刊『辰州府鄉土志』.
光緒 34年刊『武岡州鄉土志』.
光緒刊『益陽縣鄉土志』.
光緒刊『興寧縣志』.
道光刊『辰州府 義田總記』.
同治 2年刊『武陵縣志』.
同治 4年刊『宜昌府志』.
同治 5年刊『桂東縣志』.
同治 5年刊『當陽縣志』.
同治 5年刊『房縣志』.
同治 6年刊『寧鄉縣志』.
同治 6年刊『大冶縣志』.
同治 6年刊『城步縣志』.
同治 7年刊『通山縣志』.
同治 8年刊『安仁縣志』.
同治 8年刊『清泉縣志』.
同治 9年刊『祁陽縣志』.
同治 9年刊『常寧縣志』.
同治 10年刊『茶陵州志』.
同治 10年刊『施南府志』.
同治 10年刊『安化縣志』.
同治 10年刊『醴陵縣志』.
同治 10년刊『沅陵縣志』.
同治 10年刊『攸縣志』.
同治 10年刊『長沙縣志』.
同治 11年刊『新化縣志』.
同治 11年刊『臨湘縣志』.
同治 12年刊『瀏陽縣志』.

同治 12年刊 『武岡州志』.
同治 12年刊 『漵浦縣志』.
同治 12年刊 『巴陵縣志』.
同治 13年刊 『公安縣志』.
同治 13年刊 『湘鄕縣志』.
同治 13年刊 『益陽縣志』.
同治 13年刊 『直隷澧州志』.
同治 13年刊 『衡陽縣志』.
同治 13年刊 『興寧縣志』.
民國 15年刊 『醴陵縣鄕土志』.
民國 21年刊 『汝城縣志』.
民國 22年刊 『光化縣志』.
民國 23年刊 『安鄕縣志』.
民國 30年刊 『寧鄕縣志』.
民國 37年刊 『醴陵縣志』.
民國 『安鄕縣志 初稿』.
乾隆刑科題本租佃關係史料之三, 『淸代土地占有關係與佃農抗租鬪爭』, 中華書
          局, 1988.
乾隆刑科題本租佃關係史料之一, 『淸代地租剝削形態』(上・下), 中華書局, 1982.
顧炎武, 『日知錄』.
顧炎武, 『天下郡國利病書』.
交通部　郵政總局　編, 『中國通郵地方物産誌』 호남편, 民國25年刊, 華世出版,
          1978.
交通部　郵政總局　編, 『中國通郵地方物産誌』 호북편, 民國25年刊, 華世出版,
          1978.
陶煦, 『租覈』.
陶煦, 『周莊鎭志』.
『明淸徽州社會經濟資料叢編』, 中國社會科學出版社, 1988.
楊奕靑 外, 『湖南地方志中的太平天國史料』, 長沙, 岳麓書社, 1983.
李文治 編, 『中國近代農業史資料』 第1~3輯, 北京, 三聯書店, 1957.
章有義, 『中國近代農業史資料』 第2輯, 北京, 三聯書店, 1957.
章有義, 『中國近代農業史資料』 第3輯, 北京, 三聯書店, 1957.
趙靖 主編, 『中國近代經濟思想資料選集』(上・中・下), 中華書局, 1982.
『左宗棠全集』, 上海書店影印本, 1986.
『曾文正公全集』, 台北, 世界書局, 1952.

『淸史稿』.
『淸實錄』.
馮和法 編,『中國農村經濟資料』(上・下), 台北, 1978.
馮和法 編,『中國農村經濟資料續編』(上・下), 台北, 1978.
『湖南省志』「地理志」上冊, 長沙, 湖南人民出版社, 1982.
『胡文忠公全集』, 台北, 河洛圖書, 1977.
『湖北省志』經濟綜述, 武漢, 湖北人民出版社, 1992.
洪煥椿 編,『明淸蘇州農村經濟資料』, 江蘇古籍出版社, 1988.
『皇朝經世文編』.

2. 연구서

<국문>

金裕利,『淸末 書院의 學堂改編과 近代學制의 樹立』, 서울대학교 박사학위논문,
   2001. 2.
馬敏 저・신태갑 옮김,『중국근대의 신상』, 서울, 신서원, 2006.
閔斗基,『中國近代史硏究』, 서울, 一潮閣, 1973.
吳金成,『中國近世社會經濟史硏究』, 서울, 一潮閣, 1986.
吳金成 외,『명청시대 사회경제사』, 서울, 도서출판이산, 2007.
吳金成,『國法과 社會慣行 - 明淸時代社會經濟史硏究 - 』, 서울, 지식산업사, 2007.
吳金成,『矛盾의 共存 - 明淸時代江西社會硏究 - 』, 지식산업사, 2007.
유소민 지음・박기수 역,『기후의 반역』, 성균관대출판부, 2005.
유용태,『지식청년과 농민사회의 혁명 : 1920년대 중국중남부 3성의 비교연구』,
   서울, 문학과 지성사, 2004.
張姜植,『淸末의 敎育改革硏究』, 고려대학교 박사학위논문, 1990.
田炯權,『淸代 義田의 硏究』, 부산대학교 박사학위논문, 1992.
趙岡 著・尹貞粉 譯,『中國土地制度史』, 서울, 대광문화사, 1985.

<中文>

『明淸史國際學術討論會論文集』, 天津, 天津人民出版社, 1982.
『湘報』, 北京, 中華書局, 2006.
『湖北年鑑』, 1937.
『湖北通史』.
穀風出版社 編輯部 編,『中國資本主義萌芽問題討論集』, 中和, 穀風出版, 1987.
龔勝生,『淸代兩湖農業地理』, 武漢, 華中師大出版社, 1996.

郭德宏,『中國近現代農民土地問題硏究』, 靑島, 靑島出版社, 1993.

郭飛平,『中國民國經濟史』, 北京人民出版社, 1994.

邱思達,『中國近現代鑄幣圖說』, 北京, 中國書店, 1989.

歐陽志高,『湖南財政史』, 中南工業大學出版社, 1988.

基思 格里芬 編,『中國農村的體制改革和經濟發展』, 香港, 中文大學出版社, 1987.

吉尒伯特 外,『中國的現代化』, 南京, 江蘇人民出版社, 1988.

譚其驤 主編,『中國歷史地圖集』淸時期 湖北, 上海, 1987.

譚文熙,『中國物價史』, 武漢, 湖北人民出版社, 1994.

杜修昌,『中國農業經濟發展史略』, 浙江人民出版, 1984.

劉大鈞,『我國佃農經濟狀況』民國 18년 8월.

劉泱泱,『湖南通史』近代卷, 湖南出版社, 1994.

劉泱泱,『近代湖南社會變遷』, 長沙, 湖南人民出版社, 1998.

梅莉・張國雄,『兩湖平原開發探源』, 南昌, 江西敎育出版社, 1995.

龐毅,『中國淸代經濟史』, 北京, 人民出版社, 1994.

方行 等 主編,『中國經濟通史』(淸代經濟 上・中), 北京, 經濟日報出版社, 2000.

復旦大學歷史系,『近代中國資產階級硏究』, 上海, 復旦大學出版社, 1984.

傅衣凌,『明淸農村社會經濟』, 北京, 三聯書店, 1980.

傅衣凌,『明淸社會經濟史論文集』, 北京, 人民出版社, 1982.

北京經濟學院 財政敎硏室 編,『中國近代稅制槪述』, 北京, 北京經濟學院出版社, 1988.

費正淸 主編, 章建剛 譯,『劍橋中華民國史』, 上海人民出版社, 1992.

孫健 編,『中國經濟史論文集』, 北京, 中國人民大學出版社, 1987.

宋斐夫 主編,『湖南通史』(現代卷), 長沙, 湖南出版社, 1994.

沈宗瀚,『中華農業史』, 台北, 1979, 1冊.

岳琛,『中國土地制度史』, 北京, 中國國際廣播出版社, 1990.

楊國楨,『明淸土地契約文書硏究』, 北京, 人民出版, 1988.

梁方仲,『中國歷代戶口,田地,田賦統計』, 上海, 上海人民出版社, 1980.

嚴中平 主編,『中國近代經濟史統計資料選輯』, 北京, 科學出版社, 1955.

葉顯恩,『淸代區域社會經濟史硏究』下, 北京 中華書局, 1992.

吳承洛,『中國度量衡史』, 北京, 商務印書館, 1937(1993년 重印本).

烏廷玉,『中國租佃關係通史』, 長春, 吉林文史出版社, 1992.

吳慧,『中國歷代糧食畝産硏究』, 北京, 農業出版社, 1985.

汪家倫・張芳,『中國農田水利史』, 北京, 農業出版社, 1990.

王德昭,『淸代科擧制度硏究』, 香港, 中文大學出版社, 1988.

600

劉淼輯 編譯,『徽州社會經濟史研究譯文集』, 合肥, 黃山書社, 1987.
李文治,『明清時代土地關係的松解』, 北京, 中國社會科學出版社, 1993.
李潘,『中國栽培植物發展史』, 北京, 1984.
李延,『中國封建經濟史論集』, 昆明, 雲南教育出版社, 1987.
李惠村,『中國統計史』, 北京, 中國統計出版社, 1993.
林衍經,『方志學綜論』, 上海, 華東師範大學出版社, 1988.
章開沅 主編,『湖北通史』晚清卷, 武昌, 華中師大出版社, 1999.
蔣建平,『簡明中國近代經濟史』, 北京, 北京大學出版社, 1985.
章謙,『備荒通論』下.
張國雄,『明清時期的兩湖移民』, 西安, 陝西人民出版社, 1994.
張麗芬,『湖南省米糧市場産銷研究(1644-1937)』, 臺灣大學碩士論文, 1990.
張朋園,『中國現代化的區域研究』(湖南省, 1860～1916), 中央研究院近代史研究
　　　　　所專刊, 1988.
張研,『清代族田與基層社會結構』, 北京, 中國人民大學出版社, 1991.
章有義,『近代徽州租佃關係案例研究』, 北京, 中國社會科學出版社, 1988.
張人价 編,『湖南の穀米』, 東京, 生活社刊, 1940.
鄭慶平,『中國近代農業經濟史概論』, 北京, 中國人民大學出版社, 1987.
鄭肇經,『中國水利史』, 北京, 商務印書館, 1939(1993 影印本).
程必定 主編,『安徽近代經濟史』, 合肥, 黃山書社, 1969.
鄭學檬,『中國賦稅制度史』, 廈門大學出版社, 1994.
趙岡・吳慧,『清代糧食畝産量研究』, 中國農業出版社, 1995.
曹貫一,『中國農業經濟史』, 北京, 中國社會科學出版社, 1988.
朱紹侯,『軍功爵制研究』, 上海, 上海人民出版社, 1990.
周遠廉・謝肇華,『清代租佃制研究』, 瀋陽, 遼寧人民出版社, 1986.
中國農業科學院 中國農業遺産研究室 編,『太湖地區農業史稿』, 北京, 1990.
中國第一歷史檔案館 編,『明清檔案與歷史研究』, 北京, 中華書局, 1988.
中央研究院 近代史研究所 編,『六十年來的中國近代史研究』(上・下), 台北, 1988.
陳文華,『中國古代農業科技史簡明圖表』, 北京, 農業出版社, 1978.
陳振漢,『清實錄經濟史資料』農業篇 第2分冊, 北京, 北京大學出版社, 1989.
陳翰笙 외,『帝國主義工業資本與中國農民』, 上海, 復旦大學出版社, 1984.
陳翰笙・王寅生,『畝的差異』, 商務印書館, 1929.
湯象龍,『中國近代財政經濟史論文選』, 西南財經大學出版社, 1987.
彭雨新・張建民,『明清長江流域農業水利研究』, 武昌, 武漢大學出版社, 1993.
彭雨新,『清代土地開墾史』, 北京, 農業出版社, 1990.
彭靜中 編,『中國方志簡史』, 成都, 四川大學出版社, 1990.

編輯部,『當代中國的湖南』, 北京, 中國社會科學出版社, 1990.

馮開文,『中國民國敎育史』, 北京, 人民出版社, 1994.

夏宝璋,『中國買辦資産階級的發生』, 中國社會科學出版社, 1984.

許滌新・吳承明 主編,『中國資本主義發展史』(上・下), 中和, 穀風出版社, 1987.

黃逸平 編,『中國近代經濟史論文選』(上・下), 上海, 人民出版社, 1985.

<日文>

J. L. Buck, 加藤健 譯,『支那農業論』(上・下), 東京, 生活社, 1937.

古島敏雄,『日本地主制史研究』, 東京, 岩波書店, 1984.

古島和雄,『中國近代社會史研究』, 東京, 研文出版, 1982.

谷川道雄・森正夫,『中國民衆叛亂史』 4, 東京, 平凡社, 1983.

國際歷史學會議日本國內委員會,『歷史研究 新波』, 東京, 山川出版, 1989.

宮崎市定,『科擧』, 大版, 秋田屋, 1946.

旗田巍,『中國村落と共同體理論』, 東京, 岩波書店, 1973.

大內力,『地代と土地所有』, 東京, 東京大學出版會, 1979.

東京大學東洋文化研究所 編,『土地所有の史的研究』, 東京, 東京大學出版會, 1957.

東洋史研究會 編,『雍正時代の研究』, 京都, 同朋舍, 1986.

牧野巽,『中國社會史の諸問題』, 東京, 御茶の水書房, 1985.

木村紀念事業會 編,『木村正雄先生退官紀念東洋史論集』, 東京, 汲古書院, 1976.

福富正實 編譯,『前資本主義的構成體の諸問題』, 東京, 未來社, 1982.

北村敬直,『清代社會經濟史研究』, 京都, 朋友書店, 1981.

濱島敦俊,『明代江南農村社會研究』, 東京, 東京大學出版會, 1982.

寺田隆信,『山西商人の研究』, 京都, 1972.

斯波義信,『宋代江南經濟史の研究』, 東京, 東京大學東洋文化研究所, 1988.

山本秀夫,『中國の農村革命』, 東京, 經濟新報社, 1975.

山田盛太郎,『變革期における地代範疇』, 東京, 岩波書店, 1956.

森田明,『清代水利史研究』, 東京, 1974.

森正夫,『明代江南土地制度 研究』, 京都, 同朋舍, 1988.

西嶋定生,『中國經濟史研究』, 東京, 東京大學出版會, 1983.

西嶋還曆記念,『東アジアにおける國家と農民』, 東京, 山川出版, 1984.

星斌夫,『中國社會經濟史語彙(續編)』, 山形, 光文堂書店, 1981.

星斌夫,『中國社會福祉政策史の研究 - 清代 賑濟倉を中心に』, 東京, 國書刊行會, 1985.

星斌夫,『中國の社會福祉の歷史』, 東京, 山川出版社, 1988.

星斌夫, 『明淸時代社會經濟史の硏究』, 東京, 國書刊行會, 1989.

小島晋治, 『太平天國革命の歷史と思想』, 東京, 硏文出版, 1978.

小村弘二, 『舊中國農村再考』, 東京, 經濟硏究所, 1986.

市古紀念委員會, 『論集近代中國硏究』, 東京, 山川出版, 1981.

岸本美緒, 『淸代前期の物價と經濟變動』, 東京, 硏文出版, 1997.

鈴木中正, 『淸朝中期史硏究』, 東京, 1952.

鈴木智夫, 『近代中國の地主制』, 東京, 汲古書院, 1977.

奧崎裕司, 『中國鄕紳地主の硏究』, 東京, 1978.

柳田節子, 『宋元鄕村制の硏究』, 東京, 創文社, 1986.

栗林宣夫, 『里甲制の硏究』, 東京, 1971.

里井彦七郎, 『近代中國 における民衆運動とその思想』, 東京大學出版會, 1972.

仁井田陞, 『中國法制史硏究』, 「奴隷農奴法,家族村落法」, 東京, 東京大學東洋文
        化硏究所, 1962.

臨時臺滿舊慣調査會 編, 『淸國行政法』卷1~7, 東京, 汲古書院, 1972.

長瀨守, 『宋元水利史硏究』, 東京, 國書刊行會, 1983.

田代隆, 『地代論 小農經濟論』, 福岡, 九州大學出版會, 1984.

田中正美先生紀念刊行會, 『中國近現代史の諸問題』, 東京, 國書刊行會, 1984.

佐藤文俊, 『明末農民叛亂の硏究』, 東京, 硏文出版, 1985.

佐伯富, 『中國鹽政史の硏究』, 京都, 法律文化社, 1987.

酒井忠夫, 『中國善書の硏究』, 東京, 1975.

中國史硏究會 編, 『中國史像の再構成 - 國家と農民 - 』, 京都, 文理閣, 1983.

中國史硏究會 編, 『中國專制國家と社會統合 - 中國史像の再構成』, 京都, 文理
        閣, 1990.

中嶋紀念事業會 編, 『中嶋敏先生古稀紀念論集』(上・下), 東京, 汲古書院, 1981.

重田德, 『淸代社會經濟史硏究』, 東京, 岩波書店, 1975.

中村政則, 『近代日本地主制史硏究』, 東京, 東京大學出版會, 1982.

川勝守, 『明淸江南農業經濟史硏究』, 東京, 1992.

川勝守, 『中國封建國家の支配構造』, 東京, 東京大學出版會, 1980.

天野元之助, 『中國農業の地域的展開』, 東京, 龍溪書社, 1979.

天野元之助, 『中國農業經濟論』(一・二・三), 東京, 改造社, 1942.

天野元之助, 『中國農業史硏究』, 東京, 御茶の水書房, 1962.

淸水盛光, 『中國鄕村社會論』, 東京, 岩波書店, 1983.

淸水泰次, 『中國近世社會經濟史』, 東京, 1950.

草野靜, 『中國の地主經濟 - 分種制』, 東京, 汲古書院, 1985.

草野靜, 『中國近世の寄生地主制 - 田面慣行』, 東京, 汲古書院, 1989.

村松祐次, 『近代江南の租棧』, 東京, 東京大學出版會, 1978.
布目紀念論集刊行會 編, 『布目潮風博士古稀記念論集, 東アジアの法と社會』, 東京, 汲古書院, 1990.
横山英, 『中國の近代化と地方政治』, 東京, 勁草書房, 1985.

<영문>

A. W. Hummel, *Eminent Chinese of the Ch'ing Period(1644~1912)*, Taipei, Chen-Wen Publishing Co., 1970.

Ch'u, T'ung-tsu, *Local Government in China under the Ch'ing*, HUP., 1962.

Chang, Chung-li, *The Chinese Gentry ; Studies on their Role in Nineteenth Century Chinese Society*, Seattle, Washington Univ. Press, 1955.

Chang, Chung-li, *The Income of Chinese Gentry*, Seattle, Washington Univ. Press, 1962.

Chesneaux, Jean, *Popular Movements and Secret Socities in China 1840-1959*, Stanford Univ.Press, 1972.

D. H. Perkins, *Agricultural Development in China 1368~1968, Chicago, 1967* ; 양필승 譯, 『中國經濟史』, 서울, 신서원, 1997.

David. D. Buck, *'Educationanl Modernization in Tsinan, 1899~1937'* In the Chinese City Between Two Worlds, Stanford Univ. Press, 1974.

Eberhard, Wolfram, *Social Mobility in Traditional China*, Leiden, 1962.

Evelyn Sakakida Rawski, *Agricultural Change and the Peasant Economy of South China*, Harvard Univ. Press, 1972.

Fairbank, John K., *Late Ch'ing, 1800-1911, Part 1, The Cambridge History of China*, Vol.10, CUP., 1978.

Fei, Hsiao-t'ung, *China's Gentry ; Essays on Rural Urban Relations with six Life Histories of Chinese Gentry Families*, Chicago, Chicago Univ. Press, 1953.

Feuerwerker, Albert, *State and Society in Eighteenth Century China ; The Ch'ing Empire in its Glory*, Michigan Univ.Press., 1976.

Ho, Ping-ti, *Studies on the Population of China 1368-1953*, HUP., 1974.

Hsiao, Kung-chuan, *Rural China ; Imperial Control in Nineteenth Century*, Seattle, Washington Univ. Press, 1960.

Jane Whittle, *The Development of Agrarian Capitalism*, Oxford Univ. Press, 2000.

T. G. Rawski, *Chinese History in Economic Perspective*, California Univ. Press, 1992.

Yeh-chien Wang, *Secular Trends of Rice in the Yangzi Delta, 1638~1935*, California Univ. Press. 1992.

3. 연구논문

<국문>

姜判權,「淸代 安徽省 廬州府의 穀物農業」『明淸史硏究』21, 2004.

高奭林,「宋代의 隨田 佃客에 대한 小考」『大邱史學』1, 1969.

高奭林,「宋朝의 對 佃戶 政策과 憑由制度」『大邱史學』2, 1970.

高奭林,「宋代 佃戶의 諸類型과 그 性格」『大邱史學』10, 1976.

高奭林,「宋代의 租佃契約法」『大邱史學』12·13합집, 1977.

金世昊,「湖南 軍閥의 鄕村統治의 實相」『中國近現代史上의 湖南省』, 지식산
　　　업사, 1995.

金裕利,「淸末書院의 學堂改編과 近代學制의 成立過程」『東洋史學硏究』75,
　　　2001.

金鍾博,「明代 田賦의 銀納化 過程에 관한 一考察」『史叢』19, 1975.

金鍾博,「明代 一條鞭法의 成立過程」『史學志』15, 1981.

金衡鍾,「淸末 江蘇省의 敎育改革과 紳士層」『東洋史學硏究』46, 1994.

金衡鍾,「淸末 新政期의 敎育改革과 財政問題」『外大史學』8, 1998.

金衡鍾,「淸末 江蘇敎育總會小論」『東아시아 歷史의 還流』, 서강대동양사연구
　　　실 엮음, 지식산업사, 2000.

閔斗基,「淸代 生監層의 性格 - 특히 그 階層的 個別性을 중심으로」『亞細亞硏
　　　究』20, 1965(『中國近代史硏究』, 서울, 1973 수록).

宋正洙,「明末淸初의 鄕村 統治制度의 變遷」『學林』5, 1983.

申採湜,「宋代의 土地制度와 佃戶·主戶·客戶 問題」『東洋史學硏究』제21집,
　　　1985.

吳金成,「日本에 있어서 中國 明淸時代 紳士層 硏究에 대하여」『東亞文化』15,
　　　1978.

吳金成,「湖北 漢水下流域의 農村 社會와 紳士」『中國近世社會經濟史硏究』,
　　　서울, 1986.

吳金成,「明淸時代의 國家권력과 紳士」『講座中國史』, 지식산업사, 1989.

吳金成,「順治親政期의 淸朝 權力과 江南 紳士」『歷史學報』122, 1989.

吳金成,「明末 湖廣의 社會變化와 承天府民變」『東洋史學硏究』47, 1994.

吳金成,「明淸時代의 社會變化와 江西商人」『明淸史硏究』9, 1998.

李丙仁,「中華民國時期 上海의 교역네트웍과 物流」『中國史硏究』28, 2004.

李俊甲,「太平天國時期四川食塩在湖南湖北市場的進出與銀流通」『明淸史硏究』20,
　　　2004.

張研·田炯權,「淸代土地統計初探」『昌原史學』제3집, 1997.

田炯權, 「明淸時代 地主制 硏究의 몇 가지 問題에 대하여」『釜大史學』14집, 1990.

田炯權, 「淸 後期 湖南 辰州府의 義田」『釜山史學』20, 1991.

田炯權, 「淸 後期 湖北의 義田과 租佃關係」『釜大史學』제18집, 1994.

田炯權, 「淸末民國期 湖廣(湖南,湖北)지방의 農業生産力과 生産關係」『慶南史學』7집, 1995.

田炯權, 「淸末民國期 湖南 汝城縣의 商品流通과 物價變動」『明淸史硏究』9, 1998.

田炯權, 「淸末民國期 湖南의 公産田과 地主-佃戶關係」『明淸史硏究』12, 2000.

田炯權, 「淸末民國期 湖南의 米穀市場 과 商品流通」『東洋史學硏究』74. 2001.

田炯權, 「淸末民國期 湖北의 米穀市場과 商品流通」『東洋史硏究』87, 2004.

田炯權, 「淸末民國期 湖南 邵陽縣의 農村社會와 農業生産」『中國史硏究』45, 2006.

田炯權, 「淸末民國期 湖南 長沙府의 농업생산과 상품유통」『明淸史硏究』25, 2006.

鄭哲雄, 「淸代揚子江 中流地方의 人口變化」『崇實史學』第7輯, 1992.

鄭哲雄, 「淸初 揚子江 三省地域의 미곡유통과 가격구조」『歷史學報』143, 1994.

鄭哲雄, 「淸代 揚子江 中流지역의 상품생산과 시장구조」『明淸史硏究』4, 1995.

崔晶姸, 「明末淸中期의 蘇浙 地域의 抗租 운동」『서울대 東洋史學科 論集』10, 1986.

崔晶姸·李範鶴, 「明末淸初 稅役制度 改革과 紳士의 존재 형태」『歷史學報』114, 1987.

<中文>

「瀏陽土産表」『農學報』第3期.

『英文中國經濟周刊』152期, p.11, 1924年 1月 19日.

『中國農村』2卷 12期, 1936年 12月.

姜鋒, 「中國近代經濟史硏究中的幾個理論問題」『復印報刊經濟史』, 1994-5.

江太新, 「論預租制的發生和發展」『中國經濟史硏究』, 1988-2.

江太新, 「押租在福建發生和發展原因試探」『中國經濟史硏究』, 1989-1.

江太新, 「論福建押租制的發生和發展」『中國經濟史硏究』, 1989-1.

江太新, 「從淸代獲鹿縣檔案看庶民地主的發展」『復印報刊明淸史』, 1991-5.

經君健, 「論淸代蠲免政策中減租規定的變化 - 淸代民田主佃關係政策的探討之二 - 」『中國經濟史硏究』, 1986-1.

經君健, 「試論地主制經濟與商品經濟的本質關係」『中國經濟史硏究』, 1987-2.

經君健,「清代民田主佃關係政策的歷史地位」『中國經濟史研究』, 1988-2.
高樹林,「試論中國封建社會賦稅制度的稅役變化問題」『中國史研究』, 1989-1.
高王凌,「關于明代的田賦改征」『中國史研究』, 1986-3.
顧希佳,「近代江南米市的經營格局」『復印報刊經濟史』, 1995-4.
龔關,「明清至民國時期華北集市的數量分析」『復印報刊經濟史』, 2000-1.
龔勝生,「18世紀 兩湖糧價時空特徵研究」『中國農史』, 1995-3.
郭成康,「18世紀中國物價問題和政府對策」『清史研究』, 1996-1.
郭聲波,「明清四川地畝數的評價及其他」『中國史研究』, 1990-2.
郭世佑,「21世紀 中國近代史研究展望」『中國近代史』, 2001-1.
郭松義,「清代糧食市場和商品數量的估測」『中國史研究』, 1994-4.
關文發,「試論清代前期漢口商業的發展」『清代區域社會經濟史研究』, 北京, 中華書局, 1992.
羅紹松,「對生產力理論的新認識」『湖南師範大學社會科學學報』, 1993-6.
欒成顯,「明初地主積累兼併土地途經初探」『中國史研究』, 1990-3.
雷妮‧王日根,「清代寶慶府社會救濟機構建設中的官民合作」『清史研究』, 2004-3.
譚天星,「清前期兩湖農村的租佃關係與民風」『復印報刊經濟史』, 1992-11.
唐力行,「明清徽州的家庭與宗族結構」『歷史研究』, 1991-1.
戴一峰,「近代福建的人口遷移與城市化」『中國經濟史研究』, 1988-2.
董志凱,「土地改革與我國的社會生產力」『中國經濟史研究』, 1987-3.
鄧小南,「追求用水秩序的努力－從前近代共同的水資源管理看民間與官方」『區域社會史比較研究』, 北京, 社會科學文獻出版社, 2006.
鄧亦兵,「清代前期內陸糧食運輸糧及變化趨勢」『中國經濟史研究』, 1994-3.
鄧亦兵,「清代前期的粮食運銷和市場」『歷史研究』, 1995-4..
馬立博,「清代前期兩廣的市場整合」『清代區域社會經濟史研究』下, 北京, 中華書局, 1992.
莫日達,「1840～1949年中國的農業增加值」『經濟史』, 2000-3.
萬振凡,「江西近代農業的生產關係与生產力」『復印報刊經濟史』, 1993-8.
文潔‧高山, 「二十世紀上半葉中國的糧食生產效率與水平」『農村‧經濟‧社會』제1권, 知識出版社, 1985.
方行,「論清代前期地主制經濟的發展」『中國史研究』, 1983-2.
方行,「論清代前期農民商品生產的發展」『中國經濟史研究』, 1986-1.
方行,「清代前期湖南農民賣糧所得釋例」『中國經濟史研究』, 1989-4.
方行,「清代前期北方的小農經濟」『歷史研究』, 1991-2.
方行,「清代前期湖南四川的小農經濟」『中國史研究』, 1991-2.
方行,「清代前期的預租」『清史研究』, 1992-2.

方行,「淸代前期的封建地租率」『復印報刊明淸史』, 1992-12.

方行,「淸代前期的小農經濟」『復印報刊經濟史』, 1993-11.

樊樹志,「蘇松棉布業市鎭的盛衰」『中國經濟史硏究』, 1987-4.

樊圍國,「近代上海口産市場對內地市場的輻射和制導」『復印報刊 中國近代史』
　　　　2005-3.

范金民,「明淸江南經濟史硏究擧要」(1978〜1997),『中國史學』8, 1998.

范傳賢,「明淸時代農業中的資本主義萌芽」『復印報刊明淸史』, 1990-5.

卜國君,「試論明代蘇松地區的田賦量」『中國經濟史硏究』, 1987-4.

史建雲,「淸代華北平原農村棉紡織業商品生産」『淸代區域社會經濟史硏究』上,
　　　　北京, 1992.

謝國權,「近代長江中下遊沿岸中等城市商業硏究」『復印報刊經濟史』, 1996-6.

謝國楨,「淸初利用漢族地主集團所施行的統治政策」『中國史硏究』, 1980-4.

寺田隆信,「湖廣熟 天下足」『文化』, 43-102, 1980.

史志宏,「淸代前期的耕地面積及糧食産量估計」『中國經濟史硏究』, 1989-2.

常建華,「試論乾隆朝治理宗族的政策與實踐」『復印報刊明淸史』, 1990-6.

徐建靑,「從倉儲看中國封建社會的積累及其對社會再生産的作用」『中國經濟史
　　　　硏究』, 1987-3.

徐新吾,「中國封建社會長期延續的基本原因 - 關于中國小農經濟生産結構凝固
　　　　性問題探討」『中國經濟史硏究』, 1986-4.

徐正元,「上海近代稻米市場價格變動分析」『中國經濟史硏究』, 1996-2.

徐正元,「中國近代農産商品化的發展與米市的形成」『復印報刊經濟史』, 1997-3.

徐正元,「中國近代稻米供需運銷狀況的計量考察」『中國經濟史硏究』, 1992-1.

徐暢, 「1929〜1933年世界經濟危機對中國農村經濟影向散論」 『復印報刑經濟
　　　　史』, 2000-4.

徐曉望,「淸〜民國福建糧食市場的變遷」『中國農史』, 1992-3.

葉顯恩,「明淸時代土地契約文書硏究 評價」『復印報刊明淸史』, 1990-4.

孫競昊,「明淸江南商品市場結構與機制深析」『復印報刊明淸史』, 1996-6.

孫準植,「淸末敎育改革與國民敎育」『中央史論』第十二・十三合輯, 2000.

宋惠中,「晚淸湖南的商業稅与商業網絡」『史原』20, 1997-5.

「時報」, 光緖 32年 正月 15日.

沈祖煒,「中國近代商業市場的三重結構」『中國經濟史硏究』, 1994, 增刊.

樂承耀,「明淸寧波集市的變遷及其原因」『浙江學刊』, 1996-2.

呂紹理,「近代廣東与東南亞的米糧貿易」『政治大歷史學報』12, 1995.

呂紹理,「1930年代 中國的糧食運銷組織」『政治大學歷史學報』14, 1997.

連浩滐,「二十世紀三十年代廣東米荒問題的硏究」『中國經濟史硏究』, 1996-4.

608

吳琦,「淸代湖廣糧食流向及其社會功用」『華中師範大學學報』, 1992-2.

吳承明,「中國近代經濟史若干問題的思考」『中國經濟史研究』, 1988-2.

吳承明,「中國近代農業生産力的考察」『中國經濟史研究』, 1989-2.

吳承明,「洋務運動與國內市場」『復印報刊 經濟史』, 1995-1.

吳量愷,「淸代湖北沿江口岸城市的轉運貿易」『淸代區域社會經濟史研究』 下, 北京, 中華書局, 1992.

吳存浩,「中國近代農業危機表現及特點試論」『復印報刊經濟史』, 1994-5.

王國斌,「18世紀湖南的糧食市場與糧食供給」『求索』, 1990-3.

王良行, 「淸末對外貿易的關聯效果(1860～1911)」 『近代中國對外貿易史論集』, 1997.

王方中,「關于中國近代經濟史的中心線索」『中國經濟史研究』, 1989-3.

汪士信,「明淸時期商業經營方式的變化」『中國經濟史研究』, 1988-2.

王先明,「中國近代鄉紳階層的社會流動」『歷史研究』, 1993-2.

王業鍵,「十八世紀福建的糧食供需与糧價分析」『中國社會經濟史研究』, 1987-2.

王戎笙,「淸代前期歷史的幾個問題」『中國史研究』, 1988-3.

王日根,「論明淸時期福建家族內義田的發展及其社會背景」『中國社會經濟史研究』, 1990-2.

王日根,「淸代福建義田與鄉治」『中國社會經濟史研究』, 1991-2.

王日根,「義田及其在封建社會中後期之社會功能淺析」『復印報刊經濟史』, 1993-1.

王笛,「淸末新政與近代學堂的興起」『近代史研究』, 1987-3.

王天獎,「近代河南租佃制度述略」『中國近代史』, 1989-9.

王興業,「淸代河南集市的發展」『復印報刊經濟史』, 1996-3.

龍登高,「中國傳統市場的整合」『經濟史』, 1997-5.

魏鑒勳,「論淸代莊頭的社會地位及歷史作用」『中國史研究』, 1989-2.

魏光奇,「淸代後期中央集權財政体制的互解」『近代史研究』, 1986-1.

魏金玉, 「試說明淸時代雇傭勞動者與雇工人等級之間的關係」 『中國經濟史研究』, 1986-4.

魏金玉,「淸代押租制度新探」『復印報刊經濟史』, 1993-12.

柳柯,「近代北方地主經營方式三例」『中國經濟史研究』, 1989-1.

劉建中,「近代中國農業生産力的綜合考察」『復印報刊經濟史』, 1992-12.

劉建中,「關于中國近代農村商品經濟發展的幾個問題」『復印報刊經濟史』, 1994-5.

劉克祥,「淸代熱河的蒙地開墾和永佃制度」『中國經濟史研究』, 1986-3.

劉克祥,「1895～1927通商口岸附近和鐵路沿線地區的農産商品化」『社會科學院經濟研究所集刊』 11, 1988.

劉森,「淸代徽州歙縣棠越鮑氏祠産土地關係」『復印報刊明淸史』, 1989-10.

劉森, 「淸代徽州祠産土地關係－以徽州歙縣棠越鮑氏　唐模許氏爲中心」『復印報刊明淸史』, 1991-9.

劉森, 「淸代徽州祠産土地關係－以徽州歙縣棠樾新館鮑氏爲中心－」『淸代區域社會經濟史研究』上, 北京, 1992.

劉秀生, 「淸代中期湘鄂贛棉布産銷与全國棉布市場格局」『淸代區域社會經濟史研究』下, 北京, 1992.

劉永成, 「論淸代雇傭勞動」『中國近三百年社會經濟史論集』제2집, 1972.

劉永成, 「淸代前期的農業租佃關係」『淸史論叢』제2집, 1982.

劉永成, 「從租冊刑檔看淸代江蘇地區的糧食畝産量」『中國史研究』, 1994-4.

劉志偉, 「試論淸代廣東地區商品經濟的發展」『中國經濟史研究』, 1988-2.

李剛, 「論中國近代生産力落伍的原因」『中國近代史』, 1989-6.

李金錚, 「二十年來中國近代鄕村經濟史的新探索」『歷史研究』, 2003-4.

李文治, 「地主經濟與中國封建社會長期延續問題論綱」『中國經濟史研究』, 1983-4.

李文治, 「論中國封建社會後期的劃分標志－明淸時代封建土地關係的松解」『中國經濟史研究』, 1986-4..

李文治, 「明淸時代的地租」『中國經濟史論文集』, 北京, 1987.

李文治, 「明代宗族制的體現形式及其基層政權的作用－論封建所有制是宗法宗族制發展變化的最終根源」『中國經濟史研究』, 1988-1.

李文治, 「關于中國的封建經濟制度」『中國經濟史研究』, 1989-4.

李文治, 「中國封建社會土地關係與宗法宗族制」『歷史研究』, 1989-5.

李文海, 「中國近代災荒與社會生活」『近代史研究』, 1990-5.

李文海, 「晚淸義賑的興起與發展」『淸史研究』1993-3.

李伯重, 「明淸江南與外地經濟關係的加强及其對江南經濟發展的影響」『中國經濟史研究』, 1986-2.

李龍潛, 「略論淸代前期廣東實物租制的租佃關係」『淸代區域社會經濟研究』下, 1992.

李華, 「淸代湖南城鄕商業的發展及其原因」『中國社會經濟史研究』, 1991-3.

李華, 「淸代湖南的外籍商人」『淸史研究』, 1991-1

林甘泉, 「中國封建制度史前言」『中國史研究』, 1988-4.

林剛, 「關于中國經濟的二元結構和三元結構問題」『復印報刊經濟史』, 2001-1.

林金樹, 「明代中後期江南的土地兼倂」『中國史研究』, 1987-2.

林金樹, 「關于明代江南官田的幾個問題」『中國經濟史研究』, 1988-1.

林金樹, 「明代私人捐田助學風氣的興起及其作用」『復印報刊明淸史』, 1990-9.

任放, 「二十世紀明淸市鎭經濟研究」『歷史研究』, 2001-5.

林祥瑞, 「福建永佃權成因的初步考察」『中國史研究』, 1982-4.

林祥瑞,「永佃權與福建農業資本主義萌芽」『中國史研究』, 1985-2.

林有能,「中國近代社會性質討論」『復印報刊資料中國近代史』, 1989-6.

慈鴻飛,「二十世紀前期華北地區的農村商品市場與資本市場」『中國社會科學』, 1998-1.

張家炎,「明清江漢平原的農業開發對商人活動和市鎮發展的影向」『復印報刊經濟史』, 1996-2.

張家炎,「十年來兩湖地區暨江漢平原明清經濟史研究綜述」『中國史研究動態』, 1997-1.

張建民,「湖廣熟 天下足述論－兼及明清時期長江沿岸的米糧流通－」『中國農史』, 1987-4.

張建民,「明清長江中游山區的灌漑水利」『復印報刊明清史』, 1993-7.

蔣建平,「乾隆末至道光米穀貿易議論沈寂問題淺探」『經濟科學』, 1994-3.

張國雄,「湖廣熟天下足的經濟地理特徵」『湖北大學學報』, 1993-4.

張國雄,「明清時期兩湖開發與環境變遷初議」『復印報刊經濟史』, 1994-5.

張國輝,「清代前期的錢莊和票號」『中國經濟史研究』, 1987-4.

張東剛,「20世紀 上半期中國農家收入水平和消費水平的總体考察」『復印報刊經濟史』, 2001-3.

張東剛,「近代中國消費需求結構變動的宏觀分析」『復印報刊 經濟史』, 2001-4.

張福記,「清末民初北京旗人社會的變遷」『中國近代史』, 1997-8.

張魚,「舊中國農村土地關係與地租剝削」『中國近代經濟史論文集』, 上海, 1985.

張研,「清代族田經營初探」『中國經濟史研究』, 1987-3.

張研,「關于清代族田分布的初步考察」『復印報刊明清史』, 1991-8.

張維安,「近代中國社會階層結構－士紳商人階層文獻之檢討－」『六十年來的中國近代史研究』, 台北, 1988.

章有義,「徽州江姓新置田産各據正簿輯要」『中國經濟史研究』, 1986-4.

章有義,「近代徽州租佃關係的一個案例研究－歙縣汪光裕會租簿剖析」『中國經濟史研究』, 1987-2.

章有義,「中國農業資本主義萌芽史料問題瑣議」『中國經濟史研究』, 1987-4

章有義,「康熙初年江蘇長洲三冊魚鱗簿所見」『中國經濟史研究』, 1988-4.

章有義,「近代中國人口和耕地的再估計」『明清及近代農業史論集』, 北京, 中國農業出版社, 1997.

張正明,「清代丁村土地文書選編」『復印報刊明清史』, 1990-2.

張正明,「清代丁村田契研究」『復印報刊明清史』, 1990-5.

張俊峰,「明清介休水案与地方社會」『區域社會史比較研究』, 北京, 社會科學文獻出版社, 2006.

張澤咸,「略論我國封建時代的糧食生産」『中國史研究』, 1980-3.

章楷,「八十年前的我國農業敎育」『復印報刊中國近代史』, 1995-2.

張海英,「淸代江南與兩湖地區的經濟關係」『復印報刊經濟史』, 2002-3.

張顯淸,「明代縉紳地主淺論」『中國史研究』, 1984-2.

田炯權,「淸末民國期湖廣地區的農業生産力和生産關係」『淸史研究』, 1996-1.

鄭慶平,「明淸時期的土地制度及其發展變化特徵」『復印報刊明淸史』, 1989-5.

鄭慶平,「對中國近代農業生産力的基本估計」『復印報刊資料經濟史』, 1995-1.

程民生,「宋代糧食生産的地域差異」『歷史研究』, 1991-2.

鄭正,「淸朝的眞實耕地面積」『復印報刊明淸史』, 1998-6.

鄭振滿,「淸代台灣鄕族組織的共有經濟」『淸代區域社會經濟史研究』上, 北京, 1992.

程厚思,「淸代江浙地區米糧不足原因探析」『中國農史』, 1990-3.

趙德馨,「湖北經濟近代化進程與武昌首義」『中南財經大學學報』, 1991-6.

曹玲,「美洲糧食作物的傳入對我國農業生産和社會經濟的影向」『復印報刊經濟史』, 2006-1.

曹茉莉,「傳統的生産力觀念批判」『湖南師範大學社會科學學報』, 1992-3.

趙仁平,「從雲南的半開銀元看近代中國的幣制」『復印報刊經濟史』, 1997-3.

鍾永寧,「十八世紀湘米輸出的可行性問題」『中國社會經濟史研究』, 1990-3.

鍾永寧,「18世紀湖南糧食輸出與省內供求效應」『求索』, 1991-2.

鍾永寧,「十八世紀的湘米輸出与淸政府的糧食調控政策」『中國社會經濟史研究』, 1993-4.

從翰香,「論明代江南地區的人口密集及其對經濟發展的影響」『中國史研究』, 1983-3.

周躍雲,「湖南經濟開發戰略研究」『湖南師範大學社會科學學報』, 1992-1.

朱英,「近代中國商業發展與消費習俗變遷」『復印報刊經濟史』, 2000-3.

朱勇,「論淸代江南宗族法的經濟職能」『中國經濟史研究』, 1987-4.

周遠廉,「淸代前期的實物分租制」『淸史論叢』5, 1984.

周顯穆,「黔陽縣農業調查筆記」『實業雜誌』163, 民國 20年 7月.

曾琼碧,「宋代租佃官田的二地主」『中國史研究』, 1987-2.

曾學優,「康熙朱批奏折看南方米價」『經濟史』, 1994-6.

曾學優,「淸代贛江中流地區農村市場初探」『復印報刊經濟史』, 1996-5.

陳柯雲,「略論明淸徽州的鄕約」『中國史研究』, 1990-4.

陳江,「淸代前期農村階級和階層考察」『復印報刊明淸史』, 1992-7.

陳鋒,「淸代兩湖市場與四川塩業的盛衰」『四川大學學報』, 1988-3.

陳廷煊,「近代中國農業雇傭關係的封建性」『中國經濟史研究』, 1987-3.

陳振江,「淸末民初婚姻家庭變革運動的趨向」『中國近代史』, 1997-10.

陳秋坤, 「明淸以來土地所有權的硏究」『六十年來的中國近代史硏究』, 台北, 1988.
陳春生, 「論社會經濟史的區域性硏究」『中國經濟史硏究』, 1988-1.
陳春聲, 「論淸代廣東的常平倉」『復印報刊明淸史』, 1989-10.
陳學文, 「明淸時期江南巨鎭烏靑鎭的經濟結構」『中國經濟史硏究』, 1988-2.
彭雨新, 「明淸賦役改革與官僚地主階層的逆流」『中國經濟史硏究』, 1989-1.
彭超, 「試探庄僕佃僕和火佃的區別」『中國史硏究』, 1984-1.
彭澤益, 「中國經濟史計量硏究的基礎」『中國經濟史論文集』, 北京, 1987.
彭澤益, 「淸前期農副紡織手工業」『中國經濟史硏究』, 1987-4.
畢道村, 「中國封建社會長期延續原因當議」『中國史硏究』, 1985-3.
夏明方, 「近代中國糧食生産與氣候波動」『復印報刊中國近代史』, 1998-11.
韓養民, 「中國風俗文化與地域視野」『歷史硏究』, 1991-5.
行龍, 「從"治水社會"到"水利社會"」『區域社會史比較硏究』, 北京, 社會科學文
        獻出版社, 2006.
許檀, 「明淸時期農村集市的發展」『復印報刊經濟史』, 1997-5.
胡光明, 「淸末民初京津冀城市化快束進展的歷史探源與啓示」『中國近代史』,
        1997-8.
洪煥椿, 「論明淸蘇州地區會館的性質及其作用」『中國史硏究』, 1980-2.
黃冕堂, 「略論淸代農業雇工的性質與農業資本主義萌芽」『淸史論叢』5집, 1984.
侯楊方, 「長江中下流地區米谷長途貿易 1912～1937」『中國經濟史硏究』, 1996-2.

<日文>
加藤繁, 「淸代における村鎭の定期市」『支那經濟史考證』, 東京, 1953.
古島和雄, 「明末長江デルタ地帶における地主經營 - 沈氏農書の一考察」『歷史
        學硏究』148, 1950.
高林公男, 「明代の官吏優免規定の本質について」『鹿大史學』24, 1976.
高田幸男, 「淸末 江蘇における地方自治の構築と敎育會 - 江蘇敎育總會におけ
        る地域エリ-トの「改造」-」『駿臺史學』111, 2001.
谷口規矩雄, 「明代の農民叛亂」『岩波講座世界歷史』12, 東京, 1971.
臼井佐知子, 「同治四(1865)年江蘇省における賦稅改革」『東洋史硏究』45-2, 1986.
宮崎市定, 「明末蘇松地方の士大夫と民衆 - 明代史素描の試み -」『史林』37-3,
        1953(同, 『アジア史硏究』4, 京都, 1975에 재수록).
宮崎市定, 「張溥とその時代 - 明末における鄕紳の生涯 -」『東洋史硏究』33-3,
        1974.
宮原佳昭, 「淸末湖南省長沙における民立學堂設立と新敎育界の形成について-
        胡元倓と明德學堂を中心に-」『東洋史硏究』62-2, 2003. 9.

近藤秀樹,「范氏義莊の變遷」『東洋史研究』21-4, 1963.

今堀誠二,「淸代の抗租について」『史學雜誌』76-9, 1967.

金勝一,「軍閥統治時期(1914~1926)の湖南農民社會經濟の地域史的一考察」『九州大學東洋史論集』17, 1989.

多賀秋五郎,「淸末近代學制の地方浸透 - 福建省を中心として - 」『近代アジア教育史研究』, 東京, 1975.

藤井宏,「明代田土統計に關する一考察」(1・2・3), 『東洋學報』 30-3・4, 33-1, 1944, 1947.

藤井宏,「新安商人の研究」(1・2・3),『東洋學報』36-1・2・3, 1953.

藤井宏,「崇明島の一田兩主制 - その起源を中心として - 」『東方學』49, 1975.

藤井宏,「一田兩主制の基本構造」(1~10),『近代中國』5~15, 1979~1984.

藤井宏,「初期一田兩主制の新研究 - 嘉靖龍溪縣志の記載を中心として」『東方學』69, 1984.

武澎東,「乾隆朝の田面慣行について - 江蘇浙江を中心に - 」『紀要(創價大)』6, 1984.

白石博男,「淸末湖南の農村社會 - 押租慣行と抗租傾向と - 」『中國近代化の社會構造』, 東京, 1973.

北村敬直,「明末淸初における地主について」『淸代社會經濟史研究』, 京都, 1981.

北村敬直,「寧都の魏氏 - 淸初地主の一例」『經濟學年譜』7・8, 1957, 1958.

北村敬直,「魏氏三兄弟とその時代」『淸代社會經濟史研究』, 京都, 1981.

濱島敦俊, 「明末淸初の改革と民衆鬪爭」『明代江南農村社會史研究』, 東京, 1982.

濱島敦俊,「中國の鄕紳」『歷史研究の新しい波』, 東京, 1989.

寺田隆信,「明代蘇州平野の農家經濟について」『東洋史研究』16-1, 1957.

寺田隆信,「商品生産と地主制をめぐる研究」『東洋史研究』19-4, 1961.

寺田隆信,「明淸時代における商品生産の展開」『岩波講座世界歷史』12, 東京, 1971.

寺田隆信,「陝西同州の馬氏 - 明淸時代における鄕紳の系譜 - 」『東洋史研究』33-3, 1974.

寺田隆信,「關于鄕紳」『明淸史國際學術討論會論文集』, 天津, 1982.

寺田浩明,「田面田底慣行の法的性格」『東洋文化研究所紀要』93, 1983.

寺田浩明,「淸代土地法秩序における'慣行'の構造」『東洋史研究』48-2, 1989.

山根幸夫,「明淸初の華北市集と紳士豪民」『中山八郎敎授頌壽記念明淸史論叢』, 東京, 1979.

山根幸夫,「河南省商城縣の紳士層の存在形態」『東洋史研究』40-2, 1981.

山根幸夫,「明末農民叛亂と紳士層の對應」『中嶋敏先生古稀記念論集』下, 東京, 1981.

山根幸夫,「大西政權と紳士層の對應」『明清時代の政治と社會』, 京都, 1983.

山本英史,「清初における包攬の展開」『東洋學報』59-1・2, 1977.

山本英史,「自封投櫃考」『中國 - 社會と文化』4, 1989.

山本進,「清代市場論における關する一考察」『歷史學研究』603, 1990.

三木聰,「明代の福建における保甲制」『東洋學報』61-1・2, 1979.

三木聰,「清代前期福建の 抗租と國家權力」『史學雜誌』91-8, 1982.

三木聰,「抗租と阻米 - 明末清初期の福建を中心として」『東洋史研究』 45-4, 1987.

森正夫,「明代江南における救荒論と地主佃戶關係」『高知大學學術研究報告』17, 人文科學14, 1968.

森正夫,「16~18世紀における荒政と地主佃戶關係」『東洋史研究』27-4, 1969.

森正夫,「17世紀福建寧化縣における黃通の抗租叛亂」(1・2・3)『名古屋大學文學部究論集』59・62・74, 1973, 1974, 1978.

森正夫,「明清時代の土地制度」『世界歷史』12, 東京, 1974.

森正夫,「18~20世紀の江西省農村における社倉・義倉についての一檢討」『東洋史研究』33-4, 1975.

森正夫,「いわゆる「鄉紳的土地所有」論をめぐって」『歷史評論』304, 1975.

森正夫,「日本の明清時代史研究における鄉紳論について」(1・2・3)『歷史評論』308・312・314, 1975, 1976.

森正夫,「明代の鄉紳 - 士大夫と地域社會との關聯についての覺書 - 」『名古屋大學文學部研究論集』77, 史學26, 1980.

森正夫,「中國前近代史研究 における地域社會の視點」『名古屋大學文學部研究論集』83, 史學28, 1982.

森正夫,「抗租」『中國民衆叛亂史』4, 東京, 1983.

西川喜久子,「廣西社會と農民の存在形態」『講座中國近現代史』1, 東京, 1978.

西村元照,「明代後期丈量について」『史林』54-5, 1971.

西村元照,「張居正の土地丈量」上・下『東洋史研究』30-1・2, 3, 1971.

西村元照,「清初の包攬 - 私徵體制の確立解禁から請負徵稅制へ - 」『東洋史研究』35-3, 1976.

城井隆志,「明末地方生員層の活動と黨爭に關する一試論 - 提學御史熊廷弼の諸生杖殺をめぐって - 」『九州大學東洋史論集』10, 1982.

細野浩二,「明末清初江南における地主奴僕關係 - 家訓に見られるその新展開をめぐって」『東洋學報』50-3, 1967.

小島淑男,「辛亥革命前後における蘇州府の農村社會と農民鬪爭」『近代中國農村社會史硏究』, 東京, 1967.

小島晋治,「太平天國革命」『岩波講座世界歷史』21, 東京, 岩波書店, 1974.

小島淑男,「抗租鬪爭 - 江南デルタ地帶を中心して - 」『講座中國近現代史』 2, 1978.

小島淑男,「辛亥革命期蘇州府吳江縣の農村絹織手工業」『經濟雜誌』, 1984.

小林一美,「太平天國前夜の農民鬪爭 - 揚子江下流ヂデルタ地帶における - 」『中國近代農村社會史硏究』, 東京, 1967.

小山正明,「明末淸初の大土地所有 - 特に江南デルタ地帶を中心にして - 」(1・2) 『史學雜誌』66-1・2, 67-1, 1957, 1958.

小山正明,「中國社會の變容と展開」『東洋史入門』, 有斐閣, 1967.

小山正明,「明代糧長について - とくに前半期の江南デルタ地帶を中心にして - 」 『東洋史硏究』27-4, 1969.

小山正明,「賦役制度の變革」『岩波講座世界歷史』12, 1971.

小畑龍雄,「明代鄕村の敎化と裁判」『東洋史硏究』11-5・6, 1952.

松田吉郎,「明末淸初廣東珠江デルタの沙田開發と鄕紳支配の形成過程」『社會經濟史學』46-6, 1981.

阿部洋,「淸末中國における近代敎育の展開過程」『中國近代學校史硏究』, 福村出版, 1993.

安部健夫,「米穀需給の硏究 - 「雍正史」の一章としたみた - 」『雍正時代の硏究』, 京都, 同朋舍, 1986.

安野省三, 「明末淸初揚子江中流域の大土地所有に關する一考察 - 湖北漢川縣簫堯寀の場合を中心として - 」『東洋學報』44-3, 1961.

安野省三,「淸代の農民叛亂」『岩波講座世界歷史』12, 東京, 1971.

安野省三,「湖廣熟すれぱ天下足る考」『木村先生退官紀念東洋史論集』, 東京, 汲古書院, 1976.

岩見宏,「湖廣熟 天下足」『東洋史硏究』20-4, 1965.

鈴木智夫,「淸末減租論の展開」『近代中國農村社會史硏究』, 東京, 1967.

吳金成,「明代紳士層の形成過程について」『明代史硏究』8・9, 1980・1981.

吳金成,「韓國の明淸時代史硏究の現狀と課題」『中國 - 社會と文化』4, 1989.

伊原弘介,「范氏義田における淸末の小作制度 - 義田租冊の分析」『紀要(廣島大)』 26-1, 1966.

伊原弘介,「明末淸初 「紳士」的土地經營 - 以張履祥爲例」『明淸史國際學術討論會論文集』, 天津, 1982.

仁井田陞,「支那近世の一田兩主慣行と其の成立」『法學協會雜誌』, 64-3・4, 1944.

616

仁井田陞,「中國の同族又は村落の土地所有問題」『東洋文化研究所紀要』10, 1954.

仁井田陞,「中國の農奴雇傭人の法的身分の形成と變質」『野村博士還曆記念論集』, 1956.

仁井田陞,「明淸時代の一田兩主慣習とその成立」『中國法制史研究』, 東京, 1960.

田中正俊,「民變抗租奴變」『岩波講座世界歷史』11, 東京, 1961.

足立啓二,「明淸時代の商品生産と地主制研究をめぐって」『東洋史研究』, 36-1, 1977.

足立啓二,「明末淸初の農業經營 - 「沈氏農書」の再評價」『史林』61-1, 1978.

足立啓二,「淸代蘇州府下における地主的土地所有の展開」『熊本大學文學部論叢』9, 1982.

足立啓二,「淸~民國期における農業經營の發展」『中國史像の再構成』, 1983.

佐伯有一, 「明末董氏の變 - 所謂'奴變'の性格に關聯して」『東洋史研究』 16-1, 1957.

酒井忠夫,「鄕紳について」『史潮』47, 1952(同,『中國善書の研究』, 東京, 1960에 재수록).

重田德,「淸末における湖南茶の新展開」『淸代社會經濟史研究』, 東京, 1975.

重田德,「鄕紳の歷史的性格をめぐって - 鄕紳觀の系譜」『人文研究』22-5, 1971.

重田德,「鄕紳支配の成立と構造」『岩波講座世界歷史』12, 東京, 1971.

重田德, 「淸初における湖南米市場の一考察」 『淸代社會經濟史研究』, 東京, 1975.

重田德, 「淸初における湖南の地主制について」『淸代社會經濟史研究』, 東京, 1975.

重田德,「淸初の地主制」『淸代社會經濟史研究』, 東京, 1975.

川勝守,「明末江南における丈量策の展開と地主佃戶關係の發展」『東洋史論集』2, 1974.

川勝守,「明末淸初における共同體關係の變質と地主支配の再編成」『中國封建國家の支配構造』, 東京, 1980.

川勝守,「明淸農業論」『明淸時代史の基本問題』, 東京, 汲古書院, 1997.

川勝守, 「張居正丈量策の展開 - 特に明末江南における地主制の發展について」『史學雜誌』80-3・4, 1971.

川勝守, 「淸末江南における租棧業戶佃戶關係 - 九州大學所藏江蘇省吳縣馮林一棧關係簿冊について」『史淵』114, 1977.

川勝守, 「淸末江南の一租棧における徵稅小作關係 - 九州大學所藏江蘇省長洲縣馮林一棧關係簿冊について - 」『史淵』125, 1988.

淸水泰次,「明代福建の農家經濟」『史學雜誌』63-7, 1954.

草野靖,「宋元時代の水利田開發と一田兩主慣行の萌芽」『東洋學報』53-1・2, 1970.

草野靖,「宋元の刓田」『史草』11, 1970.

草野靖,「舊中國の田面慣行 - 田面の轉頂と佃戶の耕作權」『東洋史研究』34-2, 1975.

草野靖,「南宋文獻に見える田骨田根田租田底」『熊本大學法文論叢』28, 1971.

草野靖,「舊中國の押租慣行」『社會經濟史學』43-4, 1977.

草野靖,「田面慣行の成立」『法文論叢』39, 1977.

草野靖,「明末淸初期における田面の變質長江下流域沙田地帶の場合」『熊本大學法文論叢』41, 1978.

草野靖,「明末淸初期における田面の變質閩・江・廣三省交界山田地帶の場合」『熊本大學文學部論叢』1, 1980.

草野靖,「明末淸初期における田面の變質 - 漳州府界を中心に」『文學部論叢』5, 1981.

草野靖,「近代中國における民法典の編纂と永佃條項」『文學部論叢』13, 1984(以上은 同氏,『中國近世の寄生地主制 - 田面慣行』, 東京, 1989에 재수록).

村松佑次,「國立國會圖書館收藏の『魚鱗冊』について」『近代江南の租棧』, 동경, 1978.

片岡芝子,「福建の一田兩主制について」『歷史學研究』294, 1964.

夏井春喜,「19世紀中葉蘇州の一租棧における收租情況 - 同治減租とそれに至る過程」『史學雜誌』90-7, 1981.

夏井春喜,「太平天國後の蘇州における小作料徵收關係について - 租冊史料の分析を通して」『土地制度史學』103, 1981.

夏井春喜,「蘇州の地主佃戶關係について - 一橋大學所藏地主關係文書紹介 -」『北海島敎育大學紀要』36-1, 1985.

夏井春喜,「淸末蘇州の地主-佃戶關係について」『紀要』36, 1985.

夏井春喜,「東京大學東洋文化研究所收藏「徐永安棧」關係簿冊について」『北海島敎育大學紀要』38-1, 1987.

夏井春喜,「淸末民國時期の蘇州における納租情況 - 租棧簿冊の統計的分析」『東洋史研究』48-1, 1989.

鶴見尙弘,「康熙15年丈量蘇州府長洲縣魚鱗圖冊の田土統計的考察」『木村正雄先生退官記念東洋史論集』, 東京, 1976

和田正廣,「徭役優免の展開と明末擧人の法的位置」『東洋學報』60-1・2, 1978.

和田正廣,「明代擧人層の形成過程に關する一考察」『史學雜誌』87-3, 1978.

618

<영문>

Arrigo, Linda-gail, "Landownership Concentration in China", *Modern China* Vol.12-3, 1986.

David Faure, "The Plight of the Farmers", *Modern China* Vol.11, No. I , 1985.

Elvin, Mark, "The Last Thousand Years of Chinese History ; Changing Patterns in Land Tenure", 『中國經濟發展史論文選集』上, 台北, 1980.

Liu, Ts'ui-jung, "An Analysis of the Land Tax Burden in China", 『中國經濟發展史論文選集』上, 台北, 1980.

Masao, Mori, "The Gentry in the Ming ; An Outline of the Relations Between the Shih-ta-fu and Local Society", *Acta Asiatica* 38, Tokyo, 1980.

Peter, C. Perdue, "Insiders and Outsiders - The Xiangtan Riot of 1819 and Collective Action in Hunan", *Mordern China* Vol.12, No.l, 1986.

Wong & P.C. Perdue, "Grain Markets and Food Supplies in Eighteenth Century Hunan", T.G. Rawski, *Chinese History in Economic Perspective*, California Univ. Press, 1992.

中文摘要

中國近現代的湖南社會
-中國近現代社會經濟史研究-

田 炯 權

目錄
序文
導論

第 1篇 義田和生產關係

第 1章 清後期湖南的義田和地主佃戶關係
序言
Ⅰ. 湖南義田的存在形態
Ⅱ. 義田設置者的身分構成
Ⅲ. 湖南的地主佃戶關係
小結

第 2章 清後期湖南辰州府的義田
序言
Ⅰ. 義田的設置
Ⅱ. 義田和義倉
Ⅲ. 義田的生産關係
小結

第 3章 清末民國期湖南的公産田和地主佃戶關係

第 2篇　農村社會和農業生産

第 1章　清末民國期湖廣地方的農業生産力和生産關係

第 2章　清末民國期湖南邵陽縣的農村社會和農業生産

第 3章　清 後期-民國期湖南的水利開發和農業生產
　序言
　Ⅰ. 水利開發
　Ⅱ. 農業生產
　小結

第 4章　清末民國期湖南汝城縣的新式學校和教育財政
　序言
　Ⅰ. 新式學校之發展推移
　Ⅱ. 地方財政和教育費
　小結

第 3篇　米穀市場和商品流通

第 1章　清末民國期湖南的米穀市場和商品流通
　序言
　Ⅰ. 米穀市場的流通情況
　Ⅱ. 商品之流通情況
　小結

第 2章　清末民國期湖南長沙府的農業生產和商品流通
　序言
　Ⅰ. 米穀生產和流通
　Ⅱ. 經濟作物生產
　Ⅲ. 商品流通
　小結

第 3章　清末民國期湖南汝城縣的商品流通和物價變動

　　本書的內容記录了二十多年來筆者對于中國湖南地區的研究和苦惱。清代，康熙·雍正·乾隆的‘三代盛世’是關注的對象，而清后期由于以白蓮教亂爲首的各种農民反亂和社會混亂，使得清后期成爲‘衰世’。可是把清朝政治支配秩序的弛緩和破綻直接等值于社會經濟史的傾向，我認爲不太合适。并且一般人認爲阿片戰爭以后，由于帝國主義侵略，中國的農業生産力停滯和衰退，農民生活落魄。在導論中已經提到過，本書對于這种意見堅持疑問，并進行了証實研究。

　　對義田和生産關系來看，可以發現清后期，特別是道光(1821-1850)，咸丰(1851-1861)以后，集中了義田的設置。這是地主階層和國家對于尝時社會矛盾增加所采取的對應手段。除了農民直接起義之外，佃戶常常拖欠租子或者拒絶交付，沒得到地主的同意買賣租地的權利或者稱爲‘移丘換段’的租地互相交換，租地的隨便開墾或者性質變更等，佃戶的不斷生産斗爭和階級斗爭是義田設置激增的主要背景。表面上來看，義田是公益目的的土地，實際上是地主所有地的系統管理和大土地所有增大的一个方式。

　　其中，經營形富佃農管理了70畝或者100畝的大規模租地。有人提出連清末民國期也存在了广泛的實物定額和額外剝削。可是通過本書事例研究來看，越到清末越呈現出從實物定額轉變到納錢(貨幣)的趨向。雖然說是實物定額，實際上常常以折租錢用貨幣的交納。有時侯，由于佃戶主動邀請，向貨幣的轉變也出現過。

　　以租种保証金的押租也明顯呈現出佃戶的成長。向來湖南的押租慣性以地主制的特性爲報告。考察結果，押租不是在某地方的普遍存在，而是連在同一地區或者同一地主的所有地之內也選擇性的附加存在。卽，對于生産性高的土地，以佃戶的相對選好度來決定。有的佃戶甚至賣了自己3畝的下田具來准備押租金。向來人們所說得的‘押重租輕’是在同一土地內可能的事。實際上在不一樣的土地之間，呈現出‘押重田租重田’的現象。押租的存在表明着土地生産力的增大和佃戶經濟力的成長。

　　据調查，義田設置者的身份，絶大多數是庶民地主層。以前的鄕紳地主論或者城居地主論跟這个地區的个案研究結果幷不相符。義田設置的激增是這个時期庶民地主層的鄉紳層進入的渠道，也是身份上升的契机。通過這个現象，我認爲由于清后期以后經營形富佃農的發達，庶民地主的成長等身份變動活躍。這雖然不是本書的直接研究方向，但本人認爲中國近代'紳商'的存在也是呈現出這个時期身份變動趨向的頭緒。

對于農業生産力的發達來看，首先可以以雜粮栽培的擴大爲例。馬鈴薯、紅薯、玉米等雜粮的栽培几乎出現清后期以后，特別是清末使其得到集中擴大和普及。從有關史料來看，通過雜粮雜陪得到半年粮食，或者以雜粮爲食用而出售米谷。原本只把雜粮作爲是農家粮食的補助用處，但是在漢口的商業交易中，雜粮流通規模跟米谷差不多。而且不是限制在地方小市場內的商品，而是成爲了長途交易的物品。有人認爲湖南米在清前期作爲交易商品粮向長江下游移送，但是在清后期衰落了。但從調查結果來看，到民國時期，這种交易仍然非常活躍，其主要原因是雜粮栽培的擴大。雜粮栽培對清后期激增的中國人口的撫養起到了很大作用。

在米谷生産方面，通過不斷的品种改良、施肥法改良、一年二期作的擴大、旧式農具改良和新式農具采用、區田法等新農法實行、不斷的水利設備改良和擴大等實現了增産努力。水利設備的擴大從從前平地到丘陵地區和山間地區擴大了稻作地帶。活躍的山地開墾引起洪水時土沙的流失。流失的土沙使湖水和江岸的含沙量增加，形成新沙洲。這成爲了新湖田開發的基础。湖田地區的水利隨着河水和湖水的走向不斷改善。因爲微小的新式農具的導入，有人把它比喩成"傳統農業的茫茫大海中的几朵花"。可是這只能被看作是提示以后發展方向的"細胞核"。在品种改良方面，在清代同一地區發行過的方志內收录過的稻品种跟以前階段的品种几乎沒有重夏過。在施肥法方面，隨着作物的類型進行了各樣的和典型的多肥農法，到清末民國時期還出現了化學肥料。湖南米生産和流通的主要背景可以提出向山地地區的水田擴大、雜粮栽培的擴大、不斷的湖田開發等。

大部分的學者認爲，從米谷市場和商品流通來看，湖南米曾活躍流通過，并在清前期被稱爲'湖廣熟天下足'，而到清后期萎縮，湖南本身的人口增加和農業生産力的停滯使湖南米出現了萎縮。但研究的結果証實，到清末民國時期湖南米仍然比以前以更大的規模流通着。湖南米雖供應給附近的广東或者湖北，但主要出口路線是長江下游地區。到后期，湖南人口雖然激增，但是如所前述由于農業生産的增大湖南仍然可以作爲粮食出口地區。而且出口的粮食并不是供給㘜地人粮食以后而剩下的粮食。由于小農民的飢餓出售，到清末有了若干搶米騷亂和禁止粮食出口措施。粮食出口的禁止是間歇的，不是長期的。并且違背市場經濟原則的人工禁止措施沒有物价控制的效果。反而例如粮食的走私出口引起了多樣不良效果。這樣措施不是在正确的統計調查上的政策執行。有的地方的粮食出口禁止措施引起食粮庫存的增加和金融不安，而産生了萎縮地方經濟的結果。民國時期，至少中日戰爭以前，湖南米仍然向上海地區出口。有人認爲洋米的進口帶來湖南米的萎縮，但洋米進口還沒有達到中斷湖南米出口的程度。

　清前期，湖南米的主要交換商品是淮鹽。運送鹽的船是再運過去米谷。到清末，由于淮鹽市場的萎縮和川鹽·粤鹽的出現使得發生了變化。不管怎么樣鹽的比重縮小，洋貨作爲新商品進入市場。除了洋貨之外，商品种類和運輸量大幅增加。由于帝國主義商人的進入，以茶爲主的中國各种農副産品開始向海外出口。在這种過程中，發生了商人數量和各种行業的激增，交易量也隨之明顯增加。在湖南地區，岳陽和長沙的開放港口成爲一个導火線。這种變化可以理解爲市場經濟的發展和經濟成長。我們應該承認'出口成長理論'，就是出口對經濟成長起到一定鼓勵作用。在帝國主義商人的手里，中國農村市場和物价被帝國主義商人掌握和控制的話，是段片的考察。除此之外，我認爲國際市場的需要和供應的增减也影響了市場。

　從物价問題方面而言，米价在清末民國時期有了若干起落，但從全局來看，是上漲趨勢。看物价變動結構，米价上漲率跟其他商品的上漲率有着連動關系。跟西洋工業産品比較起來，雖然實際上上漲率不高，但不存在明顯的差异。不斷促進湖南米出口的是米价的上漲。如果沒有利益動机，針對市場的米谷生産也將不存在。米谷生産活躍地區以洋貨爲主的工業産品進口也是活躍地區。如果購買力的不增大，那么也就不能購買其他物品。

農村社會的變化，首先可以以商工業人口的增加爲例。從清末邵陽縣的事例來看，以農民12万、商人12万、匠人5万爲人口的職業結構。在一般情况下，我們認爲農業社會以農民爲主，但是農民与商人的數量相等。這現象呈現出從傳統農業社會到工商業社會轉變的面貌。雖然光緖時期的統計不太准确，但是仍然可以确認清末活躍的工商業發達趨勢。

從農民的收入來看，米价上漲継續持續着，對其他物价呈現出連動性。從木工、土工等工人實際工資的變化來看，在清末民國期的約70年間呈現出上漲或者維持現狀的狀態。從名義上工資對米的購買力和實際工資的購買力比較，到1930年代初呈現出那樣結果。在帝國主義侵略下，勞動者·農民的生活更殘酷，終于遇到破産的認識有了差距。

鐘表、眼鏡、西藥、火柴、西裝等各种洋貨在農村地區流通。因此，米谷生産越丰富地區越關注洋貨行的存在和流通量。在具備購買力的地區，洋貨流通活躍。這樣新式商品的流通反映着這個地區農民生活水平的提高。

從汝城縣的事例來看，我們可以發現這个時期在湖南邊境地區也新式學校和學生數的激增。這反映着庶民層的教育机會的擴大。在這儿，新式教育的擴大正在以由書院，寺廟等承担教育設備和財政的一部分，或者從前的紳士轉變爲新式學校教師的形式急速施行。

綜上所述，当初提出的疑問，即對于傳統和近代是不是斷絶可以得到若干暗示。依靠地理的遠近法，我們不應該把靠近的東西看得太大。清后期興起的商業發達、農業發達、庶民地主和經營形富佃農的成長等在清末民國時期也継續擴大發展着。近現代的工商業在明清時期的商業流通网和商人組織的基礎上成長，在這儿也可以得到确認。

新式教育机關的擴大普及在如前所述傳統的書院·寺廟等人、物的資源的基础上持續下來。因此，我認爲這個時期是在傳統的基础上持續地向近現代的過度。

帝國主義侵略和作用恐怕過分地强調和刻畫。這本書大体堅持對于半植民地半封建社會論批評的態度。由于帝國主義、封建主義、官僚資本主義的三大剝削勢力，主張中國的農業生産停滯和衰落，農民生活也破産過的見解是過分公式化的理論。我認爲這條理論是通過社會主義革命，爲了正当化中國誕生的理論假設。

在實際生活上，中國農民无論在清朝支配下、在帝國主義侵略下或者在軍閥支配下，爲了生存生活，不斷努力過生産。其努力推動着社會經濟的發展。如前邊已經看過，由于中國市場的物理性的广泛和不方便的交通條件、流通网的未具備、度量衡的不統一等，帝國主義侵略以后也仍然推遲了洋貨在內地的普及。比這更重要的是購買力的不足。如通過汝城縣的事例可以看出，在主要交易物品之中，洋貨的比重很少。到20世紀30年代，在湖南的農村地區，洋貨市場化的痕迹非常微小。

在民國時期，中國農村的破産農民和失業者實際上很多。但這个情况比較清前期或者更以前時期起來不能成爲更殘酷的客觀凭据。雖然對于歷史來說，假設是无意爲的，但如果稱爲'漢奸'的帝國主義帮凶蔣介石継續支配大陸的話，現在大陸的情况怎么樣啊？　恐怕跟台湾一樣，大陸經濟繁榮肯定會更快完成。

我認爲20世紀80年代，在韓國社會性格論戰發揚過威勢的'植民地半封建社會論'是理論的錯誤。這個論理認爲北朝鮮是自主民族國家，而韓國只不過被美國隷屬植民地。但韓國已經成了世界第11位的經濟大國，在民主主義和經濟發展方面的成功也得到承認。北朝鮮由于飢餓和經濟破綻掙揣，在政治方面仍維持着未曾改變的世襲獨裁。北朝鮮的体制簡短說的話來說，可以被称爲'封建的社會法西斯主義'。

社會經濟的發展不是只拘于所謂帝國主義的政治的規定性，而是爲了主体生存生活的努力之中完成。筆者認爲對于在半植民地半封建社會也重視農業生産力的發展，不應該輕率的批評'植民地的資本主義論'的信奉者。

對于中國近現代的變化，美化帝國主義侵略的事，絶對不能再發生。從研究結果來看，筆者認爲中國近現代是'亞細亞的資本主義'的原形。有人把日本或者韓國的資本主義称爲儒家的資本主義，但亞細亞的价值不是只有儒家一个。我認爲中國近現代不是以西洋産業資本主義完全代替傳統時代，而是融合的形態。在西医的威勢面前，仍然存在中医。現代銀行時代仍然存在典鋪。新藥和中藥一起幷存。企業經營也不是完全西方式的。現代企業家的起源在于近代出現的紳商，幷且可以找到其原型。我認爲由于東西兩方价值融合的'亞細亞的資本主義'的原形在中國近現代已經胎動了。

찾아보기

632

지은이_ **전형권(田炯權)**
1956년 경남 의령에서 출생
부산대학교 문리대 사학과 졸업, 동 대학원 석사·박사과정 졸업
중국인민대학 청사연구소 연구교수
현재 국립창원대학교 사학과 교수

논저_
『中國近代社會經濟史研究』(中文版), 『명청시대 사회경제사』(공저)
「明清時代 地主制연구의 몇 가지 問題에 대하여」,
「屆代義田租佃 契約文書와 蘇州의 地主佃戶 關係」 외 다수

중국 근현대의 호남사회

중국 근현대 사회경제사 연구

전 형 권 지음

2009년 7월 31일 초판 1쇄 발행
2010년 10월 5일 초판 2쇄 발행

펴낸이·오일주
펴낸곳·도서출판 혜안
등록번호·제22-471호
등록일자·1993년 7월 30일

⊕ 121-836 서울시 마포구 서교동 326-26번지 102호
전화·3141-3711~2 / 팩시밀리·3141-3710
E-Mail hyeanpub@hanmail.net

ISBN 978-89-8494-368-1

값 38,000 원

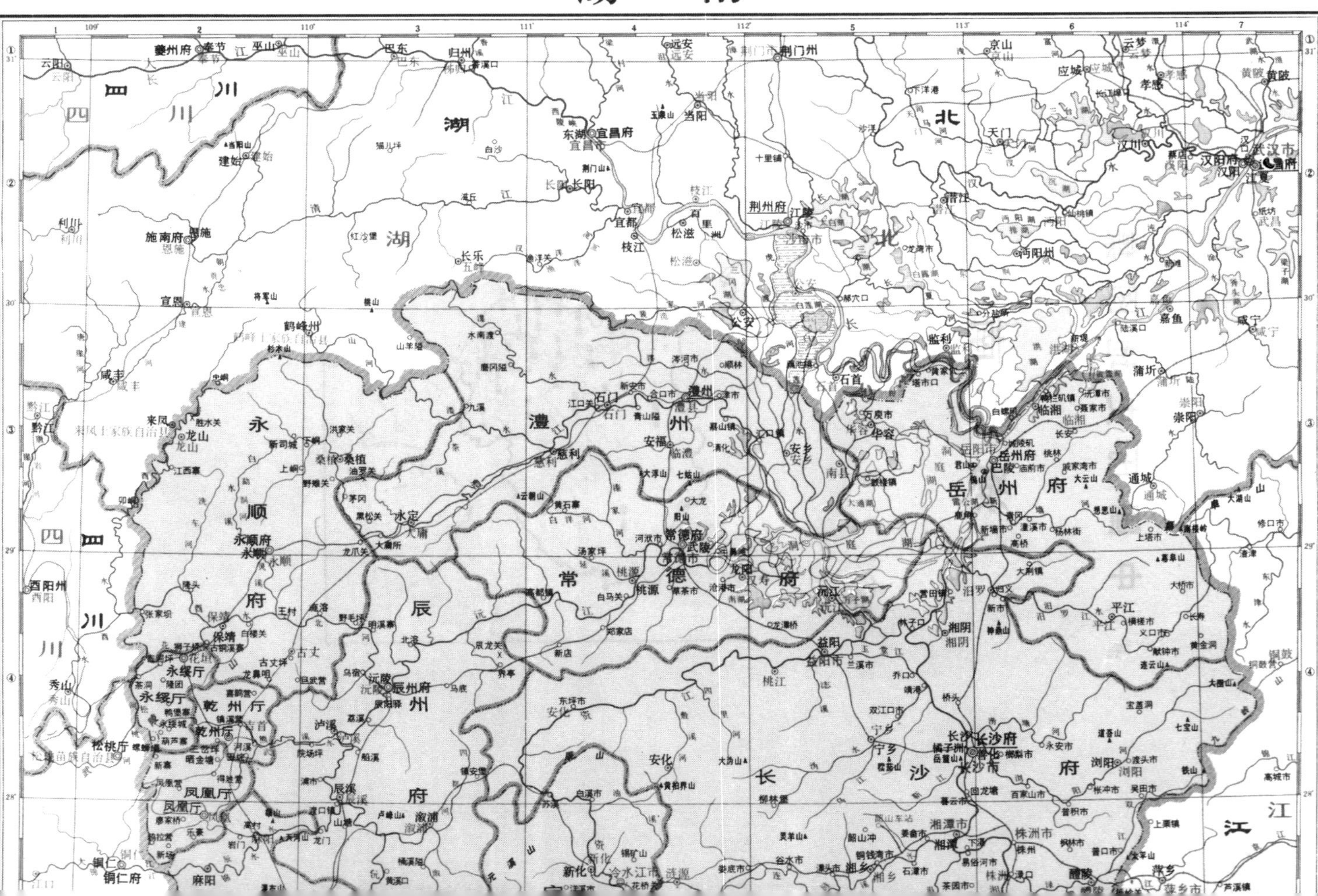

湖　南